# 名城大学附属高等学校

## 〈収録内容〉



便利なDLコンテンツは右のQRコードから

解答用紙

過去年度

⇒ 

※データのダウンロードは2025年3月末日まで。

※データへのアクセスには、右記のパスワードの入力が必要となります。 ⇒ 525143

## 〈合格最低点〉

※学校からの合格最低点の発表はありません。

# 本書の特長

## 実戦力がつく入試過去問題集

- ▶ 問題 …………… 実際の入試問題を見やすく再編集。
- ▶ 解答用紙 …… 実戦対応仕様で収録。
- ▶ 解答解説 …… 詳しくわかりやすい解説には、難易度の目安がわかる「基本・重要・やや難」の分類マークつき（下記参照）。各科末尾には合格へと導く「ワンポイントアドバイス」を配置。採点に便利な配点つき。

### 入試に役立つ分類マーク

**基本** 確実な得点源！
受験生の90%以上が正解できるような基礎的、かつ平易な問題。
何度もくり返して学習し、ケアレスミスも防げるようにしておこう。

**重要** 受験生なら何としても正解したい！
入試では典型的な問題で、長年にわたり、多くの学校でよく出題される問題。
各単元の内容理解を深めるのにも役立てよう。

**やや難** これが解ければ合格に近づく！
受験生にとっては、かなり手ごたえのある問題。
合格者の正解率が低い場合もあるので、あきらめずにじっくりと取り組んでみよう。

## 合格への対策、実力錬成のための内容が充実

- ▶ 各科目の出題傾向の分析、合否を分けた問題の確認で、入試対策を強化！
- ▶ その他、学校紹介、過去問の効果的な使い方など、学習意欲を高める要素が満載！

**解答用紙ダウンロード** 解答用紙はプリントアウトしてご利用いただけます。弊社ＨＰの商品詳細ページよりダウンロードしてください。トビラのＱＲコードからアクセス可。

**UD FONT** 見やすく読みまちがえにくいユニバーサルデザインフォントを採用しています。

# 名城大学附属高等学校

▶ 交通　名鉄「東枇杷島」駅下車，徒歩約５分
「栄生」駅下車，徒歩約８分
市バス「新富町」下車，徒歩約２分

〒453-0031　名古屋市中村区新富町1丁目3番16号
☎052-481-7436

## 沿　革

1926年名古屋高等理工科講習所開設，1928年名古屋高等理工科学校に名称変更。1948年学校教育法により名古屋文理高等学校として開校。1951年名城大学附属高等学校（設置学科：普通・商業・電気・機械）と改称した。1987年開学60周年記念第二体育館完成。1997年新校舎完成。1999年商業・電気・機械を改組し総合学科を開設，普通科特別進学クラスを男女共学とした。2003年普通科全面共学。2004年総合学科を共学とした。2004・2005年文部科学省主催サイエンス・パートナーシップ（ＳＰＰ）に採択される。2006年文部科学省所管スーパーサイエンスハイスクール（ＳＳＨ）採択校となる。2010年新体育館兼武道場完成。2011年ＳＳＨ２期目の採択。2012年コアＳＳＨ「地域の中核的拠点形成」採択。2014年文部科学省所管スーパーグローバルハイスクール（ＳＧＨ）採択校となる。2021年ＳＳＨ４期目の採択。

## 教育目的

教育基本法・学校教育法の精神に則り，知・徳・体の調和する人格の完成を目指す。創設以来の伝統に基づき，穏健中正で実行力に富み，国家，社会の信頼に値する人材を育成する。

## 教育方針

1　礼節を重んじる

2　主体的な行動力を養う

3　多様な経験を積む

## 特　色

**〈平成18年度～（４期目，通算19年目）**
**スーパーサイエンスハイスクール（ＳＳＨ）指定校〉**

ＳＳＨ事業とは国際的な科学技術関係人材を育成するための国家プロジェクトである。高大協創による国際的科学リーダーの育成に取り組んでいる。

**〈平成26年度～平成30年度　スーパーグローバルハイスクール（ＳＧＨ）指定校**
**令和２年度～　ワールドワイドラーニング（WWL）連携校**
**令和３年度～　スーパーグローバルハイスクール（ＳＧＨ）ネットワーク参加校〉**

グローバルな社会課題を発見・解決できる人材の育成に取り組んでいる。

### ●普通科

**▸特進クラス**

**国公立大学進学を実現**

国公立大学・難関私立大学への進学を目指すクラスである。学習に力を注ぐだけでなく，部活動への参加も推奨している。机の上の学びにとどまらず，ＳＳＨ・ＳＧＨのノウハウを取り入れ，自身で課題を見つけて研究する科目「数理探究基礎」・「数理探究」などにも力を入れている。さらに，研究成果を発信するために各種研究会や海外研修に参加する機会がある。

**▸スーパーサイエンスクラス**

**国際的な科学リーダーを育成**

物理・化学・生物に加え，名城独自のスーパーサイエンス教科を学び，理工学系または生化学系への関心を高める。「ＳＳラボⅠ・Ⅱ」などの探究活動を通して，探究力や問題解決能力を養う。また，海外研修やタイへの修学旅行により，国際感覚を身につける。３年間の活動を通して興味や関心を高め，学び続けることにより，国公立大学および名城大学への進学を目指す。

**▸進学クラス**

**名城大学進学の中核**

名城大学進学の中核を担っており，附属高校の生徒を対象にした特別推薦制度により毎年200名程度が進学している。また文系・理系を問わず，国公立大学や難関私立大学への合格者も増加している。探究活動を実施することにより，学問に対する知的好奇心を深め，主体的な考動力を培う。

**▸国際クラス**

**世界で活躍できる人材を育成**

ＳＧＨおよびWWLの中心クラスとして,「課題探究Ⅰ・Ⅱ」や海外研修などの探究活動，英語学習を通して，グローバルリーダーとして活躍できる語学力と幅広い教養，実践力を身につける。校内での学びだけでなく，地域や企業，海外の学校や機関等，社会と連携した探究と実践を行い，研究発表大会等で成果を発表している。難関私立大学の文系学部や国際系学部への進学を目指す。

**●総合学科**

**全国屈指の大学進学率**

大学進学に対応しており，進学率が高く，毎年卒業生の約９割が四年制大学に進学している。社会とつながるキャリア教育・体験型の実技・実習を特徴とし，１年次の「産業社会と人間」の授業では，企業人・大学教員による講話，大学や企業の見学，調べ・まとめ学習のプレゼンテーションなどを行う。２年次には，４つの系列(社会探究・地域交流・ビジネス・数理)に分かれて，それぞれの系列の目標に沿ったカリキュラムを実施。３年次になると各系列で学んだことを生かし,「総合的な探究の時間」で４系列が混ざり合い，与えられた課題を解決する探究学習を行う。これらの主体性に活動する授業を通して，進路目標の達成を目指す。

授業風景

**クラブ活動**

**●体育系**　陸上競技, ウェイトリフティング, 卓球, 柔道, 剣道, ハンドボール, バスケットボール，バレーボール，サッカー，体操競技, 軟式野球，硬式野球，ラグビー，テニス，水泳，バドミントン，スキー，ダンス

**●文化系**　放送，美術，写真，吹奏楽，メカトロ，文芸，演劇，茶華道，自然科学

**●同好会**　鉄道研究, 英語研究, クラフト, 囲碁

バレーボール

**進　路**

名城大学への指向が強く，毎年300名弱の生徒が合格している。

**●主な国公立大学**(2024年度合格実績)

京都大, 名古屋大, 名古屋工業大, 愛知教育大, 岐阜大，三重大，名古屋市立大，愛知県立大, 静岡大，信州大，北海道大，大阪大，筑波大など

**●主な私立大学**(2024年度合格実績)

名城大，南山大，愛知大，中京大，豊田工業大, 早稲田大，明治大，立教大，法政大，東京理科大，青山学院大，中央大，同志社大，立命館大，関西大，関西学院大　など

**◎2024年度入試状況◎**

| 学　科 | 普通科 | | | | 総合学科 |
|---|---|---|---|---|---|
| | 特進 | スーパーサイエンス | 進学 | 国際 | |
| 募集数 | 120 | 40 | 274 | 40 | 160 |
| 応募者数 | 5323 | | | | 794 |
| 受験者数 | 5290 | | | | 788 |
| 合格者数 | 非公表 | | | | |

※スーパーサイエンスと国際は推薦・特色入試のみ

# 過去問の効果的な使い方

① **はじめに**　入学試験対策に的を絞った学習をする場合に効果的に活用したいのが「過去問」です。なぜならば，志望校別の出題傾向や出題構成，出題数などを知ることによって学習計画が立てやすくなるからです。入学試験に合格するという目的を達成するためには，各教科ともに「何を」「いつまでに」やるかを決めて計画的に学習することが必要です。目標を定めて効率よく学習を進めるために過去問を大いに活用してください。また，塾に通われていたり，家庭教師のもとで学習されていたりする場合は，それぞれのカリキュラムによって，どの段階で，どのように過去問を活用するのかが異なるので，その先生方の指示にしたがって「過去問」を活用してください。

② **目的**　過去問学習の目的は，言うまでもなく，志望校に合格することです。どのような分野の問題が出題されているか，どのレベルか，出題の数は多めか，といった概要をまず把握し，それを基に学習計画を立ててください。また，近年の出題傾向を把握することによって，入学試験に対する自分なりの感触をつかむこともできます。

過去問に取り組むことで，実際の試験をイメージすることもできます。制限時間内にどの程度までできるか，今の段階でどのくらいの得点を得られるかということも確かめられます。それによって必要な学習量も見えてきますし，過去問に取り組む体験は試験当日の緊張を和らげることにも役立つでしょう。

③ **開始時期**　過去問への取り組みは，全分野の学習に目安のつく時期，つまり，9月以降に始めるのが一般的です。しかし，全体的な傾向をつかみたい場合や，学習進度が早くて，夏前におおよその学習を終えている場合には，7月，8月頃から始めてもかまいません。もちろん，受験間際に模擬テストのつもりでやってみるのもよいでしょう。ただ，どの時期に行うにせよ，取り組むときには，集中的に徹底して取り組むようにしましょう。

④ **活用法**　各年度の入試問題を全問マスターしようと思う必要はありません。できる限り多くの問題にあたって自信をつけることは必要ですが，重要なのは，志望校に合格するためには，どの問題が解けなければいけないのかを知ることです。問題を制限時間内にやってみる。解答で答え合わせをしてみる。間違えたりできなかったりしたところについては，解説をじっくり読んでみる。そうすることによって，本校の入試問題に取り組むことが今の自分にとって適当かどうかが，はっきりします。出題傾向を研究し，合否のポイントとなる重要な部分を見極めて，入学試験に必要な力を効率よく身につけてください。

## 数学

各都道府県の公立高校の入学試験問題は，中学数学のすべての分野から幅広く出題されます。内容的にも，基本的・典型的なものから思考力・応用力を必要とするものまでバランスよく構成されています。私立・国立高校では，中学数学のすべての分野から出題されることには変わりはありませんが，出題形式，難易度などに差があり，また，年度によっての出題分野の偏りもあります。公立高校を含め，ほとんどの学校で，前半は広い範囲からの基本的な小問群，後半はあるテーマに沿っての数問の小問を集めた大問という形での出題となっています。

まずは，単年度の問題を制限時間内にやってみてください。その後で，解答の答え合わせ，解説での研究に時間をかけて取り組んでください。前半の小問群，後半の大問の一部を合わせて50%以上の正解が得られそうなら多年度のものにも順次挑戦してみるとよいでしょう。

## 英語

英語の志望校対策としては，まず志望校の出題形式をしっかり把握しておくことが重要です。英語の問題は，大きく分けて，リスニング，発音・アクセント，文法，読解，英作文の5種類に分けられます。リスニング問題の有無(出題されるならば，どのような形式で出題されるか)，発音・アクセント問題の形式，文法問題の形式(語句補充，語句整序，正誤問題など)，英作文の有無(出題されるならば，和文英訳か，条件作文か，自由作文か）など，細かく具体的につかみましょう。読解問題では，物語文，エッセイ，論理的な文章，会話文などのジャンルのほかに，文章の長さも知っておきましょう。また，読解問題でも，文法を問う問題が多いか，内容を問う問題が多く出題されるか，といった傾向をおさえておくことも重要です。志望校で出題される問題の形式に慣れておけば，本番ですんなり問題に対応することができますし，読解問題で出題される文章の内容や量をつかんでおけば，読解問題対策の勉強として，どのような読解問題を多くこなせばよいかの指針になります。

最後に，英語の入試問題では，なんと言っても読解問題でどれだけ得点できるかが最大のポイントとなります。初めて見る長い文章をすらすらと読み解くのはたいへんなことですが，そのような力を身につけるには，リスニングも含めて，総合的に英語に慣れていくことが必要です。「急がば回れ」ということわざの通り，志望校対策を進める一方で，英語という言語の基本的な学習を地道に続けることも忘れないでください。

## 国語

国語は，出題文の種類，解答形式をまず確認しましょう。論理的な文章と文学的な文章のどちらが中心となっているか，あるいは，どちらも同じ比重で出題されているか，韻文(和歌・短歌・俳句・詩・漢詩)は出題されているか，独立問題として古文の出題はあるか，といった，文章の種類を確認し，学習の方向性を決めましょう。また，解答形式は，記号選択のみか，記述解答はどの程度あるか，記述は書き抜き程度か，要約や説明はあるか，といった点を確認し，記述力重視の傾向にある場合は，文章力に磨きをかけることを意識するとよいでしょう。さらに，知識問題はどの程度出題されているか，語句(ことわざ・慣用句など)，文法，文学史など，特に出題頻度の高い分野はないか，といったことを確認しましょう。出題頻度の高い分野については，集中的に学習することが必要です。読解問題の出題傾向については，脱語補充問題が多い，書き抜きで解答する言い換えの問題が多い，自分の言葉で説明する問題が多い，選択肢がよく練られている，といった傾向を把握したうえで，これらを意識して取り組むと解答力を高めることができます。「漢字」「語句・文法」「文学史」「現代文の読解問題」「古文」「韻文」と，出題ジャンルを分類して取り組むとよいでしょう。毎年出題されているジャンルがあるとわかった場合は，必ず正解できる力をつけられるよう意識して取り組み，得点力を高めましょう。

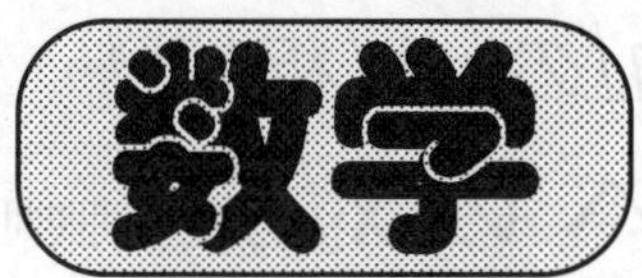

# 数学 出題傾向の分析と合格への対策

## ●出題傾向と内容

本年度の出題数は，大問が5題，小問数にして16題と，ほぼ例年並みである。

1が数・式の計算，平方根，方程式，連立方程式の利用，円周角の定理，2以降が大問で，2は関数・グラフ，3は大小2つのさいころを同時に投げる確率の問題，4は正三角形と相似，5は平面図形の長さの計量となっている。

いずれも，基礎的な知識や考え方が身についているか，また，それが応用できるかどうかを問う良問である。大問では，1つの問題の中に様々な分野が含まれていて，比較的少ない問題数のわりには，ボリューム感のある出題である。解答はマークシート方式を採用している。

### 学習のポイント

基本的な事項をしっかり固めておくことが重要。関数・グラフに関してはやや難しいものにも取り組んでおこう。

## ●2025年度の予想と対策

来年度も，出題の量・質ともに，これまでとほぼ同様の傾向が続くと思われる。基礎的な事項に根差しながらもやや工夫を必要とするものが多く，問題のレベルは標準的である。また，出題範囲も広く，中学数学のほぼすべての分野から出題されると考えておくとよい。

特に，関数・グラフと図形の融合問題は，例年，直線や放物線の式を求める問題，動点に関する問題，平行線を活用する問題，三平方の定理や相似比を用いての計量問題，面積の比を使う問題など多岐にわたっている。

基礎を固めた上で，標準レベルの問題集などで柔軟な思考力と正確な処理能力を養っておこう。

## ▼年度別出題内容分類表 ……

| | | 出題内容 | 2020年 | 2021年 | 2022年 | 2023年 | 2024年 |
|---|---|---|---|---|---|---|---|
| 数と式 | | 数の性質 | ○ | | | | ○ |
| | | 数・式の計算 | ○ | ○ | ○ | ○ | ○ |
| | | 因数分解 | | ○ | | | |
| | | 平方根 | ○ | ○ | ○ | ○ | |
| 方程式・不等式 | | 一次方程式 | ○ | | | ○ | |
| | | 二次方程式 | ○ | ○ | ○ | | ○ |
| | | 不等式 | | | | | |
| | | 方程式・不等式の応用 | ○ | ○ | | | ○ |
| 関数 | | 一次関数 | ○ | ○ | ○ | ○ | ○ |
| | | 二乗に比例する関数 | ○ | ○ | ○ | ○ | ○ |
| | | 比例関数 | | ○ | | ○ | |
| | | 関数とグラフ | ○ | ○ | ○ | ○ | ○ |
| | | グラフの作成 | | | | | |
| 図形 | 平面図形 | 角度 | ○ | ○ | ○ | ○ | |
| | | 合同・相似 | | | ○ | ○ | ○ |
| | | 三平方の定理 | ○ | | | ○ | |
| | | 円の性質 | ○ | | ○ | ○ | ○ |
| | 空間図形 | 合同・相似 | | | ○ | | |
| | | 三平方の定理 | | ○ | | | |
| | | 切断 | | | ○ | | |
| | 計量 | 長さ | ○ | ○ | ○ | ○ | ○ |
| | | 面積 | ○ | | | ○ | ○ |
| | | 体積 | ○ | ○ | ○ | | ○ |
| | | 証明 | | | | | |
| | | 作図 | | | | | |
| | | 動点 | | | | | |
| 統計 | | 場合の数 | | | | | |
| | | 確率 | ○ | ○ | ○ | ○ | ○ |
| | | 統計・標本調査 | | ○ | | | ○ |
| 融合問題 | | 図形と関数・グラフ | ○ | | | ○ | ○ |
| | | 図形と確率 | | | | ○ | |
| | | 関数・グラフと確率 | | | | | |
| | | その他 | | ○ | | ○ | ○ |
| その他 | | | ○ | ○ | ○ | ○ | |

名城大学附属高等学校

# 出題傾向の分析と合格への対策

## ●出題傾向と内容

本年度の問題は，語句補充問題，語句整序問題，文章中の不要な文を選ぶ問題，長文読解総合問題3題の計6題から構成されていた。解答はすべて番号をマークする形式となっている。

読解問題は会話文，物語文2題の2種類で，内容吟味，語句補充・選択，文法問題など，その内容も多岐にわたっている。各設問に答えるには，出題文の内容を的確に把握することが大切である。

その他の問題も，基礎的な，しっかりとした幅広い語彙力・文法力と読解力など総合的な英語力を必要とする問題になっている。

概して入試としては，標準レベルの出題なので，確実な解答が求められる。

### ✓学習のポイント

本校の入試英語問題の根底には，文法力を問うものが多く含まれる。問題演習を通し，文法力の確実な定着を目指そう。

## ●2025年度の予想と対策

来年度は，出題傾向やレベル，分量などにおいて，様々な出題形式に対応できるよう準備をする必要がある。

発音やアクセント問題が再び出題される可能性もある。日頃から，発音記号やアクセントの位置を確認し，声に出す習慣を身につけよう。

長文読解問題については，長い英文を速く読み，内容を的確に理解する力が試される傾向にあるので，読解問題中心の問題集を活用してできるだけ多くの英文を読む練習をしておこう。

文法に関する問題は，まぎらわしい答えを含む設問もあるので，基本的な事項を完全に理解しようとする姿勢が大切である。

## ▼年度別出題内容分類表……

| | 出題内容 | 2020年 | 2021年 | 2022年 | 2023年 | 2024年 |
|---|---|---|---|---|---|---|
| 話し方・聞き方 | 単語の発音 | ○ | | | | |
| | アクセント | ○ | | | | |
| | くぎり・強勢・抑揚 | | | | | |
| | 聞き取り・書き取り | | | | | |
| 語い | 単語・熟語・慣用句 | | ○ | ○ | ○ | ○ |
| | 同意語・反意語 | | | | | |
| | 同音異義語 | | | | | |
| 読解 | 英文和訳(記述・選択) | | | | | |
| | 内容吟味 | ○ | ○ | ○ | ○ | ○ |
| | 要旨把握 | ○ | ○ | | | |
| | 語句解釈 | ○ | ○ | | | |
| | 語句補充・選択 | ○ | ○ | ○ | ○ | ○ |
| | 段落・文整序 | | | | | |
| | 指示語 | ○ | | | | |
| | 会話文 | ○ | | | ○ | |
| 文法・作文 | 和文英訳 | | | | | |
| | 語句補充・選択 | ○ | ○ | ○ | | ○ |
| | 語句整序 | ○ | ○ | ○ | ○ | ○ |
| | 正誤問題 | | | | | |
| | 言い換え・書き換え | | | | | |
| | 英問英答 | | | ○ | ○ | ○ |
| | 自由・条件英作文 | | | | | |
| 文法事項 | 間接疑問文 | ○ | | | ○ | ○ |
| | 進行形 | ○ | ○ | ○ | | |
| | 助動詞 | ○ | ○ | | ○ | ○ |
| | 付加疑問文 | | | ○ | | |
| | 感嘆文 | | | | | |
| | 不定詞 | ○ | ○ | ○ | ○ | ○ |
| | 分詞・動名詞 | ○ | ○ | | ○ | |
| | 比較 | ○ | | | ○ | |
| | 受動態 | ○ | ○ | ○ | | |
| | 現在完了 | ○ | ○ | ○ | ○ | |
| | 前置詞 | ○ | | ○ | ○ | ○ |
| | 接続詞 | ○ | ○ | ○ | | ○ |
| | 関係代名詞 | ○ | | ○ | | |

名城大学附属高等学校

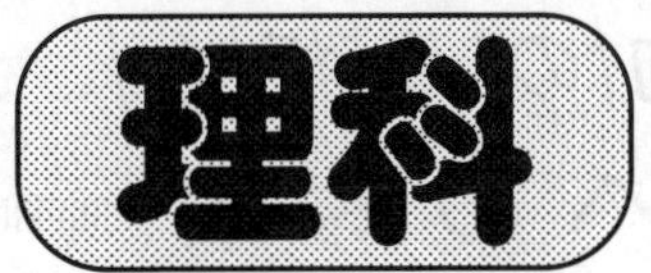

# 理科　出題傾向の分析と合格への対策

## ●出題傾向と内容

問題数は大問が4題，小問は25問である。時間に対して問題数は多すぎず，じっくり考えることができるが，大問1の総合問題が，案外時間を使うので注意したい。記号選択式とはいえ，1つ1つの設問で考えなければならない事項は多い。標準的な問題を中心に，応用問題や計算問題も出題されている。

出題範囲は広く，生物・地学・化学・物理の各分野にわたっている。実験の考察が詳細に問われることが多く，暗記よりも思考力を重視しているといえる。また，理科に関する時事問題も毎年のように出題されている。

### 学習のポイント

ふだんから計算の意味を考える習慣をつけておくことも必要である。

## ●2025年度の予想と対策

来年度も，試験時間，出題数，問題レベルとも本年度と同様になると思われる。標準レベルの問題を確実に得点できることが大切であるが，丸暗記では対応しにくい。また，実験観察をもとにした考察問題や計算問題が出題されやすいので，速く正確に処理できるように練習しておくことが大切である。結果だけでなく，その原因など本質的な理解を求められる。基礎を固め，練習問題で柔軟に対処できるだけの実力をつけるようにしよう。また，時事問題も出題されるので，ニュースもチェックしておきたい。

選択肢が長いものが多いので，的確にすばやく要点をつかみたい。

## ▼年度別出題内容分類表……

| | 出題内容 | 2020年 | 2021年 | 2022年 | 2023年 | 2024年 |
|---|---|---|---|---|---|---|
| 第一分野 | 物質とその変化 | ○ | ○ | ○ | | ○ |
| | 気体の発生とその性質 | ○ | | ○ | | |
| | 光と音の性質 | ○ | | | | ○ |
| | 熱と温度 | | | | | |
| | 力・圧力 | | ○ | | ○ | ○ |
| | 化学変化と質量 | ○ | ○ | | | |
| | 原子と分子 | ○ | | | ○ | |
| | 電流と電圧 | | ○ | | ○ | ○ |
| | 電力と熱 | | ○ | ○ | ○ | ○ |
| | 溶液とその性質 | ○ | ○ | | ○ | |
| | 電気分解とイオン | ○ | | ○ | ○ | ○ |
| | 酸とアルカリ・中和 | | | | ○ | ○ |
| | 仕事 | | | | ○ | |
| | 磁界とその変化 | ○ | | | | |
| | 運動とエネルギー | ○ | ○ | ○ | | |
| | その他 | | | | | |
| 第二分野 | 植物の種類とその生活 | ○ | ○ | | ○ | |
| | 動物の種類とその生活 | ○ | ○ | | | |
| | 植物の体のしくみ | ○ | | ○ | | ○ |
| | 動物の体のしくみ | | | | | ○ |
| | ヒトの体のしくみ | | ○ | ○ | ○ | ○ |
| | 生殖と遺伝 | ○ | | ○ | ○ | ○ |
| | 生物の類縁関係と進化 | | | | | |
| | 生物どうしのつながり | | | | | |
| | 地球と太陽系 | ○ | | ○ | ○ | |
| | 天気の変化 | | ○ | | | ○ |
| | 地層と岩石 | | ○ | ○ | | |
| | 大地の動き・地震 | ○ | | | ○ | ○ |
| | その他 | | ○ | | | ○ |

名城大学附属高等学校

# 社会　出題傾向の分析と合格への対策

## ●出題傾向と内容

本年度も，全問マークシートで大問数が4題，小問数が28問で前年までと同様である。

小問の分野別内訳も地理的分野が7問，歴史的分野が11問，公民的分野が7問，総合問題が3問で変わりはなく，歴史的分野の割合がやや高い。地理分野では世界の各地域の地誌，地形図，日本の人口，地方の地誌に関するものが出された。歴史分野では古代から現代まで，日本の歴史だけでなく世界史分野のものも出されている。公民分野では地方自治，選挙，政治のしくみの他，時事的な事柄も出題されている。全般にやや細かい事柄も問われているので，しっかりと対策を立てることが必要である。

### ✓学習のポイント

地理：資料から，諸地域の特色を読み取ろう。
歴史：基本事項を整理し，歴史の流れをつかもう。
公民：憲法を意識し，政治・経済を整理しよう。

## ●2025年度の予想と対策

来年度も，全問マークシート方式の出題が予想される。大問数，小問数，出題レベルともに例年と大きな変化はないだろう。

地理的分野では，教科書の内容をしっかり理解するとともに，地図に慣れ親しんでおくことが大切である。統計資料の読み取りも練習しておきたい。また，資料集の図版等も印象にとめておきたい。歴史的分野では，各時代の政治・外交・社会・文化について，主要な出来事・人物・地名・年代などを確実に答えられるようにしておくこと。また，世界史の出題も多いので，基本事項をチェックしておこう。公民的分野では，教科書の基本的な内容の理解とともに，時事的な観点からもよく出題されるので，日ごろから新聞やテレビなどのニュースにも注意しながら学習を進めることが大切である。単に言葉を知っているだけではなく，どういうものなのかを含めての知識を広げたい。

## ▼年度別出題内容分類表 ……

| | | 出題内容 | 2020年 | 2021年 | 2022年 | 2023年 | 2024年 |
|---|---|---|---|---|---|---|---|
| 地理的分野 | （日本） | 地形図 | ○ | ○ | ○ | ○ | ○ |
| | | 地形・気候・人口 | ○ | ○ | ○ | ○ | ○ |
| | | 諸地域の特色 | ○ | ○ | | | |
| | | 産業 | | | | | |
| | | 交通・貿易 | ○ | ○ | | | |
| | | 人々の生活と環境 | ○ | ○ | ○ | ○ | ○ |
| | （世界） | 地形・気候・人口 | ○ | ○ | ○ | ○ | ○ |
| | | 諸地域の特色 | ○ | ○ | ○ | ○ | ○ |
| | | 産業 | ○ | | ○ | | ○ |
| | | 交通・貿易 | | ○ | | ○ | |
| | 地理総合 | | | | | | |
| 歴史的分野 | （日本史） | 各時代の特色 | ○ | ○ | ○ | ○ | ○ |
| | | 政治・外交史 | ○ | ○ | ○ | ○ | ○ |
| | | 社会・経済史 | ○ | ○ | ○ | ○ | ○ |
| | | 文化史 | ○ | ○ | ○ | ○ | |
| | | 日本史総合 | | | | | |
| | （世界史） | 政治・社会・経済史 | ○ | ○ | ○ | ○ | ○ |
| | | 文化史 | | | | | |
| | | 世界史総合 | | | | | |
| | 日本史と世界史の関連 | | | ○ | ○ | | |
| | 歴史総合 | | | | | | |
| 公民的分野 | 家族と社会生活 | | | | ○ | | |
| | 経済生活 | | ○ | | ○ | | ○ |
| | 日本経済 | | ○ | | ○ | ○ | ○ |
| | 憲法（日本） | | ○ | ○ | | | ○ |
| | 政治のしくみ | | ○ | ○ | ○ | ○ | ○ |
| | 国際経済 | | | | ○ | | |
| | 国際政治 | | ○ | | ○ | ○ | |
| | その他 | | ○ | ○ | | ○ | |
| | 公民総合 | | | ○ | ○ | | |
| 各分野総合問題 | | | | | | | |

名城大学附属高等学校

# 出題傾向の分析と合格への対策

## ●出題傾向と内容

本年度も，例年の傾向どおり，論説文1題と古文1題の計2題による大問構成であった。

論説文では，内容説明，理由説明，要旨の理解といった読解に関する問題を中心に，文章構成や漢字，語句の意味や文法の問題も出題された。

古文は『宇治拾遺物語』からの出題で，これまで同様，現代語訳がついている。主語の特定，語句の意味，内容吟味のほか，心情や内容真偽の問題などが出された。

いずれの文章も内容の細かい把握が要求される問題が多く，時間配分に注意を要する。

解答形式は，本年度もすべてマークシート方式が採用されている。

### 学習のポイント

・様々なテーマの論説文を読み，読解力を高めよう。
・基本的な古文の知識をおさえ，古文を読み慣れるようにしよう。

## ●2025年度の予想と対策

近年の傾向から，来年度も論説文と古文からの出題は変わらないものと予想される。

論説文は，段落ごとの大意を的確に把握して内容をとらえていき，筆者の主張を読み取ることが大切である。

古文は，まずは教科書程度の古語や文法などの知識を確実に身につけ，問題集や史料集で，さまざまな文章を読み慣れておいたほうがよい。本年度は出題のなかった文学史，俳句についても，代表的な作品はおさえておきたい。

漢字，熟語，同音異義語，対義語，慣用句，ことわざ，文法などは，教科書程度の知識が確実に求められる。

## ▼年度別出題内容分類表 ……

| 出題内容 | | | 2020年 | 2021年 | 2022年 | 2023年 | 2024年 |
|---|---|---|---|---|---|---|---|
| 内容の分類 | 読解 | 主題・表題 | | | ○ | | |
| | | 大意・要旨 | ○ | ○ | ○ | ○ | ○ |
| | | 情景・心情 | | | ○ | ○ | |
| | | 内容吟味 | ○ | ○ | ○ | ○ | ○ |
| | | 文脈把握 | ○ | ○ | ○ | ○ | ○ |
| | | 段落・文章構成 | ○ | | ○ | ○ | ○ |
| | | 指示語の問題 | | ○ | | | ○ |
| | | 接続語の問題 | ○ | ○ | ○ | ○ | ○ |
| | | 脱文・脱語補充 | ○ | ○ | ○ | ○ | ○ |
| | 漢字・語句 | 漢字の読み書き | ○ | ○ | ○ | ○ | ○ |
| | | 筆順・画数・部首 | | | | | |
| | | 語句の意味 | ○ | ○ | ○ | ○ | ○ |
| | | 同義語・対義語 | | | | | |
| | | 熟語 | | | | | |
| | | ことわざ・慣用句 | | ○ | | | |
| | 表現 | 短文作成 | | | | | |
| | | 作文(自由・課題) | | | | | |
| | | その他 | | | | | |
| | 文法 | 文と文節 | | | | | ○ |
| | | 品詞・用法 | ○ | ○ | ○ | ○ | |
| | | 仮名遣い | | | | | |
| | | 敬語・その他 | ○ | | | | |
| | 古文の口語訳 | | | ○ | | ○ | ○ |
| | 表現技法 | | ○ | | | | |
| | 文学史 | | | | | ○ | ○ |
| 問題文の種類 | 散文 | 論説文・説明文 | ○ | ○ | ○ | ○ | ○ |
| | | 記録文・報告文 | | | | | |
| | | 小説・物語・伝記 | | | | | |
| | | 随筆・紀行・日記 | | | | | |
| | 韻文 | 詩 | | | | | |
| | | 和歌(短歌) | | | | | |
| | | 俳句・川柳 | | | | | |
| | 古文 | | ○ | ○ | ○ | ○ | ○ |
| | 漢文・漢詩 | | | | | | |

名城大学附属高等学校

# 2024年度 合否の鍵はこの問題だ!!

## 数学　2

定番の関数の問題であるが，座標を文字でおいていること，さらに，負の$x$座標を文字でおくことによって，この問題を難しくさせている。正負の値に気を付けながら解いていくようにしたい。

(1)　$y=ax^2$にP$(6,\ 9)$を代入すると，$9=36a$　　$a=\frac{1}{4}$となる。

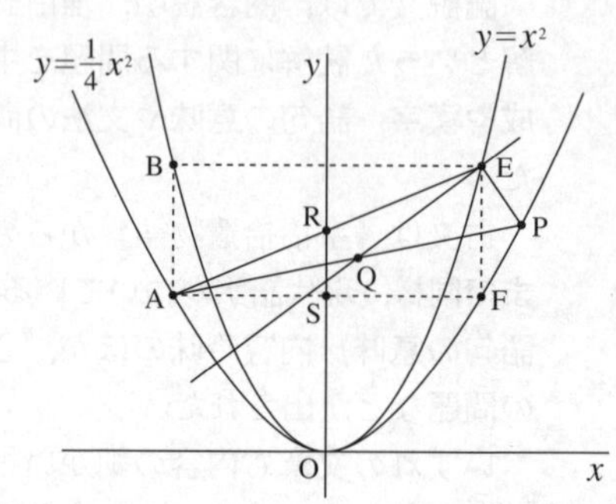


(2)　$y=x^2$，$\frac{1}{4}x^2$に$x=t$をそれぞれ代入すると，$y=t^2$，$y=\frac{1}{4}t^2$となるから，$\mathrm{A}\left(t,\ \frac{1}{4}t^2\right)$，$\mathrm{B}(t,\ t^2)$と表せる。また，点AとF，点BとEはそれぞれ$y$軸について対称なので，$\mathrm{E}(-t,\ t^2)$，$\mathrm{F}\left(-t,\ \frac{1}{4}t^2\right)$と表せる。よって，$\mathrm{AB}=\mathrm{EF}=t^2-\frac{1}{4}t^2=\frac{3}{4}t^2$，$\mathrm{AF}=\mathrm{BE}=(-t)-t=-2t$であるから，四角形BAFEの周の長さが40となるとき，$\frac{3}{4}t^2\times2+(-2t)\times2=40$　　$3t^2-8t-80=0$

$t=\frac{-(-8)\pm\sqrt{(-8)^2-4\times3\times(-80)}}{2\times3}=\frac{20}{3}$，$-4$　　$t<0$より，$t=-4$である。

(3)　三角形の1つの頂点を通り，面積を二等分する直線は，求める直線の通る頂点の対辺の中点を通る。線分APの中点をQとすると，求める直線は直線EQである。(2)より，$\mathrm{A}(-4,\ 4)$であるから，$\mathrm{Q}\left(\frac{-4+6}{2},\ \frac{4+9}{2}\right)=\mathrm{Q}\left(1,\ \frac{13}{2}\right)$である。(2)より，$\mathrm{E}(4,\ 16)$であるから，線分EQの$x$の増加量は$4-1=3$，$y$の増加量は$16-\frac{13}{2}=\frac{19}{2}$となるので，変化の割合は$\frac{y\text{の増加量}}{x\text{の増加量}}=y$の増加量$\div x$の増加量より，$\frac{19}{2}\div3=\frac{19}{6}$　　よって，直線EQの傾きは$\frac{19}{6}$であるから，直線EQの方程式を$y=\frac{19}{6}x+b$とおいて，$\mathrm{E}(4,\ 16)$を代入すると，$16=\frac{38}{3}+b$　　$b=\frac{10}{3}$　　したがって，求める直線の方程式は$y=\frac{19}{6}x+\frac{10}{3}$である。

(4)　線分AEと$y$軸の交点をR，線分AFと$y$軸の交点をSとする。$y$軸を回転の軸として，△BAEを1回転させてできる回転体は中心S，半径ASの円を底面とし，高さABの円柱から，中心S，半径ASの円を底面とし，高さRSの円錐を引いた形になる。$\mathrm{A}(-4,\ 4)$より，$\mathrm{S}(0,\ 4)$であるから，$\mathrm{AS}=0-(-4)=4$，(2)より，$\mathrm{B}(-4,\ 16)$であるから，$\mathrm{AB}=16-4=12$である。ここで，(1)より，$\mathrm{E}(4,\ 16)$であるから，直線AEの傾きは$\frac{16-4}{4-(-4)}=\frac{3}{2}$　　直線AEの方程式を$y=\frac{3}{2}x+c$とおいて，$\mathrm{A}(-4,\ 4)$を代入すると，$4=-6+c$　　$c=10$　　よって，直線AEの方程式は$y=\frac{3}{2}x+10$であり，$\mathrm{R}(0,\ 10)$となる。よって，$\mathrm{RS}=10-4=6$であるから，求める体積は$4\times4\times\pi\times12-\frac{1}{3}\times4\times4\times\pi\times6=160\pi$である。

# 英語 2

2の語句整序問題は，語句整序問題としてはかなり独特な設問形式で，設問文をしっかり理解せずに取り組むと思わぬミスにつながる。日本語の意味は与えられているが，与えられている語句に不足する語があるかもしれないというもので，文法，品詞の働き，文構造などの細かい知識が必要になる。その分，難易度は高く，ここでどれだけ正解できたかは合否の1つの大きな分かれ目になったはずである。特に問5は基本的だが重要な文法事項と語法が含まれる問題で，ここでの失点は合格点に達するうえで大きく影響する。ここで再度この問題を検討し，基本事項の大切さをあらためて認識する機会としたい。

ポイントは2つある。最初は文全体の構造にかかわるもので，「私は彼女に，宿題を手伝ってくれるように頼んだ」という日本語からまず押さえたいものである。「彼女に～してくれるように頼んだ」という内容から，〈ask ＋人＋ to ＋動詞の原形〉「(人)に～するように頼む」という形を押さえなければならない。この構文がわからないとこの問題で正解することはまず不可能である。この表現と同じ構造の，〈tell ＋人＋ to ＋動詞の原形〉「(人)に～するように言う」，〈want ＋人＋ to ＋動詞の原形〉「(人)に～してもらいたい」は最低限覚えておかなくてはならない。動詞の直後に「人」を表す目的語，不定詞〈to ＋動詞の原形〉が続くという形に慣れておこう。この形に慣れておくことで，例えば動詞が advise「助言する」，order「命じる」などの見慣れない動詞になっても「(人)に～するように…する」という大まかな内容がつかめるようになる。

もう1つのポイントは，help という動詞の使い方である。例えば「この仕事を手伝ってください」という日本文を英語で表そうとするとき，日本語に引きずられて Please help this work. と考えてしまわないだろうか。重要なのは，help は「人を助ける，人に力を貸す」という意味の動詞で，help の目的語に「仕事」，「宿題」といった物事はこないということだ。例えば help my homework とすれば，「私の宿題に力を貸す」ということになるが，力を貸す相手は「私」であることを考えれば不自然な表現であることがわかるだろう。「この仕事を手伝ってください」という文では，助ける対象は「この仕事」をする「私」なので，help me としなくてはならない。「(人)の～を手伝う」というときは，〈help ＋人＋ with ～〉の形で表すので，Please help me with this work. が正しい英文である。単純に，〈help ＋人〉という基本形をしっかり覚えておこう。

これで，I asked her to help me with my homework. という正しい英文が完成するが，これまで見てきたように，この問題には，〈ask ＋人＋ to ＋動詞の原形〉「(人)に～するように頼む」，〈help ＋人＋ with ～〉「(人)の～を手伝う」という文の骨組みを作るものと，間違えやすい語法が含まれていて，簡単に正解するには難しい問題となっている。

〈ask ＋人＋ to ＋動詞の原形〉の形については上で同様の表現を挙げたが，help の用法についても，〈help ＋人＋動詞の原形〉「(人)が～するのを手伝う，(人)が～するのに役立つ」を覚えておこう。I helped him carry the heavy desk.「私は彼が重たい机を運ぶのを手伝った」のように使い，入試問題では頻出することが予測される。

もちろん，他にも重要な構文や語法は多くあるが，それらをやみくもに覚えこもうとするのではなく，形をしっかり理解したうえで個々の意味を覚えることで，応用も利くようになる。

## 理科　4

今年度の大問は4題で，生物・地学・物理・化学分野からの小問集合の大問が1題，物理分野，化学分野，生物分野から1題ずつ出題されていた。試験時間に対しての問題数は適当ではあるが，出題単元が広く，問題文からしっかりと条件を読み取る必要があり，それをもとにして思考を要求される問題もあるため，記号選択式とはいえやや難易度の高い問題もある。鍵となる問題としては，4の問3～問5をとりあげる。

4の問3～問5は，ある動物種に関して与えられた情報から生育について考えていく問題で，いわゆる典型題ではなく，読解力と思考力を要求される問題である。また，いずれも計算が必要となる問題であった。問3は，表2で与えられた条件をどのように利用するかを問う問題であった。問題文での条件を表の条件に置きかえて方程式を立てることができれば正解はそれほど難しくはない。いろいろな実験・考察問題にとり組んでとまどわずに解けるようになっておきたい。問4は，産卵数→1年後の生存数→…と順に計算していくだけの問題であるので，確実に正解しておきたい。問5は1回の産卵数を$x$個と置いて文字式で考えていくこともできるが，計算に手間がかかってしまう。ここでは，問5は問4に関連した問題であり，問4で，4年後の生存数を求める際に，生殖可能な2年後・3年後の個体数も計算していることに気づき，これを利用することを考えられるようになりたい。そうすることで，計算の手間が大きく削減できる。

本校の問題の中には時間が十分にあればどのような方法でも解ける問題ではあるが，試験時間内でとなると工夫が必要になるものもある。日頃から，いろいろな解法を検討する習慣をつけておこう。

## 社会　1

地理分野の問題で，日本，世界の自然，社会，産業などが幅広く問われた。受験生が不得意とする世界地理の問題が多く含まれていたことから，苦戦した受験生が多かったと思われる。

問1は，アメリカ合衆国，中国，インドの3か国を，面積，人口，国内総生産などのデータから判別する問題。アメリカ合衆国と中国の面積に大きな差がないことを知っていれば，正解するのは容易である。問2はアメリカ合衆国の工業に関する正誤判定問題。シリコンバレーについての正しい知識の有無が問われた。問3は赤道が含まれる地図を選択する問題。赤道の位置は世界地理の基礎，基本である。このレベルの問題ができないと，合格することは難しくなる。問4は，米，小麦の生産量，輸出量に関する問題。米の輸出量を示すグラフの統計年次がやや古く，戸惑った受験生が多かったかもしれない。問5は衛星写真を用いた問題。新旧2枚の写真から読み取れることから考えるという本校らしい良問である。問6はある指標をもとに都道府県を3段階に色分けした日本地図を用い，その指標が何なのかを考えさせる問題。論理的に考えることが必要な良問である。消去法で考えると良いかもしれない。問7は地形図の読み取り問題。新旧2枚の地形図をていねいに見比べることができれば，正解するのは容易である。

# 国語　2　問7

★ 合否を分けるポイント

本文の内容に対する六人の生徒の会話の正誤を判断させる設問である。本文全体の内容を正確に理解することが求められているので，この問題に正解できるかどうかが合否を分けることになる。六人の中から，二つの適当な会話を選ぶものなので，〔現代語訳〕を参考にしながらすべての選択肢に目を通し，自信を持って答えられるようにしたい。

★ こう答えると「合格」できない！

〔本文〕では，「遣唐使」が「父」であったり「妻」が「母」と書かれていたりするので，人物が混同しやすい。そのままでは正しい内容を読み取ることができず，「合格」できない。〔現代語訳〕に目を通し，それぞれの人物とその関係を理解した上で，選択肢にあたろう。

★ これで「合格」！

正誤を判断した上で適当なものを二つ選び出さなくてはならないので，それぞれの選択肢を丁寧に照合しなくてはならない。順番に見ていこう。生徒Aの会話文は，「妻に契りていはく，『異遣唐使行かんにつけて，消息やるべし。またこの子，乳母離れんほどには迎へ取るべし』と契りて帰朝しぬ」を踏まえているので適当だ。生徒Bの「日常的によく行われていた」，生徒Cの「遣唐使の従者が子どもを見つける」，生徒D「死んだと決めつけていた」とは読み取れない。生徒Eの会話は2段落ではなく，3段落を踏まえている。生徒Fの会話文は，遣唐使の子の字がすばらしく「七大寺の額どもは，これが書きたるなりけりと。」を踏まえていることを確認すれば，適当なものを二つ選ぶことができ，「合格」だ！〔現代語訳〕が付されないことも考えられるので，ふだんから基本的な知識を身につけ古文に読み慣れて十分な実力をつけておくこと意識したい。

大切なことはメモしておこうネ！

T・G

# 2024年度

★★★★★★★★★★★★★★★★★★★★★★★

# 入　試　問　題

# 2024年度

# 名城大学附属高等学校入試問題

【数　学】（40分）　　＜満点：100点＞

【注意】 数学については，問題文中の [ア]，[イ] などの [　] には，特に指示のない限り，数値または符号（－）が入ります。これらを次の方法で解答記入欄にマークしなさい。

⑴　ア・イ・ウ………の一つ一つは，それぞれ0から9までの数字または（－）のいずれか一つに対応します。それらをア・イ・ウ…で示された解答記入欄にマークします。

(例) [ア][イ] に「－４」と答えるとき

| | | | | | | | | | | | |
|---|---|---|---|---|---|---|---|---|---|---|---|
| ア | ● | ⓪ | ① | ② | ③ | ④ | ⑤ | ⑥ | ⑦ | ⑧ | ⑨ |
| イ | ㊀ | ⓪ | ① | ② | ③ | ● | ⑤ | ⑥ | ⑦ | ⑧ | ⑨ |

⑵　分数や無理数の形で解答が求められているときは，最も簡単な形で答えなさい。（－）の符号は分子につけ，分母につけてはいけません。

(例) $\dfrac{[ウ][エ]}{[オ]}$ に「$-\dfrac{8}{5}$」と答えるとき

| | | | | | | | | | | | |
|---|---|---|---|---|---|---|---|---|---|---|---|
| ウ | ● | ⓪ | ① | ② | ③ | ④ | ⑤ | ⑥ | ⑦ | ⑧ | ⑨ |
| エ | ㊀ | ⓪ | ① | ② | ③ | ④ | ⑤ | ⑥ | ⑦ | ● | ⑨ |
| オ | ㊀ | ⓪ | ① | ② | ③ | ④ | ● | ⑥ | ⑦ | ⑧ | ⑨ |

⑶　定規，分度器，コンパスは使用できません。

**1**　次の問いに答えなさい。

⑴　２次方程式 $(x-1)(x+2)=15\times18$ を解くと，$x=$ [ア][イ]，[ウ][エ][オ] である。

⑵　$\dfrac{2x+5y}{3}-\dfrac{x-y}{4}=\dfrac{[カ]x+[キ][ク]y}{12}$ である。

⑶　$(a+1)(b+1)=5$，$(a+2)(b+2)=10$ のとき，$(a+3)(b+3)=$ [ケ][コ] である。

⑷　$\sqrt{2024-n}$ が自然数となるもののうち，$\sqrt{2024-n}$ がもっとも大きくなるのは，$n=$ [サ][シ] のときである。ただし，$n$ は自然数とする。

⑸　パン１個と牛乳１本を買いに行った。１年前は合計350円で買えたものが，牛乳の金額は２割増し，パンの金額は３割増しになり合計440円だった。

現在の牛乳１本の金額は [ス][セ][ソ] 円である。

⑹　図の正十角形について，$x=$ [タ][チ] である。

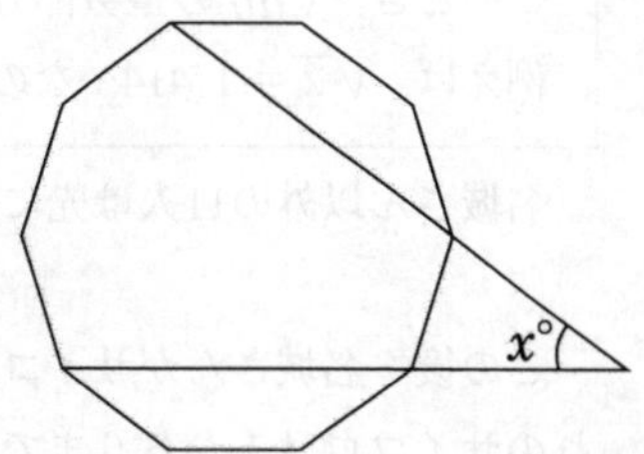

**2** 関数$y=x^2$のグラフ上に点B，点Eがあり，関数$y=ax^2$（$a>0$）のグラフ上に点A，点F，点Pがある。点Aと点B，点Eと点Fの$x$座標はそれぞれ等しく，点Bと点E，点Aと点Fの$y$座標もそれぞれ等しいものとする。ただし，4点A，B，E，Fはすべて異なるものとする。また点Pの座標を（6，9），点Aの$x$座標を$t$とするとき，次の問いに答えなさい。ただし，$t<0$とする。

(1) $a$の値は$\dfrac{\boxed{ア}}{\boxed{イ}}$である。

(2) 四角形BAFEの周の長さが40となるとき，$t=\boxed{ウ}\boxed{エ}$である。

以下，$t=\boxed{ウ}\boxed{エ}$の場合を考える。

(3) 点Eを通り，△APEの面積を2等分する直線の方程式は

$y=\dfrac{\boxed{オ}\boxed{カ}}{\boxed{キ}}x+\dfrac{\boxed{ク}\boxed{ケ}}{\boxed{コ}}$である。

(4) $y$軸を回転の軸として△BAEを1回転させてできる回転体の体積は$\boxed{サ}\boxed{シ}\boxed{ス}\pi$である。

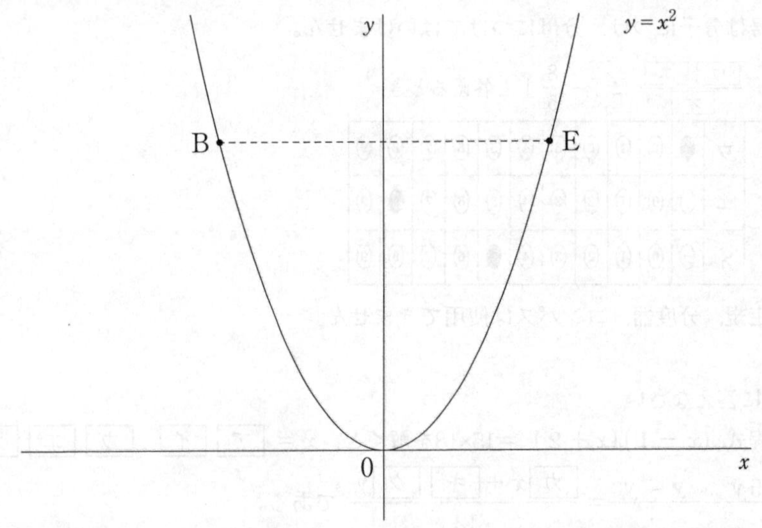


**3** 名城さんを含む小学生12人が，景品でアメがもらえるゲーム大会に参加した。もらえるアメの個数は以下のルールで決まっている。

〈ルール〉

大小2個のサイコロを投げて，大きいサイコロの出た目を$a$，小さいサイコロの出た目を$b$とする。

このとき，$\sqrt{ab}$の整数部分の値がもらえるアメの個数となる。

例えば，$\sqrt{2}=1.414\cdots$なので，$\sqrt{2}$の整数部分は1である。

名城さん以外の11人は先にゲームを行い，もらえたアメの個数は以下のようになった。

1，5，2，1，2，3，4，5，5，2，4

この後，名城さんがサイコロを投げるとき，次の問いに答えなさい。ただし，大小2個のそれぞれのサイコロは1から6までのどの目が出ることも同様に確からしいものとする。

(1)　12人の小学生がもらえたアメの個数の平均値が3より小さくなる確率は $\frac{\boxed{ア}}{\boxed{イ}\boxed{ウ}}$ である。

(2)　12人の小学生がもらえたアメの個数の最頻値が素数のみになる確率は $\frac{\boxed{エ}}{\boxed{オ}}$ である。

**4**　下の図において，△ACB，△CED，△EGFは正三角形である。また，4点A，C，E，Gは一直線上にあり，線分AFと辺BC，辺CD，辺DEの交点をそれぞれH，I，Jとする。

辺ACの長さが1，辺CEの長さが2，辺EGの長さが3，△DCEの面積が$\sqrt{3}$のとき，次の問いに答えなさい。

(1)　線分EJの長さは $\frac{\boxed{ア}}{\boxed{イ}}$ である。

(2)　△CHIと△EJFの面積の比は $\boxed{ウ}:\boxed{エ}$ であり，面積の和は $\frac{\boxed{オ}\sqrt{\boxed{カ}}}{\boxed{キ}}$ である。

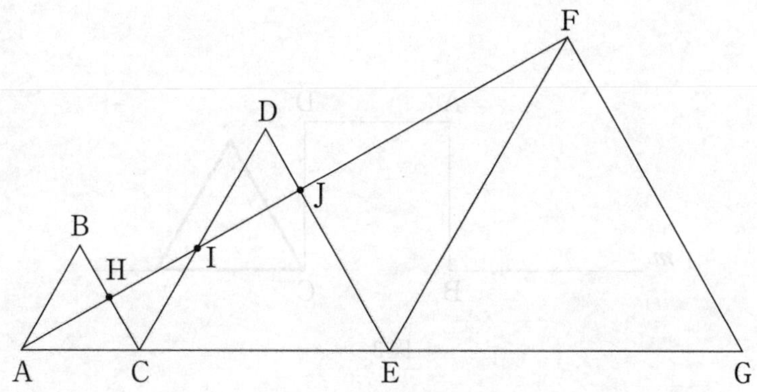


**5**　次の問いに答えなさい。

(1)　1辺の長さが5㎝である正三角形PQRがあり，図1のように辺PQは直線$\ell$上にある。正三角形PQRは滑ることなく矢印の向きに直線$\ell$に沿って回転する。図1の状態から，再び辺PQが直線$\ell$上にくるまで回転したとき，頂点Pがえがく線の長さは $\frac{\boxed{ア}\boxed{イ}}{\boxed{ウ}}\pi$㎝である。

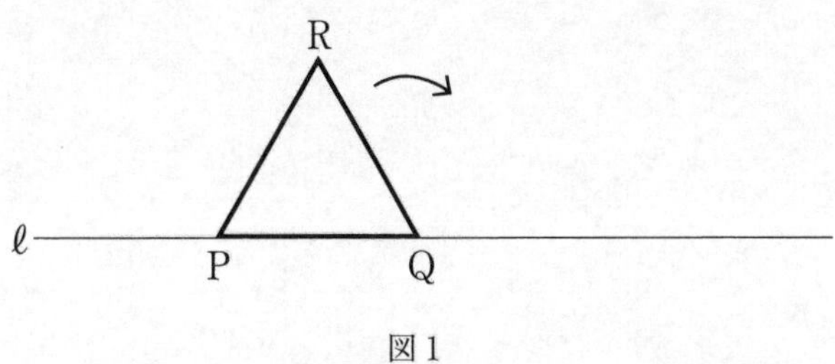


図1

(2) 図２のように，AB＝AD＝CD＝５㎝，∠BAD＝∠ADC＝90°となるよう(1)の直線 $\ell$ を折り曲げ，その折れ線を $m$ とする。１辺の長さが５㎝である正三角形PQRは滑ることなく矢印の向きに，折れ線 $m$ に沿って回転する。点B，点Qが重なっている図２の状態から図３の状態になるまで回転したとき，頂点Pのえがく線の長さは $\frac{\boxed{エ}\boxed{オ}}{\boxed{カ}}\pi$ ㎝である。

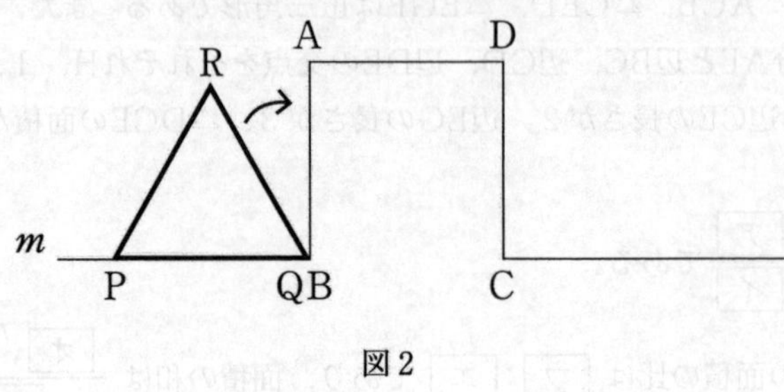


図２

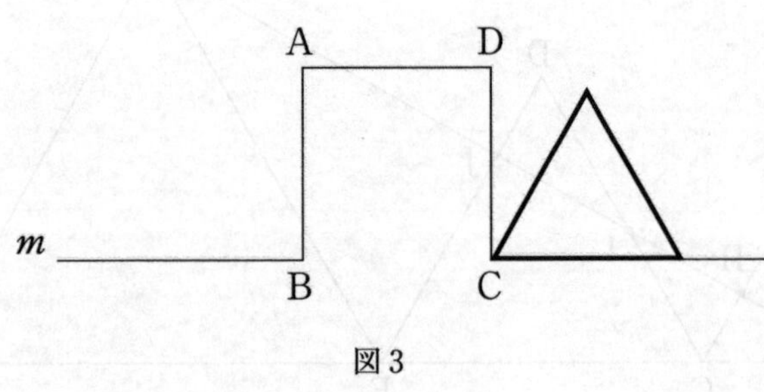


図３

【英　語】（40分）　<満点：100点>

**1**　次の各英文の，（　）に入る語（句）はどれですか。①～⑤の中から，最も適当なものを選び，その番号をマークしなさい。

問1　She is very proud (　) her bonsai and loves showing it to visitors.　解答番号は 1 です。

①　with　②　of　③　to　④　in　⑤　on

問2　(　　) we go to the movie theater?　解答番号は 2 です。

①　Let　②　What don't　③　How are
④　Why don't　⑤　Where do

問3　The baby was named (　) his uncle.　解答番号は 3 です。

①　before　②　after　③　to　④　over　⑤　since

問4　Mary has few friends. (　　) John, he is always with a lot of friends.　解答番号は 4 です。

①　Instead of　②　According to　③　As for
④　After all　⑤　Even if

問5　He has two other children (　) Alan.　解答番号は 5 です。

①　besides　②　among　③　below　④　above　⑤　beside

問6　Take the JR Line to Nagoya, and change (　　) there.　解答番号は 6 です。

①　stations　②　seats　③　turns　④　taxies　⑤　trains

問7　A few years ago I worked (　) a taxi driver.　解答番号は 7 です。

①　as　②　on　③　such　④　against　⑤　at

問8　The school provides all its students (　) books.　解答番号は 8 です。

①　with　②　of　③　to　④　about　⑤　on

問9　This is a library. You (　) be quiet.　解答番号は 9 です。

①　may　②　must　③　can　④　must not　⑤　won't

問10　Maria tried (　) a hat, but it was too big for her.　解答番号は 10 です。

①　to be　②　on　③　for　④　at　⑤　being

**2**　次の各日本文に合うように語（句）を並べかえた場合，不足する語がある場合は，その単語の頭文字を①～④の中から選び，その番号をマークしなさい。不足する語が無い場合は，⑤の「なし」をマークしなさい。

問1　わたしは叔父がいかに偉大であるか分かっています。　解答番号は 11 です。

I ( how / my uncle / is / understand / great ).

①　m　②　i　③　t　④　k　⑤　なし

問2　この電子機器の使い方を教えてもらえますか？　解答番号は 12 です。

Can ( to / this electronic / you / me / use / show / device )?

①　h　②　i　③　e　④　d　⑤　なし

問3　私は彼女が絶滅危惧動物を保護することは大切だと思います。　解答番号は 13 です。

I think ( for / to protect / it / important / her / endangered animals / is ).

①　f　②　s　③　a　④　w　⑤　なし

問4　この音楽は私の若い頃を思い出させます。　解答番号は 14 です。

This ( music / younger / my / me / days / reminds ).

①　b　②　l　③　w　④　o　⑤　なし

問5　私は彼女に，宿題を手伝ってくれるように頼んだ。　解答番号は 15 です。

I ( homework / asked / me / help / to / her / my ).

①　h　②　w　③　f　④　m　⑤　なし

**3**　次の各英文中に不要な文が一つあります。下線部①～⑤の中から，取り除く文として最も適当なものを選び，その番号をマークしなさい。

問1

Linda loves the park. ①There is so much to do. First, she looks at the sky. ②One cloud looks like a dog. Another cloud looks like a sheep. Later, she gives food to the *ducks. They are hungry. ③The sheep is hungry, too. Linda throws some bread. ④They enjoy the food. Finally, Linda watches the sun. ⑤It goes down. It is beautiful.

解答番号は 16 です。

問2

There are about 7,000 languages in the world. English is one of the most important languages because many people use it. ①It is used in England, the United States, Australia, and many other places. About 373 million people speak it as their *mother tongue. ②About one billion people use it as a second language.

③Spanish is another important language. People speak Spanish in Spain and in most of the countries of South America. ④In the United States, there are many people who can speak Spanish. It is an important language which is taught in most schools. ⑤In America, you must study more than two languages in every school.

解答番号は 17 です。

問3

Humans have known about the power of color for a long time. ①People in old *times used colors to take care of sick people. People believed that each color had a *healing power. ②For example, people used blue to decrease *pain. ③Even today, some people still think color can make people *healthy. ④Some people think they are unlucky when they see a black cat. ⑤However, research shows that color can only change how a person feels. They cannot heal an *illness.

解答番号は 18 です。

|  |
|---|
| *duck：アヒル　*mother tongue：母語　*time：時代　*heal：癒す　*pain：痛み<br>*healthy：健康的な　*illness：病気 |

**4** 次の英文を読み，あとの問いに答えなさい。

My name is Naomi. I loved *Christmas when I was a child. Several weeks before Christmas, we started preparing for that important day. First, my father bought a big Christmas tree and put it（ あ ）front of the window. We spent all day decorating the tree. We also put pieces of candy（ い ）the tree, and my brother put a big gold star（ う ）the top of the tree. We also enjoyed（ ア ）Christmas cards together. イMy mother（① with ／ ② a big card ／ ③ me ／ ④ gave ／ ⑤ usually）funny pictures on it. I also looked forward（ ウ ）a card from my grandparents because it always came with some money!

（ え ）the night before Christmas, I put a big sock（ お ）the wall in the room. Then I went to bed. In the morning, the sock was full of small presents. There were more presents under the Christmas tree. It was so exciting! The table was full of good food. It *took a lot of time to prepare them.（ エ ）, it didn't take long for my brother and me to eat it! We always enjoyed Christmas very much.

|  |
|---|
| *Christmas：クリスマス　take：(時間) がかかる |

問１ （あ）～（お）に入る語として正しい組み合わせはどれですか。①～⑤の中から，最も適当なものを選び，その番号をマークしなさい。　解答番号は 19 です。

① あ：in　い：on　う：at　え：On　お：on
② あ：in　い：at　う：in　え：On　お：with
③ あ：in　い：of　う：at　え：At　お：on
④ あ：at　い：in　う：on　え：In　お：on
⑤ あ：on　い：on　う：at　え：In　お：in

問２ （ア）に入る語（句）として正しいものはどれですか。①～⑤の中から，最も適当なものを選び，その番号をマークしなさい。　解答番号は 20 です。

① to make　② making　③ made　④ makes　⑤ to making

問３ 下線部イの（　）内の語（句）を並べ替えた時，（　）内で３番目に来る語（句）はどれですか。その番号をマークしなさい。　解答番号は 21 です。

問４ （ウ）に入る語（句）として正しいものはどれですか。①～⑤の中から，最も適当なものを選び，その番号をマークしなさい。　解答番号は 22 です。

① to get　② to getting　③ get　④ getting　⑤ gotten

問５ （エ）に入る語として正しいものはどれですか。①～⑤の中から，最も適当なものを選び，その番号をマークしなさい。　解答番号は 23 です。

① Because　② While　③ However　④ Also　⑤ Besides

問6　次の質問に対する答えとして正しいものはどれですか。①～⑤の中から，最も適当なものを選び，その番号をマークしなさい。　解答番号は 24 です。

When did Naomi's father buy the Christmas tree?

① A week before Christmas.
② About three to five weeks before Christmas.
③ On December seventeenth.
④ On the morning of Christmas Day.
⑤ Several periods before Christmas.

問7　次の質問に対する答えとして正しいものはどれですか。①～⑤の中から，最も適当なものを選び，その番号をマークしなさい。　解答番号は 25 です。

Why was Naomi happy to get a card from his grandparents?

① Because it was always a big card.
② Because they gave me a nice one.
③ Because it always had lots of funny pictures.
④ Because it needed a lot of money.
⑤ Because there was some money with it.

**5** BobとAliceがチラシ（BOOK COVER DESIGN CONTEST）を見ながら会話しています。チラシを参考にして英文を読み，設問に答えなさい。

BOOK *COVER DESIGN CONTEST

The new *Magical Michael* book will be in bookstores next year on March 1, 2024!
Anderson's Book Company needs a picture for the cover of the book and will hold a contest to find the best picture.

RULES FOR JOINING THE CONTEST:

●You must be 16 or younger.
●You can join this contest in a team.
●You must not use a computer to draw your picture.
●You can send three pictures *maximum.
●You must send your picture by October 31. （The best picture will be chosen on November 10.）

For more information, see:www.magical-michael.com

Send pictures to:
Anderson's Book Company
2927 Sunny Hill Road
Chicago, IL

Alice: Hey, Bob, have you seen this? There's a book cover design contest for the new Magical Michael book!

Bob: Wow, really? I love Magical Michael!

Alice: Me too! He always has wonderful adventures and *solves difficult *puzzles. Do you want to join the contest? Maybe we can draw something together. ( あ )

Bob: Hmm, I don't know. The rules say ( A ). That's too difficult.

Alice: *Oh, come on. It's not very difficult. You're good at drawing. You can do it!

Bob: Well, maybe. But what should I draw? There are so many *possibilities.

Alice: Why don't you draw something that shows what you like about Magical Michael? Like his *personality, or his skills, or his friends. ( い )

Bob: That's a good idea. Maybe I'll draw him with his *backpack and his pet dog.

Alice: That sounds great! And I'll draw him with his map and his *compass.

Bob: Cool! Let's do it then. We have enough time until ( B ). Do you think we have a chance to win? ( う )

Alice: I don't know. But the important thing is to have fun. ( え )

Bob: Yeah, that will be amazing! Let's go and start drawing then! ( お )

Alice: OK, let's go!

> *cover：表紙　*maximum: 最大　*solve：～を解く　*puzzle：パズル
> *Oh, come on：頼むよ（懇願の気持ち）　*possibility：(考えられる）選択肢　*personality：個性
> *backpack：バックパック　*compass：コンパス

問1 （A）に入る表現として正しいものはどれですか。①～⑤の中から，最も適当なものを選び，その番号をマークしなさい。　解答番号は 26 です。

① we have to check the website
② we can join it in a team
③ we can't use a computer
④ elderly people may join this too
⑤ we do not have enough time

問2 （B）に入る表現として正しいものはどれですか。①～⑤の中から，最も適当なものを選び，その番号をマークしなさい。　解答番号は 27 です。

① October 31 to send our pictures
② November 10 to send our pictures
③ March 1 to go to a bookstore
④ October 31 to choose the best picture
⑤ November 10 to choose the best picture

問3　次の一文が入る位置は本文中の（あ）～（お）のどれですか。①～⑤の中から，最も適当なものを選び，その番号をマークしなさい。　解答番号は 28 です。

And maybe we'll have a chance to see our pictures on the cover of the book!

①（ あ ）　②（ い ）　③（ う ）　④（ え ）　⑤（ お ）

問4　チラシと二人の会話から推測できる内容として合っているものはどれですか。①～⑤の中から，最も適当なものを選び，その番号をマークしなさい。　解答番号は 29 です。

① Alice and Bob are students who want to read the Magical Michael books in their classes.

② Alice and Bob are fans of Magical Michael, a main character of their favorite books.

③ Alice and Bob are planning to go to the book company that sells the Magical Michael books.

④ Alice and Bob are classmates who want to know which can draw better.

⑤ Alice and Bob are children who always join contests about books.

問5　チラシと二人の会話の内容に合わないものはどれですか。①～⑦の中から，最も適当なものを2つ選び，その番号をマークしなさい。解答番号の順番は問いません。

解答番号は 30 と 31 です。

① Alice and Bob decide to join the contest together.

② Bob wants to draw Magical Michael with his backpack.

③ Alice is going to draw Magical Michael with his map and his compass.

④ They are sure that they will win the contest.

⑤ They think the important thing is to enjoy the contest.

⑥ Bob likes Magical Michael because he likes his personality.

⑦ They will send their pictures to the company in Chicago.

**6**　次の英文の（A）～（F）に入る表現はどれですか。①～⑤の中から，最も適当なものを選び，その番号をマークしなさい。

## Read a Book — or Go to Jail!

Stan Rosen lived in New Bedford, Massachusetts. He stole cars and bicycles from people, and he sold them again. *That was how he made a living. One day, the police caught him and sent him to jail.

The next year, Stan was（ A ）of jail. He told some people that his name was Jim. He got money from them to start a *business. Then he *ran away with the money. After some months, the police caught him again and sent him to jail.

The year after that, Stan was home again. He didn't have a job, and he didn't have any money. One night, he stole some money from a store. Again, the police caught him. But *this time, they sent him to *judge Kane.

Judge Kane asked Stan, "Do you want to go to jail again? Or do you want to read books?"

Stan didn't understand.

"This time," said the judge, "you can decide. There is a new course at New Bedford High School. It's for people like you. You're 27 years old. You never finished school. You don't have a job. You steal things. But you never ( B ). So you can take the *course and read books with Professor Waxler. Or you can go to jail."

Stan didn't read much. He didn't like reading! But he didn't want to go to jail again. So he decided to read books in Professor Waxler's class. "You must go to every class," said the judge. "And you must read all the books."

Stan went to the first class. There were ten men in the class. All the men were sent by Judge Kane. In the first class, they read a short story.

Professor Waxler asked, "What do you think about it?" The men said nothing. They didn't know what they should say. Stan wanted to answer the question, but he was afraid to talk. ( C ).

"Did you like the story?" Professor Waxler asked him.

"No," said Stan.

"Why not?" asked Professor Waxler.

"Because the end was happy, but life isn't happy," said Stan.

"That's not true," said another man. "Life is happy for some people, sometimes."

Then other men started talking about the story and about life. They talked for two hours. Professor Waxler told them to read a book for the next class. It was a book about a young man with many problems.

At the next class, Professor Waxler asked again, "What do you think?"

This time the men were not afraid to answer. ( D ) to say about the book, and they talked a lot about their lives. Many of them had difficult lives with lots of problems.

For 12 weeks, Stan read books and talked about them. Then he had to decide again: go to class or go to jail. This time he decided quickly. ( E ).

After that, Stan took evening classes at the high school. Judge Kane helped him, and he found a job for the *daytime. The next year, he started evening classes at the university. Now Stan is a good student — and he has no problems with the police. It was ( F ) to Judge Kane and Professor Waxler — and some books.

(adapted from *BASIC READING POWER 1*, PEASON)

*That was how he made a living：そのようにして彼は生計を立てていた。 *business：ビジネス
*run away：逃げる *this time：今度は *judge：裁判官 *course：コース
*daytime：昼間

問1 (A) 解答番号は 32 です。

① afraid ② inside ③ out
④ instead ⑤ kind

問2 (B) 解答番号は 33 です。

① stole money ② hurt anyone ③ arrested someone
④ apologized ⑤ ran away

問3 (C) 解答番号は 34 です。

① He didn't want the other men to hear him
② He didn't want to speak because he didn't like his voice
③ He didn't like unhappy stories
④ He didn't agree with the professor and didn't want to talk with him
⑤ He felt bored by the story and didn't want to waste his time

問4 (D) 解答番号は 35 です。

① Nobody had anything
② Only one man had something
③ There were few things
④ They had many things
⑤ There was nothing

問5 (E) 解答番号は 36 です。

① He wanted to stop the program
② He wanted to write his own book
③ He wanted to take another class
④ He wanted to become a professor
⑤ He wanted to forget everything he learned

問6 (F) 解答番号は 37 です。

① because ② able ③ time
④ enough ⑤ thanks

【理　科】（30分）　<満点：100点>

1

問1　2023年6月1日，環境省はある生物を「条件付特定外来生物」に指定しました。これらの生物には野外への放出や有償での譲り渡しなどの内容が規制されます。この条件付特定外来生物に指定された生物はアメリカザリガニと何ですか。①～⑤の中から，最も適当なものを選び，その番号をマークしなさい。

解答番号は 1 です。

① アライグマ
② クビアカツヤカミキリ
③ ヒアリ
④ オオクチバス（ブラックバス）
⑤ アカミミガメ（ミドリガメ）

問2　近年，毎年のように全国のどこかで記録的な大雨により甚大な被害が発生しています。その際，線状降水帯という言葉がニュースや天気予報で聞かれるようになりました。線状降水帯について述べた次の文のうち，**誤りを含むもの**はどれですか。①～⑤の中から，最も適当なものを選び，その番号をマークしなさい。

解答番号は 2 です。

① 線状降水帯は，次々と発生する発達した雨雲（積乱雲）が組織化した集まりである。
② 線状降水帯は，長さ50～300km程度，幅20～50km程度の線状に伸びた雨域である。
③ 線状降水帯が発生すると，雨雲が同じ場所を数時間にわたって通過したり，停滞したりする。
④ 線状降水帯の発生を正確に予測するシステムが2022年に開発され，運用されている。
⑤ 線状降水帯は，前線の周辺に発生する。

問3　図1のように，電子マネーや鉄道などの乗車券に使われる非接触型ICカードのシステムには電磁誘導が利用されています。あるICカードリーダーにICカードをかざす（近づける）と5.0Vの電圧が1.8秒間生じました。ICカード内の回路の抵抗を15Ωとするとき，ICカード内の回路が消費した電力量は何Jですか。①～⑤の中から，最も適当なものを選び，その番号をマークしなさい。

解答番号は 3 です。

① 0.6 J
② 0.9 J
③ 3.0 J
④ 6.5 J
⑤ 162 J

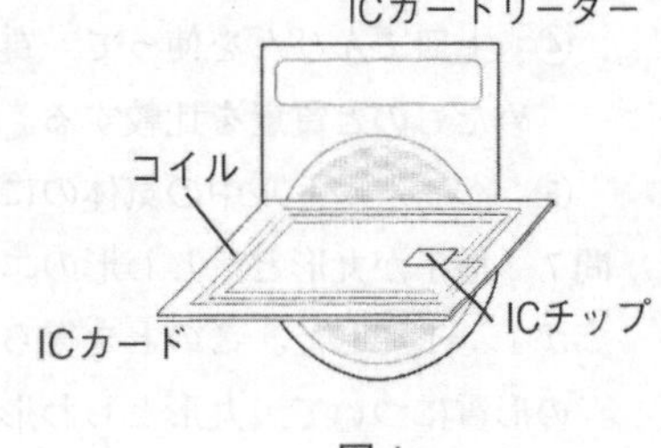

図1

問4　次のページの図2のような位置関係で，Aさんの100m走のタイムを測定します。Bさんがゴール地点でストップウォッチを用いてタイムを測定し，Cさんがスタート地点でスターターピストルを用いてスタートの合図をします。BさんとCさんの距離は102mで，記録は12.4秒でした。ところが，BさんはCさんがスターターピストルを鳴らした際に，本来ならスターターピストルから出た煙を見てストップウォッチを押さなければならないところを，スターターピストルの音を聞いて押してしまったため，正確なタイムを測定することができませんでした。このとき，Aさんの正確なタイムは何秒でしたか。①～⑤の中から，最も適当なものを選び，その番号をマークしなさい。ただし，音速は340m／sとし，Bさんはストップウォッチを瞬時に反応して押すことができるものとします。

解答番号は 4 です。

① 11.8秒
② 12.1秒
③ 12.4秒
④ 12.7秒
⑤ 13.0秒

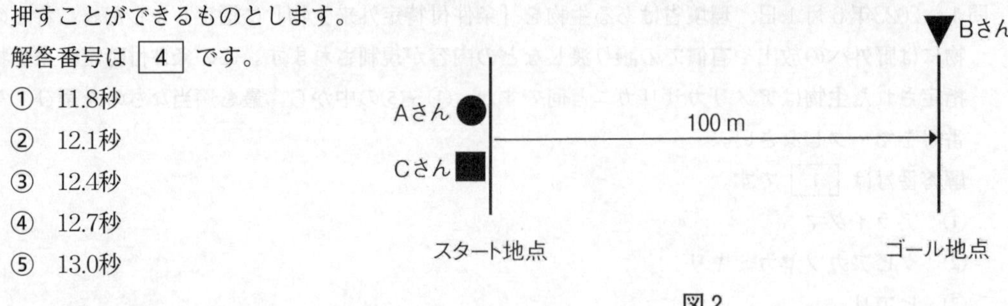


図2

問5　水の気体から液体への状態変化に関する文として正しいものはどれですか。①～⑤の中から，最も適当なものを選び，その番号をマークしなさい。

解答番号は 5 です。

① 冷凍庫の中の氷が時間経過と共に小さくなった。
② 晴れた寒い朝，地面に霜がおりた。
③ 部屋干しした洗濯物が乾いた。
④ 液体の水が入ったコップに氷を入れ放置したら氷が無くなった。
⑤ フライパンで炒めものをしているとき，火を止めると白いもやが発生した。

問6　質量が同じ500mLの乾燥したペットボトル２本を用意し，片方にアンモニア，もう一方に二酸化炭素の気体を入れ，ふたを閉めました。その後，それぞれに入っている気体を判断するために実験を行いました。ペットボトルの中の気体を**特定できない**実験はどれですか。①～⑤の中から，最も適当なものを選び，その番号をマークしなさい。

解答番号は 6 です。

① ペットボトルの中に，塩化コバルト紙を入れる。
② ペットボトルの中に，石灰水を入れ，ペットボトルをふる。
③ ペットボトルの中に，少量の水を素早く加えてふたを閉め，ペットボトルをふる。
④ 上皿てんびんを使って，質量が同じ500mLの乾燥したペットボトルに空気を入れ，ふたを閉めたものと質量を比較する。
⑤ ペットボトル中の気体のにおいを手であおぐようにしてかぐ。

問7　種子が丸形と，しわ形のエンドウをかけ合わせたところ，できた種子（子）は丸形としわ形が１：１でした。このとき得られた種子（子）をそれぞれすべて自家受粉させてできた種子（孫）の形質について，丸形としわ形の比として正しいものはどれですか。①～⑤の中から，最も適当なものを選び，その番号をマークしなさい。ただし，顕性形質として現れるものが丸形であり，１つのエンドウの個体にできる種子の数はすべて同じであるものとします。

解答番号は 7 です。

① １：１　② ２：１　③ ３：１
④ ３：５　⑤ ５：８

問8　次のページの文中の空欄 ア ～ エ にあてはまる語句の組合せとして正しいものはどれ

ですか。あとの①～⑤の中から，最も適当なものを選び，その番号をマークしなさい。

解答番号は 8 です。

ヒトの体内では，養分を分解する中で発生する ア を イ で ウ に変えてから エ で排出している。

| | ア | イ | ウ | エ |
|---|---|---|---|---|
| ① | ブドウ糖 | じん臓 | 尿素 | 大腸 |
| ② | ブドウ糖 | 肝臓 | 尿酸 | じん臓 |
| ③ | ブドウ糖 | 肝臓 | 尿素 | 大腸 |
| ④ | アンモニア | じん臓 | 尿酸 | 大腸 |
| ⑤ | アンモニア | 肝臓 | 尿素 | じん臓 |

問9　緊急地震速報は，地震が発生したときに震源に近い地震計でＰ波を感知し，コンピュータで分析した情報をもとに瞬時に各地のＳ波の到達時刻や揺れの大きさを予測して，すばやく知らせる気象庁の予報・警報システムです。下の表は，ある地震における地点Ａ～Ｃでの記録をまとめたものです。震源から108km 離れた地点で，地震発生から15秒後に緊急地震速報を受信しました。この地点では受信から何秒後に大きなゆれ（主要動）が観測されますか。①～⑤の中から，最も適当なものを選び，その番号をマークしなさい。

解答番号は 9 です。

① 0秒後（同時）
② 1秒後
③ 2秒後
④ 3秒後
⑤ 7秒後

表

| 地点 | Ｐ波の到達時刻 | Ｓ波の到達時刻 | 震源からの距離 |
|---|---|---|---|
| A | 8時24分46秒 | 8時24分48秒 | 30 km |
| B | 8時24分52秒 | 8時24分58秒 | 90 km |
| C | 8時24分58秒 | 8時25分08秒 | 150 km |

問10　雲のでき方について調べるために，下の【実験】を行い，【結果】を得ました。この結果をもとに【考察】をまとめました。【考察】の空欄 ア ～ エ にあてはまる語句の組合せとして正しいものはどれですか。次のページの①～⑤の中から，最も適当なものを選び，その番号をマークしなさい。

解答番号は 10 です。

**【実験】**

**操作1**　炭酸飲料用のペットボトルの内側をぬるま湯でぬらし，線香のけむりを少し入れた。

**操作2**　ペットボトルを少し手でへこませ，デジタル温度計を取りつけたゴム栓をした。

**操作3**　ペットボトルから手を放してもとの形に戻し，ペットボトル内の温度を測定した。

**【結果】**

ペットボトル内の温度が下がるとともに，中がくもった。

**【考察】**

ペットボトルから手を放してもとの形に戻すと，中の気圧が ア くなり，空気が イ して，温度が ウ より エ くなったので，空気中の水蒸気が水滴となり，雲ができた。

| | ア | イ | ウ | エ |
|---|---|---|---|---|
| ① | 高 | 膨張 | 露点 | 低 |
| ② | 高 | 収縮 | 融点 | 高 |
| ③ | 高 | 膨張 | 露点 | 高 |
| ④ | 低 | 収縮 | 融点 | 高 |
| ⑤ | 低 | 膨張 | 露点 | 低 |

**2**　次の実験に関する以下の問いに答えなさい。ただし，ばねばかりは押す力の大きさをはかることはできず，引く力の大きさを表示するものとします。

**【実験１】**

図１のような２つの物体A，Bを用意し，水平な机の上に置いた。物体Aと物体Bは高さは同じで，幅と奥行きはそれぞれAのほうがBの２倍の長さがある。ばねばかりを用いて重さをはかったところ，ともに5.00Nを示した。

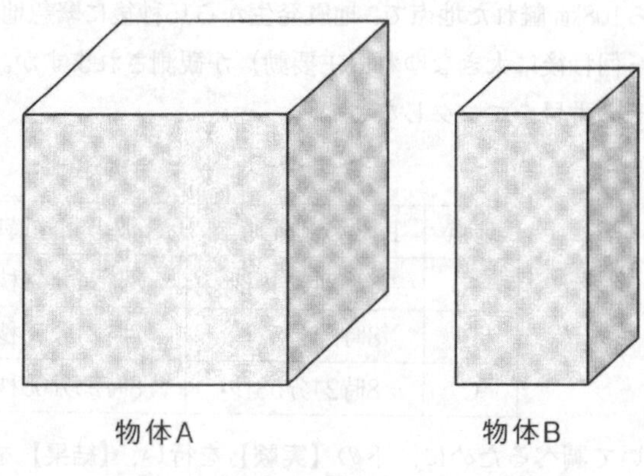


図１

**【実験２】**

物体Aを水の中に入れたところ，ちょうど半分の高さまで水に沈んだ状態で浮いた。

**【実験３】**

物体Bをばねばかりにつるして水の中に入れ，ちょうど半分の高さまで沈めた。

**問１**　**【実験１】**で，机が物体Aから受ける圧力は，物体Bから受ける圧力の何倍ですか。①～⑤の中から，最も適当なものを選び，その番号をマークしなさい。

解答番号は **11** です。

①　0.25倍　　②　0.50倍　　③　1.0倍　　④　2.0倍　　⑤　4.0倍

**問２**　**【実験３】**で，ばねばかりが示す値は何Nですか。①～⑤の中から，最も適当なものを選び，その番号をマークしなさい。

解答番号は **12** です。

①　0 N　　②　1.25N　　③　2.50N　　④　3.75N　　⑤　5.00N

**問３**　物体Bを水の中に沈めていくとき，物体の底面から水面までの高さと物体が受ける浮力の大きさの関係を表したグラフはどれですか。①～⑤の中から，最も適当なものを選び，その番号をマークしなさい。

解答番号は 13 です。

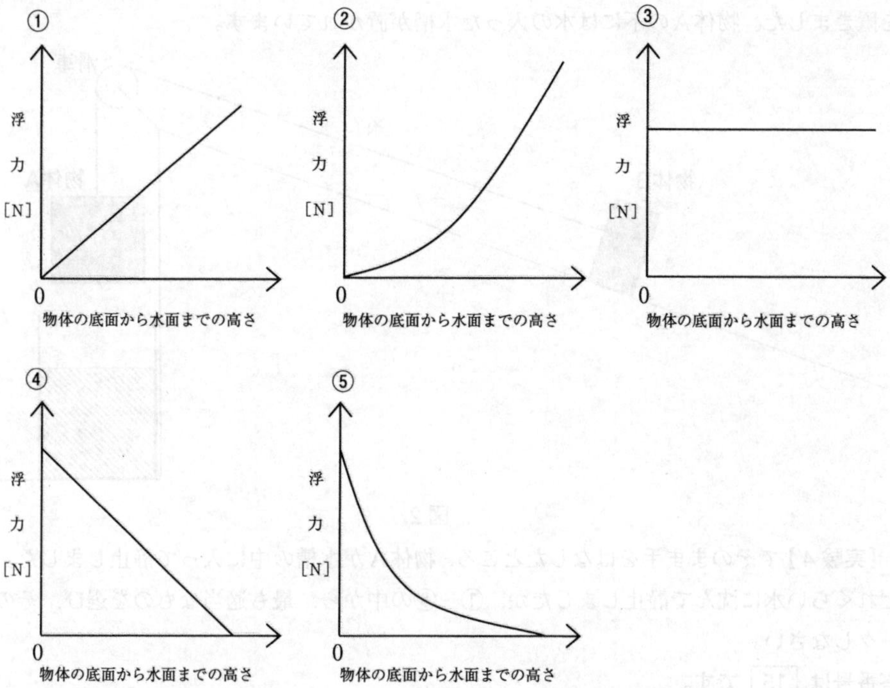

①

浮力[N]

0

物体の底面から水面までの高さ

②

浮力[N]

0

物体の底面から水面までの高さ

③

浮力[N]

0

物体の底面から水面までの高さ

④

浮力[N]

0

物体の底面から水面までの高さ

⑤

浮力[N]

0

物体の底面から水面までの高さ

問4　物体が水中に沈んでいる時，物体にはたらく水圧の様子を正しく表したものはどれですか。①～⑤の中から，最も適当なものを選び，その番号をマークしなさい。

解答番号は 14 です。

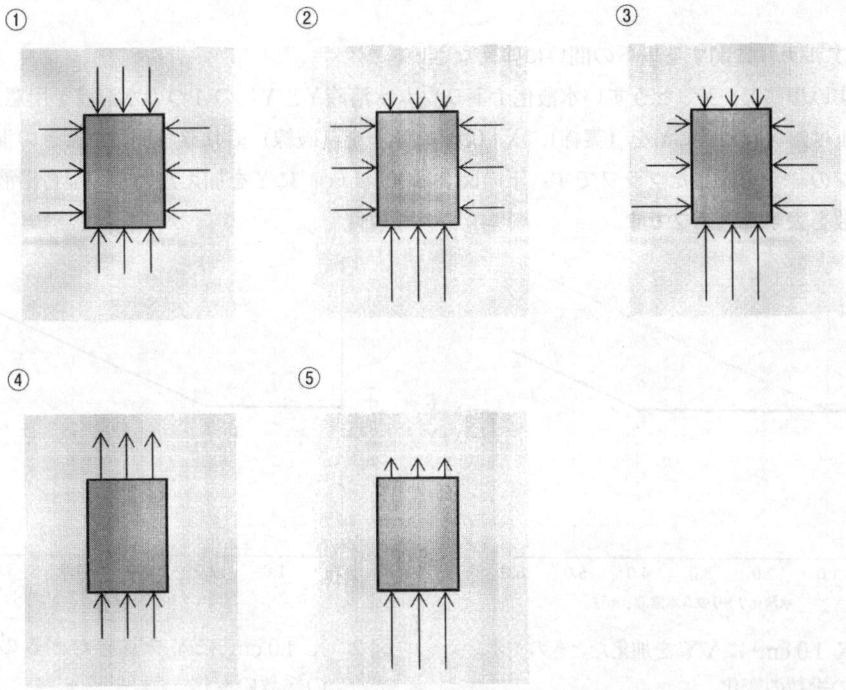

①　②　③

④　⑤

【実験４】

図２のように物体ＡとＢを軽い糸でなめらかな滑車を通してつなぎ，なめらかな斜面上に物体Ｂを置きました。物体Ａの下には水の入った水槽が置かれています。

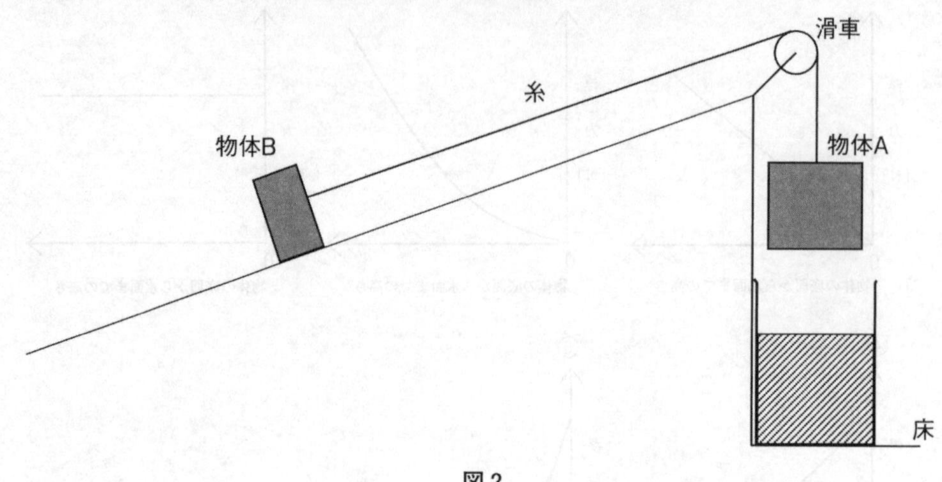


図２

問５　【実験４】でそのまま手をはなしたところ，物体Ａが水槽の中に入って静止しました。物体Ａはどれくらい水に沈んで静止しましたか。①～⑤の中から，最も適当なものを選び，その番号をマークしなさい。

解答番号は［15］です。

①　全く沈まなかった。　②　半分よりも少ない部分が沈んだ。
③　ちょうど半分が沈んだ。　④　半分よりも多い部分が沈んだ。
⑤　全部が沈んだ。

**3**　酸とアルカリに関する以下の問いに答えなさい。

Ⅰ　うすい塩酸Ｘ，Ｘ’とうすい水酸化ナトリウム水溶液Ｙ，Ｙ’の４つの水溶液を用意しました。下の図１は，Ｘ1.0㎤にＹを（実線），Ｘ1.0㎤にＹ’を（破線）それぞれ加えたときの混合溶液中のイオンの総数を表したグラフです。下の図２はＸ’1.0㎤にＹを加えたときの混合溶液中のイオンの総数を表したグラフです。

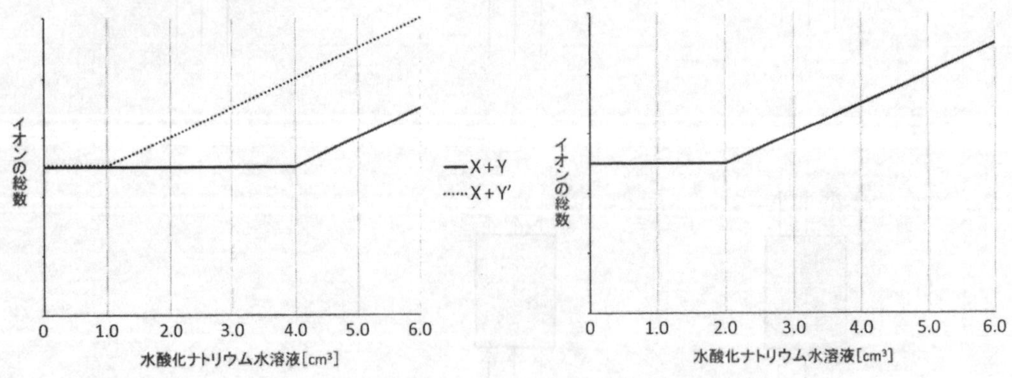


図１：X 1.0 cm³ に Y,Y' を加えたときのイオンの総数の変化

図２：X' 1.0 cm³ に Y を加えたときのイオンの総数の変化

問１　うすい塩酸X0.5cm$^3$とちょうど中和するうすい水酸化ナトリウム水溶液Yの体積は何 cm$^3$ですか。①～⑤の中から，最も適当なものを選び，その番号をマークしなさい。

解答番号は 16 です。

①　1.0cm$^3$　②　1.5cm$^3$　③　2.0cm$^3$　④　2.5cm$^3$　⑤　3.0cm$^3$

問２　うすい塩酸X’1.0cm$^3$とちょうど中和するうすい水酸化ナトリウム水溶液Y’の体積は何cm$^3$ですか。①～⑤の中から，最も適当なものを選び，その番号をマークしなさい。

解答番号は 17 です。

①　0.5cm$^3$　②　1.0cm$^3$　③　1.5cm$^3$　④　2.0cm$^3$　⑤　2.5cm$^3$

Ⅱ　Ⅰの塩酸と水酸化ナトリウム水溶液を用いて，以下の**【実験】**を行ないました。

**【実験】**

操作１　ガラス板の上に水道水をしみ込ませたろ紙を置き，その両側を金属でできたクリップでとめ，クリップに電源装置をつないだ。

操作２　図３のように，青色のリトマス紙A，B，赤色のリトマス紙C，Dを，ろ紙の上にそれぞれ置いた。

操作３　用意した糸に，うすい塩酸X，X’，うすい水酸化ナトリウム水溶液Y，Y’，もしくは用意した塩酸と水酸化ナトリウム水溶液の混合溶液をしみ込ませ，図のようにろ紙の上に置いた。

操作４　15Vの電圧を加えて，リトマス紙の色の変化を観察した。

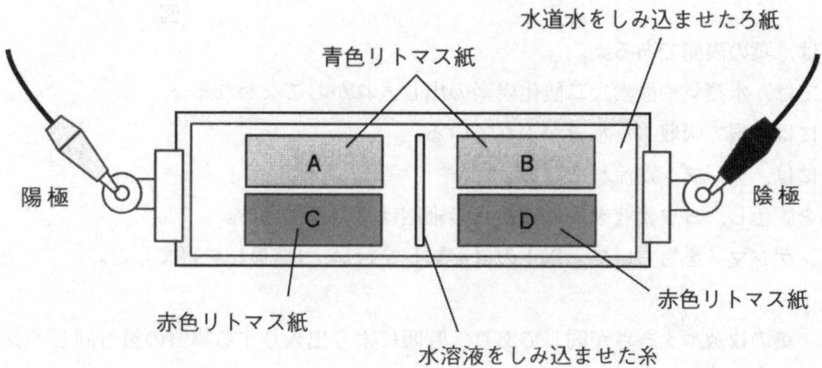


図３

問３　用意した糸にうすい塩酸Xをしみ込ませ実験を行ないました。色が変化したリトマス紙はどれですか。①～⑤の中から，最も適当なものを選び，その番号をマークしなさい。

解答番号は 18 です。

①　A　②　B　③　C　④　D　⑤　どれも変化しなかった

問４　用意した糸にうすい塩酸X0.5cm$^3$とうすい水酸化ナトリウム水溶液Y2.0cm$^3$の混合溶液を染み込ませ実験を行ないました。色が変化したリトマス紙はどれですか。①～⑤の中から，最も適当なものを選び，その番号をマークしなさい。

解答番号は 19 です。

①　A　②　B　③　C　④　D　⑤　どれも変化しなかった

問5　用意した糸にうすい塩酸X' 1.0㎤とうすい水酸化ナトリウム水溶液Y' 1.0㎤の混合溶液をしみ込ませ実験を行ないました。色が変化したリトマス紙はどれですか。①~⑤の中から，最も適当なものを選び，その番号をマークしなさい。

解答番号は 20 です。

①　A　②　B　③　C　④　D　⑤　どれも変化しなかった

## 4

Ⅰ　次の植物に関する以下の問いに答えなさい。

問1　右の図は，ある植物の葉の断面を表しています。葉の組織について説明した次の文のうち，**誤りを含むもの**はどれですか。①~⑤の中から，最も適当なものを選び，その番号をマークしなさい。

解答番号は 21 です。

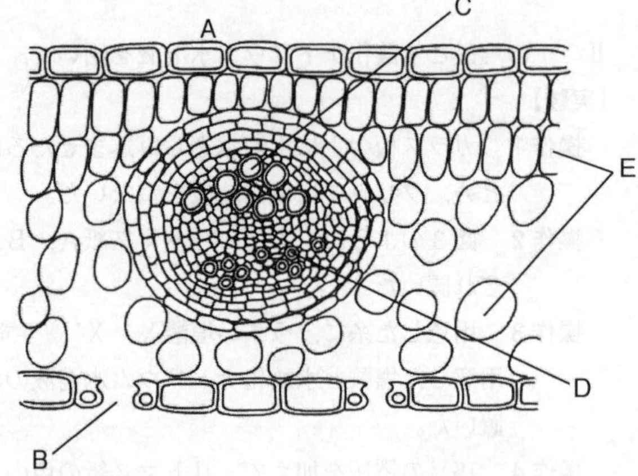


図

①　Aは，葉の表側である。
②　Bでは，水蒸気や酸素，二酸化炭素の出し入れがおこなわれる。
③　Cには，根で吸収した水分が流れている。
④　Dには，デンプンが流れている。
⑤　葉を脱色し，ヨウ素液をかけるとEの細胞は青紫色になる。

問2　インゲンマメをもちいて，以下の【実験】を行い，【結果】を得ました。

【実験】

操作1　葉の枚数や大きさが同じであり，呼吸により出入りする物質の量も同じインゲンマメの鉢植えを2つ用意し，それぞれに透明なポリエチレンの袋X，Yをかぶせて袋に息をふきこみ，XとY中の気体の量が同じになるようにして密封した。

操作2　Xのインゲンマメは光が当たる所に，Yのインゲンマメは光が当たらないように箱に入れて放置した。

操作3　開始時と3時間後に袋中の二酸化炭素の体積の割合を気体検知管で測定した。

【結果】

表1：開始からの時間と袋中の二酸化炭素の体積の割合（%）

| | 0時間（開始時） | 3時間 |
|---|---|---|
| Xの袋 | 0.400 | 0.250 |
| Yの袋 | 0.400 | 0.625 |

袋中の体積のうち，Xのインゲンマメが１時間で呼吸により放出した二酸化炭素および光合成によりとりこんだ二酸化炭素の割合として正しい組合せはどれですか。①～⑤の中から，最も適当なものを選び，その番号をマークしなさい。

解答番号は 22 です。

| | 放出した二酸化炭素の割合（%） | とりこんだ二酸化炭素の割合（%） |
|---|---|---|
| ① | 0.075 | 0.050 |
| ② | 0.075 | 0.125 |
| ③ | 0.075 | 0.325 |
| ④ | 0.225 | 0.225 |
| ⑤ | 0.225 | 0.375 |

Ⅱ　次の動物（A種とする）に関する以下の問いに答えなさい。

【A種に関する情報】
・ある地域Xに生息する
・雌雄があり，集団内の雌雄比は常に１：１となる
・幼体から１度の変態で成体となる
・雌は２歳より生殖可能となり，4歳まで毎年１回産卵する
・地域Xでは，生後１年以内に99.7%が死亡し，その後は１年ごとに30%ずつ死亡する
・地域XでのA種の産卵総数は，１年あたり10000個である

**問３**　A種の生育速度は気温に影響を受けており，生育に必要な最低温度があります。さらに，産卵後の「一日の平均気温」と「生育に必要な最低温度」の温度差を日ごとに合計した値が一定値を超えると，変態可能な状態まで生育します。

A種を実験室内の異なる温度の飼育環境で育てると，飼育温度によって産卵から変態を開始するまでに要した日数が異なりました。その結果を下の**表２**に記します。

**表２**：A種の飼育温度による変態開始までに要した日数

| 飼育温度 | 18℃ | 20℃ | 26℃ |
|---|---|---|---|
| 変態開始までに要した日数 | 80日 | 64日 | 40日 |

A種の生育に必要な最低温度は何℃ですか。①～⑤の中から，最も適当なものを選び，その番号をマークしなさい。

解答番号は 23 です。

①　8℃　　②　10℃　　③　15℃　　④　20℃　　⑤　23℃

**問４**　ある年に産卵されたA種のうち４年後に生存している個体数として，最もふさわしいものはどれですか。①～⑤の中から，最も適当なものを選び，その番号をマークしなさい。

解答番号は 24 です。

①　5630匹　　②　620匹　　③　72匹　　④　10匹　　⑤　２匹

**問5**　地域XのA種は，1匹当たり1回の産卵で何個卵を産めば，1年あたりの産卵総数が10000個になりますか。①~⑤の中から，最も適当なものを選び，その番号をマークしなさい。

解答番号は 25 です。

①　1520個　　②　640個　　②　430個　　④　240個　　⑤　75個

【社　会】（30分）　＜満点：100点＞

1　次の問１～問７に答えなさい。

問１　下の表は，世界の国々の面積・人口・国内総生産を示したものである。A～Cに当てはまる国名の組み合わせとして，①～⑤の中から，最も適当なものを選び，その番号をマークしなさい。
解答番号は［1］です。

| 国名 | 面積（km²） | 人口（百万人） | 国内総生産（百万米ドル） |
|---|---|---|---|
| A | 9,833,517 | 340.0 | 21,433,226 |
| B | 9,600,000 | 1,425.7 | 14,342,934 |
| C | 3,287,263 | 1,428.6 | 2,891,582 |
| 日本 | 377,976 | 123.3 | 5,148,700 |

（人口：UNFPA（2023），World Population Dashboard）
（国内総生産・面積：総務省統計局（2022），「世界の統計 2022」）

① A　ロシア　B　インド　C　中国
② A　アメリカ合衆国　B　中国　C　インド
③ A　ロシア　B　インドネシア　C　インド
④ A　アメリカ合衆国　B　インド　C　中国
⑤ A　ロシア　B　中国　C　インドネシア

問２　アメリカ合衆国の工業について述べた文として，①～⑤の中から，最も適当なものを選び，その番号をマークしなさい。
解答番号は［2］です。

① 鉄鉱石や石炭などの豊富な鉱産資源を活用して，19世紀から五大湖周辺の北東部で工業が始まり，ピッツバーグは自動車産業の中心地となった。

② 20世紀後半になると，中国やソ連などから安くて質の良い鉄鋼や自動車などの工業製品が輸入されたため，五大湖周辺の工業は衰退した。

③ 科学技術の研究と開発が進むと工業地域も南に移動した。情報通信技術（ICT）産業や航空宇宙産業は，北緯37度より南の太平洋ベルトとよばれる地域で特に発展している。

④ サンフランシスコの南に位置するシリコンバレーには，ICT関連の有名な企業が集まっており，高度な教育を受けた中国系やインド系の人々など，世界中から来た人々が働いている。

⑤ 現在，アメリカ合衆国・メキシコ・ブラジルは３カ国のあいだの貿易を自由にする国際組織をつくっており，アメリカ合衆国の企業の多くはメキシコやブラジルなど賃金の安い国で製品を作るため，アメリカ国内での工業生産の規模は縮小している。

問３　世界地図を切り抜いた次のページの図のうち，赤道が含まれるものとして，①～⑤の中から，最も適当なものを選び，その番号をマークしなさい。
解答番号は［3］です。

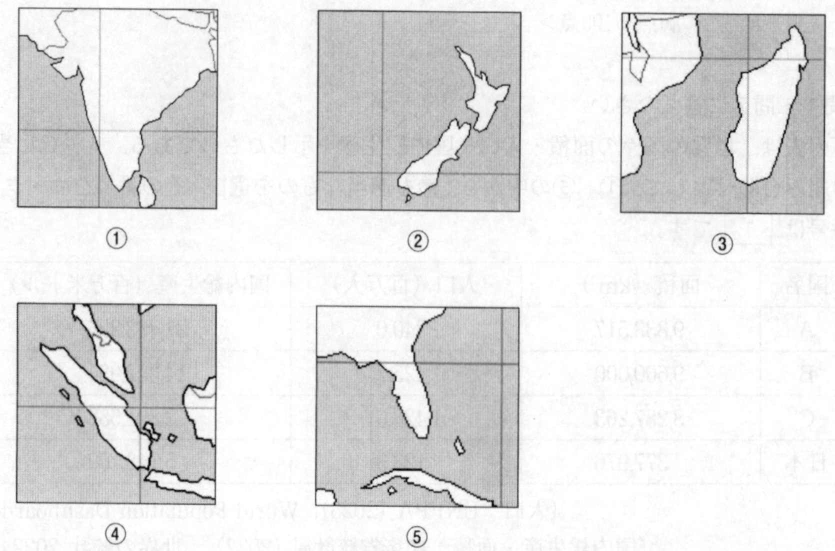


問４　下のグラフは，米・小麦の生産量と輸出量の，世界の合計量に占める国別の割合を示したものである。グラフ中のＡ～Ｄに当てはまる国名の組み合わせとして，①～⑤の中から，最も適当なものを選び，その番号をマークしなさい。
解答番号は 4 です。

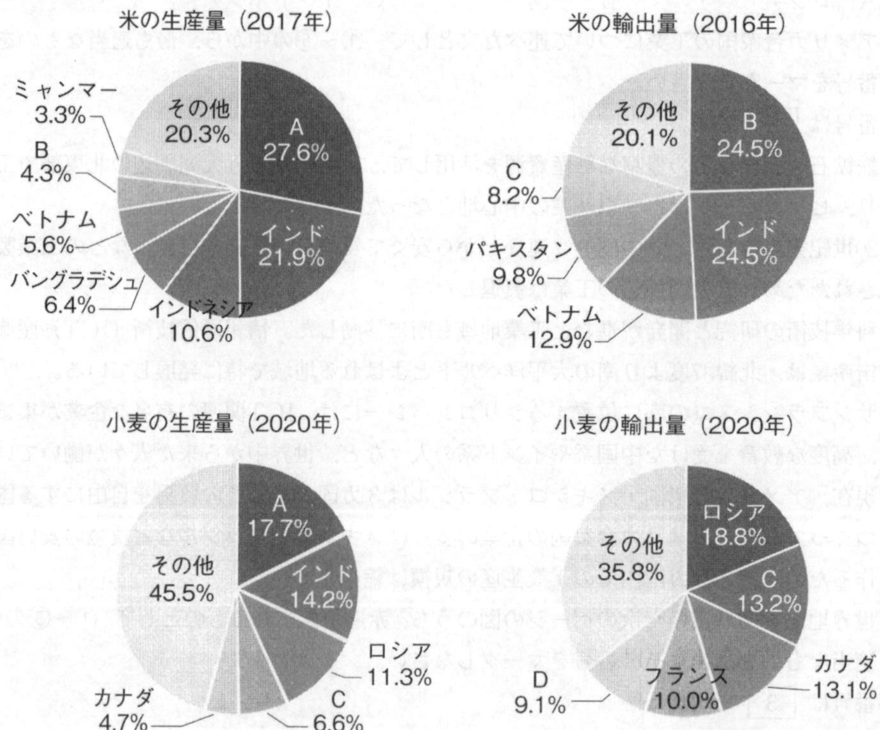


（米の生産量・輸出量：『世界国勢図会2019/20』）
（小麦の生産量・輸出量：『世界国勢図会2023/24』）

① A タイ B 日本 C アメリカ合衆国 D ウクライナ
② A 中国 B タイ C メキシコ D 日本
③ A 中国 B タイ C アメリカ合衆国 D ウクライナ
④ A タイ B 中国 C メキシコ D 日本
⑤ A 中国 B 日本 C メキシコ D ウクライナ

問5 下の航空写真は，アマゾン川流域で1990年と2000年に撮影されたものである。写真の比較から読み取れる森林減少の理由について述べた文として，①～⑤の中から，最も適当なものを選び，その番号をマークしなさい。
解答番号は 5 です。

1990年

2000年

注：暗く写っている所は、主に森林である。

① 道路とそれに沿った農地や牧場の開発が進み，森林が減少した。
② 干ばつによって木々がかれたため，森林が減少した。
③ 温暖化を原因とする山火事によって木々が焼失し，森林が減少した。
④ 大気汚染を原因とする酸性雨によって木々が立ちがれたため，森林が減少した。
⑤ 人口の増加に伴う水利用の増加によって水不足となり，森林が減少した。

問6 次のページの図は，ある視点に基づいて日本を区分したものである。この図の説明として，①～⑤の中から，最も適当なものを選び，その番号をマークしなさい。
解答番号は 6 です。

① 日本の都道府県を就業者数に対する第三次産業就業者の割合で区分したもので，Aが８％以上，Bが４～８％未満，Cが４％未満である。
② 日本の都道府県を在留外国人数で区分したもので，Aが20万人以上，Bが10万～20万人未満，Cが10万人未満である。
③ 日本の都道府県を平均年齢で区分したもので，Aが48歳以上，Bが46～48歳未満，Cが46歳未満である。
④ 日本の都道府県を農業生産額で区分したもので，Cが5000億円以上，Bが3000億～5000億円未満，Aが3000億円未満である。
⑤ 日本の都道府県を合計特殊出生率（一人の女性が一生の間に生む子どもの平均人数）で区分したもので，Cが1.6以上，Bが1.4～1.6未満，Aが1.4未満である。

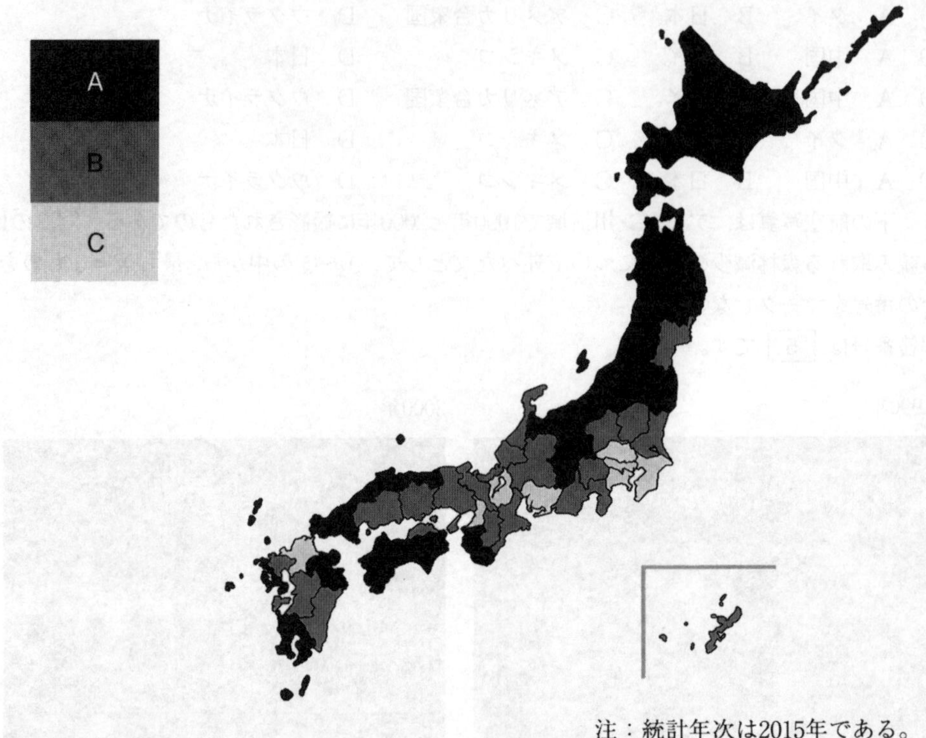


注：統計年次は2015年である。

**問７**　下の地形図は，1950年ごろと2012年ごろの広島市の地形図である。二つの地形図から読み取れることについて述べた文として，次のページの①～⑤の中から，最も適当なものを選び，その番号をマークしなさい。

解答番号は 7 です。

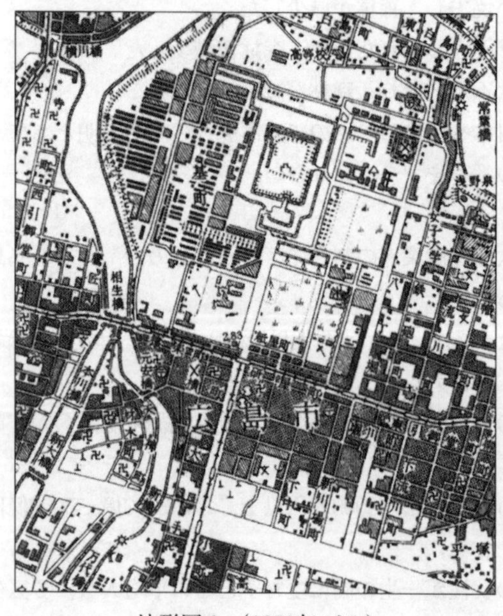


地形図１（1950年ごろ）

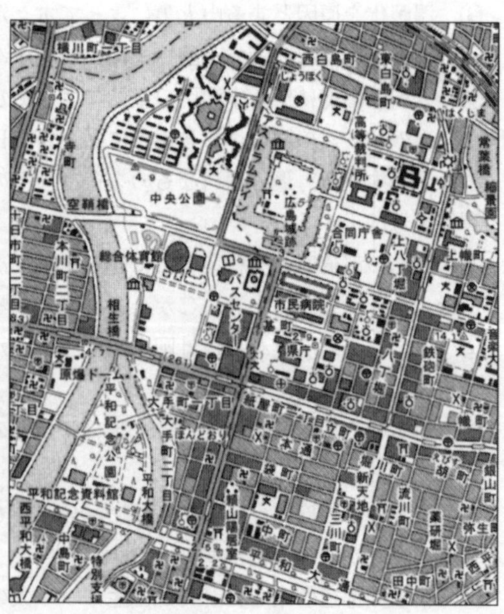


地形図２（2012年ごろ）

① 地形図１にも地形図２にも，相生橋にはJRの線路が通っている。
② 地形図１にも地形図２にも，広島城跡の西側には中央公園が整備されている。
③ 地形図２では，市内を東西に走る「平和大通」が整備され，針葉樹が植えられている。
④ 地形図２で平和記念公園がある場所には，地形図１では複数の寺院が位置している。
⑤ 地形図２で県庁がある場所は，地形図１では複数の工場が位置している。

**2** 次の問１～問11に答えなさい。

**問１** 古代文明の内容を説明したＸ・Ｙと，その古代文明の場所を示した略地図上の位置ａ～ｄとの組み合わせとして，①～⑤の中から，最も適当なものを選び，その番号をマークしなさい。
解答番号は 8 です。

Ｘ 二つの川にはさまれたこの地域の土地は豊かで，紀元前3000年ごろに都市国家がいくつも生まれた。また，くさび形文字や太陰暦が発明された。

Ｙ この地域にある川は毎年夏にはんらんすることで養分の多い土を運び込んだので，川の周囲で農耕が発達した。川のはんらん時期を知るために天文学が発達したほか，象形文字や太陽暦が発明された。

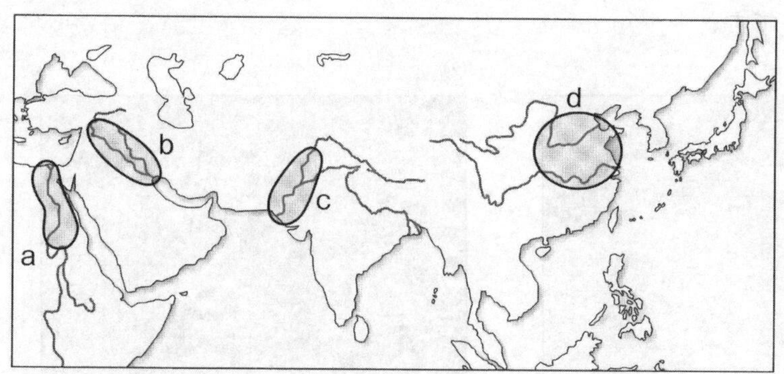


① Ｘ－ｂ Ｙ－ｃ ② Ｘ－ｂ Ｙ－ａ ③ Ｘ－ｄ Ｙ－ｃ
④ Ｘ－ｄ Ｙ－ａ ⑤ Ｘ－ｄ Ｙ－ｂ

**問２** 古代の宗教に関する記述として，①～⑤の中から，最も適当なものを選び，その番号をマークしなさい。
解答番号は 9 です。

① 中国では，シャカが先住民の信仰を吸収し，仏教を開いた。
② 朝鮮半島では，孔子が修行してさとりを開くことを重視する儒教を始めた。
③ アラビア半島のユダヤ人は神の子アラーを信仰するユダヤ教を始めた。
④ イエスの教えは弟子たちによって『新約聖書』にまとめられ，キリスト教とよばれた。
⑤ ムハンマドはヤハウェのお告げを受けたとして，多神教であるイスラム教を始めた。

**問３** 縄文時代に関する正しい記述の組み合わせとして，次のページの①～⑤の中から，最も適当なものを選び，その番号をマークしなさい。
解答番号は 10 です。

Ａ 大陸からやってきたマンモスやオオツノジカを，打製石器をつけたやりなどを使ってとらえ，解体して主たる食料にしていた。

B　石器の材料である黒曜石やサヌカイトは遠方の地域とも交易された。

C　人々は同じ場所に住み，ムラをつくって暮らすようになった。いくつかのムラをまとめる王があらわれ，やがてクニができた。

D　気候が温暖になり一部で植物の栽培も行われたが，農耕や牧畜はあまり発達しなかった。

①　A・C　②　B・C　③　A・D　④　B・D　⑤　C・D

問4　奈良時代のできごととして，①～⑤の中から，最も適当なものを選び，その番号をマークしなさい。

解答番号は 11 です。

①　蘇我氏が自分の権威を示すため，飛鳥地方に寺院を建立した。

②　浄土信仰が地方にも広まり，貴族たちが阿弥陀堂を盛んに造った。

③　鑑真が来日し，日本に正式な仏教の教えを伝えた。

④　最澄と空海が新しい仏教の教えを日本に伝えた。

⑤　東大寺の大仏殿が焼け落ちたため，重源が再建のために力を尽くした。

問5　応仁の乱などで動員された足軽を描いたものとして，①～⑤の中から，最も適当なものを選び，その番号をマークしなさい。

解答番号は 12 です。

①

②

③

④

⑤

問6　下の文章の空欄［X］・［Y］に当てはまる語の組み合わせとして，①～⑤の中から，最も適当なものを選び，その番号をマークしなさい。

解答番号は 13 です。

> 1498年，ポルトガルの［　X　］が大西洋を南下しアフリカ南端を回ってインドに着く航路を発見した。また1522年には，スペインの後援を受けた［　Y　］とその部下の船隊が世界一周を達成した。

① X－コロンブス　　Y－マゼラン
② X－コロンブス　　Y－バスコ・ダ・ガマ
③ X－マゼラン　　Y－バスコ・ダ・ガマ
④ X－バスコ・ダ・ガマ　　Y－コロンブス
⑤ X－バスコ・ダ・ガマ　　Y－マゼラン

問7　江戸時代の幕政改革とそれを主導した人物について述べたA～Dを，幕政改革が行われた順に並べたものとして，①～⑤の中から，最も適当なものを選び，その番号をマークしなさい。

解答番号は 14 です。

A　この人物は商工業の発達に注目した経済政策をとった。株仲間を認めて営業税を納入させ，長崎貿易の活性化もはかった。しかし地位や特権を求めてわいろが横行し，批判が高まった。

B　この人物は将軍として政治の立て直しに取り組んだ。武士に質素・倹約を求めるとともに，有能な人材を取り立てるなどした。新田開発を進めるなど年貢を増やす政策をとった。

C　この人物は将軍だった祖父の改革にならい，質素・倹約を勧め，農村と都市の復興に取り組んだ。また幕臣などに朱子学を学ばせて試験を行い，有能な人材を取り立てようとした。

D　この人物は先行する改革を手本として，倹約令を出し政治批判や風紀を乱す小説の出版を禁止するなどした。また江戸に出稼ぎに来ていた農民を故郷の村に帰らせた。

① A → B → D → C　② A → C → D → B
③ B → A → C → D　④ B → D → C → A
⑤ C → D → B → A

問8　19世紀前半のイギリス・中国（清）・インドの貿易関係を示した図について，図中のA～Cに当てはまる語の組み合わせとして，①～⑤の中から，最も適当なものを選び，その番号をマークしなさい。

解答番号は 15 です。

① A－茶　　B－銀　　C－アヘン
② A－茶　　B－アヘン　　C－銀
③ A－銀　　B－茶　　C－アヘン
④ A－銀　　B－アヘン　　C－茶
⑤ A－アヘン　　B－茶　　C－銀

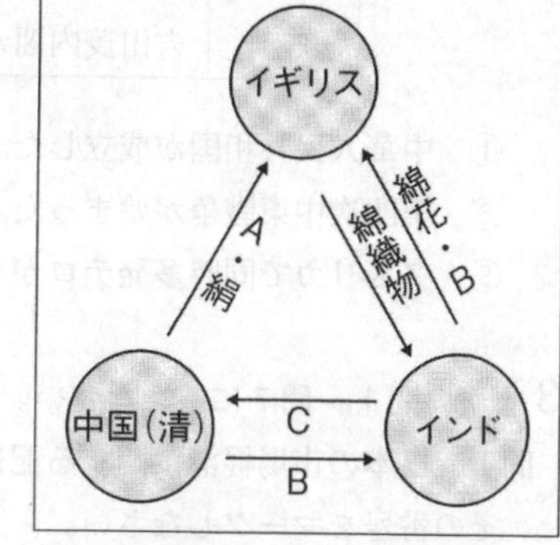

問9　日本の不平等条約改正の歩みに関する記述として，①～⑤の中から，最も適当なものを選び，その番号をマークしなさい。

解答番号は 16 です。

①　西南戦争後，岩倉使節団が欧米に派遣されたが，不平等条約改正の交渉は失敗に終わった。

②　大隈重信による欧化政策は世間の反感をよび，ノルマントン号事件の直後に大隈が暴漢に襲われ負傷し，交渉は中止となった。

③　陸奥宗光の交渉では，領事裁判権を撤廃するかわりに裁判官に外国人を採用することで条約改正を取りつけようとしたが，国民の反対により実現しなかった。

④　日清戦争の勝利を知ったイギリスが条約改正に応じたことで，日英通商航海条約が結ばれ，領事裁判権が撤廃された。

⑤　関税自主権の完全な回復は，日露戦争後にアメリカとの条約に調印して実現した。

問10　日本とアジア・太平洋地域の関係について述べたA～Dを，年代の古い順に並べたものとして，①～⑤の中から，最も適当なものを選び，その番号をマークしなさい。

解答番号は 17 です。

A　朝鮮総督府が三・一独立運動を武力で鎮圧した。

B　ソ連が日本に宣戦布告し，満州・朝鮮・千島列島などに侵攻した。

C　日ソ中立条約を結んだ後，日本はフランス領インドシナ南部へ軍を進めた。

D　山東省のドイツ租借地や南洋諸島を日本が占領した。

①　A → C → D → B　②　A → B → D → C　③　A → B → C → D

④　D → A → C → B　⑤　D → B → A → C

問11　第二次世界大戦後の世界に関する年表の空欄に当てはまる出来事として，①～⑤の中から，最も適当なものを選び，その番号をマークしなさい。

解答番号は 18 です。

| 西暦 | できごと |
|---|---|
| 1945年 | 国際連合が発足した。 |
| 1948年 | 朝鮮半島で大韓民国と朝鮮民主主義人民共和国が成立した。 |
| 1949年 | 〔　　　　　〕 |
| 1950年 | 朝鮮戦争が始まった。 |
| 1951年 | 吉田茂内閣がサンフランシスコ平和条約に調印した。 |

①　中華人民共和国が成立した。　②　東西ドイツの統一が実現した。

③　第四次中東戦争が始まった。　④　アジア・アフリカ会議が開かれた。

⑤　アメリカで同時多発テロがおこった。

## 3　次の問1～問7に答えなさい。

問1　日本の市場経済に関する記述として，次のページの①～⑤の中から，最も適当なものを選び，その番号をマークしなさい。

解答番号は 19 です。

① 公正取引委員会は，独占禁止法の規定に基づいて，市場の監視を行っている。
② 独占禁止法の規定に基づき，均衡価格が形成される。
③ 為替相場が１ドル＝90円から１ドル＝100円となった場合，この状態を円高という。
④ 円高の場合は一般的に，日本から外国への輸出がしやすくなる。
⑤ 水道やガス，電気などの公共料金は，全国ですべて同じ価格に設定されている。

問２ 日本の裁判員制度に関する記述として，①～⑤の中から，最も適当なものを選び，その番号をマークしなさい。

解答番号は 20 です。

① 裁判員裁判は，地方裁判所でのみ行われる。
② 裁判員は有罪か無罪かのみを決め，有罪の場合は，裁判官のみでどのような刑罰にするかを決定する。
③ 裁判員裁判では，公判前整理手続が行われないので，審理が長期化する傾向にある。
④ くじや立候補によって，1つの事件につき原則として３名の裁判員が選ばれる。
⑤ 本人の健康問題の理由でのみ，裁判員になることの辞退が認められている。

問３ 日本における人権保障に関する記述として，①～⑤の中から，最も適当なものを選び，その番号をマークしなさい。

解答番号は 21 です。

① 自由権は，国に対して人間らしい生活を求める権利である。
② 人の身体を拘束するためには，検察官が発行する令状が必要である。
③ 「新しい人権」の一つに知る権利があり，それに基づいて情報公開制度が設けられている。
④ 生存権は日本国憲法では規定されておらず，生活保護法によって保障されている。
⑤ 国会議員を選ぶ選挙では，一定期間日本に住んでいれば，国籍を問わず投票できる。

問４ 日本の内閣に関する記述として，①～⑤の中から，最も適当なものを選び，その番号をマークしなさい。

解答番号は 22 です。

① 内閣総理大臣は，国会の議決により指名されるが，衆議院議員の中から選ばれる必要がある。
② 内閣総理大臣の指名について衆議院と参議院で異なった議決がされたときは，衆議院で再可決を行えば，両院協議会を開かなくても衆議院の議決が国会の議決となる。
③ 内閣総理大臣が任命する国務大臣の過半数は，国会議員である必要がある。
④ 内閣は，衆議院で内閣不信任の決議が可決されると，30日以内に衆議院の解散を行うか，総辞職する必要がある。
⑤ 内閣は，予算案の作成や政令の制定，条約の承認などを行う。

問５ 日本の憲法改正に関する正しい記述を選んだものとして，①～⑤の中から，最も適当なものを選び，その番号をマークしなさい。

解答番号は 23 です。

A 憲法改正原案を国会に提出するには，衆議院または参議院の過半数の議員の賛成が必要である。
B 国会が憲法改正の発議を行うには，衆議院と参議院で，それぞれ総議員の３分の２以上の賛成が必要である。

C　憲法改正の国民投票において，有効投票の３分の１以上の賛成があれば，国民の承認があったものとする。

D　憲法の改正案が国民に承認されると，天皇の名において公布される。

①　A・C　②　A・D　③　B・D　④　B　⑤　C

問６　日本の消費者の権利や消費者問題に関する記述として，①～⑤の中から，最も適当なものを選び，その番号をマークしなさい。

解答番号は 24 です。

①　2009年に，政府のさまざまな省庁が行っていた消費者政策をまとめて行う，国民生活局が設置された。

②　クーリング・オフ制度は，店舗販売で商品を購入した場合，購入後８日以内であれば消費者側から無条件で契約を解除することができる制度である。

③　PL法は，欠陥品による損害賠償の責任を製造業者等に負わせる法律である。

④　2004年に，消費者基本法が消費者保護基本法に改正され，消費者の権利や，国や地方公共団体の責務が明確に規定されるようになった。

⑤　注文していない商品を勝手に送り付けその代金を請求する商法をマルチ商法とよぶ。

問７　下の文章は，日本銀行の公開市場操作について述べたものである。空欄〔A〕～〔C〕に当てはまる語の組み合わせとして，①～⑤の中から，最も適当なものを選び，その番号をマークしなさい。

解答番号は 25 です。

> 日本銀行は，一般の銀行から国債などを買い取ったり，売却したりすることで，景気の安定化を図ることがある。この方法を公開市場操作という。例えば，不景気の時には，日本銀行は国債などを［　A　］。これにより一般の銀行の企業などへの貸し出しが［　B　］することが期待される。反対に好景気の場合，日本銀行は公開市場操作を通じて世のなかの通貨を［　C　］ようにする。

①　［A］一般の銀行から買い取る　［B］増加　［C］減らす
②　［A］一般の銀行から買い取る　［B］増加　［C］増やす
③　［A］一般の銀行から買い取る　［B］減少　［C］増やす
④　［A］一般の銀行に売却する　［B］増加　［C］減らす
⑤　［A］一般の銀行に売却する　［B］減少　［C］増やす

**4**　名城大学附属高等学校に通う名城太郎さんは，日本や世界の選挙制度に興味がわき調べた。次の資料１～４はその過程でまとめたものである。これを見てあとの問１～問３に答えなさい。

資料１　修学旅行や海外研修で訪れる国・地域の選挙権年齢と被選挙権年齢（二院制採用国は下院）

※インドネシアでは，結婚している者には年齢にかかわらず選挙権が与えられる。

(2015年12月時点，国立国会図書館調べ)

| | 選挙権 | 被選挙権 |
|---|---|---|
| インドネシア | 17歳 | 21歳 |
| 台湾 | 20歳 | 23歳 |
| ニュージーランド | 18歳 | 18歳 |
| オーストラリア | 18歳 | 18歳 |

資料２　日本の選挙権年齢引き下げに関する書籍の記述

二〇一五年六月の公選法改正によって，選挙権年齢が二〇歳から一八歳に引き下げられました。これは，「日本国憲法の改正手続に関する法律」で投票権年齢が一八歳に定められた（三条）ことに連動しています。（中略）

日本が選挙権年齢を二〇歳に定めた当時（（　Ｘ　）年），選挙権年齢を二一歳にしていた国が多く，むしろ日本の選挙権年齢は若い部類に入っていました。ところが今や一八歳選挙権は世界の趨勢で，一九一の国と地域のうち九二％が一八歳の選挙権を導入しています。オーストリア，キューバ，アルゼンチンなどでは，選挙権年齢は一六歳です。

出典：糠塚康江『議会制民主主義の活かし方　一未来を選ぶために』（岩波書店，2020年）

資料３　日本で選挙権年齢が18歳に引き下げられたあと、はじめて10歳代も加わった衆議院議員総選挙における年代別投票率（総務省資料より作成）

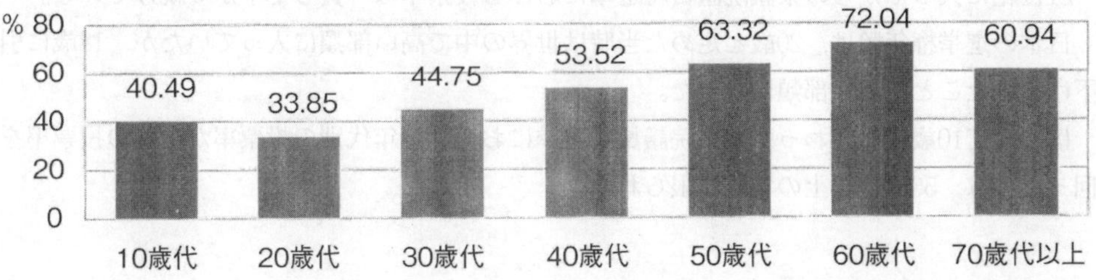


資料４　第40～49回衆議院議員総選挙における投票率の推移（総務省資料より作成）

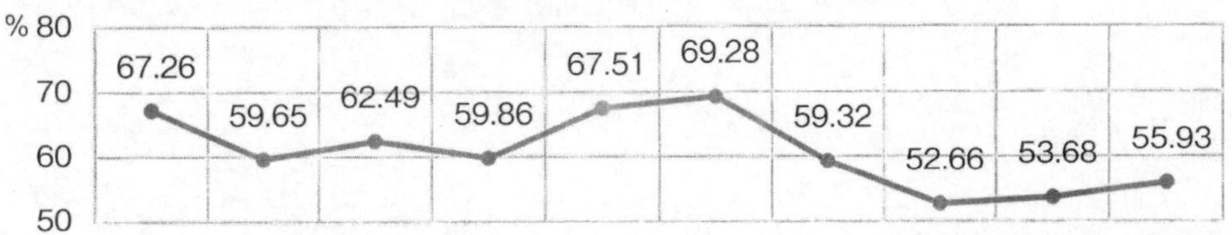


**問１**　資料１にある国・地域について述べた文として，①～⑤の中から，最も適当なものを選び，その番号をマークしなさい。

解答番号は 26 です。

①　インドネシアは，かつてオランダの植民地であった。

②　日中戦争が始まると，台湾は日本によって占領され，台湾総督府が設置された。

③　ニュージーランドはアジア州に位置し，マオリとよばれる先住民がいる。

④　オーストラリアのシドニーと名古屋の気温を比較すると，ともに８月の平均気温が１年でもっとも高くなる。

⑤　４つの国・地域は，すべてＯＰＥＣに加盟している。

**問２**　資料２の空欄（Ｘ）の年について，この年の日本の社会情勢について述べた文として，次のページの①～⑤の中から，最も適当なものを選び，その番号をマークしなさい。

解答番号は 27 です。

① 共産主義などを取りしまる治安維持法が制定された。

② 女性差別からの解放を目指す女性運動が盛んになり，平塚らいてうが新婦人協会を設立した。

③ 原敬が本格的な政党内閣を組織した。

④ 日本が，アメリカ軍を主力とする連合国軍に占領された。

⑤ サンフランシスコ平和条約が発効し，日本は独立を回復した。

**問３** 資料１～４から読み取れることについて述べた文として，①～⑤の中から，最も適当なものを選び，その番号をマークしなさい。

解答番号は 28 です。

① 台湾の被選挙権年齢は，日本の被選挙権年齢と同じである。

② はじめて10歳代も加わった衆議院議員総選挙では，10歳代と60歳代の間で投票率の差が最大となった。

③ 21世紀に入ってからの衆議院議員総選挙における投票率は一貫して下がり続けている。

④ 日本の選挙権年齢は，20歳と定めた当時は世界の中で高い部類に入っていたが，18歳に引き下げられたことで若い部類に入った。

⑤ はじめて10歳代も加わった衆議院議員総選挙において，年代別の投票率が全体の投票率を上回ったのは，50歳代以上の年代に限られた。

② Ｐ「あやしけれ」は「不審に思って」という意味である。
③ Ｑ「かなしく」は「悲しく思って」という意味である。
④ Ｒ「はかなき」は「死んでいる」という意味である。
⑤ Ｓ「めでたく」は「立派に」という意味である。

**問7** 次は、本文を読んだ生徒Ａ～Ｆの会話文で、本文を踏まえた発言です。①～⑥の中から、適当なものを**二つ**選び、その番号をマークしなさい。ただし解答番号の順序は問いません。

解答番号は32・33です。

① 生徒Ａ：1段落には、遣唐使が日本に帰る時、子どもが乳母から離れるくらいまで成長したら、日本から迎えに来るって約束しているシーンが描かれているね。
② 生徒Ｂ：1段落には、遣唐使の妻が子どもを海に投げ入れる場面が描かれるけど、こういうことは日常的によく行われていたって記述されているね。
③ 生徒Ｃ：2段落には、難波の浦で、遣唐使の従者が子どもを見つけるんだけど、魚に乗って日本に来たことに感動しているシーンが描かれているね。
④ 生徒Ｄ：2段落には、遣唐使が長く子どもに会っていないから、もう死んだと決めつけていた場面が描かれていたね。生きていることがわかって、私も感動しちゃった。
⑤ 生徒Ｅ：3段落には、遣唐使がその後に子どもを大切に育てて、子どもに名前をつけたというエピソードが描かれているね。「魚養」っていう名前だってね。
⑥ 生徒Ｆ：3段落には、子どもが成長した後、その子が南都の寺の額を書いたっていうエピソードが描かれているね。

**問8** この文章は鎌倉時代に成立した作品です。①～⑤の中から、この文章と同じ時代に成立した作品の冒頭として、最も適当なものを選び、その番号をマークしなさい。

解答番号は34です。

① 今は昔、竹取の翁といふものありけり。野山にまじりて竹を取りつつ、よろづのことに使ひけり。
② 祇園精舎の鐘の声、諸行無常の響きあり。沙羅双樹の花の色、盛者必衰の理をあらはす。
③ 月日は百代の過客にして、行きかふ年もまた旅人なり。
④ いづれの御時にか、女御、更衣あまたさぶらひたまひける中に、いとやむごとなき際にはあらぬが、すぐれて時めきたまふありけり。
⑤ 春は、あけぼの。やうやう白くなりゆく山ぎは、すこしあかりて、紫だちたる雲の、細くたなびきたる。

さて、この子は大人になるにつれて、字を［S］書いた。南都七大寺の額などは、この人が書いたのであった。［Y］に助けられたので、名を魚養と付けたのだと伝えている。

※1　乳母…母親に代わって、幼児に乳を飲ませ養い育てる女性。
※2　宿世…前世の縁。当時、人間界の出来事は前世での行いによって決定されていると考えられていた。

**問1**　二重傍線部a「見れば」b「乗れり」c「悦びける」の主語（動作の主体）は誰ですか。①～⑤の中から、最も適当なものをそれぞれ選び、その番号をマークしなさい。同じ番号を何度選んでもかまいません。

解答番号はaが［24］、bが［25］、cが［26］です。

①　遣唐使　②　異遣唐使　③　遣唐使の妻
④　遣唐使の子　⑤　従者

**問2**　傍線部A「母大きに恨みて」とありますが、その理由は何ですか。①～⑤の中から、最も適当なものを選び、その番号をマークしなさい。

解答番号は［27］です。

①　遣唐使が乳飲み子を唐に残したまま、日本に帰ってしまったから。
②　遣唐使が自分で子どもを育てると約束していたのに、裏切ったから。
③　遣唐使が送った手紙を、他の遣唐使が母に渡さなかったから。
④　遣唐使が日本から手紙を送ると約束していたのに、手紙が来なかったから。
⑤　幼い子どもを遣唐使の子どもだと思うと、腹が立ってしかたがないから。

**問3**　空欄Xに入る言葉を、①～⑤の中から選び、その番号をマークしなさい。

解答番号は［28］です。

①　けら　②　けり　③　ける　④　けれ　⑤　けらし

**問4**　傍線部B「あはれに覚えて」とありますが、その理由は何ですか。①～⑤の中から、最も適当なものを選び、その番号をマークしなさい。

解答番号は［29］です。

①　唐に残してきた自分の子どもが死んではいなかったから。
②　唐に残してきた自分の子どもが魚に養われていることを知ったから。
③　唐に残してきた自分の子どもを母親が海に投げ入れたから。
④　唐に残してきた自分の子どもと奇跡的に再会することができたから。
⑤　唐にいる子どもの母と手紙を交わすことができたから。

**問5**　空欄Yに入る言葉を、①～⑤の中から選び、その番号をマークしなさい。

解答番号は［30］です。

①　船　②　魚　③　波　④　母　⑤　札

**問6**　波線部O～Sの単語について、前後の文脈を踏まえた意味として明らかに誤っているものを、①～⑤の中から一つ選び、その番号をマークしなさい。

解答番号は［31］です。

①　O「いとけなき」は「幼い」という意味である。

**2** 次の文章を読んで、後の問いに答えなさい。なお、本文の上の数字は形式段落を表します。

【本文】

1 今は昔、遣唐使の、唐にある間に妻を設けて子を生ませつ。その子いまだOいとけなきほどに、日本に帰る。妻に契りていはく、「異(こと)遣唐使行かんにつけて、消息やるべし。またこの子、※1乳母(めのと)離れんほどには迎へ取るべし」と契りて帰朝しぬ。母、遣唐使の来るごとに、「消息やある」と尋ぬれど、敢(あ)へて音もなし。A母大きに恨みて、この児を抱きて日本へ向きて、児の首に「遣唐使それがしが子」といふ札を書きて結ひつけて、「※2宿世(すくせ)あらば、親子の中は行きあひなん」といひて、海に投げ入れて帰りぬ。

2 父、ある時難波(なには)の浦の辺に行くに、沖の方に鳥の浮(うか)びたるやうにて、白き物見ゆ。近くなるままにa見れば、童(わらは)に見なしつ。Pあやしければ馬を控へて見れば、いと近く寄りくるに、四つばかりなる児の白くをかしげなる、波につきて寄り来たり。馬をうち寄せて見ければ、大きなる魚の背中にb乗れり。従者(ずさ)をもちて抱き取らせて見ければ、首に札あり。「遣唐使それがしが子」と書けり。「さは我が子にこそあり[X]。唐にて言ひ契りし児を問はずとて、母が腹立ちて海に投げ入れてけるが、しかるべき縁ありて、かく魚に乗りて来たるなめり」とBあはれに覚えて、いみじうQかなしくて養ふ。遣唐使の行きけるにつけて、この由を書きやりたりければ、母も今はRはかなきものに思ひけるに、かくと聞きてなん、希有(けう)の事なりとc悦(よろこ)びける。

3 さてこの子、大人になるままに手をSめでたく書きけり。[Y]に助けられたりければ、名をば魚養(うをかい)とぞつけたりける。七大寺の額どもは、これが書きたるなりけりと。

（『宇治拾遺物語』）

【現代語訳】

今となっては昔のことだが、遣唐使が唐にいる間に妻をもうけて子を産ませた。その子がまだ[O]時に、日本に帰った。別れる際に妻に約束して、「ほかの遣唐使が行くのに言づけをして手紙を送ろう。また、この子が乳母の手から離れるようになるころには迎えて引き取ろう」と約束して日本に帰った。母は、遣唐使が来るたびに、「手紙があるか」と尋ねたけれど、何の音沙汰もない。母は大いに恨んで、この子を抱いて日本の方へ向かって、子の首に「遣唐使なにがしの子」という札を書いて結びつけて、「前世の縁があるならば、親子はきっと行き会うでしょう」と言って、その子を海に投げ入れて帰った。

父親の遣唐使が、ある時難波の浦あたりを行くと、沖の方に鳥の浮かんでいるように白いものが見える。だんだん近くなるにつれてよく見ると、子どものようである。[P]馬を止めて見ていると、とても近くに寄ってくるので、四歳ほどの白くかわいらしい子どもが波に寄って来たことがわかった。馬をうち寄せて見ると、大きな魚の背中に乗っている。家来に抱き上げさせて見ると、首に札がある。「遣唐使なにがしの子」と書いてある。「さてはわが子であったか。唐で言い約束した子どもを、連絡がないからと、母が腹を立てて海に投げ入れたのが、しかるべき縁があって、こうして魚に乗って着いたのであろう」と胸打たれて、心から[Q]養った。その後に遣唐使が行った時に言づけして、このことを書き送ったところ、母も今はもう[R]ものと思っていたところに、これこれと聞いて珍しいことだと喜んだ。

究に時間をかけることが大切だと考えている科学者。

② 直接生活に関わるような分野を研究するよりも、精神的な安定につながる分野を研究することが重要と考えている科学者。

③ 将来的に豊かな生活をもたらすような研究だけでなく、今の社会に必要なものをすばやく生み出す研究に取り組む科学者。

④ 科学がもたらす文化的価値の大切さを認め、未来に生まれるだろう新たな価値観や世界観への理解が深い科学者。

⑤ 世の中を大きく変えてしまうような研究成果をあげることを目指し、向上心を持って研究に取り組むことのできる科学者。

**問13** 空欄Yに入る言葉を、①～⑤の中から選び、その番号をマークしなさい。

解答番号は21です。

① 常に先を読んで行動し、あらかじめ必要な準備を進めておく計画性

② 根本から問題を見直し、長い目で見てじっくり育てていくという姿勢

③ 社会における文化の価値を理解し、その発展と維持に努めようとする積極性

④ 未来の社会の姿を想像し、その世界観にいち早く適応しようとする柔軟性

⑤ 最終的な成果の大きさを大切にし、すばやく豊かな世界を実現しようとする姿勢

**問14** 本文の表現について説明した文として、**誤っているもの**はどれですか。①～④の中から一つ選び、その番号をマークしなさい。

解答番号は22です。

① 文章全体を通じて文末を「です」「ます」の口調で統一することで、読者に丁寧な印象を与えている。

② 2段落から6段落で多用されるカギカッコの表記は、その言葉を辞書的な意味で用いていることを強調するためである。

③ 5段落中の「～ですね」と相手に同意を求める口調は、読者に寄り添おうとする筆者の意図のあらわれである。

④ 11段落でことわざを文中に挿入しているのは、なじみ深い言葉を入れることで、読者が本文を理解しやすくするためである。

**問15** 本文の論理構成について説明した文として、正しいものはどれですか。①～④の中から一つ選び、その番号をマークしなさい。

解答番号は23です。

① はじめに本文の目的を述べたのち、そこで提示した問いに対して四つの答えを挙げて読者に説明し、最終的にそれら全ての要素を含んだ、筆者自身の意見を16段落で述べている。

② はじめに本文の目的を述べたのち、2段落から15段落を通じて、四つの答えとともにそれぞれに対する筆者の肯定・否定の立場を示し、16段落でまとめの意見を述べている。

③ 本文はじめに提示した主題に対して、2段落から14段落を通して具体例を交えつつ四つの答えを並べ、15 16段落でそれらを踏まえての筆者の意見が述べられている。

④ 本文はじめに提示した主題に対して、2段落から10段落、11段落から14段落と、四つの答えを大きく二つに分けて示し、15段落以降で筆者がどちらの立場に賛成かを示している。

⑤　成功の見込みがある研究は、早期からその兆候が見られ、自然と多額の予算を得て研究の勢いが加速するから。

**問9**　傍線部E「ＤＮＡ」とありますが、これは筆者が何を示すために提示した例ですか。①～⑤の中から、最も適当なものを選び、その番号をマークしなさい。

解答番号は17です。

①　批判を受けても継続すれば、研究成果は必ずあらわれること。
②　精神的ゆとりは、研究に良い結果をもたらすことがあること。
③　基礎研究から、大きな成果へとつながることがあること。
④　個人的な趣味から、世界的な流行につながることがあること。
⑤　当初の目的から外れ、莫大な利益をもたらすことがあること。

**問10**　傍線部F「基礎研究という遠回りに見える道を選ぶほうが得策」とありますが、筆者がそのように考えるのはなぜですか。①～⑤の中から、最も適当なものを選び、その番号をマークしなさい。

解答番号は18です。

①　基礎研究をないがしろにすると、新しい技術を創造しようとする野心的で若い研究者が育たず、将来的な科学の発展へつながらないから。
②　基礎的な知識のないまま研究に臨むことは、事故などの危険性が大きくなってしまうため、良い結果だけでなく損害ももたらすから。
③　基礎研究の段階を飛ばしてしまうと、社会生活に劇的な変化を与えるような深みのある結果につながらず、社会に役立ちにくいから。
④　基礎研究を飛ばした結果、応用的な研究も準備段階で止まってしまうなどの悪い効果を生み、科学者のやる気をそいでしまうかもしれないから。
⑤　基礎的な知識を持たないままでは、将来的な可能性を軽く語ることしかできず、研究費を集められないまま研究が終わってしまうから。

**問11**　傍線部G「成功」とありますが、ここでの「成功」とはどのようなことを意味していますか。①～⑤の中から、最も適当なものを選び、その番号をマークしなさい。

解答番号は19です。

①　研究開始時に予想していた通りの結果が得られ、今後の研究に自信が持てるようになること。
②　心にゆとりのある生活を送れるようになり、世界的に平穏な生活が訪れること。
③　投資家の予想を良い意味で裏切ることで、研究資金を集めやすくなるということ。
④　充実した生活をもたらすような商品として、多くの人から求められるようになること。
⑤　今まで解明できていなかった科学的事実を突き止め、応用的な研究へつなげていくこと。

**問12**　傍線部H「そのような科学者」とありますが、これはどのような科学者を指していますか。①～⑤の中から、最も適当なものを選び、その番号をマークしなさい。

解答番号は20です。

①　すぐに実生活に役立つことを目指すよりも、土台となる分野の研

② 倫理的に正しい生き方へ社会の人々を導くために役立つこと。
③ 最新かつ最先端の技術を構想し、開発するために役立つこと。
④ 個人的な楽しみや快楽を得ながら生きることに役立つこと。
⑤ 豊かな生活だけでなく、経済的利得を産むために役立つこと。

**問5** 傍線部B「人間はパンのみにて生きるにあらず」とありますが、この文は何文節で構成されていますか。①～⑤の中から、最も適当なものを選び、その番号をマークしなさい。

解答番号は13です。

① 三文節　② 四文節　③ 五文節
④ 六文節　⑤ 七文節

**問6** 空欄Xに入る言葉を①～⑤の中から選び、その番号をマークしなさい。

解答番号は14です。

① 心が冷えていても、温めてくれる
② 必要不可欠であり、無ければ死に直結する
③ 永久に不滅で、権威の象徴である
④ 存在することと、どう使うかが大切
⑤ あることが大事で、無くなれば寂しい

**問7** 傍線部C「文化としての科学こそ人間の証明」とありますが、筆者がこのように言うのはなぜですか。①～⑤の中から、最も適当なものを選び、その番号をマークしなさい。

解答番号は15です。

① 文化は、個人と集団の双方の努力によって、維持と発展を見込めるものであり、それぞれの集団に属しながら生きる人間特有のものだから。
② 文化は、社会の中で継続的に存在するために、どうしてもお金が必要になるものであり、お金という概念を持つ人間に特有のものだから。
③ 文化は、体系的な知識から生み出される論理的な側面も持ち合わせており、科学的な知見を発達させてきた人間特有のものだから。
④ 文化は、大衆によって生み出されるもので、多数派の好みが反映される傾向にあり、民主的に社会を運営する人間特有のものだから。
⑤ 文化は、自発的な働きによって維持され、心身を豊かにすることができ、精神世界の豊かさを求める人間に特有のものだから。

**問8** 傍線部D「いつの日かそこから新しい技術が開発され、人々の生活に役立つようになると考えています」とありますが、科学者がそのように考えるのはなぜですか。①～⑤の中から、最も適当なものを選び、その番号をマークしなさい。

解答番号は16です。

① 豊かな社会の実現のために惜しみなく努力を続けることが、期待通りの結果のために必要なことだと知っているから。
② 生活の役には立ちそうもない基礎的な研究が、豊かな生活をもたらす発明につながった例がいくつもあったから。
③ 興味を持てない研究にも毎日取り組むことのできる粘り強さが、研究者に成功をもたらすと信じているから。
④ 結果を早急に求めすぎず、余裕のある態度で研究者の取り組みを見守ることが、より良い結果につながると考えているから。

b　イトナみ
① 勝利のエイカンに輝く。
② エイエンに感じられる一瞬。
③ カンエイ工場を新設する。
④ 努力が結果にハンエイした。
⑤ シュエイに断って城内に入る。

c　チクセキ
① セキネンの恨みを晴らす。
② セキショを新たに設ける。
③ 勢いそのままに世の中をセッケンする。
④ ボウセキ産業を主にする会社に勤める。
⑤ 会長のジュウセキを担う。

d　タイショウ
① 全校生徒の前でヒョウショウされる。
② 犯罪のショウコを集める。
③ 過去のデータをサンショウする。
④ ショウジン料理を食べる。
⑤ 予想を超えたゲンショウが起こった。

e　ボットウ
① 失敗はトウゼンの結果といえた。
② 優勝候補のヒットウに挙げられる。
③ バジトウフウな態度でいる。
④ 世の問題に一石をトウじる本が出版された。
⑤ ヤトウが選挙戦を優位に進める。

問2　空欄Ⅰ～Ⅲに入る言葉を、①～⑥の中から、それぞれ一つずつ選び、その番号をマークしなさい。ただし、同じ番号を二度選ぶことはできません。
解答番号はⅠが6、Ⅱが7、Ⅲが8です。
① 例えば　② つまり　③ しかし
④ ところで　⑤ さらに　⑥ だから

問3　波線部O～Qの言葉の意味として、①～⑤の中から、最も適当なものをそれぞれ選び、その番号をマークしなさい。
解答番号はOが9、Pが10、Qが11です。

O　出自
① 自分の記憶　② 育ての親　③ 生まれ故郷
④ 自己都合　⑤ 周囲の環境

P　イノベーション
① 産業的浸食　② 開発的投資　③ 積極的改善
④ 技術的革新　⑤ 経営的戦略

Q　胡坐をかいて
① 緊張して座って　② 冷静に戦略を練って
③ 諦めて放心して　④ 気楽にかまえて
⑤ 永遠にそのままでいて

問4　傍線部A「このように役立つこと」とありますが、これはどのように役立つことを指していますか。①～⑤の中から、最も適当なものを選び、その番号をマークしなさい。
解答番号は12です。
① 便利さと精神的ゆとりを感じて生きるために役立つこと。

子）の開発があります。光を照射すると電子が飛び出してくる光電素子で、電子の輸送法を工夫して、素子のどの部分に、どのような色（波長）の光が、どのような強度で当たったか、をコンピュータで割り出せるように工夫したものです。その結果、碁盤のようにＣＣＤを縦横に格子状に並べた版上に像を撮ることができ、それを刻々とコンピューターに記憶することでデジタル撮影が可能になりました。素子の感度を上げることによって弱い光でも像が撮れ、格子上の網目（メッシュ）の点の数を増やして詳細な像が撮影できるまでに進歩させました。この可視光用のＣＣＤを世界で最初に作ったのは日本の企業で、ケータイのカメラなどに使われ、一時世界のカメラ市場を制覇しました。ＣＣＤの開発段階ではほとんどG成功の見込みはなく、投資のムダではないかと非難されたのですが、その困難を乗り切って成功したのです。

⑭　別の例では、ドイツの質量分析器[※3]の開発があります。長い間、質量分析器は日本の企業が独占状態にあり、日本はそれにQ胡坐（あぐら）をかいて改良しか行いませんでした。これに対抗しようと、ドイツはより精度の高い新しい方式を考え出し、その開発のために基礎研究から試作と実験を繰り返し15年もかけてようやく完成させ、ついに日本の技術を追い越したそうです。最初は、まったく見込みが立たなかったのですが、「いずれ成功する」と信じて開発を続けた結果なのです。

⑮　以上のように、当面の効用が第一で科学・技術が直ちに役に立つことを追求するよりは、長い目で見て基礎的な研究からしっかり積み上げていく研究が重要であることがわかると思います。大学等の研究者はこのような信念を持っている人が多く、Hそのような科学者を大事にすることこそ、科学・技術を進めていく上での決定的なカギであるのです。ともすれば、近視眼的にすぐに「役立つ」ことを求めたがるのですが、それではかえって大きな成功を逃すことになるのではないでしょうか。

⑯　また、科学の文化的な価値を大事にし、科学がもたらす新しい物質観や世界観を学び直し、より深く自然を理解することが科学の重要な役割であることを忘れてはなりません。科学・技術を通常の企業活動と同じとみなし、投資を集中すれば成果が上がるとする考えでは、本当のイノベーションに結びつかないでしょう。［Y］こそが、科学・技術の育成に求められているのです。

（池内了『なぜ科学を学ぶのか』）

※1　先のニュートリノに対する質問…２００２年に小柴昌俊氏がニュートリノに関する研究でノーベル賞を受賞した際、記者から出た「ニュートリノは何の役に立つのですか？」という質問を指す。

※2　ＣＣＤ（電荷結合素子）…半導体の内部にあり、信号を送る働きをするもの。

※3　質量分析器…原子や分子の質量分析に用いる装置。

**問1**　二重傍線部a～eと同じ漢字を含むものを、①～⑤の中から、それぞれ一つずつ選び、その番号をマークしなさい。解答番号はaが1、bが2、cが3、dが4、eが5です。

a　キヨ

① 不吉なヨカンがする。
② ヨジョウを含んだ数を発注する。
③ ヨロン調査の結果が発表される。
④ 秋のヨナガに月を見る。
⑤ 事件へのカンヨが疑われる。

の努力が個人及び社会の双方に求められるわけです。こう考えると、文化こそ社会に生きる人間的行為であると言えるでしょう。私が「文化としての科学」と言うとき、科学は商売や経済の手先になるのではなく、「C文化としての科学こそ人間の証明」であるということを言いたいのです。

7 他方、多くの科学者は、文化としての科学という抽象的な概念だけではなく、Dいつの日かそこから新しい技術が開発され、人々の生活に役立つようになると考えています。これが基礎研究の第三の「役立ち方」で、今はまだ何の役にも立たない純粋な基礎科学だけれど、そのうちに技術と結びついて、実際の物質に応用できるようになり、私たちの生活を豊かにするに違いない、と信じているのです。だから、焦らず長い目で見守って欲しい、と願っています。今確実に役に立つようになるとは言えないけれど、過去を振り返ってみれば何度もそんなことがあったのだから、またいつの日かそうなるだろう、という気持ちを持っています。

8 Ⅲ、電子や原子の運動を記述する量子力学は、最初は人間の生活とは縁がない極微のミクロ世界の基礎的な物理法則でしかないと思われていました。しかし、1950年頃から、IC（集積回路）の発明を通じてコンピューターを動かす上での作動原理であり、X線や電子や陽子を用いた病気の治療や物質の診断に応用するための動作規則として働き、原子・分子レベルでの物質の振る舞いを記述しており、さまざまな新物質を作り出すための基本法則である、というふうに今や量子力学を抜きにしては成り立たない分野が数多く拓かれてきました。

9 あるいは、EDNAは、最初遺伝の仕組みを考えるために導入され、もっぱら生命体の遺伝情報の成り立ちと伝達の謎を解くための便利な模型と考えられていました。しかし、研究が進むうちに、DNA上の塩基の並び方が解読され、その改変の技術が開発されるようになった現在では、遺伝子操作は当たり前になり、生物世界を根本的に変えてしまいかねない状況になっています。

10 このように、基礎科学として始まった分野であったけれど、広い範囲に応用分野が展開し、人間の生活に大きな影響を与えるようになったことが何度もありました。科学者は「いずれ役に立つから」と人々や政府に期待を持たせて、研究費を保証するよう求めているのです。

11 これとはdタイショウ的に、日本の産業力の活性化のためだとして、政府や産業界は大学に基礎研究をすっ飛ばして、直ちにPイノベーションの種を提供するようしきりに要求しています。しかし、いくらイノベーションの掛け声をかけ研究費を投じても、最初からイノベーション狙いの研究は底が浅く、たいしたものはなかなか生まれません。遠回りのように見えるけれど、「いつか役に立つ」としか言えない基礎研究から始めた方がよいのです。「急がば回れ」という言葉があるように、近道をしようとすると、かえって道がわからなくなることが多く、F基礎研究という遠回りに見える道を選ぶ方が得策なのです。

12 その意味で、基礎研究の第四の「役立ち方」があります。最初は実験段階で企業化や商業化はとても無理だけれども、じっくり時間をかけて基礎的な実験を積み重ねて技術開発に繋(つな)げていくという方法です。この場合、取りかかった時点では困難な技術で簡単に応用できそうにはないけれど、「いずれ役に立つ」との信念の下で、慌てずに基礎研究にeボットウする、というものです。

13 その一例として、日本の企業が行った半導体のCCD※2（電荷結合素

【国語】（四〇分）〈満点：一〇〇点〉

1 次の文章を読んで、後の問いに答えなさい。なお、本文の上の数字は形式段落を表します。設問の都合上、本文を一部省略しています。

1 科学研究の社会に対する役立ち方を考えてみましょう。

2 一つは科学・技術の効能について先に述べたように、それによって人間の生活が便利で効率的になり、生産力が増大し、人々の暮らしが健康的で豊かになるということです。特に技術は人間の生活に密着した人工物を製作することが本来の目標ですから、技術の効能がより大きくなるためには人々の生活により役立たねばなりません。そして、当然、技術の発達による効能が経済的利得と結びつくことが求められます。要するに、儲（もう）かるための技術開発であることが、一般に受け取られている「社会の役に立つ」という意味になります。先の※1ニュートリノに対する質問も、ニュートリノが遠隔通信に使えるというようなことを期待したのだろうと思われますが、科学・技術の研究はAこのように役立つことが当然と通常は考えられているわけです。

3 [ I ]、「役立ち方」はそれだけではありません。もう一つは、ニュートリノの研究がそうであったように、純粋科学や文化の創造にaキヨするという役割です。私は常々「科学は文化である」とか「文化としての科学」と言っていますが、金儲けや経済的利得は二の次で、人間の精神的活動としての文化の一つとして科学を考えています。モーツァルトの音楽もゴッホの絵画もロダンの彫刻もモリエールの演劇も、これらの芸術の成果は文化であり、「無用の用」と言えるでしょう。これらが無くなっても私たちは生きていけるのですが、これらがない世界は精神的に貧しくて空（むな）しく感じられるでしょう。「B人間はパンのみにて生きるにあらず」で、物質世界から言えば「無用」ですが、精神世界には「用」なのです。

4 ここで「文化」というものが持つ意味を考えてみましょう。文化は人間の精神的活動の成果で、芸術のみならず芸能や学問や宗教や道徳などが含まれ、科学もその一つです。文化とは、「[ X ]」というもので、基本的には個人の心を満たすためのかけがえのない先人の贈り物と言えるでしょう。

5 文化のための行為ですが、まったく個人のレベルに閉じているのが「趣味」です。切手集めや小石集めや貝殻集めなどの趣味は、通常は利益や見返りを求めず、自分が楽しければよいというものですね。それが文化の発祥であり、それはとても大事な人間のbイトナみなのです。西洋では、珍しい植物や動物や鉱物を蒐集（しゅうしゅう）する趣味から、やがて蒐集物の共通する部分と異質な部分に着目して分類するという「博物学」になりました。[ II ]、その各々の分野が独立して植物学・動物学・鉱物学というふうに分科して「科学」へと発展しました。その意味では、科学は趣味にO出自を持つ個人の楽しみであったのです。

6 趣味と文化の決定的な違いは、趣味は個人だけの楽しみですが、文化は社会性があるということ、つまり文化は多くの人々の支持によって広く共有されるものだということです。だから、文化は人々の支えによって維持できるもので、税金が使われたり、浄財で賄（まかな）ったり、対価を求めたり、ボランティアの助けを得たり、というような形で社会と結び合うことになります。文化が健全に育ち社会に生き続けるためには、個人の努力と社会の受容が両輪とならねばならず、cチクセキと発展のため

# 2024年度

# 解　答　と　解　説

《2024年度の配点は解答欄に掲載してあります。》

## ＜数学解答＞ 《学校からの正答の発表はありません。》

1 (1) ア 1　イ 6　ウ －　エ 1　オ 7　(2) カ 5　キ 2　ク 3
(3) ケ 1　コ 7　(4) サ 8　シ 8　(5) ス 1　セ 8　ソ 0
(6) タ 3　チ 6

2 (1) ア 1　イ 4　(2) ウ －　エ 4
(3) オ 1　カ 9　キ 6　ク 1　ケ 0　コ 3
(4) サ 1　シ 6　ス 0

3 (1) ア 5　イ 3　ウ 6　(2) エ 2　オ 3

4 (1) ア 3　イ 2　(2) ウ 1　エ 9　オ 5　カ 3　キ 4

5 (1) ア 2　イ 0　ウ 3　(2) エ 1　オ 5　カ 2

○推定配点○

1 各6点×6　2 (4) 7点　他 各6点×3　3 (1) 6点　(2) 7点　4 (1) 6点
(2) 7点　5 (1) 6点　(2) 7点　計100点

## ＜数学解説＞

**1** (2次方程式，数・式の計算，平方根，数の性質，連立方程式の利用，円周角の定理)

(1) $x-1<x+2$であり，$x-1$と$x+2$の差は$(x+2)-(x-1)=3$であるから，①$x-1=15$，$x+2=18$または，②$x-1=-18$，$x+2=-15$のどちらかが成り立つ。①のとき，$x=16$，②のとき，$x=-17$であるから，$(x-1)(x+2)=15\times18$を解くと，$x=16$，$-17$である。

(2) $\dfrac{2x+5y}{3}-\dfrac{x-y}{4}=\dfrac{4(2x+5y)-3(x-y)}{12}=\dfrac{8x+20y-3x+3y}{12}=\dfrac{5x+23y}{12}$

重要 (3) $(a+1)(b+1)=5$より，$ab+a+b+1=5$　$ab+a+b=4$…①　$(a+2)(b+2)=10$より，$ab+2a+2b+4=10$　$ab+2a+2b=6$…②　②－①より，$a+b=2$であるから，①に$a+b=2$を代入して，$ab+2=4$　$ab=2$である。$(a+3)(b+3)=ab+3a+3b+9=ab+3(a+b)+9$であるから，$ab=2$，$a+b=2$を代入すると，$ab+3(a+b)+9=2+6+9=17$　よって，$(a+3)(b+3)=17$である。

重要 (4) $n$が自然数であることから，$2024-n\leqq2024$となる。2024を超えない最大の平方数を考えると，$44^2=1936$，$45^2=2025$であるから，2024を超えない最大の平方数は$44^2=1936$である。よって，$\sqrt{2024-n}$がもっとも大きくなるのは$2024-n=1936$より，$n=88$のときである。

重要 (5) 1年前のパンと牛乳の金額をそれぞれ$x$円，$y$円とする。1年前は合計350円で買えたので，$x+y=350$…①，現在はパンの金額は3割増しになったので，$\dfrac{13}{10}x$円，牛乳の金額は2割増しになったので，$\dfrac{12}{10}y$(円)であり，合計で440円であるから，$\dfrac{13}{10}x+\dfrac{12}{10}y=440$　$13x+12y=4400$…②
②－①×12より，$x=200$　①に$x=200$を代入すると，$200+y=350$　$y=150$　よって，1年

前のパンと牛乳の金額はそれぞれ200円，150円であるから，現在の牛乳の金額は$\frac{12}{10}\times150=180$(円)となる。

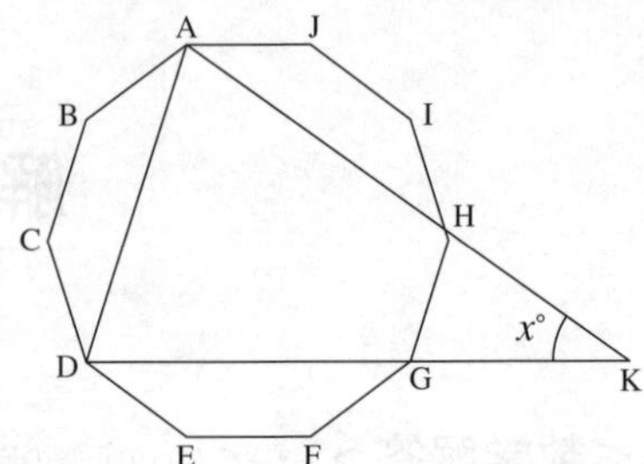


基本 (6)　正十角形は円に内接する。円周角の定理より，円周角は1周180°であり，円周角の大きさは弧の長さに比例するから，$\angle DAH=\angle ADG=180\times\frac{4}{10}=72°$　△ADKにおいて，$\angle x=180-72\times2=180-144=36°$である。

## 2 (図形と関数・グラフの融合問題)

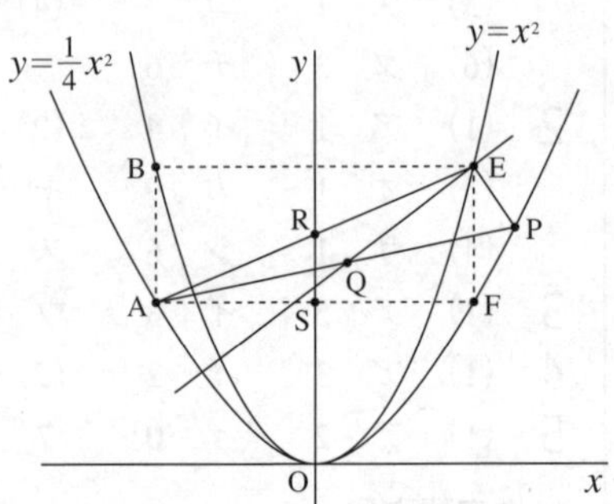


基本 (1)　$y=ax^2$にP(6, 9)を代入すると，$9=36a$　$a=\frac{1}{4}$となる。

重要 (2)　$y=x^2$，$\frac{1}{4}x^2$に$x=t$をそれぞれ代入すると，$y=t^2$，$y=\frac{1}{4}t^2$となるから，$A\left(t,\ \frac{1}{4}t^2\right)$，$B(t,\ t^2)$と表せる。また，点AとF，点BとEはそれぞれ$y$軸について対称なので，$E(-t,\ t^2)$，$F\left(-t,\ \frac{1}{4}t^2\right)$と表せる。よって，$AB=EF=t^2-\frac{1}{4}t^2=\frac{3}{4}t^2$，$AF=BE=(-t)-t=-2t$であるから，四角形BAFEの周の長さが40となるとき，$\frac{3}{4}t^2\times2+(-2t)\times2=40$　$\frac{3}{2}t^2-4t-40=0$　$3t^2-8t-80=0$

$t=\frac{-(-8)\pm\sqrt{(-8)^2-4\times3\times(-80)}}{2\times3}=\frac{8\pm\sqrt{64+960}}{6}=\frac{8\pm\sqrt{1024}}{6}=\frac{8\pm32}{6}=\frac{20}{3}$，$-4$　$t<0$より，$t=-4$である。

重要 (3)　線分APの中点をQとすると，求める直線は直線EQである。(2)より，A(−4, 4)であるから，$Q\left(\frac{-4+6}{2},\ \frac{4+9}{2}\right)=Q\left(1,\ \frac{13}{2}\right)$である。(2)より，E(4, 16)であるから，線分EQの$x$の増加量は$4-1=3$，$y$の増加量は$16-\frac{13}{2}=\frac{19}{2}$となるので，変化の割合は$\frac{y\text{の増加量}}{x\text{の増加量}}=y$の増加量÷$x$の増加量より，$\frac{19}{2}\div3=\frac{19}{6}$　よって，直線EQの傾きは$\frac{19}{6}$であるから，直線EQの方程式を$y=\frac{19}{6}x+b$とおいて，E(4, 16)を代入すると，$16=\frac{38}{3}+b$　$b=\frac{10}{3}$　したがって，求める直線の方程式は$y=\frac{19}{6}x+\frac{10}{3}$である。

重要 (4)　線分AEと$y$軸の交点をR，線分AFと$y$軸の交点をSとする。$y$軸を回転の軸として，△BAEを1回転させてできる回転体は中心S，半径ASの円を底面とし，高さABの円柱から，中心S，半径ASの円を底面とし，高さRSの円錐を引いた形になる。A(−4, 4)より，S(0, 4)であるから，$AS=0-(-4)=4$，(2)より，B(−4, 16)であるから，$AB=16-4=12$である。ここで，(1)より，E(4, 16)であるから，直線AEの傾きは$\frac{16-4}{4-(-4)}=\frac{12}{8}=\frac{3}{2}$　直線AEの方程式を$y=\frac{3}{2}x+c$とおいて，A(−4, 4)を代入すると，$4=-6+c$　$c=10$　よって，直線AEの方程式は$y=\frac{3}{2}x+10$であり，R(0, 10)となる。よって，$RS=10-4=6$であるから，求める体積は$4\times4\times\pi\times12-\frac{1}{3}\times4\times$

$4\times\pi\times6=192\pi-32\pi=160\pi$である。

## 3 (数の性質と確率)

基本 (1) 2個のサイコロを投げるときの場合の数は$6\times6=36$(通り) $\sqrt{1}=1$, $\sqrt{4}=2$, $\sqrt{9}=3$, $\sqrt{16}=4$, $\sqrt{25}=5$, $\sqrt{36}=6$であるから，$ab$の値が1から3の自然数のとき$\sqrt{ab}$の整数部分は1であり，もらえるアメの個数は1個である。同様に，$ab$の値が4から8のとき2個，9から15のとき3個，16から24のとき4個，25から35のとき5個，36のとき6個のアメがもらえる。12人の小学生がもらえたアメの個数の平均値が3より小さくなるとき，もらえたアメの個数の合計は$3\times12=36$(個)未満となる。名城さん以外の11人のもらえたアメの個数の合計は$1+5+2+1+2+3+4+5+5+2+4=34$(個)であるから，名城さんがもらえるアメの個数が1個であればよい。これを満たす$(a, b)$の組み合わせは$(a, b)=(1, 1)$，$(1, 2)$，$(2, 1)$，$(1, 3)$，$(3, 1)$の5通りであるから，求める確率は$\frac{5}{36}$となる。

重要 (2) 名城さんがもらえたアメの個数が1個のとき，最頻値は1，2，5(個)となるので，最頻値が素数のみにならない。同様に，もらえたアメの個数が4個のとき，最頻値は2，4，5(個)となるので，最頻値が素数のみにならない。また，もらえたアメの個数が2個のとき，最頻値は2個，もらえたアメの個数が3個のとき，最頻値は2，5(個)，もらえたアメの個数が5個のとき，最頻値は5個，もらえたアメの個数が6個のとき，最頻値は2，5(個)となるから，最頻値が素数のみになる。もらえたアメの個数が1，4(個)になる$(a, b)$の組み合わせは$(a, b)=(1, 1)$，$(1, 2)$，$(2, 1)$，$(1, 3)$，$(3, 1)$，$(4, 4)$，$(3, 6)$，$(6, 3)$，$(4, 5)$，$(5, 4)$，$(4, 6)$，$(6, 4)$の12通りなので，最頻値が素数のみになる$(a, b)$の組み合わせは$36-12=24$通り。よって，求める確率は$\frac{24}{36}=\frac{2}{3}$となる。

## 4 (正三角形と相似，長さ・面積の計量)

重要 (1) △EGF，△CEDは正三角形であるから，$\angle EGF=\angle CEJ=60^\circ$ 同位角が等しいので，GF//EJとなるから，△AGF∽△AEJ 相似比はAG：AE＝6：3＝2：1となるので，GF：EJ＝2：1 3：EJ＝2：1 EJ$=\frac{3}{2}$である。

やや難 (2) (1)と同様にFE//DIであるから，△EJF∽△DJI DJ$=2-\frac{3}{2}=\frac{1}{2}$であるから，相似比はEJ：DJ$=\frac{3}{2}:\frac{1}{2}=3:1$ よって，EF：DI＝3：1 3：DI＝3：1 DI＝1である。また，DJ//HCであり，CI＝2－1＝1なので，△DJI≡△CHIである。したがって，△CHI∽△EJFであり，相似比は1：3となるから，面積比は△CHI：△EJF$=1^2:3^2=1:9$となる。さらに，△DJIと△DCEは∠Dが共通であるから，面積比は△DJI：△DCE＝(DI×DJ)：(DC×DE)$=\left(1\times\frac{1}{2}\right):(2\times2)=\frac{1}{2}:4=1:8$となる。△DCE$=\sqrt{3}$であるから，△DJI：$\sqrt{3}=1:8$ △DJI$=\frac{\sqrt{3}}{8}$となる。よって，△CHI＝△DJI$=\frac{\sqrt{3}}{8}$であるから，△CHI：△EJF＝1：9より，$\frac{\sqrt{3}}{8}$：△EJF＝1：9 △EJF$=\frac{9\sqrt{3}}{8}$となる。△CHIと△EJFの和は$\frac{\sqrt{3}}{8}+\frac{9\sqrt{3}}{8}=\frac{5\sqrt{3}}{4}$である。

## 5 (おうぎ形の弧の長さ)

基本 (1) △PQRは正三角形なので，求める長さは半径5cm，中心角$180-60=120^\circ$のおうぎ形の弧の長さ2つ分である。よって，$10\times\pi\times$

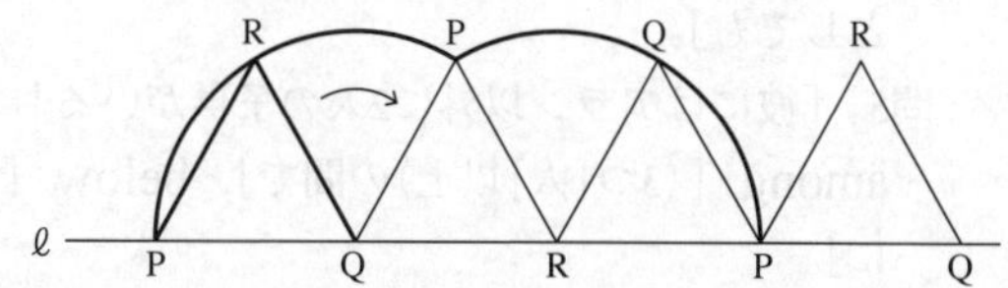

$\frac{120}{360}\times2=\frac{20}{3}\pi$(cm)となる。

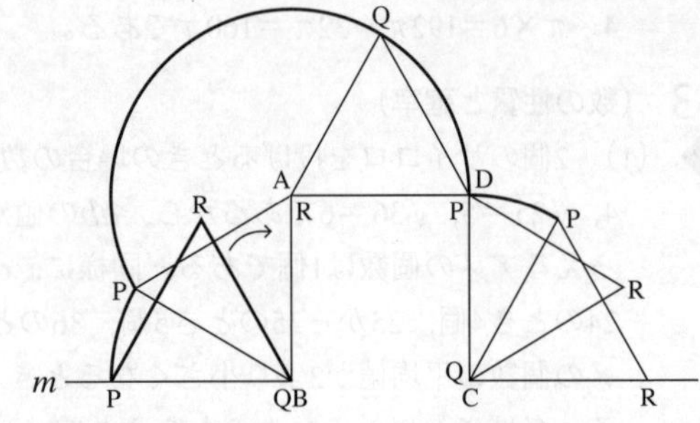


重要 (2) 求める長さは半径5のおうぎ形の弧の長さで，中心角は(90−60)＋(270−60)＋(90−60)＝30＋210＋30＝270°分である。よって，$10\times\pi\times\frac{270}{360}=\frac{15}{2}\pi$(cm)となる。

★ワンポイントアドバイス★

難易度は高くなくても，思考力を問う問題が多くある。練習を積んで多くの解法の仕方をしっかり身につけておくことが大切である。

## ＜英語解答＞《学校からの正答の発表はありません。》

1 問1 ② 問2 ④ 問3 ② 問4 ③ 問5 ① 問6 ⑤ 問7 ①
問8 ① 問9 ② 問10 ②

2 問1 ⑤ 問2 ① 問3 ⑤ 問4 ④ 問5 ②

3 問1 ③ 問2 ⑤ 問3 ④

4 問1 ① 問2 ② 問3 ③ 問4 ② 問5 ③ 問6 ② 問7 ⑤

5 問1 ③ 問2 ① 問3 ④ 問4 ② 問5 ①，④

6 問1 ③ 問2 ② 問3 ① 問4 ④ 問5 ③ 問6 ⑤

○推定配点○

1，2 各2点×15　3，4 問1～問6，5 問1～問3，6 各3点×18

4 問7，5 問4，問5 各4点×4　計100点

## ＜英語解説＞

基本 1 (語句選択補充問題：前置詞，語い，助動詞)

問1 「彼女は自分の盆栽を誇りに思っていて，訪問客たちにそれを見せるのが大好きだ」 be proud of ～「～を誇りに思う」。

問2 「映画館に行きませんか」 Why don't we ～? で「(一緒に)～しませんか」と相手を誘う表現。

問3 「その赤ちゃんは彼のおじにちなんで名づけられた」 name ～ after …「…にちなんで～を名づける」を受動態で使った文。

問4 「メアリーには友達がほとんどいない。ジョンはと言えば，彼にはいつもたくさんの友達がいる」 as for ～「～と言えば」を入れると前後の文のつながりが自然になる。 instead of ～「～の代わりに」，according to ～「～によれば」，after all「結局のところ」，even if「たとえ～だとしても」。

問5 「彼にはアラン以外に2人の子供がいる」 besides「～以外に」を入れると文意が成り立つ。 among「(3つ[人]以上)の間で」，below「～の下に」，above「～の上に」，beside「～のそばに」。

問6 「名古屋までJRに乗って，そこで電車を乗りかえなさい」 change trains「電車を乗りかえる」。 station「駅」，seat「座席」，turn「転換，回転」，taxi「タクシー」では文意が成り立たない。

問7 「数年前，私はタクシーの運転手として働いていた」 as 「～として」を入れると文意が成り立つ。

問8 「その学校はすべての生徒に本を与えている」〈provide＋人＋ with ＋もの〉「(人)に(もの)を与える[供給する]」。

問9 「ここは図書館です。あなたは静かにしなくてななりません」 must 「～しなければならない」を入れると文意が成り立つ。

問10 「マリアは帽子をかぶってみたが，それは彼女には大きすぎた」 try on ～「～を試着する」。

やや難 **2** （語句整序問題：間接疑問文，不定詞，接続詞）

問1 （I）understand how my uncle is great. 「いかに～か」を〈疑問詞＋主語＋動詞〉で表す。不足する語はない。

問2 （Can）you show me <u>how</u> to use this electronic device? 〈how to ＋動詞の原形〉「～の し方」の how を補う。

問3 （I think）it is important for her to protect endangered animals. 〈It is ～ for ＋人＋ to ＋動詞の原形〉「(人)が～することは…だ」の構文。think の後に接続詞 that が省略されている。不足する語はない。

問4 （This）music reminds me <u>of</u> my younger days. 〈remind ＋人＋ of ～〉「(人)に～を思い出させる」。of を補う。

問5 （I）asked her to help me <u>with</u> my homework. 〈help ＋人＋ with ～〉「(人)の～を手伝う」。with を補う。

重要 **3** （読解問題：不要な文を選ぶ問題）

問1 「リンダはその公園が大好きだ。そこにはすることがたくさんある。まず，彼女は空を見る。1つの雲がイヌのように見える。別の雲はヒツジのように見える。後で，彼女はアヒルにえさをやる。それらは空腹だ。<u>ヒツジも空腹だ</u>。リンダはパンを投げる。それらはその食べ物を楽しむ。最後に，リンダは太陽を見る。それは沈んで行く。それは美しい」 ある雲がヒツジのように見えると述べられているが，実際にはヒツジは公園にいないので，③の文は述べられている内容と矛盾する。

問2 「世界にはおよそ7,000の言語がある。英語は，多くの人々がそれを使うので，最も重要な言語の1つだ。それはイギリス，合衆国，オーストラリア，そして他の多くの場所で使われている。およそ3億7,300万人の人々がそれを母語として話す。およそ10億の人々がそれを第2言語として使う。／スペイン語は別の重要な言語だ。人々はスペインと南アメリカの国々のほとんどでスペイン語を話す。合衆国には，スペイン語を話せる人がたくさんいる。それはほとんどの学校で教えられる重要な言語だ。<u>アメリカでは，どの学校でも，2か国語より多くの言語を勉強しなくてはならない</u>」 第2段落では，スペイン語が重要な言語であることを説明しているが，⑤の文はそれと直接関連のない内容である。

問3 「人は長い間，色の力を知っている。昔の時代の人々は，病人の看病をするために色を使った。人々は，それぞれの色に癒す力があると信じていた。例えば，人々は痛みを減らすために青を使った。今日でも，色が人々を健康的にすることができると考える人々がまだいる。<u>黒ネコを見ると不吉だと考える人々もいる</u>。しかし，研究によれば，色は人の感じ方を変えることしかできない。それらは病気を癒すことはできないのだ」 色の体に与える影響について述べた文章なので，動物であるネコに関する迷信は本文の主題からはずれる。

4 (読解問題・物語文：語句選択補充問題，語句整序，英問英答)

(全訳) 私の名前はナオミです。私は子供のとき，クリスマスが大好きでした。クリスマスの数週間前，私たちはその大切な一日の準備を始めました。まず，私の父が大きなクリスマスツリーを持って来て，窓の前に置きました。私たちは木を飾りつけて一日中過ごしました。私たちはまた，木にキャンディーをつけて，私の兄[弟]は木のてっぺんに大きな金の星をつけました。私たちはまた，一緒にクリスマスカードを作って楽しみました。

イ私の母は普通，それにおかしな絵がついた大きなカードを私にくれました。私はまた，祖父母からのカードを楽しみに待ちました，いつもお金と一緒に来たからです！

クリスマスの前の夜，私は部屋の壁に大きな靴下をつけました。それから私は寝ました。朝，靴下は小さなプレゼントでいっぱいでした。クリスマスツリーの下にはさらに多くのプレゼントがありました。それはとてもわくわくするものでした！ テーブルはおいしい食べ物でいっぱいでした。それらを用意するにはたくさんの時間がかかりました。エでも，兄[弟]と私がそれを食べるにはそう長い時間はかかりませんでした！ 私たちはいつもクリスマスをとても楽しんでいました。

問1 (あ) in front of ～「～の前に」 (い)「木にキャンディーをつけた」接していることを表す前置詞 on が適する。 (う) at the top ～「～のてっぺん[いちばん上]に」。(え)「(ある特定の日の)夜に」は on で表す。 (お)「～に接して」は on で表す。

問2 enjoy は動名詞(動詞の～ing形)を目的語にとる。

重要 問3 (My mother) usually gave me a big card with (funny pictures on it.) 〈give ＋(人)＋(もの)〉「(人)に(もの)を与える」の構文。with は「～がついている」の意味。usually のように頻度を表す副詞は一般動詞の前に置くのが基本。

問4 look forward to ～「～を楽しみに待つ」。この to は不定詞を作る to ではない。前置詞なので，後に動詞が続くときは動名詞(～ing形)にする。

問5 空所を含む文の直前と対照的な内容が続くので，逆接を表す however「しかし」が適切。

問6 質問は「ナオミの父親はいつクリスマスツリーを買いましたか」という意味。第1段落第2～3文を参照。クリスマスの数週間前にクリスマスの準備を始め，その始めに父親がクリスマスツリーを買って来たので，②「クリスマスの3～5週間前に」が適切。①「クリスマスの1週間前に」，③「12月17日に」，④「クリスマスの日の朝に」，⑤「クリスマスの数期間前に」。

問7 質問は「ナオミはなぜ祖父母からカードをもらってうれしかったのですか」という意味。第1段落最終文に，「私はまた，祖父母からのカードを楽しみに待ちました，いつもお金と一緒に来たからです！」とあるので，⑤「それにはお金がついていたから」が適切。 ①「それがいつも大きなカードだったから」，②「彼らが私にすてきなものをくれたから」，③「それにはいつもたくさんのおかしな絵があったから」，④「それにはたくさんのお金が必要だったから」。

5 (長文読解・会話文：語句選択補充，文補充，内容吟味)

(全訳) ブックカバー・デザインコンテスト

マジカル・マイケルの最新作が来年，2024年3月1日に書店に入荷されます！

アンダーソン書店がその本の表紙のための絵を必要としていて，最良の絵を見つけるためのコンテストを開催します。

コンテスト参加の規則

●16歳以下でなくてはなりません。

●チームでこのコンテストに参加できます。

●絵を描くのにコンピューターを使ってはいけません。

●最大3点まで絵を送ることができます。
●絵は10月31日までに送らなくてはいけません。（最良の絵は11月10日に選ばれます。）
詳しいことは www.magical-michael.com をご覧ください。
絵は下記にお送りください。
アンダーソン書店
2929 サニーヒルロード
シカゴ，IL

アリス：ねえ，ボブ，これを見た？　マジカル・マイケルの最新作の表紙デザインのコンテストがあるわよ。
ボブ　：うわあ，本当？　ぼくはマジカル・マイケルが大好きなんだ！
アリス：私もよ！　彼はいつもすばらしい冒険をして，難しいパズルを解くのよね。あなたはコンテストに参加したい？　一緒に何か描けるかもしれないわよ。
ボブ　：うーん，わからないよ。規則に$_{A}$コンピューターを使ってはいけないと書いてある。それは難しすぎるよ。
アリス：まあ，頼むわ。それほど難しくないわよ。あなたは絵を描くのが上手だわ。あなたならできるわよ！
ボブ　：うーん，そうかもしれないね。でも，何を描けばいいかな？　選択肢がたくさんありすぎるよ。
アリス：あなたがマジカル・マイケルについて好きなことを示すものを描いてはどう？　彼の個性とか，彼の技術とか，彼の友達とか。
ボブ　：それはいい考えだね。バックパックを持ってペットの犬を連れた彼の絵でも描こうかな。
アリス：それはすてきだわ！　そして私は地図とコンパスを持った彼を描くわ。
ボブ　：かっこいいね！　それじゃあそれをやろう。$_{B}$ぼくたちの絵を送る10月31日まで時間はたくさんあるよ。僕たちが優勝できる可能性はあると思う？
アリス：わからないわ。でも，大事なのは楽しむことよ。$_{(え)}$そして本の表紙に私たちの絵が見える可能性があるのよ！
ボブ　：うん，それはすばらしいだろうなあ！　それでは，描き始めに行こう！
アリス：わかったわ，行きましょう！

問1　空所を含む文の直後で「それは難しすぎる」と言っていることから，絵を描くにあたっての条件である「コンピューターを使ってはいけない」ことがあてはまる。正解は③。①「ぼくたちはウェブサイトを確認しなくてはならない」，②「ぼくたちはチームでそれに参加することができる」，④「高齢の人々もこれに参加するかもしれない」は，「難しい」と判断する条件として不適切。⑤「ぼくたちには十分な時間がない」は，ボブの5番目の発言内容と矛盾する。

問2　アリスとボブにとって大事な時間は，絵を完成させるための時間なので，①を入れて，絵を送る期限の10月31日まで時間はたくさんあるという文にするのが適切。②「ぼくたちの絵を送る11月10日」，③「書店に行く3月1日」，④「最良の絵を選ぶ10月31日」，⑤「最良の絵を選ぶ11月10日」。

問3　入れる文は will を使った未来のことを述べていることに着目する。「自分たちの絵が本の表紙に載るかもしれない」という内容に対する反応として，同じ will を用いている(え)の直後のボブの発言「それはすばらしいだろうなあ」が適切。

問4　①「アリスとボブは，授業でマジカル・マイケルの本を読みたがっている生徒である」(×)　2人が話題にしているのはマジカル・マイケルの最新作の表紙に載せる絵で，「授業でマジカル・

マイケルの本を読む」ということについては記述がない。②「アリスとボブは，彼らが大好きな本の主人公，マジカル。マイケルのファンである」(○) アリスの2番目の発言にある「彼はいつもすばらしい冒険をして，難しいパズルを解く」から，マジカル・マイケルが本の主人公であることが推測できる。 ③「アリスとボブはマジカル・マイケルの本を販売している書店に行く計画を立てている」(×) 2人が計画しているのは，マジカル・マイケルの最新作の表紙に載せる絵のコンテストについてである。 ④「アリスとボブはどちらの方が上手に絵を描けるかを知りたがっているクラスメートである」(×) アリスとボブがどちらの方が絵を上手に描けるかに関心を示す記述はない。⑤「アリスとボブはいつも本に関するコンテストに参加する子供たちである」(×) 2人が話し合っている本の表紙に関するコンテスト以外に，コンテストに関する記述はない。

やや難 問5 ①「アリスとボブは一緒にコンテストに参加することに決める」(×) チラシの「コンテスト参加の規則」の2番目に「チームで参加できる」とあるが，アリスとボブの会話から2人はそれぞれ違う絵を描くつもりでいることがわかるので，「一緒にコンテストに参加する」ことにはならない。 ②「ボブはバックパックを持ったマジカル・マイケルの絵を描きたがっている」(○) ボブの4番目の発言から，バックパックを持ってペットの犬を連れたマジカル・マイケルの絵を描こうと思っていることがわかるので，会話の内容に合っている。 ③「アリスは地図とコンパスを持ったマジカル・マイケルの絵を描くつもりである」(○) アリスの5番目の発言内容に合っている。 ④「彼らはきっとコンテストで優勝すると思っている」(×) ボブが最後から2番目の発言で，自分たちは優勝できると思うかアリスに尋ねたのに対し，アリスは「わからない」と答えているので合わない。 ⑤「彼らは，大事なのはコンテストを楽しむことだと思っている」(○) アリスの最後から2番目の発言と，それに続くボブの発言内容に合う。 ⑥「ボブはその個性が好きなので，マジカル・マイケルが好きだ」(○) アリスが4番目の発言で，ボブがマジカル・マイケルについて好きなことの例としてその個性を挙げているので合う。 ⑦「彼らは絵をシカゴにある会社に送るだろう」(○) チラシのいちばん下に，絵の送り先としてシカゴの会社名が書かれているので合う。

## 6 (読解問題・物語文：語句選択補充問題)

(全訳) 本を読め―さもなくば刑務所へ行け！

スタン・ローゼンはマサチューセッツ州のニュー・ベッドフォードに住んでいた。彼は人々から自動車や自転車を盗み，再びそれらを売っていた。そのようにして彼は生計を立てていた。ある日，警察は彼を捕らえて刑務所へ送った。

翌年，スタンは刑務所を A出た。彼は何人かの人々に自分の名前はジムだと言った。彼はビジネスを始めるために彼らから金をもらった。それから，彼はその金を持って逃げた。数か月後，警察は再び彼を捕まえて刑務所へ送った。

その次の年，スタンは再び家にいた。彼は仕事がなく，金も持っていなかった。ある夜，彼は店から金を盗んだ。再び，警察は彼を捕まえた。しかし今度は，彼は裁判官のケインのところへ送られた。

裁判官のケインはスタンに，「また刑務所へ行きたいですか。それとも本を読みたいですか」と尋ねた。

スタンには訳がわからなかった。

「今度は」裁判官は言った「あなたが決めることができます。ニュー・ベッドフォード高校に新しい課程があります。それはあなたのような人々のための課程です。あなたは27歳。学校を卒業していません。あなたには仕事がありません。あなたは物を盗みます。でもあなたは決して Bだれも傷つけなかった。だからあなたはその課程を受けて，ワックスラー教授と本を読むことができます。さもなければ再び刑務所に行きなさい」

スタンはあまり読書をしなかった。彼は読書が好きではなかったのだ！　しかし彼は二度と刑務所に行きたくなかった。そこで彼はワックスラー教授の授業で本を読むことに決めた。「あなたはすべての授業に行かなければなりません」と裁判官は言った。「そして，すべての本を読まなければなりません」

スタンは最初の授業に行った。クラスには10人の男性がいた。すべての男性は裁判官のケインに送られてきた。最初の授業で，彼らは短い物語を読んだ。

ワックスラー教授が「それについてどう思いますか」と尋ねた。男性たちは何も言わなかった。彼らは何と言えばよいのかわからなかったのだ。スタンはその質問に答えたかったが，話すのが怖かった。C彼は他の男性たちに彼の話を聞かれたくなかった。

「あなたはその物語が気に入りましたか」とワックスラー教授が彼に尋ねた。

「いいえ」とスタンは答えた。

「なぜですか」とワックスラー教授が尋ねた。

「最後が幸せだからですが，人生は幸福なものではありません」とスタンは言った。

「それは本当ではありません」と他の男性が言った。「ときによって，ある人々にとって人生は幸福です」

他の男性たちが物語と人生について話し始めた。彼らは2時間話した。ワックスラー教授は彼らに次の授業のために1冊の本を読むように言った。それは多くの問題を抱える若い男についての本だった。

次の授業で，ワックスラー教授が再び「あなたたちはどう思いますか」と尋ねた。

今度は男性たちは答えるのを怖がらなかった。D彼らには言うことがたくさんあり，彼らは自分たちの人生について多くのことを話した。彼らの多くは多くの問題がある困難な人生を送っていた。

12週間，スタンは本を読み，それらについて話した。それから彼は再び決めなくてはならなかった，授業に行くか，刑務所に行くかを。今度はすぐに決めた。E彼は別の授業を受けたかった。

その後，スタンは高校の夜の授業を受けた。裁判官のケインが彼を助け，彼は昼間の仕事を見つけた。翌年，彼は大学で夜の授業を受け始めた。今やスタンは善良な学生で，警察とは何も問題はなかった。それは裁判官のケイン，ワックスラー教授，そして本のFおかげだった。

問1　空所の後に，スタンが偽名を使って人からもらったビジネスの資金を持って逃げて再び警察に捕まったことが述べられているので，一度刑務所を出たことがわかる。したがって，③を入れて「刑務所を出た」という意味にするのが適切。out of ～「～から出て」。　①　afraid of ～「怖がって」，②　inside of ～「～の中」，④　instead of ～「～の代わりに」　⑤　kind of ～「～の種類」。

問2　直前の「あなたは物を盗む」と But でつながれているので，悪事と対照的な内容になるように，②を入れて「あなたはだれも傷つけなかった」という文にする。　①「金を盗んだ」，③「だれかを逮捕した」，④「謝った」，⑤「逃げた」。

問3　直前の「話すのが怖かった」ことの理由となるように，①を入れて，「彼は他の男性たちに彼の話を聞かれたくなかった」という文にすると自然な流れになる。　②「彼は自分の声が好きではなかったので話したくなかった」，③「彼は不幸な物語が好きではなかった」，④「彼は教授に同意せず，彼と話したくなかった」，⑤「彼はその物語にうんざりしていて，自分の時間を無駄にしたくなかった」は，いずれも本文中に記述がないか，本文の内容と異なる。

問4　2度目の授業で，生徒の男性たちは教授の質問に答えるのを怖がらなかったことが直前で述べられているので，④を入れて「彼らには言うことがたくさんあった」という文にするのが適切。①「だれも何も言うことがなかった」，②「1人の男性だけが言うことがあった」，③「言うことはほとんどなかった」，⑤「言うことは何もなかった」。

問5　直前で，スタンが再び授業に出るか刑務所に行くかを決断する必要に迫られたことが述べられており，続く段落で，別の夜の授業を受けるようになったことが述べられていることから，③「彼は別の授業を受けたかった」が話の流れに合う。

問6　空所を含む文の主語 It は直前の，「スタンは今では善良な生徒で警察との問題もない」ことを指す。これは裁判官のケイン，ワックスラー教授，そして本のおかげであると言えるので，⑤を入れて，「それは裁判官のケイン，ワックスラー教授，そして本のおかげだった」という文にする。thanks to ～「～のおかげで」。①　because「～なので」は直後の to とつながらない。②「能力がある」 be able to ～ で「～することができる」という意味だが，to の後に動詞の原形がないので不適切。③「時間」〈It is time to ＋動詞の原形〉で「～する時間だ」という意味だが，to の後に動詞の原形がないので不適切。④「十分な」〈形容詞［副詞］＋ enough to ＋動詞の原形〉で「…するのに十分なほど～」という意味だが，enough の前に形容詞も副詞もないので不適切。

★ワンポイントアドバイス★

3では「何について述べられているか」をつかむことが重要。例えば，問3ならば「色」について述べているのだから，「ネコ」は無関係という具合に，話題になっている事柄の種類に着目すると取り組みやすい。

## ＜理科解答＞《学校からの正答の発表はありません。》

1　問1 ⑤　問2 ⑤　問3 ③　問4 ④　問5 ⑤　問6 ①　問7 ④
　問8 ⑤　問9 ④　問10 ⑤

2　問1 ①　問2 ③　問3 ①　問4 ③　問5 ②

3　問1 ③　問2 ①　問3 ②　問4 ⑤　問5 ③

4　問1 ④　問2 ②　問3 ②　問4 ④　問5 ③

○推定配点○

各4点×25　　計100点

## ＜理科解説＞

1　（総合―小問集合）

問1　アカミミガメは2023年に，アメリカザリガニとともに条件付特定外来生物に指定された。なお，アライグマ，クビアカツヤカミキリ，ヒアリ，オオクチバスは特定外来生物に指定されている。

問2　線状降水帯は，前線の周辺に限らず，地形的な影響や大気が不安定であることなどさまざまな条件下で発生することがある。

重要　問3　電力量(J)＝消費電力(W)×時間(s)，消費電力(W)＝電圧(V)×電流(A)，オームの法則より，電流(A)$=\frac{\text{電圧(V)}}{\text{抵抗(Ω)}}$であるから，電力量(J)＝電圧(V)×{電流(A)×時間(s)}＝電圧(V)×$\frac{\text{電圧(V)}}{\text{抵抗(Ω)}}$×時間(s)＝5.0(V)×$\frac{5.0\text{(V)}}{15\text{(Ω)}}$×1.8(s)＝3.0(J)

問4　Bさんはピストルの音を聞いてからストップウォッチをおしたので，ピストルの音がCさんからBさんまで伝わる時間だけ遅れてストップウォッチをおしたことになる。BさんとCさんの間は102m離れていて，音の速さは340m/sなので，102(m)÷340(m/s)＝0.3(s)おくれたことになる。よって，実際のタイムは12.4＋0.3＝12.7(s)となる。

基本　問5　①は固体から気体，②は液体から固体，③は液体から気体，④は固体から液体への変化である。

重要　問6　①塩化コバルト紙は，水に触れると青色から桃色(赤色)に変化するが，アンモニアや二酸化炭素では変化が見られない。よって，アンモニアと二酸化炭素を区別できない。

②二酸化炭素があるところに石灰水を入れてよくふると石灰水が白くにごるが，アンモニアでは変化は見られない。よって区別できる。

③二酸化炭素は水に少しだけとけ，アンモニアは水に非常によくとける。よって，水にとける量が多いアンモニアのほうがペットボトルが大きくへこむため区別できる。

④同じ体積での質量はアンモニアと二酸化炭素で異なるため区別できる。

⑤アンモニアはにおいのある気体，二酸化炭素はにおいのない気体なので区別できる。

やや難　問7　顕性形質である丸形を示す遺伝子をA，潜性形質であるしわ形を示す遺伝子をaとすると，丸形のエンドウがもつ遺伝子の組み合わせはAAかAa，しわ形のエンドウのもつ遺伝子の組み合わせはaaが考えられる。丸形としわ形をかけ合わせるとき，AAとaaの場合に子に現れる遺伝子の組み合わせはすべてAaとなってすべてが丸形となり，Aaとaaの場合に子に現れる遺伝子の組み合わせはAa：aa＝2：2＝1：1となって，丸形としわ形が1：1で現れる。Aaの遺伝子の組み合わせをもつものの自家受粉でできる孫の種子のもつ遺伝子の組み合わせはAA：Aa：aa＝1：2：1で現れ，aaの遺伝子の組み合わせをもつものの自家受粉でできる孫の種子のもつ遺伝子の組み合わせはすべてaaとなる。よって，孫の種子のもつ遺伝子の組み合わせは，AA：Aa：aa＝1：2：(1＋4)＝1：2：5となり，丸形：しわ形＝(1＋2)：5＝3：5となる。

AA×aa

| | A | A |
|---|---|---|
| a | Aa | Aa |
| a | Aa | Aa |

Aa×aa

| | A | a |
|---|---|---|
| a | Aa | aa |
| a | Aa | aa |

Aa×Aa

| | A | a |
|---|---|---|
| A | AA | Aa |
| a | Aa | aa |

基本　問8　タンパク質が消化されてできるアミノ酸が細胞で分解されるとアンモニアが生じる。アンモニアは有害なため，肝臓で無害な尿素に変えられ，じん臓から排出される。

重要　問9　表の地点Aと地点BのS波の到達時刻の差から，震源からの距離の差が90－30＝60(km)で，到達時刻の差が10秒なので，S波の速さは60(km)÷10(s)＝6(km/s)であることがわかる。地点AでS波の到達時刻が8時24分48秒なので，地震発生時刻は30(km)÷6(km/s)＝5(s)より，8時24分48秒の5秒前の8時24分43秒である。よって，緊急地震速報の発表時刻は8時24分58秒，震源から108km離れた地点でS波が到達した時刻は8時24分43秒の108(km)÷6(km/s)＝18(s)後の8時25分01秒である。したがって，震源から108km離れた地点では緊急地震速報を受信してから3秒後にS波が到達して主要動が観測される。

重要　問10　ペットボトルから手を放すと，ペットボトル内の体積が大きくなるため中の気圧は低くなる。その結果，空気が膨張して温度が下がり，やがて温度が露点よりも低くなって空気中の水蒸気が水滴となり，雲ができる。

## 2 (力・圧力―圧力，浮力)

重要 問1　物体Aの幅と奥行きはそれぞれ物体Bの2倍なので，物体Aの底面積は物体Bの2×2＝4(倍)である。物体の重さが等しいとき，圧力の大きさは面積に反比例する。よって，机が物体Aから受ける圧力は物体Bから受ける圧力の$\frac{1}{4}$倍＝0.25倍となる。

問2　実験2で，物体Aを水の中に入れると半分の高さまで水に沈んだ状態で浮いたことから，物体Aの体積の半分が水中にあるときの浮力の大きさが5.00Nであることがわかる。物体Aと物体Bの体積の比は4：1なので，物体Aの体積を4V，物体Bの体積をVとすると，水中にある物体の体積が2Vのときの浮力の大きさが5.00Nであるといえる。物体Bを半分の高さまで水中に沈めると，水中にある体積は$\frac{1}{2}$Vなので，はたらく浮力の大きさは5.00(N)×$\frac{1}{2}$＝2.50(N)となる。よって，実験3でばねばかりが示す値は，5.00－2.50＝2.50(N)である。

重要 問3　水中にある物体にはたらく浮力の大きさは，水中にある物体の体積に比例する。物体Bは直方体で，底面と水面は平行なので，物体の底面から水面までの高さと水中にある物体の体積は比例する。これらのことから，物体の底面から水面までの高さと浮力の大きさは比例するため，グラフは原点を通る直線となる。

基本 問4　水中にある物体に対して，水圧はあらゆる面に垂直にはたらく。また，水圧の大きさは深さに比例する。

やや難 問5　物体Aは滑車を通して物体Bに引き上げられている。物体Bの重さは5.00Nだが，斜面上にあるため，物体Aが上向きに引かれる力の大きさは5.00Nよりも小さくなる。これらのことから，物体Aにはたらく下向きの力の大きさは，0Nより大きく5.00Nより小さくなる。物体Aの体積の半分が水中にあるときにはたらく浮力が5.00Nであり，物体にはたらく浮力の大きさは水中にある物体の体積に比例するので，水中にある物体Aの体積は半分よりも小さい。

## 3 (酸とアルカリ・中和―塩酸と水酸化ナトリウム水溶液の中和)

重要 問1　うすい塩酸中には水素イオン$H^+$と塩化物イオン$Cl^-$，うすい水酸化ナトリウム水溶液中にはナトリウムイオン$Na^+$と水酸化物イオン$OH^-$が電離して存在している。塩酸に水酸化ナトリウム水溶液を加えていくと，中和反応が起こって水素イオンと水酸化物イオンが結びついて水分子$H_2O$になるが，塩化物イオンとナトリウムイオンは電離したままイオンで存在する。そのため，ちょうど中和するまでは水溶液中のイオンの総数は変化しない。水酸化ナトリウム水溶液を加えていき，水素イオンがすべて水酸化物イオンと結びついてなくなると，加えた水酸化ナトリウム水溶液にふくまれるイオンの数がそのまま増えていく。これらのことから，図1より，うすい塩酸X1.0cm$^3$はうすい水酸化ナトリウム水溶液Y4.0cm$^3$とちょうど中和することがわかる。よって，うすい塩酸X0.5cm$^3$とちょうど中和するうすい水酸化ナトリウム水溶液Yの体積は4.0(cm$^3$)×$\frac{0.5(\text{cm}^3)}{1.0(\text{cm}^3)}$＝2.0(cm$^3$)である。

問2　問1と同じように考えると，図2から，うすい塩酸X′1.0cm$^3$とちょうど中和するうすい水酸化ナトリウム水溶液Yの体積は2.0cm$^3$とわかる。また，図1から，うすい塩酸X1.0cm$^3$とちょうど中和するのは，うすい水酸化ナトリウム水溶液Yの場合は4.0cm$^3$，うすい水酸化ナトリウム水溶液Y′の場合は1.0cm$^3$であることから，同濃度同体積の塩酸と反応する水酸化ナトリウム水溶液の体積の比はY：Y′＝4：1であることがわかる。これらのことから，うすい塩酸X′1.0cm$^3$とちょうど中和するうすい水酸化ナトリウム水溶液Y′の体積は2.0(cm$^3$)÷4＝0.5(cm$^3$)である。

重要 問3　塩酸HClは水素イオン$H^+$と塩化物イオン$Cl^-$に電離し，電圧を加えると水素イオンは陰極側，塩化物イオンは陽極側にそれぞれ移動する。水素イオンによって青色リトマス紙が赤色に変化するので，色が変化するリトマス紙はBである。

問4　うすい塩酸X1.0cm$^3$とうすい水酸化ナトリウム水溶液Y4.0cm$^3$がちょうど中和するので，うすい塩酸X0.5cm$^3$とうすい水酸化ナトリウム水溶液2.0cm$^3$はちょうど反応する。そのため，水素イオンも水酸化物イオンも残らないから，変化するリトマス紙はない。

やや難　問5　問2より，うすい塩酸X′1.0cm$^3$とうすい水酸化ナトリウム水溶液Y′0.5cm$^3$がちょうど中和するので，未反応のうすい水酸化ナトリウム水溶液Y′1.0−0.5＝0.5(cm$^3$)が残ることになる。そのため，水酸化物イオンが存在するから，陰イオンである水酸化物イオンが陽極に向かって移動するので，Cの赤色リトマス紙が青色に変化する。

## 4 （生物一植物のつくりとはたらき，動物の成長）

重要　問1　Dは師管で葉でつくられた養分であるデンプンが水にとけやすい形に変えられて流れている。デンプンそのものが流れているわけではない。

重要　問2　光が当たっているXの袋のインゲンマメは光合成と呼吸を行い，光が当たっていないYの袋のインゲンマメは呼吸だけを行っている。このことから，表1のXの袋の二酸化炭素の体積の割合の変化は光合成によって吸収した割合と呼吸によって放出した割合の差，Yの袋の二酸化炭素の体積の割合の変化は呼吸によって放出した割合を示している。よって，3時間でインゲンマメが放出した二酸化炭素の割合が0.625−0.400＝0.225(％)なので，1時間で放出した二酸化炭素の割合は0.225(％)÷3＝0.075(％)となる。また，3時間での二酸化炭素の吸収量と放出量の差が0.400−0.250＝0.150(％)で，これは見かけの吸収した割合を表しているので，3時間での二酸化炭素の吸収した割合は0.150＋0.225＝0.375(％)，1時間では0.375(％)÷3＝0.125(％)となる。

やや難　問3　生育に必要な最低温度を$x$℃とし，「一日の平均温度」を飼育温度として考えると，「一日の平均気温」と「生育に必要な最低温度」の温度差を日ごとに合計した値は，(飼育温度−$x$)(℃)×(変態開始までに要した日数)(日)で考えることができる。この値について，飼育温度が18℃，20℃，26℃のときのものは等しくなると考えることができるので，18℃のときと26℃のときについて，$(18-x)\times80=(26-x)\times40$　$x=10$　より，生育に必要な最低温度は10℃とわかる。

問4　1年あたりの産卵総数は10000個で，1年以内に99.7％が死亡することから，10000個の卵からふ化した子のうち，ふ化後1年後に生き残っている個体数は10000×(1−0.997)＝30である。その後は1年ごとに30％ずつ死亡するので，ふ化後2年後に生き残っている個体数は30×(1−0.3)＝21，3年後に生き残っている個体数は21×(1−0.3)＝14.7，4年後に生き残っている個体数は14.7×(1−0.3)＝10.29となる。よって，選択肢中でもっとも近いものは10匹となる。

やや難　問5　1年あたりの産卵総数が10000個のとき，生殖可能なふ化後2年，3年，4年のA種の個体数は，問4より，それぞれ21，14.7，10.29となり，合計で21＋14.7＋10.29＝45.99だから，約46匹となり，雌雄比が1：1であることから雌は46÷2＝23(匹)と考えられる。約23匹の雌が10000個の卵を産めばよいので，1匹あたりの1回の産卵数は10000÷23＝434.7…より，約430個となる。

★ワンポイントアドバイス★

小問集合の大問もあり，幅広い範囲・単元から出題されるので，偏りのない学習を心がけよう。また，実験に関する問題などでは読解力・思考力も要求されるので，そのような問題にも慣れておこう。

## ＜社会解答＞ 《学校からの正答の発表はありません。》

1　問1　②　問2　④　問3　④　問4　③　問5　①　問6　③　問7　④
2　問1　②　問2　④　問3　②　問4　③　問5　⑤　問6　⑤　問7　③
問8　①　問9　⑤　問10　④　問11　①
3　問1　①　問2　①　問3　③　問4　③　問5　③　問6　③　問7　①
4　問1　①　問2　④　問3　⑤

○推定配点○
1　問1　3点　他　各4点×6　2　各3点×11　3　各4点×7　4　各4点×3　計100点

## ＜社会解説＞

1（地理―日本，世界の自然，社会，産業など）

基本　問1　アメリカ合衆国と中国の面積には，大きな差はない。一方，人口は中国が圧倒的に多く，国内総生産はアメリカ合衆国が圧倒的に多い。よって，Aはアメリカ合衆国，Bが中国。残ったCがインド。インドは，2023年，人口で中国を抜き，世界最大の人口大国となった。

問2　サンフランシスコの南，サンノゼを中心とする地域はICT関連の有名企業が集積し，シリコンバレーとよばれる。①　自動車産業ではなく，鉄鋼業。②　中国やソ連ではなく，日本。③　太平洋ベルトではなく，サンベルト。⑤　ブラジルではなく，カナダ。

基本　問3　④の中央にあるスマトラ島，右(東)にあるカリマンタン島を赤道が通過している。

問4　世界最大の米の生産国(2017年)，世界最大の小麦の生産国(2020年)はいずれも中国。また，2020年現在，世界最大の小麦の輸出国はロシアで，これにアメリカ合衆国，カナダ，フランス，ウクライナが次いでいる。

問5　航空写真から，森林減少が人為的なもので，まず森林に道路を建設し，道路に沿って森林が伐採されていったことが読み取れる。

やや難　問6　都道府県別の平均年齢は，過疎化，高齢化が進む東北地方や四国地方などで高く，これに比べて過疎化，高齢化が進んでいない三大都市圏(東京圏，大阪圏，名古屋圏)で低くなっている。

重要　問7　地形図2で平和記念公園がある場所には，地形図1では複数の寺院(卍)が位置している。①　JRの線路ではなく，路面電車の線路。②　地形図1では，中央公園はまだ整備されていない。③　針葉樹ではなく，広葉樹。⑤　地形図2で県庁がある場所は，地形図1では空き地(荒地)であった。

2（日本と世界の歴史―政治，社会，文化などの歴史）

基本　問1　X　メソポタミア文明の説明。メソポタミア文明はチグリス川，ユーフラテス川の流域に発達した文明で，くさび形文字，太陰暦の使用が特徴である。　Y　エジプト文明の説明。エジプト文明は，ナイル川の下流域に発達した文明で，象形文字や太陽暦の使用が特徴である。

問2　『新約聖書』は，キリスト教の教典。イエスこそ神の子キリストであるという信仰のもとに，イエスの教えや弟子たちの言葉がまとめられている。①　中国ではなく，インド。②　朝鮮半島ではなく，中国。③　ユダヤ人ではなく，アラブ人。また，ユダヤ教ではなくイスラム教。⑤　イスラム教は多神教ではなく，一神教。

やや難　問3　B　黒曜石やサヌカイトは特定の地域でしか産出しない。そのため，これらの材料でつくられた石器を調べると，縄文時代，広範囲で交易が行われていたことがわかる。　D　縄文時代，気候が温暖になり，クリ，ヒョウタン，マメなどの栽培が行われた。ただし，水田耕作のような本格的な農耕は行われていない。　A　旧石器時代の説明。　C　弥生時代の説明。

問4　鑑真は，十数年の苦難ののち，754年に来日。鑑真によって正式に戒律が伝えられ，律宗ができた。唐招提寺は鑑真が開いた寺院。　①　飛鳥時代。　②・④　平安時代。　⑤　鎌倉時代。

問5　⑤は応仁の乱に際し，略奪行為を行う足軽を描いたもの。　①　武芸に励む鎌倉時代の武士を描いたもの。　②　鎌倉時代の大工の姿を描いたもの。　③　室町時代の運送業者(馬借)を描いたもの。　④　平安時代，勅使に強訴する僧兵のようすを描いたもの。

問6　1498年，ポルトガルのバスコ・ダ・ガマがアフリカ南端(喜望峰)を回り，インドのカリカットに到着した(インド航路の発見)。また，1522年，スペイン王カルロス1世の援助を受けたマゼランとその部下の船隊は世界一周を達成した。ただし，マゼラン自身は，フィリピンで先住民に殺害された。

問7　B(徳川吉宗による享保の改革：1716～45年)→A(田沼意次による政治：1767～86年)→C(松平定信による寛政の改革：1787～93年)→D(水野忠邦による天保の改革：1841～43年)。

重要　問8　19世紀前半，イギリスは中国(清)から大量の茶を輸入し，巨額の貿易赤字に陥った。そのため，イギリスの植民地であったインドで製造したアヘンを中国に輸出し，その代金として銀がインドに流入した。そして，イギリスは，インドに綿織物などを輸出することで，銀を回収した。

やや難　問9　関税自主権の完全な回復は，日露戦争(1904～05)後の1911年，日米通商航海条約を締結することで実現した。このときに活躍した外務大臣は小村寿太郎である。　①　岩倉使節団が派遣されたのは西南戦争(1877年)より以前の1871年。　②　欧化政策ではなく，外国人判事登用案。　③　陸奥宗光ではなく，大隈重信。　④　領事裁判権が撤廃されたのは日清戦争の始まる直前。

問10　D(1914年)→A(1919年)→C(1941年)→B(1945年)。

問11　中華人民共和国は，1949年10月1日，1921年創立の中国共産党により，国共内戦を経て成立した。②は1990年，③は1973年，④は1955年，⑤は2001年。

## 3　(公民―日本，世界の政治，社会，時事問題など)

問1　公正取引委員会は，独占禁止法の目的を達成するために設置された行政機関。大企業の合併を審判したり，価格協定の破棄勧告，過大景品の排除命令などを出すことにより独占的企業の行動を規制し，公正取引の確保を図っている。　②　需要と供給の関係で，均衡価格は形成される。　③　円高ではなく，円安。　④　輸出がしにくくなる。　⑤　地域によって価格が異なる。

重要　問2　裁判員裁判は，重大な刑事事件の第一審が対象で，地方裁判所のみで行われる。　②　有罪，無罪だけでなく，刑罰の内容も決定する。　③　公判前整理手続が行われるので，審理は短期化する傾向にある。　④　3名ではなく，6名。　⑤　家族の介護なども辞退の理由として認められる。

基本　問3　知る権利は，国民は必要な情報を自由に知ることができるという権利。この権利のため，情報公開法が1999年に制定された。　①　自由権ではなく。社会権。　②　検察官ではなく，裁判官。　④　生存権は日本国憲法第25条に規定されている。　⑤　現在，日本では，外国籍の人には選挙権が与えられていない。

問4　日本国憲法第68条第1項は，「内閣総理大臣は，国務大臣を任命する。但し，その過半数は，国会議員の中から選ばれなければならない。」と明記している。　①　「衆議院議員の中から」ではなく，「国会議員の中から」。　②　両院協議会の開催は必須。　④　30日以内ではなく，10日以内。　⑤　条約の承認は国会の仕事。

問5　B　日本国憲法第96条第1項は，「この憲法の改正は，各議院の総議員の3分の2以上の賛成で，国会が，これを発議し，国民に提案してその承認を経なければならない。」と明記している。

D　日本国憲法第96条第2項は，「憲法改正について前項の承認を経たときは，天皇は，国民の名で，この憲法と一体を成すものとして，直ちにこれを公布する。」と明記している。　A　衆議院では100人以上，参議院では50人以上の賛成が必要。 C 有効投票の過半数の賛成が必要。

問6 PL法は，1994年に成立した，欠陥商品による被害者の救済を目的とする法律。商品の欠陥や説明不備が原因で，生命や身体または財産に損害が発生した場合，製造者の過失の有無にかかわらず，製造者が消費者に対して責任を負うことを定めている。① 国民生活局ではなく，消費者庁。 ② 店舗販売は対象外。 ④ 消費者保護基本法が消費者基本法に改正された。 ⑤ マルチ商法ではなく，送り付け商法。

やや難 問7 不景気のとき，日本銀行は国債などを一般の銀行から買い取り，市中に出回るお金の量を増やす。逆に，好景気のとき，日本銀行は国債などを売却し，市中に出回るお金の量を減らす。

## 4 （総合一選挙を題材とした地理，歴史，政治など）

基本 問1 インドネシアは，1602年からオランダによる植民地支配を受け，第二次世界大戦後の1949年に独立した。 ② 台湾は，日清戦争の講和条約である下関条約(1895年)により，清から日本に割譲された。③ ニュージーランドは，アジア州ではなく，オセアニア州に位置している。 ④ オーストラリアのシドニーは，南半球に位置しているので，8月が真冬である。 ⑤ 4つの国，地域は，すべてOPECに加盟していない。

問2 資料2の空欄( X )は1945(年)。1945年8月以降，日本はアメリカ軍を主力とする連合軍に占領された。① 1925年。 ② 1920年。 ③ 1918年。 ⑤ 1952年。

問3 はじめて10歳代も加わった衆議院議員総選挙は2017年実施。この選挙において，全体の投票率は53.68％。これより投票率が高かったのは，50歳代(63.32％)，60歳代(72.04％)，70歳代以上(60.94％)だけだった。 ① 被選挙権年齢は，台湾が23歳以上，日本は25歳以上または30歳以上。 ② 「10歳代と60歳代の間」ではなく，「20歳代と60歳代の間」。 ③ 2003年～2009年，2014年～2021年は上昇している。 ④ 20歳と定めた当時は世界の中で若い部類に入っていた。

**★ワンポイントアドバイス★**

地形図の読み取り，グラフや表の読み取りなどが数多く出題されている。ていねいに読み取れば必ず正解できるので，あわてないことが大切である。

## ＜国語解答＞《学校からの正答の発表はありません。》

**1** 問1 a ⑤ b ③ c ① d ③ e ② 問2 Ⅰ ③ Ⅱ ⑤ Ⅲ ①
問3 O ③ P ④ Q ④ 問4 ⑤ 問5 ② 問6 ⑤ 問7 ①
問8 ② 問9 ③ 問10 ③ 問11 ④ 問12 ① 問13 ② 問14 ②
問15 ③

**2** 問1 a ① b ④ c ③ 問2 ④ 問3 ④ 問4 ④ 問5 ② 問6 ③
問7 ①・⑥ 問8 ②

○推定配点○

1 問1～問3・問5 各2点×12 他 各4点×11

2 問1・問8 各2点×4 他 各4点×6(問7完答) 計100点

## ＜国語解説＞

**1**（論説文―大意・要旨，内容吟味，文脈把握，段落・文章構成，指示語の問題，接続語の問題，脱文・脱語補充，漢字の読み書き，語句の意味，文と文節）

問1 a 寄与 ① 予感 ② 余剰 ③ 世論 ④ 夜長 ⑤ 関与
b 営み ① 栄冠 ② 永遠 ③ 官営 ④ 反映 ⑤ 守衛
c 蓄積 ① 積年 ② 関所 ③ 席巻 ④ 紡績 ⑤ 重責
d 対照 ① 表彰 ② 証拠 ③ 参照 ④ 精進 ⑤ 現象
e 没頭 ① 当然 ② 筆頭 ③ 馬耳東風 ④ 投 ⑤ 野党

問2 Ⅰ「人間の生活が便利で効率的になり……豊かになる」「役立ち方」を述べる前の段落の内容に対して，後で「『役立ち方』はそれだけではありません」と予想に反する内容を述べているので，逆接の意味を表す言葉が入る。 Ⅱ 「『博物学』になりました」という前に，後で「その各々の分野が独立して……『科学』へと発展しました」と付け加えているので，添加の意味を表す言葉が入る。 Ⅲ 前の段落の「今はまだ何の役にも立たない純粋な基礎科学だけれど……実際の物質に応用できるようになり，私たちの生活を豊かにする」例として後で「量子力学」や「DNA」を挙げているので，例示の意味を表す言葉が入る。

問3 O 「しゅつじ」と読む。その人の生まれのこと。 P 経済発展をもたらす技術革新。
Q 「胡座」は両足を前に組んで楽に座ること。何かに頼ってのんきにかまえることを言う。

問4 同じ段落の前で「人々の暮らしが健康的で豊かになる」「経済的利益と結びつく」という「科学・技術の研究」の「役立ち方」を述べている。この内容を述べている⑤が最も適当。他の選択肢は，生活の豊かさと経済的利益について述べていない。

基本 問5 文節に分けると，「人間は／パンのみにて／生きるに／あらず」となる。

やや難 問6 同じ文の「個人の心を満たすためのかけがえのない先人の贈り物」にふさわしいものを選ぶ。「かけがえのない」から，「あることが大事」とある⑤が入る。②は「死に直結」が合わない。

問7 傍線部Cは，同じ段落の「文化こそ社会に生きる人間的行為である」をふまえており，その根拠を同じ段落で「文化が健全に育ち社会に生き続けるためには……努力が個人及び社会の双方に求められる」と述べている。この「個人及び社会の双方」の努力が必要と述べている①が最も適当。②「お金」，③「論理的な側面」，④「多数派の好み」，⑤「精神世界」などが適当でない。

問8 ⑦段落の「今はまだ何の役にも立たない純粋な基礎科学だけれど，そのうちに技術と結びついて，実際の物質に応用できるようになり，私たちの生活を豊かにするに違いない……過去を振り返ってみれば何度もそんなことがあったのだから」から②の理由が読み取れる。①「努力を続けること」，③「粘り強さ」，④「余裕のある態度」，⑤「兆候」は理由として適当ではない。

問9 ⑦段落で述べている基礎研究が「生活を豊かにする」例として，⑧段落で「量子力学」，⑨段落で「DNA」を挙げているので，③が最も適当。他の選択肢は，⑦段落の内容に合わない。

問10 傍線部Fの内容から，基礎研究の段階を踏むことが必要な理由を述べている部分を探せばよい。同じ段落に「基礎研究をすっ飛ばして，直ちにイノベーションの種を提供する」と，「最初からイノベーション狙いの研究は底が浅く，たいしたものはなかなか生まれません」とあり，kの「底が浅く」を「深みのある結果につながらず」と言い換えている③が最も適当。他の選択肢は，「底が浅」いことを理由としていない。

問11 傍線部Gの「成功」は，直前の「CCDの開発」の「成功」である。⑬段落では，CCDによって「詳細な像が撮影できるまでに進歩させ……一時世界のカメラ市場を制覇しました」と書かれている。「市場を制覇」には，「多くの人から求められるようになる」とある④が適当。

問12 直前の「科学・技術が直ちに役に立つことを追求するよりは，長い目で見て基礎的な研究からしっかり積み上げていく研究が重要である」という「信念を持っている人」を指しているので，①を選ぶ。「研究が重要」に，④「価値観や世界観」は合わない。②「精神的な安定」，⑤「向上心」については述べていない。③「社会に必要なものをすばやく生み出す」は反対の考えとなる。

問13　後の「科学・技術の育成に求められている」のは，どのようなことか，筆者の意見を述べている部分を探す。⑮段落に「以上のように……長い目で見て基礎的な研究からしっかり積み上げていく研究が重要である」と筆者の意見をまとめており，この内容を述べている②が入る。この筆者の意見に，他の選択肢は合わない。

問14　②段落から⑥段落の「社会に役に立つ」「役立ち方」「科学は文化である」「文化としての科学」「無用の用」などのカギカッコの表記は，一般的によく使われている言葉を，別の視点から改めて考える意味で用いていることを強調するためなので，②が誤っている。

重要　問15　①段落では本文の主題を提示し，②段落で「一つは」，③段落で「もう一つは」，⑦段落で「他方」，⑫段落で「第四の『役立ち方』」と四つの答えを述べた後，⑮段落で「以上のように」と筆者の意見を述べている。この論理構成を述べている③が正しい。

**2**　（古文一大意・要旨，内容吟味，文脈把握，脱文・脱語補充，語句の意味，文と文節，口語訳，表現技法，文学史）

問1　a　直前の文に「父……白き物見ゆ」とある。「近くなるままに見」るのは「父」で，「父」は冒頭の「遣唐使」。　b　「魚の背中に乗」っているのは，直前の文の「四つばかりなる児」。「児」は，「遣唐使の子」。　c　「珍しいことだと喜んだ」のは「母」で，「遣唐使の妻」。

問2　直前の「母，遣唐使の来るごとに，『消息やある』と尋ぬれど，敢へて音もなし」から理由を読み取る。「消息」と「音」は手紙の意味なので，④が最も適当。他の選択肢の理由は，直前の文の内容に合わない。

重要　問3　係り結びの法則が働いている。「こそ」という係助詞を受けて本来なら「けり」と終止形となるところが，「けれ」という已然形で結ばれている。

問4　直前の会話の「母が腹立ちて海に投げ入れてけるが，しかるべき縁ありて，かく魚に乗りて来たるなめり」が，父である遣唐使が「あはれに覚え」た理由にあたる。母が海に投げ入れた子が，魚に乗って自分に会いに来たことを感慨深く思っているので，④が最も適切。他の選択肢は，子に会えたことを述べていない。

問5　後の「魚養」という名をつけたのは，子が何に助けられたためか。②段落に「魚に乗りて来たるなめり」とある。

問6　母が海に投げ入れた子が魚に乗って自分に会いに来たことを知って，波線部Q「かなしく」思って「養ふ」とある。遣唐使が，子と奇跡的に出会えた場面なので，ここでの「かなし」は，いとしいという意味で用いられている。

やや難　問7　生徒Aの会話文は，①段落の「妻に契りていはく，『異遣唐使行かんにつけて，消息やるべし。またこの子，乳母離れんほどには迎へ取るべし」を踏まえている。生徒Fの会話文は，③段落の「さてこの子……七大寺の額どもは，これが書きたるなりけりと。」を踏まえている。「七大寺」を［現代語訳］では「南都の寺」と言っている。「南都」は，奈良のことであることも確認しておこう。

基本　問8　①は『竹取物語』，②は『平家物語』，③は『おくの細道』，④は『源氏物語』，⑤は『枕草子』の冒頭。

★ワンポイントアドバイス★

論説文では，接続語と指示語に注目しながら読み進めることを心がけよう。

MEMO

大切なことはメモしておこうネ！

T.G

# 2023年度

★★★★★★★★★★★★★★★★★★★★★★★

# 入　試　問　題

## 2023年度

# 名城大学附属高等学校入試問題

【数　学】（40分）　<満点：100点>

【注意】数学については，問題文中の ア ，イ などの □ には，特に指示のない限り，数値または符号（－）が入ります。これらを次の方法で解答記入欄にマークしなさい。

(1) ア・イ・ウ………の一つ一つは，それぞれ0から9までの数字または（－）のいずれか一つに対応します。それらをア・イ・ウ…で示された解答記入欄にマークします。

（例） ア イ に「－4」と答えるとき

| | | | | | | | | | | | |
|---|---|---|---|---|---|---|---|---|---|---|---|
| ア | ● | ⓪ | ① | ② | ③ | ④ | ⑤ | ⑥ | ⑦ | ⑧ | ⑨ |
| イ | ⊖ | ⓪ | ① | ② | ③ | ● | ⑤ | ⑥ | ⑦ | ⑧ | ⑨ |

(2) 分数や無理数の形で解答が求められているときは，最も簡単な形で答えなさい。(－) の符号は分子につけ，分母につけてはいけません。

（例） $\frac{\boxed{ウ}\boxed{エ}}{\boxed{オ}}$ に「$-\frac{8}{5}$」と答えるとき

| | | | | | | | | | | | |
|---|---|---|---|---|---|---|---|---|---|---|---|
| ウ | ● | ⓪ | ① | ② | ③ | ④ | ⑤ | ⑥ | ⑦ | ⑧ | ⑨ |
| エ | ⊖ | ⓪ | ① | ② | ③ | ④ | ⑤ | ⑥ | ⑦ | ● | ⑨ |
| オ | ⊖ | ⓪ | ① | ② | ③ | ④ | ● | ⑥ | ⑦ | ⑧ | ⑨ |

(3) 定規，分度器，コンパスは使用できません。

**1** 次の問いに答えなさい。

(1) $(-6)\times(-3)^2\times\frac{3}{4}\div(-2^3)=\frac{\boxed{ア}\boxed{イ}}{\boxed{ウ}\boxed{エ}}$ である。

(2) $\frac{\sqrt{75}}{2}+\sqrt{12}-3\sqrt{27}-\sqrt{\frac{3}{4}}=\boxed{オ}\boxed{カ}\sqrt{\boxed{キ}}$ である。

(3) $x=3-2\sqrt{5}$ のとき，$2x^2-12x+5$ の値は $\boxed{ク}\boxed{ケ}$ である。

(4) 十の位が2である3けたの自然数がある。百の位の数字と一の位の数字の和は9で，百の位の数字と一の位の数字を入れかえると，もとの数より99だけ小さくなる。もとの数は $\boxed{コ}\boxed{サ}\boxed{シ}$ である。

(5) 右の図において，点A，B，C，D，Eは円Oの円周上の点であり，円Oの円周を5等分する。線分ACと線分BDの交点をPとするとき，∠APD＝ $\boxed{ス}\boxed{セ}\boxed{ソ}$ °である。

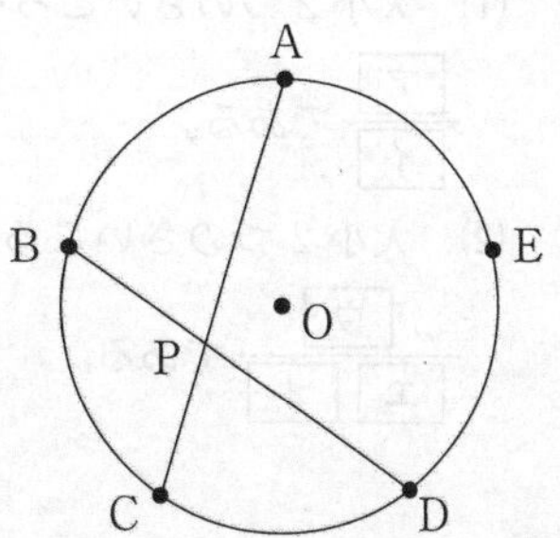

(6)　右の図のようなAB＝6㎝，BC＝8㎝，対角線BD＝10㎝の長方形ABCDがある。辺AD上に点E，辺BC上に点Fをとる。EFとBDが直角に交わるとき，EDとBFの長さの和は，

$\dfrac{\boxed{タ}\boxed{チ}}{\boxed{ツ}}$ ㎝である。

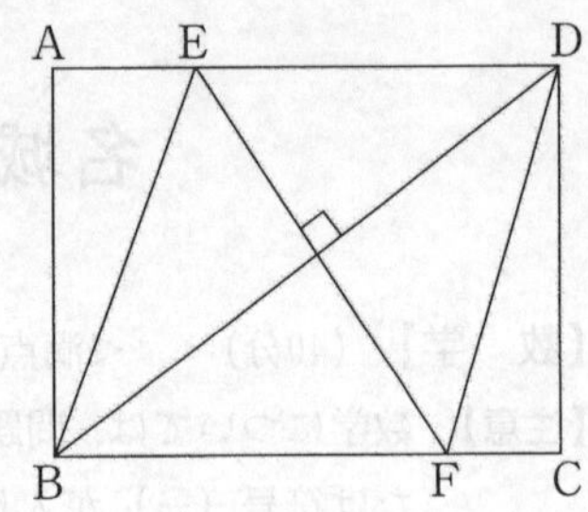


**2**　右の図のように，二次関数 $y=ax^2\,(a<0)$ …①のグラフと，関数 $y=\dfrac{b}{x}\,(b>0)$ …②のグラフが，$x$ 座標が－2である点Aで交わっている。

$y$ 軸に平行な直線 $l$ が①のグラフ，$x$ 軸，②のグラフと交わっている点をそれぞれB，C，Dとする。また，点Bの $x$ 座標を3，点Oを原点とする。

次の問いに答えなさい。

(1)　一次関数 $y=2x$ のグラフと②のグラフとの交点のうち，$x$ 座標が負である方の交点をEとする。

点Eの $x$ 座標が $-\dfrac{1}{2}$ であるとき，$b=\dfrac{\boxed{ア}}{\boxed{イ}}$ である。

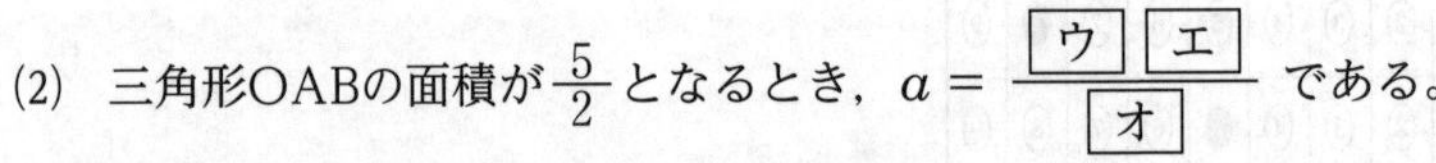

(2)　三角形OABの面積が $\dfrac{5}{2}$ となるとき，$a=\dfrac{\boxed{ウ}\boxed{エ}}{\boxed{オ}}$ である。

(3)　BC：CD＝ $\boxed{カ}\boxed{キ}$：$\boxed{ク}$ である。

**3**　右の図のような正九角形OABCDEFGHがあり，最初に点P，点Qが頂点Oの位置にある。大小2つのさいころを同時に1回投げる。大きいさいころの出た目の数だけ，点Pは正九角形の頂点上を時計回りに，小さいさいころの出た目の数だけ，点Qは正九角形の頂点上を反時計回りに移動する。

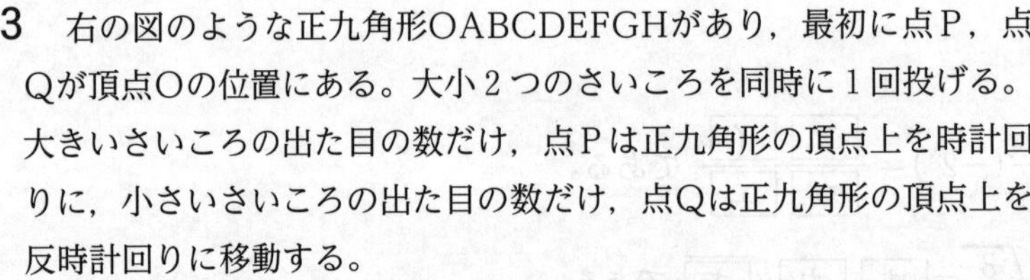

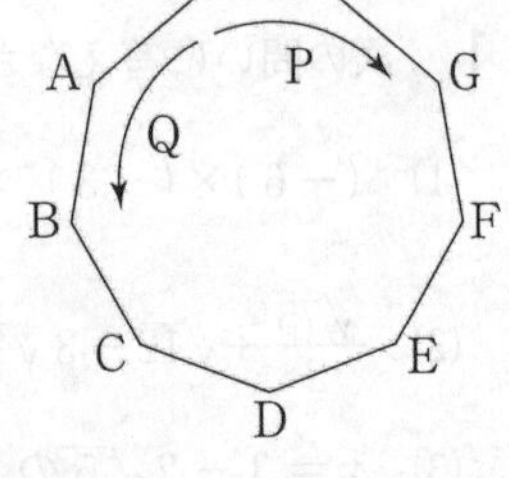


例えば，大きいさいころの目が2，小さいさいころの目が3のときは，点Pは頂点Gに，点Qは頂点Cに移動する。ただし，大小2つのさいころのそれぞれについて，1から6までのどの目が出ることも，同様に確からしいものとする。

次の問いに答えなさい。

(1)　大小2つのさいころを同時に1回投げるとき，三角形OPQができない（作れない）確率は $\dfrac{\boxed{ア}}{\boxed{イ}}$ である。

(2)　大小2つのさいころを同時に1回投げるとき，三角形OPQが二等辺三角形となる確率は $\dfrac{\boxed{ウ}}{\boxed{エ}\boxed{オ}}$ である。

**4** 右の図のような三角形ABCがある。

線分ABを3等分する点をAに近いほうからD，E，線分ACを3等分する点をAに近いほうからF，Gとする。また，線分DGと線分EFの交点をH，線分BGと線分CEの交点をIとする。

次の問いに答えなさい。

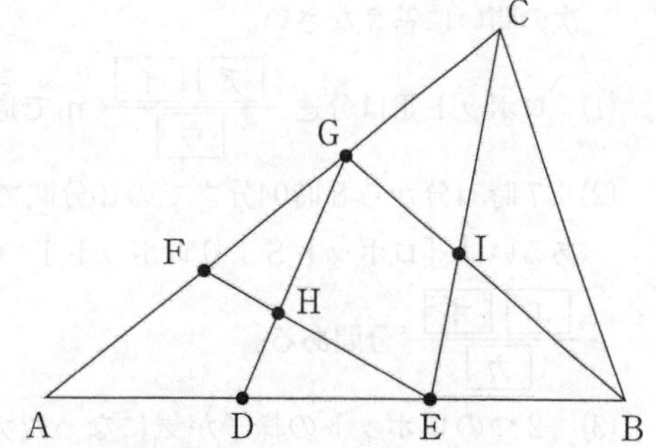


(1) 次のⒶ，Ⓑについて，「正しい」，「正しくない」の組み合わせが適切なものは ア である。

Ⓐ 線分BGと線分EFは平行である。

Ⓑ 「線分DFの長さと線分EGの長さを足した長さ」は，「線分BCの長さ」と等しい。

① Ⓐ 正しい　Ⓑ 正しい　② Ⓐ 正しい　Ⓑ 正しくない

③ Ⓐ 正しくない　Ⓑ 正しい　④ Ⓐ 正しくない　Ⓑ 正しくない

(2) 次のⒸ，Ⓓについて，「正しい」，「正しくない」の組み合わせが適切なものは イ である。

Ⓒ 三角形AEFの面積と三角形BEGの面積は等しい。

Ⓓ 四角形ADHFの面積と三角形EGHの面積は等しい。

① Ⓒ 正しい　Ⓓ 正しい　② Ⓒ 正しい　Ⓓ 正しくない

③ Ⓒ 正しくない　Ⓓ 正しい　④ Ⓒ 正しくない　Ⓓ 正しくない

(3) 三角形ADFの面積と三角形BCIの面積の比は ウ : エ である。

**5** 太郎くんが決められた速さで走る2つのロボット，ロボットSとロボットTを作った。広場にA地点からD地点までの一直線の道を作り，2つのロボットにその道上を走らせる。

この道において図1のように，A地点（0m）を基準とし，A地点からの距離でB地点（18m），C地点（32m），D地点（72m）を定める。

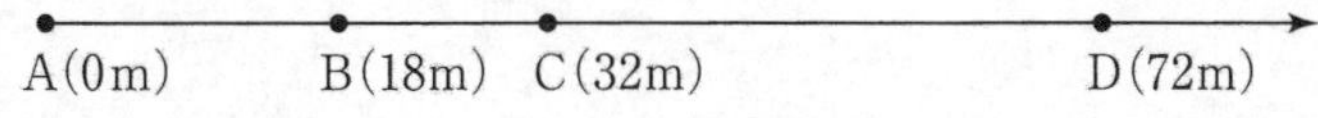


図1

ロボットSとロボットTが7時54分に同時にA地点に向けてD地点を出発し，どちらもA地点で折り返してから同時刻にC地点へ到達するまでを考える。ただし，どちらのロボットも折り返すのにかかる時間は無視できるものとする。

ロボットSを走らせたときの，ロボットSの位置について，

$x$：8時00分から進んだ時間（分）

$y$：A地点からの距離（m）

として，図2のように

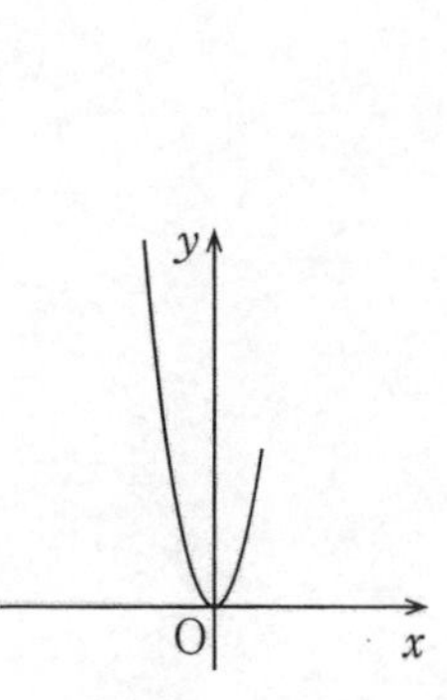


図2

二次関数 $y=2x^2\ (-6 \leqq x \leqq 4)$ で設定されている。

例えば，$x=3$ のとき，$y=18$ となるので，ロボットSは8時03分にB地点にいる。

また，$x=-3$ のとき，$y=18$ となるので，ロボットSは7時57分にB地点にいる。

ロボットTは一定の速さで進むものとする。

次の問いに答えなさい。

(1)　ロボットTは分速 $\dfrac{\boxed{ア}\boxed{イ}}{\boxed{ウ}}$ mで進む。

(2)　7時54分から8時04分までの10分間で，「ロボットSとロボットTが同じ位置にいる」時間，あるいは「ロボットSよりロボットTの方がA地点から遠い位置にいる」時間は，合計で $\dfrac{\boxed{エ}\boxed{オ}}{\boxed{カ}}$ 分間ある。

(3)　2つのロボットの様子が気になった太郎くんは，様子を見るために8時00分にD地点を出発し，A地点の方向へ一定の速さで進んでいくことにした。次の①～⑤について，正しいものは $\boxed{キ}$ である。

①　太郎くんがどのような速さで進んでも，ロボットTがA地点に到着するまでに太郎くんがロボットTに追いつくことはない。

②　太郎くんが8時04分より前に2つのロボットに同時に出会うために，太郎くんが進む速さとして考えられるものは1種類のみである。

③　太郎くんが分速18mで進むと，太郎くんはロボットSよりロボットTの方が先に出会う。

④　太郎くんがロボットTと同じ速さで進むと，太郎くんが8時04分まではどちらのロボットにも出会わない。

⑤　①～④のうち正しいものは1つもない。

【英　語】（40分）　＜満点：100点＞

1　次の各英文の（　）に入る語（句）はどれですか。①～⑤の中から，最も適当なものを選び，その番号をマークしなさい。

問1　John is my mother's brother.　He is my (　　).　解答番号は 1 です。
① uncle　② aunt　③ cousin　④ sister　⑤ niece

問2　His photographs remind us (　　) our beautiful past.　解答番号は 2 です。
① on　② in　③ with　④ at　⑤ of

問3　I like animated movies (　　).　解答番号は 3 です。
① the best in all　② the best of all　③ very well of all
④ better of all　⑤ better in all

問4　Playing baseball with my friends is (　　).　解答番号は 4 です。
① exciting　② being exciting　③ to be excited
④ to excite　⑤ excited

問5　I can show you how to (　　) a concert ticket.　解答番号は 5 です。
① do　② tell　③ listen　④ book　⑤ hurt

問6　Stop talking.　In the library, you (　　) be quiet.　解答番号は 6 です。
① may　② can　③ must　④ cannot　⑤ must not

問7　I'm (　　) some pictures of the car company to this e-mail.
解答番号は 7 です。
① talking　② speaking　③ buying　④ telling　⑤ attaching

問8　I (　　) baseball for five years.　解答番号は 8 です。
① have playing　② have been played　③ have been playing
④ plays　⑤ playing

問9　The instructions (　　) in English is helpful.　解答番号は 9 です。
① give　② to give　③ giving　④ given　⑤ gave

問10　We need special electronic (　　) to make metals.　解答番号は 10 です。
① devices　② mining　③ habitat　④ rhythm　⑤ ecosystem

2　次の各日本文に合うように語（句）を並べかえなさい。不足する語がある場合は，その単語の頭文字を①～④の中から選び，その番号をマークしなさい。不足する語がない場合は，⑤の「なし」をマークしなさい。ただし，文頭にくる語も小文字で記してあります。

問1　あなたの宿題を手伝ってあげるよ。　解答番号は 11 です。
I ( you / your / will / homework / help ).
① c　② b　③ o　④ w　⑤ なし

問2　私は言語を通して人々の架け橋になりたいです。　解答番号は 12 です。
I ( be / between / to / people / a / want / languages / bridge ).
① f　② t　③ w　④ a　⑤ なし

問3　ホームステイ中は，あなたはその家族の一員です。　解答番号は 13 です。

You ( of / are / your / a / member / homestay / the family ).

① d ② w ③ i ④ f ⑤ なし

問4 マリーナ・ベイ駅への行き方を教えていただけませんか。 解答番号は 14 です。

( Marina Bay Station / me / could / how / to / to / you / get / tell )?

① o ② t ③ y ④ w ⑤ なし

問5 多くの種類の動物が絶滅の危機に瀕しています。 解答番号は 15 です。

( in / kinds / danger / many / are / animals / of / of ).

① o ② t ③ e ④ w ⑤ なし

問6 その避難地図は人々に災害時にどこへ行くべきかを示しています。

解答番号は 16 です。

( in / go / people / where / a / the / they / shows / evacuation / map / should ).

① d ② a ③ i ④ f ⑤ なし

3 次は，Sophia から Scott への手紙です。英文を読み，設問に答えなさい。

January 18

Dear Scott,

How are you doing? I'm doing well. How is your ( 1 ) vacation? I left Australia on January 7 and arrived here next day. It took 20 hours to get to Hokkaido. I'm now enjoying a wonderful ( 2 ) vacation in Furano. I left home in ( 3 ) and arrived here in ( 4 )! I have to wear warm clothes here. Can you *imagine snow in January? I went skiing yesterday!

I'm now staying with a Japanese family which has two girls, Reiko and Kana. Reiko is twenty years old. On January 10, she went to *the Coming-of-Age Ceremony in a *furisode*. A *furisode* is a traditional *costume in Japan. A *furisode* is the most popular costume at the Coming-of-Age Ceremony. It was very beautiful. After she came home, she lent me her *furisode*. I was very happy! I'll (5) ( in / of / a picture / you / me / show ) her *furisode*.

Kana is older than I and goes to high school. We talk a lot about school life. She was surprised when I spoke Japanese. She didn't know Japanese ( 6 ) at many high schools in our country. She told me about *the Sapporo Snow Festival. I want to see it very much but I can't. Our new school year will start next month. I have to leave here on January 25. I'll be home soon with many pictures.

I'm looking forward to seeing you again!

Best wishes,

Sophia

*imagine：～想像する　*the Coming-of-Age Ceremony：成人式

*costume：服装　*the Sapporo Snow Festival：札幌雪祭り

問１　（１）～（４）に入る正しい組み合わせはどれですか。①～⑤の中から，最も適当なものを選び，その番号をマークしなさい。　解答番号は 17 です。

①（１）summer　（２）winter　（３）winter　（４）summer
②（１）summer　（２）summer　（３）winter　（４）winter
③（１）summer　（２）winter　（３）summer　（４）winter
④（１）winter　（２）summer　（３）winter　（４）summer
⑤（１）winter　（２）summer　（３）summer　（４）winter

問２　下線部(5)の語（句）を意味の通るように並べかえた場合，（　）内で２番目と５番目になるものの組み合わせとして正しいものはどれですか。①～⑤の中から，最も適当なものを選び，その番号をマークしなさい。　解答番号は 18 です。

① ２番目：a picture　５番目：of
② ２番目：a picture　５番目：me
③ ２番目：you　５番目：me
④ ２番目：you　５番目：of
⑤ ２番目：you　５番目：in

問３　（６）に入る語（句）として正しいものはどれですか。①～⑤の中から，最も適当なものを選び，その番号をマークしなさい。　解答番号は 19 です。

① teach　② teaches　③ is teached　④ is taught　⑤ is teaching

問４　次の質問に対する答えとして正しいものはどれですか。①～⑤の中から，最も適当なものを選び，その番号をマークしなさい。　解答番号は 20 です。

質問：According to the letter, when will Sophia's new school year start?

① In January.　② In February.　③ In March.
④ In April.　⑤ In September.

問５　Sophia の手紙の内容として合っているものはどれですか。①～⑤の中から，最も適当なものを選び，その番号をマークしなさい。　解答番号は 21 です。

① Sophia got to Hokkaido on January 7.
② Sophia enjoyed a Japanese traditional costume on January 17.
③ Sophia lent Reiko her *furisode*.
④ Sophia was very happy because she enjoyed the Sapporo Snow Festival.
⑤ Sophia is a high school student and younger than Kana.

**4**　次は，サンフランシスコに留学中の高校１年生 Hana と同学年の友人 Ann との対話の一部です。バスツアーの Website を参考にして対話を読み，設問に答えなさい。

Hana : Ann, what are you looking at?
Ann : This is a website about San Francisco Bus Tours. I want to join the cheapest tour on the list with a friend next Monday. Do you want to join us if you have time?
Hana : Great! I want to join the tour with you. How much will I have to pay?
Ann : ( 1 ).

Hana : Oh, I forgot. I have homework. I have to finish it by next Tuesday. So, I can't come with you. But if I have another chance, I want to join.

Ann : It's OK. I heard Jeff wanted to join a tour with a *meal on weekends. He is our history teacher. How about asking him to go with you? You can learn the history of San Francisco if you join the tour with him. Also, you can enjoy seafood or pizza for lunch and delicious steak for dinner.

Hana : That's a good idea. Which tour can we join if he wants to eat a seafood lunch?

Ann : ( 2 ).

Hana : And what time do we need to be at the meeting place if we join the tour with a seafood lunch?

Ann : ( 3 ).

Hana : If he wants to have a meal in the evening on a bus tour, which tour is the best for us?

Ann : ( 4 ). He has a wife and a daughter. She is ten years old. If they want to join the evening bus tour on weekends, he has to pay ( 5 ).

Hana : I see. Also, if I want to know about San Francisco Museum, what should I do?

Ann : ( 6 ).

Website

## San Francisco Bus Tours

by Green City Travel

There are a lot of places to visit in San Francisco.

Join our bus tours in this exciting city!

**For *further information, write to info@greencitytravel.com**

| Tour | Starting Time | *Length(hours) | Meal | Price |
|---|---|---|---|---|
| Special Tour | 10:30 a.m. | 6 | Lunch (Seafood) | $50 |
| Deluxe Dinner Tour | 5:30 p.m. | 4 | Dinner (Steak) | $60 |
| Short Tour | 2:00 p.m. | 3 | *None | $30 |
| Bright Tour | 9:00 a.m. | 5 | Lunch (Pizza) | $70 |

***Click each tour title to check the places you can visit.**

**Half price for each person under 12 years old.**

**An *extra $5 will *be added for each person for tours on Saturdays and Sundays.**

**Please make your reservation by email *at least two days before the tour date.**

**Please arrive at the meeting place 20 minutes before the starting time of your tour.**

| | | |
|---|---|---|
| *meal：食事 | *further：さらに進んだ，さらに詳しい | *length：長さ |
| *none：なし | *click：～をクリックする | *extra：余分に |
| *be added：加算される | *at least：少なくとも | |

問1　（１）に入るものとして正しいものはどれですか。①～⑤の中から，最も適当なものを選び，その番号をマークしなさい。　解答番号は 22 です。

①　$15　②　$20　③　$25　④　$30　⑤　$35

問2　（２）に入る語句として正しいものはどれですか。①～⑤の中から，最も適当なものを選び，その番号をマークしなさい。　解答番号は 23 です。

①　Special Tour　②　Deluxe Dinner Tour　③　Short Tour
④　Bright Tour　⑤　All Tours

問3　（３）に入るものとして正しいものはどれですか。①～⑤の中から，最も適当なものを選び，その番号をマークしなさい。　解答番号は 24 です。

①　9:00 a.m.　②　10:00 a.m.　③　10:10 a.m.
④　10:30 a.m.　⑤　10:50 a.m.

問4　（４）に入る語句として正しいものはどれですか。①～⑤の中から，最も適当なものを選び，その番号をマークしなさい。　解答番号は 25 です。

①　Special Tour　②　Deluxe Dinner Tour　③　Short Tour
④　Bright Tour　⑤　All Tours

問5　（５）に入るものとして正しいものはどれですか。①～⑤の中から，最も適当なものを選び，その番号をマークしなさい。　解答番号は 26 です。

①　$150　②　$165　③　$180　④　$190　⑤　$210

問6　（６）に入るものとして正しいものはどれですか。①～⑤の中から，最も適当なものを選び，その番号をマークしなさい。　解答番号は 27 です。

①　Call the tour company
②　Click Bright Tour on the list
③　Click $70 on the list
④　Send an email to Green City Travel
⑤　Buy a bus ticket at the meeting place

**5**　次は，中学３年生の Misato が英語の授業で発表した社会的な問題についてのスピーチの内容です。グラフを参考にして英文を読み，設問に答えなさい。

(1) ( the food / you / ever / about / have / eat / thought / you ) every day?

Food is very important for us. I believe thinking about the food can *solve a lot of problems in the world.

First we should think about the differences between poor countries and rich countries. There are many people who cannot eat enough food every day. In many countries in Africa, 35 percent or more of the people *suffer from *hunger. ( 2 ), there are people who eat a lot of meat or fish in the world. They *waste too much food every year. *Food waste in Japan is more than six million tons in a year. Graph 1 shows that ( 3 ). We should *reduce food waste from home. It is important for us to buy only the food we will eat.

Second, we should think about the food miles in Japan. We have been using food miles since the 1990s. They tell us how far food travels before we eat it. For example, think of fish from abroad and fish from the sea in Japan. Fish from other countries use more food miles when they *are transported. Importing food increases food miles. According to graph 2, ( 4 ). In Japan, a lot of food is imported from many countries and a lot of *fuel is used. More food miles mean more $CO_2$ is produced and that increases global warming. Using too much fuel is not good for the environment, so we think about this. I think buying food produced in our local areas is one of the good ways to solve this problem.

I'd like to say everyone will be happy if everyone has food to eat. Studying about such problems is the first step. And thinking about the *solution is the next step. Then, we should take action in our way.

Thank you for listening to my presentation.

*solve：～を解決する　*suffer from：～で苦しむ　*hunger：飢え
*waste：～を無駄にする　*food waste：食物の廃棄物　*reduce：～を減らす
*are transported：輸出される　*fuel：燃料　*solution：解決策

Graph 1. Food Waste in Japan

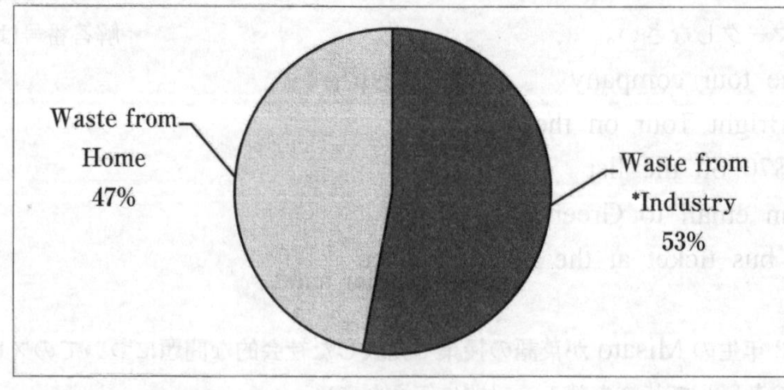


農林水産省「食品ロスとは」より作成　*industry：産業

Graph 2. Food Miles (= Weight × Distance)

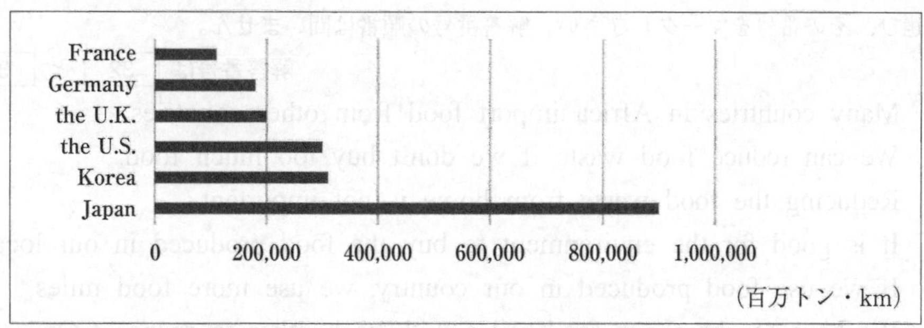


農林水産省「輸入食料に係るフード・マイレージの比較」より作成

※フード・マイレージはFood Milesと同じことを意味します。

問1　下線部(1)が「あなたが毎日食べるものについて，これまでに考えたことがありますか。」という意味になるように（　）内の語（句）を並べかえた場合，（　）内で4番目と7番目になるものの組み合わせとして正しいものはどれですか。①～⑤の中から，最も適当なものを選び，その番号をマークしなさい。ただし，文頭にくる語も小文字で記してあります。

解答番号は 28 です。

① 4番目：thought　7番目：you
② 4番目：eat　7番目：you
③ 4番目：thought　7番目：eat
④ 4番目：eat　7番目：about
⑤ 4番目：ever　7番目：eat

問2　（2）に入る語（句）として正しいものはどれですか。①～⑤の中から，最も適当なものを選び，その番号をマークしなさい。　解答番号は 29 です。

① Eventually　② Then　③ Thanks to it
④ Moreover　⑤ On the other hand

問3　（3）に入るものとして正しいものはどれですか。①～⑤の中から，最も適当なものを選び，その番号をマークしなさい。　解答番号は 30 です。

① the food waste from home is half of the food waste from industry
② the food waste from home is almost half of all the food waste
③ the food waste from home is about 60% of all the food waste
④ the food waste from industry is about 40% of all the food waste
⑤ the food waste from industry can't be reused

問4　（4）に入るものとして正しいものはどれですか。①～⑤の中から，最も適当なものを選び，その番号をマークしなさい。　解答番号は 31 です。

① The food miles of Korea is the lowest of the six countries
② The food miles of Korea is as high as that of France
③ The food miles of Japan is the highest of the six countries
④ The food miles of Japan is almost twice as high as that of Korea
⑤ The food miles of France is higher than that of Japan

問5　Misatoの発表の内容として合っているものはどれですか。①～⑦の中から適当なものを2つ選び，その番号をマークしなさい。解答番号の順番は問いません。

解答番号は［32］と［33］です。

① Many countries in Africa import food from other countries.
② We can reduce food waste if we don't buy too much food.
③ Reducing the food waste from home is not important.
④ It is good for the environment to buy the food produced in our local areas.
⑤ If we use food produced in our country, we use more food miles.
⑥ We have to share our food miles with each other to reduce $CO_2$.
⑦ Using too much fuel can help us make our future better.

【理　科】（30分）　＜満点：100点＞

1

問１　2022年７月，噴火警戒レベル５（避難）に引き上げられた火山があり，気象庁は今後の噴火活動に厳重な警戒を呼びかけました。その火山とはどこにある火山ですか。①～⑤の中から，最も適当なものを選び，その番号をマークしなさい。

解答番号は［　1　］です。

①　硫黄島　　②　口永良部島　　③　伊豆大島　　④　八丈島　　⑤　桜島

問２　日本人宇宙飛行士【 Ａ 】さんが搭乗するクルードラゴン宇宙船運用５号機（Crew-5）が，2022年10月６日午前１時00分（日本時間），米国フロリダ州ケネディ宇宙センター39Ａ射点から打ち上げられました。【 Ａ 】さんは国際宇宙ステーション（ISS）に約６か月滞在し，「【 Ｂ 】」日本実験棟を利用して様々なミッションに取り組みます。

【 Ａ 】,【 Ｂ 】に当てはまる言葉として正しい組み合わせはどれですか。①～⑤の中から，最も適当なものを選び，その番号をマークしなさい。

解答番号は［　2　］です。

| | 【 Ａ 】 | 【 Ｂ 】 |
|---|---|---|
| ① | 野口聡一 | きぼう |
| ② | 若田光一 | きぼう |
| ③ | 星出彰彦 | ひまわり |
| ④ | 野口聡一 | ひまわり |
| ⑤ | 若田光一 | ひまわり |

問３　図１のように，２つの台車Ａ，Ｂの進行方向前面に同じばねをそれぞれ取りつけ，ばねの縮みから衝突時の力の大きさを測定できるようにしました。次に，なめらかな水平面上で，質量１kgの台車Ａを速さ１m/ｓで，質量２kgの台車Ｂを速さ２m/ｓで，それぞれ運動させて正面衝突させました。ばねにはたらく力の大きさに比例してばねが縮むとすると，衝突した時のそれぞれの台車のばねの縮みを説明したものはどれですか。①～⑤の中から，最も適当なものを選び，その番号をマークしなさい。

解答番号は［　3　］です。

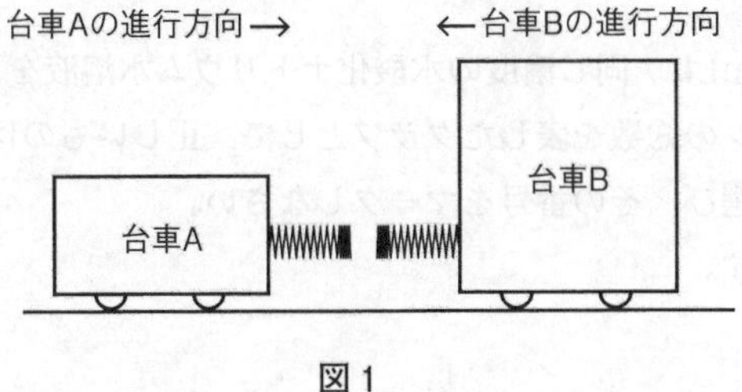


図１

①　台車Ａのばねが台車Ｂのばねより２倍縮む。
②　台車Ａのばねが台車Ｂのばねより４倍縮む。
③　台車Ｂのばねが台車Ａのばねより２倍縮む。
④　台車Ｂのばねが台車Ａのばねより４倍縮む。
⑤　台車Ａと台車Ｂのばねの縮みは同じである。

問4　図2のように，2つの滑車を用いて70kgの物体を2m引き上げる仕事を行いました。この時の人の引く力の大きさ（N），ロープを引く距離（m）はそれぞれいくつですか。①～⑤の中から，最も適当なものを選び，その番号をマークしなさい。ただし，滑車やロープの重さ，滑車にはたらく摩擦力は考えないものとします。また，質量100gの物体にはたらく重力の大きさを1Nとします。

解答番号は［4］です。

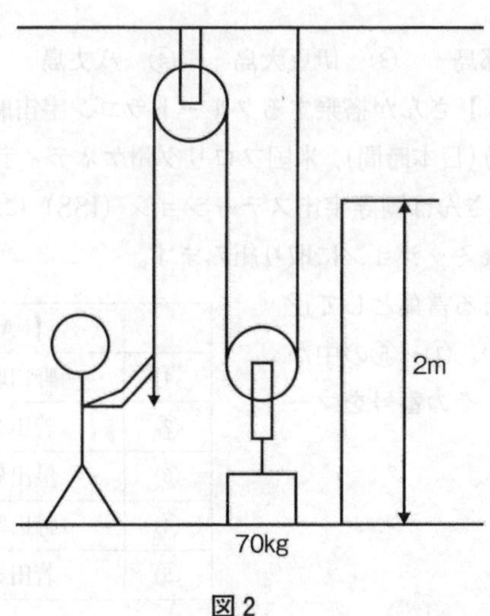


図2

| | 人の引く力の大きさ（N） | ロープを引く距離（m） |
|---|---|---|
| ① | 350 | 2 |
| ② | 350 | 4 |
| ③ | 700 | 2 |
| ④ | 700 | 4 |
| ⑤ | 1400 | 2 |

問5　ある濃度の塩酸5mLに，同じ濃度の水酸化ナトリウム水溶液を1mLずつ加えました。その時の混合溶液中のイオンの総数を表したグラフとして，正しいものはどれですか。①～⑤の中から，最も適当なものを選び，その番号をマークしなさい。

解答番号は［5］です。

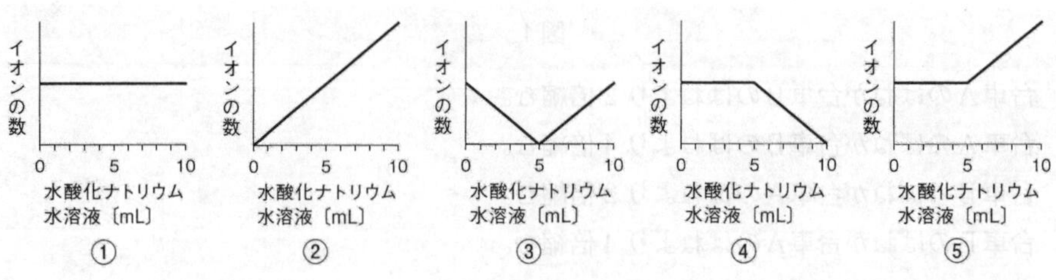

**問6**　うすい水酸化ナトリウム水溶液を用いて，水の電気分解をしました。各電極から発生した気体の性質を確認するため，電極Aから発生した気体Aに火のついたマッチを近づけると，ポンと音を立てて燃えました。次に，電極Bから発生した気体Bの中に火のついた線香を入れると，線香が炎を出して激しく燃えました。この反応より，化学変化の様子をモデルを使って表すとき，下の［水］，［気体A］，［気体B］に当てはまる適切なモデルの組み合わせとして，正しいものはどれですか。①～⑤の中から，最も適当なものを選び，その番号をマークしなさい。ただし，酸素原子のモデルを○，水素原子のモデルを●とします。

解答番号は［6］です。

［水］ → ［気体A］ ＋ ［気体B］

| | ［水］ | ［気体A］ | ［気体B］ |
|---|---|---|---|
| ① | ●○● | ○ | ●● |
| ② | ●○● | ●● | ○ |
| ③ | ●○●　●○● | ○○ | ●●　●● |
| ④ | ●○●　●○● | ●●　●● | ○○ |
| ⑤ | ●○●　●○● | ●● | ●○　●○ |

**問7**　顕微鏡で生物ア～エをそれぞれの倍率で観察したところ，下のように見えました。これらの生物を大きい順に並び替えるとどうなりますか。①～⑤の中から，最も適当なものを選び，その番号をマークしなさい。

解答番号は［7］です。

ア
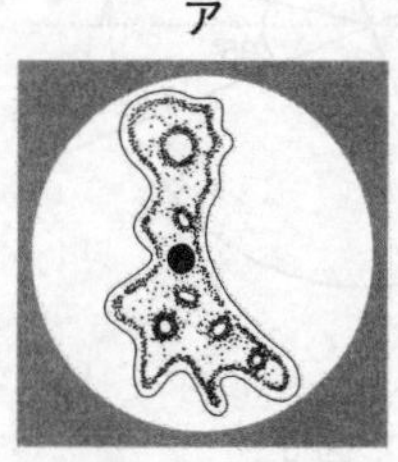
接眼レンズ：10倍
対物レンズ：40倍

イ
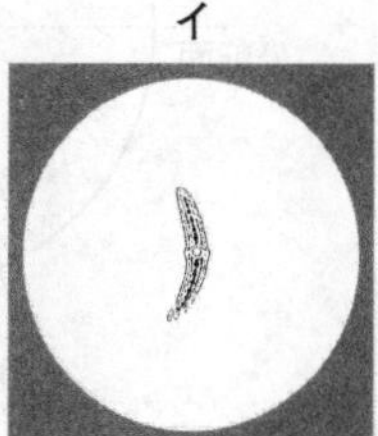
接眼レンズ：10倍
対物レンズ：10倍

ウ
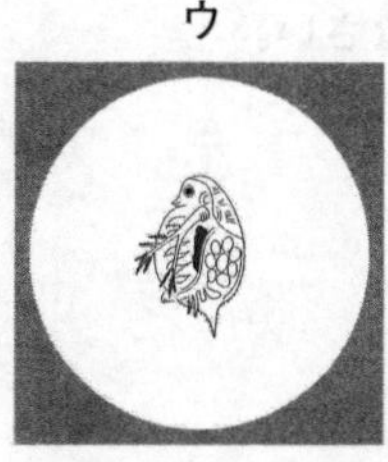
接眼レンズ：10倍
対物レンズ：4倍

エ
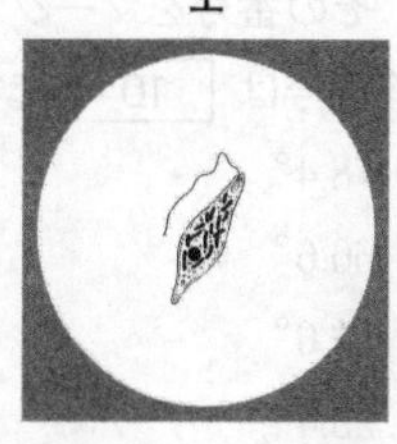
接眼レンズ：20倍
対物レンズ：20倍

① ア→イ→ウ→エ　② ア→ウ→エ→イ　③ ア→エ→イ→ウ
④ ウ→ア→エ→イ　⑤ ウ→イ→ア→エ

**問8**　エンドウの種子の形には，丸としわの2つの形質があります。丸い種子をつくる純系としわの種子をつくる純系を親としてかけあわせると，子はすべて丸い種子になりました。

種子の形を現す遺伝子の組み合わせがわからないエンドウの個体Xがあります。個体Xに種子の形がしわの個体から成長したエンドウをかけあわせたところ，種子の形が丸い個体と，しわの個体がほぼ同数できました。個体Xの種子の形を現す遺伝子の組み合わせはどれですか。次のページの①～⑤の中から，最も適当なものを選び，その番号をマークしなさい。ただし，種子の形を丸くする遺伝子をA，しわにする遺伝子をaとします。

解答番号は 8 です。

① A　② a　③ AA　④ Aa　⑤ aa

**問9**　火山の形や噴火のようす，冷え固まった溶岩の色は，火山を作るマグマのねばりけによって異なります。ねばりけの強いマグマの場合，これらは一般的にどのようになりますか。①～⑤の中から，最も適当なものを選び，その番号をマークしなさい。

解答番号は 9 です。

| | 火山の形 | 噴火のようす | 溶岩の色 |
|---|---|---|---|
| ① | | 激しい | 白っぽい |
| ② | | 激しくない | 黒っぽい |
| ③ | | 激しい | 白っぽい |
| ④ | | 激しくない | 白っぽい |
| ⑤ | | 激しい | 黒っぽい |

**問10**　図3は，夏至の時の北緯35度の地点での太陽のあたり方を図示したものです。北緯35度の地点での冬至の南中高度はいくつになりますか。①～⑤の中から，最も適当なものを選び，その番号をマークしなさい。

解答番号は 10 です。

① 78.4°

② 66.6°

③ 31.6°

④ 23.4°

⑤ 11.6°

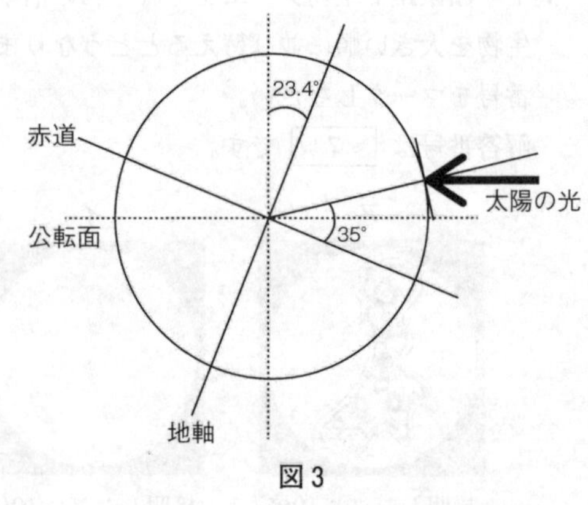

図3

**2**　電熱線の発熱について調べるために，抵抗が分からない電熱線A，抵抗が4Ωの電熱線B，抵抗が2Ωの電熱線Cを用いて，次の実験を行いました。この時，いずれの実験でも，電圧計が6Vを示すように電源装置を調整しました。次のページの各問いに答えなさい。

**【実験1】**

次のページの図1のように，電熱線Aを電源装置に接続して電流を流したところ，電流計の示す値は2Aでした。

**【実験2】**

次のページの図2のように，電熱線Bと電熱線Cを並列に接続して電流を流しました。

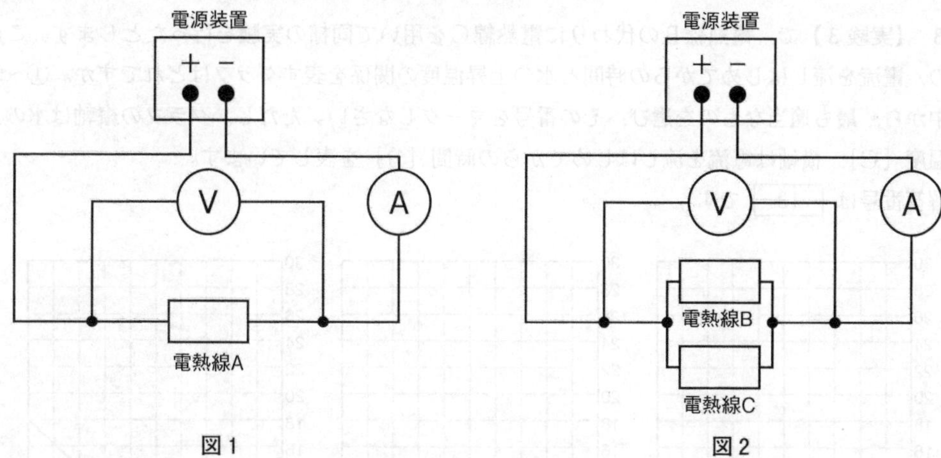


図1　図2

問1　【実験1】で，電熱線Aの電力は何Wですか。①～⑤の中から，最も適当なものを選び，その番号をマークしなさい。

解答番号は　11　です。

①　2W　②　3W　③　6W　④　12W　⑤　18W

問2　【実験2】で，電流計の示す値は何Aですか。①～⑤の中から，最も適当なものを選び，その番号をマークしなさい。

解答番号は　12　です。

①　1.5A　②　3A　③　4.5A　④　6A　⑤　9A

【実験3】

くみおきした水100gを熱を伝えにくい容器に入れました。図3のように，回路に接続した電熱線Bを水の中に入れ，電流を流しました。ガラス棒で静かにかき混ぜながら，10分間，2分ごとに水の温度を測定しました。その時の測定結果から，電流を流しはじめてからの時間と水の上昇温度の関係をグラフに表すと図4のようになりました。

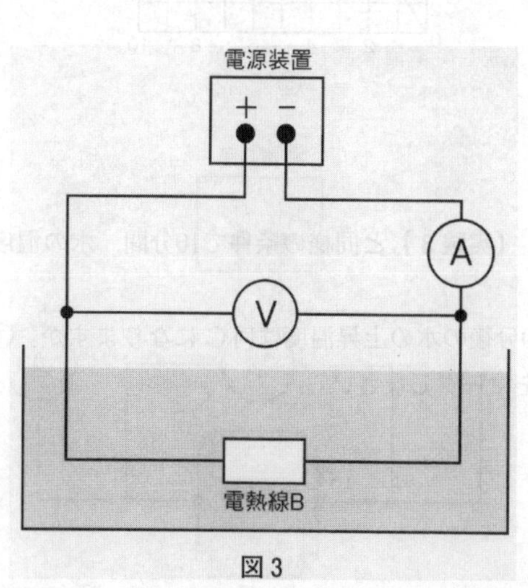


図3

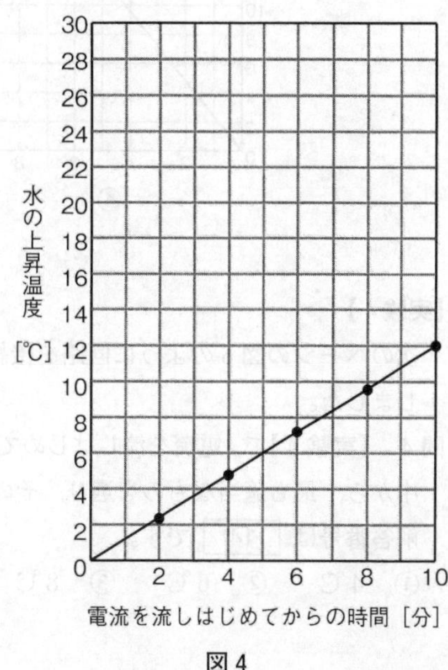


図4

問３【実験３】で，電熱線Ｂの代わりに電熱線Ｃを用いて同様の実験を行ったとします。この時の，電流を流しはじめてからの時間と水の上昇温度の関係を表すグラフはどれですか。①～⑤の中から，最も適当なものを選び，その番号をマークしなさい。ただし，グラフの縦軸は水の上昇温度［℃］，横軸は電流を流しはじめてからの時間［分］を表しています。

解答番号は 13 です。

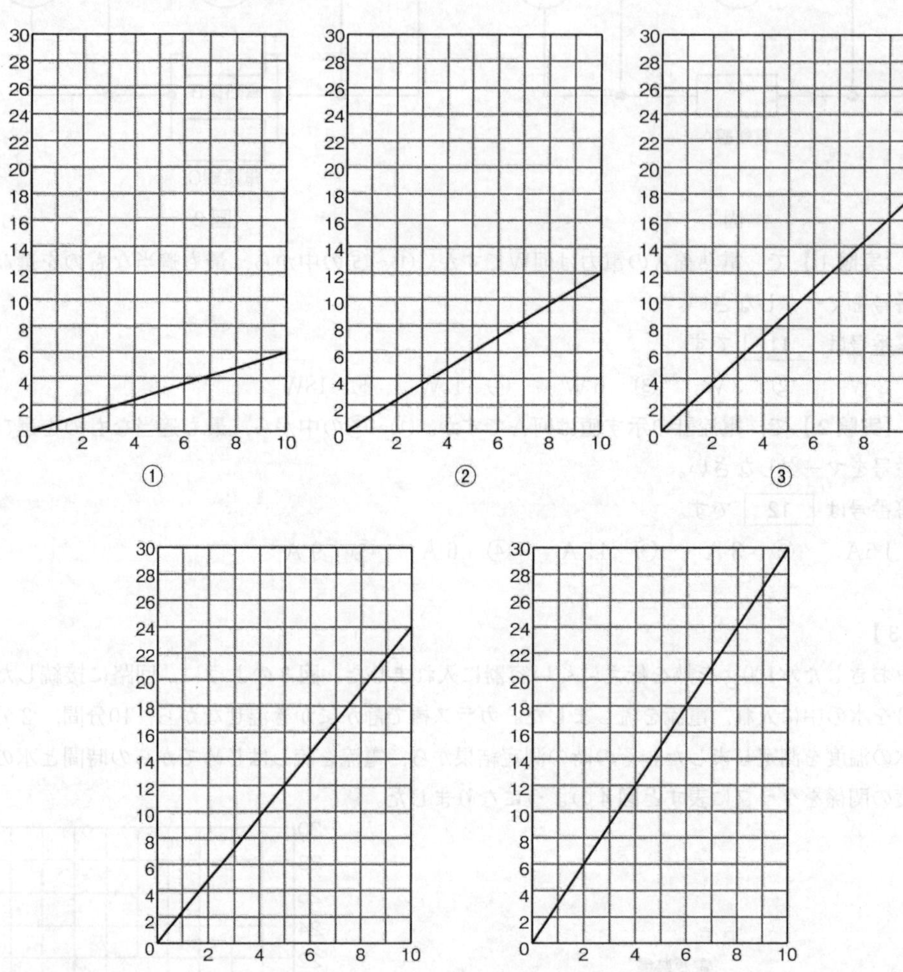

【実験４】

次のページの図５のように回路を接続して，【実験３】と同様の条件で10分間，水の温度を測定しました。

問４【実験４】で，電流を流しはじめてから10分後の水の上昇温度は何℃になりますか。①～⑤の中から，最も適当なものを選び，その番号をマークしなさい。

解答番号は 14 です。

① 4℃　② 6℃　③ 8℃　④ 12℃　⑤ 18℃

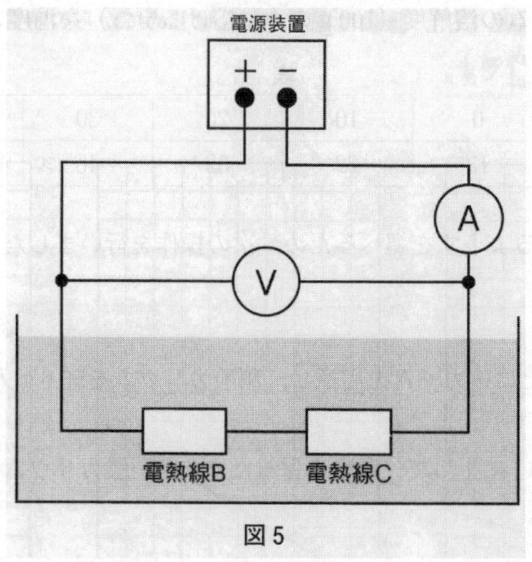

図５

【実験５】

図６のように回路を接続して，【実験３】と同様の条件で，水の温度を測定しました。

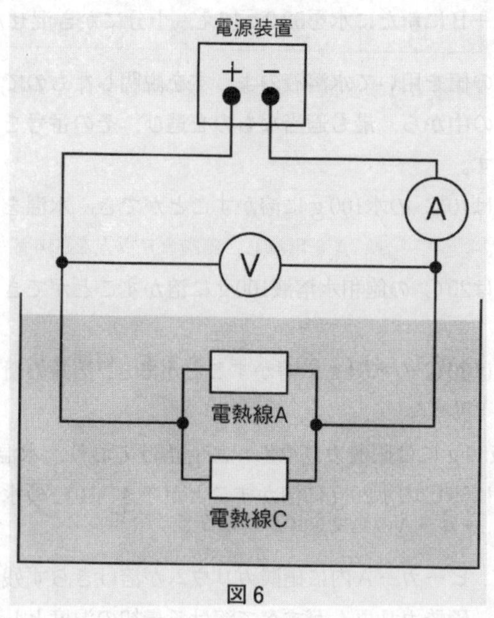

図６

問５　【実験５】の水の上昇温度が，【実験３】の電流を流しはじめてから10分後の水の上昇温度と同じになるのに必要な時間は，何分ですか。①～⑤の中から，最も適当なものを選び，その番号をマークしなさい。

解答番号は 15 です。

①　2分　　②　3分　　③　6分　　④　18分　　⑤　24分

**3** 次の表は，硝酸カリウムの溶解度（100 g の水に溶ける質量）を温度ごとに示したものです。

**表**

| 温度［℃］ | 0 | 10 | 20 | 30 | 40 | 50 |
|---|---|---|---|---|---|---|
| 硝酸カリウム［g］ | 13 | 22 | 32 | 46 | 64 | 85 |

硝酸カリウムが水に溶けるようすを調べるため，次の操作を行いました。以下の各問いに答えなさい。

**【操作１】**

20℃ の水が110 g 入ったビーカーAを用意し，硝酸カリウムを50.6 g 入れ，十分にかき混ぜた。

**【操作２】**

ビーカーAの温度を50℃ に上げて，温度を保ったまま，硝酸カリウムをちょうど飽和するまで入れ，十分にかき混ぜた。

**【操作３】**

**【操作２】**の後，ビーカーAの温度を10℃ になるまで冷却した。

**【操作４】**

**【操作３】**の後，ビーカーA内にできた結晶を完全に取り除き，残った水溶液の 1 / 2 を新しいビーカーBに移し，ビーカーBに新たに水を53.9 g 加え，十分にかき混ぜた。

**問１** 以下の文章は，**表**の値を用いて水溶液のようすを説明したものです。次のうち，正しい記述はどれですか。①～⑤の中から，最も適当なものを選び，その番号をマークしなさい。

解答番号は［16］です。

① 硝酸カリウム18 g は10℃ の水100 g に溶かすことができ，水温を下げると溶媒が凝固し始める前に結晶が現れる。

② 硝酸カリウム22 g は20℃ の飽和水溶液100 g に溶かすことができ，水温を下げると結晶が現れる。

③ 硝酸カリウム46 g は30℃ の水54 g に溶かすことができ，溶媒の量を減らしていくと結晶が現れる。

④ 40℃ の飽和水溶液50 g には硝酸カリウムが32 g 溶けており，水温を下げると結晶が現れる。

⑤ 硝酸カリウム17 g は50℃ の水20 g に溶かすことができ，10℃ の水を80 g 加えると結晶が現れる。

**問２** **【操作１】**において，ビーカーA内に硝酸カリウムが溶けきらず残りました。ビーカーA内の水溶液を加熱したとき，硝酸カリウムがすべて溶ける最初の温度として，正しいものはどれですか。①～⑤の中から，最も適当なものを選び，その番号をマークしなさい。

解答番号は［17］です。

① 30℃　② 33℃　③ 35℃　④ 38℃　⑤ 40℃

**問３** **【操作２】**において，追加した硝酸カリウムは何 g ですか。①～⑤の中から，最も適当なものを選び，その番号をマークしなさい。

解答番号は［18］です。

① 34.4 g　② 38.7 g　③ 42.9 g　④ 47.2 g　⑤ 51.4 g

問4　【操作3】において，出てくる結晶は何gですか。①～⑤の中から，最も適当なものを選び，その番号をマークしなさい。

解答番号は **19** です。

①　68.2g　②　69.3g　③　70.4g　④　71.5g　⑤　72.6g

問5　【操作4】において，ビーカーBの水溶液の濃度として，正しいものはどれですか。①～⑤の中から，最も適当なものを選び，その番号をマークしなさい。

解答番号は **20** です。

①　9.1%　②　9.8%　③　10.0%　④　10.4%　⑤　11.0%

**4**　次のⅠ，Ⅱについて，以下の各問いに答えなさい。

Ⅰ　次の図1はヒトの体内の血液の循環経路を模式的に表したものです。

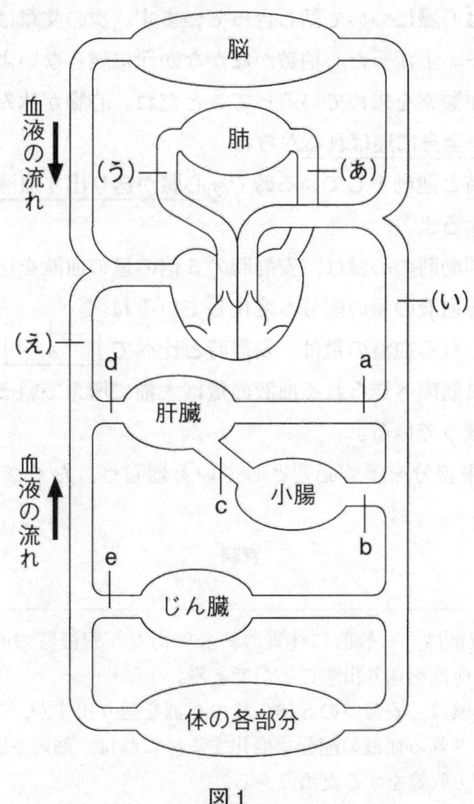


図1

問1　図1の（あ）～（え）の血管のうち動脈血が流れているものはどれですか。①～⑤の中から，最も適当なものを選び，その番号をマークしなさい。

解答番号は **21** です。

①　（あ）と（い）　②　（あ）と（う）　③　（あ）と（え）

④　（い）と（う）　⑤　（う）と（え）

問2　次のページの文は，血管内の栄養分について述べたものです。文中の空欄に入る正しい組み合わせはどれですか。次のページの①～⑤の中から，最も適当なものを選び，その番号をマークしなさい。

解答番号は 22 です。

図1の血管のうち，ブドウ糖が最も多く含まれている血管は【 ア 】で，
二酸化炭素以外の不要物が最も少ない血管は【 イ 】である

| | 【ア】 | 【イ】 |
|---|---|---|
| ① | b | a |
| ② | b | d |
| ③ | c | d |
| ④ | c | e |
| ⑤ | d | e |

Ⅱ　太郎さんと花子さんは心臓について話し合っています。次の文章はこの時の会話の一部です。

太郎：持久走疲れたねー。上がった心拍数がなかなか元に戻らないよ。

花子：それだけからだが酸素を求めているってことだね。心臓が休みなく血液を送るおかげで，酸素や①栄養分が全身に運ばれるからね。

太郎：安静にしている時と運動をしている時で②心臓が送り出す血液の量はどれくらい変わるのかな。調べてみようよ。

花子：資料によると，運動時の心臓は，安静時の５倍の量の血液を送り出すそうだよ。さらに，各器官へ送られる血液の量の配分も変化しているね。

太郎：運動時に脳へ送られる血液の量は，安静時と比べて a ことがわかるね。

花子：本当だ。運動時に筋肉へ送られる血液の量は大幅に増えているけど，肝臓と消化管へ送られる血液の量は減っているよ。

太郎：つまり，酸素や栄養分を多く必要としている器官へ，たくさんの血液を送るしくみがあるってことだね。

資料

ヒトの血液量は，一般的に体重の約８％あり，安静時の心臓はおよそ１分で全ての血液を送り出すことができる。

運動時の心臓は，安静時の５倍の量の血液を送り出すが，このとき，各器官へ送り出される血液の配分は変化する。これは，筋肉や臓器につながる血管が拡張・収縮をするためである。

表　安静時と運動時での心臓が送り出す血液の配分率

| | 安静時 | 運動時 |
|---|---|---|
| 脳 | 15% | 3％ |
| 肝臓と消化管 | 25% | 4％ |
| じん臓 | 20% | 3％ |
| 筋肉 | 20% | 80% |
| その他 | 20% | 10% |

問3　下線部①について，ヒトは口から取り込んだ食物を消化吸収し，栄養分は体液で各器官へと送り届けられます。小腸で吸収されたアミノ酸は，その後，肺，心臓，肝臓，じん臓をどのような順番で到達することになりますか。①～⑤の中から，最も適当なものを選び，その番号をマークしなさい。

解答番号は 23 です。

① 小腸→肺→心臓→肝臓→じん臓　② 小腸→じん臓→肝臓→心臓→肺

③ 小腸→心臓→肺→肝臓→じん臓　④ 小腸→肝臓→心臓→肺→じん臓

⑤ 小腸→肝臓→じん臓→心臓→肺

問4　下線部②について，太郎さんの体内には血液が5500mLあり，安静時の心拍数が1分あたり80回，1回の拍動により75mLの血液が送り出されています。このとき，血液はどのように循環していると考えられますか。①～⑤の中から，最も適当なものを選び，その番号をマークしなさい。

解答番号は 24 です。

① 右心室から送り出された血液が，約55秒で右心房へ到達する

② 右心室から送り出された血液が，約55秒で左心房へ到達する

③ 右心室から送り出された血液が，約65秒で右心房へ到達する

④ 左心室から送り出された血液が，約65秒で右心房へ到達する

⑤ 左心室から送り出された血液が，約65秒で左心房へ到達する

問5　会話文中の a に入る言葉として最も適切なものはどれですか。①～⑤の中から，最も適当なものを選び，その番号をマークしなさい。

解答番号は 25 です。

① 80%減少している　② 12%減少している　③ 変わらない

④ 12%上昇している　⑤ 80%上昇している

【社　会】（30分）　<満点：100点>

**1**　次の問１～問７に答えなさい。

問１　地球上のある地点の位置は，経度と緯度を用いて表すことができる。下の地図中の地点Ａを経度と緯度を用いて表したものとして，①～⑤の中から，最も適当なものを選び，その番号をマークしなさい。

解答番号は［ 1 ］です。

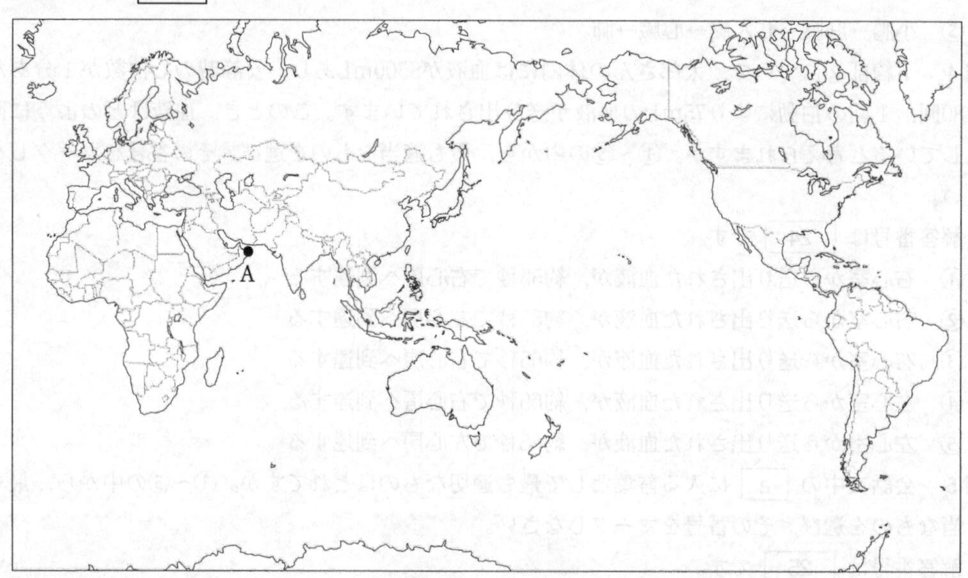


①　東経135度　北緯40度　②　東経60度　北緯22度　③　東経60度　南緯22度
④　西経135度　北緯40度　⑤　西経60度　南緯40度

問２　下の地図は，「あるもの」の地域間の輸出入の流れを表したものであり，矢印の向きが移動の流れを，矢印の太さが移動の規模を示している。「あるもの」として，①～⑤の中から，最も適当なものを選び，その番号をマークしなさい。

解答番号は［ 2 ］です。

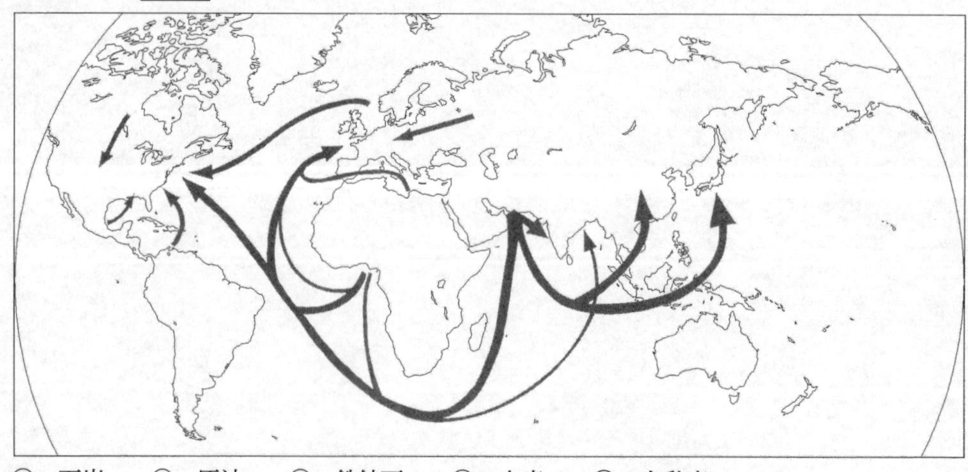

①　石炭　②　原油　③　鉄鉱石　④　小麦　⑤　自動車

**問3**　下のグラフは，アジア・ヨーロッパ・アフリカ・北アメリカ・南アメリカ・オセアニアの各州が世界の面積・人口・GDPに占める割合を示したものである。アフリカ州に当てはまるものとして，①～⑤の中から，最も適当なものを選び，その番号をマークしなさい。

解答番号は［ 3 ］です。

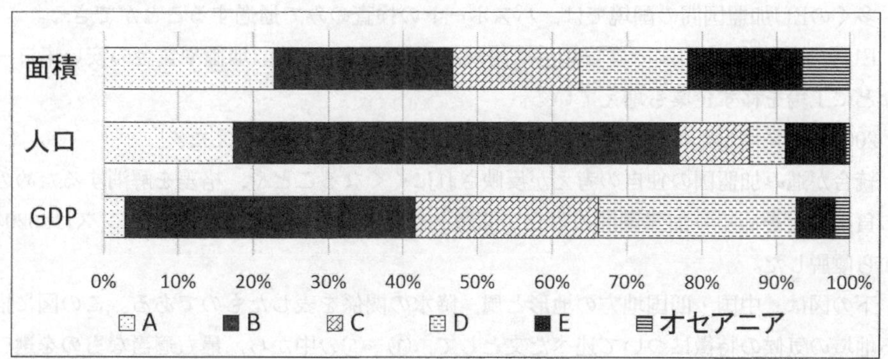


「National Accounts - Analysis of Main Aggregates」「UN data A world of information」「Demographic Yearbook 2020」より作成

①　A　②　B　③　C　④　D　⑤　E

**問4**　下のⅠ・Ⅱは，異なる気候区に位置する２つの場所で撮影したものである。それぞれの場所と気候について述べた文の組み合わせとして，①～⑤の中から，最も適当なものを選び，その番号をマークしなさい。

解答番号は［ 4 ］です。

Ⅰ

Ⅱ

A　温帯の気候で，夏に気温が高く乾燥し，冬に雨がみられる。

B　温帯の気候で，偏西風と暖流の影響を受け，緯度が高くても冬の気温が高めで寒さが厳しくない。

C　冷帯の気候で，夏と冬の気温差が大きく，タイガが広がっている。

D　乾燥帯の気候で，少量の雨が降るため，ステップが広がっている。

①　Ⅰ－A　Ⅱ－C

②　Ⅰ－B　Ⅱ－D

③　Ⅰ－C　Ⅱ－A

④　Ⅰ－D　Ⅱ－A

⑤　Ⅰ－D　Ⅱ－B

**問5**　EU（ヨーロッパ連合）に関する記述として，①～⑤の中から，最も適当なものを選び，その番号をマークしなさい。

解答番号は［ 5 ］です。

①　EUは1967年に発足し，共通通貨のユーロが導入され，経済的な統合が進められた。
②　多くのEU加盟国間の国境では，パスポートの検査のみで通過することができる。
③　EUに加盟する国の間では貿易品に関税がかからないため，地価や賃金の安い東ヨーロッパなどに工場を移す企業も増えている。
④　2009年に発生したイタリアの債務危機は，EU全体に打撃を与えた。
⑤　統合が進み加盟国の独自の考えが反映されにくくなることや，格差を解消するための補助金の負担などをめぐり加盟国間の対立が問題となっており，イギリスとフランスは2020年にEUから離脱した。

**問6**　下の図は，中国・四国地方の地形と風，降水の関係を表したものである。この図に描かれている地域の気候の特徴について述べた文として，①～⑤の中から，最も適当なものを選び，その番号をマークしなさい。

解答番号は［ 6 ］です。

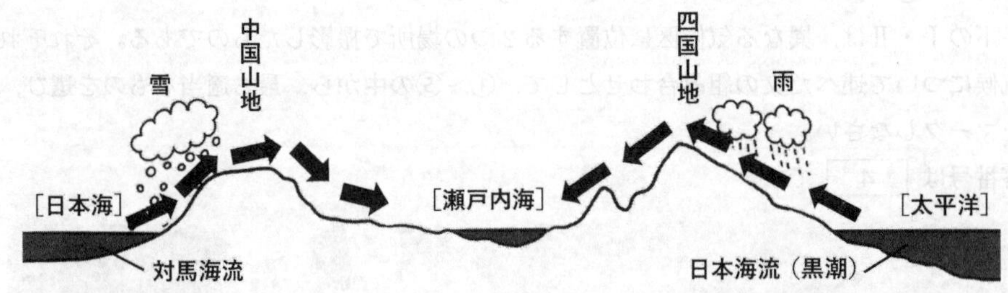


注：図中の太い矢印は風を表している。

①　山陰では，やませとよばれる冷たく湿った風が吹くことがある。
②　山陰は日本海側の気候で，日本海側から吹く偏西風と，寒流である対馬海流の影響で気温が低く，冬に多くの降雪が見られる。
③　瀬戸内は，南北にある中国山地と四国山地から湿った風が吹き込むため，1年を通して降水量が多く，比較的温暖な気候である。
④　南四国は，太平洋側の気候で，暖流の日本海流（黒潮）の影響で1年じゅう温暖である。
⑤　南四国では，冬の季節風の影響で秋から初冬にかけて降水量が多くなり，風水害が起こりやすくなる。

**問7**　次のページの地形図中の線Aの長さは5㎝である。この線Aが表すルートの実際の距離として，①～⑤の中から，最も適当なものを選び，その番号をマークしなさい。

解答番号は［ 7 ］です。

①　125m　②　250m　③　500m　④　1.25㎞　⑤　2.5㎞

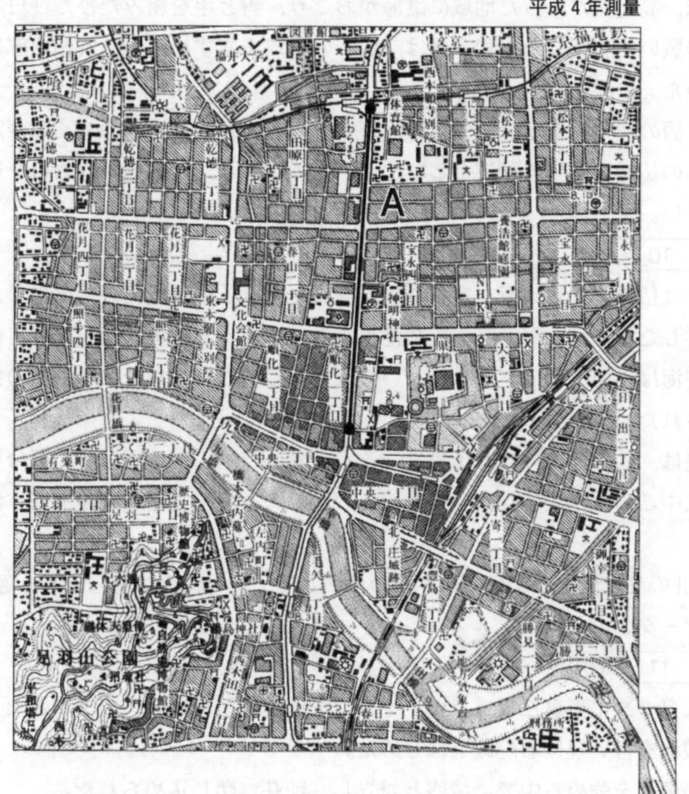


**2** 次の問１～問11に答えなさい。

問１ ギリシャ・ローマの古代文明に関する記述として，①～⑤の中から，最も適当なものを選び，その番号をマークしなさい。

解答番号は 8 です。

① ローマではポリスと呼ばれる都市国家が成立し，これらは政治的には互いに独立していた。

② アレクサンドロス大王の東方遠征により，ギリシャ文化はオリエントの各地域の文化と融合した。これをヘレニズム文化とよぶ。

③ ギリシャでは貴族から構成される元老院と任期１年の二人の執政官が国の政治を指導する共和政が始まった。

④ アテネでは500人の市民が政策を議論し，性別を問わず参政権が与えられていた。

⑤ ギリシャはローマの文明を吸収して高度な文明を築き，コロッセオと呼ばれる闘技場などの施設を造った。

問２ 古代日本と東アジアの交流に関する記述として，①～⑤の中から，最も適当なものを選び，その番号をマークしなさい。

解答番号は 9 です。

① 漢の歴史を書いた『漢書』には，九州北部の支配者の一人が漢の皇帝から印を与えられたとある。

② 大和政権は高句麗と交流が深く，加耶地域の国々と戦うことがあった。

③　７世紀末，高句麗があった地域に渤海がおこり，唐と手を組みたびたび日本に侵攻した。

④　白村江の戦いで勝利した大和政権は，唐への侵攻をすすめるべく九州北部に防人と呼ばれる兵士をおいた。

⑤　８世紀，唐の律令にならった大宝律令がつくられ，新しい国家のしくみが定まった。

問３　古代日本の仏教に関する記述として，①～⑤の中から，最も適当なものを選び，その番号をマークしなさい。

解答番号は［10］です。

①　聖徳太子は仏教の受容に反対する蘇我氏をおさえ，仏教の教えをもとにした政治を行った。

②　唐に留学した鑑真は，帰国後，ため池や橋などを造って民衆の信頼を得て仏教を布教した。

③　最澄や空海は山奥の寺で学問や厳しい修行を行う新しい仏教を始め，その仏教は貴族の間で広く信仰された。

④　桓武天皇は，仏教の力により国家を守ろうと考え，国ごとに国分寺と国分尼寺を建てた。

⑤　平安時代中ごろ，末法思想が広まり，この世での幸福や社会の安定を願う浄土信仰が都でおこった。

問４　下のⅠ・Ⅱの文に関する上皇の組み合わせとして，①～⑤の中から，最も適当なものを選び，その番号をマークしなさい。

解答番号は［11］です。

Ⅰ　後三条天皇の次に天皇となったが，その位を幼い皇子にゆずって上皇となり，摂政や関白をおさえて政治を行い続ける院政をはじめた。

Ⅱ　平清盛が権力を強める中で，清盛と対立し，別荘に閉じ込められた。

①　Ⅰ－白河上皇　　Ⅱ－後白河上皇

②　Ⅰ－鳥羽上皇　　Ⅱ－白河上皇

③　Ⅰ－鳥羽上皇　　Ⅱ－後鳥羽上皇

④　Ⅰ－後白河上皇　Ⅱ－後鳥羽上皇

⑤　Ⅰ－後鳥羽上皇　Ⅱ－白河上皇

問５　中世日本の社会に関する記述として，①～⑤の中から，最も適当なものを選び，その番号をマークしなさい。

解答番号は［12］です。

①　鎌倉時代の荘園では，荘園領主とは別に地頭が農民を支配することも多く，農民は荘園領主と地頭との二重の支配を受けていた。

②　鎌倉時代には農地の開発や農業技術の発達が進み，東日本を中心に，同じ田畑で米を収穫した後に麦を栽培する二期作が始まった。

③　室町時代の村では有力農民を中心に座と呼ばれる自治組織が作られ，村のおきてが定められた。

④　室町時代には地頭が力を強め，荘園の年貢の半分を取り立て，軍事費にする権利が認められた。

⑤　応仁の乱後，近江の馬借や京都周辺の農民が借金の帳消しを求めて酒屋や土倉をおそう正長の土一揆が発生した。

問6　右の資料に関する記述として，①～⑤の中から，最も適当なものを選び，その番号をマークしなさい。

解答番号は 13 です。

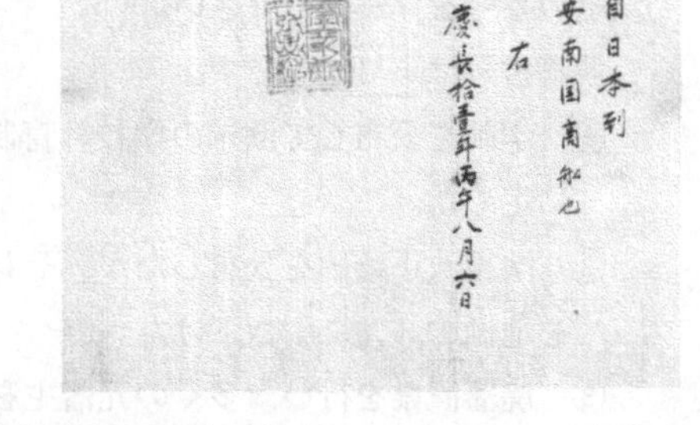

自日本到
安南国商船也
右
慶長拾壹年丙午八月六日

① 宣教師が日本に入国することを防ぐために発行されたものである。

② 南蛮貿易の際の南蛮船の入国許可証として発行されたものである。

③ 日本の商船が東南アジアへ渡ることを許可するために発行されたものである。

④ 民間の貿易船と倭寇と呼ばれる海賊を区別するために発行されたものである。

⑤ 将軍の代がわりごとに派遣された朝鮮通信使が持参したものである。

問7　江戸時代末期に関する記述として，①～⑤の中から，最も適当なものを選び，その番号をマークしなさい。

解答番号は 14 です。

① 開国して貿易が始まると，日本の金貨が外国に持ち出されたため，物価が不安定になり，民衆や下級武士は不満を高めた。

② 薩摩藩士がフランス人を殺傷した事件に対する報復として，フランス艦隊が鹿児島を砲撃した。

③ 大老井伊直弼を暗殺され，権威が大きく低下した幕府は，将軍の娘を天皇のきさきにした。

④ 会津藩や長州藩は，過激な攘夷を主張する公家や薩摩藩士を京都から追放した。

⑤ 外国船が日本の沿岸に姿を現すようになり，幕府は高野長英などの蘭学者の意見を採用し，異国船打払令を出した。

問8　下の絵画の作者として，①～⑤の中から，最も適当なものを選び，その番号をマークしなさい。

解答番号は 15 です。

① 菱川師宣　② 井原西鶴　③ 尾形光琳　④ 俵屋宗達　⑤ 歌川広重

問９　明治新政府が取り組んだ改革に関する記述として，①～⑤の中から，最も適当なものを選び，その番号をマークしなさい。

解答番号は［16］です。

①　学制を公布して欧米の学校教育制度を取り入れ，６歳以上の男女はすべて小学校に通うように定めた。

②　地租改正条例を公布したが，それに対して反対する一揆が各地で起こった。その結果，地租を地価の３％に引き下げた。

③　廃藩置県を行い，多くの元藩主を県令とした。

④　徴兵令を発布し，満25歳となった男子に，士族・平民の区別なく兵役を義務付けた。

⑤　解放令を出し，差別されてきた人々に関して，呼び名を廃止し，身分も平民と同じとした。その結果，これまでの差別は解消された。

問10　大正～昭和初期の社会や文化に関する記述として，①～⑤の中から，最も適当なものを選び，その番号をマークしなさい。

解答番号は［17］です。

①　義務教育が６年制から９年制となり，就学率も９割をこえた。

②　1925年に東京・名古屋・大阪で始まったラジオ放送が全国に普及し，新聞の発行部数は減少に転じた。

③　デモクラシーの風潮が世界的に高まる中で，政治学者の美濃部達吉は民本主義を唱えた。

④　人間のありのままの姿に迫ろうとする近代的な文学観を坪内逍遙が提唱し，二葉亭四迷は話し言葉で表現する言文一致体を確立させた。

⑤　週刊誌や月刊の総合雑誌の発行部数が急速にのび，１冊１円の文学全集が文化の大衆化に大きな役割を果たした。

問11　第二次世界大戦中の世界情勢について述べたＡ～Ｄを，年代の古い順に並べたものとして，①～⑤の中から，最も適当なものを選び，その番号をマークしなさい。

解答番号は［18］です。

Ａ　アメリカ・イギリス・ソ連の首脳はソ連のヤルタで会談し，ヨーロッパの戦後処理を決めた。

Ｂ　ソ連が日ソ中立条約を破り，満州・南樺太・千島列島などに侵攻した。

Ｃ　アメリカ・イギリス・ソ連の首脳はドイツのポツダムで会談し，日本に無条件降伏をうながすポツダム宣言をまとめた。

Ｄ　アメリカ・イギリス軍がイタリアを降伏させた。

①　Ａ → Ｂ → Ｄ → Ｃ　②　Ａ → Ｃ → Ｄ → Ｂ　③　Ｄ → Ａ → Ｂ → Ｃ

④　Ｄ → Ａ → Ｃ → Ｂ　⑤　Ｄ → Ｃ → Ｂ → Ａ

## 3　次の問１～問７に答えなさい。

問１　LGBTに対する社会の取り組みの事例として，①～⑤の中から，最も適当なものを選び，その番号をマークしなさい。

解答番号は［19］です。

①　女性用トイレを増設する。

②　学校において，制服だけでなく，ジャージの着用も認める。

③ 修学旅行での泊まる場所は，個室よりも大部屋を使用する。

④ 企業において，「男らしさ」「女らしさ」を意識した役割を担わせる。

⑤ 日本において，2015年に同性どうしの婚姻が法的に認められた。

問2 沖縄とアメリカに関する記述として，①～⑤の中から，最も適当なものを選び，その番号をマークしなさい。

解答番号は 20 です。

① 沖縄は，1951年締結の日米安全保障条約によって，日本への復帰を果たした。

② 日本にあるアメリカ軍専用施設の面積の約40％が沖縄県に集中している。

③ 1996年に行われた沖縄県の住民投票では，アメリカ軍専用施設縮小への賛成と反対がほぼ拮抗しており，このことについての住民感情は複雑である。

④ 普天間飛行場を鹿児島県の辺野古沖に移転することが決まったが，反対する住民も多く，工事は始まっていない。

⑤ 2018年，東京都小金井市議会は，米軍の普天間飛行場の移転に関して国民全体で議論し，公正で民主的な手続きを経て決定するように求める陳情を，賛成多数で採択した。

問3 参議院に関する記述として，①～⑤の中から，最も適当なものを選び，その番号をマークしなさい。

解答番号は 21 です。

① 参議院の議員の定数は，憲法で定められている。

② 参議院議員の任期は，6年とし，3年ごとに議員の半数を改選する。ただし，参議院解散の場合には，その期間満了前に終了する。

③ 参議院議員の選挙は，原則として都道府県を単位とした比例代表制と，全国を一つの単位とした選挙区制を組み合わせて行われる。

④ 内閣は，衆議院の解散中，国に緊急の必要があるときは，参議院の緊急集会を求めることができる。

⑤ 国会は，罷免の訴追を受けた裁判官を裁判するため，参議院の議員14名で組織する弾劾裁判所を設ける。

問4 防災や社会保障において重要な考え方である「自助・共助・公助」に関する記述として，①～⑤の中から，最も適当なものを選び，その番号をマークしなさい。

解答番号は 22 です。

① 防災における「自助」の例として，町内会が地域版の避難所運営マニュアルの作成を行うことが挙げられる。

② 社会保障における「自助」の例として，自分自身での健康管理が挙げられる。

③ 防災における「共助」の例として，各家庭で，食糧品や水を1週間分以上備蓄することが挙げられる。

④ 防災における「共助」の例として，地方自治体による公共施設の復旧が挙げられる。

⑤ 社会保障における「公助」の例として，国民自らが民間保険へ加入することが挙げられる。

問5 次のページの地図中Ａ～Ｃは，尖閣諸島・竹島・北方領土のいずれかを示している。このＡ～Ｃの場所が含まれる都道府県名と，その場所が抱える問題に対する日本政府の基本的立場を説明する文の組み合わせとして，次のページの①～⑤の中から，最も適当なものを選び，その番号をマークしなさい。

解答番号は 23 です。

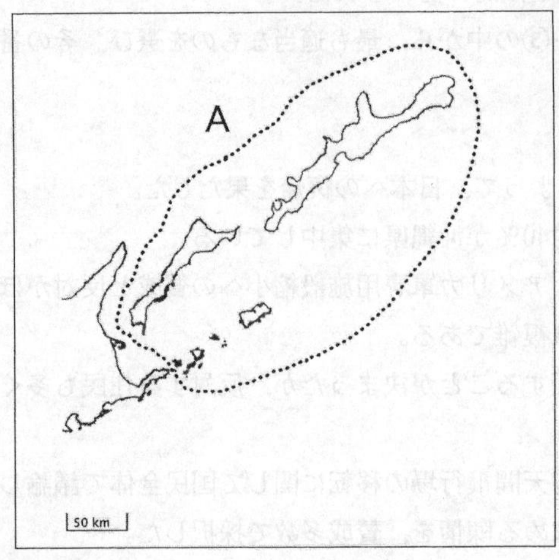


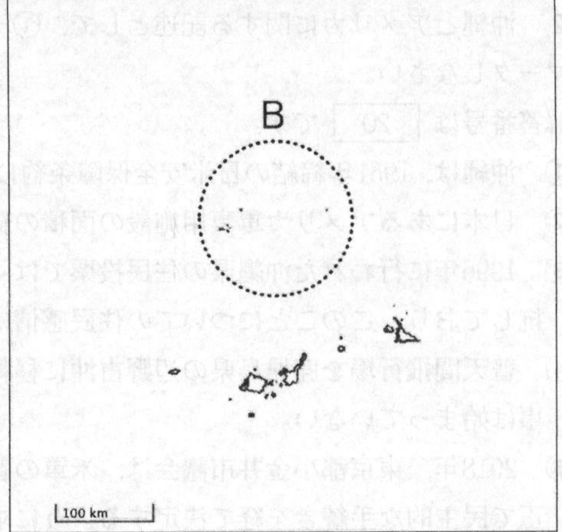


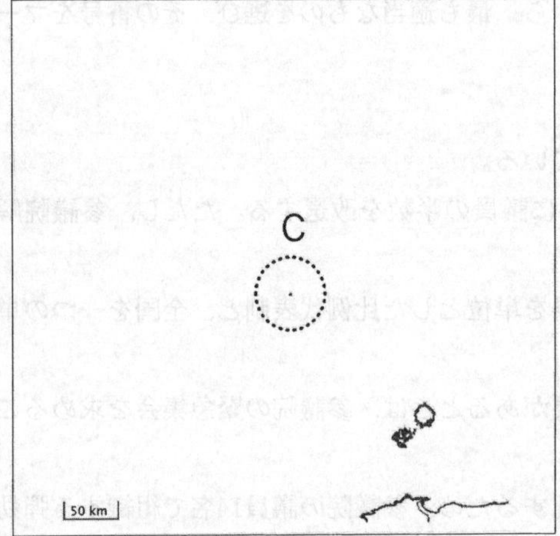


| | 場所 | 都道府県名 | 日本政府の基本的立場 |
|---|---|---|---|
| ① | A | 北海道 | 解決すべき領土問題は存在しない |
| ② | B | 島根県 | 解決すべき領土問題は存在する |
| ③ | B | 沖縄県 | 解決すべき領土問題は存在する |
| ④ | C | 島根県 | 解決すべき領土問題は存在する |
| ⑤ | C | 沖縄県 | 解決すべき領土問題は存在しない |

問6　2022年は，急速な円安が進んだ年であった。一般的な，ドルに対する円の為替相場とその変化の影響に関する記述として，①～⑤の中から，最も適当なものを選び，その番号をマークしなさい。

解答番号は 24 です。

① 円安のときは，日本では，輸入する原材料の価格が上がるので，それに関連する商品の価格が高くなる傾向にある。

② 円安のときは，日本からアメリカなどの海外へ旅行に行く人が増加する傾向にある。

③　円高のときは，日本の企業は輸出が有利になる。

④　「1ドル＝120円」から「1ドル＝130円」になるように，ドルに対する円の価値が高くなることを円高という。

⑤　為替相場は，日本とアメリカの中央銀行の話し合いによって毎日決められている。

**問7**　グローバル化が進み，世界市場をめぐる競争が進むなかで，地域統合（地域主義）といわれる動きが世界各地で見られる。このことに関する記述として，①～⑤の中から，最も適当なものを選び，その番号をマークしなさい。

解答番号は［25］です。

①　1967年に発足した東南アジア諸国連合（ASEAN）では，現在，共通通貨を導入し自由貿易地域を形成している。

②　1989年に初めて開かれたアジア太平洋経済協力会議（APEC）では，外交や安全保障，治安維持の面でも，共通の政策によって統合を強めることを定め，その努力は現在も続けられている。

③　2002年に発足したアフリカ連合（AU）は，自分たちで力を合わせてアフリカで起きる紛争を予防し，アフリカ諸国の平和を生み出すためのしくみである。

④　2018年，環太平洋パートナーシップ（TPP）協定が発効したが，現在，アメリカと日本は離脱している。

⑤　2020年，ウルグアイ・ブラジル・アルゼンチン協定（USMCA）という新協定が，3か国間で発効した。

**4**　下の資料1と次のページの資料2を読み，あとの**問1～問3**に答えなさい。

資料1

かつて歴史家は，国や国民を単位として，世界の歴史を考えていました。国民が勤勉に働き，無駄遣いをしなかった国は豊かになり，怠け者の多い国は貧しくなったのだというような考え方です。しかし，カリブ海にいろいろな産業が成立しなかったのは，黒人たちが怠け者だったからではありません。

じっさいには，この地域が「世界商品」となった砂糖きびの生産に適していたために，ヨーロッパ人がここにプランテーションをつくり，「モノカルチャー」の世界にしてしまったことが，大きな原因だったのです。カリブ海で砂糖のプランテーションが成立したことと，イギリスで産業革命が進行したこととは，同じひとつの現象であったのです。<u>アメリカ合衆国の南部に奴隷制の綿花プランテーションが成立したのも，一八世紀までは，世界の綿工場の中心であったインドが綿花プランテーションの土地になっていったのも，いずれも，イギリスの産業革命と切り離しては考えられないことでした。</u>

出典：川北稔『砂糖の世界史』（岩波書店，1996年）

資料２　世界の実質GDPの国別・地域別シェアの歴史的推移（世界総計に占めるシェア、％）

| | 1500年 | 1600年 | 1700年 | 1820年 | 1870年 | 1913年 | 1950年 |
|---|---|---|---|---|---|---|---|
| ［Ａ］ | 17.9 | 19.9 | 22.5 | 23.6 | 33.6 | 33.5 | 26.3 |
| ［Ｂ］ | 0.3 | 0.2 | 0.1 | 1.8 | 8.9 | 19.1 | 27.3 |
| 日本 | 3.1 | 2.9 | 4.1 | 3.0 | 2.3 | 2.6 | 3.0 |
| ［Ｃ］ | 25.0 | 29.2 | 22.3 | 32.9 | 17.2 | 8.9 | 4.5 |
| ［Ｄ］ | 24.5 | 22.6 | 24.4 | 16.0 | 12.2 | 7.6 | 4.2 |
| その他 | 29.2 | 25.2 | 26.6 | 22.7 | 25.8 | 28.3 | 34.7 |
| 世界総計 | 100.0 | 100.0 | 100.0 | 100.0 | 100.0 | 100.0 | 100.0 |

出典：『経済統計で見る世界経済2000年史』（柏書房、2004年）

**問１**　前のページの資料１の傍線部では，18世紀頃のインドについて言及されているが，それ以降のインドに関する記述として，①～⑤の中から，最も適当なものを選び，その番号をマークしなさい。

解答番号は［26］です。

①　1920年代には，ガンディーの指導によって独立運動が活発化し，1930年代に，イギリスの植民地支配から独立した。

②　2000年代に入ると，NIESとよばれ，ブラジルなどとともに急速に経済成長する５か国のひとつとして注目された。

③　2010年代には，二酸化炭素の国別排出量で中国につぐ世界第２位となった。

④　現在の公用語はヒンディー語だが，イギリスの植民地だった影響もあり，英語が準公用語になっている。

⑤　降水量の多いガンジス川下流域では，現在も綿花の栽培が盛んに行われている。

**問２**　次のＸ～Ｚの文は，資料１の傍線部に関連して述べたものである。Ｘ～Ｚの文の正誤の組み合わせとして，①～⑤の中から，最も適当なものを選び，その番号をマークしなさい。

解答番号は［27］です。

Ｘ　18世紀後半になると，イギリスでは蒸気機関で動く機械が使われ始め，綿織物は工場で安く大量に生産された。生産された綿織物は中国で売れたため，19世紀の初めには，中国との貿易は大きな黒字となった。

Ｙ　アメリカ合衆国の南部にある奴隷制のプランテーションで栽培された綿花は，主にイギリスに向けて輸出された。しかし，綿花などの栽培と輸出が盛んな南部の州と，工業化が進み，奴隷制度に反対する北部の州との間で，対立が激しくなり，南北戦争が起こった。

Ｚ　産業革命後のイギリスの安い綿織物が大量に流入し，伝統的なインドの綿織物業は打撃を受けた。このため，インドではアヘンの栽培が盛んになったが，イギリスが厳しく取りしまったことでアヘン戦争が起きた。

①　Ｘ－正　Ｙ－正　Ｚ－誤
②　Ｘ－正　Ｙ－誤　Ｚ－正
③　Ｘ－正　Ｙ－誤　Ｚ－誤
④　Ｘ－誤　Ｙ－正　Ｚ－正
⑤　Ｘ－誤　Ｙ－正　Ｚ－誤

**問3**　前のページの資料2の表中のA～Dには，「アメリカ」「中国」「インド」「西ヨーロッパ合計」のいずれかが入る。このうち，「西ヨーロッパ合計」と「インド」に該当する記号の組み合わせとして，①～⑤の中から，最も適当なものを選び，その番号をマークしなさい。
解答番号は 28 です。

① 西ヨーロッパ合計－［A］　インド－［D］
② 西ヨーロッパ合計－［B］　インド－［C］
③ 西ヨーロッパ合計－［C］　インド－［B］
④ 西ヨーロッパ合計－［D］　インド－［B］
⑤ 西ヨーロッパ合計－［D］　インド－［A］

⑤　聖の自己犠牲の精神を踏襲し、自らも全てを勤行に捧げることで、罪を償いたかったから。

**問10**　次に示すのは、この文章を読んだ中学生が話し合っている場面です。これについて五人の生徒から出された発言のうち、①～⑤の中から、**本文の内容に反しているもの**を選び、その番号をマークしなさい。
解答番号は 33 です。

①　生徒A：この男は鹿を殺すことを生業としていたようだね。当時は、猟師という職業は一般的で、鹿を食べることも生きていくためにあったはずだよね。

②　生徒B：そうだね。でも一方で、仏教の教えで、生き物を殺してはならないという決まりも、同時に存在していたはずだよ。

③　生徒C：聖は、何度忠告しても鹿を殺すことをやめない男に対して、命がけの作戦を練って、見事に成功させたよね。

④　生徒D：そういえば、聖は全身鹿の姿に変装してまで、法師の行動を止めたかったんだね。僕にも同じことができるかな。

⑤　生徒E：聖が男の心を打ったことで、救われた生き物の命が、きっとあったんだろうね。そう考えると素晴らしい人だね。

**問11**　この文章の出典は、鎌倉時代に成立した『宇治拾遺物語』である。①～⑤の作品の中から、同じ時代に成立した作品名と冒頭の組合せとして、最も適当なものを選び、その番号をマークしなさい。
解答番号は 34 です。

①　作品名：『平家物語』　冒頭：祇園精舎の鐘の声、諸行無常の響きあり。

②　作品名：『方丈記』　冒頭：つれづれなるままに、日暮らし、…

③　作品名：『土佐日記』　冒頭：男もすなる日記といふものを、女もしてみむとてするなり。

④　作品名：『竹取物語』　冒頭：今は昔、竹取の翁といふものありけり。

⑤　作品名：『枕草子』　冒頭：春はあけぼの。やうやう白くなりゆく山ぎは、…

クしなさい。

解答番号は 29 です。

① 意味：自発　例文：この曲を聞くと、自然と彼が思い出される。

② 意味：可能　例文：少々賞味期限が切れていても、問題なく食べられる。

③ 意味：使役　例文：観客からアンコールを要求される。

④ 意味：尊敬　例文：総理大臣が会見をされる。

⑤ 意味：受身　例文：寝坊で遅刻をして、先生に怒られる。

**問7** 傍線部E「口惜しう射ざりつ」とありますが、なぜ「口惜しく」思ったのですか。①～⑤の中から、最も適当なものを選び、その番号をマークしなさい。

解答番号は 30 です。

① 男が、聖が止めるのも聞かず、殺生を繰り返すことを止めなかったから。

② 男が、聖が思った以上に用心深く、本当の鹿ではないことを見抜いたから。

③ 男が、残虐な行為に心を痛めている姿を見て、自らの行いを反省したから。

④ 男を、上手くだまし切ることができると思ったのに、失敗に終わったから。

⑤ 男を、上手くだまして、自らの過ちを悔い改めさせる機会を逃したから。

**問8** 傍線部F「この男臥し転び泣きて」とありますが、この時の男の心情はどのようなものですか。①～⑤の中から、最も適当なものを選び、その番号をマークしなさい。

解答番号は 31 です。

① 鹿の殺生に反対する聖の思いやりにあふれた心に打ちのめされた気持ち。

② 鹿の殺生を止めるために自らの命を差し出した潔さに感服する気持ち。

③ 自らの命を差し出してまで過ちを諫め（いさ）ようとする信念に感激する気持ち。

④ 自らの命を差し出してまで友を助け、尽くそうとする友情に感謝する気持ち。

⑤ 自らの命よりも生き物の命を守ろうとする思いに心打たれる気持ち。

**問9** 傍線部G「聖に具して法師になりて」とありますが、このような行動にでたのはなぜですか。①～⑤の中から、最も適当なものを選び、その番号をマークしなさい。

解答番号は 32 です。

① 聖の行動に心を打たれ、今までの行いを反省し、誠心誠意、仏道修行に励もうとしたから。

② 聖の行動から、心から自分を思ってくれている人の存在に気づき、一生尽くそうと決意したから。

③ 自分のしてきた残虐な行為を振り返り、法師になることで、聖に対して恩返しをしたかったから。

④ 聖の精神を受け継ぎ、聖が亡きあとも、その慈悲に溢（あふ）れた精神を語り継ごうとしたから。

〜⑤の中から、主語が異なるものを一つ選び、その番号をマークしなさい。

解答番号は 25 です。

① 波線部ア「射」
② 波線部イ「見」
③ 波線部ウ「思ひ」
④ 波線部エ「あら」
⑤ 波線部オ「ゐ」

**問3** 傍線部A「あやしと思ひて」とありますが、そう思った理由は何ですか。①〜⑤の中から、空欄Pに当てはまる現代語訳として最も適当なものを選び、その番号をマークしなさい。

解答番号は 26 です。

① 淡い色をした鹿の目が近づいてきて、目の色が変わっていることを認識できたので、
② 鹿との距離感が、通常の狩りよりも近く、攻撃的な目に変化したのが見えたので、
③ 一匹の鹿と目があって観察すると、通常の鹿の目と異なり、目の色も変化したので、
④ 鹿の目と目の間が、普通の鹿の目の間隔よりも近く、目の色も変わっていたので、
⑤ 鹿の目と弓との間合いが近すぎて射られず、目の色も通常と異なって光っていたので、

**問4** 傍線部B「なほ」という言葉が用いられていますが、現代語でも「なお」という言葉が使われています。①〜⑤の中から、**間違った使い方をしている文章**を一つ選び、その番号をマークしなさい。

解答番号は 27 です。

① 人気のミュージカルはなお、満席の状態が続いている。
② 部活を引退しても、先輩のプレイは今なお、健在だ。
③ この結果から、なおいっそうの努力が必要だと分かった。
④ 老いてもなお、父の力は偉大だ。
⑤ 台風が近づいている。なお、風が強く吹いていない。

**問5** 傍線部C「こはいかに、かくてはおはしますぞ」と言った理由は何ですか。①〜⑤の中から、最も適当なものを選び、その番号をマークしなさい。

解答番号は 28 です。

① 鹿に違和感を覚えて走りよると、鹿の下敷きになった聖が這い出てきたから。
② 鹿に違和感を覚えて走りよると、鹿の皮をまとった聖が伏せっていたから。
③ 鹿に違和感を覚えて走りよると、鹿が人間に姿を変えたことに衝撃を受けたから。
④ 鹿に成りすました聖の姿を見ると、涙を流して悔しがっていたから。
⑤ 鹿に成りすました聖の姿を見ると、射られるための工夫を凝らしていたから。

**問6** 傍線部D「られ」は、現代語の「れる」「られる」と同じ意味を持つ助動詞です。①〜⑤の中から、本文中の「られ」と同じ意味と用法を持つ例文の組合せとして最も適当なものを選び、その番号をマー

（『宇治拾遺物語』竜門の聖、鹿に代らんとする事）

※1　照射…木陰にかがり火をたいたり、火串に松明（たいまつ）をともしたりして、近づく鹿を射る猟法。

※2　胡籙…矢を入れて背負う道具。

※3　髻…髪の頭の上にたばねた部分。

【現代語訳】

大和国の竜門という所に一人の聖がいた。住んでいる所の名を名前にして、竜門の聖といっていた。その聖の親しく知っていた男が、日夜鹿を殺すのを生業（なりわい）としていたが、照射というやり方で鹿狩をしていたころ、たいそう［X］に、その照射に出かけて行った。

鹿を探して歩いているうちに、目を合わせたので、「鹿がいたぞ」と感じて、（馬を）乗り回し乗り回ししていると、確かに目を合わせた。よく矢の届くあたりまで（馬に乗りながら）近づいて、火串に（松明を）引っかけて、矢をつがえて射ようとして弓を振りたてて見ると、［　　　P　　　］、変だと思って、弓を引き止めてよく見てみると、やはり変であったので、矢をはずして火を取って見ると、「どうもこれは鹿の目ではないぞ」と思われて、「飛び起きるなら起きろ」と思って、（馬を）近くに乗り寄せて見ると、体は間違いなく鹿の毛並である。「やっぱり鹿だ」と思って、また射ようとするが、どうしてもやはり目の様子が違っていたので、もうどんどん近寄って見ると、［Y］であることが分った。「これはどうしたことか」と思って、（馬から）降りて走り寄って火を吹いて（明るくして）、「鹿だわい」とよく見ると、この聖の目がまばたきして、鹿の皮を引きかぶって伏せっておられた。

「これはいったい、なんでこのようにしておいでですか」と言うと、（聖は）はらはらと涙を流して、「おまえがわしの止めるのも聞かず、むやみにこの鹿を殺す。わしが鹿に代って殺されてしまえば、いくら何でも少しは控えるだろうと思ったので、こうして射られようとしているのだ。残念にも（おまえは）射てくれなかった」とおっしゃるのを聞くや、この男は転げ回って泣いて、「これほどまでにお考えくださっていたのを、（耳にも入れず）強情に殺生をいたしまして」と言うや、その場で刀を抜いて、弓（の弦）を断ち切り、胡籙をみなこわして髻を切って、そのまま、聖に随って法師になり、聖の生きていらっしゃった間は聖に使われ、聖がお亡くなりになられてからも、ずっと同じ所で勤行をしていたということである。

**問1**　本文中の空欄X・Yを補うことばとして、①～⑤の中から、最も適当なものをそれぞれ一つずつ選び、その番号をマークしなさい。解答番号は、Xが［23］、Yが［24］です。

【X】
①　明かりける朝
②　霞がかりし暁
③　日の照れる昼
④　暮れかかりし夕べ
⑤　暗かりける夜

【Y】
①　鹿の目
②　鹿の毛並
③　鹿の角
④　法師の頭
⑤　法師の体

**問2**　波線部ア～オの中で、一つだけ主語が異なるものがあります。①

なものを選び、その番号をマークしなさい。

解答番号は 21 です。

① 「小泉首相」「貴乃花」（第二段落）「正岡子規」（第十一段落）などのよく知られている人物の例を入れることで、読者に親しみやすさをもたせている。

② 第十六段落では、「痛みの現象」の例を「体言止め」を用いて羅列することで、文章に緊張感を持たせている。

③ 「癒されたい」「癒してほしい」（第十八段落）と人々の心の声をカギ括弧を用いて表現することで、論理の展開がわかりやすくなっている。

④ 文章全体は「〜だ。〜である。」調で書かれているが、まれに、「〜のです。」という言い切りの文を挟むことで、次の話題に移ることが明らかになっている。

（ii） ①〜④の中から、この文章の構成・展開に関する説明として**適当でないもの**を一つ選び、その番号をマークしなさい。

解答番号は 22 です。

① 第二段落では、「痛み」という言葉が用いられた具体的な使用例を取り上げることで、第三段落からの本論につなげている。

② 第五段落から第九段落では、「苦しみ」に関して「疼き」と「苦痛」の用語を対比的に述べることで論の展開を図っている。

③ 第十一段落から第十三段落では、「痛みの文化」を形成してきた過去に関して述べ、第十四段落で、現代社会の課題を指摘している。

④ 第十九段落では、前段落での筆者の結論を繰り返し述べると同時に、新たな現代社会の問題を提起している。

**2** 次の文章を読んで、後の問いに答えなさい。

【本文】

大和国に竜門といふ所に聖ありけり。住みける所を名にて竜門の聖とぞいひける。その聖の親しく知りたりける男の、明け暮れ鹿を殺しけるに、※1照射といふ事をしける比、いみじう X 、照射に出でにけり。鹿を求め歩く程に、目を合せたりければ、「鹿ありけり」とて押し回し押し回するに、たしかに目を合せたり。矢比にまはし取りて、火串に引きかけて、矢をはげてア射んとて弓ふりたて見るに、この鹿の目の間の、例の鹿の目のあはひよりも近くて目の色も変りたりければ、Aあやしと思ひて、弓を引きさしてよくイ見けるに、なほあやしかりければ、箭を外して火取りて見るに、「鹿の目にはあらぬなりけり」と見て、「起きば起きよ」とウ思ひて、近くまはし寄せて見れば、身は一定の皮にてあり。「Bなほ鹿なり」とて、また射んとするに、なほ目のエあらざりければ、ただうちにうち寄せて見るに、 Y に見なしつ。「こはいかに」と見て、おり走りて火うち吹きて、「ししをり」とて見れば、この聖目打ちたたきて、鹿の皮を引き被きてそひ臥し給へり。

「Cこはいかに、かくてはおはしますぞ」といへば、ほろほろと泣きて、「わ主が制する事を聞かず、いたくこの鹿を殺す。我鹿に代りて殺されなば、さりとも少しはとどまりなんと思へば、かくて射Dられんとして居るなり。E口惜しう射ざりつ」とのたまふに、Fこの男臥し転び泣きて、「かくまで思しける事を、あながちにし侍りける事」とて、そこにて刀を抜きて、弓たち切り、※2胡籙みな折りくだきて※3髻切りて、やがてG聖に具して法師になりて、聖のおはしけるが限り聖に使はれて、聖失せ給ひければ、またそこにぞ行ひてオゐたりけるとなん。

ていると考えられるから。

② 現代の人々には、他人に関心をもつという能動的な姿勢がないと考えられるから。

③ 現代の人々には、痛みが癒えるまで待つという堪え性がないと考えられるから。

④ 現代の人々には、痛む他者への想像力が欠けていると考えられるから。

⑤ 現代の人々には、誰しもが人の不幸を支えていく精神をもっていないと考えられるから。

**問11** 傍線部**F**「そういうローンリネス（孤独）の大衆現象」とありますが、どのようなことが起こっていると言えますか。①～⑤の中から、最も適当なものを選び、その番号をマークしなさい。
解答番号は 19 です。

① 「痛み」は誰も代わりに痛むことができないので、突き放す人々が増えてしまう現象が極端に広がってしまうということ。

② 「痛み」は誰も代わりに痛むことができないので、他者が想像することが全くないという現象が広がってしまうということ。

③ 「痛み」は誰も代わりに痛むことができないので、現実的に考えて、突き放すしかないと考える人々が増えてしまうこと。

④ 「痛み」は個人的なものなので、その「痛み」を感じる人々が社会において孤立してしまう現象が広がっているということ。

⑤ 「痛み」は個人的なものなので、どんなに辛くても孤独に耐えられる人々が増えるという現象が広がっていくこと。

**問12** 次に示すのは、この文章を読んだ中学生が、「痛み」を話題にしている場面です。①～⑤の中から、本文の内容として**間違っているもの**を一つ選び、その番号をマークしなさい。
解答番号は 20 です。

① 生徒Ａ：今になっても怪我した箇所がずきずき「疼く」っていうのは、よくあることだよね。本文で述べられていた「大衆現象」（第二十段落）っていうのは、誰にでもそういう経験が過去にあるってことだよね。

② 生徒Ｂ：なるほど。それに、「苦痛」（第十五段落）って「いま」の一点で、苦しむって書いてあったよね。例えば、ついさっき失恋したとするよ。その瞬間って他のことは何にも考えられないよね。

③ 生徒Ｃ：「苦痛」の時って、過去のことも考えられないし、未来のことも想像することができないんだよね。辛すぎるよね。

④ 生徒Ｄ：そういう「痛み」って基本的には、だれも代わってもらえないし、自分だけしか分からないものだよね。だから、その「痛み」は他人にとってはあまり現実味がないことなんだよね。

⑤ 生徒Ｅ：だから、私たちは「痛み」を感じている人のことを思いやるために「見舞い」という文化がつくられてきたとも言えるよね。

**問13** この文章の表現と構成・展開について、次の（ⅰ）（ⅱ）の問いに答えなさい。

（ⅰ） ①～④の中から、この文章の表現に関する説明として最も適当は、「苦痛」の例と言える。

⑤ 今、自転車で転倒し膝がずきずき痛むというのは、「苦痛」の例と言える。

問7 傍線部C「西洋の古人はシンパシーというものを道徳や社会感情の基本として重く見たのだろう」とありますが、それはどうしてですか。①～⑤の中から、最も適当なものを選び、その番号をマークしなさい。

解答番号は 15 です。

① 苦しみは、孤独に耐えるものなので、想像力を駆使して、苦しみをともにする感情を重要視する必要性が生じたから。

② 苦しみは、孤独に耐えるものなので、人間それぞれが痛みに耐えうるたくましさを培う必要性が生じたから。

③ 苦しみは、一点へ内向していくものなので、他者への想像力を働かせていく必要性が生じたから。

④ 苦しみは、一点へ内向していくものなので、過去の疼きへと転換することで紛らわしていく必要性が生じたから。

⑤ 苦しみは、誰も代わりに痛むことができないので、想像力という最強の武器を手に入れる必要性が生じたから。

問8 傍線部D「そのような『痛みの文化』が、いまはとてもなりたちにくくなっている」とあるが、それはどういうことですか。①～⑤の中から、最も適当なものを選び、その番号をマークしなさい。

解答番号は 16 です。

① 痛むひとに更なる不幸を与えるために、時には厳しく見棄てるという文化がなくなってきているということ。

② 痛むひとを幸福にするために、その人の好物を買ってお見舞いに行く文化がなくなってきているということ。

③ 痛むひとの孤独を癒すために、ヒーリング・グッズを買い求め、癒しを得ようとする文化がなくなってきているということ。

④ 痛むひとの激痛を軽減するために、時代に殉ずるという精神性の文化がなくなってきているということ。

⑤ 痛むひとを孤立させないために、智恵をはたらかせるという文化がなくなってきているということ。

問9 波線部P～Tの文法の説明として、①～⑤の中から、最も適当なものを選び、その番号をマークしなさい。

解答番号は 17 です。

① P「痛み」は、動詞であり、活用の種類は五段活用であり、活用形は連用形である。

② Q「痛い」は、形容動詞の終止形である。

③ R「ない」は、形容詞の終止形である。

④ S「欠い」は、動詞であり、活用の種類は五段活用であり、活用形は連用形である。

⑤ T「たい」は、助詞であり、希望の意味をもつ。

問10 傍線部E「そんな『軽い』痛みにしか、わたしたちはふれることができなくなっているのか」とありますが、筆者がそのように述べる理由は何ですか。①～⑤の中から、**間違っているもの**を一つ選び、その番号をマークしなさい。

解答番号は 18 です。

① 現代の人々には、「痛みの文化」が簡便なものとしてイメージされ

を選び、その番号をマークしなさい。

解答番号は 9 です。

① いま「痛みを恐れず」と言うのなら、そういう痛みにまで想像力をはせないと嘘である。

② そういう想像力をもってひとは「痛みを超える」と言っているのかどうか。

③ リストラのほんとうの苦しみは、職を辞すことで他人とのいくつかの関係を失うところにあると言えるだろう。

④ いままで声をかけてくれたひと、おりにふれて訪ねてきてくれたひと、誘ってくれたひとたちの足が、ぱたりと止むことの言いようのない寂しさ。

⑤ それを、痛みのさなかにあるひとは他人の表情のなかに確認しようとするものだ。

**問4** 文章中の空欄Ⅰ～Ⅲに入る言葉を、①～⑥の中から、それぞれ一つずつ選び、その番号をマークしなさい。ただし、同じ番号を二度以上選ぶことはできません。

解答番号はⅠが 10 、Ⅱが 11 、Ⅲが 12 です。

① まるで

② たとえ

③ やがて

④ しかし

⑤ あるいは

⑥ 一方

**問5** 傍線部A「その『痛み』の声はなぜかあまり痛くない。」とありますが、なぜ「あまり痛くない」と言えるのですか。①～⑤の中から、最も適当なものを選び、その番号をマークしなさい。

解答番号は 13 です。

① 「痛み」という言葉は、世間で使う人があまりいないために、実感を伴った「痛み」を感じにくいから。

② 「痛み」という言葉は、ただの言葉であるために、それを想像することでは「痛み」を感じにくいから。

③ 「痛み」という言葉は、広く流通しているために、実感を伴った「痛み」を感じにくいから。

④ 「痛み」という言葉は、小泉首相だけが演説で使うために、国民にはその「痛み」を使うことができないから。

⑤ 「痛み」という言葉は、「強い男」には通用する言葉ではないために、実感を伴った「痛み」を感じにくいから。

**問6** 傍線部B「疼きと苦痛」とありますが、ここで挙げられている具体的な例を説明したものとして、①～⑤の中から、**間違っているもの**を一つ選び、その番号をマークしなさい。

解答番号は 14 です。

① 今、友達から悪口を言われて胸が痛むというのは、「疼き」の例と言える。

② 過去に人に裏切られるという経験が今になっても自分の苦しみになっているというのは、「疼き」の例と言える。

③ 川を見て、数年前に失敗した記憶が呼び起こされるというのは、「疼き」の例と言える。

④ 大切な人の死に直面したことで、精神的に苦しんでいるというの

b　ガンライ
① ガンコな汚れを落とす。
② ヨウガンが冷えて固まった石を見る。
③ 一年の計はガンタンにあり。
④ ボールがガンメンに直撃する。
⑤ 鉄分をガンユウする食品。

c　カンキ
① 墓参りにキセイする。
② 作家の心のキセキをたどる。
③ この道がブンキ点だ。
④ 大安はエンギが良い日だ。
⑤ キショウ予報士の試験を受ける。

d　コクメイ
① それはあまりにメイハクな事実だ。
② 乗った航空機がメイソウする。
③ 会社が体育館のメイメイ権を手に入れる。
④ ある組織とドウメイを結ぶ。
⑤ 二人はキョウメイする仲だ。

e　シボる
① 現場でコウサツ死体を発見する。
② 諸外国とのシンコウを深める。
③ 会社は理事のコウテツに踏み切った。
④ 仕事をコウリツよくこなす。
⑤ 葬儀後にコウデンを渡す。

**問2**　二重傍線部X～Zの本文中における意味として、①～⑤の中から、最も適当なものをそれぞれ一つずつ選び、その番号をマークしなさい。
解答番号はXが［6］、Yが［7］、Zが［8］です。

X　首をもたげて
① 勢力を失って消えて
② 勢力をそのまま維持して
③ 少しずつ勢力を得て現れて
④ 相手を押さえ込んで
⑤ 相手に謝って

Y　語源
① 似た意味をもつ個々の単語
② 過去に使用された個々の単語
③ 単語の現在使われている意味
④ 個々の単語の使用される例
⑤ 個々の単語の本来の形や意味

Z　顕在
① はっきりと形にあらわれて存在すること
② 現状を保ちながら堂々と存在すること
③ 細かい部分までわかりやすく存在すること
④ もともとの場所にはっきりと存在すること
⑤ 過去の形を隠しながら存在すること

**問3**　文章中の空欄［　］には次の文①～⑤が入ります。文章の意味が通るように正しく並び替えた時、①～⑤の中から、**4番目にくるもの**

17 一方に、心の疼きから逃れるためにこそ手首をナイフで切るひと、みずからの肌にピンを刺すひと、他人にロープで縛ってもらおうとするひとたちがいる。もっと厳しい痛みの「責め」のなかで、現在の痛みをとにかく忘れTたいと願うひとびと。

18 他方には、「癒されたい」「癒してほしい」と、ヒーリング・グッズを求め、他人の束の間の「癒し」の言葉をもとめるひとびと。「痛みの文化」がまるで足裏にマッサージを受けるように簡便なものとしてイメージされている。それは「癒されたい症候群」といっとき名づけられたように、ひとをとにかく受動的にする。愛すればいいところを「愛させてほしい」と言い、信じればいいところを「信じさせてほしい」と言う。そこには他人に関心をもたれることを待つ受け身の姿勢はあっても、他人に関心をもつことでじぶんのなかから力を振りeシボるという能動の姿勢はない。Ⅲかさぶたができて、かろうじて傷がふさぐまでじっと待つという、堪（こら）え性がない。すぐに傷つき、すぐに癒える、Eそんな「軽い」痛みにしか、わたしたちはふれることができなくなっているのか。

19 「痛みを分かち合う」というのは、正しい言葉である。シンパシーのY語源そのものである。が、そのとき大切なのは、痛むひとがどのように孤立せざるをえなくさせられているのか、そして彼、または彼女を孤立させないためにはどのようにしたらいいかを、きちんと見つめ、考えることであろう。そういえば二〇〇一年秋の同時多発テロについても、「テロは許せない」、だが「背景にある富の偏在を理解しなければならない」というふうに、「痛くない」場所から語るひとが多い。ほんとうはじぶんもその背景にあるものに深くかかわっているはずなのに。

20 痛みというのは、だれも代わりに痛むことができないという意味ではプライヴェート（私秘的）なものである。そしてプライヴェートとはプリヴァティブ（なにかが奪われていること、欠如している）ということでもある。米国に亡命したドイツの社会哲学者、H・アーレントは、大衆社会化状況がZ顕在化した一九五〇年代に、それを「他人によって見られ聞かれることから生じるリアリティを奪われていること」と規定した。そして、「大衆社会では、孤独はもっとも極端で、もっとも反人間的な形式をとっている」と。Fそういうローンリネス（孤独）の大衆現象が、いま、「痛み」の孤立というかたちで、わたしたちの社会に再浮上してきているような気がする。

（鷲田清一『想像力のレッスン』）

※1 米百俵…数日でなくなってしまう米百俵を、将来の千俵、万俵として活かすための精神。小泉元首相が演説の際に使用した言葉。

※2 貴乃花…元大相撲力士で第六十五代横綱。

**問1** 二重傍線部a～eと同じ漢字を含むものを、①～⑤の中から、それぞれ一つずつ選び、その番号をマークしなさい。解答番号はaが 1 、bが 2 、cが 3 、dが 4 、eが 5 です。

a ソウゼツ
① ソウテイしづらい事態が起こってしまった。
② 高さ100mの木造コウソウビルが建つ。
③ あの人のテソウを見る。
④ ギターで一緒にバンソウする。
⑤ 十年後のソウダイな構想。

なってしまい、じぶんというものに距離がとれない。ひとの存在がうんと奥まって、個人が、あるいはその身内が、孤立してしまう。だれも代わりに痛んでくれるわけはなく、ひとはただひたすらそれを独りで耐えぬくしかない。

10 だからこそ、C西洋の古人はシンパシーというものを道徳や社会感情の基本として重く見たのだろう。シンパシーの原意は「苦しみ（パトス）をともにする」ということである。苦しみというものはそのひとが感じ、耐えるしかないもので、他のだれにも代わってもらえないものであるからこそ、想像力を強くカンcキしないとそれに届かないものだ。

11 苦痛という人間の業に対して、人類は「見舞い」という文化をかたちづくってきた。子どもの頃を思い出しても、病の床に臥せるときというのはじつは嬉しいときでもあった。親が急にやさしくなる。甘えさせてくれる。大人になっても基本はおなじ。ふだんはなかなか逢えない友人たちが、親戚の者が、好物をもってかけつけてくれる。ちょいと顔を見たくなったと、ぶらり寄ってくれる。正岡子規の『病牀六尺』などを読んでいると、見舞客と彼がもってきてくれる食べ物の話が、コクdメイすぎるほどに延々と続く。［Ⅰ］病床がサロンになっているかのようである。痛みは独りで耐えるしかない、代わりに痛むわけにはいかないけれど、顔を見せることはできる、そばでじっと見守ること、［Ⅱ］気をしばし散じさせることはできる。そういうかたちで痛むひとを微力ながらも支える「痛みの文化」というものがあったことは憶えておいてよい。痛むひとを孤立させないという智恵がはたらいたのだ。

12 逆に、「見棄て」という哀れみの表わし方も、人たるもののぎりぎりの姿としてあった。捨て子を「哀れなものよのう」と見棄てる、小説のなかの素浪人のように。中途半端に哀れみをかけつつ去ることでもうひとつ苦しみを上乗せするよりも、胸を締めつけながらも見棄てるという文化である。姥捨ての習俗もそのひとつであったろう。ここでひとは痛みの孤立の意味を噛みしめたことだろう。

13 痛む者にはさらに、代わりに痛んでくれる「犠牲者」の想いも向けられてきた。だれかの幸福はだれかの不幸で贖われているという想いであり、人間の限界、社会の限界、時代の限界のなかでだれかに不可避的に強いられる激痛、それに召喚されたひとがここにいるという想いである。限界の徴となるひと、いわば時代に殉じたひとである。

14 Dそのような「痛みの文化」が、いまはとてもなりたちにくくなっている。ゴミを捨てるようにポイである。

15 だが、他人の「痛み」を口にするときにいちばん必要なのは、痛む他者への想像力なのではないだろうか。

［空欄］

見棄てる側に、胸が締めつけられるような想いがなければ嘘である。

16 P痛みの光景は現在、そこかしこにある。末期患者を拷問のように襲う激痛と緩和医療。「Q痛い」と感じRないのではないかとおもわれるくらいに残虐な、あるいは「軽い」犯罪。トラウマと癒しの症候群。リスト・カッティングなどにみられる、若年層の自傷への衝迫。「痛みの文化」をS欠いているがゆえの、切迫したさまざまの「痛みの現象」がある。

【国語】（四〇分）〈満点：一〇〇点〉

**1** 次の文章を読んで後の問いに答えなさい。

1 人を、物を、「大事にする」ということも、わたしたちのなかで知らぬまにすり減っているもののひとつである。

2 いつだったか、小泉首相が流行語大賞を受けた。「構造改革」をめぐる一連の発言に対してである。その小泉語録のなかに「米百俵」※1とか「痛みを恐れず」という表現がある。痛みをこらえて、痛みを超えて、痛みを分かち合って…と。が、Aその「痛み」の声はなぜかあまり痛くない。疼(うず)かない。痛いということが目に見えて伝わってきたのは、「よくやった、感動した」と、貴乃花※2の千秋楽のaソウゼツな戦いのあとで叫んだとき。が、これは小泉氏の視力のなせるわざではない。ついでに「セーフティ・ネット」という言葉も口の端にのぼるが、それはサーカスのそれのように、果敢に攻めるひとのもの。首相は「強い男」の「痛み」が好みらしい。

3 貨幣とおなじように、言葉も流通すればするほどすり減ってくる。いまは「痛み」がそうだ。が、痛みそのものはすり減らない。ひとをたえずぎりぎり苛(さいな)む。それに馴染むということがbガンライありえないものだ。慣れを拒むもの、それが痛みというものだ。痛みは日常とはなりえない。だからこそ「痛み」という言葉が、言葉として流通することで、痛みを置き去りにしてはいけない。孤立させてはいけない。

4 そう、痛みを孤立させてはならないのだ。痛みは酷いものである。痛さそのものによって、ではない。痛みはひとを孤立させるからだ。痛みについて語るとき、この点だけはよくよく心にとめておかねばならない。

5 苦しみには、ずきずき疼くものとぎりぎり刺すものの二つある。B疼きと苦痛である。

6 過去に受けた深い傷はいつまでもずきずき疼く。疼きは過去に原点をもっていても、いつまでも過去のものとなってくれないで現在に居すわっている。いつまでたっても、ふとしたはずみにX首をもたげてくるものだ。たとえばなにかの情景、あるいは空気の変化にふれて。そして、そういう疼きと向き合うことが〈わたし〉というものをつくり上げる。

7 これに対して、苦痛はそういう向き合いそのものを不可能にする。苦痛は、ひとを時間の一点、空間の一点に閉じ込めるからだ。痛むひとの意識はその痛みの瞬間に貼りつけられて、そこから離脱することができない。痛むこの「いま」からその先へ、あるいは前へと想いを漂わせることができない。烈しい痛みのなかで、ひとは思い出に浸ることはできないし、遠い先に想いをはせることもできない。時が、いってみれば庭を失って、点になる。苦痛のなかで、ひとは「いま」に閉じ込められるのだ。

8 激痛はおなじように、ひとを「ここ」へ閉じ込める。からだが、痛むその一点へと内向して、もはやまわりの世界へとのびやかに開かれない。他人の言葉を懐深く迎え入れたり、他人の心境に遠く想いをはせる余裕もなくなる。

9 「苦痛があらゆる場所を占め、ひとはもはや〈わたし〉ではなくなる。存在するのは苦痛のみである」とはフランスの精神分析学者、ディディエ・アンジューの言葉だが、ひとは痛みのなかで痛みそのものに

MEMO

大切なことはメモしておこう ネ！

T.G

# 2023年度

# 解 答 と 解 説

《2023年度の配点は解答欄に掲載してあります。》

## ＜数学解答＞ 《学校からの正答の発表はありません。》

1 (1) ア 8 イ 1 ウ 1 エ 6 (2) オ － カ 5 キ 3
(3) ク 2 ケ 7 (4) コ 5 サ 2 シ 4 (5) ス 1 セ 0 ソ 8
(6) タ 2 チ 5 ツ 2

2 (1) ア 1 イ 2 (2) ウ － エ 1 オ 6
(3) カ 2 キ 7 ク 8

3 (1) ア 1 イ 9 (2) ウ 5 エ 1 オ 8

4 (1) ア 3 (2) イ 1 (3) ウ 5 エ 9

5 (1) ア 5 イ 2 ウ 5 (2) エ 4 オ 8 カ 5 (3) キ 3

○推定配点○

1 各5点×6　2 (3) 7点　他 各6点×2　3 各6点×2　4 (3) 7点
他 各6点×2　5 (1) 6点　他 各7点×2　計100点

## ＜数学解説＞

1 (数・式の計算，平方根，式の値，連立方程式の利用，円周角の定理，相似・三平方の定理の利用)

(1) $(-6)\times(-3)^2\times\frac{3}{4}\div(-2^3)=-6\times9\times\frac{3}{4}\div(-8)=6\times9\times\frac{3}{4}\times\frac{1}{8}=\frac{81}{16}$

(2) $\frac{\sqrt{75}}{2}+\sqrt{12}-3\sqrt{27}-\sqrt{\frac{3}{4}}=\frac{5}{2}\sqrt{3}+2\sqrt{3}-3\times3\sqrt{3}-\frac{\sqrt{3}}{\sqrt{4}}=\frac{5}{2}\sqrt{3}+2\sqrt{3}-9\sqrt{3}-\frac{\sqrt{3}}{2}=-5\sqrt{3}$

基本 (3) $2x^2-12x+5=2x(x-6)+5$より，$x=3-2\sqrt{5}$を代入すると，$2(3-2\sqrt{5})(3-2\sqrt{5}-6)+5=2(-2\sqrt{5}+3)(-2\sqrt{5}-3)+5=2\{(-2\sqrt{5})^2-3^2\}+5=2(20-9)+5=2\times11+5=22+5=27$

基本 (4) 百の位の数字を$x$，一の位の数字を$y$とおくと，もとの数は$100x+20+y$，百の位の数字と一の位の数字を入れかえた数は$100y+20+x$と表せる。百の位の数字と一の位の数字の和は9であるから，$x+y=9$…① 百の位の数字と一の位の数字を入れかえると，もとの数より99だけ小さくなるので，$100y+20+x=100x+20+y-99$…② ①②を連立方程式として解く。②より，$-99x+99y=-99$ $x-y=1$…③ ①＋③より，$2x=10$ $x=5$ ①に$x=5$を代入すると，$5+y=9$ $y=4$ よって，もとの数は524

(5) 点A，Bを結ぶ。円周角は1周180°なので，$\angle BAP=\angle BAC=180^\circ\times\frac{1}{5}=36^\circ$ $\angle ABP=\angle ABD=180^\circ\times\frac{2}{5}=72^\circ$ 三角形ABPにおいて，内角と外角の関係より，$\angle APD=\angle BAP+\angle ABP=36^\circ+72^\circ=108^\circ$

重要 (6) 線分BDとEFとの交点をGとする。三角形ABDと三角形GEDにおいて，$\angle BAD=\angle EGD=90^\circ$，$\angle ADB=\angle GDE$より，2組の角がそれぞれ等しいので，三角形ABD∽三角形GED 三角形GEDと三角形GFBにおいて，$\angle EGD=\angle FGB=90^\circ$，$\angle GDE=\angle GBF$より，2組の角がそれぞれ等しいので，三角形GED∽三角形GFB よって，三角形ABD∽三角形GED∽三角形GFB AB＝6cm,

AD＝BC＝8cm，BD＝10cmより，AB：AD：BD＝6：8：10＝3：4：5　相似な図形の対応する辺の比は等しいので，GD：ED＝AD：BD＝4：5，GB：FB＝AD：BD＝4：5　GD＝$a$cmとおくと，$a$：ED＝4：5より，ED＝$\frac{5}{4}a$　GB＝$b$cmとおくと，$b$：FB＝4：5より，FB＝$\frac{5}{4}b$　また，$a+b$＝GD＋GB＝BD＝10(cm)なので，求める長さの和は，$\frac{5}{4}a+\frac{5}{4}b=\frac{5}{4}(a+b)=\frac{5}{4}\times10=\frac{25}{2}$ (cm)

## 2 （二乗に比例する関数，比例関数，図形と関数・グラフの融合問題）

(1)　$y=2x$に$x=-\frac{1}{2}$を代入すると，$y=2\times\left(-\frac{1}{2}\right)=-1$　よって，$\mathrm{E}\left(-\frac{1}{2},\ -1\right)$　$y=\frac{b}{x}=b\div x$より，$b=x\times y$に$\mathrm{E}\left(-\frac{1}{2},\ -1\right)$を代入すると，$b=-\frac{1}{2}\times(-1)=\frac{1}{2}$

基本　(2)　$y=ax^2$に$x=-2$，3をそれぞれ代入すると，$y=a\times(-2)^2=4a$，$y=a\times3^2=9a$　よって，A$(-2,\ 4a)$，B$(3,\ 9a)$と表せる。直線ABの傾きは，$\frac{9a-4a}{3-(-2)}=\frac{5a}{5}=a$となるので，直線ABの切片を$c$とおくと，式は$y=ax+c$と表せる。A$(-2,\ 4a)$を代入すると，$4a=a\times(-2)+c$　$4a=-2a+c$　$c=6a$　よって，直線ABの式は$y=ax+6a$となり，直線ABと$y$軸との交点をFとすると，F$(0,\ 6a)$　OF＝$0-6a=-6a$より，三角形OAB＝三角形OAF＋三角形OBF＝$\frac{1}{2}\times(-6a)\times2+\frac{1}{2}\times(-6a)\times3=-6a-9a=-15a$　三角形OAB＝$\frac{5}{2}$なので，$-15a=\frac{5}{2}$　$a=-\frac{1}{6}$

重要　(3)　点A，Bは①上の点なので，A$(-2,\ 4a)$，B$(3,\ 9a)$と表せる。点C$(3,\ 0)$であり，点A，Dは②上の点なので，$\mathrm{A}\left(-2,\ -\frac{b}{2}\right)$，$\mathrm{D}\left(3,\ \frac{b}{3}\right)$と表せる。点Aの$y$座標が等しいことから，$4a=-\frac{b}{2}$より，$b=-8a$　よって，点Dの$y$座標は，$\frac{b}{3}=\frac{-8a}{3}=-\frac{8}{3}a$と表せるので，BC＝$0-9a=-9a$，CD＝$-\frac{8}{3}a-0=-\frac{8}{3}a$　BC：CD＝$-9a$：$-\frac{8}{3}a$＝27：8

## 3 （図形と確率の融合問題）

(1)　2つのさいころの出る目の組み合わせは，6×6＝36(通り)　三角形OPQができないのは，点P，Qが同じ位置にあるときなので，大小2つのさいころの組み合わせは，(3，6)，(4，5)，(5，4)，(6，3)　よって，$\frac{4}{36}=\frac{1}{9}$

重要　(2)　三角形OPQが二等辺三角形になるときの大小2つのさいころの組み合わせは，(1，1)，(1，4)，(2，2)，(2，5)，(3，3)，(4，1)，(4，4)，(5，2)，(5，5)，(6，6)　よって，$\frac{10}{36}=\frac{5}{18}$

## 4 （相似・中点連結定理と面積比の計量）

重要　(1)　Ⓐ　右図のように，点Jを線分ABの延長線上にAD＝DE＝EB＝BJとなるようにとる。三角形AEFと三角形AJGにおいて，AE：AJ＝2：4＝1：2，AF：AG＝1：2，∠EAF＝∠JAGで，2組の辺の比とその間の角がそれぞれ等しいので，三角形AEF∽三角形AJG　相似な図形の対応する角は等しいので，∠AEF＝∠AJGであり，同位角が等しいので，EF//JG　よって，線分BGと線分EFは平行ではない。

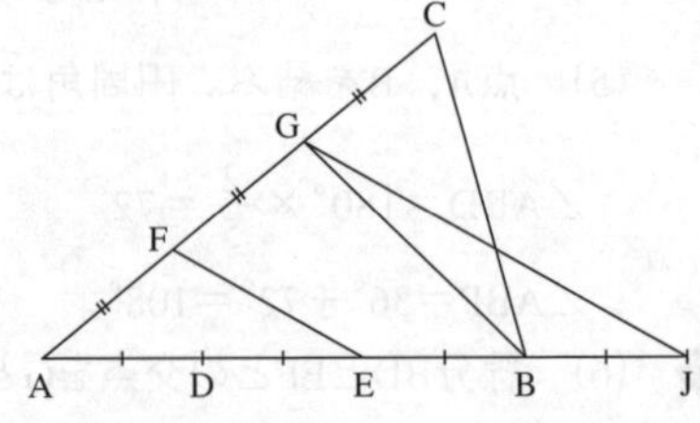


Ⓑ　三角形ADFと三角形AEGと三角形ABCにおいて，AD：AE：AB＝1：2：3，AF：AG：AC＝1：2：3，∠DAF＝∠EAG＝∠BACで，2組の辺の比とその間の角がそれぞれ等しいので，三角形ADF∽三角形AEG∽三角形ABC　相

似な図形の対応する辺の比は等しいので，DF：EG：BC＝1：2：3　よって，DF＋EG＝BCとなる。

重要 (2)　Ⓒ　AF：AG＝1：2より，三角形AEF：三角形AEG＝1：2であるから，三角形AEF＝$\frac{1}{2}$三角形AEG　また，AE：EB＝2：1より，三角形AEG：三角形BEG＝2：1であるから，三角形BEG＝$\frac{1}{2}$三角形AEG　よって，三角形AEF＝三角形BEG　Ⓓ　AF＝FGより，三角形AEF＝三角形FEG　また，(1)Ⓑより，三角形ADF∽三角形AEG∽三角形ABCで，相似な図形の対応する角は等しいので，∠ADF＝∠AEG＝∠ABC　同位角が等しいので，DF//EG//BC　よって，三角形FEG＝三角形DEG　四角形ADHF＝三角形AEF－三角形HDEであり，三角形EGH＝三角形DEG－三角形HDE＝三角形FEG－三角形HDE　従って，四角形ADHF＝三角形EGH

やや難 (3)　三角形ADF＝Sとする。AF＝FGより，三角形FDG＝三角形ADF＝S　AD＝DE＝EBより，三角形GDE＝三角形GEB＝三角形GAD＝2S　AG：GC＝2：1より，三角形BAG：三角形BGC＝2：1なので，三角形BGC＝$\frac{1}{2}$三角形BAG＝$\frac{1}{2}\times 6$S＝3S　また，三角形IGEと三角形IBCにおいて，EG//BCより，∠IGE＝∠IBC，∠IEG＝∠ICB　2組の角がそれぞれ等しいので，三角形IGE∽三角形IBC　相似な図形の対応する辺の比は等しいので，IG：IB＝GE：BC＝2：3　よって，三角形GCI：三角形BCI＝2：3なので，三角形BCI＝$\frac{3}{5}$三角形BGC＝$\frac{3}{5}\times 3$S＝$\frac{9}{5}$S　従って，三角形ADF：三角形BCI＝S：$\frac{9}{5}$S＝5：9

## 5 （一次関数と二乗に比例する関数の利用）

重要 (1)　ロボットSがC地点にいるとき，$y=32$を$y=2x^2$に代入すると，$32=2x^2$　$x^2=16$　$x=\pm 4$　よって，ロボットSは7時56分と8時04分にC地点にいる。ロボットTはロボットSと同時にD地点を出発し，同時にC地点に到達するので，72＋32＝104(m)を8時04分－7時54分＝10(分間)で進む。従って，$104\div 10=\frac{104}{10}=\frac{52}{5}$(m/分)

やや難 (2)　図2において，7時54分にD地点を出発した点をP，8時04分にC地点に到達した点をSとし，ロボットTのグラフを描き入れると右図のようになる。二次関数とⅠとの交点で点Pと異なる点をQ，二次関数とⅡとの交点で点Sと異なる点をRとする。(1)より，ロボットTの速さは分速$\frac{52}{5}$mなので，Ⅰの傾きは$-\frac{52}{5}$であるから，Ⅰの直線の式は，$y=-\frac{52}{5}x+b$とおける。P(－6，72)を代入すると，$72=-\frac{52}{5}\times(-6)+b$　$72=\frac{312}{5}+b$　$b=72-\frac{312}{5}=\frac{48}{5}$　よって，Ⅰの直線の式は，$y=-\frac{52}{5}x+\frac{48}{5}$だから，$2x^2=-\frac{52}{5}x+\frac{48}{5}$を解くと，$5x^2+26x-24=0$　$(5x-4)(x+6)=0$　$x=\frac{4}{5}$，$-6$　点Qの$x$座標は$\frac{4}{5}$であり，$-6\leqq x\leqq\frac{4}{5}$が求める時間である。また，Ⅱの傾きは$\frac{52}{5}$であるから，Ⅱの直線の式は，$y=\frac{52}{5}x+c$とおける。S(4，32)を代入すると，$32=\frac{52}{5}\times 4+c$　$32=\frac{208}{5}+c$　$c=32-\frac{208}{5}=-\frac{48}{5}$　よって，Ⅱの直線の式は，$y=\frac{52}{5}x-\frac{48}{5}$だから，$2x^2=\frac{52}{5}x-\frac{48}{5}$を解くと，$5x^2-26x+24=0$　$(5x-6)(x-4)=0$　$x=\frac{6}{5}$，4　点Rの$x$座標は$\frac{6}{5}$で

あり，$\frac{6}{5} \leqq x \leqq 4$が求める時間である。よって，合計で，$\left\{\frac{4}{5}-(-6)\right\}+\left(4-\frac{6}{5}\right)=\frac{34}{5}+\frac{14}{5}=\frac{48}{5}$（分間）である。

やや難 (3) ① Ⅰ：$y=-\frac{52}{5}x+\frac{48}{5}$に$y=0$を代入すると，$0=-\frac{52}{5}x+\frac{48}{5}$　$\frac{52}{5}x=\frac{48}{5}$　$x=\frac{12}{13}$　よって，Ⅰのグラフと$x$軸との交点の座標は$\left(\frac{12}{13},\ 0\right)$だから，太郎くんは8時00分にD地点を出発して$\frac{12}{13}$分以内にA地点に到着できれば，太郎くんはロボットTに追いつくことができる。
② (2)より，2つのロボットが出会うのは$x=\frac{4}{5}$，$\frac{6}{5}$の2種類ある。よって，この時刻に太郎くんは2つのロボットに同時に出会うことができる。　③ 太郎くんが分速18mで進んだときのグラフをⅢとすると，傾きは−18，切片は72となるから，Ⅲの直線の式は，$y=-18x+72$と表せる。$2x^2=-18x+72$を解くと，$x^2+9x-36=0$　$(x+12)(x-3)=0$　$x=-12,\ 3$　よって，太郎くんは$x=3$のときにロボットSと出会う。また，$\frac{52}{5}x-\frac{48}{5}=-18x+72$を解くと，$26x-24=-45x+180$　$71x=204$　$x=\frac{204}{71}$　よって，太郎くんは$x=\frac{204}{71}$のときにロボットTと出会う。よって，正しい。　④ 太郎くんがロボットTと同じ速さ，分速$\frac{52}{5}$mで進むときのグラフをⅣとすると，Ⅳの直線の式は，$y=-\frac{52}{5}x+72$となる。$x=4$を代入すると，$y=-\frac{52}{5}\times 4+72=-\frac{208}{5}+72=\frac{152}{5}<32$となるので，Ⅳのグラフは二次関数$y=x^2$やⅡのグラフと交わる。よって，太郎くんは8時04分までにどちらのロボットとも出会う。

**★ワンポイントアドバイス★**

標準的なレベルの問題から思考力を問う問題まで幅広く出題されており，正確な知識と計算力が試される問題構成となっている。

## ＜英語解答＞ 《学校からの正答の発表はありません。》

**1** 問1 ①　問2 ⑤　問3 ②　問4 ①　問5 ④　問6 ③　問7 ⑤
問8 ③　問9 ④　問10 ①

**2** 問1 ④　問2 ②　問3 ①　問4 ⑤　問5 ③　問6 ①

**3** 問1 ③　問2 ③　問3 ④　問4 ②　問5 ⑤

**4** 問1 ④　問2 ①　問3 ③　問4 ②　問5 ②　問6 ④

**5** 問1 ①　問2 ⑤　問3 ②　問4 ③　問5 ②，④

○推定配点○

3問5　4点　　他　各3点×32　　計100点

## ＜英語解説＞

基本 **1** （語句選択補充問題：語彙，比較，助動詞，現在完了，分詞）

問1 「ジョンは私の母の兄弟だ。彼は私のおじだ」 自分の親の兄弟は uncle「おじ」。

問2 「彼の写真は私に私たちの美しい過去を思い出させる」 remind A of B で「AにBを思い出させる」という意味を表す。

問3 「私はすべての中でアニメ映画がいちばん好きだ」 この場合の all は，「すべての映画」ということで，複数を表している。「(複数)の中で」は of で表し，複数の中での比較なので最上級を用いて表す。

問4 「友達と野球をすることはわくわくする」「(もの・ことが人にとって)わくわくする，(もの・ことが人を)わくわくさせる」という意味では exciting を用いる。excited は「(人が)わくわくしている」という意味。

問5 「私はあなたにコンサートのチケットの予約の仕方を教えることができます」 動詞の book には「予約する」という意味もある。do「する」，tell「伝える」，listen「聞く」，hurt「傷つける」では文意が成り立たない。

問6 「話すのをやめなさい。図書館では静かにしなくてはなりません」 図書館という場所でのことなので，「静かにしなくてはならない」という文意が適切。may「～してもよい」，can「～することができる」，cannot「～することができない」，must not「～してはいけない」では，直前の「話すのをやめなさい」とのつながりも不自然。

問7 「私はこのメールにその自動車会社の写真を添付しています」「(メールに)～を添付する」は attach で表す。空所の直前にbe動詞があるので，進行形の文。talk「話す」，speak「話す」，buy「買う」，tell「伝える」では文意が成り立たない。

問8 「私は野球を5年間やっています」 ある過去から動作が続いていることを表す場合は現在完了進行形〈have[has] been ＋～ing形〉で表す。

問9 「英語で与えられているその指示は役に立つ」「指示」は与えられるものなので，「～される」の意味で名詞を修飾する過去分詞を用いる。

問10 「私たちは金属を作るために特殊な電子機器を使う」 金属を作るために使われる「電子の～」に合う名詞は①の「機器，装置」。②「採鉱，採掘」，③「生息地」，④「リズム」，⑤「生態系」。

やや難 **2** （語句整序問題：前置詞，不定詞，助動詞，間接疑問文）

問1 (I) will help you with your homework. 「(人)の～を手伝う」は〈help ＋人＋ with ～〉で表す。

問2 (I) want to be a bridge between people through language. 「～を通して」は前置詞 through で表す。「～したい」は〈want to ＋動詞の原形〉で表す。between people「人々の間の」が後ろから bridge を修飾している。

問3 (You) are a member of the family during your homestay. 「ホームステイ中は」は，「ホームステイの間は」ということなので，「(ある期間)の間は」の意味を表す前置詞 during を補う。「～の一員は」 a member of ～ で表す。

問4 Could you tell me how to get to Marina Bay Station? 「～していただけませんか」というていねいな依頼は〈Could you ＋動詞の原形～？〉で表す。「(人)に(もの・こと)を教える」は〈tell ＋人＋もの・こと〉の語順。「～への行き方」は，〈how to ＋動詞の原形〉「～のし方」を用いて表す。不足する語はない。

問5 Many kinds of animals are in danger of extinction. 「多くの種類の～」は many kinds of ～ で表す。「～の危機に瀕している」は be in danger of ～ で表し，「絶滅」の意味の名詞 extinction を続ける。

問6　The evacuation map shows people where they should go in a disaster.　evacuation は「避難」の意味の名詞。「(人)に(もの・こと)を示す」は〈show ＋人＋もの・こと〉の語順で，「もの・こと」に当たる「災害時にどこへ行くべきか」を〈疑問詞＋主語＋動詞〉で表す。この場合の in は「～のときに」の意味で，「災害」の意味の名詞 disaster を補う。

**3**（読解問題・手紙文：語句選択補充，語句整序，英問英答，内容吟味）

（全訳）

1月18日

スコットへ，

いかがお過ごしですか。私は元気にやっています。あなたの(1)夏休みはいかがですか。私は1月7日にオーストラリアを出て次の日にここに着きました。北海道に着くのに20時間かかりました。私は今，富良野ですばらしい(2)冬休みを楽しんでいます。私は(3)夏に家を出て，(4)冬にここに着いたのです！　私はここでは暖かい服を着なくてはなりません。1月の雪なんて想像できますか。私は昨日，スキーに行ったんですよ！

私は今，レイコとカナという2人の女の子のいる日本の家庭に泊まっています。レイコは20歳です。1月10日に，彼女は振袖を着て成人式に行きました。振袖は日本の伝統的な服装です。振袖は成人式で最も人気の衣装です。それはとてもきれいでした。彼女は帰宅した後，振袖を貸してくれました。私はとてもうれしかったです！　(5)あなたに彼女の振袖を着た私の写真を見せてあげましょう。

カナは私よりも年上で高校に通っています。私たちは学校生活についてたくさん話をします。私が日本語を話したとき，彼女は驚いていました。彼女は私たちの国の多くの高校で日本語が(6)教えられていることを知りませんでした。彼女は私に札幌雪祭りについて話してくれました。私はそれをとても見たいのですが，見ることができません。私たちの新学年が来月始まります。私は1月25日にここを出なくてはなりません。たくさんの写真を持ってすぐに帰りますね。

またあなたに会うことを楽しみにしています！

敬具，

ソフィア

問1　ソフィアは1月に日本に来ているので，日本は冬である。また，本文第1段落第7～9文の「(　)に家を出て(　)にここに着いた」，「ここでは暖かい服を着なくてはならない」，「1月の雪を想像できますか」という記述から，ソフィアの母国オーストラリアは日本とは逆の季節の冬であることがわかる。したがって，オーストラリアでのことを述べている箇所は「夏」，日本でのことを述べている箇所は「冬」が当てはまる。

重要　問2　(I'll) show you a picture of me in (her furisode.)「あなたに彼女の振袖を着た私の写真を見せてあげましょう」〈show ＋人＋もの〉「(人)に(もの)を見せる」の形の文。a picture of ～で「～の[が写っている]写真」という意味を表す。

問3　She didn't know の後に接続詞 that が省略されている。ソフィアが日本語を話したときにカナが驚いたことから，ソフィアはオーストラリアで日本語を学んでいると考えられること，that 以下の主語が Japanese「日本語」であることから，that 以下を受動態〈be動詞＋過去分詞〉にして「私たちの国の多くの高校で日本語が教えられている」という意味の文にする。

問4　質問は，「手紙によると，ソフィアの新学年はいつ始まりますか」という意味。第3段落最後から3文目に，「私たちの新学年が来月始まります」と書かれている。手紙は1月18日に書かれているので，ソフィアの学校の新学年が始まるのは2月である。

問5　①「ソフィアは1月7日に北海道に着いた」(×)　第1段落第4文から，ソフィアは1月7日にオーストラリアを出て，翌日に北海道に着いたことがわかる。　②「ソフィアは1月17日に日本の伝統的な服装を楽しんだ」(×)　第2段落を参照。最後から第2，3文から，レイコが帰宅してからソフィアが日本の伝統的な服装である振袖を着て喜んだことが書かれているが，これはレイコの成人式の日のことで，1月10日のことである。　③「ソフィアはレイコに自分の振袖を貸した」(×)　振袖を借りたのはソフィアである。　④「ソフィアは札幌雪祭りを楽しんだのでうれしかった」(×)　第3段落の後半から，ソフィアは新学年が始まるために札幌雪祭りには行けないことがわかる。　⑤「ソフィアは高校生でカナより年下だ」(○)　第3段落最初の4文から，カナがソフィアよりも年上であること，ソフィアは母国の高校で日本語を学んでいることがわかる。

重要 4　(読解問題・会話文：語句選択補充問題)

(全訳)　ハナ：アン，何を見ているの？

アン：これはサンフランシスコ・バス・ツアーについてのウェブサイトよ。私は次の月曜日に友達とリストにあるいちばん安いツアーに参加したいの。時間があったら一緒に行かない？

ハナ：いいわね！　あなたたちと一緒にツアーに参加したいわ。いくら払わなくてはならないの？

アン：(1)30ドルよ。

ハナ：あら，忘れていたわ。私は宿題があるの。次の火曜日までに終わらせないとならないの。だから，あなたたちと一緒に行けないわ。でも別の機会があったら参加したいわ。

アン：いいわよ。ジェフが週末の食事つきのツアーに参加したがっていると聞いたわ。彼は私たちの歴史の先生なの。彼に一緒に行ってくれるように頼むのはどう？　彼とツアーに参加すれば，あなたはサンフランシスコの歴史を学ぶことができるわ。それに，昼食にシーフードかピザ，夕食にステーキを楽しめるわよ。

ハナ：それはいい考えね。彼がシーフードランチを食べたかったらどのツアーに参加すればいいの？

アン：(2)スペシャル・ツアーよ。

ハナ：それから，シーフードランチつきのツアーに参加するなら，集合場所に何時に行く必要があるの？

アン：(3)午前10時10分よ。

ハナ：彼がバスツアーで晩の食事を食べたかったら，私たちにとってどのツアーがいちばんいいかしら？

アン：(4)デラックス・ディナー・ツアーよ。彼には奥さんと娘さんがいるの。彼女は10歳よ。彼らが週末に晩のバスツアーに参加したければ，彼は(5)165ドル払わなくてはならないわね。

ハナ：わかったわ。それと，サンフランシスコ博物館について知りたければどうすればいいかしら？

アン：(6)グリーン・シティー・トラベルにメールを送るのよ。

ウェブサイト

サンフランシスコ・バス・ツアー

グリーン・シティー・トラベル

サンフランシスコには訪れる場所がたくさんあります。

このわくわくする町で当社のバス・ツアーに参加しましょう！

さらに詳しい情報は info@greencitytravel.com までメールしてください

| ツアー | 開始時刻 | 長さ(時間) | 食事 | 値段 |
|---|---|---|---|---|
| スペシャル・ツアー | 午前10：30 | 6 | 昼食(シーフード) | 50ドル |
| デラックス・ディナー・ツアー | 午後5：30 | 4 | 夕食(ステーキ) | 60ドル |
| ショート・ツアー | 午後2：00 | 3 | なし | 30ドル |
| ブライト・ツアー | 午前9：00 | 5 | 昼食(ピザ) | 70ドル |

訪れることができる場所を調べるにはツアーのタイトルをクリックしてください。
12歳未満の方はお一人につき半額です。
土日のツアーではお一人余分に5ドル加算されます。
ツアーの日付の少なくとも2日前にメールで予約をしてください。
ツアーの開始時刻の20分前に集合場所に来てください。

問1　アンの最初の発言から，アンはいちばん安いツアーに参加しようとしていることがわかる。ツアーの表より，いちばん安いツアーの料金はショートツアーの30ドル。

問2　空所の直前で，ハナはシーフードを食べたい場合に参加できるツアーを尋ねている。ツアーの表より，シーフード料理が食べられるのはスペシャル・ツアーである。

問3　ハナはシーフードの昼食が食べられるツアーに参加する場合に何時に集合場所に行く必要があるかを尋ねている。ツアーの表より，スペシャル・ツアーの開始時刻が午前10時30分とわかるが，表の下の説明の最終行に，開始時刻の20分前に集合場所に来るよう書かれているので，スペシャル・ツアーに参加する場合は，午前10時10分には集合場所に着いていなくてはならない。

問4　空所の直前で，ハナはバス・ツアーで夕食を食べたい場合にいちばんよいツアーを尋ねている。ツアーの表から，夕食を食べることができるツアーはデラックス・ディナー・ツアーである。

問5　空所を含むアンの発言の中で，アンはジェフには妻と10歳の娘がいて，彼ら3人が週末に夜のバス・ツアーに参加する場合の金額を述べている。夜のツアーであるデラックス・ツアーの料金は1人60ドルだが，表の下の説明の2行目から，12歳未満である娘の料金は半額となる。また説明の3行目に週末は料金に5ドル加算されることが書かれているので，ジェフとその妻は65ドル，娘は半額の30ドルに5ドルを加えた35ドルとなる。

問6　ハナはツアーの表に載っていないサンフランシスコ博物館について知りたがっている。ツアーの表の上にある説明の最後に，さらに詳しい情報についてはグリーン・シティー・トラベルまでメールで問い合わせるように書かれている。

## 5　（長文読解・スピーチ文：語句整序，語句選択補充，内容吟味）

（全訳）(1)あなたが毎日食べるものについて，これまでに考えたことがありますか。食べ物は私たちにとってとても大切です。私は，食べ物について考えることは世界のたくさんの問題を解決することができると信じています。

第一に，私たちは貧しい国と豊かな国の違いについて考えるべきです。毎日十分な食べ物を食べられない人々がたくさんいます。アフリカの多くの国々では，35パーセントを超える人々が飢えに苦しんでいます。(2)一方で，世界にはたくさんの肉や魚を食べている人々がいます。彼らは毎年あまりに多くの食べ物を無駄にしています。日本での食物の廃棄物は年に600万トンを超えています。グラフ1は，(3)家庭から出る食物の廃棄物はすべての食物の廃棄物のほとんど半分であることを示しています。私たちは，家庭から出る食物の廃棄物を減らすべきです。私たちには食べるものだけを買うことが重要です。

第二に，私たちは日本のフードマイルについて考えるべきです。私たちは1990年代からフードマイルを使っています。それは食べ物が私たちが食べるまでにどれくらいの距離を移動しているかを教えてくれます。例えば，外国からの魚と日本の海の魚について考えてみてください。外国からの魚は輸出されるときにより多くのフードマイルを使います。食べ物を輸入することは，フードマイルを増やすのです。グラフ2によれば，(4)日本のフードマイルは6か国の中でいちばん高いです。日本では，たくさんの食べ物が多くの国から輸入され，たくさんの燃料が使われています。フードマイルが多いことは，より多くの二酸化炭素が出されているということを意味し，それは地球温暖化を進めます。燃料を使いすぎることは環境にとってよくないので，私たちはこのことについて考えます。私は，自国の地域で作られる食べ物を買うことはこの問題を解決するよい方法の1つだと思います。

私はみんなに食べるものがあればみんなが幸せになるだろうと言いたいです。このような問題について勉強することは第一歩です。そして，解決策について考えることが次の一歩です。それから，私たちは自分たちのやり方で行動を起こすべきです。

私の発表を聞いてくださってありがとうございました。

グラフ1　日本の食物の廃棄物／産業での廃棄物53パーセント，家庭での廃棄物47パーセント

グラフ2　フードマイル(重さ×距離)／フランス：1万トンよりやや多い，ドイツ：2万トンよりやや少ない，イギリス：約2万トン，合衆国：約3万トン，韓国：3万トンよりやや多い，日本：約9万トン

問1　Have you ever thought about the food you eat (every day?)　「～したことがありますか」という経験を尋ねる疑問文。現在完了を使い，〈Have you ＋過去分詞～？〉の形で表す。経験を尋ねる疑問文では，主語と過去分詞の間に ever を置く。「～について考える」は think about で表すので，think が過去分詞になっている。「あなたが毎日食べるもの」は「あなたが毎日食べる」が後ろから the food を修飾するように，the food の後に you eat every day「あなたが毎日食べる」を続ける。food と you の間に関係代名詞が省略された形。

問2　空所の直前では，アフリカの多くの国々で，35パーセントを超える人々が飢えに苦しんでいることが，空所の直後では，世界にはたくさんの肉や魚を食べている人々がいると，対照的な内容が述べられているので，⑤「一方で」が適切。①「ついに」，②「それから，それでは」，③「そのおかげで」，④「さらに」。

問3　グラフ1からわかる内容を空所に入れる。グラフ1から，産業から出る食物の廃棄物が53パーセント，家庭から出る食物の廃棄物が47パーセントでほぼ半分ずつである。したがって，②「家庭から出る食物の廃棄物はすべての食物の廃棄物のほとんど半分である」が適切。①「家庭から出る食物の廃棄物は産業から出る食物の廃棄物の半分である」，③「家庭から出る食物の廃棄物はすべての食物の廃棄物のおよそ60パーセントである」，④「産業から出る食物の廃棄物はすべての食物の廃棄物のおよそ40パーセントである」，⑤「産業から出る食物の廃棄物は再利用できない」。

問4　グラフ2からわかる内容を空所に入れる。グラフ2から，日本のフードマイルの数値が6か国の中でいちばん高いので，③「日本のフードマイルは6か国の中でいちばん高い」が適切。①「韓国のフードマイルは6か国の中でいちばん低い」，②「韓国のフードマイルはフランスのそれと同じくらい高い」，④「日本のフードマイルは韓国のそれのほぼ2倍だ」，⑤「フランスのフードマイルは日本のそれよりも高い」。

やや難　問5　①「アフリカの多くの国は他の国から食べ物を輸入している」(×)　第2段落第3文にアフリカの多くの国々では，35パーセントを超える人々が飢えに苦しんでいることが述べられているが，他国から輸入していることについては記述がない。　②「私たちはあまり多くの食べ物を買わなければ食物の廃棄物を減らすことができる」(○)　第2段落最後の2文で，私たちは家庭から出る

食物の廃棄物を減らすべきで，食べるものだけを買うことが重要だと述べている。必要な分だけを買うようにすればその分捨てる量も減るということなので，合っている。 ③「家庭から出る食物の廃棄物を減らすことは重要ではない」(×) 第2段落最後の2文の内容に合わない。

④「私たちの地域で作られる食べ物を買うことは環境にとってよい」(○) 第3段落第6文以降で，食べ物を輸入するには，輸送に使う燃料を使うことになり，それによって多くの二酸化炭素が出されて地球温暖化を進めることになること，つまり燃料を使いすぎることは環境にとってよくないことが述べられている。このことを受けて，最終文で，自国の地域で作られる食べ物を買うことはこの問題を解決するよい方法の1つだと思う，と述べているので，合っている。 ⑤「私たちが自国で作られる食べ物を使えば，さらに多くのフードマイルを使うことになる」(×) フードマイルは，食べ物を輸入するときの食べ物の重さと移動する距離によって算出されるので，自国で作られる食べ物を使う量が増えれば輸入する分は減り，フードマイルは低くなるので合わない。 ⑥「私たちは二酸化炭素を減らすために互いにフードマイルを分け合わなくてはならない」(×) 二酸化炭素を減らすためにフードマイルを国家間で分け合うべきだという記述はない。

⑦「あまりに多くの燃料を使うことは私たちが未来をよりよくするのに役立つ」(×) 第3段落第9文を参照。フードマイルが多い(＝輸入によって食べ物を移動するのに使う燃料が増える)ことは，より多くの二酸化炭素が出されているということで，それは地球温暖化を進めることになると述べられているので合わない。

**★ワンポイントアドバイス★**

4の問5では，与えられているツアーの情報に加えて，簡単な計算をする必要がある。このような問題では，図表の前後にある注意書きなどにヒントがある場合が多い。この問題でも，注意書きにしっかり目を通すことがポイントとなる。

## ＜理科解答＞ 《学校からの正答の発表はありません。》

| | | | | | |
|---|---|---|---|---|---|
| 1 | 問1 1 ⑤ | 問2 2 ② | 問3 3 ⑤ | 問4 4 ② | 問5 5 ⑤ |
| | 問6 6 ④ | 問7 7 ⑤ | 問8 8 ④ | 問9 9 ③ | 問10 10 ③ |
| 2 | 問1 11 ④ | 問2 12 ③ | 問3 13 ④ | 問4 14 ③ | 問5 15 ② |
| 3 | 問1 16 ① | 問2 17 ① | 問3 18 ③ | 問4 19 ② | 問5 20 ③ |
| 4 | 問1 21 ① | 問2 22 ④ | 問3 23 ④ | 問4 24 ① | 問5 25 ③ |

○推定配点○

各4点×25　　計100点

## ＜理科解説＞

**1** (小問集合－各分野の総合)

問1 噴火警戒レベルは，火山活動の状況によって気象庁が5段階で出す情報である。レベル5(避難)は最も上位で，爆発的噴火，あるいは，大規模噴火のときに出される。2022年7月24日の夜，鹿児島県の桜島では，爆発的噴火が起こってレベル5が発表された。3日後にはレベル3(入山規制)となり，その状態が続いている。

問2 2022年10月6日(日本時間)，アメリカのケネディ宇宙センターで打ち上げられたクルードラゴン宇宙船(Crew-5)は，翌日に国際宇宙ステーション(ISS)にドッキングし，若田宇宙飛行士が長期滞在を開始した。クルードラゴン宇宙船は民間の宇宙船である。また，ISSの日本実験棟は「きぼう」とよばれ，今までも多くの実績を挙げている。

重要 問3　台車Aが台車Bを押す力と，台車Bが台車Aを押す力は，作用・反作用の関係にあり，両者の質量や速さに関わらず大きさは同じである。よって，ばねの縮みも同じである。

問4　0.1kgの物体にはたらく重力の大きさを1Nとするので，70kgの物体にはたらく重力の大きさは700Nである。図2では，動滑車を使っているので，人の引く力は700Nの半分の350Nであり，引く長さは2mの2倍の4mである。

重要 問5　塩酸の中には水素イオン$H^+$と塩化物イオン$Cl^-$が含まれている。水酸化ナトリウム水溶液を入れると，ナトリウムイオン$Na^+$と水酸化物イオン$OH^-$が入ってくるが，$H^+$と$OH^-$は結びついて$H_2O$となるので，$H^+$は減り，$OH^-$は0のままである。$Na^+$と$Cl^-$は水溶液中では結びつかないので，$Na^+$は変わらず，$Cl^-$は増える。その結果，$H^+$が減った分だけ$Cl^-$が増えて，総数は変わらない。中和が完了すると，入ってくる$Na^+$と$OH^-$のぶんだけ総数は増える。

問6　水酸化ナトリウム水溶液に電流を流すと，水酸化ナトリウムは変化せず，水が電気分解される。水は$H_2O$，気体Aは水素$H_2$，気体Bは酸素$O_2$であり，$2H_2O \rightarrow 2H_2 + O_2$のように，2個の水分子から，2個の水素分子と1個の酸素分子ができる。

問7　それぞれの倍率は，アのアメーバが400倍，イのミカヅキモが100倍，ウのミジンコが40倍，エのミドリムシが400倍である。倍率が低い方が，もともとの生物の大きさが大きいので，最も大きいのがウ，次がイである。アとエは顕微鏡の倍率が同じなので，スケッチの大きさを比べてアの方が大きい。まとめると，ウ＞イ＞ア＞エである。

重要 問8　種子の形がしわの個体から成長したエンドウの遺伝子はaaである。これと個体Xをかけ合わせたところ，丸としわが同数できることから，Aaとaaが半分ずつできたとわかる。よって，個体Xの遺伝子はAaである。もし個体XがAAならば，できるのはAaですべて丸い種子になる。もし固体Xがaaならば，できるのはaaですべてしわの種子になる。だから，AAやaaは条件に合わない。また，からだの細胞では遺伝子は組になっているので，Aやaはおかしい。

問9　粘りけの強いマグマでは，白っぽい溶岩は横に広がらず，ドーム状の火山となる。マグマ中にガス成分が閉じ込められるため，爆発的な噴火を起こすこともある。

問10　北緯35度の地点では，春分や秋分の日の太陽の南中高度は$90-35=55°$である。それに比べ，冬至の日の太陽の南中高度は23.4°低くなるので，$55-23.4=31.6°$となる。

## 2 (電流と回路―電熱線の発熱量)

問1　電圧計は6Vになるように電源電圧が調整されており，電熱線Aには2Aの電流が流れたので，電力は6(V)×2(A)＝12(W)となる。

基本 問2　電源電圧は6Vなので，電熱線BにもCにも6Vの電圧がかかっている。電熱線Bに流れる電流は$\frac{6(\mathrm{V})}{4(\Omega)}=1.5(\mathrm{A})$であり，電熱線Cに流れる電流は$\frac{6(\mathrm{V})}{2(\Omega)}=3.0(\mathrm{A})$である。電流計にはその合計の電流が流れるから，1.5＋3.0＝4.5(A)を示す。

重要 問3　4Ωの電熱線Bを使ったときに比べ，2Ωの電熱線Cを使った方が，電流の大きさが2倍になる。電圧は同じ6Vなので，電流が2倍なら，発熱量も2倍になり，上昇温度も2倍になる。電熱線Bを使った図4では10分後に12℃上昇しているので，電熱線Cを使ったときには，10分後に12×2＝24(℃)上昇する。

問4　実験4で4Ωの電熱線Bと2Ωの電熱線Cを直列につなぐと，全体の抵抗は4＋2＝6(Ω)となる。このときに流れる電流は，$\frac{6(\mathrm{V})}{6(\Omega)}=1.0(\mathrm{A})$である。実験3で電熱線Bだけ使ったときの電流は1.5A

であり，図4では10分後に12℃上昇している。よって，実験3と実験4の上昇温度の比を考えて，1.5A：1.0A＝12℃：$x$℃　より，$x$＝8℃となる。

やや難 問5　実験3で電熱線Bに流れる電流は1.5Aだった。実験5では，電熱線Aには2.0A，電熱線Cには3.0Aが流れるので，合計2.0＋3.0＝5.0(A)の電流が流れる。よって，実験3と実験5の電流の比は，1.5A：5.0A＝3：10である。電流が大きいほど，同じ温度に上昇するまでの時間が短く，電流と時間は反比例する。よって，時間の比は10：3で，求める時間は3分である。

## 3 （水溶液―硝酸カリウムの溶解度）

やや難 問1　①：正しい。10℃の水100gには硝酸カリウムが22gまで溶けるので，18gならばすべて溶ける。冷やすと0℃では13gしか溶けないので，凍る前に結晶が出てくる。

②：誤り。飽和水溶液には，それ以上硝酸カリウムを溶かすことはできない。

③：誤り。30℃の水100gには硝酸カリウムが46gまで溶けるが，水54gでは溶けない。

④：誤り。40℃の水100gには硝酸カリウムが64gまで溶ける。だから，半分の水50gには硝酸カリウムが32gまで溶け，そのときの飽和水溶液は50＋32＝82(g)である。

⑤：誤り。50℃の水100gには硝酸カリウムが85gまで溶ける。だから，5分の1にして，水20gには硝酸カリウムが17gまで溶ける。これに10℃の水を80g加えると，水の量は20＋80＝100gになり，温度は10℃と50℃の間になる。10℃の水100gには硝酸カリウムが22gまで溶けるから，10℃よりも高い水には17g溶けたままで結晶は出ない。

重要 問2　操作1では，水110gに硝酸カリウムを50.6g入れている。この割合を，水100gに直すと，110：50.6＝100：$x$　より，$x$＝46.0gである。そこで，表を見て，水100gに硝酸カリウム46.0gが溶ける温度を調べると，30℃まで温めればすべて溶ける。

問3　50℃の水100gには硝酸カリウムが85gまで溶ける。だから，50℃の水110gならば，溶ける硝酸カリウムの量は，100：85＝110：$y$　より，$y$＝93.5gである。操作1のときに硝酸カリウムは50.6g入れてあるので，操作2で追加できる量は，93.5－50.6＝42.9(g)である。

問4　10℃の水100gには硝酸カリウムが22gまで溶ける。だから，10℃の水110gならば，溶ける硝酸カリウムの量は，100：22＝110：$z$　より，$z$＝24.2gである。問3で溶かした硝酸カリウムの量は93.5gだったので，操作3で出てくる結晶の量は，93.5－24.2＝69.3(g)となる。

問5　操作3の後で結晶を取り除いた水溶液は，水110gに硝酸カリウムが24.2g溶けたものである。これを半分にすると，水55gに硝酸カリウム12.1gとなる。これをビーカーBに入れ，水を53.9g入れると，すべての重さの合計は，55＋12.1＋53.9＝121gとなる。よって，その濃度は12.1÷121×100＝10.0％となる。

## 4 （ヒトのからだ―血液の循環）

問1　動脈血は，酸素の多い血液である。肺→(あ)肺静脈→左心房→左心室→(い)大動脈→全身の順に流れている。一方，酸素の少ない静脈血は，全身→(え)大静脈→右心房→右心室→(う)肺動脈→肺の順に流れている。

重要 問2　ブドウ糖などの栄養分は小腸で毛細血管に吸収されるので，小腸を通った直後の血管cで最も多い。この血管は門脈(肝門脈)とよばれる。また，二酸化炭素以外の不要物は，じん臓でこしとられて尿となって排出されるので，じん臓を通った直後の血管eで最も少ない。

問3　図1を参考にすればよい。アミノ酸は，小腸で毛細血管に吸収され，cの門脈を通って肝臓に入った後，心臓→肺→心臓とめぐってから全身に向かう。このとき，一部はじん臓を通る。

問4　心拍数が1分間で80回であり，1回の拍動で75mLの血液が送られている。よって，1分間で送り出される血液の量は，75×80＝6000(mL)である。つまり，6000mLが送り出されるのに60秒かかるので，5500mLが送り出される時間は，6000：60＝5500：$x$　より，$x$＝55秒である。よって，血液は平均55秒間で全身を一周してくる。選択肢の①は，全身をほぼ一周したことになるが，②では心臓→肺→心臓と往復しただけである。

問5　表を見ると，安静時に脳に配分される血液の量は15%である。一方，運動時には5倍の量の血液が流れるので，全体量を500%と考え，表の数値を5倍する。脳に配分される血液の量は，3×5＝15(%)となる。つまり，脳に配分される血液の量は一定に保たれている。

**★ワンポイントアドバイス★**

実験や操作のたびに，何が変わっていて，何が変わっていないのかを，よく見極めて考えよう。

## ＜社会解答＞ 《学校からの正答の発表はありません。》

1　問1　②　問2　②　問3　①　問4　⑤　問5　③　問6　④　問7　④

2　問1　②　問2　⑤　問3　③　問4　①　問5　①　問6　③　問7　①　問8　③　問9　①　問10　⑤　問11　④

3　問1　②　問2　⑤　問3　④　問4　②　問5　④　問6　①　問7　③

4　問1　④　問2　⑤　問3　①

○推定配点○

1　問1　3点　他　各4点×6　2　各3点×11　3　各4点×7　4　各4点×3　計100点

## ＜社会解説＞

1　(地理―日本，世界の自然，社会，産業など)

基本　問1　地点Aは，北半球，東半球に位置しているので，経度は東経，緯度は北緯。よって，③～⑤はありえない。また，北緯40度の緯線は，日本では秋田県の八郎潟を通過しているので，①もありえない。よって，②が最も適当である。

基本　問2　最も太い矢印が中東から世界各地に向っていることに注目して原油である。2021年現在，中東は，世界の原油産出量の31.3%を占めている。

やや難　問3　アフリカは，世界の面積や人口の約2割を占めている。しかし，発展途上国が大半を占めており，GDP(国内総生産)は世界の5%未満である。

問4　Ⅰ　乾燥地域の遊牧民が用いる移動式の住居が写っている(このような住居をモンゴルではゲルとよぶ)。よって，Dが該当する。　Ⅱ　イギリスの国旗(ユニオン・ジャック)とロンドン名物である二階建てのバスが写っている。よって，Bが該当する。イギリスは西岸海洋性気候が卓越している。

重要　問5　EU(ヨーロッパ連合)に加盟している国の間では関税がかからないため，地価や人件費の安い東ヨーロッパのハンガリー，ブルガリア，ルーマニアなどに工場を移転する企業が増えている。①　EUの発足はマーストリヒト条約が発効した1993年。　②　多くのEU加盟国間の国境では，パスポートの検査も不要。　④　2009年に債務危機が発生したのはギリシャ。　⑤　2020年にEUを離脱したのはイギリスのみ。フランスは離脱していない。

問6　南四国の高知県は，沖を流れる暖流の日本海流(黒潮)の影響を強く受け，年中温暖。そのため，野菜の促成栽培が盛んである。　①　やませは，初夏，東北地方の太平洋岸に吹きつける冷たく湿った北東風。　② 偏西風ではなく，北西の季節風。また，対馬海流は暖流である。
③ 湿った風ではなく，乾燥した風。また，1年を通して降水量は少ない。　⑤ 冬の季節風ではなく，夏の季節風。また，夏を中心に降水量が多くなる。

やや難　問7 等高線が10m間隔で引かれていることから，地形図の縮尺は2万5千分の1。よって，地形図上の5cmは，実際は，5cm×25000＝125000cm＝1250m＝1.25km。

## 2（日本と世界の歴史―政治，社会，文化などの歴史）

やや難　問1 ヘレニズム文化は，アレクサンドロス大王の東征以降に成立した，オリエント的要素とギリシャ的要素の融合した文化。主な担い手は都市のギリシャ人であり，ギリシャの影響が強いが，民族の枠をこえた世界市民主義的性格も帯びていた。　① ローマではなく，ギリシャ。
③ ギリシャではなく，ローマ。　④「性別を問わず」ではなく，「男性のみ」。　⑤ ギリシャとローマが逆。

問2 大宝律令は，701年に制定され，翌年施行された律令政治の基本法。中国の法典を模範とし，日本の国情に適合するように改めてある。　①『漢書』ではなく，『後漢書』。　② 高句麗ではなく，百済。　③ 渤海は，しばしば日本と通交した。日本に侵攻したことはない。　④ 大和政権は白村江の戦いで唐・新羅の連合軍に惨敗。唐・新羅の侵攻を防ぐため，北九州の守りをかためた。

問3 最澄は天台宗，空海は真言宗をそれぞれ中国から伝えた。加持祈祷を行い，即身成仏，現世利益を説いたので，藤原氏などの貴族の信仰を得て，その生活に取り入れられた。　① 蘇我氏ではなく，物部氏。　② 鑑真ではなく，行基。ただし，行基は唐に留学はしていない。
④ 桓武天皇ではなく，聖武天皇。　⑤「この世」ではなく，「あの世(来世)」。

重要　問4 Ⅰ 白河天皇は，1072年，後三条天皇の譲位を受けて即位。1086年，子の堀河天皇を7歳で即位させ，白河上皇として院政を開始。1129年まで，堀川・鳥羽・崇徳3代にわたり「治天の君」として統治した。　Ⅱ 後白河天皇は，鳥羽天皇の第4皇子。兄崇徳上皇と対立し，これが保元の乱の一因となった。乱の後，譲位して二条・六条・高倉・安徳・後鳥羽の5代にわたって院政を行った。院政が強化されると，平清盛との対立を深め，鹿ヶ谷の謀議の結果，幽閉された。

基本　問5 鎌倉時代の農民は，年貢を荘園や公領の領主におさめていたが，地頭になった武士が土地や農民を勝手に支配することが多くなり，地頭と領主の間には，争いがたびたび起こるようになった。② 東日本ではなく西日本。また，二期作ではなく二毛作。　③ 座ではなく，惣。
④ 地頭ではなく，守護。　⑤「応仁の乱後」ではなく「応仁の乱前」。

基本　問6 資料は朱印状。これによって海外渡航を許可された船を朱印船といい，主に東南アジアで中国船と出会貿易を行った。また，南洋貿易も盛んで，豊臣秀吉に始まり，徳川家光に終わる。最重要輸入品は中国産生糸，最重要輸出品は銀であった。

問7 幕末に開国した当初，外国との金銀の交換比率のちがいから大量の金貨が流出し，幕府がこれを防ぐため貨幣改鋳を行ったこともあって，物価が急上昇した。　② フランス人ではなく，イギリス人。また，フランス艦隊ではなく，イギリス艦隊。　③「将軍の娘を天皇のきさきにした」ではなく，「天皇の娘を将軍のきさきにした」。　④「会津藩や長州藩」ではなく，「会津藩や薩摩藩」。また，「薩摩藩士」ではなく，「長州藩士」。　⑤「意見を採用」ではなく，「意見を無視・弾圧」。

やや難　問8 絵画は，尾形光琳の「燕子花図屏風」。尾形光琳は，江戸時代中期の画家・工芸家で，初め狩野派を学び，のちに俵屋宗達に私淑して豪快な装飾画風を大成し，琳派といわれた。

問9 明治政府は，1872年に学制を発布し，小学校から大学までの学校制度を定めた。特に初等教育が重視され，6歳以上の男女すべてに小学校で教育を受けさせることにしたため，全国各地に小学校が建設された。② 3%ではなく，2.5%。③ 元藩主は罷免され，新たに県令が任命された。④ 「満25歳」ではなく，「満20歳」。⑤ 結婚や就職などでの差別は残った。

やや難 問10 大正時代末期には，『中央公論』，『改造』をはじめとする総合雑誌が急速な発展をとげた。昭和時代に入ると，『現代日本文学全集』などのシリーズを1冊1円で売る円本や岩波文庫が登場した。 ① 義務教育が9年制になったのは，太平洋戦争後。 ② 新聞の発行部数は飛躍的に伸びた。 ③ 美濃部達吉ではなく，吉野作造。④ 大正～昭和初期ではなく，明治時代。

問11 D(1943年)→A(1945年2月)→C(1945年7月)→B(1945年8月)。

**3** (公民―日本，世界の政治，社会，時事問題など)

問1 制服は，男女別に用意されることが多く，それはLGBTの人々には負担になる。そのため，性別に関係なく着用できるジャージを使用できるようにすることは，LGBTに対する取り組みとして適当といえる。

問2 2018年9月，東京都小金井市議会は，米軍普天間飛行場の名護市辺野古への移転をめぐり，普天間飛行場の代替施設が必要かを国民的に議論することなどを国に求める陳情を賛成多数で採択した。 ① 沖縄が日本に復帰したのは1972年。 ② 「約40%」ではなく，「約70%」。 ③ 「ほぼ拮抗」ではなく，「賛成が多数」。 ④ 「鹿児島県」ではなく，「沖縄県」。

重要 問3 日本国憲法第54条第2項は，「衆議院が解散されたときは，参議院は，同時に閉会となる。但し，内閣は，国に緊急の必要があるときは，参議院の緊急集会を求めることができる。」と明記している。 ① 「憲法」ではなく，「公職選挙法」。 ② 参議院に解散という制度はない。 ③ 「比例代表制」と「選挙区制」が逆。 ⑤ 「参議院の議員14名」ではなく，「衆議院の議員7名，参議院の議員7名の計14名」。

やや難 問4 自分自身での健康管理は，社会保障における「自助」といえる。①は共助，③は自助，④は公助，⑤は自助である。

問5 Cは島根県の竹島で，日本の固有の領土であるが韓国が実効支配している。このため，日本政府の立場は「解決すべき領土問題は存在する」である。なお，Aは北方領土で日本の固有の領土である。しかし，ロシアが実効支配している。このため「解決すべき領土問題は存在する」。Bは，沖縄県の尖閣諸島で日本の固有の領土である。日本が実効支配しているので，「解決すべき領土問題は存在しない」。

基本 問6 2022年は，急速に円高が進んだ。円安のときは，日本では，輸入する原材料の価格が上がるので，この結果，全般的に物価高となった。 ② 「増加」ではなく，「減少」。 ③ 「有利」ではなく，「不利」。 ④ ドルに対する円の価値が下がることを円安という。 ⑤ 為替相場は，為替市場での取り引きによって決まる。

問7 アフリカ連合(AU)は，アフリカ諸国の国際機構で，アフリカ諸国の統一と連帯，人権保障，紛争の予防・解決をめざす。1963年アフリカ統一機構として設立され，2002年改組され，現在の名称となった。 ① 共通通貨は未導入。 ② 貿易・投資の自由化と経済・技術協力が主な目的。 ④ 日本は離脱していない。 ⑤ 「ウルグアイ・ブラジル・アルゼンチン」ではなく，「アメリカ合衆国・メキシコ・カナダ」。

**4** (総合―資料を用いた世界の地理，歴史など)

問1 インドの公用語は，北部で主に使用されるヒンディー語であるが，南部では通じにくいので，準公用語である英語が実質的に共通語となっている。 ① インドの独立は1947年。 ② 「NIES」ではなく，「BRICS」。 ③ 中国，アメリカ合衆国についで世界第3位。 ⑤ 「綿花」ではなく，「米」。

重要 問2 X イギリスは中国から大量の茶を輸入したため，中国との貿易は大きな赤字となった。

Y　南北戦争は，アメリカ合衆国を脱退して新国家を建設した南部11州と，この脱退を認めようとしない合衆国との間で起こった内戦。商工業地域として発展した北部と，黒人奴隷を使役して綿花栽培地域として発展をとげた南部が，奴隷制の是非をめぐって対立し，内戦となった。

Z　イギリスは，インドで栽培されたアヘンを中国に持ち込み，巨額の利益を得た。これを中国が厳しく取り締まったことでアヘン戦争が起きた。

やや難　問3　西ヨーロッパは，1500年では，世界の実質GDPの2割近くを占め，1950年では4分の1ほどを占めるほどになった。一方，インドは，1500年では，世界の実質GDPの4分の1ほどを占めていた。しかし，イギリスの植民地支配を受けたことなどから，国力が衰え，1950年では，数％を占めるにすぎなくなった。

**★ワンポイントアドバイス★**

通常の授業では扱うことがない初見の資料が用いられることがある。しかし，論理的に考えれば正解できるので，あわてないことが大切である。

## ＜国語解答＞《学校からの正答の発表はありません。》

**1**　問1　a ⑤　b ③　c ④　d ①　e ①　問2　X ③　Y ⑤　Z ①
問3　④　問4　Ⅰ ①　Ⅱ ⑤　Ⅲ ③　問5　③　問6　①　問7　①
問8　⑤　問9　④　問10　⑤　問11　④　問12　①　問13　(ⅰ) ②
(ⅱ) ④

**2**　問1　X ⑤　Y ④　問2　④　問3　④　問4　⑤　問5　②　問6　⑤
問7　⑤　問8　③　問9　①　問10　③　問11　①

○推定配点○
1　問1・問2・問4・問9　各2点×12　他　各4点×10
2　問1・問2・問4・問6・問11　各2点×6　他　各4点×6　計100点

## ＜国語解説＞

**1**　(論説文―大意・要旨，内容吟味，文脈把握，文章構成，接続語，脱語補充，漢字の書き取り，語句の意味，品詞・用法)

基本　問1　二重傍線部a「壮絶」，①「想定」　②「高層」　③「手相」　④「伴奏」　⑤「壮大」。b「元来」，①「頑固」　②「溶岩」　③「元旦」　④「顔面」　⑤「含有」。c「喚起」，①「帰省」　②「軌跡」　③「分岐」　④「縁起」　⑤「気象」。d「克明」，①「明白」　②「迷走」　③「命名」　④「同盟」　⑤「共鳴」。e「絞る」，①「絞殺」　②「親交」　③「更迭」　④「効率」　⑤「香典」。

問2　二重傍線部Xは次第に勢力を得て現れる，浮かび上がる，という意味。Yは個々の単語のいちばん初めの音や形，意味のこと。Zは，はっきりと認められるように形に現れて存在すること。

問3　空欄前後も含めて整理すると，他人の「痛み」に必要なのは他者への想像力なのではないか→直前の「想像力」を指す②→②を「他人の表情のなかに確認しようとする」とある⑤→⑤の具体例として③→③の「苦しみ」の説明として④→④の「寂しさ」を「そういう痛み」として説明している①，という流れになる。

問4　空欄Ⅰは「……かのようである」とたとえているので①，Ⅱは同類の事がらを前後で列挙しているので⑤，Ⅲは時が少しずつたって，という意味で③がそれぞれ入る。

問5 3段落で，「痛み」も「貨幣と同じように……流通すればするほどすり減ってくる」が，「痛みそのものはすり減らない」と述べているので，このことをふまえた③が適当。「痛み」という言葉が「流通」していることを説明していない他の選択肢は不適当。

問6 6・7段落で，「疼きは過去に原点をもっていて」，「苦痛」は「『いま』に閉じ込められる」と述べているので，「今，……胸が痛む」ことを「疼き」としている①は間違っている。

重要 問7 10段落で，「苦しみ」は「そのひとが感じ，耐えるしかない……からこそ，想像力をカンキしないとそれに届かない」と述べているので①が適当。②の「たくましさを培う必要性」，孤独に耐えることを説明していない③・④，⑤の「最強の武器を手に入れる必要性」はいずれも不適当。

重要 問8 傍線部Dの「痛みの文化」について11段落で，「苦痛という人間の業に対して，人類は『見舞い』という文化」といった，「痛むひとを……支える『痛みの文化』」をかたちづくり，「痛むひとを孤立させないという知恵がはたらいた」ことを述べているので⑤が適当。この段落内容をふまえていない他の選択肢は不適当。

基本 問9 ④は適当。波線部Pは名詞。Qは形容詞。Rは打消しの助動詞。Tは助動詞。

問10 ⑤の「誰しもが人の不幸を支えていく精神をもっていない」は述べていないので間違っている。①～③は18段落，④は14・15段落などで述べている。

やや難 問11 19段落で「痛みを分かち合う」とき「大切なのは，痛むひと……を孤立させないためにはどうしたらいいかを，きちんと見つめ，考えることであろう」と述べていることをふまえ，傍線部Fが「いま，『痛み』の孤立というかたちで，わたしたちの社会に再浮上してきている」と述べているので④が適当。「痛み」は「プライヴェート(私秘的)」すなわち個人的なものであるため，「孤立せざるをえなく」なっていることを説明していない他の選択肢は不適当。

問12 20段落の「大衆現象」は「『痛み』の孤立」のことなので，「疼く」経験としている①は間違っている。②・③は7段落，④は14段落，⑤は11段落をふまえている。

やや難 問13 (ⅰ) ②は16段落の説明として適当。①の「親しみやすさ」，③の「論理の展開がわかりやすく」，④の「～のです。」は本文にあてはまらない。

(ⅱ) 19段落では，前段落最後の問いかけに対して筆者の意見を述べているので，「前段落での筆者の結論を繰り返し述べ……新たな現代社会の問題を提起」とある④は適当でない。

## 2 (古文一情景・心情，内容吟味，文脈把握，脱文・脱語補充，語句の意味，品詞・用法，口語訳，文学史)

問1 「照射」は注釈にもあるように，かがり火や松明を使う猟法なので，空欄Xは⑤が適当。Yは「目の様子」を確かめているので④が適当。

問2 波線部エは「目(の様子)」が違っていた，ということ。他の主語は「男」。

問3 本文で「この鹿の目の間の，例の鹿の目のあはひよりも近くて目の色も変りたりければ」とあり，「例」は「普通の，いつもの」，「あはひ」は「間隔，隙間」という意味なので④が適当。

基本 問4 ⑤は正しくは逆接の「しかし，だが」などを用いる。

重要 問5 男は鹿の目が変だと思いながら近づくと，「体は間違いなく鹿の毛並みであ」ったが，「やはり目の様子が違っていたので……近寄って見ると，」「聖」が「鹿の皮を引きかぶって伏せておられた」ため，傍線部Cのように言ったので②が適当。聖が鹿の皮をまとっていたことに驚いたということをふまえていない他の選択肢は不適当。

問6 傍線部Dは，聖が男に「射られ」ようとして，ということなので⑤が適当。

問7 傍線部Eは，聖は自分が鹿に代わって殺されれば，男が鹿を殺すのを控えると思って，鹿の皮をかぶって射られようとしたが，「残念にも(おまえは)射てくれなかった」ということなので⑤

が適当。男に鹿を殺すのを止めさせることができなかったことを説明していない他の選択肢は不適当。

**重要** 問8　傍線部F直後の「『かくまで思しける事』」は，聖が自分を男に射させることで，男が鹿を殺すことを止めようとしたことを指しているので③が適当。聖が聖自身の命を差し出してまで自分を止めようとしてくれたことを説明していない他の選択肢は不適当。

**やや難** 問9　聖の行動と思いに「臥し転び泣きて」心を打たれた男は，傍線部Gのように「聖に随って法師になり，」「聖がお亡くなりになられてからも，ずっと同じところで勤行をしていた」ので①が適当。自分の行いを反省し，聖に随って聖が亡くなった後も勤行をしていたことを説明していない他の選択肢は不適当。

問10　聖は鹿を殺す男を止めるために，鹿の皮を引きかぶって男に射られようとしたが，「『残念にも(おまえは)射てくれなかった』」と話しているので，「命がけの作戦を練って，見事に成功させた」とある③は本文の内容に反している。

問11　①は適当。②は時代は同じだが，冒頭は「行く川のながれは絶えずして……」である。「つれづれなるままに，日暮し，…」は『徒然草』の冒頭である。③・④・⑤は冒頭は正しいが，成立はいずれも平安時代。

**★ワンポイントアドバイス★**

古文では，動作主や会話主が省略されることが多いので，誰の動作か，誰の発言かを確認しよう。

# 2022年度

★★★★★★★★★★★★★★★★★★★★★★★★

# 入　試　問　題

## 2022年度

# 名城大学附属高等学校入試問題

【数　学】（40分）　＜満点：100点＞

【注意】 1．数学については，問題文中の ア ， イ などの □ には，特に指示のない限り，数値または符号（−）が入ります。これらを次の方法で解答記入欄にマークしなさい。

⑴　ア・イ・ウ………の一つ一つは，それぞれ0から9までの数字または（−）のいずれか一つに対応します。それらをア・イ・ウ…で示された解答記入欄にマークします。

（例） ア イ に「−4」と答えるとき

| | | | | | | | | | | | |
|---|---|---|---|---|---|---|---|---|---|---|---|
| ア | ● | ⓪ | ① | ② | ③ | ④ | ⑤ | ⑥ | ⑦ | ⑧ | ⑨ |
| イ | ⊖ | ⓪ | ① | ② | ③ | ● | ⑤ | ⑥ | ⑦ | ⑧ | ⑨ |

⑵　分数や無理数の形で解答が求められているときは，最も簡単な形で答えなさい。（−）の符号は分子につけ，分母につけてはいけません。

（例） $\dfrac{\boxed{ウ}\boxed{エ}}{\boxed{オ}}$ に「$-\dfrac{8}{5}$」と答えるとき

| | | | | | | | | | | | |
|---|---|---|---|---|---|---|---|---|---|---|---|
| ウ | ● | ⓪ | ① | ② | ③ | ④ | ⑤ | ⑥ | ⑦ | ⑧ | ⑨ |
| エ | ⊖ | ⓪ | ① | ② | ③ | ④ | ⑤ | ⑥ | ⑦ | ● | ⑨ |
| オ | ⊖ | ⓪ | ① | ② | ③ | ④ | ● | ⑥ | ⑦ | ⑧ | ⑨ |

⑶　定規，分度器，コンパスは使用できません。

**1**　次の問いに答えなさい。

⑴　$(2022-2)\div 2022\times\dfrac{3\times(333+4)}{5\times(200+2)}=\boxed{ア}$ である。

⑵　$-\sqrt{3^2}+(\sqrt{3})^2-(-\sqrt{3})^2+\sqrt{3^2}-\sqrt{(-3)^2}=\boxed{イ}\boxed{ウ}$ である。

⑶　$\sqrt{\dfrac{6(337-1)}{n}}$ が整数となるような自然数 $n$ の中で2番目に小さい値は，$n=\boxed{エ}\boxed{オ}$ である。

⑷　二次方程式 $2(x+1)^2=2x+5$ の解は，$x=\dfrac{\boxed{カ}\boxed{キ}\pm\sqrt{\boxed{ク}}}{\boxed{ケ}}$ である。

⑸　次のページの図のように，平行な直線 $\ell$，$m$ が正五角形ABCDEと4点F，G，H，Iで交わっている。∠CHI＝157°であるとき，∠AGF＝ $\boxed{コ}\boxed{サ}$ °である。

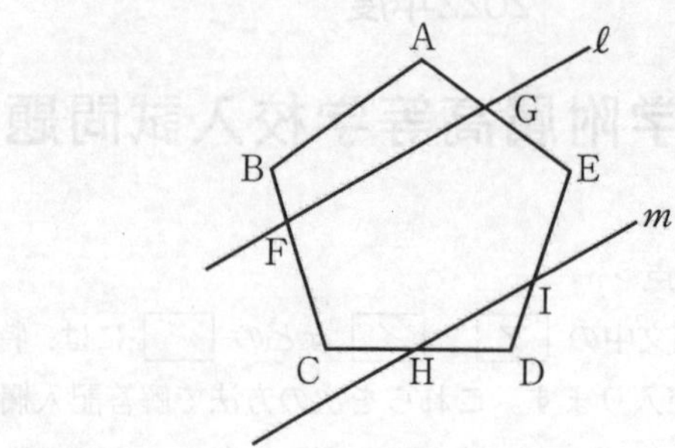


(6)　右の図において，　$x=\frac{\boxed{シ}}{\boxed{ス}}$ cmである。

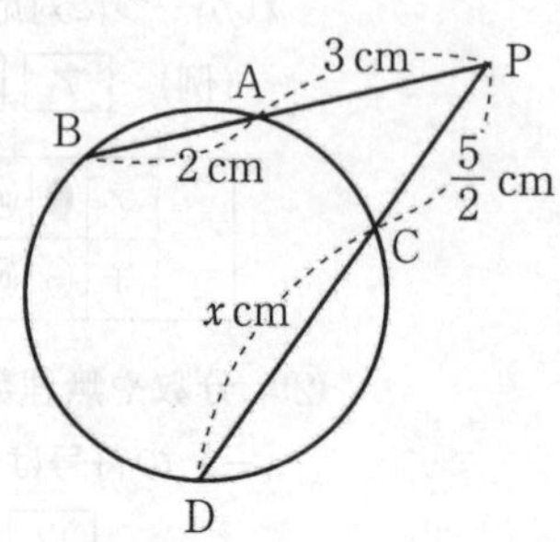


**2**　下の図のような3つの袋A，B，Cがある。袋Aの中には，2，4，6と書かれたカードが1枚ずつ，袋Bの中には，2，3，4，5と書かれたカードが1枚ずつ，袋Cの中には，1，2，4，5と書かれたカードが1枚ずつ入っている。一郎さんは袋Aから，二郎さんは袋Bから，三郎さんは袋Cから同時にそれぞれ1枚ずつカードを取り出し，3人が取り出したカードに書かれている数の大きさを比べるゲームを以下の【ルール】に従って行う。

【ルール】
- 最も大きいカードを取り出した人が1人だけの場合，その人を勝者とする。
- 最も大きいカードを取り出した人が2人だけの場合，その2人を勝者とする。
- 3人とも同じ大きさのカードを取り出した場合，引き分けとする。

次の問いに答えなさい。ただし，袋A，B，Cそれぞれについて，袋の中からどのカードが取り出されることも同様に確からしいとする。

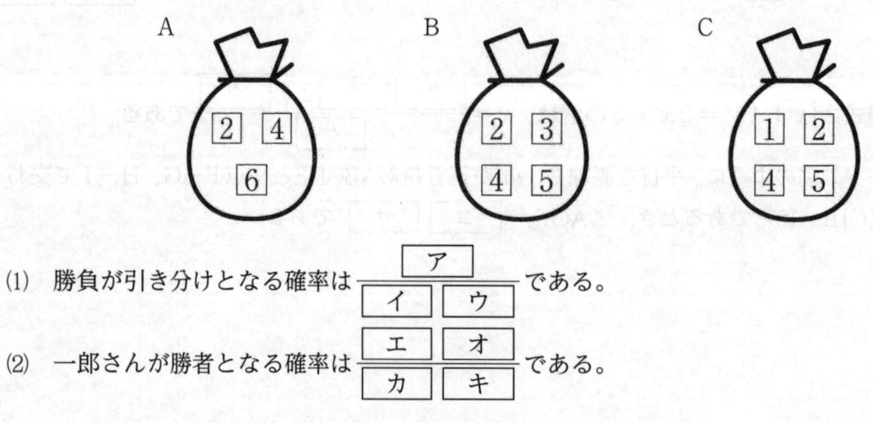


(1)　勝負が引き分けとなる確率は$\frac{\boxed{ア}}{\boxed{イ}\boxed{ウ}}$である。

(2)　一郎さんが勝者となる確率は$\frac{\boxed{エ}\boxed{オ}}{\boxed{カ}\boxed{キ}}$である。

**3**　二次関数 $y = ax^2$……(Ⅰ)，一次関数 $y = bx$……(Ⅱ) と $y = -bx + c$……(Ⅲ) についてタブレットのグラフ表示アプリを用いて考察している。このアプリでは，図1の画面上の A，B，C にそれぞれ係数 $a$，$b$，$c$ の値を入力すると，その値に応じたグラフが表示される。さらに，A，B，C それぞれの下にある●を左に動かすと係数の値が減少し，右に動かすと係数の値が増加するようになっており，値の変化に応じて (Ⅰ)～(Ⅲ) の関数のグラフが座標平面上を動く仕組みになっている。次の問いに答えなさい。

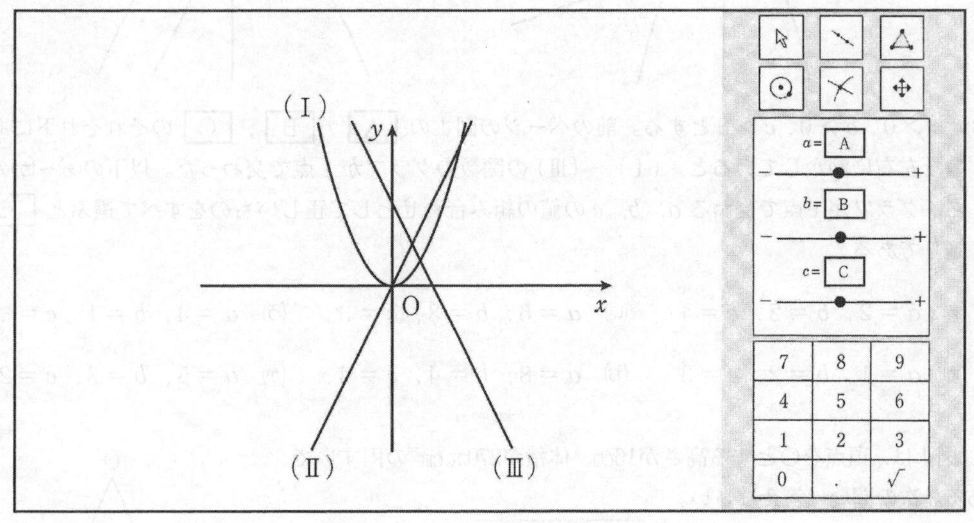


図1：グラフ表示アプリの画面

⑴　$a = -2$，$b = 5$，$c = -3$ のとき，(Ⅰ) と (Ⅲ) の交点の座標は，

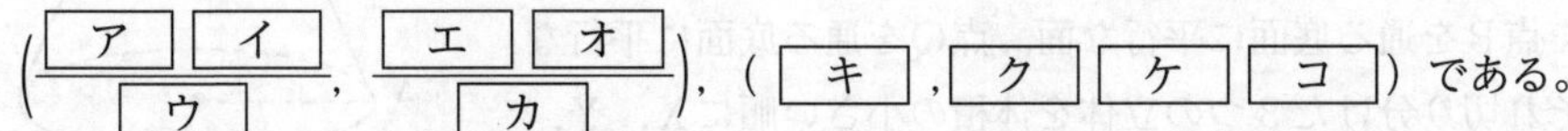


である。

⑵　図1の状態から，$a$ の値を減少させ，$b$ の値を減少させ，$c$ の値を変化させないとき，(Ⅰ)～(Ⅲ) の関数のグラフの位置関係が正しく書かれているのは①～④のうち サ である。

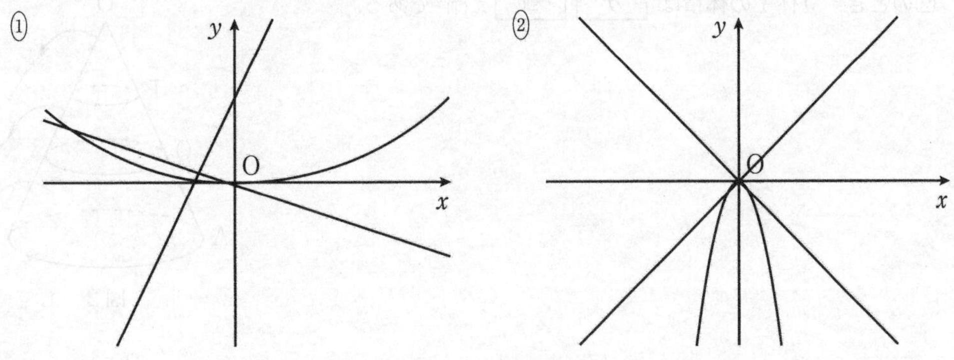

③　④

⑶　$a>0$，$b>0$，$c>0$とする。前のページの図１の［Ａ］，［Ｂ］，［Ｃ］のそれぞれ下にある●を左右に動かしていると，（Ⅰ）～（Ⅲ）の関数のグラフが１点で交わった。以下の㋐～㋕のうち，グラフが１点で交わる$a$，$b$，$c$の値の組み合わせとして正しいものをすべて選ぶと［シ］通りである。

㋐　$a=2$，$b=2$，$c=4$　　㋑　$a=6$，$b=3$，$c=3$　　㋒　$a=4$，$b=1$，$c=\frac{1}{2}$

㋓　$a=1$，$b=2$，$c=3$　　㋔　$a=8$，$b=4$，$c=4$　　㋕　$a=5$，$b=3$，$c=2$

**4**　図１は，頂点をＯとする高さが16㎝，体積が$270\pi$ ㎝$^3$の円すいである。次の問いに答えなさい。

⑴　底面の円の半径は，$\dfrac{［ア］\sqrt{［イ］［ウ］}}{［エ］}$ ㎝である。

⑵　図１の母線ＯＡを３等分する点Ｐ，Ｑを図２のようにとる。この円すいを点Ｐを通る底面に平行な面，点Ｑを通る底面に平行な面でそれぞれ切り分けた３つの立体を体積の小さい順にＸ，Ｙ，Ｚとする。このとき，Ｘ，Ｙ，Ｚの体積比は，
Ｘ：Ｙ：Ｚ＝［オ］：［カ］：［キ］［ク］である。

⑶　⑵のとき，立体Ｙの体積は［ケ］［コ］$\pi$ ㎝$^3$である。

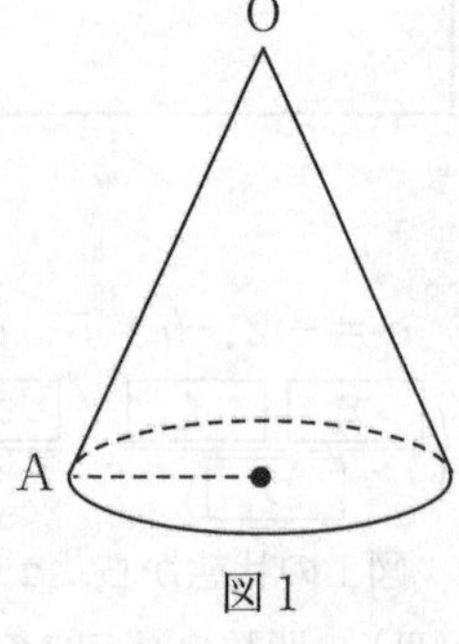

図１

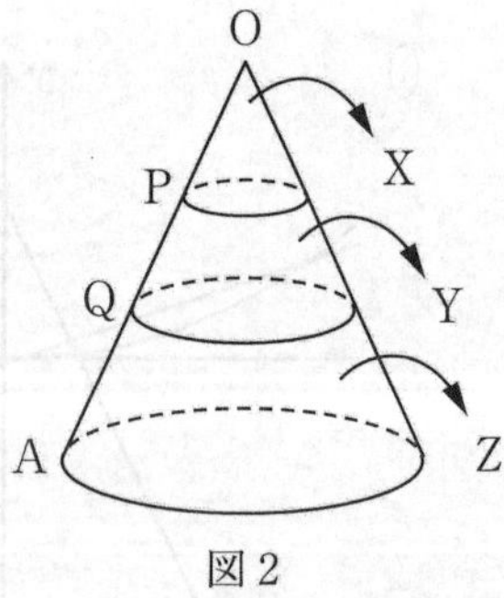

図２

**5**　次のページの図のように，AB＝$\frac{17}{2}$㎝，BC＝14㎝，CD＝７㎝，DA＝８㎝，AD // BCであるような台形ABCDがある。線分ABの中点をM，線分CD上に点Nをとる。次の問いに答えなさい。

⑴　線分MNが線分ADと平行になるとき，MN＝［ア］［イ］㎝である。

⑵　四角形AMNDの周の長さと四角形MBCNの周の長さが等しくなるように点Nを定めたとき，

ND＝$\dfrac{\boxed{ウ}\boxed{エ}}{\boxed{オ}}$㎝である。

⑶　四角形ＡＭＮＤの面積と四角形MBCNの面積が等しくなるように点Nを定めたとき，

ND＝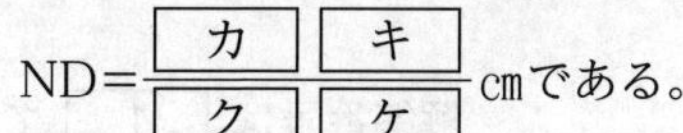

㎝である。

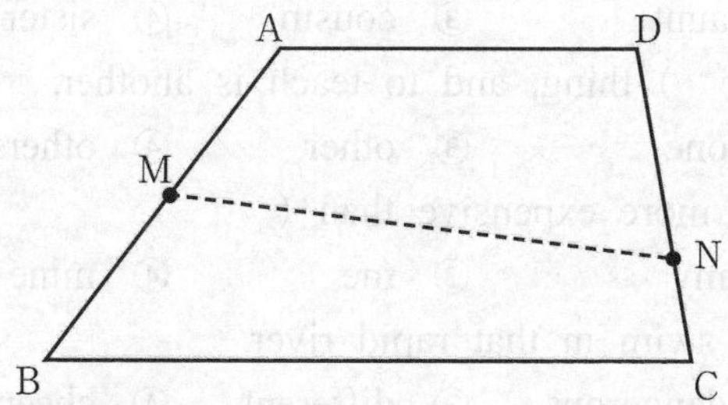

【英　語】（40分）　<満点：100点>

1　次の各英文の，(　) に入る語 (句) はどれですか。①～⑤の中から，最も適当なものを選び，その番号をマークしなさい。

問1　Beth is my father's sister.　She is my (　　).　解答番号は [ 1 ] です。
①　uncle　②　aunt　③　cousin　④　sister　⑤　niece

問2　To know is (　　) thing, and to teach is another.　解答番号は [ 2 ] です。
①　the other　②　one　③　other　④　others　⑤　some

問3　Her computer is more expensive than (　　).　解答番号は [ 3 ] です。
①　I　②　my　③　me　④　mine　⑤　more

問4　It is (　　) to swim in that rapid river.　解答番号は [ 4 ] です。
①　natural　②　dangerous　③　different　④　cheap　⑤　expensive

問5　Let's go to the cafeteria, (　　) we?　解答番号は [ 5 ] です。
①　do　②　don't　③　will　④　won't　⑤　shall

問6　Please (　　) free to use this device.　解答番号は [ 6 ] です。
①　take　②　try　③　have　④　set　⑤　feel

問7　I give my son's old clothes (　　) my sister because she has three small children.　解答番号は [ 7 ] です。
①　for　②　in　③　to　④　from　⑤　by

問8　My friend didn't enjoy the party, but I found it (　　).
解答番号は [ 8 ] です。
①　be interesting　②　interesting　③　interested
④　to be interested　⑤　be interested

問9　John (　　) the plants in the garden.　解答番号は [ 9 ] です。
①　water　②　waters　③　giving water
④　give a water　⑤　watering

問10　(　　) I was in Nara, I visited many temples and shrines.
解答番号は [ 10 ] です。
①　If　②　When　③　During　④　Then　⑤　Until

2　次の各日本文に合うように語 (句) を並べかえた場合，不足する語がある場合は，その単語の頭文字を①～④の中から選び，その番号をマークしなさい。不足する語がない場合は，⑤の「なし」をマークしなさい。

問1　駅から5分歩いたら，新しいスポーツセンターに着いた。　解答番号は [ 11 ] です。
A ( five-minute / from / new / the / the station / sports center / to / us / walk ).
①　a　②　b　③　c　④　d　⑤　なし

問2　ガンディーは差別に対して戦ったので多くの人からたいへん尊敬されている。
解答番号は [ 12 ] です。
Gandhi ( because / by / discrimination / fought / he / is greatly / many / people

/ respected ).

① f　② t　③ w　④ a　⑤ なし

問３　写真を撮りましょうか。　解答番号は 13 です。

Would ( like / picture / take / to / you / your )?

① d　② y　③ m　④ f　⑤ なし

問４　彼らが冬のために貯蔵した食料はネズミに食べられることもあった。

解答番号は 14 です。

The food ( eaten / for / they / sometimes / stored / the winter / was / which ) by rats.

① k　② t　③ h　④ a　⑤ なし

問５　彼は今朝から熟睡している。　解答番号は 15 です。

He ( a log / been / has / morning / like / since / sleeping / this ).

① f　② k　③ y　④ z　⑤ なし

**3** 次の各英文中に不要な文が一つあります。下線部①～⑤の中から，取り除く文として最も適当なものを選び，その番号をマークしなさい。

問１

Have you ever visited any houses in America? ①They are so different. Many houses in America are very old. ②Some of them were built more than 100 years ago. ③You do not have to take off your shoes inside a house. Most people do not like to build new houses by destroying old ones. ④Instead, they repair them and keep living in them. ⑤Many people paint the wall themselves.

解答番号は 16 です。

問２

A long time ago, in England, a dangerous game was played. ①Soccer and rugby were played by students. This game was played by one hundred people. ②There were two teams and two goals. ③They were on each side of the town. ④The players had to put the ball on the other side of the town to win. The game was dangerous because the players could fight each other with violence. ⑤Later, new rules were made to keep people safe. This sport became soccer.

解答番号は 17 です。

問３

What can we do with computers?

First, we can write sentences more easily with them. ①You can change words and sentences more easily. You can move a whole *paragraph from one place to an-other. ②When you are finished, you can print it with a printer. It can print many pages in a few minutes. ③Second, computers were made about seventy years ago. ④We can also write and send letters to foreign countries quickly. Because it takes about a week to send a letter. ⑤And it is not expensive. This is called electronic mail or E-mail.

*paragraph：段落

解答番号は 18 です。

**4** 次の英文の，（A）～（F）に入る表現はどれですか。①～⑤の中から，最も適当なものを選び，その番号をマークしなさい。

Ben Cohen and Jerry Greenfield both came from Merrick, New York. They were good friends. After college they wanted to start a *business together. （ A ） business? A food business, of course. Ben and Jerry were different in many ways, but in one way they were the same. They both liked food!

One food （ B ） was ice cream. They wanted to open an ice-cream shop. Where was a good place for an ice-cream shop? They looked at many cities and towns. Then they went to Burlington, Vermont. They liked the city a lot. It had lots of young people, and it didn't have any good ice-cream shops. There was only one problem with Burlington. For five months of the year, it was very cold there. Did people buy ice cream on cold days?

On May 5, 1978, Ben and Jerry opened their ice-cream shop. It was a small shop, and it wasn't very beautiful. （ C ） the ice cream was very good. Lots of people came to eat ice cream on opening day. They came back again and again. There were always lots of people in the shop. Ben and Jerry worked very hard. One night after work, Ben was （ D ） that he went to sleep on the ground in front of the shop!

After a few months, Ben and Jerry went to the bank. They had bad news. There were only a few dollars in their *bank account.

"Why is that?" they asked. "After all these months of hard work!"

Then they started to learn about business. They learned about *expenses, *marketing, and sales. They started to have big ice-cream parties. They gave *free ice cream on some days. People in other cities learned about Ben and Jerry's, and they came a long way to eat the ice cream.

Ben and Jerry made more ice cream, and they started selling it to stores and restaurants. （ E ）, they went to stores and restaurants in Vermont. Then they started selling their ice cream to stores across the United States. By 1988 they were selling ice cream all over the United States. A few years later, people could also buy their ice cream in Canada, Israel, and many European countries.

Why do people buy Ben and Jerry's ice cream? First of all, it's very good ice cream. It's made with Vermont milk, and it doesn't have any *chemicals in it.

People also buy Ben and Jerry's ice cream because they like the company. From the beginning, Ben and Jerry wanted their company （ F ）. They didn't just want to make a lot of money. They also wanted to try to help people. Ben and Jerry's is now a very big company, but it does help people. It supports *farmers in Vermont. It buys lots of milk from them, and that gives the farmers more work. The company also gives lots of jobs to young people and gives 7.5% of its *profit to help children and sick people around the world.

(adapted from *BASIC READING POWER 1*, PEASON)

*business：商売　*bank account：銀行口座　*expense：費用　*marketing：販売促進活動
*free：無料の　*chemical：化学製品　*farmer：農場経営者　*profit：利益

問１（A）の解答番号は 19 です。
① When did they start　② How about　③ How many
④ Why did they learn about　⑤ What kind of

問２（B）の解答番号は 20 です。
① they liked very much　② which Ben wanted to eat
③ which Jerry made　④ sold at a shop
⑤ which had too much sugar

問３（C）の解答番号は 21 です。
① Today　② Now　③ But　④ Then　⑤ So

問４（D）の解答番号は 22 です。
① so hungry　② too poor　③ so poor　④ too tired　⑤ so tired

問５（E）の解答番号は 23 です。
① However　② These days　③ Finally
④ First　⑤ Surprisingly

問６（F）の解答番号は 24 です。
① to be careful　② to be different　③ to be common
④ to be clean　⑤ to be big

5　次の英文（留学生 Jane のプレゼンテーション）を読み，あとの問いに答えなさい。

Hello, everyone. Today, I'd like to tell you about sports clubs which students in my school in Australia join. Actually, there are（ 1 ）sports clubs in my school, so the students who want to do sports are in sports clubs outside school.

Now, look at *Table 1 and Table 2. These show the number of students in each sports club. *Judging from the number of students,（ 2 ）is the most popular sport among both boys and girls in my school.

For boys, the second is（ 3 ）, and the third is（ 4 ）. In Japan, these two sports are not played by many students,（ 5 ）? But in Australia, many students enjoy playing them.

The second for girls is netball. I hear it's not played by many Japanese students,（ 6 ）, but it's played in more than 70 countries. Actually, I play netball. ①When you come to Australia,（ how / I / it / play / show / to / will / you ）, so we can have fun together.

That's the *end of my presentation. Thank you for listening. If you have any questions, please ask me.

**Number of Students in Sports Clubs Outside School**

Table 1 (Boys)

| Club | Number |
|---|---|
| Soccer | 19 |
| Australian Football | 12 |
| Cricket | 8 |
| Basketball | 7 |
| Tennis | 5 |
| Other Sports | 7 |

Table 2 (Girls)

| Club | Number |
|---|---|
| Soccer | 13 |
| Netball | 11 |
| Basketball | 5 |
| Swimming | 4 |
| Tennis | 3 |
| Other Sports | 5 |

*table：一覧表　*judging from：～から判断して　*end：終わり

(adapted from *UNITE STAGE 0*, SUKEN SHUPPAN)

問１　（１）に入る語として正しいものはどれですか。①～⑤の中から，最も適当なものを選び，その番号をマークしなさい。　解答番号は 25 です。

① some　② any　③ no　④ other　⑤ only

問２　（２）～（４）に入る組み合わせとして正しいものはどれですか。①～⑤の中から，最も適当なものを選び，その番号をマークしなさい。　解答番号は 26 です。

① （２）other sports　（３）tennis　（４）basketball
② （２）other sports　（３）tennis　（４）swimming
③ （２）other sports　（３）cricket　（４）basketball
④ （２）soccer　（３）netball　（４）other sports
⑤ （２）soccer　（３）Australian football　（４）cricket

問３　（５）に入る語（句）として正しいものはどれですか。①～⑤の中から，最も適当なものを選び，その番号をマークしなさい。　解答番号は 27 です。

① aren't they　② don't they　③ today　④ right　⑤ Jane

問４　（６）に入る語として正しいものはどれですか。①～⑤の中から，最も適当なものを選び，その番号をマークしなさい。　解答番号は 28 です。

① either　② also　③ too　④ don't　⑤ anyway

問５　下線部①の語（句）を意味の通るように並べかえた場合，（　）内だけで４番目と６番目になるものの組み合わせとして正しいものはどれですか。①～⑤の中から，最も適当なものを選び，その番号をマークしなさい。　解答番号は 29 です。

① ４番目：you　／ ６番目：to　② ４番目：show ／ ６番目：to
③ ４番目：play　／ ６番目：it　④ ４番目：how ／ ６番目：play
⑤ ４番目：how　／ ６番目：you

**6**　次の英文を読み，あとの問いに答えなさい。

What makes a song become a popular *hit? （ ア ） Do you think hit songs are popular because they are great songs? （ イ ） Researchers say that hit songs become popular because listeners *care about what other people think. For most listeners, the *quality of the song is not as important.

A *recent *online study looked at how we choose our music. It showed that a song's *popularity influences our *choices. *In other words, we like to listen to the music that our *peers enjoy. ( ウ ) In the study, researchers gave a list of 48 *un-known songs to 14,000 *teenagers. The students listened to some of the songs and *rated them. *Participants gave one star to songs that they didn't like. They gave five stars to songs that they liked very much.

The researchers *divided the participants into two groups. The first group saw ( A ) the song title and the name of the band. They rated songs because the name of the song or the name of the band looked interesting. After listening to the song, participants rated it with stars.

The second group of teenagers *received *extra information. This group could also see the number of *downloads for each song. The songs with many downloads looked like they were very popular. The teenagers thought that these songs were favorites with their peers. However, the researchers *made up the number of down-loads for each song. The songs showing the most downloads weren't really popular. ① *In fact, these songs weren't very good, (　　　　) music *experts.

Participants in the second group usually gave the most stars to the songs with the most downloads. They thought these songs were popular with their peers. They were not interested in the quality of the song. They just wanted to listen to songs that their peers liked.

So why did participants give the most stars to the songs that *seemed popular? ( エ ) One of the *authors of the study, Matthew Salganik, a researcher at Colum-bia University in New York, says: "People are faced with too many *options, in this case 48 songs. ② *Since you can't listen to all of them, a natural *shortcut ( are / is / listen / listening / other / people / to / to / to / what ). I think that's what happens in the real world."

Salganik also says that people want to know what others are listening to. ( オ ) He says that people enjoy *discussing and *sharing music and books with their friends. ③ So it isn't necessary for a popular book or a song to be of good qual-ity. It is ( A ) necessary that some people enjoy it. Then these people influence their friends. And soon, the popularity of a song or book spreads. *Perhaps it will even become a big hit.

④ Today the Internet lets people (　　　　) their opinions about movies, books, and music almost *instantly. People write about music on *social networking sites, *post *comments on the *Web, or read readers' *reviews. On the Internet, a person can easily see how many people bought a book or downloaded a song. ⑤ Perhaps

( 1 ) has more influence on our choices than ( 2 ).

(adapted from *Q: Skills for Success*, OXFORD UNIVERSITY PRESS)

*hit：ヒット曲　*care about：～を気づかう　*quality：質　*recent：最近の
*online：オンラインの　*popularity：人気　*choice：選択　*in other words：言い換えると
*peer：友達　*unknown：知られていない　*teenager：10代の少年少女　*rate：～を評価する
*participant：参加者　*divide：～を分ける　*receive：～を受け取る　*extra：追加の
*download：ダウンロード　*make up：～をでっちあげる　*in fact：実際は　*expert：専門家
*seem：～であるらしい　*author：著者　*option：選択　*since：～だから　*shortcut：近道
*discuss：～について話し合う　*share：～を分かち合う　*perhaps：ひょっとしたら
*instantly：直ちに　*social networking sites：ソーシャル・ネットワーキング・サイト
*post：(インターネットなどで情報を) 掲示する　*comment：コメント　*Web：インターネット
*review：批評

問１　次の質問に対する答えとして正しいものはどれですか。①～⑤の中から，最も適当なものを選び，その番号をマークしなさい。　解答番号は 30 です。

What is the main idea of this story?

① Our peers influence our music choices.
② Some hit songs are not good songs.
③ The researchers found that the two groups made different choices.
④ Social networking sites are important to make a hit song.
⑤ Most people are too busy to listen to a lot of songs.

問２　２か所ある（A）に共通して入る語はどれですか。①～⑤の中から，最も適当なものを選び，その番号をマークしなさい。　解答番号は 31 です。

① more　② little　③ once　④ very　⑤ only

問３　下線部①の（　）に入る語句として正しいものはどれですか。①～⑤の中から，最も適当なものを選び，その番号をマークしなさい。　解答番号は 32 です。

① according to　② instead of　③ in front of
④ up until　⑤ in case of

問４　下線部②の語を意味の通るように並べかえた場合，（　）内だけで４番目と８番目になるものの組み合わせとして正しいものはどれですか。①～⑤の中から，最も適当なものを選び，その番号をマークしなさい。　解答番号は 33 です。

① ４番目：to　／　８番目：are　② ４番目：to　／　８番目：listening
③ ４番目：what　／　８番目：listening　④ ４番目：other　／　８番目：to
⑤ ４番目：other　／　８番目：listen

問５　下線部③の理由としてふさわしいものはどれですか。①～⑤の中から，最も適当なものを選び，その番号をマークしなさい。　解答番号は 34 です。

① 口コミから人気を広げることが楽しいから。
② 音楽を共有して有名にさせることを楽しみたいから。
③ 友達と同じ音楽や本について話し合いたいから。
④ 周りとの会話についていけなくなるのは困るから。

⑤ SNS上で評価を共有して情報を得ることができるから。

問6 下線部④の（ ）に入る語（句）として正しいものはどれですか。①~⑤の中から，最も適当なものを選び，その番号をマークしなさい。 解答番号は 35 です。

① share ② shared ③ sharing ④ to share ⑤ are shared

問7 下線部⑤の（1）と（2）に入る組み合わせとして正しいものはどれですか。①~⑤の中から，最も適当なものを選び，その番号をマークしなさい。 解答番号は 36 です。

①（1）five stars （2）peers like
②（1）the number of downloads （2）they read reviews
③（1）the quality of the song （2）five stars
④（1）this information （2）we think
⑤（1）having the option （2）you just listen to

問8 次の一文が入る位置は本文中の（ア）~（オ）のどれですか。①~⑤の中から，最も適当なものを選び，その番号をマークしなさい。 解答番号は 37 です。

If so, you need to think again.

①（ア） ②（イ） ③（ウ） ④（エ） ⑤（オ）

問9 本文の内容に合っているものはどれですか。①~⑤の中から，最も適当なものを選び，その番号をマークしなさい。 解答番号は 38 です。

① The participants in the study were older than 20 years old.
② There were 48 different groups in the study.
③ The songs in the study were known to the participants.
④ One group could see how many downloads each song had.
⑤ The number of downloads was made up by teenagers.

【理　科】(30分)　　<満点：100点>

**1**

問1　新型コロナウイルスに対するワクチン接種が進んでいます。その中の一つの種類である，mRNA（メッセンジャーRNA）ワクチンは新しいしくみのワクチンです。mRNAワクチンでは，ウイルスの【　A　】をつくるもとになる情報の一部を注射します。その情報をもとに，ウイルスの【　A　】の一部が体内につくられ，それに対する抗体などができることで，ウイルスに対する免疫ができます。

【A】にあてはまる語として正しいものはどれですか。①~⑤の中から，最も適当なものを選び，その番号をマークしなさい。　解答番号は［1］です。

①　タンパク質　②　糖質　③　アミノ酸　④　脂質　⑤　ビタミン

問2　私たちの暮らしの中で毎日大量に出るごみ・排水などによって，海洋汚染が進み，海の豊かな環境や生態系が壊れつつあり，世界的な問題となっています。私たちが将来も豊かな暮らしを続けていくための世界共通の目標として，国連で採択された【　B　】(持続可能な開発目標)でも，「目標14．海の豊かさを守ろう」という目標が立てられています。

【B】にあてはまるものとして正しいものはどれですか。①~⑤の中から，最も適当なものを選び，その番号をマークしなさい。　解答番号は［2］です。

①　SCBs　②　SGBs　③　SDGs　④　SGDs　⑤　SBDs

問3　ある一定の時間に図1のような回路中の抵抗器で発生した熱量は1000 Jでした。次に，図1と同じ抵抗器と電池を2つずつ用いて，図2のような回路を作りました。

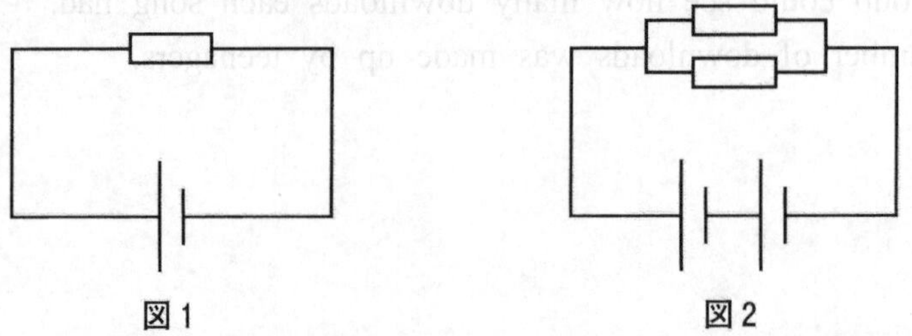

図1　　　　図2

計測時間が同じであれば，図2の回路中の2つの抵抗器で発生した熱量の合計はいくらですか。①~⑤の中から，最も適当なものを選び，その番号をマークしなさい。

解答番号は［3］です。

①　500 J　②　1000 J　③　2000 J　④　4000 J　⑤　8000 J

問4　次のページの図3のように物体を凸レンズの焦点（F点）より近い位置（A点）に置き，凸レンズを通して物体を見ます。物体をA点からF点まで徐々に動かすとき，凸レンズを通して物体を見るとどのように見えますか。①~⑤の中から，最も適当なものを選び，その番号をマークしなさい。　解答番号は［4］です。

①　物体と同じ向きの像がだんだん大きくなって，やがてぼやけて見える。

②　物体と同じ向きの像がだんだん小さくなって，やがてぼやけて見える。

③　物体と上下逆さの像がだんだん大きくなって，やがてぼやけて見える。

④　物体と上下逆さの像がだんだん小さくなって，やがてぼやけて見える。

⑤　物体を動かしても，像の様子は変わらない。

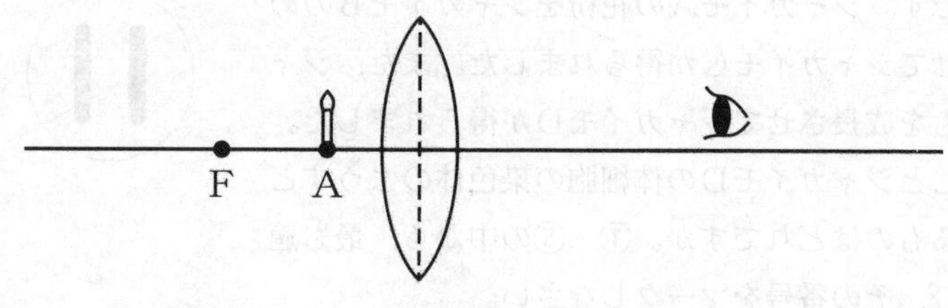


図３

問５　質量が18.0ｇ，体積が19.5㎤の物質を，水，エタノール，水銀にそれぞれ入れる実験を行いました。結果を述べた文のうち，正しい記述はどれですか。①～⑤の中から，最も適当なものを選び，その番号をマークしなさい。ただし，水，エタノール，水銀の密度は，それぞれ1.00ｇ/㎤，0.72ｇ/㎤，13.55ｇ/㎤とします。　解答番号は［5］です。

①　水には沈んだが，エタノールと水銀には浮いた。

②　水銀には沈んだが，水とエタノールには浮いた。

③　エタノールには沈んだが，水と水銀には浮いた。

④　水とエタノールには沈んだが，水銀には浮いた。

⑤　水と水銀には沈んだが，エタノールには浮いた。

問６　太郎さんは，うすい塩酸15mLに少しずつ炭酸カルシウムを加えていく実験を行いました。下の表１は加えた炭酸カルシウムと発生した気体の質量を記録した結果です。

太郎さんの高校では，純粋な炭酸カルシウムでつくられた白色のチョークを使用しており，このチョーク１本の質量は7.0ｇです。このチョーク１本すべてがちょうど反応するうすい塩酸の体積は何mLですか。①～⑤の中から，最も適当なものを選び，その番号をマークしなさい。

解答番号は［6］です。

表１

| 炭酸カルシウムの質量［g］ | 1.00 | 2.00 | 3.00 | 4.00 | 5.00 |
|---|---|---|---|---|---|
| 発生した気体の質量［g］ | 0.32 | 0.64 | 0.96 | 1.12 | 1.12 |

①　21mL　②　23mL　③　26mL　④　30mL　⑤　35mL

問７　ヒトの食物の消化と吸収について述べた次の文のうち，正しいものはどれですか。①～⑤の中から，最も適当なものを選び，その番号をマークしなさい。　解答番号は［7］です。

①　デンプンは，消化液によってブドウ糖に分解され，小腸の柔毛から毛細血管へと吸収される。

②　デンプンは，消化液によってアミノ酸に分解され，小腸の柔毛から毛細血管へと吸収される。

③　タンパク質は，消化液によってブドウ糖に分解され，小腸の柔毛からリンパ管へと吸収される。

④　タンパク質は，消化液によってアミノ酸に分解され，小腸の柔毛からリンパ管へと吸収される。

⑤　脂肪は，消化液によって脂肪酸とモノグリセリドに分解され，小腸の柔毛から毛細血管へと吸収される。

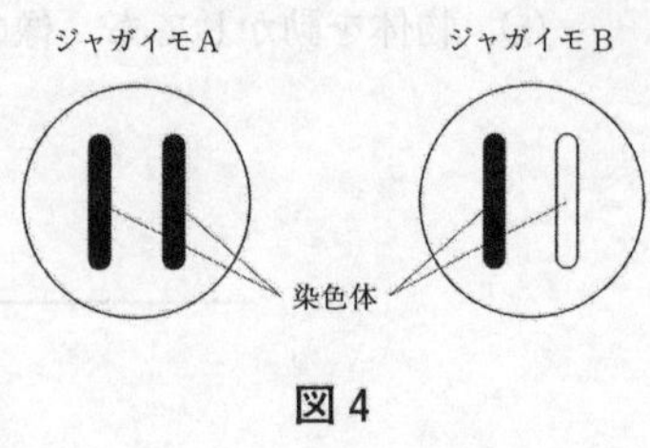

図4

問8　右の図4はジャガイモA，Bの体細胞の染色体を模式的に示したものです。ジャガイモAの花粉をジャガイモBのめしべに受粉させてジャガイモCが得られました。また，ジャガイモBのいもを成長させてジャガイモDが得られました。

ジャガイモCとジャガイモDの体細胞の染色体のようすとして考えられるものはどれですか。①～⑤の中から，最も適当なものを選び，その番号をマークしなさい。

解答番号は 8 です。

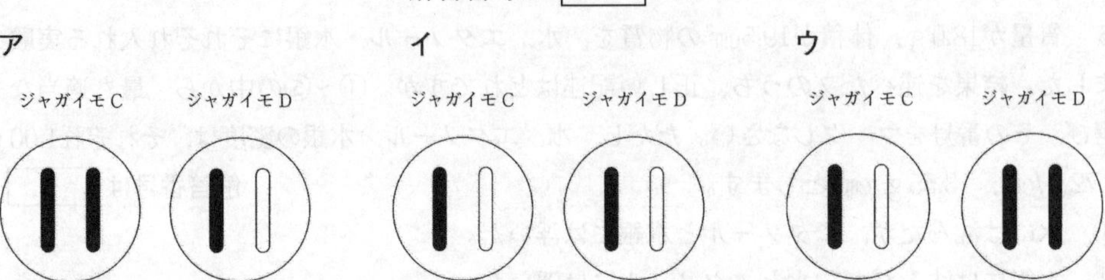


①　ア　②　イ　③　アとイ　④　イとウ　⑤　アとイとウ

問9　次の文は，太郎さんと花子さんが，理科室にあった3種類の火成岩A，火成岩B，火成岩Cを観察したときの会話の一部です。

太郎　火成岩Aは火成岩Bに比べて黒っぽいね。

花子　火成岩Aや火成岩Bでは，同じくらいの大きさの鉱物がきっちりと組み合わさっているわ。

太郎　そうだね。火成岩Cでは，大きな鉱物がごく小さな鉱物の集まりやガラス質の部分の中に散らばっているよ。

花子　火成岩Cに含まれている鉱物の種類は，火成岩Aにふくまれている鉱物の種類とよく似ているけど，つくりが違うね。

火成岩A，火成岩B，火成岩Cの組み合わせとして正しいものはどれですか。①～⑤の中から，最も適当なものを選び，その番号をマークしなさい。　解答番号は 9 です。

| | 火成岩A | 火成岩B | 火成岩C |
|---|---|---|---|
| ① | 玄武岩 | 流紋岩 | せん緑岩 |
| ② | はんれい岩 | 花こう岩 | 玄武岩 |
| ③ | 流紋岩 | 玄武岩 | 花こう岩 |
| ④ | せん緑岩 | 花こう岩 | 流紋岩 |
| ⑤ | 花こう岩 | せん緑岩 | 流紋岩 |

問10　地球を含む太陽系の6つの惑星の特徴をまとめたところ，次のページの表2のようになった。ただし，直径，質量の値は地球を1としたときの値，太陽からの距離は，太陽と地球の間の距離を1としたときの値である。表からわかることは何ですか。①～⑤の中から，最も適当なものを選び，その番号をマークしなさい。　解答番号は 10 です。

①　金星は地球よりも外側を公転している。

② それぞれの惑星がどの位置にあっても，地球との距離が最も近い惑星は火星である。
③ 木星が太陽の周りを１周するとき，地球はおよそ５周している。
④ 太陽からの距離と密度の関係は，反比例の関係にある。
⑤ 火星が地球から最も遠い位置のときの地球から火星までの距離は，金星が地球から最も遠い位置のときの地球から金星までの距離の，約1.5倍である。

**表２**

| 惑星の名前 | 直径 | 質量 | 密度 [g/cm$^3$] | 太陽からの距離 | 公転の周期 [年] |
|---|---|---|---|---|---|
| 金星 | 0.95 | 0.82 | 5.24 | 0.72 | 0.62 |
| 地球 | 1.00 | 1.00 | 5.52 | 1.00 | 1.00 |
| 火星 | 0.53 | 0.11 | 3.93 | 1.52 | 1.88 |
| 木星 | 11.21 | 317.83 | 1.33 | 5.20 | 11.86 |
| 土星 | 9.45 | 95.16 | 0.69 | 9.55 | 29.46 |
| 海王星 | 3.88 | 17.15 | 1.64 | 30.11 | 164.77 |

**2** 次の実験に関する各問いに答えなさい。

【実験１】

図１のように記録テープをつけた力学台車をなめらかな斜面の上に静かに置き，記録タイマーを用いて台車が静止した状態からどのように変化していくのか，運動の様子を調べました。台車は台や記録タイマー，空気から摩擦を受けないものとします。

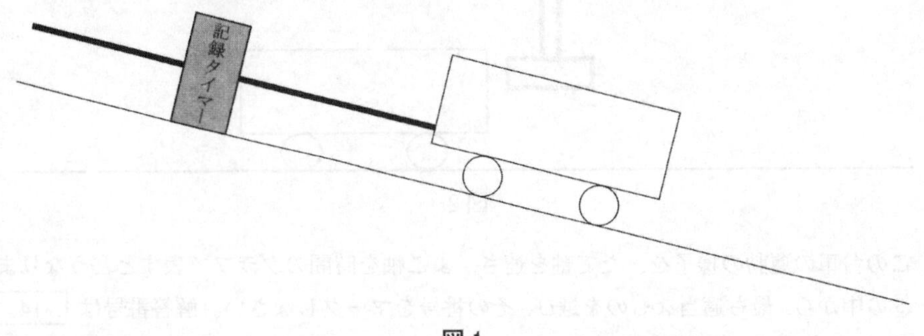


図１

**問１** この実験の結果として得られる記録テープの一部を切り取りましたが，この中には明らかにこの実験の**結果ではないもの**が１つあります。それはどれですか。①～⑤の中から，最も適当なものを選び，その番号をマークしなさい。 解答番号は 11 です。

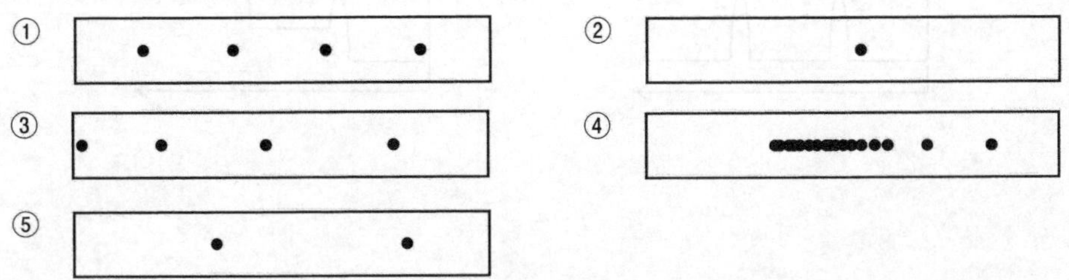

問２　この実験の結果として得られる記録テープは，始めの方の打点が重なっていて実験データとしては使えません。重なりが出てしまった理由は何ですか。①~⑤の中から，最も適当なものを選び，その番号をマークしなさい。　解答番号は 12 です。

① 日本には交流の周波数が，50Hzの場所と60Hzの場所があるから。
② 記録タイマーとテープが，からまってしまったから。
③ 記録タイマーはスイッチを入れた直後は誤作動を起こしやすいから。
④ 記録タイマーのスイッチを入れた後に台車を支えていた手を離したから。
⑤ 手を離した直後の台車の運動は，不安定だから。

問３　この実験を，交流の周波数が60Hzの場所で行った場合，この台車の速さを求めるためには実験結果をどうすればいいですか。①~⑤の中から，最も適当なものを選び，その番号をマークしなさい。　解答番号は 13 です。

① ２打点の長さを測り，その長さを30倍する。
② ３打点の長さを測り，その長さを25倍する。
③ ４打点の長さを測り，その長さを20倍する。
④ ５打点の長さを測り，その長さを10倍する。
⑤ ６打点の長さを測り，その長さを５倍する。

【実験２】

台車をなめらかな水平面の上に置いて手で押しました。その後，下の図２のようにきづちで台車を進行方向に２回たたきました。

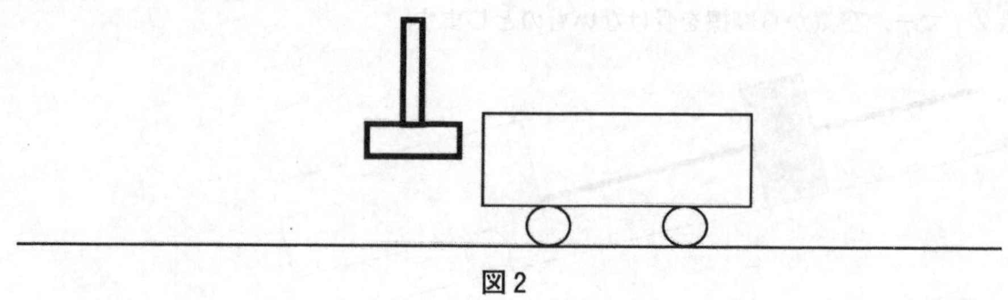

図２

問４　この台車の運動の様子を，たて軸を速さ，よこ軸を時間のグラフで表すとどうなりますか。①~⑤の中から，最も適当なものを選び，その番号をマークしなさい。解答番号は 14 です。

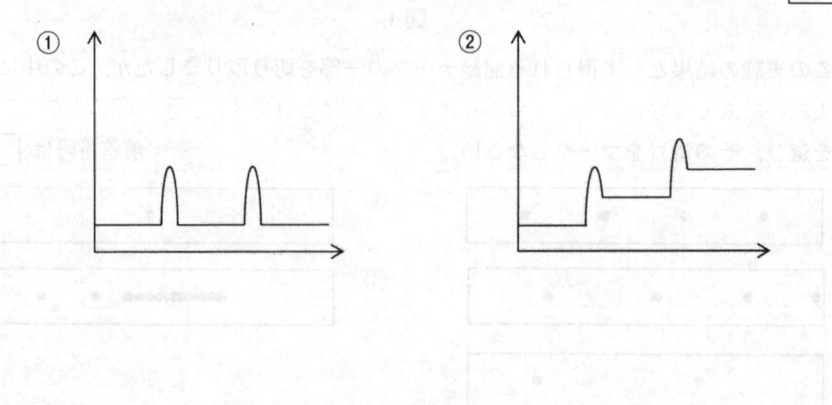

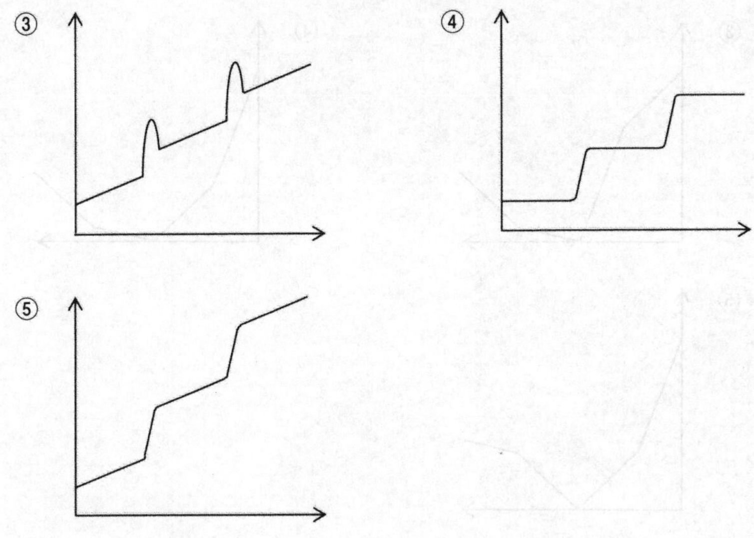


【実験３】

下の図３のように，なめらかな斜面に台車を置き，手で台車を斜面上向きに押して離したところ，台車は斜面をのぼり，その後くだりました。この斜面は途中から，摩擦が生じるあらい斜面になっています。

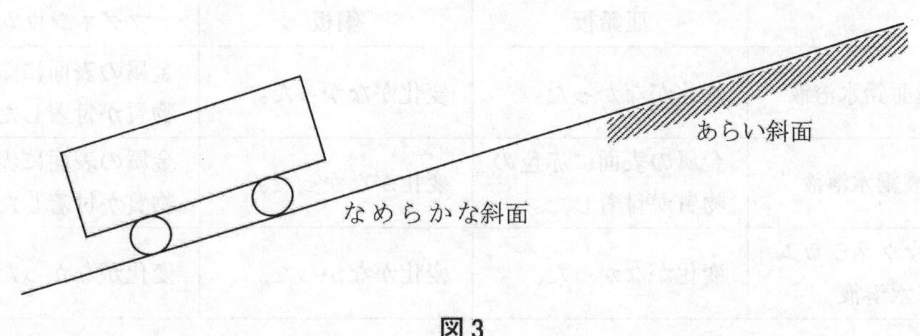


図３

問５　この台車はあらい斜面まで進入することができたとして，この台車の運動の様子を，たて軸を速さ，よこ軸を時間のグラフで表すとどうなりますか。①～⑤の中から，最も適当なものを選び，その番号をマークしなさい。　解答番号は 15 です。

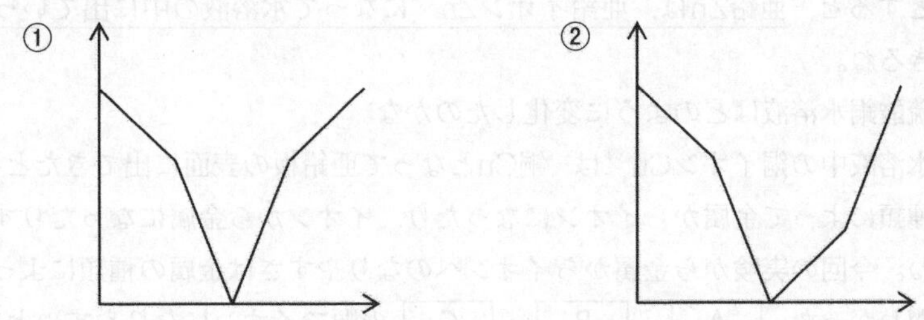

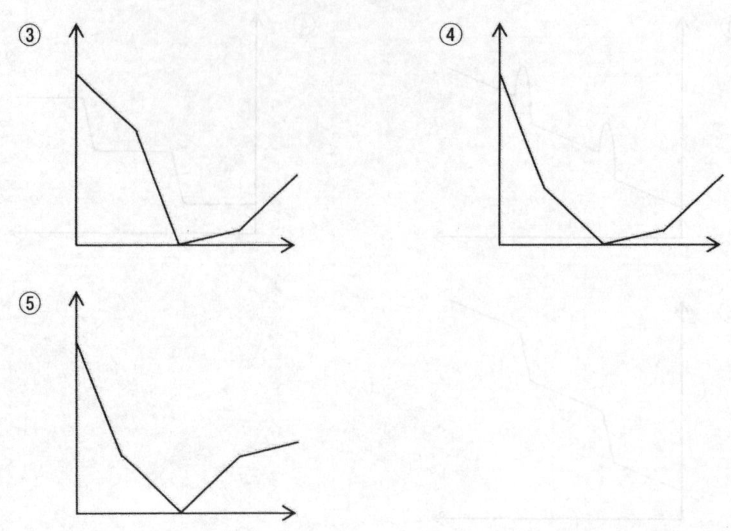


**3** 次のⅠ～Ⅲに答えなさい。

Ⅰ 金属板を水溶液に入れて，金属のイオンへのなりやすさのちがいを調べる実験を行いました。下の表1は，その結果をまとめたものです。この結果をもとに太郎さんと花子さんが考察をしています。

**表1**

| | 亜鉛板 | 銅板 | マグネシウム板 |
|---|---|---|---|
| 硫酸亜鉛水溶液 | 変化がなかった。 | 変化がなかった。 | 金属の表面に銀色の物質が付着した。 |
| 硫酸銅水溶液 | 金属の表面に赤色の物質が付着した。 | 変化がなかった。 | 金属の表面に赤色の物質が付着した。 |
| 硫酸マグネシウム水溶液 | 変化がなかった。 | 変化がなかった。 | 変化がなかった。 |

太郎：亜鉛板は硫酸銅水溶液に入れると変化が起きた。亜鉛板にどのような変化が起こったのだろうか。

花子：亜鉛がイオンになったのかな。

太郎：そうだとすると，亜鉛Znは，亜鉛イオン$Zn^{2+}$になって水溶液の中に出ていったと考えることができるね。

花子：では，硫酸銅水溶液はどのように変化したのかな。

太郎：硫酸銅水溶液中の銅イオン$Cu^{2+}$は，銅Cuとなって亜鉛板の表面に出てきたと考えられるね。

花子：金属の種類によって金属からイオンになったり，イオンから金属になったりするのかな。

太郎：そうだね。今回の実験から金属からイオンへのなりやすさは金属の種類によって異なっていることがわかった。［A］，［B］，［C］の順でイオンになりやすいといえるね。

問1 会話文中の下線部を示す反応式と，［B］に入る語の正しい組み合わせはどれですか。次のページの①～⑤の中から，最も適当なものを選び，その番号をマークしなさい。

解答番号は［16］です。

| | 下線部を示す反応式 | B |
|---|---|---|
| ① | $Zn \rightarrow Zn^{2+} + 2e^-$ | 亜鉛 |
| ② | $Zn \rightarrow Zn^{2+} + 2e^-$ | マグネシウム |
| ③ | $Zn + e^- \rightarrow Zn^{2+}$ | マグネシウム |
| ④ | $Zn + 2e^- \rightarrow Zn^{2+}$ | 亜鉛 |
| ⑤ | $Zn + 2e^- \rightarrow Zn^{2+}$ | 銅 |

Ⅱ　下の図1のように，亜鉛板と銅板に電子オルゴールをつなぎ，ダニエル電池の実験を行いました。

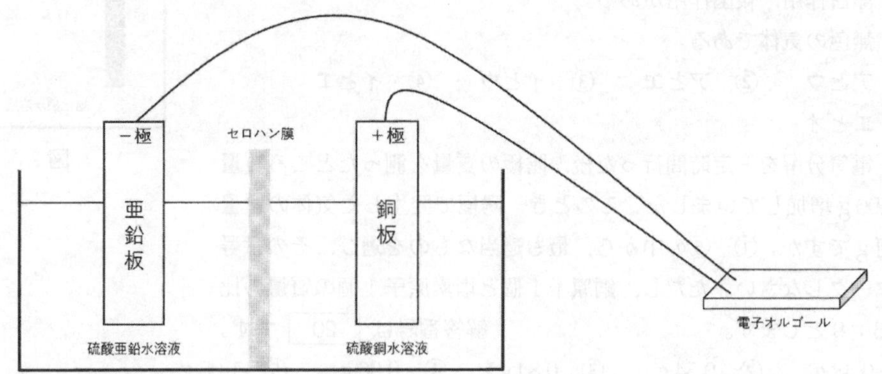


図1

問2　ダニエル電池について述べた次の文のうち，**誤っている文の組み合わせ**はどれですか。①～⑤の中から，最も適当なものを選び，その番号をマークしなさい。　解答番号は 17 です。

ア　電流は＋極の銅板から導線を通って－極の亜鉛板へ，電子は－極の亜鉛板から導線を通って＋極の銅板へ流れる。

イ　電流が流れると，－極の亜鉛板はとけ出して，硫酸亜鉛水溶液の濃度はこくなっていく。電池を長持ちさせるには，はじめの硫酸亜鉛水溶液の濃度をうすくする。

ウ　セロハン膜（素焼き板）は，２種類の水溶液が混ざらないようにするが，電流を流すために電子を通す。

エ　電流が流れると，＋極の銅板の表面には銅が付着するため，硫酸銅水溶液の濃度はうすくなっていく。電池を長持ちさせるには，はじめの硫酸銅水溶液の濃度をこくする。

オ　Ⅰの実験結果（**表1**）を参考に，－極の亜鉛板と硫酸亜鉛水溶液をマグネシウム板と硫酸マグネシウム水溶液にかえると，電圧が小さくなった。

①　アとイ　②　イとエ　③　ウとオ　④　アとウとオ　⑤　イとエとオ

問3　ある時間電流が一定に流れたとき，－極の亜鉛板の亜鉛原子は a 個が反応しました。このとき，亜鉛板と銅板の間を何個の電子が移動しましたか。①～⑤の中から，最も適当なものを選び，その番号をマークしなさい。　解答番号は 18 です。

①　$\frac{1}{2}$a 個　②　a 個　③　$\frac{3}{2}$a 個　④　２a 個　⑤　３a 個

Ⅲ　塩化銅水溶液をビーカーに入れ，図２のような装置をつくりました。電気分解を始めると陰極には赤色の金属物質が付着し，陽極からは気体が発生しました。

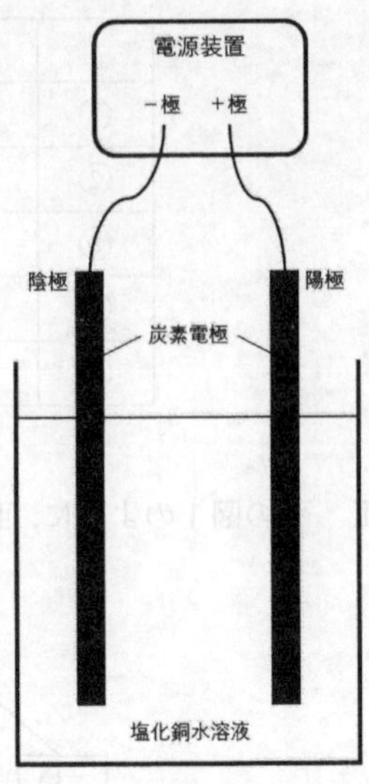

図２

問４　陽極で発生した気体について正しく述べた文の組み合わせはどれですか。①～⑤の中から，最も適当なものを選び，その番号をマークしなさい。　解答番号は 19 です。

ア　鼻をさすような特有の刺激臭がある。

イ　水にほとんど溶けない。

ウ　石灰水を白く濁らす。

エ　漂白作用，殺菌作用がある。

オ　無色の気体である。

①　アとウ　②　アとエ　③　イとウ　④　イとエ

⑤　エとオ

問５　電気分解を一定時間行った後，陰極の質量を測ったところ質量が0.96 g 増加していました。このとき，陽極で発生した気体の質量は何 g ですか。①～⑤の中から，最も適当なものを選び，その番号をマークしなさい。ただし，銅原子１個と塩素原子１個の質量の比は16：9とします。　解答番号は 20 です。

①　0.48 g　②　0.54 g　③　0.84 g　④　0.96 g　⑤　1.08 g

4　植物の蒸散のはたらきを調べるために，次のような【実験１】,【実験２】を行いました。次の各問いに答えなさい。

【実験１】

〈操作１〉

葉の数と大きさ，茎の長さと太さをそろえて，蒸散量が同じになるようにしたホウセンカの枝を数本と試験管Ａ～Ｃを用意した。

〈操作２〉

図１（次のページ）のように，試験管Ａ～Ｃに同量の水を入れ，試験管Ａにはワセリンをぬらなかったホウセンカの枝を，試験管Ｂにはすべての葉の表側だけにワセリンをぬったホウセンカの枝を，試験管Ｃにはすべての葉の裏側だけにワセリンをぬったホウセンカの枝をそれぞれさした。

〈操作３〉

すべての試験管を，風通しのよい明るい場所に一定時間放置して，水の減少量を調べて表１（次のページ）にまとめた。

問１　【実験１】では，水の減少量すべてが蒸散によるものかどうかがわかりません。蒸散による水の減少量を正しく得るためには，〈操作２〉と〈操作３〉の間に，どのような実験操作を加えるとよいですか。①～⑤の中から，最も適当なものを選び，その番号をマークしなさい。

解答番号は 21 です。

①　新たに用意した試験管Ｄに水を入れ，葉を切り取り，葉のついていたところにワセリンをぬったホウセンカの枝をさした。

② 新たに用意した試験管Dに水を入れ，茎にワセリンをぬったホウセンカの枝をさした。

③ 新たに用意した試験管Dに水を入れ，ホウセンカの茎と同じ太さのガラス棒をさした。

④ 新たに用意した試験管Dに水を入れ，水面に油を一滴入れて，何もささなかった。

⑤ 試験管A～Cにさしたホウセンカの枝にポリエチレンのふくろをかぶせた。

問2 【実験1】の水の減少量がすべて蒸散によるものだった場合，葉全体の蒸散量は何cm³になりますか。①～⑤の中から，最も適当なものを選び，その番号をマークしなさい。ただし，蒸散は葉以外の茎などからも行われるものとします。 解答番号は 22 です。

① 0.5cm³　② 6.0cm³　③ 8.5cm³　④ 9.0cm³　⑤ 9.5cm³

問3 【実験1】の結果からどのようなことがわかりますか。①～⑤の中から，最も適当なものを選び，その番号をマークしなさい。 解答番号は 23 です。

① 蒸散は気温が高いときにさかんに行われる。

② 蒸散は気温が低いときにさかんに行われる。

③ 気孔は葉の表の方が，葉の裏より多く存在する。

④ 気孔は葉の裏の方が，葉の表より多く存在する。

⑤ 気孔は葉の表と葉の裏で同じくらい存在する。

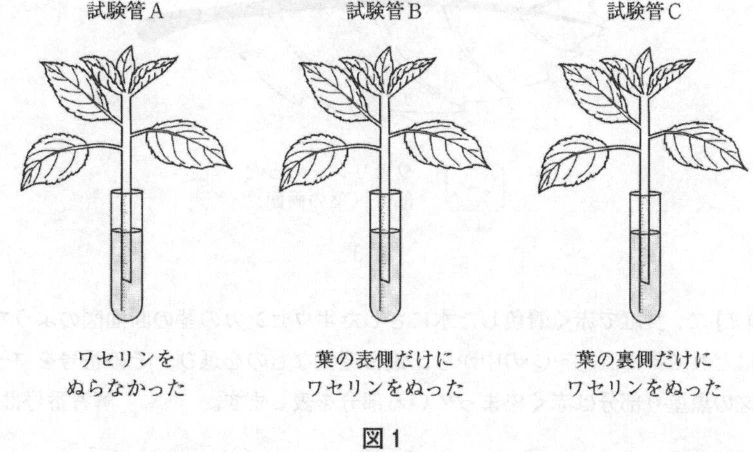


図1

表1

| | 試験管A | 試験管B | 試験管C |
|---|---|---|---|
| 水の減少量〔cm³〕 | 9.0 | 6.5 | 3.0 |

【実験2】

次のページの図2のように，葉の一部にワセリンをぬったホウセンカを，食紅で赤く着色した水にさし，一定時間放置しました。その結果，ワセリンをぬった葉は，次のページの図3のように葉脈の一部が赤く染まりました。なお，図3の黒塗り部分は赤く染まっている部分を表します。

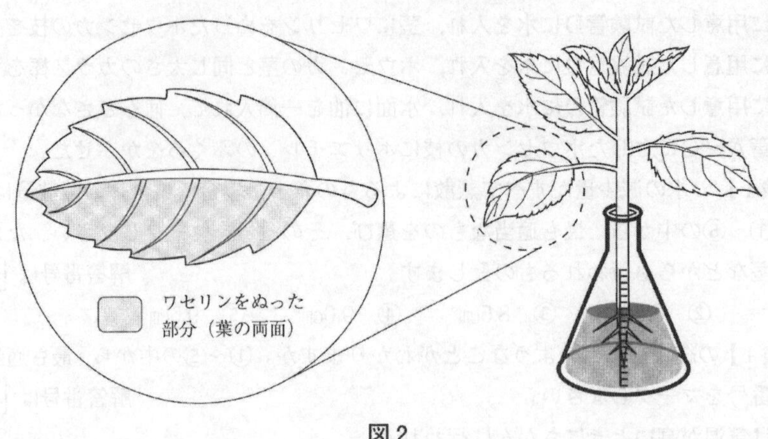


図2

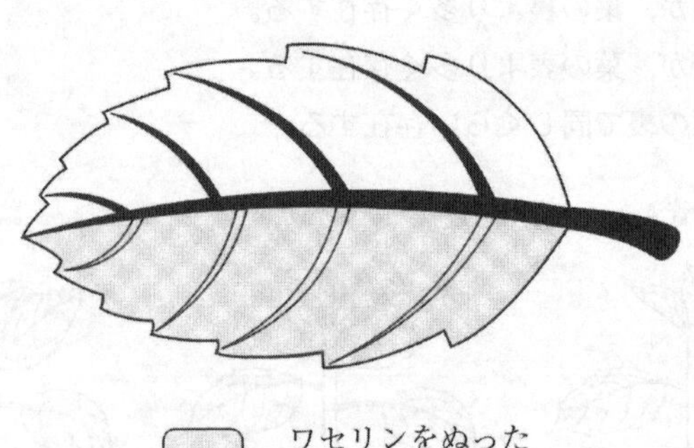


図3

問4　【実験2】で，食紅で赤く着色した水にさしたホウセンカの茎の断面図のようすを正しく表しているのはどれですか。①～⑤の中から，最も適当なものを選び，その番号をマークしなさい。ただし，図の黒塗り部分は赤く染まっている部分を表します。　解答番号は 24 です。

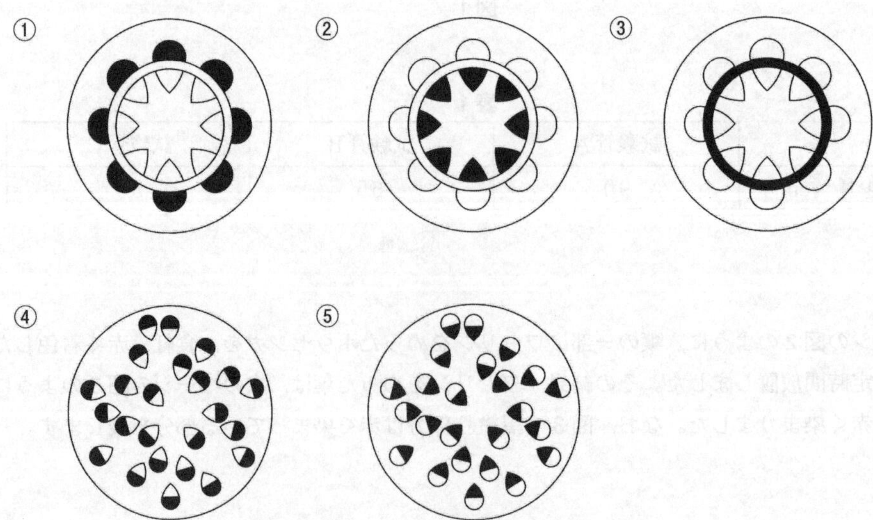

問５　植物が蒸散を行う理由として，【実験２】の結果から考えられることはどれですか。①~⑤の中から，最も適当なものを選び，その番号をマークしなさい。

解答番号は［25］です。

① 根からの水の吸収を促進する。
② 根からの水の吸収を抑制する。
③ 植物のからだの温度調節を行う。
④ 光合成によってできた酸素を放出する。
⑤ 呼吸によってできた二酸化炭素を放出する。

【社　会】（30分）＜満点：100点＞

1　次の問１～問７に答えなさい。

問１　2021年７月23日の日本時間午後８時に，東京オリンピックの開会式が始まった。これをテレビ中継で見ていたＡさん，Ｂさん，Ｃさんのオンラインでの会話と下の地図を見て，３人がいた都市の組み合わせとして，①～⑤の中から，最も適当なものを選び，その番号をマークしなさい。

解答番号は［１］です。

Ａさん「おはよう。こっちは今，朝の８時だよ。日本とは12時間時差があるから，見たい競技を見るには夜更かしが必要になっちゃうな。」

Ｂさん「こっちは日本との時差は１時間だけ。今は夜の９時だよ。東京はすごく暑そうだから，選手は大変そうだね。」

Ｃさん「こっちは正午。今はサマータイムだから，10月の末まではいつもより時計が１時間進んでいるよ。」

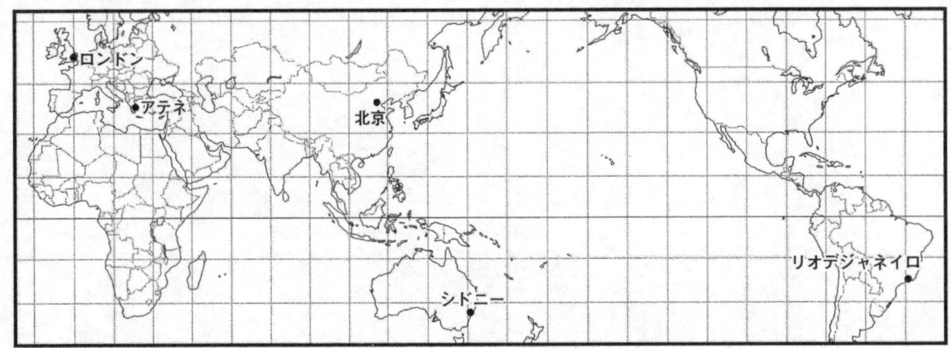


①　Ａさん：ロンドン　　　　　Ｂさん：北京　　　　Ｃさん：リオデジャネイロ
②　Ａさん：リオデジャネイロ　Ｂさん：シドニー　　Ｃさん：ロンドン
③　Ａさん：リオデジャネイロ　Ｂさん：北京　　　　Ｃさん：アテネ
④　Ａさん：アテネ　　　　　　Ｂさん：シドニー　　Ｃさん：ロンドン
⑤　Ａさん：アテネ　　　　　　Ｂさん：北京　　　　Ｃさん：ロンドン

問２　下の文Ａ～Ｄは，地下資源と産業について述べたものである。それぞれに当てはまる国名の組み合わせとして，次のページの①～⑤の中から，最も適当なものを選び，その番号をマークしなさい。

解答番号は［２］です。

Ａ　鉱産資源が豊富で，世界最大の鉄鉱石の産地がある。以前は鉱産資源の輸出国であったが，1970年代に国内向けの製品を中心に生産する工業化が進み，現在では自動車，航空機，電子部品など輸出用製品をつくる工業が発展している。

Ｂ　東部には石炭の産地，北西部には鉄鉱石の産地が多くあり，鉱業が重要な輸出産業となっている。かつてはイギリスが輸出入額第１位の相手国だったが，現在では日本や中国をはじめとしたアジアの国々との結びつきが強くなっている。

Ｃ　19世紀末から燃料となる石炭資源と水運に恵まれた地方で鉄鋼業を中心とする工業地域が発達した。第二次世界大戦で大きな打撃を受けたが，戦後は南部で自動車などの機械工業が発展した。

D　世界有数の産油国であり，確認されている原油の埋蔵量は世界全体の約６分の１を占めている。石油によって得られた収入は，国内の石油化学工業の発展や都市開発，社会保障や教育に使われている。

① A アメリカ　B オーストラリア　C 中国　D サウジアラビア
② A ブラジル　B ドイツ　C アメリカ　D サウジアラビア
③ A 中国　B アメリカ　C ドイツ　D オーストラリア
④ A ブラジル　B オーストラリア　C ドイツ　D サウジアラビア
⑤ A アメリカ　B ドイツ　C 中国　D オーストラリア

**問３**　東南アジアについて述べた文として，①～⑤の中から，最も適当なものを選び，その番号をマークしなさい。　　解答番号は 3 です。

①「世界の屋根」と呼ばれるヒマラヤ山脈やチベット高原がある。
② 小麦・トウモロコシ・大豆などの輸出量が非常に多く，「世界の食料庫」と呼ばれている。
③ 第二次世界大戦後，ヨーロッパ州の国々の植民地であった地域の多くは独立したが，民族のまとまりを無視して引かれた国境線の問題もあり，民族対立を背景とする紛争がしばしば起きている。
④ 1980年代以降，外国の企業が進出して工業化が進んだ国では，機械類などの工業製品の貿易が輸出・輸入ともに増えている。
⑤ 東南アジアのほとんどの国に加え，日本・中国・韓国が加盟している東南アジア諸国連合（ASEAN）が，地域内での貿易や経済協力をうながしている。

**問４**　2021年，「奄美大島，徳之島，沖縄島北部及び西表島」がユネスコの世界遺産に登録されることが決まった。下の文は，その登録基準である。同一の登録基準によって世界遺産に登録されているものとして，①～⑤の中から，最も適当なものを選び，その番号をマークしなさい。
解答番号は 4 です。

> 学術上又は保全上顕著な普遍的価値を有する絶滅のおそれのある種の生息地など，生物多様性の生息域内保全にとって最も重要な自然の生息地を包含する。

① 四川ジャイアントパンダ保護区群（中国）

② アンコール（カンボジア）

③ ウルル＝カタ・ジュタ国立公園
（オーストラリア）

④ モン・サン＝ミシェルとその湾
（フランス）

⑤ 富士山－信仰の対象と芸術の源泉
（日本）

**問5** 下の雨温図A～Eはそれぞれ，釧路，金沢，名古屋，高松，那覇のものである。このうち，金沢と高松の雨温図の組み合わせとして，①～⑤の中から，最も適当なものを選び，その番号をマークしなさい。

解答番号は［5］です。

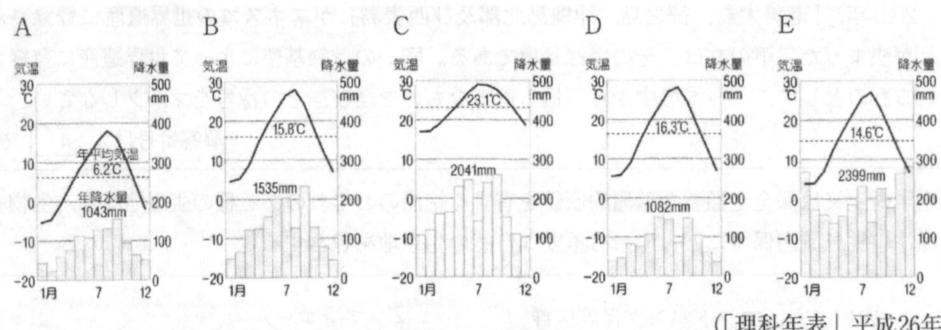


（「理科年表」平成26年）

① A・D　② B・C　③ B・D　④ C・E　⑤ D・E

**問6** 日本の平野の地形について述べた下の文章中の空欄［A］～［D］に当てはまる語の組み合わせとして，①～⑤の中から，最も適当なものを選び，その番号をマークしなさい。

解答番号は［6］です。

> 日本の平野の大部分は，流れの急な河川によって山地から運び出された土砂などがたまってつくられている。土砂は［ A ］ものから山麓に積もり，［ B ］をつくる。河口には，河川が運んできた［ C ］土砂で埋め立てられた［ D ］がつくられることがある。

① ［A］あらい　［B］台地　［C］細かい　［D］扇状地
② ［A］細かい　［B］扇状地　［C］あらい　［D］台地
③ ［A］あらい　［B］扇状地　［C］細かい　［D］三角州

④ ［A］細かい　　［B］三角州　　［C］あらい　　［D］台地

⑤ ［A］あらい　　［B］台地　　［C］細かい　　［D］三角州

**問7**　下の文章中の空欄［A］～［D］に当てはまる語の組み合わせとして，①～⑤の中から，最も適当なものを選び，その番号をマークしなさい。　　解答番号は［7］です。

> 下の地形図の縮尺は［　A　］分の1である。地図中のア付近には［　B　］が見られる。地点イからウの標高差は［　C　］mであり，イとウを結ぶ線は山頂から山麓に向かって等高線がはり出しているため，［　D　］にあたる。

① ［A］5万　　［B］果樹園　　［C］150　　［D］谷

② ［A］5万　　［B］茶畑　　［C］300　　［D］谷

③ ［A］2万5千　　［B］果樹園　　［C］150　　［D］谷

④ ［A］2万5千　　［B］茶畑　　［C］150　　［D］尾根

⑤ ［A］2万5千　　［B］果樹園　　［C］300　　［D］尾根

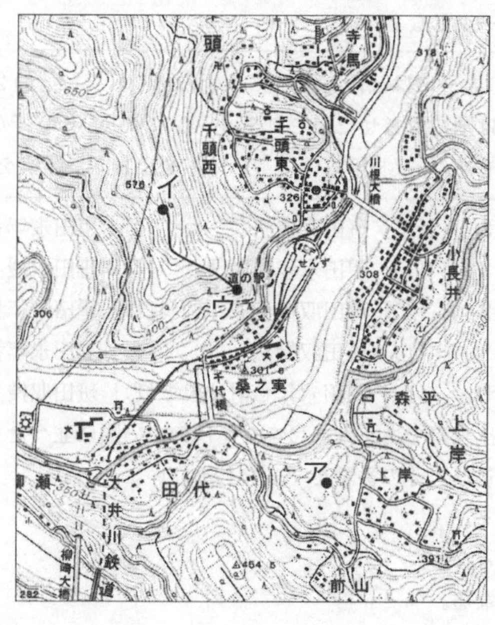


## 2　次の問1～問11に答えなさい。

**問1**　世界の三大宗教に関する記述として，①～⑤の中から，最も適当なものを選び，その番号をマークしなさい。　　解答番号は［8］です。

① 中国で仏教を開いたシャカは，人は身分に関わらず平等であり，修行を積めば心のやすらぎが得られると教えた。

② 仏教は，インド・チベット，日本に伝わったが，地域の宗教が強かったため東南アジアには伝わらなかった。

③ イエスは，ユダヤ教をもとにして，神の前で人は平等であり，神の愛によって誰もが救われると説き，その教えは「新約聖書」にまとめられた。

④ 3世紀のローマ帝国は，皇帝を神とする国の祭りに参加しないイスラム教徒を迫害した。

⑤　紀元前6世紀ごろ，アラビア半島に生まれたムハンマドは，人間は神の恵みに感謝し，互いに助け合わなければならないとしてイスラム教をおこした。

問2　飛鳥時代に関する記述として，①～⑤の中から，最も適当なものを選び，その番号をマークしなさい。　解答番号は 9 です。

①　女帝の天智天皇が即位し，蘇我馬子とともに天皇を中心とする国家のしくみをととのえようとした。

②　十七条の憲法が定められ，天皇の心構えが示された。

③　冠位十二階の制度が定められ，家柄にとらわれず，能力や功績のある豪族が役人に取り立てられた。

④　朝廷は，中国から進んだ文化を取り入れようとして，小野妹子らを遣唐使として派遣した。

⑤　聖徳太子は，奈良の飛鳥地方に飛鳥寺，斑鳩地方に法隆寺を建立した。

問3　下の文章は，奈良時代の律令国家のもとでの農民の暮らしについて述べたものである。空欄〔A〕～〔D〕に当てはまる語または数字の組み合わせとして，①～⑤の中から，最も適当なものを選び，その番号をマークしなさい。　解答番号は 10 です。

> ［　A　］歳以上の男子には2段，女子にはその［　B　］分の2の口分田が割り当てられ，死亡したときには国に返させた。これを［　C　］という。その後人口が増え，口分田が不足してきたこともあり，743年には［　D　］を出して，開墾を勧めた。

①　〔A〕6　〔B〕3　〔C〕班田収授法　〔D〕墾田永年私財法

②　〔A〕5　〔B〕3　〔C〕墾田永年私財法　〔D〕班田収授法

③　〔A〕5　〔B〕3　〔C〕班田収授法　〔D〕墾田永年私財法

④　〔A〕6　〔B〕5　〔C〕班田収授法　〔D〕墾田永年私財法

⑤　〔A〕6　〔B〕5　〔C〕墾田永年私財法　〔D〕班田収授法

問4　10世紀～12世紀の出来事であるA～Dを，年代の古い順に並べたものとして，①～⑤の中から，最も適当なものを選び，その番号をマークしなさい。　解答番号は 11 です。

A　平将門の乱が起こる。

B　平清盛が太政大臣となる。

C　藤原道長が摂政となる。

D　保元の乱が起こる。

①　A → C → B → D　②　A → C → D → B

③　A → D → C → B　④　C → A → B → D

⑤　C → D → A → B

問5　室町時代の産業に関する記述として，①～⑤の中から，最も適当なものを選び，その番号をマークしなさい。　解答番号は 12 です。

①　室町時代のはじめには，朝鮮から伝わった技術によって，有田焼がつくられた。

②　商人や手工業者は，座とよばれる同業者の組合をつくり，生産や販売の独占を主張した。

③　海上交通が発達し，米などの重い荷や各地の特産物が菱垣廻船で運ばれた。

④　市では宋銭や明銭よりも日本の貨幣の方が多く使われた。

⑤　手工業では，西陣や博多の絹織物をはじめ，陶器，紙，油などの特産物が各地で生産された。

問6　下の絵画は，ルネサンス期に描かれたものである。この作者として，①～⑤の中から，最も適当なものを選び，その番号をマークしなさい。　　　　解答番号は［13］です。

①　コペルニクス　　②　ガリレイ　　③　ルター　　④　ボッティチェリ　　⑤　マゼラン

問7　右の写真は，ある人物が文書に押していた印章であり，武力による天下統一の意志を示すものである。その人物が行ったこととして，①～⑤の中から，最も適当なものを選び，その番号をマークしなさい。　　　　解答番号は［14］です。

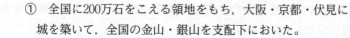

①　全国に200万石をこえる領地をもち，大阪・京都・伏見に城を築いて，全国の金山・銀山を支配下においた。

②　百姓が田畑をすてて武士・町人（商人・職人）になることや，武士が百姓や町人になることなどを禁止した。

③　征服した土地の検地を行って軍役を課したほか，自治を行う堺や京都の豪商に軍用金を課した。

④　ますやものさしなどの基準を統一し，役人を派遣して，田畑の面積をはかり，土地のよしあしや耕作者を調べさせた。

⑤　明やインドなどの征服も計画し，朝鮮に対しては日本への服従と協力を求めた。

問8　次のページの写真について，右から2人目の人物は，初代の内閣総理大臣に就任したが，この人物に関する記述として，①～⑤の中から，最も適当なものを選び，その番号をマークしなさい。　　　　解答番号は［15］です。

①　中心となって作成した憲法草案が，大日本帝国憲法として発布された。

②　内務省を設置して初代の内務卿となり，警察や地方自治，さらに殖産興業に関する政策を推し進めた。

③　武力で朝鮮に開国をせまる征韓論を主張した。

④　1871年に政府の大規模な使節団が，欧米諸国に派遣されたが，その全権大使となった。

⑤　1874年に民撰議院設立建白書を政府に提出し，早く民撰議院を開くよう主張した。

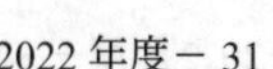

問9　下の文章は，百年前の1922年に行われたある組織の創立大会の宣言文の一部要約である。その組織の名称を，①～⑤の中から，最も適当なものを選び，その番号をマークしなさい。

解答番号は 16 です。

> 全国に散在する部落の人々よ，団結せよ。ここにわれわれが人間を尊敬することによって，自らを解放しようとする運動を起こしたのは当然である。われわれは，心から人生の熱と光を求めるものである。……人の世に熱あれ，人間に光あれ。

①　新婦人協会　②　青鞜社　③　日本農民組合　④　日本社会主義同盟
⑤　全国水平社

問10　第一次世界大戦が始まった1914年以降のアジアの出来事であるA～Dを，年代の古い順に並べたものとして，①～⑤の中から，最も適当なものを選び，その番号をマークしなさい。

解答番号は 17 です。

A　独立を目指す知識人や学生などが，京城（ソウル）で日本からの独立を宣言する文章を発表し，人々は「独立万歳」をさけんでデモ行進を行った。

B　北京での学生集会をきっかけに反日運動が起こり，帝国主義に反対する全国的な運動へと発展した。

C　南京に国民政府がつくられ，中国共産党と対立するようになった。

D　日本が中国政府に，二十一か条の要求をした。

①　D → B → A → C　②　D → A → B → C
③　D → C → B → A　④　A → D → B → C
⑤　A → D → C → B

問11　下の文章は1960年代の出来事について述べたものである。空欄〔A〕～〔D〕に当てはまる語の組み合わせとして，次のページの①～⑤の中から，最も適当なものを選び，その番号をマークしなさい。

解答番号は 18 です。

> 1960年代に入ると，日本の経済はさらに発展した。〔　A　〕内閣は，所得倍増をスローガンにかかげ，経済の急成長を目ざす政策を進めた。1964年に開催された〔　B　〕以後は，輸出の好調に支えられて貿易収支が黒字を続け，1968年の国民総生産は，アメリカに次ぎ資本主義世界で第2位を記録した。一方，企業や政府が生産と利益を優先する中で，公害の問題が起こった。公害反対の住民運動が全国に広がったため，政府は1967年に〔　C　〕を制定し，1971年には〔　D　〕を発足させ，公害防止と環境保護を目ざすようになった。

① ［A］池田勇人　［B］東京オリンピック　［C］公害対策基本法　［D］環境庁
② ［A］池田勇人　［B］大阪万博　［C］環境基本法　［D］環境省
③ ［A］佐藤栄作　［B］東京オリンピック　［C］環境基本法　［D］環境庁
④ ［A］佐藤栄作　［B］大阪万博　［C］公害対策基本法　［D］環境庁
⑤ ［A］佐藤栄作　［B］東京オリンピック　［C］環境基本法　［D］環境省

**3**　次の問1～問7に答えなさい。

問1　地方自治に関する記述として，①～⑤の中から，最も適当なものを選び，その番号をマークしなさい。　解答番号は 19 です。

① 地方の重要な課題について住民の意思を図る制度として住民投票があり，その結果が法的拘束力を持つためには過半数以上が投票する必要がある。
② 条例の制定を請求するには有権者の３分の１以上の署名を選挙管理委員会に提出する必要がある。
③ 地方公共団体の首長は間接選挙で選ばれる。
④ 地方交付税交付金は，地方公共団体の歳入不足を補うための財源であり，使い道が特定されている。
⑤ 住民に保障された直接請求権のうち，首長の解職請求はリコールと呼ばれる。

問2　現在，日本の比例代表制では，ドント式が採用されており，下の表は定数８の比例代表選挙の結果をまとめたものである。各党の獲得議席数に関する記述として，①～⑤の中から，最も適当なものを選び，その番号をマークしなさい。　解答番号は 20 です。

| | A党 | B党 | C党 | D党 |
|---|---|---|---|---|
| 得票数 | 1500 | 1200 | 700 | 650 |

① A党の獲得議席数は４党の中で単独一位となる。
② D党の獲得議席数は０となり，650票が死票となる。
③ A党の獲得議席数はC党の２倍となる。
④ C党の獲得議席数は１となる。
⑤ B党とC党の獲得議席数は同数となる。

問3　2020年にアメリカ大統領選挙が行われ，新たな大統領が就任した。日本の議院内閣制とアメリカの大統領制を比較した記述として，①～⑤の中から，最も適当なものを選び，その番号をマークしなさい。　解答番号は 21 です。

① 日本の内閣は法案を提出できないが，アメリカの大統領は法案を提出できる。
② 日本の議会は内閣不信任の決議ができないが，アメリカの議会は大統領不信任の決議ができる。
③ 日本の内閣は議会に対して連帯して責任を負うが，アメリカの大統領と議会は，それぞれ別個に選ばれているため，独立性が高くなっている。
④ 日本の内閣は議員以外からも国務大臣を選ぶことができるが，アメリカの大統領は各省の長官を議員から選ぶ必要がある。
⑤ 日本とアメリカは直接民主制を採用しており，内閣総理大臣も大統領も国民の投票により選

出される。

問４　下のグラフはある商品の需要と供給と価格の関係を表現したものである。需要曲線が$D_1$から$D_2$へ移動した場合，均衡価格は$P_1$から$P_2$へと変化する。その要因として，①～⑤の中から，最も適当なものを選び，その番号をマークしなさい。　解答番号は［22］です。

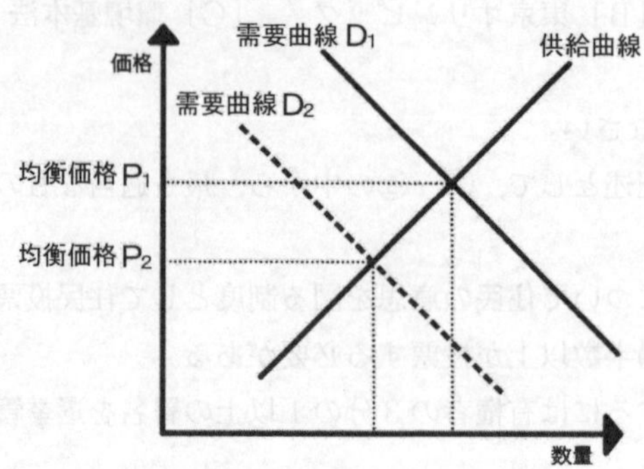


①　生産技術の革新により，生産量が増加した。
②　著名人がSNSで紹介し，商品の人気が上がった。
③　競合する企業がより品質の高い新商品を発売し，商品の人気が下がった。
④　円高により輸入している原材料の価格が低下した。
⑤　新型コロナウイルスの流行により生産工場の稼働が停止した。

問５　下の資料は，労働基準法を一部抜粋したものである。空欄〔A〕～〔D〕に当てはまる数字の組み合わせとして，①～⑤の中から，最も適当なものを選び，その番号をマークしなさい。

解答番号は［23］です。

> 第20条　①使用者は，労働者を解雇しようとする場合においては，少なくとも［　A　］日前にその予告をしなければならない。
> 第32条　①使用者は，労働者に，休憩時間を除き１週間について［　B　］時間を超えて，労働させてはならない。
> ②使用者は，１週間の各日については，労働者に，休憩時間を除き１日について［　C　］時間を超えて，労働させてはならない。
> 第61条　①使用者は，満［　D　］歳に満たないものを午後10時から午前５時までの間において使用してはならない。

①　〔A〕30　〔B〕40　〔C〕8　〔D〕18
②　〔A〕30　〔B〕40　〔C〕7　〔D〕20
③　〔A〕7　〔B〕50　〔C〕8　〔D〕20
④　〔A〕7　〔B〕40　〔C〕8　〔D〕18
⑤　〔A〕30　〔B〕50　〔C〕7　〔D〕20

問６　現在，世界が直面している課題やその解決に向けた取り組みに関する記述として，①～⑤の中から，最も適当なものを選び，その番号をマークしなさい。　解答番号は［24］です。

①　国連は，2015年に定めた持続可能な開発目標（SDGs）で，2030年までに達成すべき17の目標を示し，貧困や飢餓をなくしたり，教育を普及させたりする取り組みを進めている。

② 安全で持続可能な再生可能エネルギーを基盤とした社会を目指す試みが広がっており，日本の発電量の約８割は再生可能エネルギーによるものとなっている。

③ $CO_2$排出に伴う地球温暖化の進みを受け，紙ごみを減らすべくプラスチックで代用する運動が進んでいる。

④ 近年，途上国の人々が生産した農産物や製品を，公正な価格で貿易し，先進国の人々が購入するマイクロクレジットが注目されている。

⑤ 社会における文化の多様性の実現のため，ヒンドゥー教徒でも安心して食事を取ることができる，ハラル認証を受けたレストランが増えつつある。

**問７** 国際連合に関する記述として，①～⑤の中から，最も適当なものを選び，その番号をマークしなさい。 解答番号は 25 です。

① 安全保障理事会は，アメリカ，ロシア，イギリス，フランス，日本の常任理事国５か国と非常任理事国10か国で構成される。

② 国連には，全加盟国で構成され，すべての国が一票を持つ総会が置かれている。

③ 国連には連携して活動する専門機関が置かれ，特に難民支援を主な活動とする国連難民高等弁務官事務所はUNCTADと呼ばれる。

④ 国連の前身団体は1920年に設立された国際連盟であり，本部はアメリカのニューヨークにあった。

⑤ 国連は1945年に設立され，日本は設立当初からの加盟国である。

**4** 以下の文章を読み，あとの**問１**～**問３**に答えなさい。

資本主義と社会主義の，どちらが経済を発展させるか。その結果を見せつけたのが，東西ドイツでした。

ドイツは，第二次世界大戦で敗北して，東は［ A ］に，西はアメリカなどに占領され，そのまま別々の国として独立しました。同じ国民が，資本主義と社会主義に分かれたのです。東ドイツの中の都市ベルリンも，東西に分割され，西ベルリンは西ドイツに所属しました。

すると，東ドイツの国民たちが，西ドイツに逃げ出そうとします。ベルリンの中で，東から西へと逃げ出す市民が相次いだのです。これを防ぐため，東ドイツ政府は，ベルリンを東西に分ける「ベルリンの壁」を築きました。他国の侵略を防ぐための壁ではなく，自国民が逃げ出すのを防ぐ壁を築いたのです。

東ドイツの経済はうまくいかず，不満を持つ国民を弾圧したことで，国民の不満は高まり，ついに一九九〇年，東ドイツという国は消滅し，西ドイツに吸収されました。統一ドイツの誕生です。そこで両国の国民が見たものは，東西の圧倒的な経済格差でした。

出典：池上彰『「見えざる手」が経済を動かす』（筑摩書房，2008年）

**問１** 20世紀以降のドイツに関する記述として，①～⑤の中から，最も適当なものを選び，その番号をマークしなさい。 解答番号は 26 です。

① 第一次世界大戦後に結ばれたワシントン条約によって，巨額の賠償金を支払うことになった。

② アメリカとのあいだに不可侵条約を結び，スペインに侵攻したことで，第二次世界大戦が始まった。

③ ベルリン周辺は，夏は高温で乾燥し，冬は温暖で雨が多いため，地中海式農業が行われてきた。

④ 1990年の統一後の国土は，フランスやポーランドと国境を接している。

⑤ EUに加盟していたが，2016年の国民投票で離脱を決定した。

問2 空欄〔A〕に該当する国に関する記述として，①~⑤の中から，最も適当なものを選び，その番号をマークしなさい。 解答番号は 27 です。

① 第二次世界大戦中に起きた革命によって建国された。

② 世界恐慌の影響を受け，ニューディール政策を実行した。

③ サンフランシスコ平和条約に調印し，日本との国交を回復させた。

④ ムッソリーニのファシスト党が，独裁体制をきずいていた。

⑤ 「五か年計画」とよばれる計画経済によって，工業化や農業の集団化を進めた。

問3 資本主義や社会主義に関する記述として，①~⑤の中から，最も適当なものを選び，その番号をマークしなさい。 解答番号は 28 です。

① 東ドイツは資本主義であったが，貧富の差が大きくなったことで経済がうまくいかなくなった。

② マルクスは，社会主義は必ず行きづまり，労働者階級の団結によって資本主義社会が実現されると説いた。

③ 資本主義は，産業革命が進むなかでできた経済のしくみである。

④ 資本主義経済のもとでは，生産活動全体は，主に国家によって調整される。

⑤ 社会主義経済では，労働力も一つの商品として売買され，その主要な買い手は企業である。

けど、追い詰められた原因が、実は柿がつぶれただけだったなんて、まさに「幽霊の正体見たり枯れ尾花」だね。

④　生徒Ｄ：でもこの死んだ法師は、強盗に対して理由は何であれ、最後まで勇敢に立ち向かったわけだから、名誉の死ということじゃないかな。家族も最初は悲しんだようだけれど、理由が分かってからは「後悔先に立たず」と考え直しているね。

⑤　生徒Ｅ：この死んでしまった法師には家族がいたんだね。宝物は手に入らなかったようだし、法師は命を失ってしまうし、まさに「虻蜂（あぶはち）取らず」だよ。法師の誤解を早く解いてあげていれば、どちらかは手に入っただろうに。

⑥　生徒Ｆ：死んでしまった法師や家族には可哀想だけれど、どんなに後悔しても「後の祭り」だよね。法師の早とちりが原因だけれど、せめて法師の仲間が冷静に判断していれば今回の件は防げたと思うよ。

**問8** 傍線部F「むくろに手ばしおひたりけるか」と妻子が聞いたのはなぜですか。①～⑤の中から、最も適当なものを選び、その番号をマークしなさい。　解答番号は32です。

① よほどひどい怪我をしたのだろうと悲しくなったから。
② 法師は殺されたのではないかと疑う気持ちを強めたから。
③ 法師の仲間の話から何が起きたのか理解できなかったから。
④ 頭だけではなく、きちんと体も埋葬したいと思ったから。
⑤ 渡された法師の頭は怪我をしたようには見えなかったから。

**問9** 傍線部G「いよいよかなしみ悔(くゆ)れどもかひなし」とありますが、これは誰の、どのような気持ちですか。①～⑤の中から、最も適当なものを選び、その番号をマークしなさい。　解答番号は33です。

① 妻子が、法師の仲間の話を聞いて、死体には傷はないが、死を覚悟するほどの怪我を負ったのだろうと想像し、嘆き悲しむ気持ち。
② 法師の仲間が、法師に頼まれて仲間を殺してしまったことに対して、もっときちんと確認しておけばこのような悲劇はおこらなかったのではないかと反省し、嘆く気持ち。
③ 妻子が、家族を失ったことだけでも辛いのに、その死があまり意味のない死だったのではないかと考え、ますます悲しんでいる気持ち。
④ 法師の仲間が、妻子が悲しんでいる様子を見て、もっと自分にできることはなかっただろうかと反省して、激しく後悔する気持ち。
⑤ 作者が、仲間同士で意味のない殺し合いをしたことに対して、そもそも強盗などをしようと思わなければこんなことにならなかったのだと憤る気持ち。

**問10** 現代語訳の空欄Zには、それまでのエピソードを通して作者が主張しようとした主題が入ります。①～⑤の中から、最も適当なものを選び、その番号をマークしなさい。　解答番号は34です。

① 臆病は始末のわるいものである。
② 悪には必ず天罰が下るのだ。
③ 小さな怪我でも軽く見ると死に至るのだ。
④ たかが柿、されど柿である。
⑤ 浮ついた気持ちは命取りだ。

**問11** 次に示すのは、本文を読んだ中学生が話し合っている場面です。これについて六人の生徒から出された発言のうち、①～⑥の中から、本文の内容を正確に踏まえて発言しているものを**二つ**選び、その番号をマークしなさい。解答の順序は問いません。　解答番号は35、36です。

① 生徒Ａ：強盗が出たり、法師が強盗に応戦するというところから、この時代の法師は強そうだね。でも怪我をしてパニックになってしまったところを見ると、戦うことに慣れていなかったと思う。「井の中の蛙、大海を知らず」ということだね。
② 生徒Ｂ：仲間同士で殺し合いをするなんて、この話は後味が悪いね。焦らずお互いの意見を確認し合っていれば、仲間を殺すようなことはなかったんじゃないかな。まさに「急いては事を仕損じる」だね。
③ 生徒Ｃ：この死んだ法師は、見張り役になって敵にそなえていたんじゃないかな。その心理状態のせいもあったんだろう

は何ですか。①～⑤の中から、最も適当なものを選び、その番号をマークしなさい。　解答番号は27です。

① ある所に強盗入りたりける
② 門のもとに柿の木のありける
③ うへよりうみ柿のおちける
④ つぶれて散々にちりぬ
⑤ なにとなくぬれぬれとありける

問4　傍線部B「いかにものぶべくも覚(おぼ)えぬ」とありますが、そう思ったのはなぜですか。①～⑤の中から、最も適当なものを選び、その番号をマークしなさい。　解答番号は28です。

① 強盗に矢を射かけられて、逃げられないと思ったから。
② 大怪我をしたと思い、もう助からないと思ったから。
③ 柿の実が落ちて来て、身動きが取れなくなったから。
④ 出血が激しいので、動けなくなってしまったから。
⑤ あまりに痛いので、これ以上動けないと思ったから。

問5　傍線部C「さらんからにけしうはあらじ」と言った仲間の心情として、①～⑤の中から、最も適当なものを選び、その番号をマークしなさい。　解答番号は29です。

① 確かに怪我はしているようだが、これだけ話せるのだから大丈夫だと法師を励まそうとする気持ち。
② 出血しているわけでもなく、傷は大したことがなさそうなので、大げさなことを言う法師に対してあきれる気持ち。
③ 一緒に逃げようと言っているのに法師が言うことを聞かないので、逃げられなくなったら困ると焦る気持ち。
④ 法師の傷は深く、どう見ても助かりそうもないので、せめて家族のもとに帰してやりたいと哀れむ気持ち。
⑤ 痛みがひどいためいっそ殺してほしいと言う法師に対して、言う通りにしようか迷う気持ち。

問6　傍線部D「しきりに」という言葉は、現在も使われています。①～⑤の中から、**間違った**使い方をしている文章を一つ選び、その番号をマークしなさい。　解答番号は30です。

① 朝からしきりに雨が降っていて、出かけられない。
② 試合に負けてとても悔しかったが、しきりに泣かなかった。
③ 彼は緊張していて、試合の前にしきりに水を飲んだ。
④ しきりに電話が鳴ってうるさいので、電源を切った。
⑤ 子どもが、あれが欲しいこれが欲しいとしきりにねだった。

問7　傍線部E「しかじかいひつること」とはどのようなことですか。①～⑤の中から、最も適当なものを選び、その番号をマークしなさい。　解答番号は31です。

① 落ちてきた柿が法師に命中し、血だらけになって死んでしまったこと。
② 法師が強盗に襲われ、矢を射かけられて大怪我をして死に至ったこと。
③ 法師が死ぬ間際に、妻子に自分の遺体を渡してほしいと頼んだこと。
④ 法師が怪我をして逃げられないから殺してほしいと頼んだこと。
⑤ 法師が死んだため、死体の頭だけは包んで家族のもとに持って来たこと。

かん」とて、肩にかけてゆくに、「いやいや、いかにものぶべくもおぼえぬぞ。ただはやくびをきれ」と、Dしきりにいひければ、いふにエしたがひてうちおとしつ。さて、そのかしらをつつみて大和(やまと)の国へもちて行(ゆき)て、この法師が家になげ入れて、Eしかじかいひつることとて、とらせたりければ、妻子なきかなしみて見るに、さらに矢の跡なし。「Fむくろに手ばしおひたりけるか」ととふに、「しかにはあらず。このかしらの事ばかりをぞオいひつる」といへば、Gいよいよかなしみ悔(くゆ)れどもかひなし。［Z］。さ程の心ぎはにて、かく程のふるまひしけんおろかさこそ。

（『古今著聞集』弓取の法師が臆病の事）

【現代語訳】

ある所に強盗が入ったときに、弓を持った法師を（見張り役として）立たせていたが、［X］の頃のことでしたので、門のところに柿の木があったその下に、この法師が矢をつがえた弓を片手に持って立っている、（その）上から熟した柿の実が落ちたのが、この見張り役の法師の［Y］に落ちて、つぶれてあちこち飛び散った。この柿が（地肌に）冷たくあたるのをさぐってみると、何だかぬらぬらとしていたので、「早くも射られてしまったよ」と思って、気後れしてしまった。傍らの仲間に言うには、「すでに痛手を負って、とても逃げられそうにも思わないので、この首を切れ」と言う。「どこを（やられたの）か」とたずねると、「頭を射られたのだ」と言う。手さぐりすると、何だかわからないが、一面にぬれている。手にあかく何かがついたので、「ほんとうに血であることよ」と思って、「そうであろうといってもたいしたことはあるまい。引き起こしていこう」と言って、肩にかついで行くと、「いやいや、どうにも逃げられると思わないよ。ただ早く首を切れ」と、しきりに言ったので、言うことに従って切り落とした。さて、その頭を包んで大和の国に持って行って、この法師の家に投げ込んで、これこれ言ったことだと言って、与えたので、妻子は泣き悲しんで見ると、まったく矢傷がない。「身体に手傷を負ったのか」と尋ねると、「そういうことはない。この頭の事ばかりを言っていた」と答えるので、いっそう悲しみ悔いるがもはや仕方がない。［Z］。その程度の心ばえで、これほどのふるまいをしたというおろかさよ。

**問1** 空欄X、Yを補うことばとして、①～⑤の中から、最も適当なものをそれぞれ一つずつ選び、その番号をマークしなさい。　解答番号はXが㉔、Yが㉕です。

【X】①　春の末　②　夏の初め　③　秋の末
④　冬の末　⑤　年の初め

【Y】①　かいな　②　いただき　③　ふところ
④　たなごころ　⑤　つまさき

**問2** 波線部ア～オの中で、一つだけ主語が異なるものがあります。①～⑤の中から、**主語が異なるもの**を一つ選び、その番号をマークしなさい。　解答番号は㉖です。

①　波線部ア「うて」
②　波線部イ「さぐれ」
③　波線部ウ「ひきたて」
④　波線部エ「したがひ」
⑤　波線部オ「いひつる」

**問3** 傍線部A「はや射られにけり」とありますが、そう判断した根拠

① 人生や自然科学の美しさに気づくためには、じっくりと本に向き合って、想像力を養うことが大切であることを示すため。
② 一人の人間に支配されないようにするには、読書を通して警戒心を育てる必要があることを示すため。
③ 「わからない」不安から逃げずに、新しい世界を認識するためには、人間の文化において言語が重要であることを示すため。
④ 科学の不安定さや思考停止の誘惑に打ち勝つためには、新しい言語手段を手に入れる必要があることを示すため。
⑤ 何について思考を保留しているのか気づくためには、複雑な読み方をする読書体験が不可欠であることを示すため。
⑥ 人生が複雑で単純でないことに気づくためには、読書を通して深く考える習慣が必要であることを示すため。

**問13** 次の文章のうち、本文の構成を説明したものとして適当なものはどれですか。①～⑤の中から、最も適当なものを選び、その番号をマークしなさい。　解答番号は23です。

① 1から6段落では科学と他の文化の性質の違いについて様々な例が挙げられ、7から10段落では科学の問題点について述べられている。11段落以降では科学が人間にどのように働きかけていたか、それに対して人間は何をするべきか論じられている。
② 1から10段落では現代の科学の性質が説明され、11から17段落では科学教育において人々が科学に対してどのような問題を抱えているか説明されている。18段落以降では問題を解決するためにはどのような思考が必要か論じられている。
③ 1から6段落では科学の性質が例をふまえながら紹介され、7から10段落では科学のデメリットと、それに対する人間の問題に触れながら、問題解決に必要な力について論じられている。11段落以降では科学に対する具体策が述べられている。
④ 1から10段落では現代の科学の性質と課題について述べられ、11から15段落では科学に対する不安感に始まり、不安に駆られた人々の動向が紹介されている。16段落以降ではわからない不安から逃げないためにはどうするべきか論じられている。
⑤ 1から5段落では現代の科学の一般的な性質が述べられ、6段落から15段落ではそうした科学の特徴が人々にどのように作用するか説明されている。16段落以降では科学の不安定さを理解するためにはどのような力が必要か論じられている。

## 2 次の文章を読んで、後の問いに答えなさい。

【本文】

ある所に強盗(がうだう)入りたりけるに、弓とりに法師をたてたりけるが、 X つかたのことにて侍(はべ)りけるに、門のもとに柿の木のありける下に、この法師かたて矢はげて立(たち)たる、うへよりうみ柿のおちけるが、この弓とりの法師が Y におちて、つぶれて散々(さんざん)にちりぬ。この柿のひやひやとしてあたるをかいさぐるに、なにとなくぬれぬれとありけるを、「A はや射られにけり」とおもひて、臆(をく)してけり。かたへの輩(ともがら)にいふやう、「はやく痛手(いたで)を負(おひ)て、B いかにものぶべくも覚(おぼ)えぬに、この頸(くび)アうて」といふ。「いづくぞ」と問へば、「頭を射(い)られたるぞ」といふ。イさぐれば、なにとはしらず、ぬれわたりたり。手にあかく物つきたれば、「げに血なりけり」とおもひて、「C さらんからにけしうはあらじ。ウひきたててゆから。

（２）「科学コミュニケーション」とは、ここではどのような行動だと考えられますか。①～⑤の中から、その具体例として**適当ではないもの**を一つ選び、その番号をマークしなさい。解答番号は17です。

① 理科の先生が、身の回りに見られる物理現象をクイズにしながら生徒に考えさせること。

② 大学生が中心となり、小中学生に向けて科学の実験教室などを開催すること。

③ 科学の専門家と一般の人々が、カフェなどの小規模な場所で科学について語り合うこと。

④ 天文学者が、ある人の誕生日と星座を結びつけ、その人の性格や運勢を占うこと。

⑤ 生物の専門家が、地域住民とともに環境を調査し、在来種の保全について話し合うこと。

**問9** 傍線部E「より」と同じ用法を含むものとして、①～⑤の中から、最も適当なものを選び、その番号をマークしなさい。解答番号は18です。

① 心よりお悔やみ申しあげます。

② 音楽より美術の道に進みたい。

③ 来年はより一層の努力をする。

④ 以前よりうまくなった気がするよ。

⑤ では、これより始めます。

**問10** 傍線部F「神の姿をした悪魔の手中に、人は簡単に落ち込んでいってしまいます」とありますが、それはなぜですか。①～⑤の中から、その内容として最も適当なものを選び、その番号をマークしなさい。解答番号は19です。

① 日々の不安に耐えられない全ての人は、脳の柔軟性を生かすこともなく、心の安定を得るために教義や理論を疑うことなく受け入れようとするから。

② 科学に不安を感じている人は、神秘主義の考え方を取り入れることで、社会的に権力があるものを神として信じてしまいがちだから。

③ 思考停止の神秘主義に身を委ねた人は、人間の領域を超えていることに対して理解することを諦めてしまい、客観的に優れているものを神とするから。

④ 未知のことにストレスを感じた人は、何かにすがることで精神の安定をはかりたいという誘惑に勝てず、深く考えることなく、信じたものに従属してしまうから。

⑤ 科学にストレスを感じる人は、自分ができることには限界があることを知っているため、人間の理性でできる範囲を広げていく必要があると考えているから。

**問11** 本文の空欄Yに入る言葉として、①～⑤の中から、最も適当なものを選び、その番号をマークしなさい。解答番号は20です。

① 楽観　② 懐疑　③ 悲観　④ 精神　⑤ 科学

**問12** 本文の19段落において、筆者は美智子皇后の言葉を挙げていますが、①～⑥の中から、この言葉を挙げた筆者の意図として適当なものを**二つ**選び、その番号をマークしなさい。解答の順序は問いません。解答番号は21、22です。

④ 科学は、現代の研究者と過去の研究者を比べたとき、より最新の研究をしている科学者の方が優れているという見方をする一方、文学は、古典の作家にも十分価値があると考える点から、その対比を通して科学と文学の価値観の違いについて述べている。

⑤ 科学は、古典を軽んじているように見える一方で古い科学の基礎的な知識は必要であり、文学でも基本的に古い作品に価値を認めているため、両者の比較を通して科学と文学の共通点を述べている。

問6 傍線部C「科学の累積性は学業のあり方にも影響を及ぼします」とありますが、科学の累積性は他にどのような影響がありますか。①～⑤の中から、その内容として最も適当なものを選び、その番号をマークしなさい。　解答番号は⑭です。

① 理系科目の学びから離れてしまうと学び直しには労力と時間がかかること。

② 科学においてどのような結論が出てくるか誰も分からないこと。

③ 新しいデータや実験結果が積み重なって最新バージョンに更新されること。

④ あらゆる知識を兼ね備えた科学者が輩出されにくくなること。

⑤ 大学受験の数学を理解するためには中学校からの知識が必要となること。

問7 文章中の空欄Xには、次の①～⑤が入ります。文章の意味が通るように正しく並び替えた時、①～⑤の中から、**4番目にくるもの**を選び、その番号をマークしなさい。　解答番号は⑮です。

① 堅くて形の整ったレンガで積み上げているようなもので、その構造は強固です。

② 言葉で表すことのできる知識や情報は、蓄積してゆくことが可能なのです。

③ 科学や科学技術は、人類の蓄積型文化の典型なのです。

④ 本当は、人間のあらゆる知識には、多かれ少なかれ累積性があります。

⑤ しかし、自然科学の累積性は特別に顕著なものです。

問8 傍線部Dについて答えなさい。

(1)「科学には科学コミュニケーションが必要なのです」とありますが、それはなぜですか。①～⑤の中から、その理由として最も適当なものを選び、その番号をマークしなさい。　解答番号は⑯です。

① 科学は歴史のある学問であり、教育の蓄積がなされているため、一般の人々が理解できるように教えることは不可能ではないから。

② 科学は完結することがなく、常に更新される特性があるため、科学者ではない一般の人々も理解するためには新しい方法を模索するべきだから。

③ 難しく感じる研究なども、科学者とのコミュニケーションを積極的に取ることで、一般の人々でも親しみを感じることができるから。

④ 相対性理論や量子力学をはじめ、科学は一般の人々が理解するには難しい学問であるため、専門家による丁寧な説明が不可欠だから。

⑤ 科学者は専門的な用語を使って研究をしがちであるが、それでは一般の人々が理解しにくいので、専門用語を使うべきではない

i　敷居が高い
① 心情的にためらうさま
② 気軽にできるさま
③ あれこれ考え、拒否するさま
④ 気持ちを押し殺すさま
⑤ 強い覚悟があるさま

ii　余儀なく
① 強い希望を持って進むさま
② 気兼ねなく、思う存分に扱うさま
③ しみじみすることなく取り組むさま
④ 困難にくじけず行うさま
⑤ 他にとるべき手段がないさま

iii　せいぜい
① 程度がはなはだしいさま
② 多く見積もってもその程度であるさま
③ ふさわしい程度をこえているさま
④ 色々工夫しても不満足なさま
⑤ 他と比べて特に目立っているさま

問4　傍線部A「科学の仮説は、厳しい検証によってふるいにかけられます」とありますが、それは具体的にどうすることですか。①～⑤の中から、その内容として最も適当なものを選び、その番号をマークしなさい。　解答番号は⑫です。

① 立てられた仮説に対して実験を繰り返し、最新の研究を続けることで、科学の正しさを証明すること。
② 立てられた仮説に対して過去の実験データや観測した内容を丁寧に取り除き、常に最新の結論のみを残すこと。
③ 立てられた仮説に対して厳しい条件を与え、その条件の元で更に新しい仮説を組み立て、累積性の正しさを立証すること。
④ 立てられた仮説に対して最新の正確なデータを対比させ、間違ったデータのみ残されるようにすること。
⑤ 立てられた仮説に対して更に実験などを重ね、基準に合わないものを除外し、その時に完璧だと思われる結果だけを残すこと。

問5　傍線部B「こうした性質は他の文化にはあまり見られないものです」とありますが、筆者はこの後に科学と文学の比較を例に挙げています。①～⑤の中から、その主旨を説明したものとして最も適当なものを選び、その番号をマークしなさい。　解答番号は⑬です。

① 科学は、ニュートンのような有名な科学者であっても現代の研究者の方が優れているという見方をするが、文学はシェイクスピアのような作家については現代でも高い存在価値を見出すため、その比較を通して科学における研究者の育成の難しさを述べている。
② 科学は、新しいことが正義であり、古い科学を土台にして更に発展することを建造物に例えているが、文学は古典作品にも優れたものがあり、古いものも新しいものもそれぞれが単独で発展しているため、その対比を通して科学における古典の意義を述べている。
③ 科学は、過去の研究者が現代の研究者よりも研究対象について正しく分かっているという見方をすることは考えられないが、文学は現代の作品より過去の作品が優れているという評価もあり得るため、その比較を通して科学の性質の特異性を述べている。

※5　聖家族教会（サグラダ・ファミリア）…スペインのバルセロナにあるカトリック教会。建築家アントニ・ガウディの未完作品。
※6　マックス・ヴェーバー…ドイツの政治学者、経済学者、社会学者。
※7　マルセル・プルースト…フランスの小説家。
※8　ジェイムズ・ジョイス…アイルランド出身の小説家、詩人。
※9　伽藍（がらん）…僧が集まり住んで、仏道を修行する、清浄閑静な場所。

問1　二重傍線部a～eと同じ漢字を含むものを、①～⑤の中から、それぞれ一つずつ選び、その番号をマークしなさい。　解答番号はaが1、bが2、cが3、dが4、eが5です。

a　イダイ
①　美しいイショウを身にまとった。
②　彼のイアツ的な態度が気になる。
③　意見のソウイがあったので話し合った。
④　夏休みにイジンの伝記を読んだ。
⑤　原爆ドームは世界文化イサンだ。

b　カクトク
①　シュウカク祭は中止になってしまった。
②　環境調査で池の魚をホカクした。
③　カクダンに成長したことが分かる。
④　本来の能力がカクセイした。
⑤　カクジツな情報をつかんだ。

c　カンビ
①　鋭い痛みが全身をツラヌく。
②　天気が良いので洗濯物をホした。
③　彼のアマい言葉にだまされた。
④　決して手をユルめたわけではない。
⑤　首に明るい色のスカーフをマく。

d　シンエン
①　君のイミシンチョウな言い方が気になる。
②　彼とはずいぶんオンシンフツウだった。
③　フンコツサイシンの覚悟でのぞんだ。
④　オンコチシンの精神で歴史を学ぶ。
⑤　シンケンショウブで戦いたい。

e　イドむ
①　実際の裁判をボウチョウした。
②　素晴らしいチョウボウが広がっていた。
③　風の強さから台風のゼンチョウを感じた。
④　来月の会費をチョウシュウした。
⑤　彼のチョウハツにはのらなかった。

問2　空欄Ⅰ～Ⅲに入る言葉を、①～⑥の中から、それぞれ一つずつ選び、その番号をマークしなさい。ただし、同じ番号を二度選ぶことはできません。　解答番号はⅠが6、Ⅱが7、Ⅲが8です。

①　また　②　あるいは
③　しかも　④　したがって
⑤　つまり　⑥　ところが

問3　二重傍線部ⅰ～ⅲの本文中における意味として、①～⑤の中から、最も適当なものをそれぞれ一つずつ選び、その番号をマークしなさい。　解答番号はⅰが9、ⅱが10、ⅲが11です。

域を超えているのだから、彼の話すことも彼自身のことも「理解する」ことは不可能です。できることは、iiせいぜい、「わかった気になる」程度です。彼は常人を超えた存在、はたまた、神なのでしょうか。ですが、人は健全な理性と判断力を放棄した状態では、神と悪魔を簡単に見誤ります。こうして、F神の姿をした悪魔の手中に、人は簡単に落ち込んでいってしまいます。

16 あくまで私の個人的な意見ですが、宇宙を理解するために私たちにできる唯一のことは、人間の理性でできる範囲を広げてゆくことだけではないでしょうか。それは、数学が人類の概念をdシンエンまで運んでいったように、数学のさらなる発展によってなされるかもしれません。話し言葉が書き言葉へと飛躍した時のように、何か新しい言語手段や言語体系の発明によって、初めて可能なのかもしれません。

17 幸い、人類の脳には、飛躍的な発展の可能性が最初から備わっています。それは、新しい接続を形成する脳の柔軟性のおかげです。脳を作るための遺伝情報の中には、今でも文字を読むこと専用の設計図は存在しません。ところが、人間が文字を発明した時、それを使いこなすために、既存の脳に新たな接続が次々に生まれ、文字を読む脳が完成したのです。そして、それによって、人間の概念がより高度になったのです。五千年前の人類が成し得たことを、現代人ができないとは限りません。新しい言語体系・言語手段は、そのための新しい接続を脳に生み出し、それは新しい世界認識へとつながってゆくはずです。それほどまでに、人間の文化において言語は重要なのです。

18 私たち人類は、「わからない」不安から逃げずに、どこまでいけるかやってみるべきではないでしょうか。それは、 Y 主義に基づく果てしのない険しい道のりです。複雑さに耐える心がなければeイドむことができません。おそらく、 Y 主義を完全につらぬくのは、誰にとっても不可能でしょう。時には、安定な思考停止に逃げ込むことも避けられないでしょう。ですが、そんな時でも、今、自分が何について思考を保留しているのかを、意識しておくことが重要です。一人の人間に支配されないように、常に警戒しておくことが重要です。そのような注意をしているだけで、だいぶ違うのです。

19 一九九八年、国際児童図書評議会の第二十六回世界大会での、美智子皇后による基調講演の中に、次のような御言葉がありました。

「読書は、人生の全てが、決して単純ではないことを教えてくれました。私たちは、複雑さに耐えて生きていかなければならないということ」

20 人生も自然も宇宙もけっして単純ではありません。しかし、だからこそ美しいのです。複雑さに耐えて生きていけば、そういった真の美しさに、私たちは触れることができるのではないでしょうか。

（岸田一隆『科学コミュニケーション』）

※1　デカルト…フランス生まれの哲学者、数学者。

※2　ニュートン…イングランドの自然哲学者、数学者、物理学者、天文学者、神学者。

※3　シェイクスピア…イングランドの劇作家、詩人であり、イギリス・ルネサンス演劇を代表する人物でもある。

※4　近似…非常に似通っていること。

もｉ敷居が高いのです。

Ｘ

8 もちろん、科学は不変・不動なものではありません。科学における現時点とは常に中間地点に過ぎず、必ず再スタートすることをⅱ余儀なくされます。いつでも建設中の、バルセロナの聖家族教会（サグラダ・ファミリア）[※5]のようなものです。そして、どんな高みまで行くのかは誰も知りません。

9 このような敷居の高い学問だからこそ、Ｄ科学には科学コミュニケーションが必要なのです。たとえば、現代物理学と呼ばれている相対性理論や量子力学を、非専門家にきちんと理解してもらうのは困難でしょう。しかし、これらとて、誕生のきっかけの頃から数えれば、すでに百年以上経過している古い学問なのです。夏目漱石の『吾輩は猫である』[※6]や、マックス・ヴェーバーの『プロテスタンティズムの倫理と資本主義の精神』[※7]が書かれた頃に産声（うぶごえ）を上げ、マルセル・プルーストの『失われた時を求めて』[※8]や、ジェイムズ・ジョイスの『ユリシーズ』が書かれる以前に論争をまき起こしていたのです。

10 今の科学の伽藍（がらん）[※9]は、さらにその後の百年間の蓄積でできています。ゆえに、ごく普通の一般市民に「説明によって理解してもらう」ということはもはや不可能で、その高い建造物の見せ方には工夫が必要なのは言うまでもないでしょう。

11 科学は人間の「わかりたい」という気持ちに予想以上に鋭く答えてきました。しかし、簡単な物語を作るのとは違って、科学的世界観をｂカクトクするために人類が歩まなくてはならない道のりは、果てしのないものでした。 Ⅲ 、ゴールだと思った地点が、まだ中間地点に過ぎないと痛感させられ、再スタートを余儀なくされることの繰り返しだったのです。「わかった」と思った地点が、すぐに「わからない」に変わってしまいます。不安定きわまりなく、不安なことこの上ありません。

12 すべての人がこの不安に耐えられるわけではありません。できれば早く安心が欲しいと考えます。ですが、早くわかって安心したいと、そう願う時、思考停止の危険な誘惑が待ち構えています。

13 思考停止の世界はｃカンビです。ここには、不安で果てのない探求はありません。ここでは、ある種の考えを受け入れ、信じればよいだけです。魅惑的で安定な思考停止の世界に身を委ねさえすれば、永遠の安心を手に入れられるのです。これは危険な麻薬です。特に、ある種の神秘主義と思考停止がセットになると、とても危険なものになります。

14 思考停止をともなった神秘主義の大きな問題の一つは、経験による修正が効かないことです。それは私たちに「信じる」ことを強いるのです。世界観とは、本来、外界に適応するための道具であったにもかかわらず、脳の柔軟性を生かすこともせずに、教養や理論を修正することなく受け入れなくてはならないのです。これでは、適応の機能を果たすことができません。

15 しかし、Ｅより恐ろしいのは、一人の人間に支配されやすくなってしまうということです。思考停止の神秘主義に身を委ねた人は、理性による理解を放棄してしまっています。そこに、人間の理性の範囲を超える領域について、何かを語る人が現れたとしましょう。人間の領

【国　語】（四〇分）〈満点：一〇〇点〉

**1**　次の文章を読んで後の問いに答えなさい。なお、本文の上の数字は形式段落を表します。

[1] デカルト[※1]以降の科学は、それまでの科学とは違う、そして他のあらゆる文化とも違う、ある性質を持つに至りました。それは累積性です。累積性は、科学が科学であるために、もともと備えていなければいけない条件などではありませんでした。むしろ、科学が合理的方法として確立した結果、あとから備えることになってしまった性質なのです。

[2] A科学の仮説は、厳しい検証によってふるいにかけられます。したがって、検証を経て生き残った科学は、少なくともその時点では正しいものなのです。そして、新しい観測データや実験事実が積み重なることによって、科学は最新バージョンへと更新されます。そのため、科学は常に最新のものが一番正しいのです。

[3] Bこうした性質は他の文化にはあまり見られないものです。たとえば、現代の物理学者の宇宙に対する理解は、ニュートン[※2]よりも優れています。ニュートンよりもaイダイだからではありません。ただ単に、ニュートンよりも後の時代に生まれたからです。ところが、文学などではそうはいきません。現代の劇作家の人間理解が、シェイクスピア[※3]よりも優れているとは、必ずしも言えないのです。

[4] 文学では、古代ギリシアやローマ時代の作品も、古典としての価値を持っています。しかし、科学においては、ギリシア時代の幾何学に関する著作を読む必要はありません。科学を勉強するには、最新の教科書で勉強するのが一番よいのであって、古典の価値は文学ほど本質的なものではありません。

[5] ですが、更新されると言っても、何もかもが新しくなって、古いものが役立たずになって、リセットされてしまうということではありません。古いものは、その時点では正しい科学だったのです。［Ⅰ］、新しい科学が古い科学のすべてを誤りとして消し去るようなことは、ほとんどありません。多くの場合、新しい科学は古い科学の上に、それを含むように積み重なってできあがるのです。古い科学は、特定の条件下で近似的[※4]に成り立つ科学として、新しい科学の一部分に組み込まれるのです。こうして、レンガを積み上げるように、新しい科学は古い科学よりも高い建造物となるのです。これが科学の累積性です。

[6] 科学では必ずしも古典を読む必要はない、と書きました。［Ⅱ］、この科学の累積性のために、新しい科学をきちんと理解するためには、古い科学の基本的な知識は前提として必要となるのです。ですから、後の時代になればなるほど、勉強しなくてはならないことが増えてしまいます。すべてを勉強するにはとても時間が足りません。当然の帰結として、万能の科学者は育ちにくくなり、ごく限られた狭い領域で高みを目指す傾向が強くなります。

[7] C科学の累積性は学業のあり方にも影響を及ぼします。受験生は、一度、理系進学を諦めて理科や数学の勉強をやめてしまうと、途中から理系に再転向するのは困難になってしまいます。中学二年生の数学でドロップアウトしてしまった人が、そのまま理系学部の大学受験の数学を理解することはできません。もう一度、中学校レベルからやり直さなければいけません。科学の累積性のために、理系科目はどうして

# 2022年度

# 解 答 と 解 説

《2022年度の配点は解答欄に掲載してあります。》

## ＜数学解答＞ 《学校からの正答の発表はありません。》

**1** (1) ア 1 (2) イ － ウ 3 (3) エ 5 オ 6
(4) カ － キ 1 ク 7 ケ 2 (5) コ 5 サ 9
(6) シ 7 ス 2

**2** (1) ア 1 イ 2 ウ 4 (2) エ 2 オ 5 カ 4 キ 8

**3** (1) ア － イ 1 ウ 2 エ － オ 1 カ 2 キ 3 ク －
ケ 1 コ 8 (2) サ 2 (3) シ 4

**4** (1) ア 9 イ 1 ウ 0 エ 4 (2) オ 1 カ 7 キ 1 ク 9
(3) ケ 7 コ 0

**5** (1) ア 1 イ 1 (2) ウ 1 エ 3 オ 2
(3) カ 4 キ 9 ク 1 ケ 1

○推定配点○
1 各6点×6 2 (1) 6点 (2) 8点 3 (2) 4点 他 各6点×2((1)完答)
4 (1) 4点 他 各6点×2 5 (1) 4点 (2) 6点 (3) 8点 計100点

## ＜数学解説＞

**1** (小問群―数・式・平方根の計算，平方根，式の値，二次方程式，平行線と角度，円に内接する四角形，相似)

(1) $(2022-2)\div2022\times\frac{3\times(333+4)}{5\times(200+2)}=\frac{2020}{2022}\times\frac{3\times337}{5\times202}=\frac{1010}{1011}\times\frac{1011}{1010}=1$

基本 (2) $-\sqrt{3^2}+(\sqrt{3})^2-(-\sqrt{3})^2+\sqrt{3^2}-\sqrt{(-3)^2}=-3+3-3+3-\sqrt{9}=-3$

やや難 (3) $\sqrt{\frac{6(337-1)}{n}}=\sqrt{\frac{6\times336}{n}}=\sqrt{\frac{(2\times3)\times(2\times2\times2\times2\times3\times7)}{n}}=\sqrt{\frac{(2\times2)\times(2\times2)\times(3\times3)\times2\times7}{n}}=12\times\sqrt{\frac{2\times7}{n}}$ $n=2\times7$のとき，$12\times\sqrt{\frac{2\times7}{n}}=12\times1=12$ $n=2\times7\times2^2$のとき，$12\times\sqrt{\frac{2\times7}{n}}=12\times\sqrt{\frac{1}{2^2}}=12\times\frac{1}{2}=6$ よって，2番目に小さい$n$は，$2\times7\times2^2=56$

(4) $2(x+1)^2=2x+5$ $2(x^2+2x+1)-2x-5=2x^2+4x+2-2x-5=2x^2+2x-3=0$
$x=\frac{-2\pm\sqrt{4+24}}{4}=\frac{-2\pm2\sqrt{7}}{4}=\frac{-1\pm\sqrt{7}}{2}$

重要 (5) 右図のように直線AEと直線$m$の交点をJとすると，$\ell$//$m$なので同位角は等しく，∠AGF＝∠EJI ところで，正五角形の1つの内角の大きさは，180°×(5－2)÷5＝108° ∠CHIは△IHDの外角だから，∠DIH＝∠CHI－∠D＝49° ∠EIJ＝∠DIH＝49°なので，∠AGF＝∠EJI＝∠GEI－∠EIJ＝108°－49°＝59°

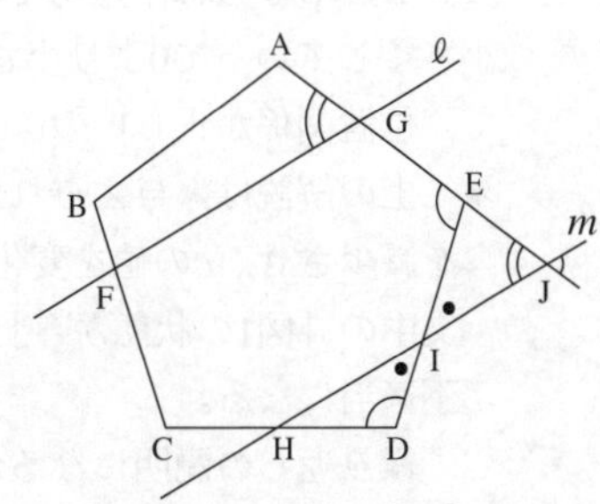

重要 (6)　弦AC，BDを引くと，四角形ABDCは円に内接するので向かい合う角の和は180°である。よって，∠B＋∠ACD＝180°　∠ACD＋∠ACP＝180°なので，∠B＝∠ACP　△BPDと△CPAで∠Pは共通だから，△BPDと△CPAは2組の角がそれぞれ等しいので相似である。よって，PB：PC＝PD：PA　$(3+2):\frac{5}{2}=\left(\frac{5}{2}+x\right):3$　$\frac{5}{2}x+\frac{25}{4}=15$　$10x+25=60$　$x=\frac{35}{10}=\frac{7}{2}$(cm)

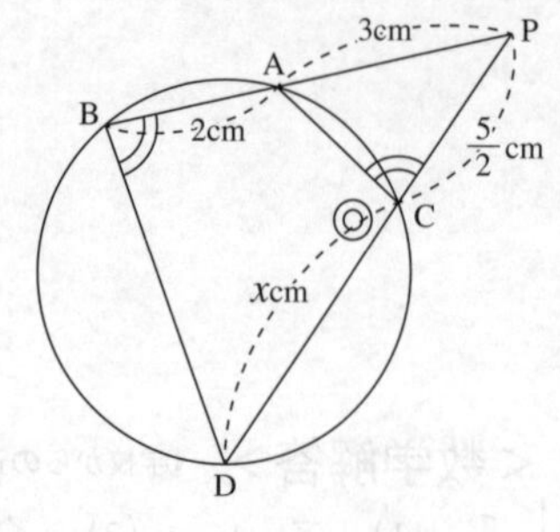


## 2 (確率―袋からカードを取り出すこと)

(1)　3人が袋からカードを取り出す取り出し方の総数は，一郎さんは3通りの取り出し方があり，そのそれぞれに対して二郎さんに4通りずつの取り出し方がある。さらに，それらに対して三郎さんに4通りずつの取り出し方があるから，3×4×4＝48(通り)　勝負が引き分けになるのは3人とも同じ大きさのカードを取り出す場合で，A，B，Cのどの袋にも2，4のカードが入っているから2通りある。よって，引き分けとなる確率は，$\frac{2}{48}=\frac{1}{24}$

(2)　一郎さん1人が勝者となる場合は，一郎さんが6のカードを取り出すとき，二郎さんには4通りの取り出し方があって，そのそれぞれに対して三郎さんに4通りずつの取り出し方があるから，4×4＝16(通り)…①　一郎さんが4のカードを取り出すとき，二郎さんには2通りの取り出し方があって，そのそれぞれに対して三郎さんに2通りずつの取り出し方があるから，2×2＝4(通り)…②　一郎さんと二郎さんの2人が勝者となる場合は，一郎さんと二郎さんが4のカードを取り出すとき，三郎さんに2通りの取り出し方がある。…③　一郎さんと二郎さんが2のカードを取り出すとき，三郎さんに1通りの取り出し方がある。…④　一郎さんと三郎さんの2人が勝者となる場合は，一郎さんと三郎さんが4のカードを取り出すとき，二郎さんに2通りの取り出し方がある。…⑤　①～⑤から，25通りがあるので，その確率は$\frac{25}{48}$

## 3 (関数・グラフ―変動する定数とグラフ，交点の座標)

重要 (1)　$a=-2$，$b=5$，$c=-3$のとき，(Ⅰ)は$y=-2x^2$，(Ⅲ)は$y=-5x-3$となる。(Ⅰ)と(Ⅲ)のグラフの交点の$x$座標は方程式$-2x^2=-5x-3$の解として求められる。$2x^2-5x-3=0$　二次方程式の解の公式を用いて，$x=\frac{5\pm\sqrt{25+24}}{4}=\frac{5\pm7}{4}=-\frac{1}{2}$，3　$x=-\frac{1}{2}$のとき，$y=-2\times\left(-\frac{1}{2}\right)^2=-\frac{1}{2}$　$x=3$のとき，$y=-2\times3^2=-18$　よって，$\left(-\frac{1}{2},\ -\frac{1}{2}\right)$，(3，−18)

(2)　(Ⅱ)と(Ⅲ)の関数は変化の割合の絶対値が等しく符号が逆であることから，交点を通る$y$軸に平行な直線について対称である。そのような位置関係にあるものは②と③である。(Ⅱ)は切片が0なので傾きを変えても原点を通るから③はあてはまらない。②の場合も図1で(Ⅲ)の切片$c$が0でないとみるならば不適切であるが，与えられた式からは$c=0$の場合もあり得る。なお，$a$の値を小さくしていって0より小さくなると放物線は下に開くので，②の状態になることもある。よって，位置関係が正しいのは②

＊　上の解説は，与えられた式$y=ax^2$，$y=bx$，$y=-bx+c$について，$a$の値を減少させ，$b$の値を減少させ，$c$の値を変化せないときに正しい可能性のあるものとして②を選んだ。(2)の問題文中の「図1の状態から」という言葉にこだわると，図1から明らかに$c=0$ではないので，②は不適当になる。

繰り返しの説明になるが，①は$y=bx$のグラフと$y=-bx$のグラフが交点を通る$y$軸に平行な直線について対称になっているように見えないので不適当。②は$y=-bx+c$の切片の位置が図1と著しく異なるので不適当。③は$y=bx$のグラフが原点を通るはずなのに原点を通る直線がないので不適当。④は$y=bx$のグラフと$y=-bx$のグラフの傾きがどちらも負になっているので不適当。「①～④の中に正しく書かれているものがない」という答え方も考えられる。

(3)　(あ)の場合，(Ⅱ)と(Ⅲ)の交点は直線$y=2x$と$y=-2x+4$の交点なので，その$x$座標は方程式$2x=-2x+4$の解であり，$x=1$　$y=2$　これを(Ⅰ)の$y=2x^2$に代入すると，$2=2\times1^2=2$　よって，(Ⅰ)，(Ⅱ)，(Ⅲ)の関数のグラフは1点で交わる。(い)以下も同様にして確かめると，(い)は，$3x=-3x+3$　$x=\frac{1}{2}$，$y=\frac{3}{2}$　$\frac{3}{2}=6\times\left(\frac{1}{2}\right)^2=\frac{3}{2}$　1点で交わる。(う)は，$x=-x+\frac{1}{2}$　$x=\frac{1}{4}$，$y=\frac{1}{4}$　$\frac{1}{4}=4\times\left(\frac{1}{4}\right)^2=\frac{1}{4}$　1点で交わる。(え)は，$2x=-2x+3$　$x=\frac{3}{4}$，$y=\frac{3}{2}$　$\frac{3}{2}\neq1\times\left(\frac{3}{4}\right)^2$　1点で交わらない。(お)は，$4x=-4x+4$　$x=\frac{1}{2}$，$y=2$　$2=8\times\left(\frac{1}{2}\right)^2$　1点で交わる。(か)は，$3x=-3x+2$　$x=\frac{1}{3}$，$y=1$　$1\neq5\times\left(\frac{1}{3}\right)^2$　1点で交わらない。よって，正しい組み合わせは4通りある。

## 4 (平面図形―面積，高さ，体積，体積の比)

(1)　底面の円の半径を$r$とすると，$\frac{1}{3}\times\pi r^2\times16=270\pi$　$r^2=270\pi\times3\div16\div\pi=\frac{405}{8}$　$r=\frac{\sqrt{405}}{\sqrt{8}}=\frac{\sqrt{9}\times\sqrt{9}\times\sqrt{5}}{2\sqrt{2}}=\frac{9\sqrt{10}}{4}$(cm)

重要 (2)　OP：OQ：OA＝1：2：3　OP，OQ，QAを母線とする円すいは相似であり，相似な図形では体積の比は相似比の3乗だから，X：(X＋Y)：(X＋Y＋Z)$=1^3:2^3:3^3=1:8:27$　よって，X：Y：Z＝1：7：19

(3)　(2)のとき，立体Yは立体(X＋Y＋Z)の$\frac{7}{27}$である。よって，立体Yの体積は，$270\pi\times\frac{7}{27}=70\pi$(cm³)

## 5 (平面図形―台形，平行線と線分の比，四角形の周・面積，面積の等分)

基本 (1)　ACとMNの交点をEとする。ME//BCなので，ME：BC＝AM：AB　ME：14＝1：2　ME＝7　EN//ADなので，EN：AD＝CN：CD　EN：8＝1：2　EN＝4　よって，MN＝11(cm)

(2)　四角形AMNDと四角形MBCNで，AM＝MB，MNは共通　よって，AD＋ND＝BC＋CN　ND＝$x$とするとCN＝$7-x$だから，$8+x=14+7-x$　$2x=13$　$x=\frac{13}{2}$(cm)

やや難 (3)　DCの中点をPとすると，点Dから直線MPまでの距離と点Cから直線MPまでの距離は等しい。その距離を$h$とすると，台形ABCDの面積は，$\frac{1}{2}\times(8+14)\times2h=22h$　四角形AMPDの面積は$\frac{1}{2}\times(8+11)\times h=\frac{19}{2}h$なので，△MNPの面積が$22h\div2-\frac{19}{2}h=\frac{3}{2}h$となるときに四角形AMNDと四角形MBCNの面積が等しくなる。点

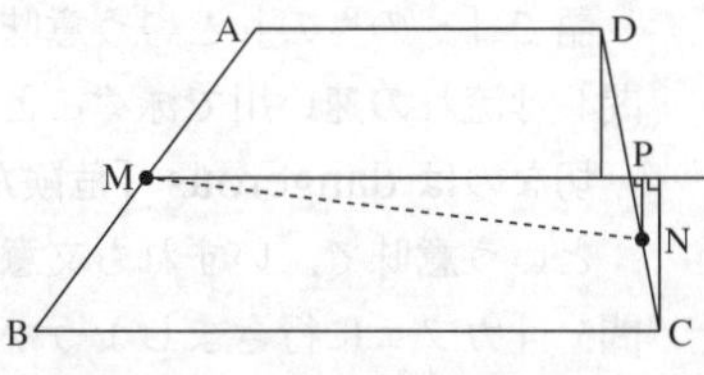

Nから直線MPまでの距離を$x$とすると，$\triangle MNP=\frac{1}{2}\times 11\times x=\frac{3}{2}h$　$x=\frac{3}{11}h$　よって，NP：CP$=\frac{3}{11}h$：$h=3$：$11$　CP$=\frac{7}{2}$なので，NP：$\frac{7}{2}=3$：$11$　NP$=\frac{21}{22}$　ND$=\frac{7}{2}+\frac{21}{22}=\frac{98}{22}=\frac{49}{11}$(cm)

**★ワンポイントアドバイス★**

1の(3)は$\sqrt{\phantom{x}}$の中の数が分数になることもある。(6)は円に内接する四角形の性質が役立つ。2の(2)は2人が勝者ということもある。4は相似な図形の体積比を考える。5は台形の高さを文字で表して考えを進めるとよい。

## ＜英語解答＞《学校からの正答の発表はありません。》

1　問1 ②　問2 ②　問3 ④　問4 ②　問5 ⑤　問6 ⑤　問7 ③
問8 ②　問9 ②　問10 ②

2　問1 ②　問2 ④　問3 ③　問4 ⑤　問5 ⑤

3　問1 ③　問2 ①　問3 ③

4　問1 ⑤　問2 ①　問3 ③　問4 ⑤　問5 ④　問6 ②

5　問1 ③　問2 ⑤　問3 ④　問4 ①　問5 ①

6　問1 ④　問2 ⑤　問3 ①　問4 ①　問5 ③　問6 ①　問7 ④
問8 ②　問9 ④

○推定配点○

1，4　各2点×16　　5問5，6問4　各4点×2　　他　各3点×20　　計100点

## ＜英語解説＞

基本 1 (語句選択補充問題：語い，付加疑問文，前置詞，接続詞)

問1 「ベスは私の父の姉妹だ。彼女は私のおばだ」 自分の親の姉妹は aunt「おば」。

問2 「知っていることと教えることは別のことだ」 直訳すると，「知っていることは1つのことで，教えることはまた別のことだ」となる。2つ以上の事柄や2人以上の人物について，最初の一つ[人]は one で指し，それと別の一つ[人]は another で指す。

問3 「彼女のコンピューターは私のものよりも高い」「彼女のコンピューター」と「私のコンピューター」を比較しているので，than の後には「私のコンピューター」という内容の語が入る。1語で「～のもの」という意味を表す mine「私のもの」が適切。

問4 「流れの速い川で泳ぐことは危険だ」「流れの速い川で泳ぐこと」について述べる語として適切なのは dangerous「危険だ」。①は「自然の」，③は「異なる」，④は「安い」，⑤は「高価だ」という意味で，いずれも文意として不適切。

問5 「カフェに行きましょうか」 Let's ～.「～しましょう」の文につける付加疑問は shall we.

問6 「この装置をご自由にお使いください」〈feel free to ＋動詞の原形〉で「自由に～する，遠慮なく～する」という意味を表す。

問7 「私の姉[妹]には3人の幼い子供がいるので，私は彼女に息子の古い服をあげる」「(人)に(も

の)を与える」は，〈give ＋もの＋ to ＋人〉または〈give ＋人＋もの〉の語順で表す。

問8 「私の友達はパーティーが楽しくなかったが，私にはそれがおもしろかった」 find A B で「AがBであるとわかる」という意味を表し，Bには形容詞など状態を表す語が入る。found it の it は「パーティー」を指すので，「パーティー」の状態を表すのに適切なのは形容詞 interesting「おもしろい」。interesting は「(もの・ことが人にとって)おもしろい」という意味で使う。

問9 「ジョンは庭の植物に水をやる」 give と名詞の water を使うならば give water to the plants または give the plants water の語順になる。water には「水をやる」という動詞の意味もあり，ここでは主語が3人称単数であることから，s がついた②が適切。

問10 「私は奈良にいるときにたくさんの寺や神社を訪れた」 〈主語＋動詞〉を含む2つのまとまりをつなぐので接続詞が入る。when「～するとき」を入れると文意が成り立つ。if は「～ならば」の意味の接続詞，during は前置詞で「～の間に」の意味。then は「そのとき，それから」などの意味の副詞，until は「(時)まで(ずっと)」の意味で，接続詞と前置詞両方の働きがある。

やや難 **2** （語句整序問題：受動態，接続詞，不定詞，関係代名詞，現在完了）

問1 (A) five-minute walk from the station brought us to the new sports center. 「駅からの5分の徒歩が私たちを新しいスポーツセンターに連れて来た」と考え，「連れて来る」という意味の動詞 bring の過去形 brought を補う。

問2 (Gandhi) is greatly respected by many people because he fought against discrimination.「尊敬されている」という受動態の文。because 以下に「彼は差別に対して戦った」という文を続ける。「～に対して戦う，～と戦う」は，「～に対抗して」の意味の前置詞 against を使って fight against ～ で表す。

問3 (Would) you like me to take your picture? 「写真を撮る」のは「私」なので，「私」を表す語が必要になる。〈would like ＋人＋ to ＋動詞の原形〉「(人)に～してほしい」を使い，「あなたは私にあなたの写真を撮ってほしいですか」と考える。

問4 (The food) which they stored for the winter was sometimes eaten (by rats.) 「食料は食べられた」という受動態の文。「～されることもあった」は「ときどき～された」と考え，sometimes を用いて表す。「彼らが冬のために貯蔵した」が「食料」を修飾するように，The food の後に関係代名詞 which を置き，they stored for winter と続ける。不足する語はない。

問5 (He) has been sleeping like a log since this morning. 「今朝から(今まで)ずっと眠っている」と動作が継続していることを表すので現在完了進行形〈have[has] been ＋動詞の～ing形〉で表す。log は「丸太」の意味の名詞で，sleep like a log で「丸太のように眠る(＝熟睡する)」という意味を表す。不足する語はない。

やや難 **3** （読解問題・説明文：不要な文を選ぶ問題）

問1 （全訳） アメリカの家を何件か訪ねたことはあるだろうか。①それらはとても違っている。アメリカの多くの家はとても古い。②それらの中には100年よりも前に建てられたものもある。③家の中ではくつを脱ぐ必要がない。ほとんどの人は古い家を壊して新しい家を建てることを好まない。④代わりに，彼らはそれらを修理して中で暮らし続ける。⑤多くの人は自分で壁にペンキを塗る。

第3，4文ではアメリカの家の古さについて述べている。また，第6文以下では，アメリカの人々の家への対応のし方について述べられており，第5文だけがそのいずれとも関連がない内容になっているので，③が不要。

問2 （全訳） ずっと昔，イギリスではある危険なゲームが行われていた。①サッカーとラグビーが学生たちによって行われていた。このゲームは100人の人によって行われた。②2つのチームと2

つのゴールがあった。③それらは町の両側にあった。④選手たちは，勝つためには町の反対側にボールを置かなくてはならなかった。そのゲームは，選手たちが暴力を使って争いあったので危険だった。⑤後に，人々を安全にするために新しいルールが作られた。このスポーツがサッカーとなった。

第1文から，かつてイギリスで行われていた危険なゲームが話題であることがわかる。最終文から，そのゲームがサッカーの元となったものであることがわかるので，当時サッカーが学生たちによって行われていたという第2文は本文の内容と矛盾する。したがって，①が不要。

問3 （全訳） 私たちはコンピューターを使って何をすることができるだろうか。／第一に，私たちはそれらを使ってより簡単に文を書くことができる。①単語や文をより簡単に変えることができる。全段落を1か所から別の場所へと移動することができる。②終わったら，プリンターでそれを印刷することができる。それは数分で多くのページを印刷することができる。③第二に，コンピューターはおよそ70年前に作られた。④私たちは，手紙を書いて外国へすばやく送ることもできる。手紙を送るにはおよそ1週間かかるからだ。⑤そして，それは高価ではない。これは電子メール，あるいはEメールと呼ばれる。

第1文から，コンピューターでできることを述べた文章であることがわかるので，コンピューターの歴史について述べている③が不要。他の下線部との関連性もない。

## 重要 4 （読解問題・物語文：語句選択補充問題）

（全訳） ベン・コーエンとジェリー・グリーンフィールドは2人ともニューヨーク州のメリック出身だった。彼らは仲の良い友人であった。大学を出た後，彼らは一緒に商売を始めたいと思った。(A)どんな種類の商売をするか。もちろん，食料の商売だ。ベンとジェリーは多くの点で違っていたが，1つの点では同じであった。彼らは2人とも食べ物が好きだったのだ！

(B)彼らが大好きだった1つの食べ物は，アイスクリームだった。彼らはたくさんの都市や町を見た。それから彼らはバーモント州のバーリントンに行った。彼らはその都市が大いに気に入った。そこには多くの若者がいて，おいしいアイスクリーム店が1つもなかった。バーリントンには1つ問題があった。そこは1年のうちの5か月間，とても寒かったのだ。寒い日に人々はアイスクリームを買うだろうか。

1978年，5月5日，ベンとジェリーは自分たちのアイスクリーム店を開いた。それは小さな店で，あまりきれいではなかった。(C)しかし，アイスクリームはとてもおいしかった。開店の日，多くの人々がアイスクリームを食べに来た。彼らは何度も何度も戻って来た。店にはいつも多くの人々がいた。ベンとジェリーはとても熱心に働いた。ある夜，仕事の後，ベンは(D)とても疲れていたので，店の前の地面に寝てしまった！

数か月後，ベンとジェリーは銀行へ行った。彼らは悪い知らせを受けた。彼らの銀行口座には数ドルしかなかった。

「なぜなんだ？」と彼らは問いかけた。「何か月も一生懸命に働いたのに！」

それから彼らは商売について学び始めた。彼らは費用，販売促進活動そして販売について学んだ。彼らは盛大なアイスクリーム・パーティーを開くようになった。彼らは日によっては無料のアイスクリームを与えた。他の都市の人々はベンとジェリーの店について知って，はるばるアイスクリームを食べに来た。

ベンとジェリーはもっとたくさんのアイスクリームを作り，店やレストランにそれを売るようになった。(E)最初に，彼らはバーモント州の店やレストランに行った。それから，彼らは合衆国中の店に自分たちのアイスクリームを売り始めた。数年後，彼らのアイスクリームはカナダ，イスラエル，そして多くのヨーロッパ諸国でも買うことができた。

人々はなぜベンとジェリーのアイスクリームを買うのだろうか。まず第一に，それはとてもおいしいアイスクリームである。それはバーモント州のミルクで作られ，化学製品が入っていない。

人々はまた，会社が好きだからベンとジェリーのアイスクリームを買う。最初から，ベンとジェリーは自分たちの会社を(F)他と違うものにしたいと思っていた。彼らはただたくさんのお金を儲けたかったのではなかった。彼らはまた，人々を助けようとしたいとも思っていた。ベンとジェリーの店は今ではとても大きな会社だが，本当に人々の役に立っている。それはバーモント州の農場経営者たちを支えている。それは彼らからたくさんのミルクを買い，そのことが農場経営者たちにさらに多くの仕事を与える。その会社はまた，若者たちにもたくさんの仕事を与え，利益の7.5パーセントを世界中の子供たちや病気の人々を助けるために与えている。

(出典：BASIC READING POWER 1，ピアソン社)

(A)　空所の直前では，ベンとジェリーが一緒に商売をしたいと思っていたことが述べられ，空所の直後では，「もちろん，食料の商売だ」と商売の種類が述べられている。⑤の What kind of を入れて「どんな種類の商売をするか」という文にすると前後のつながりが自然になる。①「いつ～を始めたか」，②「～についてはどうか」，③「いくつの～か」，④「彼らはなぜ～について学んだか」は，いずれも直後の文とのつながりが不自然。

(B)　空所を含む文の直前で，ベンとジェリーは2人とも食べ物が好きだったことが述べられ，空所の直後では「アイスクリーム」と具体的に食べ物の名前が述べられている。さらに次の文では，2人がアイスクリーム店を開きたいと思っていたことが述べられていることから，①の they liked very much を入れて「彼らが大好きだった1つの食べ物は，アイスクリームだった」という文にすると前後のつながりが自然になる。②「ベンが食べたかった」，③「ジェリーが作った」，④「ある店で売られていた」，⑤「あまりに多くの砂糖を含んでいた」は，2人は食べ物が好きで，アイスクリーム店を開きたいと思っていたという流れに合わない。

(C)　空所を含む文の直前の「それは小さな店で，あまりきれいではなかった」と，空所の直後の「アイスクリームはとてもおいしかった」という内容が対照的であることから，③「しかし」が適切。①「今日」，②「今」，④「それから，そのとき」，⑤「だから」では2つの文のつながりが不自然。

(D)　空所直後の that に着目。so ～ that …「とても～なので…」の形を考え，⑤を入れると文意が成り立ち，空所を含む文の直前の文「ベンとジェリーはとても熱心に働いた」ともつながる。①「とても空腹だ」，③「とても貧しい」は空所を含む文の直前の内容から判断できない。②「あまりに貧しい」，④「あまりに疲れている」は後の that と文法的につながらない。

(E)　空所を含む文の直後が，「それから，彼らは合衆国中の店に自分たちのアイスクリームを売り始めた」と順番を表していることに着目する。空所を含む文の直前で，2人が店やレストランにアイスクリームを売るようになったことが述べられている。2人が自分たちの店を開いたのはバーモント州でのことなので，まずバーモント州の店やレストランに売り始め，それから他の地域の店やレストランにも売るようになったという流れが自然。したがって，④「最初に」が適切。①「しかし」，②「最近」，③「ついに」，⑤「驚くべきことに」はこの流れに合わない。

(F)　空所を含む文の後に続く内容から，ベンとジェリーが自分たちの会社をどうしたかったかを考える。2人が人々を助けたいと思っていたこと(第4文)，利益の7.5パーセントを世界中の子供たちや病気の人々を助けるために与えていること(最終文)などから，2人が他の会社では普通しないようなことをしていることがわかるので，②「他と違う」が適切。空所を含む部分は〈want ～ to ＋動詞の原形〉「～が…することを望む，～に…してほしい」の形。①「注意深い」，③「一般的だ」，④「きれいだ」，⑤「大きい」は，いずれも空所を含む文の後で述べられている会社のあり方に合わない。

5 (長文読解・発表：語句選択補充，語句整序)

(全訳) こんにちは，みなさん。今日，私はみなさんにオーストラリアの私の学校の生徒たちが参加しているスポーツクラブについてお話したいと思います。実は，私の学校にはスポーツクラブが(1)ないので，スポーツをしたい生徒は校外のスポーツクラブに入っています。

さあ，一覧表1と一覧表2を見てください。これらはそれぞれのスポーツクラブの生徒の数を示しています。生徒の数から判断して，私たちの学校の男子女子の間では(2)サッカーがいちばん人気のあるスポーツです。

男子にとっては，2番目は(3)オーストラリアンフットボールで，3番目が(4)クリケットです。日本では，これらのスポーツは多くの人たちには行われていませんよね？ でもオーストラリアでは，多くの生徒たちがそれらをして楽しんでいます。

女子にとっても2番目はネットボールです。私は，それも多くの日本の生徒には行われていないと聞いていますが，それは70を超える国々で行われています。実際に，私はネットボールをします。①みなさんがオーストラリアに来たら，私がみなさんにそれのし方を教えますから，一緒に楽しむことができますよ。

私の発表の終わりです。聞いてくださってありがとうございました。何か質問があれば，お尋ねください。

一覧表1(男子)／サッカー19名，オーストラリアンフットボール12名，クリケット8名，バスケットボール7名，テニス5名，その他のスポーツ7名　一覧表2(女子)／サッカー13名，ネットボール11名，バスケットボール5名，水泳4名，テニス3名，その他のスポーツ5名

問1 空所を含む文の後半は，前半の内容と so「だから」でつないで「スポーツをしたい生徒は校外のスポーツクラブに入っている」という内容。校外のスポーツクラブに入る理由として考えられるのは，学校にはスポーツのクラブがないことである。したがって，③の no を入れて，前半を「私の学校にはスポーツクラブがない」という内容にする。

問2 (2)には，ジェーンのオーストラリアの学校で，男子女子の間で最も人気があるスポーツ，(3)に男子の中で2番目に人気があるスポーツ，(4)には男子の中で3番目に人気があるスポーツが入る。一覧表から，(2)にはサッカー，(3)にはオーストラリアンフットボール，(4)にはクリケットが入る。

問3 In Japan, these two sports are not played by many students「日本では，これらのスポーツは多くの人たちには行われていません」という文の文末に入ることから付加疑問が考えられるが，文が否定文で主語が複数形の these two sports なので，付加疑問は are they となる。しかし，選択肢に are they がないので，同じように文末に置いて確認する言い方になる right を入れる。

問4 直前の段落で，日本ではオーストラリアンフットボールとクリケットが多くの人たちには行われていないことが述べられていることから，空所を含む文の前半を「それ(＝ネットボール)も多くの日本の生徒には行われていない」という内容にすると文脈に合う。否定文で「～もまた…ない」というときは文末に either を置く。

問5 (When you come to Australia,) I will show you how to play it, (so we can have fun together.) how, to, play があることから，〈how to ＋動詞の原形〉「～のし方」を使うことを考える。it は直前の文にある netball と考えて how to play it として，文全体は I を主語にして I will show you「私はみなさんに教える」という文を考え，この後に how to play it を置く。

**6** **（長文読解・説明文：英問英答，語句選択補充，語句整序，内容吟味，文補充）**

（全訳）　何が歌を人気のヒット曲にするのだろうか。あなたはヒット曲はすばらしい歌だから人気があると思っているだろうか。(イ)もしそうならば，あなたは考え直す必要がある。研究者たちは，ヒット曲は聞き手が他の人々が考えていることを気づかうから人気が出るのだと言っている。ほとんどの聞き手にとって，歌の質はそれほど重要ではないのだ。

最近のオンラインのある研究で，私たちがどのように自分の音楽を選ぶかを調べた。それはある歌の人気が私たちの選択に影響を与えることを示している。言い換えると，私たちは友達が楽しむ音楽を聞くことが好きなのだ。その研究で，研究者たちは14,000人の10代の少年少女に知られていない48曲の歌の一覧を与えた。学生たちはその歌のうちの何曲かを聞き，それらを評価した。参加者は気に入らない歌に星を1つつけた。とても気に入った歌には5つの星をつけた。

研究者たちは参加者を2つのグループに分けた。最初のグループは，歌のタイトルとバンドの名前(A)だけを見た。彼らは歌の名前とバンドの名前がおもしろそうだという理由で歌を評価した。その歌を聞いた後で，参加者たちは星をつけてそれを評価した。

10代の少年少女のもう1つのグループは追加の情報を受け取った。このグループはそれぞれの歌のダウンロード数も見ることができた。多くのダウンロードがある歌はとても人気があるように見えた。その10代の少年少女たちは，これらの歌は友人たちも気に入っていると思った。しかし，研究者たちはそれぞれの歌のダウンロード数をでっちあげていた。最大のダウンロードを示している歌は，あまり人気がなかったのだ。実際は，音楽の専門家①によれば，これらの歌はあまりよいものではなかった。

2番目のグループの参加者たちは，ふだんは最もダウンロード数が多い歌に最もたくさんの星をつけていた。彼らは，これらの歌は友人たちに人気があると思っていた。彼らは歌の質には関心がなかったのだ。彼らはただ友人たちが気に入っている歌を聞きたかっただけなのだ。

ではなぜ，参加者たちは人気があるらしい歌に最も多くの星をつけたのだろうか。その研究の著者の1人，ニューヨークのコロンビア大学の研究者であるマシュー・サルガニックは，こう言っている。「人々はあまりに多くの選択，この場合では48曲の歌に直面しています。②それらすべてを聞くことはできないから，自然な近道は，他の人たちが聞いているものを聞くことです。私は，それは現実の世界で起こることだと思います」

マシュー・サルガニックはまた，人は他人が聞いているものを知りたいのだとも言っている。彼は，人は友人たちと音楽や本について話し合ったり分かち合ったりして楽しむのだと言う。だから，人気がある本や歌がよい質である必要はないのだ。何人かの人がそれを楽しむことが必要な(A)だけなのだ。そうすると，これらの人々がその友人たちに影響を与える。そしてすぐに，歌や本の人気が広まる。ひょっとしたら，それは大ヒットになりさえするかもしれない。

今日では，インターネットは，ほとんど直ちに人々は映画や本や音楽についての意見を分かち合わせてくれる。人々はソーシャル・ネットワーキング・サイトに音楽について書いたり，インターネット上でコメントを掲示したり，読者の批評を読んだりする。インターネット上で，人は簡単に何人の人がある本を買ったり，ある歌をダウンロードしたかを見ることができる。ひょっとしたら，(1)この情報は(2)私たちが考える以上に私たちの選択に影響を持っているのかもしれない。

（出典：スキル・フォア・サクセス　OXFORD UNIVERSITY PRESS）

問1　質問は，「この話の主題は何ですか」という意味。本文は，「何が歌を人気のヒット曲にするのだろうか」という問いかけで始まり，歌に人気が出る原因を調べる研究とその結果を示して，最後に，インターネット上の情報が私たちの選択に影響を持っているのかもしれないと結論を述べている。この論理展開に合うのは，ネット上の情報によってヒット曲ができるという趣旨の④

「ソーシャル・ネットワーキング・サイトはヒット曲を作るのに重要だ」。①「私たちの友人は私たちの音楽の選択に影響を与える」は，対象が音楽だけとは言えないので不適切。②「ヒット曲の中にはよい歌ではないものもある」は，研究の結果としてわかったことの1つであり，研究で調べようとしたこととは言えないので不適切。③「研究者たちは，2つのグループが異なる選択をしたことがわかった」は，研究からわかったこととして本文で述べられていない。⑤「ほとんどの人々は忙しすぎてたくさんの歌を聞くことができない」は，第6段落のマシュー・サルガニックの言葉に「あまりに多くの選択があるから48曲の歌すべてを聞くことはできない」とあるが，「忙しい」という理由で音楽を聞けないとうことではないので不適切。

問2　最初の空所を含む文の直後で，研究に参加した人々は先に歌の名前とバンドの名前を見て一度評価をして，次に曲を聞いて星をつけたことが述べられている。最初は歌の名前とバンド名という情報しか与えられなかったことから，only「～だけ」が適切。後の空所を含む文の前では，人は友人たちと音楽や本について話し合ったり分かち合ったりして楽しむのであり，人気がある本や歌がよい質である必要はないということが述べられている。これに続いて，空所を含む「何人かの人がそれを楽しむことが必要だ」という文が続く。ある音楽を楽しむ人がいさえすればよいということなので，ここでも only を入れると文脈に合う文になる。

問3　下線部の前半「これらの歌はあまりよいものではなかった」と「専門家」という語をつないで文意が成り立つのは①「～によれば」。②は「～の代わりに」，③は「～の前に」，④は「(ある時点)まで」，⑤は「～の場合には」という意味。

問4　(… a natural shortcut) is to listen <u>to</u> what other people <u>are</u> listening to.「48曲ある歌すべてを聞くことはできないから」という前半を受けて，a natural shortcut「自然な近道」を主語とする文を作る。主語は単数なので，動詞になりうるのは is しかない。また，to と動詞の原形 listen があることから，is の後に to listen to と続けて「自然な近道は～を聞くことだ」という文を考える。この場合の what は「もの・こと」という意味の先行詞を含む関係代名詞で，what other people are listening to で「他の人たちが聞いているもの」という意味になる。

問5　下線部は So「だから」で始まっているので，直前の「人は友人たちと音楽や本について話し合ったり分かち合ったりして楽しむ」ことが理由に当たる。この内容を簡潔にまとめた③が適切。

問6　〈let ＋目的語＋動詞の原形〉で「～に…させてやる，～が…するのを許可する」という意味を表すので，原形の①が適切。他の形は文法的に不適切。

問7　最後から2番目の段落では，人は他人と音楽や本について話し合いたいのであり，それらの質がよいから人気が出るのではなく，多くの人がある音楽や本について話し合うことでそれらを聞いたり読んだりする人が増え，結果として人気が出るということが説明されている。これを受けて，最終段落では，インターネットやソーシャル・ネットワーキング・サイトのおかげで音楽や本を多くの人がそれらに関する意見を共有できることが述べられている。この2つの段落から，「人は他人と音楽や本について話し合いたい」→「インターネットやソーシャル・ネットワーキング・サイトがそうした場を提供する」→「人は多くの肯定的な意見がある音楽や本を聞いたり読んだりする」ということがわかるが，このことから，人はインターネットなどの情報に基づいて聞いたり読んだりするものを決めるということが言える。したがって，(1)に this information「この情報(インターネットなどで得られる，音楽や本についての意見，評判，ダウンロード数など)」，(2)に we think「私たちが考える」を入れると本文の趣旨に合う文になる。

重要　問8　本文中に入れる英文は，「もしそうならば，あなたは考え直す必要がある」という意味で，この前には一般的と考えられる意見，後にはそれに反する意外な事実や意見が続くと考えられる。このつながりに合う箇所は(イ)。

問9　①「研究の参加者は20歳を超える年齢だった」(×)　第2段落第4文から，研究に参加したのは10代の少年少女であることがわかるので，合わない。　②「研究には48の別々のグループがあった」(×)　第3段落第1文から，グループは2つだったことがわかるので，合わない。「48」は研究で参加者に与えられた歌の数。　③「研究の歌は参加者たちに知られていた」(×)　第2段落第4文から，与えられた歌は参加者が知らない歌であったことがわかるので，合わない。　④「1つのグループはそれぞれの歌がいくつダウンロードされたかを見ることができた」(○)　第4段落第2文の内容に合う。　⑤「ダウンロードの数は10代の少年少女によって作られた」(×)　第4段落第5文からダウンロード数は研究者たちがでっちあげたものであることがわかるので，合わない。

★ワンポイントアドバイス★

6の問8は文を本文中の適する位置に補う問題。このような問題では，本文全体を読んでから考えるのではなく，補う文の内容を先につかみ，本文を読み進めながら適する場所を探すのが効率的である。

## ＜理科解答＞《学校からの正答の発表はありません。》

1　問1　1　①　問2　2　③　問3　3　⑤　問4　4　①　問5　5　③　問6　6　④
問7　7　①　問8　8　③　問9　9　②　問10　10　⑤

2　問1　11　①　問2　12　④　問3　13　①　問4　14　④　問5　15　③

3　問1　16　①　問2　17　③　問3　18　④　問4　19　②　問5　20　⑤

4　問1　21　③　問2　22　③　問3　23　④　問4　24　②　問5　25　①

○推定配点○

各4点×25　計100点

## ＜理科解説＞

1　(小問集合―各分野の総合)

問1　新型コロナウイルスに対するmRNAワクチンには，ウイルス表面のタンパク質をつくるためのmRNAが含まれており，人体内ではmRNAをもとに，そのタンパク質がつくられる。これを免疫細胞が覚えることで，本当にウイルスが侵入してきたときに免疫がはたらく。

問2　SDGs(Sustainable Development Goals，持続可能な開発目標)は，社会や環境において直面するグローバルな課題の解決を目指しているものである。17個の目標で構成されている。

やや難　問3　図1の抵抗器に比べ，図2の1つの抵抗器にかかる電圧は2倍で，電流も2倍になる。そのため，図2の1つの抵抗器の一定時間の発熱量は，1000×2×2＝4000(J)となる。さらに，図2では同じ抵抗器がもう一つあるので，回路全体での発熱量は，4000×2＝8000(J)となる。

問4　A点は焦点よりもレンズに近い位置なので，レンズをのぞくと，実物よりも大きい正立の虚像が見える。物体をA点から左に動かすと，虚像の位置も左に動くので，像は徐々に大きくなるが，ちょうど焦点のF点までくると，像はできなくなる。

問5　質量が18.0g，体積が19.5$cm^3$の物質の密度は，18.0÷19.5＝0.92…($g/cm^3$)である。これは，エタノールの密度より大きいので，エタノールには沈む。しかし，水や水銀の密度より小さいので，水や水銀には浮く。

やや難 問6 うすい塩酸15mLに炭酸カルシウムを溶かしたとき，最大で発生する気体の量は1.12gである。このとき溶けた炭酸カルシウムの量は，1.00：0.32＝$x$：1.12 より，$x$＝3.5gである。つまり，うすい塩酸15mLに炭酸カルシウムは3.5gまで溶ける。チョーク1本は7.0gなので，溶かすのに必要なうすい塩酸の量は，15：3.5＝$y$：7.0 より，$y$＝30mLとなる。

問7 デンプンは，だ液，すい液，腸液によって，ブドウ糖に分解され，小腸の柔毛で毛細血管に吸収される。タンパク質は，胃液，すい液，腸液によって，アミノ酸に分解され，小腸の柔毛で毛細血管に吸収される。脂肪は，すい液によって，脂肪酸とモノグリセリドに分解され，小腸の柔毛でリンパ管に吸収される。

問8 ジャガイモAとジャガイモBの掛け合わせでジャガイモCができるので，遺伝子の組合せは「黒・黒」か「黒・白」の両方の可能性がある。一方，ジャガイモDは，ジャガイモBの茎の一部であり，同じ遺伝子「黒・白」である。

問9 火成岩AとBは，等粒状組織をもつので，深成岩のなかまであり，火成岩Aの方が黒っぽいので，選択肢では，②か④があてはまる。また，Cは斑状組織をもつので火山岩のなかまであり，AとCの鉱物の種類がよく似ていることから，選択肢では，②か⑤があてはまる。両方の条件に当てはまる組み合わせは②である。

やや難 問10 ①：誤り。金星の方が太陽からの距離が小さいので，内側を公転している。 ②：誤り。太陽・金星・地球の順に一直線に並んだときの，金星と地球の距離が1.00－0.72＝0.28である。一方，太陽・地球・火星の順に一直線に並んだときの，火星と地球の距離が1.52－1.00＝0.52である。よって，地球と最短距離になるのは金星である。 ③：誤り。木星の公転の周期は11.86年であり，その間に地球は11周以上する。 ④:誤り。密度は表の順でも増えたり減ったりしており，比例でも反比例でもない。 ⑤：正しい。火星が地球から最も遠い位置のとき，火星・太陽・地球の順に一直線に並んでおり，その距離は1.52＋1.00＝2.52である。一方，金星が地球から最も遠い位置のとき，金星・太陽・地球の順に一直線に並んでおり，その距離は0.72＋1.00＝1.72である。よって，前者は後者に比べて，2.52÷1.72＝1.465…となり，およそ1.5倍である。

## 2 （物体の運動―台車の運動）

問1 台車は加速しながら斜面を下りるので，記録タイマーの点の間隔は③や④のように，徐々に広がっていく。速くなると②や⑤のように間隔が大きくなって，点の数が減ってしまうこともある。しかし，①のように等間隔になることはない。

問2 打点が重なるのは，台車が動いていないからである。それは，記録タイマーが打点を始めたあとに台車から手を離したため(④)である。②・③・⑤のような不具合がなくとも起こる現象である。また，①は，打点の数が変わるだけで，同じ現象が起こる。

問3 コンセントから供給される電気は，プラスとマイナスがつねに入れ替わる交流である。愛知県を含む西日本は，1秒間に50回入れ替わる50Hz(ヘルツ)であり，静岡県の富士川よりも東日本側は60Hzである。60Hzの場所では，記録タイマー1打点の時間は$\frac{1}{60}$秒だから，それぞれの時間は，①は$\frac{2}{60}\times30=1$(秒)，②は$\frac{3}{60}\times25=\frac{5}{4}$(秒)，③は$\frac{4}{60}\times20=\frac{4}{3}$(秒)，④は$\frac{5}{60}\times10=\frac{5}{6}$(秒)，⑤は$\frac{6}{60}\times5=\frac{1}{2}$(秒)となる。秒速は1秒あたりに進む長さだから，①があてはまる。

問4 選択肢が，距離のグラフではなく速さのグラフであることに注意する。なめらかな水平面だから，台車に何も触れていないときは等速直線運動を行う。そのときの速さのグラフは，①・②・④のように真横になる。台車を木槌でたたいたときには，速度が速くなるので，④のグラフになる。②は摩擦があるなどの場合である。

やや難 問5　はじめは斜面に沿ってのぼる運動なので，速度は低下する。摩擦のある粗い斜面に入ると，速度がより大きく低下する(①・②・③)。やがて台車の速さがいったん0になると，次は斜面に沿って下る運動であり，速度が増加する。粗い斜面からなめらかな斜面に入ると，速度がより大きく増加する(②・③)。また，台車が最初に持っていた運動エネルギーのうち一部は，摩擦のある部分で失われるので，運動エネルギーは減少する。そのため，台車の最後の速さは，最初の速さまでは戻らない。よって，②ではなく③が正しい。

## 3 （電池・電気分解―ダニエル電池のしくみ，塩化銅の電気分解）

重要 問1　亜鉛Znが溶けて，陽イオンである亜鉛イオン$Zn^{2+}$になるときは，電子$e^-$が2個放出される。式に書くと$Zn \rightarrow Zn^{2+} + e^-$である。表1では，硫酸銅水溶液から亜鉛板やマグネシウム板の表面に銅が付着しており，銅イオン$Cu^{2+}$から銅原子Cuができたことを意味する。つまり，銅はイオンに最もなりにくい。また，硫酸亜鉛水溶液にマグネシウム板を入れたときの結果は，水溶液中の亜鉛イオンが亜鉛になり，マグネシウムが溶けてマグネシウムイオンになった結果である。逆に，硫酸マグネシウム水溶液に亜鉛板は溶けない。よって，亜鉛よりもマグネシウムの方が，イオンになりやすい。以上より，Aがマグネシウム，Bが亜鉛，Cが銅である。

問2　ア：正しい。回路に流れる電流の向きは＋極から－極である。電子$e^-$はその逆に，－極から＋極へと回路を移動する。　イ：正しい。亜鉛板Znは溶けて亜鉛イオン$Zn^{2+}$になる。硫酸亜鉛水溶液が濃すぎると，亜鉛が溶けにくくなり，回路に流れる電流が弱まってしまう。　ウ：誤り。セロハン膜や素焼き板は，細かな穴が開いており，水溶液そのものは混ざらないが，イオンが通ることはできる。硫酸亜鉛水溶液では亜鉛イオンが増え，硫酸銅水溶液では銅イオンが減るので，硫酸銅側から硫酸亜鉛側へ硫酸イオン$SO_4^{2-}$が移動することによって，水溶液中のプラスとマイナスの電気量のバランスを取っている。　エ：正しい。銅板では，硫酸銅水溶液に含まれる銅イオン$Cu^{2+}$が電子を受け取って銅原子Cuになる。そのため，硫酸銅水溶液がうすいと，やがて銅イオンがなくなって，回路に電流が流れなくなる。　オ：誤り。問1でみたように，イオンへのなりやすさは，マグネシウム＞亜鉛＞銅である。よって，亜鉛と銅との組合せよりも，マグネシウムと銅との組合せの方が，イオンへのなりやすさの差が大きく，電池をつくったときの電圧も大きくなる。

問3　亜鉛Znがa個溶けると，亜鉛イオン$Zn^{2+}$がa個できるが，このとき電子$e^-$が2a個放出される。この電子2a個が回路に流れる。

問4　塩化銅水溶液の電気分解では，陽極で気体の塩素が発生し，陰極で固体の銅が析出する。塩素はツンとした特有の刺激臭がある，うすい黄緑色の気体である。また，水に溶けやすく，漂白作用や殺菌作用があるので，漂白剤や消毒薬に使われる。石灰水とは反応しない。

問5　塩化銅$CuCl_2$を電気分解すると，銅Cuと塩素$Cl_2$ができる。銅原子1個と塩素原子1個の質量の比が16：9だから，銅Cuと塩素$Cl_2$の質量の比は16：(9×2)＝8：9となる。陰極で銅が0.96gできたので，発生した塩素の質量は，8：9＝0.96：$x$　で，$x$＝1.08gとなる。

## 4 （植物のからだ―蒸散の実験）

やや難 問1　この実験では，葉の表や裏からの蒸散のほか，茎からの蒸散もあり，そして，試験管の水面からの蒸発も同時に起こっている。蒸散による水の減少量を知るには，水面からの水の蒸発の影響を除かなければならない。③のように水面からの水の蒸発量を測っておけば，蒸散による水の減少量が計算でわかる。水面に油を浮かべておく方法もあるが，④のようにDだけに油を浮かべても意味はなく，A～Cのすべてに油を浮かべなければならない。なお，①②では蒸散と水面からの蒸発が両方起こってしまい，水面からの蒸発量はわからないままである。⑤では，葉の蒸散そのものがさまたげられて，正しい実験結果が出ない。

重要 問2　ワセリンを塗ったところからは蒸散しない。表1の値がすべて蒸散によるものと考えるので，試験管Aは，葉の表，裏，茎の蒸散量，試験管Bは，葉の裏，茎の蒸散量，試験管Cは，葉の表，茎の蒸散量を表している。よって，葉の表の蒸散量は，A－B＝9.0－6.5＝2.5(cm³)であり，葉の裏の蒸散量は，A－C＝9.0－3.0＝6.0(cm³)である。葉の表と裏の合計の蒸散量は，2.5＋6.0＝8.5(cm³)である。

問3　この実験1では，温度を変えた条件での測定をしていないので，①・②の正誤は不明である。問2で求めたように，葉の裏の蒸散量は，葉の表の蒸散量よりも多いので，④が正しい。

問4　ホウセンカのような双子葉類の茎では，道管や師管は環のようにならんでおり，内側②が根から吸い上げた水を送る道管，外側①が栄養分を送る師管である。③は形成層で，細胞分裂がさかんな部分である。また，④・⑤は単子葉類で，④は師管，⑤は道管である。

問5　植物の蒸散では，水を外に出すことで，根から新しい水を吸収するのを促進する(①)。また，水の蒸発によって気化熱を逃がし，体温を調節するはたらき(③)もある。このうち，実験2と関連するのは①である。②は誤りで，④・⑤は蒸散と直接の関係がない。

★ワンポイントアドバイス★

問題文の条件が，どんな基本事項につながっているのか，よく考え検討したうえで選択肢を選ぼう。

## ＜社会解答＞《学校からの正答の発表はありません。》

1　問1　②　問2　④　問3　④　問4　①　問5　⑤　問6　③　問7　④

2　問1　③　問2　③　問3　①　問4　②　問5　②　問6　④　問7　③
　問8　①　問9　⑤　問10　②　問11　①

3　問1　⑤　問2　④　問3　③　問4　③　問5　①　問6　①　問7　②

4　問1　④　問2　⑤　問3　③

○推定配点○

1　各4点×7　2　問1　2点　他　各3点×10　3　各4点×7　4　各4点×3　計100点

## ＜社会解説＞

1　(地理―世界と日本の地理に関する問題)

重要 問1　②　Aさんは日本と12時間の時差があるとしているが，日本よりも先の時間になる範囲では12時間の時差は生じないので，日本よりも12時間遅れている場所を考える。12時間の時差は経度差で180度になる。本初子午線のところで9時間の時差になるので，西経45度の経線のところになるので，リオデジャネイロが該当する。Bは日本と1時間の時差で日本よりも1時間先になっているので，日本よりも15度東の東経150度線のところのシドニーになる。Cは正午でサマータイムのせいで1時間早くなっているということなので本来は9時間の時差のロンドンとなる。

問2　④　Aはブラジル。ブラジルの北部のカラジャスが世界最大級の鉄山。Bはオーストラリア。かつてはイギリスの植民地であった場所ということでイギリスやヨーロッパの国々とのつながりが強かったが，現在では貿易の相手はアジアがかなりの比率をもつようになっている。Cはドイツ。ライン川沿いの地域に石炭と鉄鉱石の分布があり，その資源とライン川の水上交通の便によってルール工業地域は発達した。Dはサウジアラビア。アラブの産油国の中でも指導的な地位にある，

基本 問3 ④ 1980年代に，いわゆるアジアNIEsとされるシンガポールやマレーシアがまず経済的に発達し，その後も安い労働力を求めて日本などの工業国の企業がタイやベトナム，インドネシア，ミャンマーなどに進出し現地の人を使って工業を行っている。

問4 ① 奄美大島などの地域は世界自然遺産。選択肢の中で①のみが世界自然遺産。③のウルルは自然遺産と文化遺産の両方の要素を持つ複合遺産で，他の選択肢はみな文化遺産。

問5 ⑤ 金沢はこれらの都市の中では唯一日本海側のもので，日本海側の特色の1月12月の降水量が多いEが該当。高松は瀬戸内の香川県なので，年間を通して降水量が少なめで気候は温暖なD。Aは釧路，Bは名古屋，Cは那覇のもの。

問6 ③ 河川の運搬作用についての説明。河川が山間から平地に出る場所に扇状地が形成され，比較的粒子の粗い土砂が堆積する。川の河口部に形成されるのは三角州で，粒子の細かい土砂が堆積する。

問7 ④ 地形図に関する問題。縮尺が25000分の1のものは等高線が10mごとに引かれており，50000分の1のものは20mごとになる。イの左側に575mとあり，そこの左上に650mとあるところがあり，計曲線(太い等高線)が5本ごとにあるので，その間隔を見ていけば，25000分の1とわかる。アの周りのものは茶畑。等高線が高度の高い場所から低い場所へ張り出しているところをたどると尾根になり，逆は谷になる。

## 2 (日本と世界の歴史ーさまざまな事柄に関する問題)

重要 問1 ③ ①はシャカは中国ではなくインドで仏教を開いたので誤り。②は仏教は東南アジアにも広まり根付いているので誤り。④は3世紀ごろのローマで迫害されたのはキリスト教で，イスラム教はまだこのころは存在していないで誤り。⑤はムハンマドは610年にイスラム教を開くので誤り。

問2 ③ ①は天智天皇は男性なので誤り。②は十七条の憲法は役人の心得なので誤り。④は小野妹子は遣唐使ではなく遣隋使なので誤り。⑤は飛鳥寺を開いたのは蘇我馬子なので誤り。

問3 ① 班田収授法では6歳以上の男女に6年毎に口分田を与えることになっており，良民男子が2段，良民女子がその3分の2の1段120歩で，賤民はそれぞれ良民の3分の1とされていた。奈良時代の農民，特に男性の負担が重く，負担を逃れるために口分田から逃げる者もいた一方で，人口増から口分田が不足し，三世一身の法を723年に出したものの，あまり効果がなかったことで743年に墾田永年私財法を出したが，これによって公地公民制が崩れてくることになる。

基本 問4 ② A 935年→C 1016年→D 1156年→B 1167年の順。

問5 ② ①は有田焼は秀吉の朝鮮出兵の際に朝鮮半島から連れてこられた陶工によってはじめられたものなので誤り。③は菱垣廻船は江戸時代のものなので誤り。④は室町時代には国産の金属貨幣は奈良時代や平安時代のものしかないので，中国から流入したものの方がはるかに多く出回っていたから誤り。⑤は西陣織は綿織物ではなく絹織物なので誤り。

やや難 問6 ④ 設問の絵はイタリアルネッサンス期のフィレンツェ生まれの画家サンドロ・ボッティチェリの描いた「プリマヴェーラ(春)」。

問7 ③ 写真は織田信長が使っていた花押で「天下布武」と刻まれている。信長は支配地で検地を行っており秀吉はそれをまねて全国的に行わせた。

問8 ① 写真の人物は伊藤博文。伊藤博文は初代の内閣総理大臣となるが，すぐにその職を辞し，枢密院で憲法草案を練り，大日本帝国憲法発布に尽力した。

問9　⑤　1922年に被差別部落の問題を解消することを目的に全国水平社が結成された。

基本　問10　②　D　1915年→A　1919年3月1日→B　1919年5月4日→C　1927年の順。

問11　①　池田勇人が首相でいたのは1960年から64年にかけてで，そのあとに佐藤栄作が首相となり1972年までつとめる。池田内閣の時代は東京オリンピックに向けてインフラ整備が進みオリンピック景気となり，佐藤内閣の時代にはその後のいざなぎ景気となって日本の経済成長が進むが，一方で公害も深刻になり，公害対策基本法が制定され，環境庁が設置された。

## 3　(公民―政治経済に関するさまざまな問題)

重要　問1　⑤　①は地方自治における住民投票は，民意を示す働きは持つが法的拘束力は伴わないので誤り。②は条例の制定改廃を求める署名は有権者の50分の1以上で，提出先は首長なので誤り。③は地方公共団体の首長は住民が直接選ぶので誤り。④は地方交付税交付金は使い道をとくに決められていないので誤り。

問2　④　日本の比例代表制選挙で，各党の議席配分を決定する方法はドント式で，各党の得票数を整数で1から順に割っていった表を作り，その表の数値を大きい方から，議員定数分だけ拾い，その拾われた数値の個数がそれぞれの党に割り振られる議席数となる。この場合，A党とB党は3議席ずつ，C党とD党は1議席ずつの配分となる。

やや難　問3　③　①は日本の国会で審議される法案の中で最も多いのが内閣提出のものなので誤り。アメリカの大統領は自身が法案を出すことはできず，教書を出し，自身の党に議会へ法案を出すことを求めることしかできない。②は日本の議会は内閣不信任決議ができるが，アメリカの議会は大統領の不信任決議というのはない。大統領が何らかの不正行為を行っていれば，そのことの訴追を行うための弾劾を行うことは可能。④はアメリカの大統領が選ぶ各省の長官は議員である必要はないが，一応議会の承認は必要。⑤は日本の首相は国民が選ぶものではなく国会の指名によるものなので直接選挙ではないので誤り。

やや難　問4　③　需要曲線の動きを考えるものなので，①は価格は下がるが，需要曲線ではなく供給曲線が右に動くので誤り。②は商品の人気が上がった場合には需要曲線がD2からD1に動き価格は上がるので誤り。④は価格は下がるが供給曲線が右に動いた結果なので誤り。⑤は供給が減り価格が上昇するので供給曲線が左に動くので誤り。

問5　①　使用者(雇い主)が，労働者を解雇する場合には30日の猶予が必要。労働時間は基本的には1日8時間，週40時間。18歳未満の者を働かせる場合には，夜間や早朝の労働はさせられない。

問6　①　②は，日本の発電量の中で中心は火力であり，再生可能エネルギーによるものは，それぞれの発電量は小さいため，全体の中の比率もまだ低いので誤り。③はごみを減らす運動は行われているが，プラスチック製品は温暖化の問題とは別にいわゆるマイクロプラスチックの問題で，使用量を減らす動きが広がっている。④の説明内容はフェアトレード。⑤はハラルはイスラム教の人が飲食しても大丈夫な食品につけられているものなので誤り。

基本　問7　②　①は安保理の常任理事国には日本は入っていないので誤り。③の内容はUNCTAD国連貿易開発会議ではなくUNHCR国連難民高等弁務官なので誤り。④は国際連盟の本部はニューヨークではなくスイスのジュネーヴなので誤り。⑤は日本が国際連合に加盟したのは1956年で80番目の加盟国であったので誤り。

## 4　(総合問題―20世紀の政治経済と歴史に関連する総合問題)

問1　④　①はワシントン条約ではなくベルサイユ条約なので誤り。②は第二次世界大戦が勃発する直前にアメリカではなくソ連との間で不可侵条約を結び，ポーランドに攻め込んで戦争が始まったので誤り。③は，ドイツはほぼ全域が西岸海洋性気候なので誤り。⑤は近年ＥＵから離脱したのはドイツではなくイギリスなので誤り。

問2　⑤　①はソ連が誕生した革命が起こったのは第二次世界大戦中ではなく第一次世界大戦末期なので誤り。②の内容はソ連のものではなくアメリカのものなので誤り。③はサンフランシスコ平和条約にはソ連は参加していないので誤り。④の内容はイタリアのことなので誤り。

重要 問3　③　①は東ドイツは社会主義国であったので誤り。②は資本主義と社会主義が逆なので誤り。④は，資本主義経済の下では生産活動全体は利潤追求で，個人や企業が利潤を追求し競争していくので誤り。⑤の選択肢の内容は資本主義経済の説明なので誤り。

★ワンポイントアドバイス★

小問数が28題，試験時間は30分で，選択肢を読む量も多いが，慌てずに落ち着いて一つずつ正確に解答欄を埋めていきたい。選択肢を選ぶ際に，正解がすぐに選べない場合は消去法で消していった方が選びやすいものもある。

## ＜国語解答＞《学校からの正答の発表はありません。》

1　問1　a ④　b ②　c ③　d ①　e ⑤　問2　Ⅰ ④　Ⅱ ⑥　Ⅲ ③
問3　i ①　ii ⑤　iii ②　問4 ②　問5 ④　問6 ⑤　問7 ①
問8 (1) ②　(2) ③　問9 ③　問10 ④　問11 ②　問12 ③・⑥
問13 ①

2　問1　X ③　Y ②　問2 ⑤　問3 ⑤　問4 ②　問5 ①　問6 ②
問7 ④　問8 ⑤　問9 ③　問10 ①　問11 ③・⑥

○推定配点○

1　問1～問3・問7・問9・問11　各2点×14　他　各4点×8(問12完答)

2　問1・問2・問6　各2点×4　他　各4点×8(問11完答)　計100点

## ＜国語解説＞

1　(論説文―大意・要旨，内容吟味，文脈把握，段落・文章構成，接続語，漢字の書き取り，語句の意味，品詞・用法)

基本 問1　a「偉大」，①「衣装」　②「威圧」　③「相違」　④「偉人」　⑤「遺産」。b「獲得」，①「収穫」　②「捕獲」　③「格段」　④「覚醒」　⑤「確実」。c「甘美」，①「貫く」　②「干す」　③「甘い」　④「緩め」　⑤「巻く」。d「深淵」，①「意味深長」　②「音信不通」　③「粉骨砕身」　④「温故知新」　⑤「真剣勝負」。e「挑む」，①「傍聴」　②「眺望」　③「前兆」　④「徴収」　⑤「挑発」。

問2　空欄Ⅰは直前の内容を理由とした内容が続いているので「したがって」，空欄Ⅱは直前の内容とは相反する内容が続いているので「ところが」，空欄Ⅲは直前の内容にさらに加える内容が続いているので「しかも」がそれぞれ入る。

問3　二重傍線部ｉは不義理や面目のないことがあってその人の家へ行きにくいことから。二重傍線部ⅱ「余儀」は他にとるべき手段や方法という意味。二重傍線部ⅲは多く見積もっても，最大限，という意味。

やや難 問4　傍線部Aは「新しい観測データや実験事実が積み重なることによって，科学は最新バージョンへと更新され」ることなので，このことを踏まえた②が適当。「最新バージョンへと更新」することを説明していない他の選択肢は不適当。

問5 3・4段落で，過去の物理学者より最新の研究をしている現代の物理学者のほうが優れているとする科学と古典としての価値を持っている文学を比較して，科学の「古典の価値は文学ほど本質的なものではない」と述べているので，④が適当。①の「育成の難しさ」，②の「古典の意義」，⑤の「共通点」は不適当。「こうした性質」＝「累積性」は「あとから備えることになってしまった性質」なので，③の「科学の性質の特異性」も不適当。

重要 問6 7段落で，理系進学を諦めた受験生が理系学部の大学受験の数学を理解するには，中学校レベルからやり直さなければならないことを述べているので⑤が適当。理系学部の大学受験について説明していない他の選択肢は不適当。

問7 空欄X前後を含めて整理すると，科学の累積性のために理系科目は敷居が高い→④＝あらゆる知識には累積性がある→②＝言葉で表すことのできる知識や情報は蓄積が可能→⑤＝しかし，自然科学の累積性は特別に顕著→①＝その構造は強固→③＝科学や科学技術は人間の蓄積型文化の典型→もちろん，科学は不変・不動なものではない，という流れになる。

重要 問8 (1) 10段落で，今の科学を「一般市民に『説明によって理解してもらう』ことはもはや不可能で……見せ方には工夫が必要」であることを述べているので，このことを踏まえた②が適当。「見せ方には工夫が必要」であることを説明していない他の選択肢は不適当。 (2) ③は「語り合う」だけで見せ方を工夫していないので適当ではない。

問9 傍線部Eと③は一段と程度がまさるさまという意味の副詞。他は起点や比較の意味の助詞。

問10 12～15段落で，先がわからないことで早く安心したいために，誘惑に負けて安心を手に入れられる思考停止の世界に身を委ねてしまうと，一人の人間に支配されやすくなるなど信じたものに従ってしまうことを述べているので，これらの要旨を踏まえた④が適当。①の「日々の不安」，②の「社会的に権力のあるものを神として信じて」，③の「客観的に優れているものを神とする」はいずれも不適当。深く考えずに信じたものに従ってしまうことを説明していない⑤も不適当。

問11 空欄Yの主義を完全につらぬくのは誰にとっても不可能で，安定な思考停止に逃げ込むことも避けられない，と述べているので，Yには物事の意味や価値，見解などについて疑いをもつこと，という意味の②が入る。

重要 問12 17～20段落で，新しい言語体系・言語手段は新しい認識世界へとつながってゆくほど，人間の文化において言語は必要であること，私たち人類は「わからない」不安から逃げずに思考を意識しながらどこまでいけるかやってみるべきであること，美智子皇后の言葉を引用しながら，読書と同様に人生も自然宇宙もけっして単純ではないからこそ美しく，複雑さに耐えて生きていけば，そういった真の美しさに触れることができることを述べているので，これらの内容を踏まえた③・⑥が適当。①の「創造力を養う」，②の「警戒心を育てる」，④の「打ち勝つため」，⑤の「複雑な読み方をする読書体験」はいずれも不適当。

やや難 問13 本文は1～6段落では科学と文学の性質の違いを様々な例を挙げながら述べ，7～10段落では科学の累積性や説明の難しさについて述べ，11段落以降では人間の「わかりたい」気持ちに答えてきた科学の複雑さに耐えて生きることで，真の美しさに触れることができる，と述べているので①が適当。同じ構成の③は1～6段落で他の文化との違いを説明していないこと，また「(デメリットに対する)具体策」も述べていないので不適当。

## 2 (古文一主題，情景・心情，内容吟味，文脈把握，脱文・脱語補充，語句の意味)

問1 空欄X後に「熟した柿の実が落ちた」とあるのでXには③が適当。空欄Yは頭のてっぺんという意味の②が適当。①は腕，③は胸のあたり，④は手のひら。

重要 問2 波線部⑤のみ「法師」が「この頭の事ばかりを言っていた」ということ。他はいずれも法師の「輩」。

問3　熟した柿の実が落ちた頭のてっぺんをさぐってみると，「なにとなくぬれぬれとありける」ので，頭を射られて出血していると法師は判断したのである。

問4　問3でも考察したように，頭に落ちてつぶれた柿を，射られて出血していると勘違いして傍線部Bのように法師は思ったので②が適当。矢も射られておらず出血もしていないのに，大怪我をしたと思っていることを説明していない他の選択肢は不適当。

重要　問5　傍線部Cの「さらんからに」は「そうであろうといっても＝怪我をしているといっても」，「けしうはあらじ」は「たいしたことはあるまい＝会話ができているので大丈夫だろう」ということなので①が適当。仲間も法師の頭がぬれているのは血だと思っているが，話せているので大丈夫だと思っていることを説明していない他の選択肢は不適当。

基本　問6　「しきりに」は古文でも現代語でも「くり返し，たびたび」という意味なので，②は間違っている。

問7　傍線部Eはこれより前の法師と仲間の会話の内容で，「『はやく痛手を負ひて，いかにものぶべくも覚えぬに，この頸うて』」「『いやいや……はやくくびをきれ』」と法師が話していたことを法師の家族に伝えたということなので④が適当。法師が話していたことを踏まえていない他の選択肢は不適当。

問8　仲間が持ってきた法師の頭を法師の妻子が見てみると「さらに矢の跡なし」だったため，傍線部Fのように聞いているので⑤が適当。「さらに矢の跡なし」を踏まえていない他の選択肢は不適当。

重要　問9　傍線部Gの「悔れども」は，頭を射られたから逃げられないと思って首を切れと法師が言っていたことを仲間から聞いた妻子は，法師の頭にも身体にも怪我がないことから，法師が射られたと勘違いし，その勘違いがなければこのように死ぬこともなかったのではないか，と悔いているということなので③が適当。「法師の仲間が」とある①，④，「作者が」とある⑤は不適当。①の「死を……怪我を負ったのだろう」も不適当。

やや難　問10　空欄Zには，柿の実が頭に落ちたのを射られたと勘違いし，逃げられないから首を切れと言った法師の臆病な心をおろかだと批判しているので①が適当。元の文では「臆病はうたてきものなり(臆病は始末のわるい，嘆かわしいことだ)」とある。

重要　問11　③と⑥の発言は本文を正確に踏まえている。法師は強盗の仲間なので，「法師が強盗に応戦する」とある①，「強盗に……勇敢に立ち向かった」とある④は誤り。②の「仲間同士で殺し合い」も誤り。法師は見張り役として立っており，強盗が宝物を手に入れたかは描かれていないので，宝物のことを発言している⑤も誤り。

★ワンポイントアドバイス★

論説文では，段落同士のつながりを意識して論の流れをつかんでいこう。

大切なことはメモしておこう ネ！

T.G

# 2021年度

★★★★★★★★★★★★★★★★★★★★★★★

# 入　試　問　題

# 2021年度

# 名城大学附属高等学校入試問題

【数　学】（40分）　＜満点：100点＞

【注意】 数学については，問題文中の [ア]，[イ] などの [　] には，特に指示のない限り，数値または符号（－）が入ります。これらを次の方法で解答記入欄にマークしなさい。

⑴　ア・イ・ウ………の一つ一つは，それぞれ０から９までの数字または（－）のいずれか一つに対応します。それらをア・イ・ウ…で示された解答記入欄にマークします。

（例）[ア][イ] に「－４」と答えるとき

| | | | | | | | | | | | | |
|---|---|---|---|---|---|---|---|---|---|---|---|---|
| | ア | ● | ⓪ | ① | ② | ③ | ④ | ⑤ | ⑥ | ⑦ | ⑧ | ⑨ |
| | イ | ⊖ | ⓪ | ① | ② | ③ | ● | ⑤ | ⑥ | ⑦ | ⑧ | ⑨ |

⑵　分数や無理数の形で解答が求められているときは，最も簡単な形で答えなさい。（－）の符号は分子につけ，分母につけてはいけません。

（例）$\dfrac{\text{[ウ][エ]}}{\text{[オ]}}$ に「$-\dfrac{8}{5}$」と答えるとき

| | | | | | | | | | | | | |
|---|---|---|---|---|---|---|---|---|---|---|---|---|
| | ウ | ● | ⓪ | ① | ② | ③ | ④ | ⑤ | ⑥ | ⑦ | ⑧ | ⑨ |
| | エ | ⊖ | ⓪ | ① | ② | ③ | ④ | ⑤ | ⑥ | ⑦ | ● | ⑨ |
| | オ | ⊖ | ⓪ | ① | ② | ③ | ④ | ● | ⑥ | ⑦ | ⑧ | ⑨ |

⑶　定規，分度器，コンパスは使用できません。

**1**　次の問いに答えなさい。

⑴　$-1.25\times(-0.6)^3\times\left(\dfrac{1}{3}-\dfrac{3}{5}\right)^2\div\dfrac{4}{15^2}=\dfrac{\text{[ア][イ]}}{\text{[ウ][エ]}}$ である。

⑵　$(1-\sqrt{2})^2+\dfrac{2}{3\sqrt{2}}+(\sqrt{2}+1)^2=\dfrac{\text{[オ][カ]}+\sqrt{\text{[キ]}}}{\text{[ク]}}$ である。

⑶　二次方程式 $x^2+ax+b=0$ の解が $-6$ と $2$ であるとき，
$a=$ [ケ]，$b=$ [コ][サ][シ] である。

⑷　$\sqrt{2021+47n}$ の値が自然数となるような最小の自然数 $n$ は，$n=$ [ス] である。

⑸　下の図において，OA＝OB，$\ell \parallel m$ のとき，$\angle x=$ [セ][ソ]° である。

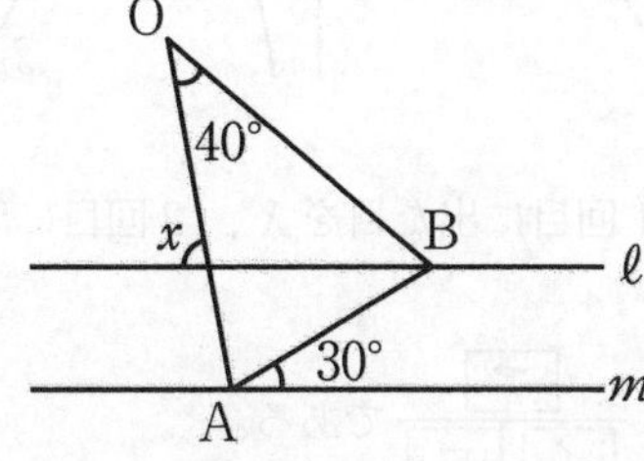

(6) ある10の地点で水温を測定し，中央値を求めたところ，5であった。ところが，その中のデータを1つ消失してしまったため，9つのデータが残った。残ったデータは次の通りである。

3，0，1，4，4，6，12，6，9(℃)

このとき，消失したデータの値は [タ] 通りの可能性がある。

ただし，消失したデータの値は，0以上12以下の整数である。

(7) $x-y=5$ のとき，$x^2-2xy-10x+y^2+10y-3$ の値は [チ][ツ][テ] である。

**2** 下の図のように，3つの関数 $y=\dfrac{a}{x}$ $(a<0)$ …①，$y=bx^2$ $(b>0)$ …②，$y=cx^2$ $(c<0)$ …③のグラフがある。点Aは関数①，②のグラフの交点で，点Aの $x$ 座標は $-1$ である。点Bは関数①，③のグラフの交点で，点Bの $x$ 座標は2である。また，直線ABの傾きは $-1$ である。次の問いに答えなさい。

(1) $a=$ [ア][イ]，$b=$ [ウ]，$c=\dfrac{[エ][オ]}{[カ]}$ である。

(2) 点Cは曲線②上にあり，$x$ 座標は正，$y$ 座標は $\dfrac{9}{2}$ である。また，△ABCと△APCの面積が等しくなるように曲線③上に点Bと異なる点Pをとるとき，点Pの座標は $\left([キ][ク], [ケ][コ]\right)$ である。

(3) $x$ 軸，$y$ 軸で作られた座標軸において，$x$ 座標と $y$ 座標の値がともに整数である点を格子点と呼ぶ。

(2)のとき，点Pを通り $y$ 軸と平行となる直線と $x$ 軸との交点をQとし，線分PQ上の格子点を動く点をLとする。点Lは点Pを出発し，線分PQ上を1秒ごとに1つ上の格子点に進む。また，点Lを通り $x$ 軸と平行な直線と $y$ 軸との交点をM，直線LMと曲線①の交点をNとする。このとき，LM：MN＝9：1となるのは，点Lが点Pを出発して [サ] 秒後である。

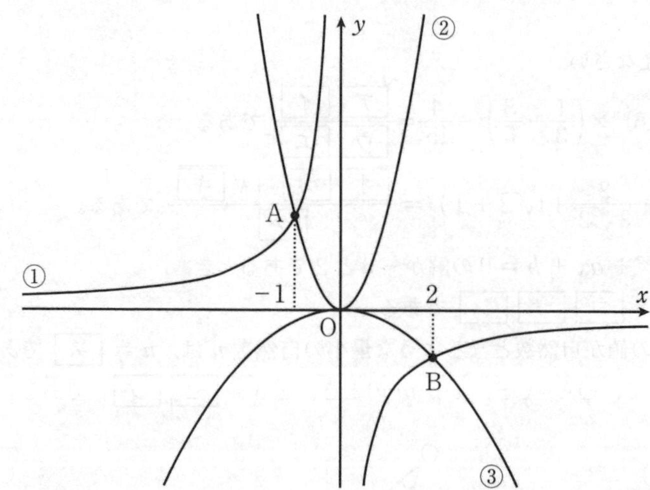


**3** 1個のさいころを2回投げ，1回目に出た目を $X$，2回目に出た目を $Y$ とする。
次の問いに答えなさい。

(1) $3X-2Y=1$ となる確率は $\dfrac{[ア]}{[イ][ウ]}$ である。

⑵　$n=10X+Y$とするとき，$n$が素数となる確率は$\dfrac{\boxed{エ}}{\boxed{オ}}$である。

**4**　下の図は，ある多面体の展開図である。この多面体は，１辺の長さが$\sqrt{2}$㎝の正三角形８個と，１辺の長さが$\sqrt{2}$㎝の正八角形６個からできている。この展開図を組み立てたときにできる多面体について，次の問いに答えなさい。

⑴　面Aと隣り合う面が面①以外に２個ある。該当する面は，面$\boxed{ア}$と面$\boxed{イ}$である。

⑵　この多面体の体積は，$\dfrac{\boxed{ウ}\boxed{エ}}{\boxed{オ}}+\boxed{カ}\boxed{キ}+\sqrt{\boxed{ク}}$ cm$^3$である。

計算過程において必要ならば，$(a+b)^3=a^3+3a^2b+3ab^2+b^3$を利用してもよい。

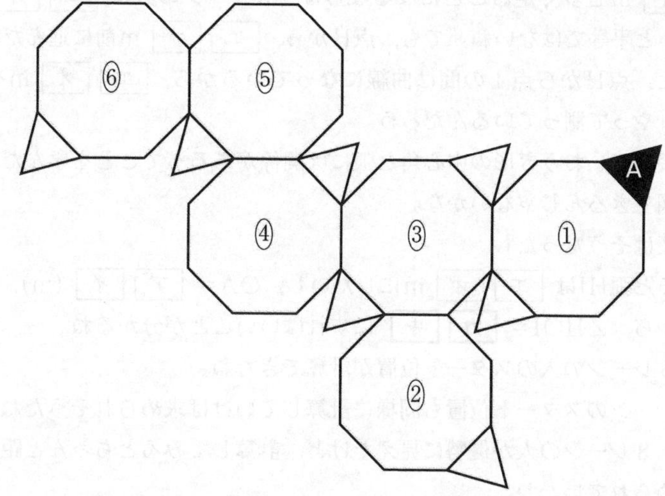


**5**　陸上競技の200m走をテレビで観ていたＸさんとＹさんが走者のスタート位置について話し合っている。

二人の会話文を読み，次の問いに答えなさい。

なお，問題文中に$\boxed{ア}$，$\boxed{イ}$などが２度以上現れる場合，原則として２度目以降は，$\boxed{ア}$，$\boxed{イ}$のように細枠で表記します。

Ｘさん：１レーンから８レーンまで選手が並んだときのスタート位置が全員バラバラだね。(図１)学校の授業で50m走をしたときは，スタート位置が全員横並びで，直線を走るから平等だけど，このスタート位置だと１レーンの選手より８レーンの選手がゴールの近くにいるように見えるから８レーンの選手が優勢に見えるね。

Ｙさん：見た目はそう見えるけど，そんなことはないんじゃないかな。もしそんなことがあれば平等じゃないしね。たぶん１レーンから８レーンのどこを走っても距離は平等になるように計算されているんじゃないかな。

Ｘさん：確かにそうだね。じゃあ，トラックを簡略化して考えてみようよ。(図２・図３)

Ｙさん：確か，トラックの１周は400mで，トラックの直線部分はそれぞれ80mだと聞いたことがあるから，AD＝BC＝80（m）でいいね。今回は計算を簡単にしたいから，円周率$\pi=$

3.0で計算していこう。

Xさん：残りの弧ABや弧CDは，それぞれ点Oや点Pを中心とし，線分ABや線分CDを直径に持つ半円を使って作図されているから，OA＝OB＝PC＝PD＝ ア イ (m) だと分かるね。

Yさん：今度はレーンの幅を確認していくと，レーン幅は1.25mだから点Aと点Hは， ウ m離れているね。そうすると，１レーンの人が点Aからスタートするとすれば，点Aから点B（弧AB上）を通り点Cまではちょうど200mだね。

Xさん：じゃあ，もし５レーンの人が１レーンの人と横並びでスタートしたとすると，５レーンの人は，点Hから点J（弧HJ上）を通り点Kまで走ることになるね。そうすると，５レーンの人は，１レーンの人よりも， エ オ mも多く走ることになるね。

Yさん： エ オ mも多く走ることになるならば，５レーンの人は， エ オ m前からスタートしないと平等ではないね。でも，点Hから， エ オ m前に進んだ点を点Ｉとしたいんだけど，点Hから点Ｉの間は曲線になっているから， エ オ mを測るのは難しいね。どうやって測っているんだろう。

Xさん：数学の授業で，おうぎ形の中心角と弧には関係があるってことを学んだよね。それを使ったら作図できるんじゃないかな。

Yさん：そういえばそうだったね。
そうすると弧HIは エ オ mにしたいし，OA＝ ア イ (m)，AH＝ ウ (m) だったから，∠HOI＝ カ キ °にすればいいことが分かるね。

Xさん：これで５レーンの人のスタート位置が計算できたね。

Yさん：残りのレーンのスタート位置も同様に計算していけば求められそうだね。

Xさん：最初は，８レーンの人が優勢に見えたけど，計算してみるとちゃんと距離は等しくなるように定められていたね。

Yさん：でも実は，陸上競技の公式ルール内にこんな記述もあるんだよ。(参考資料)

Yさん：つまり予選タイムの上位４名が決勝では３，４，５，６レーンから抽選し，中位２名が７，８レーンから抽選し，下位２名が１，２レーンから抽選するっていうことだよ。

Xさん：なんでそんなルールがあるのかな。距離は平等だということがさっき確認できたから，レーンによって距離の優位差はないはずなのに…。なぜ３，４，５，６レーンの方が１，２レーンよりも優勢であると判断されているのかな。何か距離以外の理由があるのかな。

Yさん：その理由は， ク だよ。

Xさん：そういうことなんだね。普段あまりレーンのことを考えることはないけど，このように考えてみると様々なことが考慮されているんだね。

⑴ ア ～ キ にあてはまる数字をマークしなさい。

⑵ ク に入る文章として適切なものを選び記号で答えなさい。以下の選択肢の文中にある曲率とは，曲線の曲がり具合を表わす量であり，曲率が小さければ小さいほど曲がり具合は緩やかになり，大きければ大きいほど曲がり具合は急になる。また，半径 $r$ のおうぎ形の弧の曲率は $\frac{1}{r}$ で計算することができる。

⓪ ５レーンの方が１レーンよりも半径が小さいおうぎ形の弧の上を走っているため，曲率が小さくなり曲線の曲がり具合が緩やかになるから

① ５レーンの方が１レーンよりも半径が大きいおうぎ形の弧の上を走っているため，曲率が小さくなり曲線の曲がり具合が緩やかになるから
② ５レーンの方が１レーンよりも半径が小さいおうぎ形の弧の上を走っているため，曲率が大きくなり曲線の曲がり具合が急になるから
③ ５レーンの方が１レーンよりも半径が大きいおうぎ形の弧の上を走っているため，曲率が大きくなり曲線の曲がり具合が急になるから

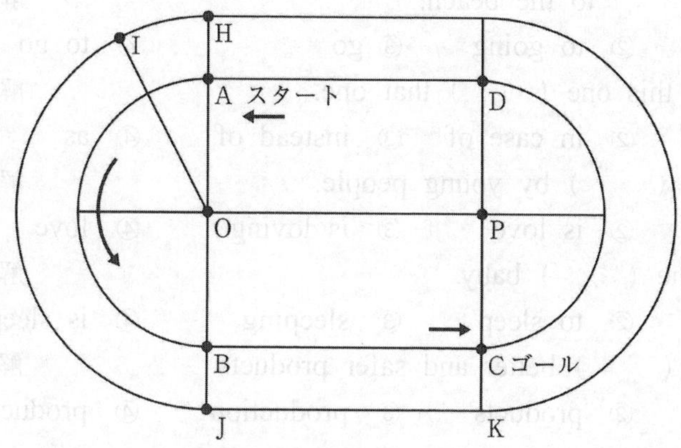

図２：トラック全体図

図１：スタート位置

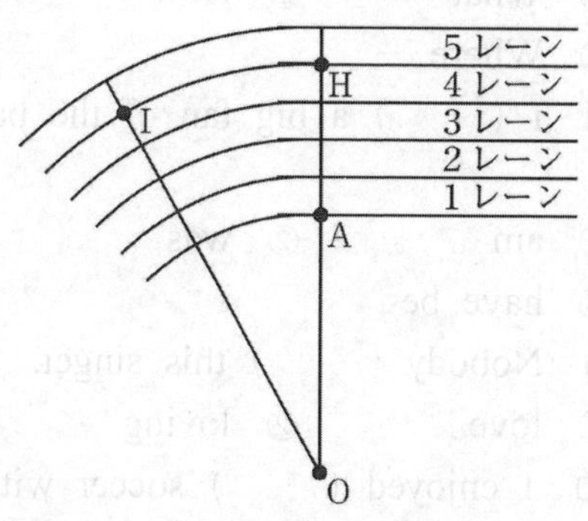

図３：スタート位置とレーンの幅

〈レーンの決定〉
100ｍから800ｍまで，または４×400ｍまでのリレー競走で複数のラウンドが行われる場合は，そのレーン順は下記によって決める。（中略）競技者はつぎのようにランク付けされた三つのグループに分けて抽選される。
上位グループ４名（または４チーム）が３，４，５，６レーンを，それに続く５・６番目の中位グループ２人（または２チーム）が７，８レーンを，下位グループ２人（または２チーム）が１，２レーンを抽選する。

参考資料：日本陸上競技連盟競技規則／第３部　トラック競技　257頁・258頁

【英　語】（40分）　<満点：100点>

**1**　次の各英文の，（　）に入る語（句）はどれですか。①～⑤の中から，最も適当なものを選び，その番号をマークしなさい。

問1　There（　）some information at the counter.　解答番号は 1 です。
①　is　②　do　③　am　④　be　⑤　are

問2　I want（　）to the beach.　解答番号は 2 です。
①　going　②　to going　③　go　④　to go　⑤　went

問3　Let's buy this one（　）that one.　解答番号は 3 です。
①　because　②　in case of　③　instead of　④　as　⑤　until

問4　This song（　）by young people.　解答番号は 4 です。
①　is loved　②　is love　③　is loving　④　love　⑤　loves

問5　Look at the（　）baby.　解答番号は 5 です。
①　sleep　②　to sleep　③　sleeping　④　is sleeping　⑤　slept

問6　They can（　）better and safer products.　解答番号は 6 です。
①　produces　②　products　③　production　④　produce
⑤　producing

問7　（　）do you like better, this one or that one?　解答番号は 7 です。
①　What　②　How　③　Why　④　Which
⑤　Where

問8　I（　）a big fan of the band since I was twelve years old.
解答番号は 8 です。
①　am　②　was　③　have been　④　having been
⑤　have be

問9　Nobody（　）this singer.　解答番号は 9 です。
①　love　②　loving　③　are loving　④　is loved　⑤　loves

問10　I enjoyed（　）soccer with my classmates.　解答番号は 10 です。
①　playing　②　to play　③　played
④　to have played　⑤　having been played

**2**　問1～問5の各日本文に合うように語（句）を並べかえた場合，不足する語がある場合は，その単語の頭文字を①～④の中から選び，その番号をマークしなさい。不足する語がない場合は，⑤の「なし」をマークしなさい。

問1　どんな考えや感情でも，口頭での言語とまさに同じように，手話を用いて表現することができる。　解答番号は 11 です。
Any (be / idea or feeling / can / in / expressed / sign languages / just) in oral languages.
①　l　②　b　③　c　④　e　⑤　なし

問2　流木からバイオリンを作る考えをどのように思いついたのですか。　解答番号は 12 です。

How did you (the idea / with / driftwood / making / of / from / up / violins / come)?

① o　② s　③ t　④ b　⑤ なし

問３　留学する若者が増えている。　解答番号は 13 です。

The (abroad / of / studying / young people / increasing / is).

① n　② i　③ m　④ t　⑤ なし

問４　私の息子は，私が彼に言って初めて彼の仕事を始める。　解答番号は 14 です。

My son (until / his / work / begin / tell / I) him to do it.

① t　② f　③ s　④ d　⑤ なし

問５　同じ制服を着て，似たように見えるのはつまらない。　解答番号は 15 です。

It (the same uniforms / to / boring / look / is / similar / in).

① w　② f　③ l　④ p　⑤ なし

**3**　問１～問３の各英文中に不要な文が一つあります。下線部①～⑤の中から，最も適当なものをそれぞれ選び，その番号をマークしなさい。

問１

A solar cooker can solve a big problem because it does not use any fuel. ①People need a lot of wood to cook every day. ②Collecting wood is hard work, especially for women and children. ③It is an example of renewable energy. With a solar cooker, they do not have to collect wood anymore. ④More than two billion people use wood to heat food. Cutting trees in forests adds to global warming. ⑤If you use one solar cooker, you can save about 550 kilograms of wood every year.

解答番号は 16 です。

問２

Ghana produces a lot of cacao. It is made into chocolate. ①Many cacao farm workers are very poor because cacao is sold at a low price. They work hard, but they cannot make enough money to live. ②They work under unfair conditions. Many children in Ghana have to work on farms to help their families. ③Some of them have never been to school. ④Fair trade can solve these problems. If you buy fair trade chocolate, more money goes to the workers. ⑤Learning about the people behind the products is another. Your shopping choices can make a difference.

解答番号は 17 です。

問３

Our body is made of about sixty *trillion *cells. ①In our body, about three thou-sand bad cells are born every day, but five billion good cells in our body break the bad cells. ②One *experiment shows that the good cells become *active when we laugh. The experiment was done by two doctors in Japan in 1992.

③They asked nineteen people to see a very funny show for three hours in a theater. ④They believed that all of them were impressed with this show. ⑤Before and after the show, the doctors *checked how the good cells in each person became active. And they found that the good cells became more active after the show.

| *trillion：1兆 *cells：細胞 *experiment：実験 *active：活発に<br>*checked how…：どのぐらい…か調べる |
|---|

解答番号は 18 です。

**4** 次の英文の，(A)～(F)に入る表現はどれですか。①～⑤の中から，最も適当なものを選び，その番号をマークしなさい。

One day a lion was sleeping. A *mouse ran over his face and woke him up. The lion was angry. He caught the mouse and said, "( A ). That will teach you *not to wake up the *king of animals!"

But the mouse cried, "( B ). I didn't want to wake you up. I'm very sorry. Please *let me go. You will be glad some day. If you do this for me, ( C )."

The lion laughed at the mouse. "A little animal like you? You can't help a big, strong animal like me." But he also thought, "This mouse really is very small. ( D ). He's even too small for a *snack." So he let the mouse go.

A few days later, some hunters came and caught the lion. They *tied him to a tree with strong ropes. Then they left him and went to the *village. They wanted to keep the lion and sell him to the zoo. But they needed more men.

The lion *roared and roared. He was very angry, but he couldn't move. The mouse heard the roar and ran to him. "( E )," he said. *Little by little, the mouse cut through the ropes with his *teeth. Soon the lion was free, "Thank you for saving me," said the lion with *gratitude. And they lived together happily ever after. This story tells us that ( F ).

(adapted from *Aesop's Fables*)

| *mouse：ねずみ *not to…：…しないように *king：王 *let A go：Aを放す<br>*snack：おやつ *tied：縛った *village：村 *roared：ほえた *little by little：少しずつ<br>*teeth：歯 *gratitude：感謝 |
|---|

(A)の解答番号は 19 です。

① I don't eat you ② You can eat me ③ Don't eat me
④ You should not eat me ⑤ I'll eat you

(B)の解答番号は 20 です。

① Please eat me ② Please don't eat me ③ You can eat me
④ I'll eat you ⑤ I don't eat you

（C）の解答番号は 21 です。

① I will do something for you　② I will give you something to eat
③ I will never wake you up again　④ I will thank you for saving me
⑤ I will never forget about your kindness

（D）の解答番号は 22 です。

① He's for dinner　② He's too small for dinner
③ He doesn't like the mouse　④ He's too big for a snack
⑤ The lion is too big

（E）の解答番号は 23 です。

① Now you will see what I can do for you
② Now you must help me
③ Now you will see what you can do for me
④ Now you can eat me
⑤ Now I can move more men

（F）の解答番号は 24 です。

① even the weak one has a chance to save the strong one
② lion is stronger than any other animal in the natural world
③ the strong one always has to save the weak one under the unfair conditions
④ it is important to remember that a small difference can make a big difference
⑤ not only animals but also we should keep the treasure of life in mind

**5** 英文を読み，あとの問いに答えなさい。

Do we really need to sleep? *While scientists do not understand everything about sleep, they exactly know （ 1 ）. When you sleep, your body is not moving. But your mind is （ 2 ）!

Sleep helps with many things. Sleep *helps you remember what you learned during the day. It *stores that learning for a long time. One study showed there are good *effects for students if they study just before going to sleep. Sleeping *slowed down *the time that the students forgot things. Sleep also *cleans out the bad things in your body. Your body *gets hurt during the day when you run or play. The body *fixes what is hurt when you sleep. Your body also grows while you are sleeping.

Everyone needs sleep. Men and women need 7 to 9 hours of sleep every night. Students need a lot of sleep, but ①they usually do not get enough. Students in high school need 8 to 10 hours of sleep every night. They need （ 3 ） sleep than older people because they are still growing. They also need to learn a lot. The *extra hours in bed help with this. （ 4 ） is important for learning, growing, and remembering.

(adapted from *Timed Reading for Fluency*, Seed Learning)

*while：だけれども　*helps you remember：思い出すのを助ける　*stores：を蓄える
*effects：効果　*slowed down：遅くした　*the time that…：…する時間　*cleans out：取り除く
*get hurt：傷つく　*fixes what is hurt：傷ついたものをなおす　*extra：余分の

問1　（1）に入る表現として正しいものはどれですか。①～⑤の中から，最も適当なものを選び，その番号をマークしなさい。　解答番号は 25 です。

① it is very important
② it is impossible to sleep
③ they still have to solve many problems
④ they have different opinions about sleep
⑤ it is necessary to sleep for 9 hours

問2　（2）に入る語（句）として正しいものはどれですか。①～⑤の中から，最も適当なものを選び，その番号をマークしなさい。　解答番号は 26 です。

① not moving　② sleeping　③ busy　④ injured　⑤ artificial

問3　（3）に入る語として正しいものはどれですか。①～⑤の中から，最も適当なものを選び，その番号をマークしなさい。　解答番号は 27 です。

① less　② more　③ little　④ enough　⑤ lot

問4　（4）に入る語（句）として正しいものはどれですか。①～⑤の中から，最も適当なものを選び，その番号をマークしなさい。　解答番号は 28 です。

① Running or playing outside　② Getting enough sleep
③ Spending extra hours　④ Getting up early
⑤ Forgetting bad things

問5　下線部①とほぼ同じ意味になる英文はどれですか。①～⑤の中から，最も適当なものを選び，その番号をマークしなさい。　解答番号は 29 です。

① They sleep 7 to 9 hours.
② They usually sleep more than 8 hours.
③ They usually do not sleep more than 8 hours.
④ They sleep about 9 hours.
⑤ They sleep 8 to 10 hours.

問6　本文の内容にあっているものはどれですか。①～⑤の中から，最も適当なものを選び，その番号をマークしなさい。　解答番号は 30 です。

① Your body is relaxed while you are sleeping.
② Many people often have a dream while they are sleeping.
③ Older people do not need a lot of sleep because they do not run or play.
④ Children need a lot of sleep because they forget many things.
⑤ To study just before you sleep is good for remembering things.

**6**　英文を読み，あとの問いに答えなさい。

( 1 ) 2014, a seventeen-year-old girl won the *Nobel Peace Prize. ( 2 ) did she win this prize?

In Pakistan, a group of people *claimed that girls should not *receive *education and all schools should stop teaching girls. ①However, one girl believed education for girls was as important as for boys. She liked studying with her friends at school. Her name is Malala Yousafzai.

Malala *appeared on TV and radio to speak about ②*equality in education. Then she received a *death threat because of her *beliefs. She was scared but her *courage was stronger than her *fear. She continued to speak out and *attend school.

One day, on her way home from school, Malala *was attacked and *seriously injured. This *terrible news *was broadcast around the world. ③Many people thought she was the *bravest girl in the world. They sent her messages of support.

Malala made a *miraculous *recovery after the *attack. On her 16th birthday, she made a speech at the United Nations *headquarters in New York.

"Dear brothers and sisters, we want schools and education for every child's bright future. We will continue our *journey to our *destination of people and education."

At the end of her speech, she said, "One child, one teacher, one book and one pen can change the world."

（adapted from *All Aboard! English Communication I*, TOKYO SHOSEKI）

*Nobel Peace Prize：ノーベル平和賞　*claimed：主張した　*receive：受ける　*education：教育
*appeared：出演した　*equality：平等　*death threat：殺すという脅迫　*beliefs：信念
*courage：勇気　*fear：恐怖心　*attend：出席する　*was attacked：攻撃された
*seriously：ひどく　*terrible：ひどい　*was broadcast：放送された
*bravest：もっとも勇気のある　*miraculous：奇跡的な　*recovery：回復　*attack：攻撃
*headquarters：本部　*journey：旅　*destination：目的地

問１　（１）に入る語として正しいものはどれですか。①～⑤の中から，最も適当なものを選び，その番号をマークしなさい。　解答番号は 31 です。

①　In　②　On　③　At　④　From　⑤　When

問２　（２）に入る語として正しいものはどれですか。①～⑤の中から，最も適当なものを選び，その番号をマークしなさい。　解答番号は 32 です。

①　When　②　Why　③　What　④　Can　⑤　Should

問３　文脈から判断して，下線部①の単語の意味として正しいものはどれですか。①～⑤の中から，最も適当なものを選び，その番号をマークしなさい。　解答番号は 33 です。

①　それゆえに　②　さらに　③　そんな訳で　④　どうやって　⑤　しかしながら

問４　下線部②がさす内容として，英文中からふさわしい部分を抜き出した場合，最初と最後に来る語の組み合わせとして正しいものはどれですか。次のページの①～⑤の中から，最も適当なものを選び，その番号をマークしなさい。ただし，文頭にくるものも小文字で表しています。

解答番号は 34 です。

① 最初 she ／ 最後 out　② 最初 girls ／ 最後 education
③ 最初 she ／ 最後 friends　④ 最初 education ／ 最後 boys
⑤ 最初 all ／ 最後 girls

問5　下線部③の理由として正しいものはどれですか。①～⑤の中から，最も適当なものを選び，その番号をマークしなさい。　解答番号は 35 です。

① Because she attacked and seriously injured.
② Because she was not scared at all after receiving a death threat.
③ Because she continued to speak out and attend school after receiving a death threat
④ Because people sent her messages of support.
⑤ Because the great news was broadcast around the world.

問6 本文の内容に合っているものはどれですか。①～⑤の中から，最も適当なものを選び，その番号をマークしなさい。　解答番号は 36 です。

① Education for boys was not enough at that time.
② She will continue her journey to New York for people and education.
③ The news about education for girls was broadcast around the world.
④ She thinks one child, one teacher, one book and one pen is not enough for education.
⑤ She will not stop speaking out for the future of education.

問7　以下は本文の要約である。（ア）～（ウ）に入る表現として正しいものはどれですか。①～⑤の中から，最も適当なものを選び，その番号をマークしなさい。

A group of people in Pakistan claimed that girls （ ア ）an education. Malala（ イ ）and spoke about education for girls on TV and radio. One day,（ ウ ）But Malala made a miraculous recovery after the attack and made a speech at the United Nations headquarters in New York.

（ア）の解答番号は 37 です。

① don't need to give　② don't need to get
③ must receive　④ don't have to give
⑤ should get

（イ）の解答番号は 38 です。

① did not agree　② mistook　③ against
④ was impressed　⑤ was embarrassed

（ウ）の解答番号は 39 です。

① she was attacked and injured because of her beliefs.
② she was on her way home from school.
③ she was attacked and injured because she did not go to school.
④ she continued to speak out and attend school.
⑤ this great news was broadcast around the world.

【理　科】(30分)　＜満点：100点＞

## 1　次の各問いに答えなさい。

問１　2020年11月17日，スーパーコンピューター【　A　】が，計算速度を競う世界ランキング「TOP500」で，今年６月に続いて２期連続１位を獲得しました。空欄Aにあてはまる語として正しいものはどれですか。①～⑤の中から，最も適当なものを選び，その番号をマークしなさい。

解答番号は 1 です。

①　垓　②　富岳　③　不可思議　④　不老　⑤　景

問２　2020年11月16日(日本時間)，野口聡一さんたち４人の宇宙飛行士が搭乗する宇宙船【　B　】が，アメリカ・フロリダ州ケネディ宇宙センターから打ち上げられました。空欄Bにあてはまる語として正しいものはどれですか。①～⑤の中から，最も適当なものを選び，その番号をマークしなさい。

解答番号は 2 です。

①　クルードラゴン　②　はやぶさ２　③　リュウグウ
④　ISS　⑤　ASNARO－２

問３　異なる材質である２つの物体A，Bがあり，どちらも図１のような直方体です。また，Aの質量は90g，Bの質量は360gです。

この物体A，Bを，次の⑴～⑶のように，それぞれ水平な床の上に置いたとき，物体が床をおす圧力の大きさのうち，最も大きい値は最も小さい値の何倍になりますか。①～⑤の中から，最も適当なものを選び，その番号をマークしなさい。

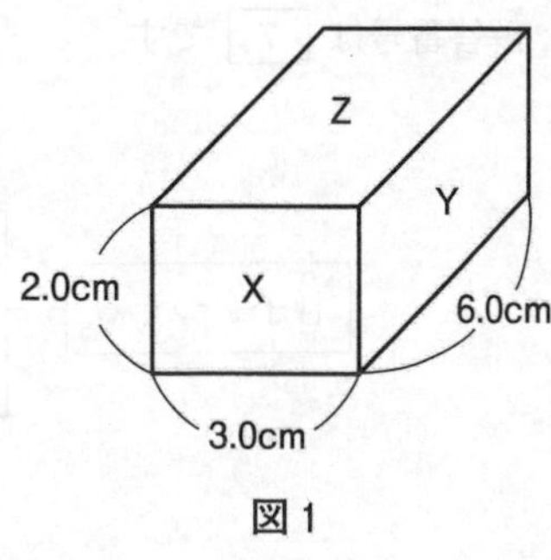

図１

解答番号は 3 です。

⑴　面Xを下に置いたとき　⑵　面Yを下に置いたとき　⑶　面Zを下に置いたとき

①　２倍　②　３倍　③　４倍　④　６倍　⑤　12倍

問４　図２は，ある電車が6.6分間で7.25kmを走行したときの速さと時間の関係を表したものです。

この電車が80kmの駅間の距離を図２と同様に加速し，減速したとすると，所要時間はおよそ何分になりますか。①～⑤の中から，最も適当なものを選び，その番号をマークしなさい。

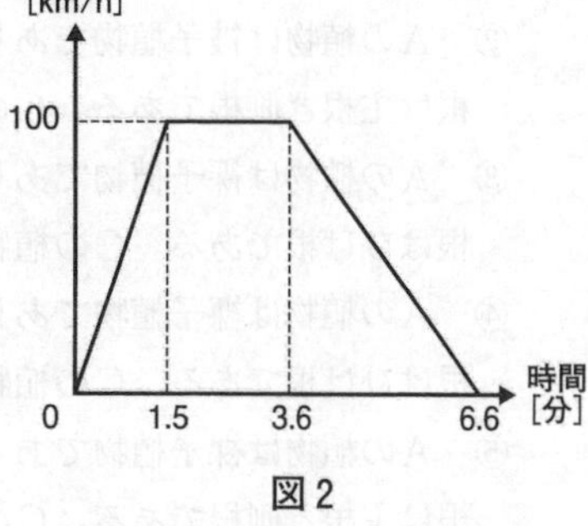

図２

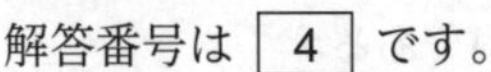
解答番号は 4 です。

①　46分　②　50分　③　55分
④　66分　⑤　72分

問５　質量パーセント濃度が５％の塩酸50gに水を加えて２％の塩酸をつくるとき，水を何g加えればよいですか。①～⑤の中から，最も適当なものを選び，その番号をマークしなさい。

解答番号は 5 です。

①　55g　②　60g　③　65g　④　70g　⑤　75g

**問6**　化学かいろは酸化と還元の化学反応を利用したものであり，その化学反応式は次のように表されます。

$4Fe + 3O_2 + 6H_2O \rightarrow 4Fe(OH)_3$

この化学反応を確かめるため，鉄粉（Fe）10 g と水4.8 g を反応させたところ，鉄粉も水もあまることなく反応し水酸化鉄（$Fe(OH)_3$）が19 g 生成しました。また，使用前後の化学かいろの質量を測定したところ，使用前は48 g，使用後は62.4 g でした。化学かいろの質量の３分の１が鉄粉の質量だとすると，化学かいろには何 g の酸素が化合したと考えられますか。①～⑤の中から，最も適当なものを選び，その番号をマークしなさい。ただし，化学かいろの化学反応は上の式のみが起こるものとします。

解答番号は［6］です。

①　4.2 g　②　4.8 g　③　6.7 g
④　7.7 g　⑤　14.4 g

**問7**　**図3**は，植物をその特徴により分類したものです。**図3**のAからCまでの植物について正しく述べたものはどれですか。①～⑤の中から，最も適当なものを選び，その番号をマークしなさい。

解答番号は［7］です。

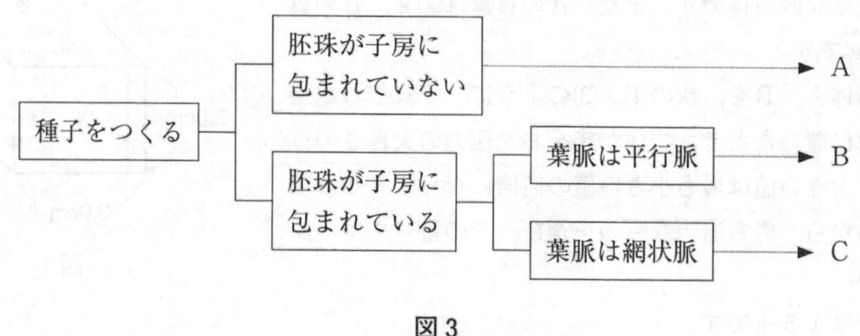


**図3**

①　Aの植物は被子植物であり，B，Cの植物は裸子植物である。Bの植物の子葉は１枚であり，根は主根と側根である。Cの植物の子葉は２枚であり，根はひげ根である。

②　Aの植物は被子植物であり，B，Cの植物は裸子植物である。Bの植物の子葉は２枚であり，根は主根と側根である。Cの植物の子葉は１枚であり，根はひげ根である。

③　Aの植物は裸子植物であり，B，Cの植物は被子植物である。Bの植物の子葉は１枚であり，根はひげ根である。Cの植物の子葉は２枚であり，根は主根と側根である。

④　Aの植物は裸子植物であり，B，Cの植物は被子植物である。Bの植物の子葉は２枚であり，根はひげ根である。Cの植物の子葉は１枚であり，根は主根と側根である。

⑤　Aの植物は裸子植物であり，B，Cの植物は被子植物である。Bの植物の子葉は２枚であり，根は主根と側根である。Cの植物の子葉は１枚であり，根はひげ根である。

**問8**　次のページの表のA～Dは，セキツイ動物の４つのグループの性質を示したものです。グループAにあてはまる動物を正しく組み合わせたものはどれですか。①～⑤の中から，最も適当なものを選び，その番号をマークしなさい。

解答番号は［8］です。

表1

| | A | B | C | D |
|---|---|---|---|---|
| 性質1：毛が生えている | × | ○ | × | ○ |
| 性質2：子を母乳で育てる | × | ○ | × | × |
| 性質3：殻(から)に包まれた卵を産む | × | × | ○ | ○ |
| 性質4：背骨をもつ | ○ | ○ | ○ | ○ |
| 性質5：肺で呼吸する時期がある | ○ | ○ | ○ | ○ |

(ア) ネズミ　(イ) カエル　(ウ) イモリ　(エ) ニワトリ　(オ) ヤモリ

(カ) トカゲ　(キ) カラス　(ク) クジラ

① (ア)と(ク)　② (イ)と(ウ)　③ (ウ)と(カ)　④ (エ)と(キ)　⑤ (オ)と(カ)

**問9**　ある地域のボーリング調査の結果を用いて，地層について調べました。図4は，地形の断面を模式的に表したものであり，X，Y，Zはボーリング調査をした地点を示しています。図5は，X，Y，Zの3地点における地下の地層を柱状図で表したものです。

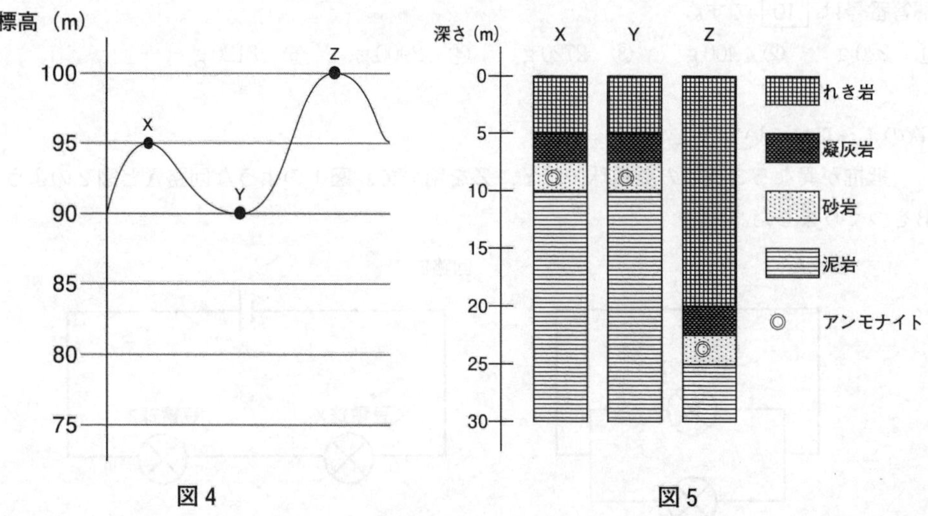


図4　　図5

図4，図5について，X，Y，Zの3地点における凝灰岩がある層の標高を，それぞれｘm，ｙm，ｚmとしたとき，それぞれの関係を正しく表した文はどれですか。①～⑤の中から，最も適当なものを選び，その番号をマークしなさい。

解答番号は 9 です。

①　ｘとｙとｚは等しい。

②　ｘはｙより小さく，ｙはｚより大きい。

③　ｘはｙより小さく，ｙはｚより小さい。

④　ｘはｙより大きく，ｙはｚより大きい。

⑤　ｘはｙより大きく，ｙはｚより小さい。

**問10**　名城さんは，冬の暖かい部屋の窓ガラスがくもることに興味を持ち，実験室の窓ガラスがくもる様子を観察しました。次のページの文は，名城さんが行った観察についてまとめたものです。以下の表2は，気温と飽和水蒸気量の関係を示しています。

> はじめ，実験室の室温は16℃，湿度は50％で，実験室の窓ガラスはくもっていなかった。閉め切った実験室内の空気に加湿器を用いて水蒸気を加えていくと，やがて実験室の窓ガラスがくもり始めた。観察をはじめてから窓ガラスがくもり始めるまで外気温は7℃で一定であり，窓ガラスがくもりはじめたときの実験室の室温は17℃であった。

表2　気温と水蒸気の関係

| 気温　[℃] | 7 | 16 | 17 |
|---|---|---|---|
| 飽和水蒸気量　[g/m$^3$] | 7.8 | 13.6 | 14.5 |

観察を始めてから実験室の窓ガラスがくもり始めるまでに，実験室内の空気全体に含まれる水蒸気量はおよそ何g増加したと考えられますか。ただし，実験室の容積は400m$^3$とし，実験室内の空気1m$^3$中に含まれる水蒸気量はどの場所でも一定で，実験室内の空気のうち，窓ガラスと接している部分の温度は外気温と等しいものとします。①～⑤の中から，最も適当なものを選び，その番号をマークしなさい。

解答番号は 10 です。

①　220g　②　400g　③　2720g　④　2900g　⑤　3120g

## 2　次のⅠ～Ⅲについて答えなさい。

Ⅰ　抵抗が異なる3種類の豆電球X，Y，Zを用いて，図1のような回路Aと図2のような回路Bをつくりました。

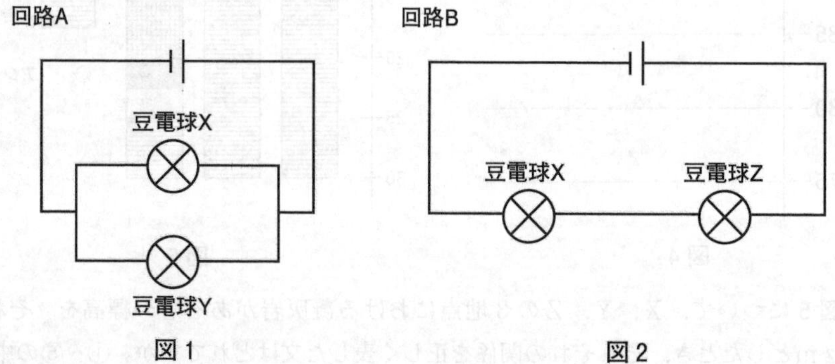


図1　　図2

この2種類の回路に同じ電圧をかけたとき，以下の実験結果を得ました。

・回路Aの豆電球Xは，回路Bの豆電球Xより明るく光った。
・回路Aの豆電球Xを流れた電流は，豆電球Yを流れた電流より大きかった。
・回路Bの豆電球Zにかかった電圧は，豆電球Xにかかった電圧より小さかった。

問1　豆電球X，Y，Zの抵抗値を大きい順に並べたものはどれですか。①～⑤の中から，最も適当なものを選び，その番号をマークしなさい。

解答番号は 11 です。

①　X，Y，Z　②　X，Z，Y　③　Y，X，Z
④　Z，Y，X　⑤　Z，X，Y

問２　回路Ａと回路Ｂの豆電球Ｘについて，ソケットから豆電球Ｘを取りはずすと，豆電球Ｙと豆電球Ｚの明るさはどうなりますか。①～⑤の中から，最も適当なものを選び，その番号をマークしなさい。

解答番号は 12 です。

① 豆電球Ｙ，豆電球Ｚともに消える。

② 豆電球Ｙは明るくなるが，豆電球Ｚは変わらない。

③ 豆電球Ｙは明るくなるが，豆電球Ｚは消える。

④ 豆電球Ｙは消えるが，豆電球Ｚは変わらない。

⑤ 豆電球Ｙは変わらないが，豆電球Ｚは消える。

Ⅱ　図３は，２種類の電熱線Ｘ，Ｙの両端に加える電圧を変化させ，それぞれに流れる電流の大きさを表したグラフです。この電熱線Ｘ，Ｙを用いて，図４のような回路をつくりました。この回路に電圧を加えると，電流計は0.6Ａを示しました。

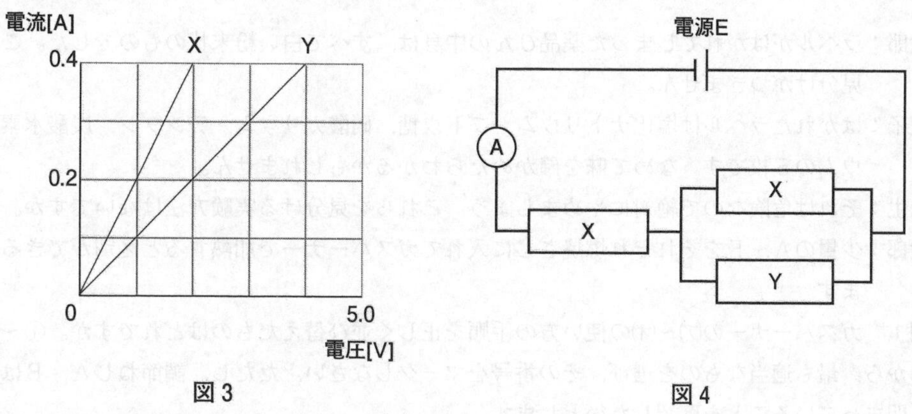


図３　　図４

問３　図４の回路において，電源Ｅの電圧は何Ｖですか。①～⑤の中から，最も適当なものを選び，その番号をマークしなさい。

解答番号は 13 です。

① ２Ｖ　② ３Ｖ　③ ４Ｖ　④ ５Ｖ　⑤ ６Ｖ

Ⅲ　図５のように，保温容器に入れた水を100Ｖ－400Ｗのニクロム線で加熱します。この状態でスイッチを入れると，スイッチを切らない限り，水温は上昇し続けます。また，100Ｖ－400Ｗとは，100Ｖの電圧をかけたときの消費電力が400Ｗであることを示しています。

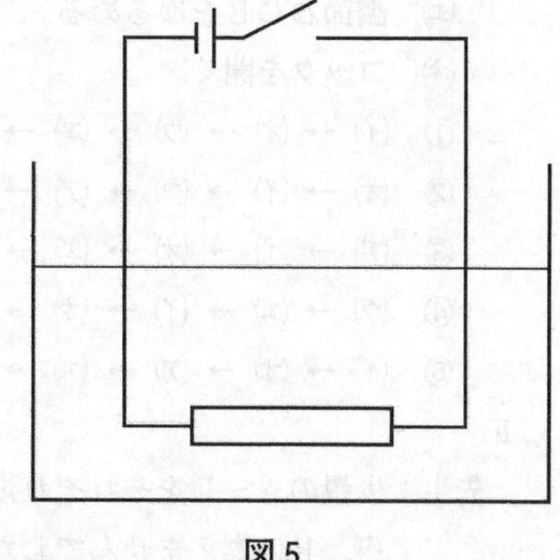

図５

問４　100Ｖ－400Ｗのニクロム線に100Ｖの電圧をかけたとき，このニクロム線の抵抗値は何Ωですか。①～⑤の中から，最も適当なものを選び，その番号をマークしなさい。

解答番号は 14 です。

① ５Ω　② 10Ω　③ 15Ω　④ 20Ω　⑤ 25Ω

問５　ニクロム線の抵抗値は，ニクロム線の長さが長くなるほど抵抗は大きくなり，その長さに比例します。この実験に用いた100V－400Wのニクロム線を0.6倍の長さにして50Vの電圧をかけました。このときの消費電力と元の長さの100V－400Wのニクロム線に100Vの電圧をかけたときの消費電力の比はいくらですか。①～⑤の中から，最も適当なものを選び，その番号をマークしなさい。

解答番号は 15 です。

① 3：5　② 5：3　③ 5：8　④ 5：12　⑤ 12：5

**3** 次のⅠ～Ⅲについて答えなさい。

太郎さん，花子さん，先生が化学の実験をしようとしたところ，5本の薬品びんのラベルがはがれてしまい，それぞれ区別ができなくなってしまいました。

Ⅰ～Ⅲは，薬品の区別をするための会話です。

ただし，5本の薬品びんの薬品をそれぞれA，B，C，D，Eとします。

Ⅰ

太郎：ラベルがはがれてしまった薬品びんの中身は，すべて白い粉末状のものでした。これでは見分けがつきません。

花子：はがれたラベルは塩化ナトリウム，ブドウ糖，硝酸カリウム，デンプン，炭酸水素ナトリウムの5枚です。なめて味を確かめたらわかるかもしれません。

先生：それは危険なので絶対にやめましょう。これらを見分ける実験方法はないですか。

太郎：少量のA～Eをそれぞれ燃焼さじに入れてガスバーナーで加熱すると区別ができると思います。

**問1** ガスバーナーの(ア)～(オ)の使い方の手順を正しく並び替えたものはどれですか。①～⑤の中から，最も適当なものを選び，その番号をマークしなさい。ただし，調節ねじA，Bはともに閉まっていることを確認した後とします。

解答番号は 16 です。

(ア) マッチの火を近づける。
(イ) ガスの元栓を開く。
(ウ) 調節ねじAをゆるめる。
(エ) 調節ねじBをゆるめる。
(オ) コックを開く。

① (イ) → (オ) → (ウ) → (エ) → (ア)
② (オ) → (イ) → (ウ) → (ア) → (エ)
③ (ア) → (イ) → (オ) → (エ) → (ウ)
④ (ウ) → (エ) → (イ) → (オ) → (ア)
⑤ (イ) → (オ) → (ア) → (エ) → (ウ)

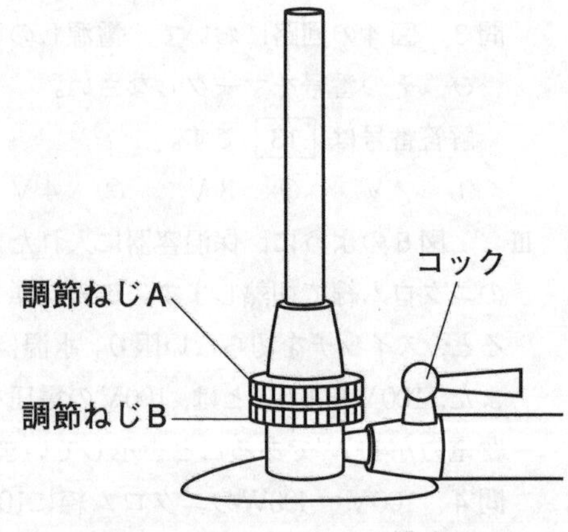

**図1** ガスバーナーの模式図

Ⅱ

先生：少量のA～Eをそれぞれ燃焼さじに入れて加熱すると，AとDはよく燃えましたが，B，C，Eは燃えませんでした。また，燃えている2つを集気びんに入れ，火が消えた後に石灰水を入れると白くにごりました。このことから何がわかりますか。

花子：石灰水が白くにごったことから，燃焼して二酸化炭素が発生していると考えられるので，

AとDはどちらも有機物であるといえます。つまり，AとDはブドウ糖かデンプンのどちらかです。

先生：そうですね。ではこの2つを見分けるにはどうしたらいいでしょうか。

問2　AとDを区別するための実験方法と結果として正しいものはどれですか。①～⑤の中から，最も適当なものを選び，その番号をマークしなさい。

解答番号は 17 です。

① それぞれを水に溶かしてフェノールフタレイン溶液を加えたとき，赤色になる方がブドウ糖，色が変わらない方がデンプンである。

② ヨウ素液を入れると青紫色になる方がブドウ糖，変化しないほうがデンプンである。

③ それぞれを水に溶かして青色リトマス紙に付けたとき，赤くなる方がブドウ糖，色が変わらない方がデンプンである。

④ それぞれを水に溶かしてBTB溶液を加えたとき，黄色になる方がブドウ糖，青色になる方がデンプンである。

⑤ それぞれを水に溶かしてベネジクト液を加えて加熱したとき，赤褐色の沈殿が生じる方がブドウ糖，変化がない方がデンプンである。

Ⅲ

先生：残りのB，C，Eも決めなければいけません。どうしたら区別できると思いますか。

太郎：炭酸水素ナトリウムの熱分解を以前に学習しました。加熱した後にみられる物質を調べれば区別できると思います。

花子：溶解度の違いを見る方法もあります。次の溶解度曲線を見てください。硝酸カリウム，塩化ナトリウム，炭酸水素ナトリウムの粉末をそれぞれ30gずつ用意し，60℃の水100gに入れると，(あ) だけが溶け残り，(い) と (う) はすべて溶けるはずです。また，(い) と (う) の水溶液の温度を60℃から下げていくと，20℃を下回ったあたりから (う) の水溶液のみから結晶が現れ始めるはずなので，これで区別ができます。

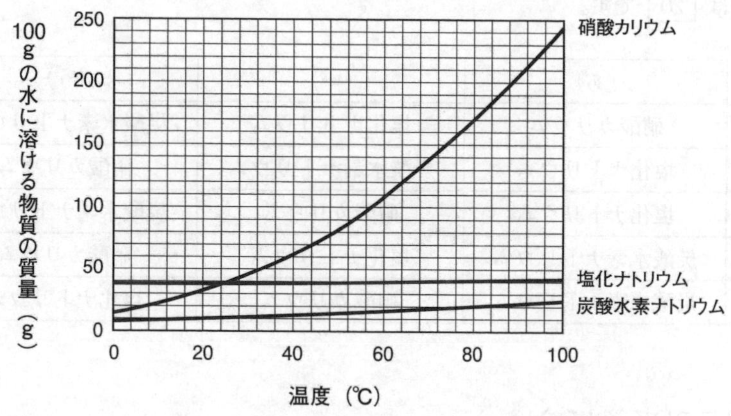


図2　溶解度曲線

問3　下線部に関連して，炭酸水素ナトリウムを完全に熱分解したときに得られる物質とその性質について述べた次のページの(ア)～(カ)の文のうち，誤っているものの組み合わせはどれですか。①～⑤の中から，最も適当なものを選び，その番号をマークしなさい。

解答番号は 18 です。

(ア) 加熱後に出てくる気体は水素であり，空気中で火をつけると爆発して燃焼し，水滴ができる。

(イ) 加熱後に出てくる気体は二酸化炭素であり，空気より重いため下方置換法で集める必要がある。

(ウ) 加熱後に出てくる液体は水であり，青色の塩化コバルト紙をつけると赤色に変わるという性質がある。

(エ) 加熱後に出てくる液体は水であり，赤色の塩化コバルト紙をつけると青色に変わるという性質がある。

(オ) 加熱後に残る固体は炭酸ナトリウムであり，水に溶かしてフェノールフタレイン液を入れると加熱前の固体の場合に比べてうすい赤色に変わる。

(カ) 加熱後に残る固体は炭酸ナトリウムであり，水に溶かしてフェノールフタレイン液を入れると加熱前の固体の場合に比べて濃い赤色に変わる。

① (ア), (ウ), (オ)　② (ア), (エ), (オ)　③ (ア), (エ), (カ)
④ (イ), (ウ), (カ)　⑤ (イ), (エ), (オ)

問４ 炭酸水素ナトリウムの質量をｗｇ，加熱後に出てくる気体，液体，固体の質量をそれぞれｘｇ，ｙｇ，ｚｇとしたとき，それらの間に成り立つ関係として正しいものはどれですか。①～⑤の中から，最も適当なものを選び，その番号をマークしなさい。

解答番号は 19 です。

① $w-x-y=z$　② $w+x=y+z$　③ $w=x+y-z$
④ $w+x+y=z$　⑤ $w-x=y-z$

問５ 図２は太郎さんたちが参考にした溶解度曲線です。花子さんの発言の中の，空欄(あ)～(う)に適する語の組み合わせはどれですか。①～⑤の中から，最も適当なものを選び，その番号をマークしなさい。

解答番号は 20 です。

| | (あ) | (い) | (う) |
|---|---|---|---|
| ① | 硝酸カリウム | 塩化ナトリウム | 炭酸水素ナトリウム |
| ② | 塩化ナトリウム | 炭酸水素ナトリウム | 硝酸カリウム |
| ③ | 塩化ナトリウム | 硝酸カリウム | 炭酸水素ナトリウム |
| ④ | 炭酸水素ナトリウム | 塩化ナトリウム | 硝酸カリウム |
| ⑤ | 炭酸水素ナトリウム | 硝酸カリウム | 塩化ナトリウム |

**4** 次のⅠ，Ⅱについて答えなさい。

Ⅰ だ液や胃液などの消化液のはたらきを調べるために，次のような【実験１】，【実験２】を行いました。

【実験１】 １％のデンプン溶液５mLをそれぞれ入れた試験管２本（A，B）と，加熱した卵白（以下，卵白）一切れと水５mLをそれぞれ入れた試験管２本（C，D）を用意した。そして，A，Cにだ液を１mLずつ入れ，BとDには胃液と同じ成分を含んだ液体（以下，胃液）を１mLずつ入れた。

【実験２】　１％のデンプン溶液５ｍＬとうすい塩酸１mLをそれぞれ入れた試験管２本（E，F）と，卵白一切れと水５mLとうすい塩酸１mLをそれぞれ入れた試験管２本（G，H）を用意した。そしてE，Gにだ液を１mLずつ入れ，F，Hには胃液を１mLずつ入れた。

問１　【実験１】で，十分に時間がたったあと，ヨウ素液１mLをそれぞれ入れました。A～Dの溶液の色はどのように変化すると考えられますか。①～⑤の中から，最も適当な組み合わせを選び，その番号をマークしなさい。

解答番号は 21 です。

| | A | B | C | D |
|---|---|---|---|---|
| ① | 青紫色になる | 青紫色になる | 青紫色になる | 青紫色になる |
| ② | 青紫色になる | 変化しない | 変化しない | 変化しない |
| ③ | 変化しない | 青紫色になる | 青紫色になる | 青紫色になる |
| ④ | 変化しない | 変化しない | 変化しない | 変化しない |
| ⑤ | 変化しない | 青紫色になる | 変化しない | 変化しない |

問２　【実験２】で，十分に時間がたったあと，E，Fにヨウ素液を１mL入れたところどちらもヨウ素液の色が変化しました。【実験１】と【実験２】から考えることができるだ液の特徴について，正しく述べたものはどれですか。①～⑤の中から，最も適当なものを選び，その番号をマークしなさい。

解答番号は 22 です。

① 酸性やアルカリ性溶液中ではよくはたらかない。
② 酸性溶液中よりも中性溶液中のほうがよくはたらく。
③ 酸性，中性，アルカリ性関係なく，どのような性質の溶液中でもはたらくことができる。
④ 最もはたらきやすい温度がある。
⑤ どのような温度でもはたらくことができる。

問３　【実験１】と【実験２】で，十分に時間がたったあと，B，D，F，Hを観察したところ，D，Hの卵白が全てとけてなくなっていました。この結果から，胃液には卵白の分解を助け，消化をはやめるはたらきをもった酵素（ペプシン）が含まれていると仮説をたてました。そこで，ペプシンを用いて，次のような【実験３】を行いました。

【実験３】　卵白一切れを入れた試験管に，ペプシンをうすい塩酸５mLにとかした溶液を入れた。

［結果］　十分に時間がたったあと，観察したところ，卵白は全てとけてなくなっていた。

この実験から，仮説を結論づけるためには，【実験３】とは別にもう一つ実験を行い，比較する必要があります。卵白一切れを入れた試験管に何をどれだけ入れるとよいですか。①～⑤の中から，最も適当なものを選び，その番号をマークしなさい。

解答番号は 23 です。

① うすい塩酸を５mL入れる。
② １％のデンプン溶液を５mL入れる。

③　ヨウ素液を１mL入れる。

④　だ液を１mL入れる。

⑤　水を１mL入れる。

Ⅱ　眼の神経は，ヒトの両眼から左側の脳と右側の脳へ図１のようにつながっています。左右それぞれの眼の内部の，左側の網膜にある細胞で感じた光の情報は，合流して左側の脳へ伝えられます。同様に，右側の網膜にある細胞で感じた光の情報は，合流して右側の脳へ伝えられます。そのため，左眼の右側の網膜から出ている神経と，右眼の左側の網膜から出ている神経は，図１のように中央で交(こう)さしています。もし，この神経のどこかを切断すると，脳には切られた神経からの光の情報が届かなくなり，視野の一部が見えなくなります。例えば，Cで神経を切断したとき，図２のように，左眼の左側に映る右視野と，右眼の左側に映る右視野が見えなくなります。

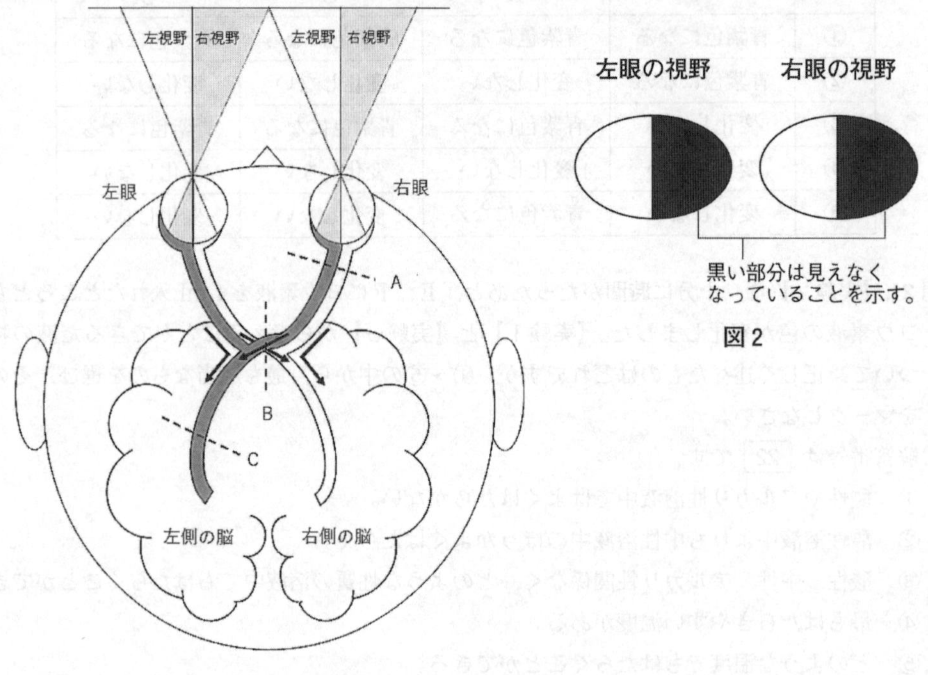


図１　真上からみた図

図２

問４　図１のAの位置で神経を切断したとき，視野の見え方を示した文として正しいものはどれですか。①～⑤の中から，最も適当なものを選び，その番号をマークしなさい。

解答番号は 24 です。

①　両眼の左視野が見えなくなる。

②　両眼の右視野が見えなくなる。

③　左眼が見えなくなる。

④　右眼が見えなくなる。

⑤　両眼とも見えなくなる。

問５　図１のBの位置で神経を切断したとき，視野の見え方を示した文の組み合わせとして正しいものはどれですか。次のページの①～⑤の中から，最も適当なものを選び，その番号をマークしなさい。

解答番号は 25 です。

(ア) 両眼の左視野が見えなくなる。

(イ) 両眼の右視野が見えなくなる。

(ウ) 両眼とも見えなくなる。

(エ) 左眼を閉じると，右眼の右視野が見えなくなる。

(オ) 左眼を閉じると，右眼の左視野が見えなくなる。

(カ) 右眼を閉じると，左眼の左視野が見えなくなる。

(キ) 右眼を閉じると，左眼の右視野が見えなくなる。

① (ア)と(オ)と(カ)　② (イ)と(エ)と(キ)　③ (エ)と(カ)　④ (オ)と(キ)　⑤ (ウ)

【社　会】（30分）　＜満点：100点＞

**1**　次の問１～問７に答えなさい。

問１　下の文章は，地図１・２中にあるＡ～Ｅのいずれかの国について説明したものである。該当する国として，①～⑤の中から，最も適当なものを選び，その番号をマークしなさい。
解答番号は 1 です。

> 標高が5000mをこえる高い山があり，山名が国名となっている。赤道が国内を通っているが，首都は標高約1600mの高地に位置しているため，高山気候に属するすずしい地域になっている。この気候を生かし，内陸の標高の高いところでは茶が栽培され，多くが輸出されている。日本との時差は６時間あり，日本が２月４日午前11時のとき，2月４日午前５時である。

①　Ａ　　②　Ｂ　　③　Ｃ　　④　Ｄ　　⑤　Ｅ

地図１

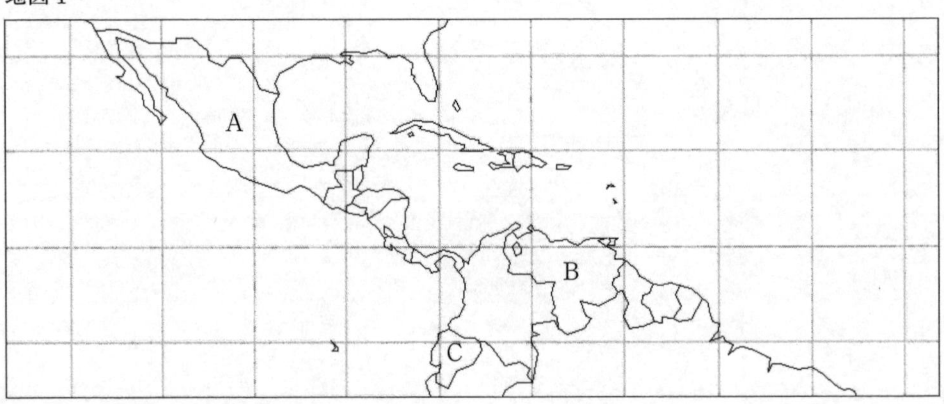


地図２

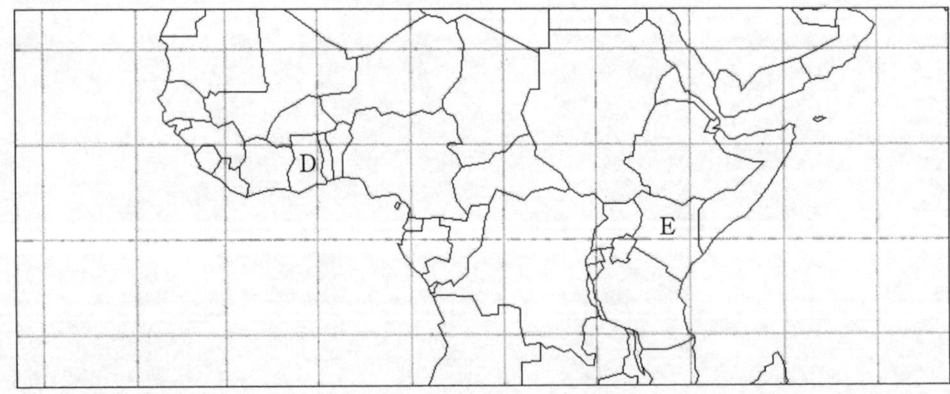


注：緯線は赤道を基準として、経線は本初子午線を基準として、ともに10度間隔で表している。

問２　世界各地の自然環境に関する記述として，次のページの①～⑤の中から，最も適当なものを選び，その番号をマークしなさい。

解答番号は 2 です。

① アジア州の東部では，半年ごとに風の向きが変わる偏西風の影響があり，四季がはっきりしている。

② ヨーロッパ州の南部には，ピレネー山脈やアルプス山脈が連なっている。一方北部のイベリア半島の海岸線には，フィヨルドとよばれる氷河地形がみられる。

③ アフリカ州の北部にあるサハラ砂漠の東には，世界最長のナイル川が南に向かって流れ，地中海に流れ込んでいる。

④ 北アメリカ州の西部にはロッキー山脈が南北に走っており，山脈の東側にはグレートプレーンズとよばれる乾燥した地域が広がっている。

⑤ オセアニア州にあるオーストラリア大陸は，赤道に近く高温で雨が多いため，熱帯雨林が国土の３分の２を占めている。

問３ 世界各地の民族に関する記述として，①～⑤の中から，最も適当なものを選び，その番号をマークしなさい。

解答番号は 3 です。

① 中国人の９割が漢族で，それ以外の少数民族は，主に西部で牧畜を中心として生活している。

② インドには，アラビア語を使うアラブ系の人々が生活する地域が多く，人口のほとんどがイスラム教徒である。

③ さまざまな民族がいるアフリカでは，民族を基に国が成立しており，民族のちがいはあるが，宗教をはじめとした共通の文化が見られる。

④ アメリカは，世界でも代表的な多民族国家で，ヒスパニックが多い州は北部，アフリカ系が多い州は西部に集まっている。

⑤ オーストラリアでは，ヨーロッパからの移住者の子孫が人口の多数を占めるが，ヨーロッパ人と先住民の間で混血が進み，メスチソとよばれる混血の人々が増えている。

問４ 下の表は，2000年と2017年における日本と中国・アメリカ・EUとの貿易額について示している。この表からわかることとして，①～⑤の中から，最も適当なものを選び，その番号をマークしなさい。

解答番号は 4 です。

| | 輸出（十億円） | | 輸入（十億円） | |
|---|---|---|---|---|
| | 2000年 | 2017年 | 2000年 | 2017年 |
| 総　額 | 51,654 | 78,286 | 40,938 | 75,379 |
| 中国 | 3,274 | 14,890 | 5,941 | 18,459 |
| アメリカ | 15,356 | 15,113 | 7,779 | 8,090 |
| EU | 8,432 | 8,657 | 5,043 | 8,757 |

（『日本国勢図会2018/19』より作成）

① 中国は，2017年の輸出金額と輸入金額を合わせた額が最大になる貿易相手国であり，2000年と比較すると５倍以上となった。

② アメリカに対しては，輸出総額に占める輸出金額の割合，輸入総額に占める輸入金額の割合のいずれについても，2000年より2017年の方が小さくなった。

③ EUとの貿易は，いずれの年も日本の貿易黒字となっている。

④　輸入総額に占める輸入金額の割合が，2000年よりも2017年の方が大きくなったのは中国とアメリカである。

⑤　輸出総額と輸入総額を比較すると，いずれの年も日本は貿易黒字となっており，2000年より2017年の方が，黒字が拡大している。

問５　日本の地形と地震の関係について，①～⑤の中から，最も適当なものを選び，その番号をマークしなさい。

解答番号は［５］です。

①　日本は，環太平洋造山帯とアルプス･ヒマラヤ造山帯の境に位置しているため，地震が多い。

②　愛知県と富山県を結ぶ線を境として，山脈は大きく向きを変えており，中央構造線とよばれる地形があり，地震を引き起こす活断層が集まっている。

③　1995年の阪神・淡路大震災を引き起こした兵庫県南部地震は，フォッサマグナにある活断層の集まりによって起こった。

④　2011年の東日本大震災を引き起こした東北地方太平洋沖地震は，プレートがしずみこむ境目の海溝で起こるプレート境界型（海溝型）の地震に当たる。

⑤　日本海にある南海トラフ沿いでは，巨大な津波をともなう大地震がくり返し発生してきた。

問６　名城太郎さんは，修学旅行の事前学習のため，九州・沖縄地方の特徴を調べて，県別の表を作成した。表の県名Ａ～Ｆのうち熊本県と大分県に当たる記号の組み合わせとして，①～⑤の中から，最も適当なものを選び，その番号をマークしなさい。

解答番号は［６］です。

| 県名 | 人口（千人） | 米の収穫量（t） | 飼養頭羽数 | | | 源泉数 |
|---|---|---|---|---|---|---|
| | | | 肉用牛（頭） | 豚（頭） | にわとり（千羽） | |
| A | 5,107 | 181,700 | 21,900 | 82,600 | 1,280 | 433 |
| B | 1,765 | 175,500 | 127,000 | 275,300 | 3,183 | 1,352 |
| C | 1,626 | 99,100 | 329,400 | 1,272,000 | 26,743 | 2,764 |
| D | 1,443 | 2,190 | 73,600 | 225,800 | 684 | 15 |
| 長崎 | 1,354 | 57,400 | 77,100 | 193,400 | 2,812 | 199 |
| E | 1,152 | 106,300 | 48,900 | 137,600 | 2,502 | 4,385 |
| F | 1,089 | 81,300 | 245,000 | 822,200 | 28,424 | 205 |
| 佐賀 | 824 | 130,600 | 51,700 | 84,000 | 3,806 | 183 |

（『データで見る県勢2019』より作成）

①　熊本県－Ｂ　　大分県－Ｅ
②　熊本県－Ｃ　　大分県－Ｆ
③　熊本県－Ｃ　　大分県－Ｅ
④　熊本県－Ｄ　　大分県－Ｂ
⑤　熊本県－Ｆ　　大分県－Ｃ

問７　次のページの地形図１は1923（大正12）年，地形図２は2008（平成20）年に発行された名古屋城周辺の地形図の一部である。地形図１・地形図２を比較して読み取れることとして，あとの①～⑤の中から，最も適当なものを選び，その番号をマークしなさい。

解答番号は［７］です。

地形図１　　　　　　　　　　　　地形図２

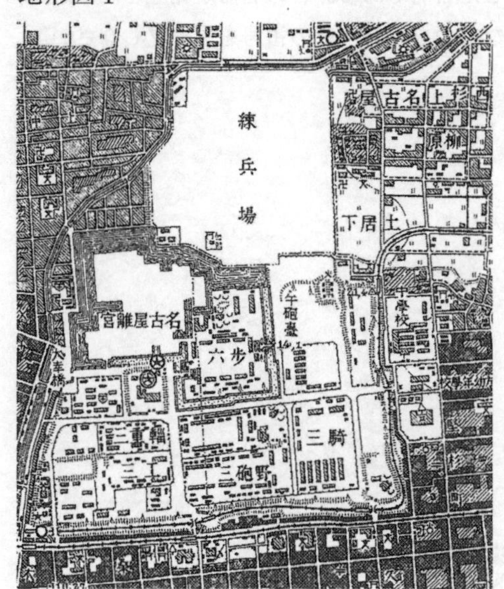


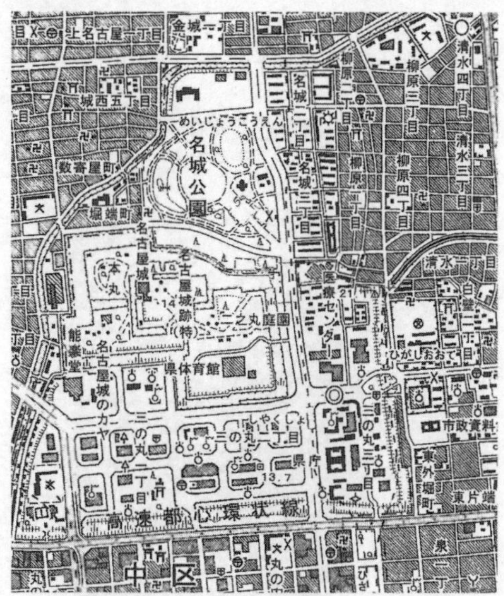


地形図１は、大日本帝国陸地測量部発行２万５千分の１地形図「名古屋北部」より作成
地形図２は、国土地理院発行２万５千分の１地形図「名古屋北部」より作成

① 市役所の位置が変わっていないことが読み取れる。

② 地形図１の練兵場の東に広がる田は，地形図２でもそのまま広がっていることが読み取れる。

③ 地形図２の三の丸一丁目から二丁目にかけては，かつて工場地帯があったことが地形図１から読み取れる。

④ 地形図２の三の丸二丁目の南側には，かつて鉄道の駅があったことが地形図１から読み取れる。

⑤ 地形図２で裁判所がある場所には，かつて寺院があったことが地形図１から読み取れる。

**2** 次の問１～問11に答えなさい。

問１ 古代中国に関する記述として，①～⑤の中から，最も適当なものを選び，その番号をマークしなさい。

解答番号は [ 8 ] です。

① 中国では紀元前4000年より前に農耕文明が生まれ，同時期に黄河や長江の付近で青銅器が作られるようになった。

② 紀元前1600年ごろ成立した殷では，亀の甲や牛の骨に彫られた象形文字が使われていたことが確認できる。

③ 周は異民族の侵入を防ぐため，万里の長城を築いた。

④ ３世紀ごろ中国は魏・呉・蜀の三国が分立したが，秦の始皇帝はこれを統一した。

⑤ 漢が領土を中央アジアまで広げた結果，シルクロードが開かれ西方の文物が中国にもたらされた。

**問２**　下の写真は相沢忠洋が発見した遺跡から出土した石器である。この石器が発見された遺跡の場所として，地図中の①～⑤の中から，最も適当なものを選び，その番号をマークしなさい。
解答番号は［9］です。

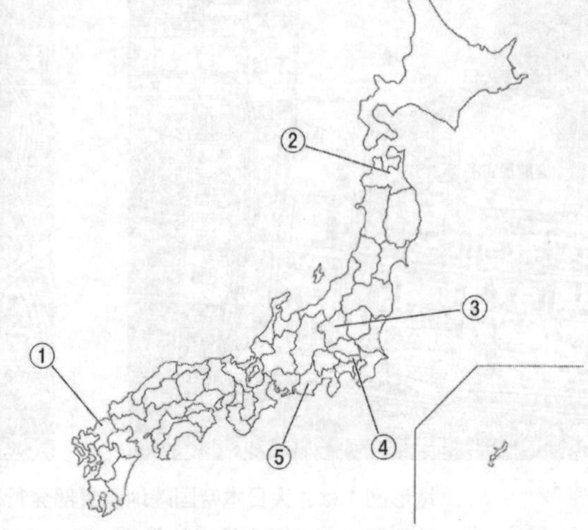


**問３**　３世紀～６世紀の日本と朝鮮半島に関する記述として，①～⑤の中から，最も適当なものを選び，その番号をマークしなさい。
解答番号は［10］です。

①　大和政権は高句麗と手を組んで百済と戦い，その様子が高句麗の好太王碑に記されている。
②　須恵器は渡来人によって日本列島に伝えられ，それが発展して弥生土器となった。
③　稲荷山古墳出土の鉄剣や江田船山古墳出土の鉄刀から，5世紀の日本列島には少なくとも２つの政権があったことがわかる。
④　古墳内部の石室や棺には，初めは祭りの道具が納められていたが，後には鉄製の武器や農具が納められるようになった。
⑤　朝鮮半島は小国に分かれていたが，６世紀には高句麗がこれを統一した。

**問４**　下の史料は，御成敗式目の一部を要約したものである。空欄〔A〕～〔D〕に当てはまる語・数字の組み合わせとして，①～⑤の中から，最も適当なものを選び，その番号をマークしなさい。
解答番号は［11］です。

> 一　諸国の〔　A　〕の仕事は，御家人の〔　B　〕を守る義務を指揮・催促すること，謀反や殺人などの犯罪人を取り締まることである。
> 一〔　C　〕は荘園の年貢を差し押さえてはいけない。
> 一〔　D　〕年以上継続してその地を支配していれば，その者の所有になる。

①〔A〕地頭　〔B〕京都　〔C〕守護　〔D〕20
②〔A〕守護　〔B〕京都　〔C〕地頭　〔D〕30
③〔A〕守護　〔B〕京都　〔C〕地頭　〔D〕20

④ ［A］守護 ［B］鎌倉 ［C］地頭 ［D］30

⑤ ［A］地頭 ［B］鎌倉 ［C］守護 ［D］30

問5 室町時代の文化に関する記述として，①～⑤の中から，最も適当なものを選び，その番号をマークしなさい。

解答番号は 12 です。

① 銀閣は2層からなり，金閣と同様，層ごとに建築様式が異なる。

② 応仁の乱の頃，千利休は，質素なわび茶の作法を完成させた。

③ 足利義政の保護を受けた観阿弥・世阿弥親子は，能を大成させた。

④ 浄土真宗の僧を中心に墨一色で自然などを表現する水墨画が描かれた。

⑤ 和歌の上の句と下の句を別々の人が読みつなぐ川柳が，京都の貴族を中心に流行した。

問6 大航海時代に関する記述として，①～⑤の中から，最も適当なものを選び，その番号をマークしなさい。

解答番号は 13 です

① ポルトガル人は北アメリカ大陸に渡って先住民を武力で制圧し，植民地を築いた。

② マゼランはアフリカ南端の喜望峰を回って，直接インドに行く航路を開いた。

③ ヨーロッパ人はアフリカの香辛料を直接手に入れるべく，航路を開いた。

④ スペイン人は17世紀に東インド会社を設立した。

⑤ ヨーロッパにじゃがいもやトマトが伝わり，食生活が大きく変わった。

問7 江戸時代の北海道と沖縄について述べた記述として，①～⑤の中から，最も適当なものを選び，その番号をマークしなさい。

解答番号は 14 です

① 長州藩は琉球との密貿易を行って財政を再建した。

② 17世紀後半，アイヌの人々は首長のコシャマインを中心に松前藩と戦い，敗れた。

③ 将軍の代替わりごとに，幕府から琉球へ使節が送られた。

④ 18世紀，ラクスマンが大黒屋光太夫を連れて根室に来航した。

⑤ 琉球ではにしん，こんぶ漁がさかんになり，それらは俵物として中国に送られた。

問8 江戸時代の改革について述べたA～Dを，年代の古い順に並べたものとして，①～⑤の中から，最も適当なものを選び，その番号をマークしなさい。

解答番号は 15 です

A 新田開発を進めたり，豊作や不作にかかわらず一定の年貢を取り立てたりするようになった。

B 江戸や大坂周辺の農村を幕領にしようとしたが，大名や旗本の反対にあい，失敗に終わった。

C 商工業者が株仲間を作ることを奨励し，特権を与える代わりに営業税をとった。

D 松平定信が旗本や御家人の生活難を救うため，借金を帳消しにした。

① A → B → D → C ② A → C → B → D ③ A → C → D → B

④ D → C → B → A ⑤ D → A → C → B

問9 明治時代の産業に関する記述として，あとの①～⑤の中から，最も適当なものを選び，その番号をマークしなさい。

解答番号は 16 です

① 紡績業では，大規模な機械が輸入されて生産を増やし，日清戦争後には，輸出量が輸入量を上回った。
② 資本主義が発達した結果，地方でも雇用が生まれ，貧富の差は解消された。
③ 紡績業・製糸業の労働者の大半は男性であり，彼らは経済の発展に大きな役割を果たした。
④ 日露戦争以降鉄道網は拡大し，1906年に主要な鉄道を民営化した。
⑤ 八幡製鉄所では，主に福岡県内でとれる鉄鉱石や石炭を使って鉄鋼が生産されていた。

問10 日本に関する1900年代前半の出来事A～Dを年代の古い順に並び変えたものとして，①～⑤の中から，最も適当なものを選び，その番号をマークしなさい。

解答番号は 17 です

A 国際連盟に加盟した。
B 関東大震災が起こった。
C 中国に二十一か条の要求をした。
D 金融恐慌が発生した。

① A → B → D → C ② A → D → C → B ③ B → C → A → D
④ C → A → B → D ⑤ C → B → D → A

問11 下の写真は1943年に開催された大東亜会議の様子である。この時の日本国首相の在任中に起きた出来事に関する記述として，①～⑤の中から，最も適当なものを選び，その番号をマークしなさい。

解答番号は 18 です

① 日本は日ソ中立条約を結んで，フランス領インドシナに軍をすすめた。
② 日本軍はハワイの真珠湾に奇襲を仕掛け，太平洋戦争が始まった。
③ 二・二六事件が発生し，陸軍の青年将校が東京の中心部を占拠した。
④ 国家総動員法が定められ，議会の承認なしで国民と資源を戦争で動員できるようになった。
⑤ サイパン島から飛来したB－29により，東京が激しい空襲にさらされた。

**3** 次の問1～問7に答えなさい。

問1 次のページの図の日本の人口ピラミッド（予想を含む）の年代として，①～⑤の中から，最も適当なものを選び，その番号をマークしなさい。

解答番号は 19 です

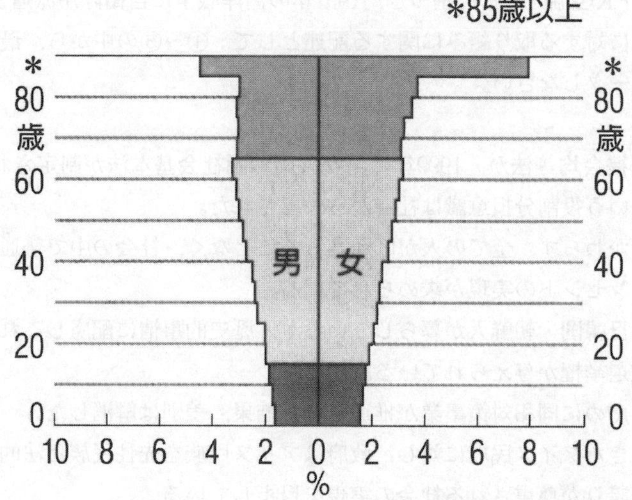

(国立社会保障・人口問題研究所資料より作成)

① 1950年　② 1980年　③ 2010年　④ 2060年　⑤ ①～④のどれでもない

問２ 日本国憲法に関する記述として，①～⑤の中から，最も適当なものを選び，その番号をマークしなさい。

解答番号は 20 です

① 憲法に反する法律や命令は効力を持たないのが原則だが，閣議の多数決の結果，効力を持たせることが可能である。

② 法律や命令が憲法に反していないかどうかを審査することを違憲審査といい，その権限を持つのは最高裁判所だけである。

③ 違憲審査は，憲法によって政府の権力を制限し国民の人権を保障するという立憲主義の考えに基づいている。

④ 裁判官の意のままに違憲判決が出されることから，違憲審査は「人の支配」であるとの批判が根強く，日本以外の国には存在しない。

⑤ 国会議員は憲法第99条により憲法を尊重し擁護する義務があるので，国会で憲法改正を発議することは憲法違反である。

問３ 日本の平和主義と自衛隊の関係に関する記述として，①～⑤の中から，最も適当なものを選び，その番号をマークしなさい。

解答番号は 21 です

① 自衛隊の最高指揮官は，自衛官ではなく内閣総理大臣が任命した防衛大臣である。これを文民統制という。

② 政府は「自衛のための必要最小限度の戦力」の保持について，憲法は禁止していないとしている。

③ 2015年に安全保障関連法が成立し，日本と密接な関係にある国が攻撃を受け日本の存立がおびやかされた場合，集団的自衛権を行使できるようになった。

④ 日米安全保障条約により，他国がアメリカの領域を攻撃してきたときに，日本とアメリカが

共同で対応することが決められている。

⑤　国際平和協力法（PKO協力法）に基づき，1991年の湾岸戦争に自衛隊が派遣された。

**問4**　日本における差別に対する取り組みに関する記述として，①～⑤の中から，最も適当なものを選び，その番号をマークしなさい。

解答番号は 22 です

①　1985年に男女雇用機会均等法が，1999年に男女共同参画社会基本法が制定され，「男性は仕事，女性は家庭」という役割分担意識は社会から一掃された。

②　障がいの有無にかかわらず，全ての人が区別されることなく，社会の中で普通の生活を送るインフォームド・コンセントの実現が求められている。

③　日本には多くの在日韓国・朝鮮人が暮らしているが，歴史的事情に配慮しこれらの人々には制限無く選挙権や被選挙権が与えられている。

④　部落差別をなくすために同和対策事業が推進された結果，差別は解消した。

⑤　長い間差別されてきたアイヌ民族に対し，政府はアイヌ民族を先住民族と法的に位置づけ，アイヌ民族としての誇りが尊重される社会の実現を目指している。

**問5**　日本の国会に関する記述として，①～⑤の中から，最も適当なものを選び，その番号をマークしなさい。

解答番号は 23 です

①　法律案は国会議員のみ作成できる。

②　法律案は，衆議院へのみ提出できる。

③　国会は，内閣が外国と結んだ条約の承認を行う。

④　国会は，国会議員の中から内閣総理大臣とその他の国務大臣を任命する。

⑤　予算案は，衆議院の予算委員会で作成する。

**問6**　日本の内閣の仕事に関する記述として，①～⑤の中から，最も適当なものを選び，その番号をマークしなさい。

解答番号は 24 です

①　最高裁判所長官の任命とその他の裁判官の任命。

②　天皇の国事行為に関する助言と承認。

③　国政調査を実施する。

④　法律や予算を議決する。

⑤　弾劾裁判所を設置する。

**問7**　下の文章は，日本の三審制について述べたものである。空欄〔A〕～〔D〕に当てはまる語・数字の組み合わせとして，次のページの①～⑤の中から，最も適当なものを選び，その番号をマークしなさい。

解答番号は 25 です

> 同一の事件について3回までの裁判を受けることが出来る。これを三審制という。第一審の判決に不服であれば第二審の裁判所に〔　A　〕することができる。「判決」でなく「決定・命令」に不服の場合は〔　B　〕である。第二審の判決にも不服があれば，〔　C　〕することができる。裁判所には最高裁判所のほか，〔　D　〕種類の下級裁判所がある。

① ［A］控訴 ［B］上告 ［C］抗告 ［D］4
② ［A］上告 ［B］控訴 ［C］抗告 ［D］3
③ ［A］上告 ［B］抗告 ［C］控訴 ［D］4
④ ［A］控訴 ［B］抗告 ［C］上告 ［D］3
⑤ ［A］控訴 ［B］抗告 ［C］上告 ［D］4

**4** 2020年，世界各地で新型コロナウイルスの感染が広がりました。新型コロナウイルスなどの感染症に関連する次の**問1**～**問3**に答えなさい。

**問1** 下の文章は，感染症対策に力を注いだ日本の人物について述べたものである。下の文章が示す人物として，①～⑤の中から，最も適当なものを選び，その番号をマークしなさい。

解答番号は 26 です

| 1890年に破傷風血清療法を発見し，その後，伝染病研究所所長に就任した。 1894年，香港のペスト流行の際，同地でペスト菌を発見した。 |
|---|

① 志賀潔　② 野口英世　③ 鈴木梅太郎　④ 北里柴三郎　⑤ 高峰譲吉

**問2** 新型コロナウイルス感染症の拡大により，オンラインによる授業など情報通信技術（ICT）が活躍した。下の図は日本のインターネット普及率と主な情報通信機器の世帯保有率の推移を示している。A・Bが示しているものの正しい組み合わせとして，①～⑤の中から，最も適当なものを選び，その番号をマークしなさい。

解答番号は 27 です

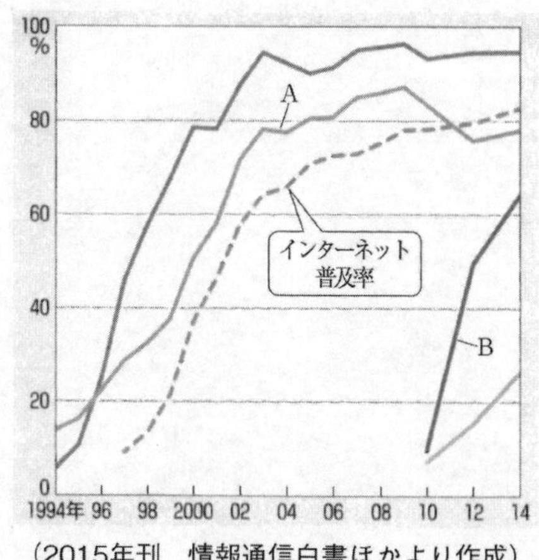


（2015年刊　情報通信白書ほかより作成）

① A－パソコン　B－タブレット型端末
② A－パソコン　B－スマートフォン
③ A－スマートフォン　B－パソコン
④ A－携帯電話またはPHS　B－タブレット型端末
⑤ A－携帯電話またはPHS　B－スマートフォン

**問3** 新型コロナウイルス感染症の拡大により，日本各地でトイレットペーパーの買いだめが行われた。このような行動は石油危機の時も行われた。次のページの図は日本の国民総生産と経済成長率の変化を示したものである。石油危機により経済が不況になったのはA～Eのどれか，①～⑤の中から，最も適当なものを選び，その番号をマークしなさい。

解答番号は 28 です

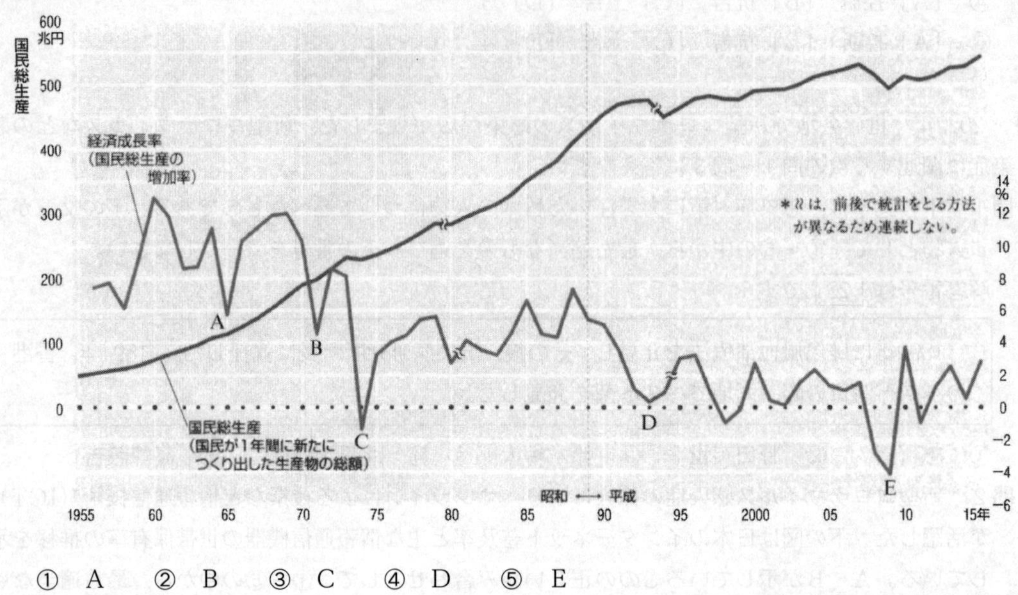


① A　② B　③ C　④ D　⑤ E

味だろうか。「舌を巻く」と似た意味で、とても驚いて感心する状態のことかな。

⑥ 生徒F：子どもがけんかをしたときに舌を出すよね。それと同じで、ばかにするとまでは言わないけれど、恥ずかしくて照れ隠しの意味もあるのかもしれないよ。

**問9** 本文から読み取ることができる、青砥左衛門の人物像の説明として最も適当なものを、①～⑤の中から選び、その番号をマークしなさい。

解答番号は㉞です。

① 権力に対しても恐れることなく対応し、広い視野を持って考えることができ、自分の損得だけではなく、合理的に対処する人物。

② 力のある人物に対しては、必ずしも公平な立場で判断をするとは言えず、時には自分の利益よりも、他人の利益を優先する一面もある人物。

③ 相手の権力によって結論を変えるので、常に公平であるとは言えないが、商人に対しては自分が損をしてでも得をさせようという人物。

④ 幕府に関係する事柄についても、両方の意見を聞いて考えることができ、自分に損害があるように見えるが、最終的には得をしている人物。

⑤ 相手が誰であろうとも、自分の信念を持って対応することができる一方で、急な出来事には動揺するような、人間らしさをあわせ持つ人物。

ち去る。

② 「どうしたものか、困ってしまった」と言って、拾う方法を考えながら歩く。

③ 「仕方がない、このようなこともある」と言って、そのまま通り過ぎる。

④ 「いやはや、こだわるのも恥ずかしい」と言って、気にしないふりをする。

⑤ 「これは大変だ、なんとかしなければ」と言って、助けを呼びに行く。

**問6** 空欄X～Zに入る数字の組み合わせとして最も適当なものを、①～⑤の中から選び、その番号をマークしなさい。

解答番号は30です。

① X…十　Y…五十　Z…五十
② X…十　Y…六十　Z…五十
③ X…十　Y…五十　Z…六十
④ X…五十　Y…十　Z…六十
⑤ X…五十　Y…六十　Z…十

**問7** 傍線部E「かれとわれと何の差別かある」とありますが、青砥左衛門の発言の主旨を説明したものとして最も適当なものを、①～⑤の中から選び、その番号をマークしなさい。

解答番号は31です。

① 商人の利益と私の損失という違いはあるが、銭の大小もこの際関係のないことである。

② 市民の平等という観点から、商人の利益と私の損失は同じようなものである。

③ 天下の利益という観点で見れば、商人の利益と私の損失は区別するべきではない。

④ 商人の利益と私の損失が同じであるように、銭と続松の価値も同じである。

⑤ 銭と続松の価値に差をつけるならば、それは人の身分に差をつけることと同じである。

**問8** 次に示すのは、本文を読んだ中学生が、傍線部Ⅰ～Ⅲの慣用表現について話し合っている場面です。これについて六人の生徒から出された発言のうち適当なものを、①～⑥の中から**二つ選び**、それぞれその番号をマークしなさい。解答の順序は問いません。

解答番号は32、33です。

① 生徒A：本文には、いくつかの慣用表現が使われているね。傍線部Ⅰ「眉をひそめて」とあるから、青砥左衛門は悲しんでいるんだね。

② 生徒B：それは違うと思うよ。眉をひそめるのは、他人に対して嫌な気持ちを感じたときにする仕草じゃなかったかな。

③ 生徒C：傍線部Ⅱ「爪弾きをして」は、今も「新芽を爪弾きする」のように使うね。多すぎるものを、少しだけ残してつみ取ってしまうことだよね。

④ 生徒D：人々に「爪弾きをして」申すというのは、自分の意見を元々分かってくれる人は、聞かなくてもいいと遠ざけたという意味になるかな。

⑤ 生徒E：最後に出てきた傍線部Ⅲ「舌を振りて」は、どういう意

な差があるだろうか、いや、差はない。あちらとこちらと（合わせて）□文の銭を、一銭も失わず、どうして（それが）天下の利益ではないのか、いや、天下の利益である」と、爪弾きをして申したので、非難して笑っていた周囲の人々は、舌を震わせて感じ入った。

**問1** 傍線部ア「報ぜん」、イ「笑ひけれ」の主語として最も適当なものを、①～⑥の中からそれぞれ選び、その番号をマークしなさい。ただし、同じ番号を二度選ぶことはできません。

解答番号はアが[24]、イが[25]です。

① 地下の公文　② 相模守　③ 青砥左衛門
④ 商人　⑤ かたへの人々　⑥ 作者

**問2** 傍線部A「つぶさに」という言葉は、現在も使われています。最も適当な使い方をしている文章を、①～⑤の中から選び、その番号をマークしなさい。

解答番号は[26]です。

① 今朝はつぶさに冷え込みが厳しい。
② 咲いている花をつぶさに観察する。
③ 今日の夕飯をつぶさに食べる。
④ 友人に借りた本をつぶさに扱う。
⑤ 三年後に会うことをつぶさに約束する。

**問3** 傍線部B「青砥左衛門これを見て大いに怒り」とありますが、なぜ「大いに怒」ったのですか。最も適当なものを、①～⑤の中から選び、その番号をマークしなさい。

解答番号は[27]です。

① 地下の公文に有利な判定をしたが、それでお礼をもらうと相模守をさらに怒らせてしまうから。
② 相模守のために公平に判定をしたのに、その相模守からは何のお礼も贈られていないから。
③ 地下の公文に偏った判定をした訳でもないのに、その役人からお礼をもらうのは間違っているから。
④ どちらにも公平な判定をしたので、片方からお礼をもらうともう片方も贈らなくてはいけなくなるから。
⑤ 地下の公文が勝ちという判定をしたが、本当は相模守の方が正しいと思っているから。

**問4** 傍線部C「持ち送らせてぞ返しける」とありますが、何を「持ち送らせ」たのですか。最も適当なものを、①～⑤の中から選び、その番号をマークしなさい。

解答番号は[28]です。

① 青砥左衛門が相模守に贈った手紙
② 相模守が地下の公文に贈ったおわびの品
③ 青砥左衛門が地下の公文に贈った資金
④ 地下の公文が青砥左衛門に贈ったお礼のお金
⑤ 相模守が青砥左衛門に贈ったお礼の品

**問5** 傍線部D「『よし、さてもあれかし』とてこそ行き過ぐべかりし」とありますが、これは一般的な人の発言・行動を予測したものです。傍線部Dの内容として最も適当なものを、①～⑤の中から選び、その番号をマークしなさい。

解答番号は[29]です。

① 「よいよい、きっと誰かの役に立つだろう」と言って、その場を立

をばし給ふべけれ。沙汰に勝ちたる公文が、引出物をすべき様なし」とて、一銭をもつひに用ゐず、はるかに遠き田舎までC持ち送らせてぞ返しける。

　またある時、この青砥左衛門、夜に入りて出仕しけるに、いつも燧袋に入れて持ちたる銭を十文取りはづして、滑川へぞ落とし入れたりけるを、少事の物なれば、D「よし、さてもあれかし」とてこそ行き過ぐべかりしが、もつてのほかにあわてて、その辺りの町屋へ人を走らかし、銭五十文を以て続松を十把買ひて下り、これを燃して、つひに十文の銭をぞ求め得たりける。後日にこれを聞きて、「［X］文の銭を求めんとて、［Y］にて続松を買ひて燃したるは、小利大損かな」とイ笑ひければ、青砥左衛門Ⅰ眉をひそめて、「さればこそ御辺達は愚かにて、世の費えをも知らず、民を恵む心なき人なれ。銭十文は、ただ今求めずは、滑川の底に沈みて永く失せぬべし。それがしが続松を買はせつる五十の銭は、商人の家にとどまつて永く失すべからず。わが損は商人の利なり。Eかれとわれと何の差別かある。かれこれ［Z］の銭、一つをも失はず、あに天下の利にあらずや」と、Ⅱ爪弾きをして申しければ、難じて笑ひつるかたへの人々、Ⅲ舌を振りてぞ感じける。

（『太平記』青砥左衛門賢政の事）

〔現代語訳〕

　ある時、徳宗領（＝執権北条氏の領地）で訴訟が起きて、下級の役人と相模守（＝執権）とを、訴訟で争わせることがある。道理に合っていることと、そうでないことがはっきりしていて、役人の申すところが正しい理論であったけれども、評定奉行・引付方の長官・評定衆は、みな徳宗領であることに遠慮して役人を負けにしたが、青砥左衛門はただ一人、権勢のある相手にも恐れず、道理の合致する点を［　］申し立てて、結局相模守を負けにした。役人は思いがけず利益を得て、領地に安住したが、その恩に報いようと思ったのだろうか、銭を三百貫、俵に包んで、後ろの山からこっそりと青砥左衛門の庭の中へ入れておいた。青砥左衛門はこれを見て大いに怒り、「訴訟が道理にかなっているかいないかを申したのは、（下級の役人ではなく）相模殿を思い申し上げたからである。全く下級の役人をひいきしたのではない。もし贈り物をもらうはずとするならば、幕府の悪評を申しとどめたので、（むしろ）相模殿から、お礼をなさるはずのところだ。訴訟に勝った役人が、贈り物をしなければならない理由はない」と言って、一銭も結局使うことなく、はるかに遠い田舎まで持たせて送り返した。

　またある時、この青砥左衛門が、夜になってから出仕したことがあったが、いつも火打袋に入れて持っている銭を十文取り出し損ねて、滑川へ落としてしまったが、少額のものであるので、［　］が、とんでもなくあわてて、その付近の商家へ人を走って行かせ、銭五十文でたいまつを十把買って（川へ）下り、これを燃やして、結局十文の銭を探し出した。後日（人が）この話を聞いて、「［　］文の銭を探そうとして、［　］文でたいまつを買って燃やしたのは、小利大損であることよ」と笑ったところ、青砥左衛門は眉をひそめて、「それだからあなた方は愚かで、世の中の損失もわからず、人々を憐れむ心のない人なのだ。銭十文は、その時すぐに探さなければ、滑川の底に沈んでずっと失われてしまうに違いない。（それに対して）私がたいまつを買わせた五十文の銭は、商人の家にとどまってずっと失われないだろう。私の損失は商人（の利益）と私（の損失）とどのようのジャンルの本も読もうとしていたことが分かるね。

③　生徒C：第九段落からは、学校での読書の話が始まるよ。多くの人にその経験があると思うから、これまでの話よりもさらに、読者が自分のことと重ねて読めるような進め方になっているね。

④　生徒D：第十一段落からは信頼という言葉が出てくるね。推薦された本を読んでみようと思うということは、その人のことを信頼している証だね。その場合はほとんどの人が、読んでよかったと思うみたいだよ。

⑤　生徒E：第十四段落には、「アマゾンのレビュー」とか「本屋のポップ」のような、親しみやすい単語も出てきたよ。筆者は、難しい内容を、親近感でカバーしようとしているね。

⑥　生徒F：親近感というと、ずっと一人称は「ぼく」という表記だね。漢字を使わないことで、柔らかい印象を与えたり、若さへの憧れを表したりしているように思うよ。

**問13**　本文の内容に合致するものを、①～⑤の中から選び、その番号をマークしなさい。
解答番号は㉓です。

①　筆者は、若いうちは他者に対し、自分の関心領域の広さを見せつけるためだけに労力を使っていたが、歳を重ねてからは、自分を鼓舞するために幅広いジャンルの本を買うようになった。

②　本は、どれもすべて過去に書かれたものであるが、未来を予想して書いたり、こうありたいとする著者の理想の姿を書くものがあったりして、それらを読むことは、未来形の読書と言える。

③　読んでも分からない難解な本は買わない人が多く、誰もが知る内容の書かれた本がベストセラーになることがあるが、それらは自己肯定欲を満たすためだ。

④　将来どのような人になりたいかを考える時期に必要なのは、未来形の読書であり、何にも縛られずに、自分が自由に好きなジャンルの読みたい本を読むことは、過去形の読書に分類されている。

⑤　学校における読書よりも、プライベートな読書の方が心地よく感じるが、それは自分自身と向き合って、将来どうありたいかを見つめる過去形の読書だからだ。

**2**　次の文章は、鎌倉幕府の引付奉行(ひきつけぶぎょう)（＝訴訟などを扱う役人）の青砥(あおと)左衛門(ざえもん)という人物の話です。文章を読んで後の問いに答えなさい。

［本文］

ある時、徳宗領(とくそうりやう)に沙汰(さた)出で来て、地下(ぢげ)の公文(くもん)と相模守(さがみのかみ)と、訴陳(そちん)につがふ事あり。理非懸隔(りひけんかく)して、公文が申すところ道理なりけれども、奉行・頭人(とうにん)・評定衆(ひやうぢやうしゅ)、皆徳宗領にはばかつて公文を負かしけるを、青砥左衛門ただ一人、権門にも恐れず、ことわりの当たるところをAつぶさに申し立てて、つひに相模守をぞ負かしける。公文不慮(ふりよ)に得利(とくり)して、所帯に安(あん)堵(ど)したりけるが、その恩をア報ぜんとや思ひけむ、銭を三百貫(くわん)、俵(たはら)につつみて、後ろの山よりひそかに青砥左衛門が坪(つぼ)の内へぞ入れたりける。

B青砥左衛門これを見て大いに怒り、「沙汰の理非を申しつるは、相模殿を思ひたてまつるゆゑなり。全く地下の公文を引くにあらず。もし引出(ひきで)物(もの)を取るべくは、上の御悪名(あくみやう)を申し留(とど)めぬれば、相模殿よりこそ、悦(よろこ)び問9　傍線部D「信頼するということがどういうことなのかということまで見えてくる」とありますが、筆者は「信頼するということ」をどのように考えているのですか。最も適当なものを、①～⑤の中から選び、その番号をマークしなさい。

解答番号は⑱です。

①　過去の話をすることでよりよい未来を生きられるようになるので、その話ができる相手を探すこと。

②　よりよい未来を生きるために、時には過去の秘めた話をするなどして、相手に自分の未来を託すこと。

③　自分の未来について何もかも任すことができる相手を探し、お互いに依存し合うこと。

④　自分では選択しきれない未来のことを、代わりとなって相手に決定してもらうこと。

⑤　自分の未来を任すことができる相手を探し、お互いに未来の自分像を求めていくこと。

問10　波線部P～Tの文法の説明として**間違っているもの**を、①～⑤の中から選び、その番号をマークしなさい。

解答番号は⑲です。

①　P「の」は、体言や連体形に接続する格助詞

②　Q「と」は、引用を表す格助詞

③　R「に」は、場所を表す格助詞

④　S「で」は、動作作用を表す接続助詞

⑤　T「など」は、例示を表す副助詞

問11　傍線部E「未来形の自己肯定を促す読書が奨励される」とありますが、その理由として最も適当なものを、①～⑤の中から選び、その番号をマークしなさい。

解答番号は⑳です。

①　過去にこだわるのではなく未来のことを考えさせるのが学校空間であり、読書を通してそれを目指すから。

②　学校は何ができて何ができないかをはっきりさせることを目的とした空間であり、その目的が読書と重なるから。

③　将来どんな人間になりたいかを決めさせるのが学校空間のねらいであり、読書はその方法の一つであるから。

④　できなかったことができるようになることを目指す空間が学校であり、それを読書にも求めているから。

⑤　学校空間は未来の自分を肯定させることを目指しており、それには読書が最も有効であると分かっているから。

問12　次に示すのは、本文を読んだ中学生が、表現や構成について話し合っている場面です。正確に読みとっている意見を、①～⑥の中から**二つ選び**、それぞれその番号をマークしなさい。解答の順序は問いません。

解答番号は㉑、㉒です。

①　生徒A：この話の内容は、まず第七段落の終わりまでで一度内容が変わるね。ここまでは、「読書」と自分の関わりについて述べていて、とにかく筆者の本に対する思いが伝わってくるよ。

②　生徒B：第四段落では筆者の大学生の時のエピソードが述べられていて、昔からたくさんの本を、しかも自分の専門以外

**問3** 次の一文は本文中の【1】～【5】のいずれかに入ります。最も適当な箇所を、①～⑤の中から選び、その番号をマークしなさい。

解答番号は⑨です。

（脱落文） これは、自己確認のための読書、過去形の読書と呼べそうだ。

① 【1】 ② 【2】 ③ 【3】 ④ 【4】 ⑤ 【5】

**問4** 傍線部A「年間の本代が二百万円とか三百万円とか書いたりする」とありますが、それはなぜですか。その説明として最も適当なものを、①～⑤の中から選び、その番号をマークしなさい。

解答番号は⑩です。

① 興味や関心が広いと自分自身に思い込ませるため。
② 現代思想や社会科学の分野も詳しく知りたいため。
③ たくさんの本を読んだという達成感を味わうため。
④ 買った以上は読もうという気を起こさせるため。
⑤ 自分に読めない本はないことを人々に知らせるため。

**問5** 空欄X～Zには「老人」、もしくは「若者」という言葉が入ります。「若者」という言葉が入る空欄の組み合わせとして最も適当なものを、①～⑥の中から選び、その番号をマークしなさい。

解答番号は⑪です。

① 空欄X と 空欄Y ② 空欄X と 空欄Z
③ 空欄Y と 空欄Z ④ 空欄X
⑤ 空欄Y ⑥ 空欄Z

**問6** 空欄Ⅰ～Ⅲに入る言葉を、①～⑥の中からそれぞれ一つずつ選び、その番号をマークしなさい。ただし、同じ番号を二度選ぶことはできません。

解答番号はⅠが⑫、Ⅱが⑬、Ⅲが⑭です。

① たしかに ② しかし ③ やはり
④ だから ⑤ つまり ⑥ また

**問7** 傍線部B「古典を新しいと感じることがある」とありますが、それはなぜですか。その説明として最も適当なものを、①～⑤の中から選び、その番号をマークしなさい。

解答番号は⑮です。

① 過去に書かれた本の中に、未来の自分を探すから。
② 過去に書かれてはいるが、その時の最先端だったから。
③ 未来の自分を探すのに、過去がどうであろうと関係ないから。
④ 書かれたのは過去であっても、それは今に関係ないから。
⑤ 本を読んで何を感じるかは、読者にゆだねられているから。

**問8** 傍線部C「学校空間的なお説教」とありますが、その具体的な例として**間違っているもの**を、①～⑥の中から**二つ選び**、それぞれの番号をマークしなさい。解答の順序は問いません。

解答番号は⑯、⑰です。

① 分からない単語は辞書を引きなさい。
② 苦手な野菜も食べなさい。
③ 好きな科目を勉強しなさい。
④ 自分の力でやりとげなさい。
⑤ あきらめずに何度も取り組みなさい。
⑥ 今日はかさを持って出かけなさい。

③　九月にヒナン訓練が行われる。
④　植木にヒリョウを与える。
⑤　建設ヒヨウを負担する。

b　チョクシ
①　ビヨウシの資格を取得する。
②　シチョウカク室を利用する。
③　大臣のシシャを務める。
④　間違いをシテキする。
⑤　重要なシセキを訪ねる。

c　フクザツ
①　駅伝には往路とフクロがある。
②　フクシンの部下に出会う。
③　フクショク科に進学する。
④　彼はフクミミをしている。
⑤　チョウフクした選択肢。

d　キョウセイ
①　法律のセイテイに携わる。
②　試合に向けてエンセイに行く。
③　セイコンを込めた作品作り。
④　ようやくセイヒン化に成功する。
⑤　最後まで自分のセイギを貫く。

e　カタムき
①　上司にはケイフクするしかない。
②　将来はケイカンを志している。
③　家にケイタイ電話を忘れて出かけた。
④　所有する山のケイシャ角を測る。
⑤　同じケイトウの人物が集まった。

問2　二重傍線部ⅰ～ⅲの本文中における意味として最も適当なものを、①～⑤の中からそれぞれ一つずつ選び、その番号をマークしなさい。解答番号はⅰが6、ⅱが7、ⅲが8です。

ⅰ　鼓舞する
①　人を舞い上がらせること
②　人の欲をかき立てること
③　人の気持ちをふるい立たせること
④　人に期待をかけること
⑤　人に活力を与えること

ⅱ　屁理屈
①　意味のないうそを含む理屈
②　道理に合わない勝手な理屈
③　少しの言い訳を含んだ理屈
④　人を困らせるための理屈
⑤　正論として認められている理屈

ⅲ　雄弁に物語っている
①　余裕が表情に表れている
②　力強く権利を主張している
③　うそを事実のように見せている
④　勝利の確信が顔に出ている
⑤　事実を十分に示している

会う場合もある。そのときには、ぱらぱらめくったページを拾い読みして、適度に知っていることやわかっていることが書いてあれば、買おうと思うだろう。このことを逆から言えば、適度に知らないことやわからないことが書いてあれば買おうとなるはずだが、「知らない」、「わからない」という否定的な感じを持ったときにはたぶん買わない人が多いにちがいない。どうしてだろうか。

16 それは、ぼくたちが本によって自分を肯定してほしいと思っているからではないだろうか。言い方を変えれば、ぼくたちは本によって自己確認をしたいと思っているし、もっと言えば、本によって自分の知っていることや考えていることを権威付けしてもらいたいと、どこかで思っているからではないだろうか。ベストセラーになるような本には「どうしてこんな当たり前のことしか書かれていない本が百万部も売れるのだろう」と疑問に思わせられるものがある。それは、こういう心理によるものにちがいない。「読めばわかる」と思うからその本を買うという心理は、いくぶんかはこういう要素を含んでいるのだろう。【3】

17 自己肯定の欲望は、人が社会の荒波の中で生きていくためには是非必要なものだから、これは決して悪いことではない。自分がどこかで誰かに認められていると感じることは、大切なことだ。しかし、いつまでもそこでとどまっていては本を読むもう一つの楽しみはやってこない。その楽しみとは、新しい自分を発見することである。そう、未来形の自分を発見することである。それは成長することだった。【4】

18 だからこそ、学校ではE未来形の自己肯定を促す読書が奨励されるのである。読書感想文の語り方がそれを象徴している。「ぼくはこの本を読むまでこういうことを知りませんでしたが、これからは自分からこういうことをやろうと思います」とかなんとか、読書感想文にはお決まりの書き方がある。本を読んで成長したと書けば、〈はなまる〉が貰(もら)えるわけだ。繰り返すが、学校空間は成長物語が好きだから、あるいは子供を成長させるのが学校空間の仕事だから、読書感想文にまでそれを求めるのである。これは、皮肉ではない。成長を求めない学校空間は、ふつうはない。【5】

19 この事実は、ぼくたちがともするとふだんは自己確認の読書にeカタムきがちなことをⅲ雄弁(ゆうべん)に物語っている。なぜなら、自分の知らない世界を覗(のぞ)いてそれまでの自分を否定されるような強烈な体験をするよりも、いまある自分をそのまま肯定してもらう方がぼくたちには心地良いからだ。そういう自己確認のための読書とは違った読書を行うから、教育になるのである。ふだんは自己確認のための読書、学校空間では理想の自分のための読書である。本の代価は、自己確認のための保証金であったり、未来形の自分への投資であったりするわけだ。

(石原千秋『未来形の読書術』)

[注] 1 「アマゾン」…一九九五年創業の米アマゾン・ドット・コム社が運営する、世界最大級のインターネット通販サイト。

2 「レビュー」…実際に商品を購入・使用した人の評価。

**問1** 二重傍線部a～eと同じ漢字を含むものを、①～⑤の中からそれぞれ一つずつ選び、その番号をマークしなさい。

解答番号はaが1、bが2、cが3、dが4、eが5です。

a ヒダイ

① 大きなヒメイをあげる。

② 素直に自分のヒを認める。

かれた本はない。本はいつも過去に書かれている。当たり前の話である。[Ⅱ]、本の中に未来形の自分を探したいと願う人がいる限り、本はいつも未来からやってくる。そのとき、本には未知の内容が書かれてあって、そこにはそうありたい自分が映し出されている。これは、理想の自己発見のための読書、未来形の読書と呼べそうだ。B古典を新しいと感じることがあるのは、そのためなのだ。本はそれを読む人の鏡なのだから、その人が読みたいように姿を変えるのである。【1】

9 だからこそ、「本を読みなさい」という言葉はいかにもC学校空間的なお説教に聞こえてしまうことにもなる。学校空間は成長物語が好きだから、読書にもそれを求めてしまうのだ。そろそろテレビを切り上げて勉強しようかなと思ったまさにそのときに「勉強しなさい！」と言われてしまう経験をしたことがあるのではないだろうか。ものすごくイライラして、勉強する気がなくなってしまうものだ。あれに似ている。

10 そこで、読書の時間だけを決めてどんな本でも読んでいいことにすると、あなたは喜んで本を読むかもしれない。しかし、読む本を決めて読書をキョウdセイされると、あなたはイライラするだろう。それは、読む本を決めて読書をキョウセイすることは、こういう自分になりなさいと未来形のあなたを学校空間が決めることだからだ。だれでも未来の自分は自分自身で決めたいと思っている。そこまで学校空間に縛(しば)られたくはないと思っている。[Ⅲ]、イライラするのだ。

11 それでも、推薦してくれた本を読んでよかったと思うことがある。それは、推薦してくれた先生と信頼関係ができている場合ではないだろうか。つまり、あなたはその先生にあなたの未来の一部を預けてもいいと考えたのである。信頼するということは、相手に未来を預けることだ。では、過去形の信頼はあるだろうか。信頼する人に自分の秘められた「過去」を話すことがある。しかし、それは過去に戻りたいからではなくて、よりよい未来を生きたいからにちがいない。信頼は常に未来形をしている。【2】

12 本を読むことについて考えていくと、D信頼するということがどういうことなのかということまで見えてくる。さてそうすると、自分自身に見栄を張っているぼくはいったい誰を信頼しているのだろうか。

13 ここで、先に放り出したまま次に進んでしまった文章に戻ってみよう。それは〈「読めばわかる」と思うからその本を買う〉という文章である。

14 知らないことが書いてありそうな本を、そしてまだぱらぱらと拾い読みした程度Pの本を「読めばわかる」Qと判断できるのはどうしてだろうか。具体的には、本のタイトル、著者名、帯の宣伝文句、新聞の書評、[注1]アマゾンの[注2]レビュー、友達からの口コミ、本屋さんのポップ（「今年一番泣ける本！」みたいに平積みにしてある本のところRに立ててある広告）、本屋さんSでのその本の扱い（いかにも「いま売れてるぞ！」という風に目立つところにドカッと平積みしてあるのか、いかにも売れ残り風に片隅の本棚に差してあるのか）、小説や評論やエッセイといった本のジャンルTなどなど、こうした本をめぐる情報を判断材料にしている可能性がある。本をめぐるさまざまな情報のことを専門用語では、パラテクストという。パラテクストは本を読むときの参考や手助けにもなるし、先入観にもなる。

15 ぼくたちが本を手に取るときには、すでにそういうパラテクストに触れてしまっている場合が多い。しかし、本屋さんでまったくはじめて出

【国語】（四〇分）〈満点：一〇〇点〉

**1** 次の文章を読んで後の問いに答えなさい。なお、本文の上の数字は形式段落を表します。

[1] ぼく自身は、自分に関わりのない世界がこんなにもたくさんあると思いたくないために、いつも必要以上、能力以上の本を買ってしまう。文学を研究しているのに、現代思想や社会科学の分野の本をたくさん買う。ぼくならこれも読める、あれも読めると思ってしまうのである。いや、「思いたい」と言ったほうが正確かもしれない。ぼくの場合、本という鏡に映った自分はいつも等身大の自分よりも[a]ヒダイしているようだ。それは、自分自身に対する見栄のようなものかもしれない。

[2] [A]年間の本代が二百万円とか三百万円とか書いたりするのも（もちろん事実だが、人文系の研究者にとってはわざわざ書くほどの額でもない）、自分を[i]鼓舞（こぶ）する気持ちがあるのかもしれない。以前はこれだけの本を全部読むのかと、妻に聞かれたものだ。いまでも、学生はそういう質問をする。そういうときには「本を買うのは趣味で、読むのが仕事だが、いまは趣味が高じている段階である」と答えることにしている。見栄を張るのにもいろいろ[ii]屁理屈（へりくつ）がいるのである。

[3] それでも、この見栄がなくなったらぼくは教師としても、研究者としても終わりだと思っている。チョク[b]シするには、等身大の自分はあまりに貧弱すぎる。だから、本を買う。専門外の本を買って、自分はこれだけ世界が広いと、自分自身に見栄を張るのである。

[4] これは大学生の時から変わらない。ぼくが大学生の時には、図書館の本には裏表紙に貸し出し用のカードが付いていて、本を借りるときにはそれに名前を書き込む仕組みになっていた。そこで、ぼくはわかりもしないギリシャ哲学あたりから手当たり次第に借りまくって、ろくに読みもしないで返却していた。友人が引っかかって、「お前、あんな本まで読んでるのかよ」と驚いていた。知的な見栄を張るのは、青年の特権でもあり、義務でもある。

[5] この年になればまさかそんなことはしないが、その代わりに自分自身に見栄を張るようになったわけだ。それは、ぼく自身の精神的な若さへの憧れ（あこが）でもある。若いということは、いまの自分に満足していないということでなければならない。いまの自分に満足している若者は現実にへたり込んだ精神的な「[X]」である。精神的な「[Y]」は、いつもいまの自分に不満を抱えている。だから、理想の自分へ「成長」しようともがくのである。それは少しもみっともない姿ではない。「大人」はそういう「[Z]」を温かく見守るものだ。

[6] 映画でも、アニメでも、ドラマでも、音楽でも、絵画でも、それらを前にしてぼくたちの心はこれだけ[c]フクザツな働きはしないのではないだろうか。誤解のないように言っておくと、これは本がこれらのメディアよりもすぐれているという意味で言っているのではない。本はこれらとは何かが違うと言いたいだけなのである。

[7] 本には何かはよくわからないが、そして実際に読んでもわからないかもしれないのに、自分が知らなければならないこと、わかっておかなければならないことが書いてあると、あなたは思っているはずだ。本は自分を映す鏡だと考えれば、それはこうありたいと願っている未来形の自分ということになる。[I]、いまよりは成長した自分である。

[8] そういうあなたが読む限り、本はいつも新しい。現実には、未来に書

大切なことはメモしておこうネ！

T.G

# 2021年度

# 解 答 と 解 説

《2021年度の配点は解答欄に掲載してあります。》

## ＜数学解答＞ 《学校からの正答の発表はありません。》

1 (1) ア 2 イ 7 ウ 2 エ 5 (2) オ 1 カ 8 キ 2 ク 3
(3) ケ 4 コ － サ 1 シ 2 (4) ス 4 (5) セ 8 ソ 0
(6) タ 7 (7) チ － ツ 2 テ 8

2 (1) ア － イ 2 ウ 2 エ － オ 1 カ 4
(2) キ － ク 6 ケ － コ 9 (3) サ 6

3 (1) ア 1 イ 1 ウ 8 (2) エ 2 オ 9

4 (1) ア 5 イ 6 (2) ウ 5 エ 6 オ 3 カ 1 キ 4 ク 2

5 (1) ア 4 イ 0 ウ 5 エ 1 オ 5 カ 2 キ 0 (2) ク 1

○推定配点○

1 (3) 各4点×2 他 各6点×6 2 (1) 各2点×3 (2)・(3) 各6点×2((2)完答)
3 各6点×2 4 各6点×2((1)完答) 5 (1) 各2点×4 (2) 6点 計100点

## ＜数学解説＞

1 (小問群―数・式・平方根の計算，平方根，式の値，2次方程式の解，平行線と角度，資料の整理，中央値，因数分解，式の値)

(1) $-1.25\times(-0.6)^3\times\left(\frac{1}{3}-\frac{3}{5}\right)^2\div\frac{4}{15^2}=-\frac{5}{4}\times\left(-\frac{3}{5}\right)^3\times\left(-\frac{4}{15}\right)^2\div\frac{4}{15^2}=-\frac{5}{4}\times\left(-\frac{3^3}{5^3}\right)\times\frac{4^2}{15^2}\times\frac{15^2}{4}=\frac{5\times3^3\times4^2\times15^2}{4\times5^3\times15^2\times4}=\frac{3^3}{5^2}=\frac{27}{25}$

(2) $(1-\sqrt{2})^2+\frac{2}{3\sqrt{2}}+(\sqrt{2}+1)^2=1-2\sqrt{2}+2+\frac{2\sqrt{2}}{6}+2+2\sqrt{2}+1=6+\frac{\sqrt{2}}{3}=\frac{18+\sqrt{2}}{3}$

(3) $x^2+ax+b=0$に$x=-6$を代入すると，$36-6a+b=0$…① $x=2$を代入すると，$4+2a+b=0$…② ①－②から，$32-8a=0$ $a=4$ ②に代入して，$4+8+b=0$ $b=-12$

重要 (4) $\sqrt{2021+47n}=\sqrt{43\times47+47n}=\sqrt{47(43+n)}$ $43+n=47$のときに，$\sqrt{2021+47n}=\sqrt{47^2}=47$となる。よって，$n=4$

(5) 右図のように直線$\ell$上に点Dをおき，OAと直線$\ell$との交点をEとする。OA＝OBなので，△OABは二等辺三角形であり，底角が等しいから，∠OBA＝(180°－40°)÷2＝70° $\ell$//$m$で錯角が等しいから，∠EBA＝30° よって，∠OBE＝40° ∠OEDは△OEBの外角なので，∠$x$＝∠EOB＋∠OBE＝80°

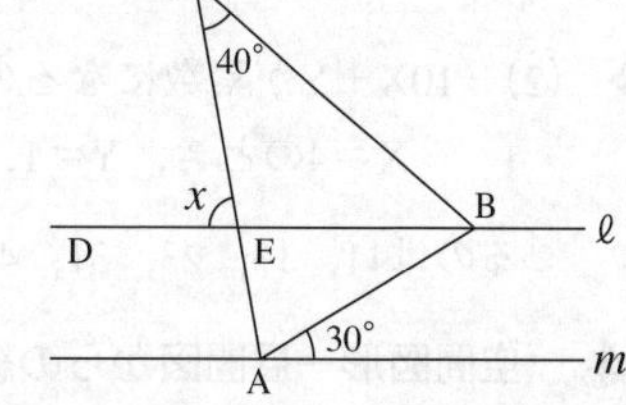


(6) 中央値が5であり，数値の低い方から5番目が4であることから，中央値が5となるためには，数値の低い方から6番目が6になっていればよい。6の数値が複数あるので，消失したデータの値が6以上であれば数値の低い方から6番目が6となる。よって，消失したデータの値は6から10までの7通りの可能性がある。

(7) $x^2-2xy-10x+y^2+10y-3=(x-y)^2-10(x-y)-3$ この式に$x-y=5$を代入すると，$5^2-10\times5-3=-28$

## 2 (関数・グラフと図形—反比例，$x^2$に比例する関数，面積，平行線，直線の式，交点，格子点)

重要 (1) 点Aの$y$座標は，$x=-1$を$y=\frac{a}{x}$に代入して$y=-a$，$y=bx^2$に代入して$y=b$ よって，$-a=b$…(ⅰ) 点Bの$y$座標は，$x=2$を$y=\frac{a}{x}$に代入して，$y=\frac{a}{2}$，$y=cx^2$に代入して$y=4c$ よって，$\frac{a}{2}=4c$ $a=8c$…(ⅱ) A$(-1, b)$，B$(2, 4c)$を用いて直線ABの傾きを表すと，$\frac{4c-b}{2-(-1)}$ これが$-1$に等しいから，$\frac{4c-b}{3}=-1$ $4c-b=-3$…(ⅲ) (ⅰ)，(ⅱ)から，$b=-8c$ これを(ⅲ)に代入すると，$4c-(-8c)=-3$ $c=-\frac{1}{4}$ よって，$a=-2$，$b=2$

やや難 (2) 点Cの$x$座標は，$\frac{9}{2}=2x^2$ $x^2=\frac{9}{4}$ $x>0$なので，$x=\frac{3}{2}$ A$(-1, 2)$だから，直線ACの傾きは，$\left(\frac{9}{2}-2\right)\div\left\{\frac{3}{2}-(-1)\right\}=1$ 点Bを通るACに平行な直線を$y=x+m$とおいてB$(2, -1)$を代入すると，$-1=2+m$ $m=-3$ $y=x-3$と$y=-\frac{1}{4}x^2$の交点の$x$座標は，方程式$x-3=-\frac{1}{4}x^2$の解として求められるから，$x^2+4x-12=0$ $(x+6)(x-2)=0$ $x=-6$ $y=-6-3=-9$ よって，点$(-6, -9)$を点Pとすれば，AC//PBとなるので，△ABC＝△APCである。

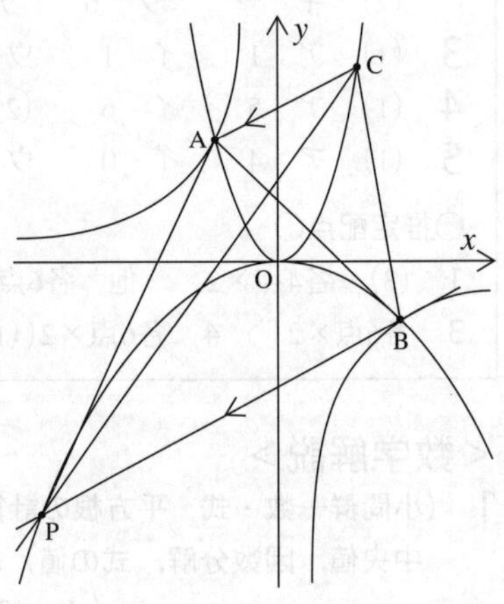


(3) LM：MN＝9：1となる直線PQ上の点Lの$y$座標をLとすると，点Nの$x$座標は，$L=-\frac{2}{x}$から，$x=-\frac{2}{L}$ よって，$6:\left(-\frac{2}{L}\right)=9:1$から，$-\frac{18}{L}=6$ $L=-3$ よって，$-3-(-9)=6$(秒)後である。

## 3 (確率—さいころの目と関係式，素数)

(1) $3X-2Y=1$から，$2Y=3X-1$ $Y=\frac{3}{2}X-\frac{1}{2}$ $X=1$のとき，$Y=1$ $X=3$のとき，$Y=4$ よって，2通りあるので，$3X-2Y=1$となる確率は$\frac{2}{36}=\frac{1}{18}$

重要 (2) $10X+Y$が素数になるのは，$X=1$のとき$Y=1, 3$ $X=2$のとき，$Y=3$ $X=3$のとき，$Y=1$ $X=4$のとき，$Y=1, 3$ $X=5$のとき$Y=3$ $X=6$のとき$Y=1$ つまり，$n$が素数となるのは11，13，23，31，41，43，53，61の8通りあるので，その確率は$\frac{8}{36}=\frac{2}{9}$

## 4 (空間図形—展開図からの組み立て，体積)

(1) ③の正八角形の両側に(問題の展開図の右と左から)①と④の正八角形が直角に立つ。②と⑤の正八面体は(問題の展開図の上と下から)③に直角に立つ。⑥は⑤に直角で③に平行になるように乗る。よって，面Aと隣り合う①以外の面は⑤と⑥である。

重要 (2) 展開図を組み立ててできる立体は，右図で示すように立方体の8つの頂点から，底面の1辺の長さが$\sqrt{2}$の合同な正三角錐を切り取ったものとなる。図の△APQ，△APR，△AQRは斜辺が$\sqrt{2}$の直角二等辺三角形であり，等辺と斜辺の比は$1:\sqrt{2}$だから，AP＝AQ＝AR＝1となる。三角錐APQRの体積を△APQを底面，ARを高さとして求めると，$\frac{1}{3}\times\left(\frac{1}{2}\times1\times1\right)\times1=\frac{1}{6}$　元の立方体の1辺の長さは$2+\sqrt{2}$だから，この多面体の体積は，$(2+\sqrt{2})^3-\frac{1}{6}\times8$　$(a+b)^3=a^3+3a^2b+3ab^2+b^3$を用いると，$2^3+3\times2^2\times\sqrt{2}+3\times2\times(\sqrt{2})^2+(\sqrt{2})^3-\frac{4}{3}=8+12\sqrt{2}+12+2\sqrt{2}-\frac{4}{3}=20-\frac{4}{3}+14\sqrt{2}=\frac{56}{3}+14\sqrt{2}\,(\mathrm{cm}^3)$

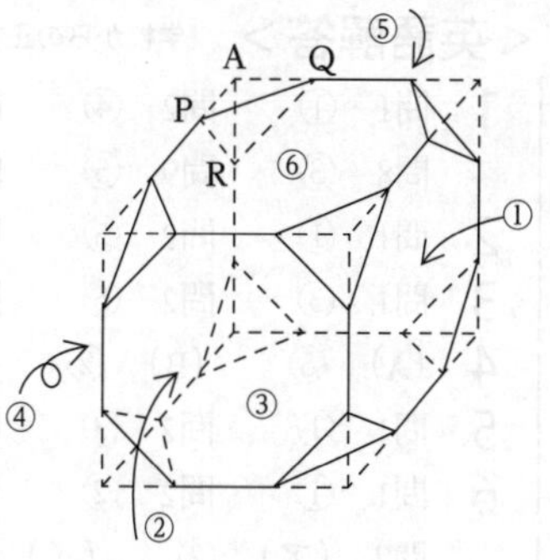


重要 **5** **(方程式の応用・平面図形―折り返し，折り目の線，三平方の定理，長さ)**

(1) ア，イ　OA＝OB＝PC＝PD＝$x$とする。ABを直径とする半円とCDを直径とする半円を合わせると直径が$2x$の円となり，AD＝BC＝80だから，$2\pi x+80\times2=400$　$\pi=3.0$を使うと，$6x=240$　$x=40$(m)

ウ　点Aと点Hは1.25mのレーン幅で4レーン分離れている。よって，$1.25\times4=5$(m)離れている。

エ，オ　点Hから点Jまでの弧の長さは，半径が$40+5=45$(m)なので，$2\pi\times45\times\frac{1}{2}=45\pi$(m)　1レーンの人が走る弧の長さは$2\pi\times40\times\frac{1}{2}=40\pi$(m)だから，5レーンの人が1レーンの人と横並びでスタートしたとすると，$5\pi=15$(m)多く走ることになる。

カ，キ　5レーンの人は，弧HI＝15m＝$5\pi$mとなる点Iからスタートすればよい。OA＝40m，AH＝5mだったから，∠HOI＝$y°$とすると，$2\pi\times45\times\frac{y}{360}=5\pi$　$\frac{y}{360}=\frac{5}{90}=\frac{1}{18}$　$y=$∠HOI＝20°

(2) 5レーンの弧の部分の半径は45m，1レーンの弧の部分の半径は40mだから，⓪と②は間違っている。曲率は半径が大きいほど小さくなり曲がり方が緩やかになるから①が適切である。

**★ワンポイントアドバイス★**

1の(4)は2021＝43×47であることを使う。2の(2)は平行線を考える。4は立方体を組み立てるつもりでやってみよう。5は図を見ながら問題文を読むとわかりやすい。

## ＜英語解答＞ 《学校からの正答の発表はありません。》

**1** 問1 ① 問2 ④ 問3 ③ 問4 ① 問5 ③ 問6 ④ 問7 ④
問8 ③ 問9 ⑤ 問10 ①
**2** 問1 ① 問2 ⑤ 問3 ① 問4 ④ 問5 ⑤
**3** 問1 ③ 問2 ⑤ 問3 ④
**4** (A) ⑤ (B) ② (C) ① (D) ② (E) ① (F) ①
**5** 問1 ① 問2 ③ 問3 ② 問4 ② 問5 ③ 問6 ⑤
**6** 問1 ① 問2 ② 問3 ⑤ 問4 ④ 問5 ③ 問6 ⑤
問7 (ア) ② (イ) ① (ウ) ①

○推定配点○
1・4・6問1 各2点×17　2・3・5・6問2～問7 各3点×22　計100点

## ＜英語解説＞

基本 **1** (語句選択補充問題：不定詞，熟語，受動態，分詞，助動詞，現在完了，動名詞)

問1 「カウンターにいくらかの情報がある」 There is[are] ～.「～がある[いる]」の文。be動詞の形は後にくる名詞に合わせる。information は数えられない名詞で単数扱いなので，be動詞は is が適切。

問2 「私は浜辺に行きたい」 want は目的語に不定詞〈to ＋動詞の原形〉を取るので to go が適切。〈want to ＋動詞の原形〉で「～したい」という意味を表す。

問3 「あれの代わりにこれを買おう」「～を買おう」という文で this one と that one をつないで意味が成り立つのは instead of「～の代わりに，～ではなく」。because「～なので」，は後に〈主語＋動詞〉が続くので不適切。as「～として，～のように」，until「(ある時)まで」では意味が成り立たない。

問4 「この歌は若い人々に愛されている」 主語が This song「この歌」で by young people「若い人々によって」があることから，受動態〈be動詞＋過去分詞〉にするのが適切。

問5 「あの眠っている赤ちゃんを見なさい」 Look at ～.「～を見なさい」という命令文。baby を修飾する形を考える。sleep「眠る」は赤ちゃん自身の動作なので，「眠っている赤ちゃん」の意味になるように現在分詞(動詞の～ing形)が適切。

問6 「彼らはもっとよくて安全な製品を製造することができる」 can は助動詞。助動詞の後には動詞の原形が続くので produce「製造[生産]する」が適切。

問7 「あなたはこれとあれではどちらの方が好きですか」 this one と that one のうち，より好きな方を尋ねるように which「どちら」を入れる。

問8 「私は12歳のときからそのバンドの大ファンだ」 since「～から(ずっと)」と大ファンである期間が続いていることを表しているので現在完了〈have[has] ＋過去分詞〉にする。

問9 「だれもその歌手が好きではない」 主語 Nobody「だれも(～ない)」は3人称単数として扱うので，一般動詞に s が必要。

問10 「私はクラスメイトたちとサッカーをして楽しんだ」 enjoy は動名詞(動詞の～ing形)を目的語に取るので，playing が適切。

やや難 **2** (語句整序問題：受動態，熟語，分詞，進行形，接続詞，不定詞)

問1 (Any) idea or feeling can be expressed in sign languages just <u>like</u> (in oral languages.) 文頭に Any があるので，Any idea or feeling「どんな考えや感情でも」を主語にする。肯定文

中の any は「どんな～(も)」という意味。また，be, expressed があることから受動態の文を作る。助動詞 can があるので，can be expressed「表現されることができる」として，主語の後に続ける。「手話を用いて」は in sign languages と表す。この in は「(言語)で」の意味。「～とまさに同じように」は just like で表し，与えられている in oral languages の前に置く。この like が不足するので，①が正解。

問2 (How did you) come up with the idea of making violins from driftwood? 「思いつく」は come up with で表す。この後に「～する(という)考え」は the idea of ~ing で表し，the idea of making violins と続ける。「流木から」は from driftwood と表して文末に置く。不足する語はないので⑤が正解。

問3 (The) number of young people studying abroad is increasing. 「留学する若者」は young people の後に studying abroad を続けて表す。of があまるので，「留学する若者の数が増えている」と考え，The number of young people ～ とする。number が不足するので，①が正解。

問4 (My son) doesn't begin his work until I tell (him to do it.) 与えられている語に until「～まで」があることから，「私の息子は，私が彼に言うまで彼の仕事を始めない」と言いかえて考える。「始めない」という否定文になるので doesn't を補って doesn't begin とする。doesn't が不足するので④が正解。

問5 (It) is boring to look similar in the same uniforms. It で始まり，与えられている語に to と動詞の原形 look があることから，〈It is ～ to ＋動詞の原形〉「…することは～だ」の文を作る。「つまらない」は boring,「似たように見える」は〈look ＋形容詞〉「～のように見える」を使って look similar と表す。similar は「同じような，よく似た」という意味の形容詞。不足する語はないので⑤が正解。

やや難 3 (読解問題・説明文：不要な文を選ぶ問題)

問1 (全訳) ソーラー・クッカーは燃料をまったく使わないのである大きな問題を解決することができる。①人々は毎日料理をするためにたくさんの木を必要とする。②木を集めることは，特に女性と子供にはきつい仕事である。③それは再生可能なエネルギーの例である。ソーラー・クッカーを使えば，もう木を集める必要はない。④20億人を超える人々が食べ物を温めるのに木を使っている。森の木を切ることは地球温暖化を増進させる。⑤もしソーラー・クッカーを使えば，毎年およそ550キロの木を節約することができるのだ。

第2文以下では料理のために木を切ることについて述べられているが，途中にソーラー・クッカーの性質について述べた③が入っている。文脈に合わない内容なので③が不要。

問2 (全訳) ガーナはたくさんのカカオを生産する。それはチョコレートに作り変えられる。①多くのカカオ農園の人々は，カカオが低い価格で売られるためにとても貧しい。彼らは一生懸命に働くが，彼らは生活するための十分なお金を稼ぐことができない。②彼らは不公平な条件の下で働いている。ガーナの多くの子供たちは家族を手伝うために農場で働かなくてはならない。③彼らの中には学校へ一度も行ったことがない者もいる。④フェア・トレードはこれらの問題を解決することができる。フェア・トレードのチョコレートを買えば，もっと多くのお金が労働者のところへ行くのだ。⑤製品の背後にいる人々について知ることは別のことだ。あなたの買い物の選択が変化をもたらすのだ。

フェア・トレードという仕組みが不公平な条件の下で働いている人々の助けになることを説明している中で，製品(ここではチョコレート)の背後にいる人々(＝ガーナのカカオ農園の労働者たちやその子供たち)について知ることはフェア・トレードとは関係のないことであるという⑤は本文の主旨と矛盾する。したがって⑤が不要。

問3 (全訳) 私たちの体はおよそ60兆の細胞でできている。①私たちの体内では，およそ3,000の悪い細胞が毎日できているが，私たちの体内にある50億のよい細胞が悪い細胞を破壊している。②ある実験で，私たちが笑うとよい細胞が活発になることが明らかになっている。その実験は1992年に日本で2人の医師によって行われた。③彼らは19人の人々に劇場で3時間とてもおかしいショーを見るよう求めた。④彼らは，彼らの全員がこのショーに感動したと思った。⑤ショーの前後で，医師たちはそれぞれの人の中でよい細胞がどのくらい活発になったかを調べた。そして，彼らはよい細胞がショーの後でさらに活発になったことを見出した。

人間の体を作る細胞について簡単に説明した後で，笑うことでよい細胞が活発になるという発見について述べている。第5文以下ではその実験の手順について具体的に述べ，ショーを見た後でよい細胞が活発になっていることがわかったという流れになっている。医師たちの感想を述べている④は，実験の方法からその結果を論理的に説明する流れに合わないので，④が不要。

重要 **4** (読解問題・物語文：文選択補充問題)

(全訳) ある日，ライオンが眠っていた。1匹のねずみが彼の顔を走り回って彼を目覚めさせた。ライオンは怒った。彼はねずみを捕まえて，「(A)お前を食べてやる。それがお前に動物の王を目覚めさせないよう教えてくれるだろう」と言った。

しかしねずみは，「(B)どうか私を食べないでください。私はあなたを目覚めさせたくなかったんです。申し訳ございませんでした。どうか私を放してください。あなたはいつか喜ぶでしょう。もし私のためにそうしてくれたら，(C)あなたのために何かします」と叫んだ。

ライオンはねずみのことを笑った。「お前のような小さなねずみが？　お前は私のような大きくて強い動物を助けることはできないぞ」しかし彼は「このねずみは本当にとても小さい。(D)彼は小さすぎて夕食にはならない。彼は小さすぎておやつにさえならない」とも思った。そこで彼はねずみを放してやった。

数日後，何人かの猟師がやって来てライオンを捕まえた。彼らは彼を強いロープで木に縛った。それから彼らは彼を置いて村に行った。彼らはライオンを捕らえておいて動物園に売りたかったのだ。しかし，彼らにはもっと多くの男性が必要だった。

ライオンはほえまくった。彼はとても怒っていたが，動けなかった。ねずみはほえ声を聞いて彼のところへ走った。「(E)さあ，私があなたのために何ができるかわかりますよ」と彼は言った。少しずつ，ねずみは歯でロープを切りさいた。間もなくライオンは自由になり，「私を救ってくれてありがとう」と感謝をこめて言った。そして彼らは末永く一緒に幸せに暮らした。この話は私たちに(F)弱い者でも強い物を救う機会があるということを教えてくれる。

(A) ライオンはねずみに目覚めさせられて怒っている。空所の後で「それがお前に動物の王を目覚めさせないよう教えてくれるだろう」と言っていることから，ねずみにとっては都合の悪い内容が入る。したがって，⑤が適切。①「私はお前を食べない」，②「お前は私を食べてもよい」，③「私を食べないでくれ」，④「お前は私を食べるべきではない」。

(B) ライオンの言葉を聞いたねずみは叫んでいる。空所の後で「私はあなたを目覚めさせたくなかったんです。申し訳ございませんでした」と謝罪していることから，②を入れると直前のライオンの言葉に対する反応としても適切。①「私を食べてください」，③「あなたは私を食べてもよい」，④「私はあなたを食べるつもりです」，⑤「私はあなたを食べません」。

(C) ライオンがねずみの言葉を聞いて，「お前は私のような大きくて強い動物を助けることはできないぞ」と言っていることから，ねずみはライオンが放してくれたらライオンの役に立つといった内容のことを言ったと考えられる。したがって，①が適切。②「私はあなたに食べるものをあげましょう」，③「私は二度とあなたを目覚めさせません」，④「私は助けてくれたことをあなたに感謝するでしょう」，⑤「私はあなたの親切について決して忘れません」。

(D)　ライオンが「お前は私のような大きくて強い動物を助けることはできないぞ」と言った後に But he also thought, "～"「しかし彼は『～』とも思った」とあるので，ここのライオンの言葉はねずみが自分を助けることはできないということと対照的な内容が入る。また，空所の直後で「彼は小さすぎておやつにさえならない」と言っていることから，おやつよりも量がある食べ物について言ったと考えられる。したがって，②が適切。①「彼は夕食用だ」，③「彼はそのねずみが好きではない」，④「彼はおやつには大きすぎる」，⑤「そのライオンは大きすぎる」。

(E)　木に縛られたライオンのところへ来たねずみは，空所の言葉を言った後でライオンを縛りつけているロープをかみ切り始めてライオンを救っていることから，①が適切。②「さあ，あなたは私を助けなくてはなりません」，③「さあ，あなたはあなたが私のために何ができるかわかるでしょう」，④「さあ，あなたは私を食べてもいいですよ」，⑤「さあ，私はもっと多くの男性を動かすことができます」。

(F)　弱いねずみが強いライオンを助けるという話の内容から①が適切。②「ライオンは自然界の他のどんな動物よりも強い」，③「強い者は不公平な状況にいる弱い者を常に助けなくてはならない」，④「小さな違いが大きな違いになることがあることを覚えておくことは重要だ」，④「動物だけでなく，私たちも人生の宝物を心にとどめておくべきだ」。

**5**　(長文読解・説明文：語句選択補充，内容吟味)

(全訳)　私たちは本当に眠る必要があるのだろうか。科学者は睡眠について何でもわかっているわけではないけれども，彼らは(1)それが大切であることを正確に知っている。あなたが眠るとき，体は動いていない。しかし，あなたの心は(2)忙しくしているのだ！

睡眠は多くのことの助けになる。睡眠はあなたが昼間に学んだことを思い出すのを助ける。それはその学んだことを長い間蓄える。ある研究は，寝入る直前に勉強すると学生によい効果があることを示している。睡眠は学生が物事を忘れる時間を遅くした。睡眠はまた，体内の悪いものを取り除く。あなたの体は走ったり遊んだりする昼間に傷つく。体は眠っている間に傷ついたものを直す。あなたの体はまた，眠っている間に成長する。

誰もが睡眠を必要とする。男性も女性も毎晩7～9時間の睡眠が必要である。学生にはたくさんの睡眠が必要だが，彼らはたいてい十分な睡眠を取らない。高校生には毎晩8～10時間の睡眠が必要だ。彼らはまだ成長しているので，年長の人々よりも(3)多くの睡眠が必要なのだ。彼らはまたたくさん学ぶ必要がある。寝床での余分な時間がこのことの助けとなる。(4)十分な睡眠を取ることは，学ぶこと，成長すること，そして覚えていることにとって大切なのだ。

問1　「科学者は睡眠について何でもわかっているわけではない」という内容と逆接の語 While でつながれて「科学者は～を正確に知っている」と続いているので，空所には睡眠について確かであることが入る。この後，睡眠の重要性と必要性について述べられているので，①が適切。②「眠ることは不可能だ」，③「彼らは今でもたくさんの問題を解決しなくてはならない」，④「彼らは睡眠について異なった意見を持っている」，⑤「9時間眠ることが必要だ」。

問2　空所を含む文の直前の「あなたが眠るとき，体は動いていない」と逆接の語 But でつながれていることに着目する。「睡眠中，体は動かない」と対照的な内容になるので，心は睡眠中でも動いていることになる。このことに合うのは③。①「動いていない」，②「眠っている」，④「けがをしている」，⑤「人工的な」。

問3　空所を含む文は「彼ら(＝高校生)はまだ成長しているので，年長の人々よりも～睡眠が必要だ」という文。この後，高校生は多くのことを学ぶ必要があり，寝床での余分な時間(＝長く睡眠を取ること)がこのことの助けとなるという内容が続くので，成長過程にある高校生は多くの睡眠を取ることで学習効果があがるということになる。成長が終わっている年長の人々よりも多くの睡眠が必要であるということになる。さらに，空所の後に than older people「年長の人々よりも」とあるので，空所には much の比較級 more が適切。

問4　第2段落で，睡眠の効果について，「睡眠はあなたが昼間に学んだことを思い出すのを助ける」(第2文)，「睡眠は学生が物事を忘れる時間を遅くした」(第5文)，「あなたの体はまた，眠っている間に成長する」(最終文)と挙げられている。これらは空所を含む文の最後の learning, growing and remembering「学ぶこと，成長すること，そして覚えていること」に当たる。睡眠がこれらにとって効果的だということなので，空所には②が適切。①「外で走ったり遊んだりすること」，③「余分な時間を過ごすこと」，④「早く起きること」，⑤「悪いことを忘れること」。

問5　下線部の they は「高校生」，enough は enough sleep「十分な睡眠」ということで，高校生はたいてい十分な睡眠を取らないということを表している。また，この直前の2文で，男性も女性も7～9時間の睡眠が必要であることが述べられているので，たいていの高校生はそれよりも短い時間しか眠らないことになる。このことに最も近い内容を表しているのは③「彼らはたいてい8時間より長く眠らない」。①「彼らはたいてい7～9時間眠る」，②「彼らはたいてい8時間より多く眠る」，④「彼らは9時間くらい眠る」，⑤「彼らは8～9時間眠る」。

問6　①「あなたの体は眠っている間，くつろいでいる」(×)　第1段落第3文に，眠っている間，体は動かないとあるが，それでくつろいでいることになるという記述はない。　②「多くの人々は眠っている間によく夢を見る」(×)　睡眠中に見る夢については本文で述べられていない。　③「年長の人々は走ったり遊んだりしないので，たくさんの睡眠は必要ではない」(×)　第3段落第5文から，年長者が高校生ほど睡眠が必要でないのは成長が終わっているからであることがわかるので，不適切。　④「子供たちは多くのことを忘れるのでたくさんの睡眠が必要だ」(×)　第2段落に睡眠がものを覚えるうえで効果があることが述べられているが，多くのことを忘れるから睡眠が必要だという考え方ではない。本文の主旨は睡眠の効果と大切さであり，なぜ睡眠が必要かということではない。　⑤「眠る直前に勉強することはものを覚えるのによい」(○)　第2段落第2，3文にある睡眠の効果と一致する。

**6**（長文読解・説明文：語句選択補充，語句解釈，内容吟味，要旨把握）

（全訳）　2014年(1)に，17歳の少女がノーベル平和賞を受賞した。(2)なぜ彼女はこの賞を受賞したのだろうか。

パキスタンでは，ある人々の団体が少女は教育を受けるべきではなく，すべての学校は少女に教えることをやめるべきだと主張した。しかしながら，1人の少女は女子への教育は男子へのものと同じくらい大切だと信じていた。彼女は学校で友人たちと勉強することが好きだった。彼女の名前はマララ・ユスフザイといった。

マララは教育の平等について話すためにテレビやラジオに出演した。それから彼女は自分の信念のために殺すという脅迫を受けた。彼女は怖かったが，彼女の勇気は彼女の恐怖心よりも強かった。彼女は，はっきり意見を言い，学校に出席した。

ある日，学校から家に帰る途中で，マララは攻撃されてひどく傷ついた。この恐ろしいニュースは世界中に放送された。多くの人々が彼女は世界で最も勇気のある少女だと思った。彼らは彼女に支援の手紙を送った。

マララは攻撃の後，奇跡的な回復をした。彼女の16回目の誕生日に，彼女はニューヨークの国連本部で演説をした。

「親愛なる兄弟姉妹のみなさん，私たちはすべての子供たちの明るい未来のために学校と教育がほしいのです。私たちは人と教育という目的地への私たちの旅を続けるつもりです」

演説の最後に，彼女は「1人の子供，1人の教師，1冊の本，そして1本のペンが世界を変えることができるのです」と言った。

問1　文意として「2014年に」とするのが適切。「(西暦・年)に」は in で表す。

問2　後に疑問文の語順〈did ＋主語＋動詞の原形〉が続くので，疑問詞を入れる。When「いつ」は直前で「2014年に」とあるので不適切。What「何」は文が成り立たないので不適切。Why「なぜ」を入れるとその後に続く説明の展開にも合う。

問3　下線部の直前では，パキスタンでは，ある団体が少女は教育を受けるべきではなく，学校での女子教育をやめるべきだと主張していたことが述べられている。また，下線部の直後では女子への教育は男子へのものと同じくらい大切だと信じる少女がいたことが述べられている。前者の団体の主張と後者の少女の考えは正反対の内容なので，逆接の意味の⑤が適切。

問4　下線部は「教育の平等」という意味。第2段落の内容から，ここでは女子も男子と同じ教育を受ける平等のことと考えられる。この内容を簡潔に表しているのは同じ第2段落の第2文にある education for girls was as important as for boys「女子への教育は男子へのものと同じくらい大切だ」である。したがって，④が適切。

問5　下線部は「多くの人々が彼女は世界で最も勇気のある少女だと思った」という意味。勇気があると思った理由として適切なのは，③「彼女は殺すという脅迫を受けた後もはっきり意見を言い，学校に出席したから」。①「彼女は攻撃してひどく傷つけた」は，攻撃を受けて傷を負ったのは「彼女(＝マララ)」だから不適切。②「彼女は殺すという脅迫を受けた後も恐れなかった」は，第3段落第3文の前半「彼女は怖かった」に合わない。④「人々が彼女に支援の手紙を送ったから」，⑤「その大ニュースが世界中で放送されたから」はいずれも勇気があると思う理由として不適切。

問6　①「当時，男子への教育は十分ではなかった」(×)　当時の教育の質については本文中で述べられていない。　②「彼女は人々と子供たちのためにニューヨークへの旅を続けるだろう」(×)　第6段落最終文に「私たちは人と教育という目的地への私たちの旅を続けるつもりです」とあるが，ここで言っている「旅」は平等に教育を受けるという目標に向かって努力することのたとえと考えるのが適切。　③「女子のための教育についてのニュースは世界中で放送された」(×)　第4段落第2文にあるニュースが世界中で放送されたことが述べられているが，これはマララが攻撃されてひどい傷を負ったというニュースなので不適切。　④「彼女は，1人の子供，1人の教師，1冊の本，そして1本のペンは教育には不十分だ」(×)　最終段落最終文の内容に反する。マララは「1人の子供，1人の教師，1冊の本，そして1本のペンが世界を変えることができる」と言っており，むしろ「1人の子供，1人の教師，1冊の本，そして1本のペン」があれば教育に十分であると言っている。　⑤「彼女は教育の未来のためにはっきりと意見を言うことをやめないだろう」(○)　第6段落最終文「私たちは人と教育という目的地への私たちの旅を続けるつもりです」の内容に合っている。

**重要** 問7　(全訳)「パキスタンのある人々の団体が女子は(ア)教育を受ける必要はないと主張した。マララは(イ)同意せず，テレビやラジオで女子のための教育について話した。ある日，(ウ)彼女は自分の信念のために攻撃されて傷を負った。しかし，彼女は攻撃の後奇跡的な回復をしてニューヨークの国連本部で演説をした」(ア)　第2段落第1文の内容。①「～を与える必要はない」，③「～を受けなくてはならない」，④「～を与える必要はない」，⑤「～を受けるべきだ」。(イ)　第2段落第2文および第3段落第1文の内容。②「誤解した」，③「～に反対で」，④「感動した」，

⑤「困惑した」。③は前置詞で「反対した」という意味にするには前にbe動詞，後に名詞が必要なので文法的にも不適切。 (ウ) 第4段落第1文の内容。②「彼女は学校から家に帰る途中だった」，③「彼女は学校に行かなかったために攻撃されて傷を負った」，④「彼女ははっきりと意見を言い続けて学校に出席した」，⑤「この大ニュースは世界中で放送された」。

**★ワンポイントアドバイス★**

4の適する文を選ぶ問題は，本文の内容を正しくつかむことはもちろんだが，それぞれの選択肢を見ると，1つ以外は同様の内容になっているものが多い。他の選択肢と明らかに逆あるいは異なっているものに着目するのも1つの方法である。

## ＜理科解答＞《学校からの正答の発表はありません。》

| | | | | | |
|---|---|---|---|---|---|
| 1 | 問1 1 ② | 問2 2 ① | 問3 3 ⑤ | 問4 4 ② | 問5 5 ⑤ |
| | 問6 6 ③ | 問7 7 ③ | 問8 8 ② | 問9 9 ④ | 問10 10 ② |
| 2 | 問1 11 ③ | 問2 12 ⑤ | 問3 13 ④ | 問4 14 ⑤ | 問5 15 ④ |
| 3 | 問1 16 ⑤ | 問2 17 ⑤ | 問3 18 ② | 問4 19 ① | 問5 20 ④ |
| 4 | 問1 21 ⑤ | 問2 22 ② | 問3 23 ① | 問4 24 ④ | 問5 25 ③ |

○推定配点○

1 各4点×10　2 各4点×5　3 各4点×5　4 各4点×5　計100点

## ＜理科解説＞

### 1 (小問集合―各分野の総合)

問1 問題のスーパーコンピュータは，神戸市のポートアイランドにあり，「富岳(ふがく)」と名付けられた。それまで使われていたスーパーコンピュータ「京(けい)」の後継である。2020年に試行運用され，2021年に本格的に稼働している。

問2 野口聡一氏らは，2020年11月に，アメリカの民間企業によるはじめての宇宙船「クルードラゴン」で，国際宇宙ステーション(ISS)に到達した。なお，はやぶさ2は小惑星リュウグウに到達した探査機，ASNARO-2は地球観測衛星である。

重要 問3 圧力が最も大きいのは，360gの物体Bを，面積6.0cm$^2$の面Xを下にして置いた場合である。圧力が最も小さいのは，90gの物体Aを，面積18.0cm$^2$の面Zを下にして置いた場合である。力が4倍で，面積が3分の1なので，圧力は4×3で12倍である。

問4 加速と減速は図2と同じなので，距離の差の80－7.25＝72.75(km)は，100km/hの等速で走ることになる。72.75kmを速さ100km/hで進む時間は，72.75÷100＝0.7275(時間)である。これを分に直すと，0.7275×60＝43.65(分)となる。よって，80km走るのにかかる時間は，6.6＋43.65＝50.25(分)となる。

問5 5％の塩酸50gに溶けている塩化水素は，$50\times\frac{5}{100}=2.5$(g)である。水を$x$(g)加えたとすると，水溶液は$(50+x)$gになるので，$(50+x)\times\frac{2}{100}=2.5$より，$x=75$gとなる。

重要 問6 鉄10gと水4.8gと酸素から，水酸化鉄19gができるので，結びつく酸素は，19－(10＋4.8)＝4.2(g)であり，鉄と酸素の質量比は，10：4.2となる。一方，48gの化学かいろの3分の1が鉄だから，鉄は48÷3＝16(g)である。よって，結びつく酸素の質量は，10：4.2＝16：$x$　より，$x$＝6.72gである。

問7　Aは子房がない裸子植物で，BとCは胚珠が子房に包まれている被子植物である。被子植物のうちBは葉脈が平行脈なので単子葉類であり，子葉は1枚で，根はひげ根である。Cは葉脈が網状脈なので双子葉類であり，子葉は2枚で，根は主根と側根からなる。

基本　問8　Aは両生類で(イ)・(ウ)があてはまる。からだは粘膜でおおわれ，殻のない卵を水中に産む。なお，Bはホ乳類で(ア)・(ウ)があてはまる。Cはハ虫類で(オ)・(カ)があてはまる。Dは鳥類で(エ)・(キ)があてはまる。

問9　X地点の地面の標高は95mで，深さ5mに凝灰岩層の上面があるので，凝灰岩層の上面の標高は，$x$＝95－5＝90(m)となる。同様に，$y$＝90－5＝85(m)，$z$＝100－20＝80(m)となる。よって，$x$＞$y$＞$z$である。つまり，この地域の地層は，X→Y→Zの向きに，単調に下がっていく向きに傾斜している。

問10　はじめの部屋全体の水蒸気量は，16℃の飽和水蒸気量の50％の400m$^3$ぶんなので，13.6×0.50×400＝2720(g)である。窓ガラスがくもったときの露点は7℃なので，空気中の水蒸気量は7℃の飽和水蒸気量と同じで，部屋全体の水蒸気量は，7.8×400＝3120(g)になった。よって，加湿器でふえた水蒸気の量は，3120－2720＝400(g)である。

## 2 (電流と回路―豆電球や電熱線を含む回路)

重要　問1　回路Aでは，豆電球Xと豆電球Yに同じ電圧がかかっており，豆電球Xを流れる電流が大きかったので，豆電球Xの抵抗値が小さいことが分かる。回路Bでは，豆電球Xと豆電球Zに同じ電流が流れており，豆電球Zにかかる電圧が小さかったので，豆電球Zの抵抗値が小さいことが分かる。以上より，抵抗値の大きい順は，Y＞X＞Zである。

問2　豆電球Xを外したとき，回路Aでは豆電球Yにかかる電圧は変わらないので，明るさは変わらない。回路Bは途切れてしまうので，豆電球Zは消灯する。

問3　図3から，電熱線Xに0.6Aの電流が流れたときの電圧は3.0Vである。また，図4の並列部分では，電熱線Xと電熱線Yに同じ電圧がかかっていて，電流の合計は0.6Aだから，当てはまる値を図3から探すと，かかる電圧が2.0Vで，Xに0.4A，Yに0.2A流れていると分かる。以上より，電源Eの電圧は，3.0(V)＋2.0(V)＝5.0(V)である。

(別解)　電熱線Xの抵抗値が$\frac{2.0(\mathrm{V})}{0.4(\mathrm{A})}=5.0(\Omega)$で，電熱線Yの抵抗値が$\frac{4.0(\mathrm{V})}{0.4(\mathrm{A})}=10.0(\Omega)$だから，図4の並列部分の合成抵抗値が$\frac{1}{5.0}+\frac{1}{10.0}=\frac{3}{10}$より$\frac{10}{3}\Omega$となり，回路の全抵抗値が$5.0+\frac{10}{3}=\frac{25}{3}(\Omega)$と求めていくと，電源Eの電圧は，$0.6(\mathrm{A})\times\frac{25}{3}(\Omega)=5\mathrm{V}$と求めることもできる。

問4　100V-400Wのニクロム線に，100Vの電圧をかけたとき，流れる電流は400÷100＝4(A)だから，抵抗値は$\frac{100(\mathrm{V})}{4(\mathrm{A})}=25(\Omega)$となる。

問5　抵抗が0.6倍，電圧が0.5倍になるので，流れる電流は$\frac{0.5}{0.6}=\frac{5}{6}$倍になり，電力は$0.5\times\frac{5}{6}=\frac{5}{12}$(倍)になる。よって，求める比は$\frac{5}{12}$：1＝5：12となる。

(別解)　問4で求めた25Ωの抵抗の0.6倍は15Ωだから，50Vの電圧をかけたときに流れる電流は$\frac{50(\mathrm{V})}{15(\Omega)}=\frac{10}{3}(\mathrm{A})$であり，消費電力は$50(\mathrm{V})\times\frac{10}{3}(\mathrm{A})=\frac{500}{3}(\mathrm{W})$となる。求める比は，$\frac{500}{3}$：400＝5：12と求めることもできる。

## 3 （物質の性質―5種類の粉末の区別）

問1　ガスバーナーを使用するときには，まずすべてのねじやコックなどが閉まっていることを確認したあと，元栓を開け(イ)，コックを開く(オ)。マッチに点火して近づけてから(ア)，ガス調節ねじBを開いて(エ)，ガスバーナーに点火する。炎の大きさを調節したら，最後に，空気調節ねじAを開いて(ウ)，青白い炎にする。

基本 問2　AとDは，ブドウ糖かデンプンのどちらかである。①③④　誤り。ブドウ糖は水に溶けたとき中性であり，デンプンは水に溶けないので，どちらも指示薬の色は変わらず，区別できない。
②　誤り。ヨウ素液を入れて青紫色になる方がデンプンで，変化しない方がブドウ糖である。
⑤　正しい。ブドウ糖はベネジクト液を加えて煮沸したとき，赤褐色の沈殿ができるが，デンプンで同じ操作をしても変化はない。

問3　炭酸水素ナトリウムを熱分解すると，二酸化炭素と水が発生し，炭酸ナトリウムが残る。二酸化炭素は空気よりも重い(イ)。水を青色の塩化コバルト紙につけると，赤色に変化する(ウ)。また，もとの炭酸水素ナトリウムは水に少し溶けて弱いアルカリ性を示すが，加熱後の炭酸ナトリウムは水によく溶けて強いアルカリ性を示す(カ)。

問4　質量保存の法則より，$w=x+y+z$である。これを移項すると，①にはなるが，②～⑤にはならない。

問5　図2を見ると，60℃の水100gに，粉末30gが溶けないのは，炭酸水素ナトリウム(あ)だけである。水溶液の温度を下げていくと，硝酸カリウム(う)は，20℃未満で30g溶けなくなるので，結晶が現れる。

## 4 （ヒトのからだのしくみ―消化のしくみ，目のつくり）

問1　デンプンはだ液によって分解されるので，実験1で，Aのデンプンはなくなっており，ヨウ素液の色は変化しない。Bで，胃液はデンプンを分解する酵素を含んでいないので，デンプンは残っており，ヨウ素液の色は青紫色に変化する。CとDはそもそもデンプンが入っておらず，卵白からデンプンができることもないので，ヨウ素液の色は変化しない。

問2　実験2で，Eのデンプンがなくなっていないことから，塩酸を含む酸性の条件では，だ液がはたらいていないことが分かる。選択肢では②だけが確認できる。①③のアルカリ性についてはこの実験から判定できない。また，この実験では温度を変えて調べていないので，④⑤の正誤は判定できない。なお，①④は，本問の実験では証明できないが，他の実験をすれば正しいといえる内容である。

重要 問3　実験3と，ペプシンの有無だけを変えた実験をしなければならない。他の条件はそろえるのだから，ペプシンを溶かさないうすい塩酸5mLを使う必要がある。これで，卵白が分解されない結果となれば，卵白を溶かしたのが塩酸ではなくペプシンだと確認でき，胃液にはペプシンが含まれるという仮説が証明される。

問4　Aの位置で神経を切断すると，右眼からの光の情報は脳に届かないので，右眼が見えなくなる。左眼からの光の情報は，左視野も右視野も脳に届く。

問5　Bの位置で神経を切断したとき，左眼の左視野の情報は右脳に届かず，右眼の右視野の情報も左脳に届かないので，見えなくなる。左眼の右視野と，右眼の左視野の情報は脳に届くので見えている。

★ワンポイントアドバイス★

問題文の条件や情報は，印をつけたりメモを取ったりして，読みもらさないように工夫しよう。

## ＜社会解答＞ 《学校からの正答の発表はありません。》

| | | | | | | | |
|---|---|---|---|---|---|---|---|
| 1 | 問1 ⑤ | 問2 ④ | 問3 ① | 問4 ② | 問5 ④ | 問6 ① | 問7 ④ |
| 2 | 問1 ② | 問2 ③ | 問3 ④ | 問4 ③ | 問5 ① | 問6 ⑤ | 問7 ④ |
| | 問8 ③ | 問9 ① | 問10 ④ | 問11 ② | | | |
| 3 | 問1 ④ | 問2 ③ | 問3 ③ | 問4 ⑤ | 問5 ③ | 問6 ② | 問7 ⑤ |
| 4 | 問1 ④ | 問2 ② | 問3 ③ | | | | |

○推定配点○

1 各4点×7　2 問1 2点　他 各3点×10　3 各4点×7　4 各4点×3　計100点

## ＜社会解説＞

### 1 （地理―世界と日本の地理に関する問題）

問1 ⑤ 説明文の内容に該当するのアフリカのケニア。

重要 問2 ④ ロッキー山脈は北米大陸の西側にあり，その東側に拡がる台地状の大平原がグレートプレーンズで，ほぼ全体がステップ気候で乾いている。①は大陸の東側は一般には季節風の影響が強く，大陸の西側が偏西風の影響を受けるので誤り。②はヨーロッパの北部にある半島はイベリア半島ではなくスカンジナビア半島なので誤り。イベリア半島はスペインやポルトガルがある半島。③はナイル川は南から北へ流れているので誤り。⑤はオーストラリア大陸はかなりの地域が乾燥帯なので誤り。

問3 ① 中国の少数民族は西の方か南に住んでいるものが多いが，その居住地域も漢民族が移入している。②は現在のインドではアラビア語を話すアラブ系は少数派で宗教も大半はヒンドゥ教なので誤り。③はアフリカの現在の国家の枠組みは，かつてヨーロッパの国々によって植民地支配されていたころの名残が強く，民族が分断されているものも少なからずあるので誤り。④はアメリカ合衆国でヒスパニックが多いのは主に南の地域で，アフリカ系が多いのも南なので誤り。⑤はメスチソは南米の原住民のインディオと白人との混血なので誤り。

重要 問4 ② ①は2017年の輸出入額の総額は最大になるが，2010年の5倍以上ではないので誤り。③は2010年は輸出超過で黒字になるが，2017年は輸入の方が多いので赤字になり誤り。④はアメリカは小さくなっているので誤り。⑤は逆で2017年の方が黒字は縮小しているので誤り。

問5 ④ ①は日本は環太平洋造山帯に位置しているが，アルプスヒマラヤ造山帯は関係ないので誤り。②は中央構造線は日本列島の本州を東西に走るものなので誤り。文章の内容はむしろフォッサマグナに該当。③はフォッサマグナは本州の中部地方から関東地方にあるもので，阪神淡路大震災の地域とは関係ない。⑤は南海トラフは日本海側でなく太平洋側なので誤り。

問6 ① Bが熊本県，Eが大分県。Aは福岡県，Cは鹿児島県，Dは沖縄県，Fは宮崎県。

問7 ④ ①は市役所の印は地形図2にはあるが，地形図1には見当たらない。②は地形図1の田が広がる地域は地形図2では住宅街になっているので誤り。③は問題の地域は軍の施設で工場ではないので誤り。⑤は裁判所がある場所も軍の施設なので誤り。

### 2 （日本と世界の歴史―さまざまな時代に関する問題）

やや難 問1 ② 殷の時代に使われていた象形文字は甲骨文字と呼ばれる。①は中国で青銅器が作られるようになるのは紀元前4世紀半ばなので誤り。③は，周王朝は漢などよりも古い王朝で，まだその時代には万里の長城は築かれていないので誤り。④は秦王朝は紀元前のもので，始皇帝は紀元前3世紀の人なので誤り。⑤は，漢が支配領域を拡大する前に，中央アジアの交易路としてオアシスの道があり，そこを通じての交流が紀元後の後漢の時代に活発になったので誤り。

基本 問2 ③ 写真は岩宿遺跡で出土した打製石器で，群馬県の岩宿遺跡で出土。この遺跡の発掘によって，それまでは日本には旧石器文化はなかったとされていたのが覆された。

問3 ④ 鉄製の農具は権力者が持ち，それを自分の配下の農民に貸し与えていた。①は好太王碑に記録されているのは倭が百済や新羅を従えたことが記されているが，高句麗と手を結んだことはないので誤り。②は須恵器と弥生式土器は順番が逆なので誤り。③は鉄剣や鉄刀にある文字からどちらもワカタケル王に関連するものとされ，権力体が二つあったということにはならないので誤り。⑤は朝鮮半島は6世紀の頃は高句麗，新羅，百済が分かれており，それが新羅によって百済がまず倒され，その後，新羅が高句麗を倒して統一するので誤り。

問4 ③ 国単位で設置されていたのは守護。御家人の奉公の内容として京都・鎌倉を守る大番役というのがある。荘園に置かれていたのは地頭で，鎌倉時代にはこの地頭が荘園を侵略していく。御成敗式目では御家人の間の所領争いを裁く基準が示されており，そこに示されていたのは20年以上その土地を支配している人がその土地の持ち主という内容。

基本 問5 ① 銀閣は下層が書院造で上層は禅宗様になっている。②は千利休は織田，豊臣の頃の人物なので誤り。③は足利義満なので誤り。④は水墨画は禅宗の僧が中心に描いたので誤り。⑤の内容は川柳ではなく連歌なので誤り。

問6 ⑤ アメリカ大陸からじゃがいもやトマトがヨーロッパに持ち込まれた。①はポルトガルが進出したのは南米大陸なので誤り。②の内容はマゼランではなくバスコ・ダ・ガマなので誤り。③はヨーロッパの人々が香辛料を求めて行こうとしたのはアフリカではなくアジアなので誤り。④はスペインは1588年にイギリスに敗れ，衰退していく。東インド会社はイギリス，オランダ，フランスが設立したものなので誤り。

問7 ④ ラクスマンは1792年にロシアの皇帝の親書を携え根室に来航し，その際に大黒屋光太夫を伴って来た。①は琉球を支配していたのは薩摩藩なので誤り。②はコシャマインではなくシャクシャインなので誤り。③は将軍の代替わりの際に琉球王国が江戸に使者を派遣していたので逆。⑤はにしんや昆布漁がさかんに行われ，俵物を作っていたのは琉球ではなく蝦夷なので誤り。

重要 問8 ③ A 享保の改革→C 田沼意次の政治→D 寛政の改革→B 天保の改革の順。

問9 ① 日清戦争前後が日本の軽工業における産業革命の頃。②は逆で，資本主義が発達していく過程では極度に貧富の差が生じるので誤り。③は紡績業や製糸業に従事した人のほとんどが女性であったので誤り。④日本において鉄道がある程度広がっていく段階では民間によるものもかなりあったが，1906年にそれが国有化された。⑤は八幡製鉄所がつくられた背景として，日清戦争以後，中国から鉄鉱石を輸入し，それを地元の石炭を利用して加工するということがあったので誤り。

問10 ④ C 1915年→A 1920年→B 1923年→D 1927年の順。

問11 ② 写真に写っている首相は東条英機。東条英機は1941年10月から1944年7月まで首相の地位にあった。①は日ソ中立条約は1941年に結ぶが，フランス領インドシナへの進駐そのものは1940年のフランスの降伏と三国軍事同盟成立がきっかけで1941年7月に実施なので誤り，③は1936年，④は1938年でいずれも首相になる前。また⑤は，東条英機はサイパン島が陥落したことで責任をとって辞職しており，そのサイパン島をアメリカ軍が日本を爆撃するための拠点としたのはその後なので，誤り。

## 3 (公民—政治経済に関する様々な問題)

問1 ④ 実際には85歳以上は10歳ごとの年齢階層で見ると緩やかに減っていくが，85歳以上の人口をすべて足すと割合としては大きくなるので図のようになる。

基本 問2 ③ ①は憲法に反することは閣議決定をしても効力は持てないし，閣議は多数決ではなく全会一致が原則なので誤り。②は違憲審査権は裁判所すべてで持つものであり，最高裁だけが持つものではないので誤り。④は違憲審査はあくまでも憲法に照らしての解釈なので裁判官の意のままではなく，また日本国憲法に違憲審査の仕組みが入ったのはアメリカの影響なので誤り。⑤は憲法の尊重,擁護の義務と憲法改正の発議は相いれないものではないので誤り。憲法は国家の様々なところが暴走し国民の権利を侵害することを防ぐためのものであり，憲法改正の発議は国会が行っても，最終的にその発議の内容を認めるのか否かは国民投票にゆだねられている。

問3　③　①は自衛隊の最高指揮権は内閣総理大臣が持つので誤り。②は日本国憲法第9条では「陸海空その他の戦力は，これを保持しない」とある。④は，日米安全保障条約では日本が攻撃された際にアメリカと日本が共同で対応することはあるが，アメリカが攻撃された際については規定がない。⑤は，日本の自衛隊がPKOで海外に派遣された例で最初は1992年のカンボジアで誤り。

問4　⑤　①は法整備はされても男女の役割分担の意識は社会には根強いので誤り。②はインフォームド・コンセントではなくノーマライゼーション。③は，日本に居住する外国籍の人に対しては国籍の違いには関係なく参政権はないので誤り。④は，かつてほどではないがいまだに部落差別もあるので誤り。

問5　③　①は法案提出は内閣，委員会にも認められているので誤り。②は法律案は衆参どちらの議長あてにでも可能なので誤り。④は内閣総理大臣については国会は指名し，天皇が任命することになっており，国務大臣は内閣総理大臣が任命することになっているので誤り。⑤は予算案の作成は内閣が行うので誤り。

問6　②　①は最高裁長官については指名なので誤り。③，④，⑤は国会の権限なので誤り。

問7　⑤　一審の判決に不服の場合に二審に訴え出るのは控訴。判決以外で不服の場合に上級の裁判所に訴えるのは抗告。二審の判決に不服の場合に三審に訴え出るのは上告。下級裁判所は高等裁判所，地方裁判所，簡易裁判所，家庭裁判所の4種類。

## 4　(総合問題―感染症に関連する総合問題)

問1　④　北里柴三郎は日本で勉強した後，ドイツにわたり，ドイツの細菌学の権威のコッホに師事し，破傷風の血清療法を発見。帰国後，伝染病研究所長に就任。その後，伝染病研究所が移管されると，そのことに抗議して北里と部下が辞職し，私設の北里研究所を設立した。

やや難　問2　②　インターネット普及率の線に注目。インターネットの普及率の推移にやや先立って推移しているAがパソコンの普及率になる。また，Bはスマートフォン。タブレット端末も普及し始めたがスマートフォンほどではない。

問3　③　第一次オイルショックは1973年の第四次中東戦争の際に起こったので時期的に該当するのは③。

**★ワンポイントアドバイス★**

小問数が28題で試験時間は30分で，選択肢を読む量も多いが，慌てずに落ち着いて一つずつ正確に解答欄を埋めていきたい。選択肢を選ぶ際に，正解がすぐに選べない場合は消去法で消していった方が選びやすいものもある。

## ＜国語解答＞ 《学校からの正答の発表はありません。》

1 問1 a ④ b ② c ⑤ d ① e ④ 問2 i ③ ii ② iii ⑤
問3 ③ 問4 ① 問5 ③ 問6 Ⅰ ⑤ Ⅱ ② Ⅲ ④ 問7 ⑤
問8 ③・④ 問9 ② 問10 ④ 問11 ① 問12 ②・③ 問13 ③
2 問1 ア ① イ ⑤ 問2 ② 問3 ② 問4 ④ 問5 ③ 問6 ③
問7 ③ 問8 ②・⑤ 問9 ①

○推定配点○
1 問1・問2・問6・問10 各2点×12 問8 5点(完答) 他 各4点×9
2 問1・問2 各2点×3 問8 5点(完答) 他 各4点×6 計100点

## ＜国語解説＞

1 (論説文―大意・要旨，内容吟味，文脈把握，接続語，脱文・脱語補充，漢字の書き取り，語句の意味，品詞・用法)

基本 問1 a「肥大」，①「悲鳴」 ②「非」 ③「避難」 ④「肥料」 ⑤「費用」。b「直視」，①「美容師」 ②「視聴覚」 ③「使者」 ④「指摘」 ⑤「史跡」。c「複雑」，①「復路」 ②「腹心」 ③「服飾」 ④「福耳」 ⑤「重複」。d「強制」，①「制定」 ②「遠征」 ③「精魂」 ④「製品」 ⑤「正義」。e「傾き」，①「敬服」 ②「警官」 ③「携帯」 ④「傾斜」 ⑤「系統」。

問2 二重傍線部iは，鼓(つづみ)を打ち，舞をまうことから，励まして気持ちをふるい立たせることなので③が適当。二重傍線部iiは，すじの通らない，道理に合わない理屈のことなので②が適当。二重傍線部iiiは，ある状況や気持ちなどをはっきりと示すという意味なので⑤が適当。

問3 脱落文の「自己確認」については，⑯段落で「ぼくたちは本によって自己確認したいと思って」おり，「読めばわかる」と思うからその本を買うという心理には，そのような要素を含んでいることを述べている。このような読書に対して脱落文のように述べているという流れになるので【3】が適当。

重要 問4 ②～③段落で，傍線部Aのようにするのは「自分を鼓舞する気持ちがあるのかもしれない」こと，「本を買う」ことで「自分自身に見栄を張る」こと，⑤段落でも友人に見栄を張る代わりに「自分自身に見栄を張るようになった」ことを述べているので，「自分自身に思い込ませるため」とある①が適当。「自分自身に見栄を張る」ことを説明していない他の選択肢は不適当。

問5 ⑤段落では「若いということは，いまの自分に満足していないということでなければならない」と述べているので，「いまの自分に満足している若者」である空欄Xは「老人」が入る。空欄Yは「いまの自分に不満を抱えている」ので「若者」が入る。空欄Zは「大人」が「温かく見守る」ものなので「若者」が入る。

問6 空欄Ⅰは直前の内容を言い換えた内容が続いているので「つまり」が入る。空欄Ⅱは直前の内容とは相反する内容が続いているので「しかし」が入る。空欄Ⅲは直前の内容を理由とした内容が続いているので「だから」が入る。

問7 傍線部B前後でBの説明として，そうありたい自分が映し出されている本は，それを読む人の鏡なので，その人が読みたいように姿を変える，と述べているので，「読者にゆだねられている」とある⑤が適当。B前後の内容を踏まえていない他の選択肢は不適当。

重要 問8 傍線部Cは，⑩段落でも述べているように「こういう自分になりなさいと未来形のあなたを学校空間が決めること」なので，相手を縛らずに任せている部分がある③と④は間違っている。

問9 ⑪段落で「信頼するということは，相手に未来を預けること」であり，信頼する人に自分の

「過去」を話すのは「よりよい未来を生きたいから」であることを述べているので，②が適当。相手に未来を預けること，よりよい未来のために過去を話すことがあること，を説明していない他の選択肢は不適当。

問10　波線部Sの「で」は，「本屋さん」という場所を表す格助詞。

重要　問11　⑱・⑲段落で，学校空間では子供を成長させるのが仕事であり，理想の自分のための読書を行うから教育になることを述べているので，①が適当。②の「何ができて何ができないかをはっきりさせる」，③の「どんな人間になりたいかを決めさせる」，④の「できなかったことができるようになることを目指す」，⑤の「読書が最も有効であると分かっている」はいずれも述べていないので不適当。

やや難　問12　「読書」と筆者の関わりについて述べているのは⑤段落までなので，①は不適当。④段落では，筆者が大学生の時に図書館で手当たり次第に本を借りまくっていたことを述べているので，②は適当。⑨段落からは「学校空間」での読書について述べているので，③も適当。⑩・⑪段落で，「読む本を決めて読書をキョウセイされると……イライラする」が，「それでも，推薦してくれた本を読んでよかったと思うことがある」と述べているので，「ほとんどの人が，読んでよかったと思う」とある④は不適当。⑭段落では，本をめぐる情報であるパラテクストの例として「アマゾンのレビュー」や「本屋のポップ」を挙げており，「親近感でカバー」しているのではないので，⑤も不適当。本文は読者に語りかけるように述べていることから「柔らかい印象」はあてはまるが，「若さへの憧れを表し」ではいないので，⑥も不適当。

やや難　問13　②〜④段落で，本を買うことで自分を鼓舞し，自分自身に見栄を張るのは「大学生の時から変わらない」と述べているので，「他者に対し，自分の関心領域の広さを見せつけるためだけ」とある①は合致しない。⑧段落で，本は読む人の鏡なので，未来形の自分を探したいと願う人が読む限り，本には未知の内容が書かれてあると述べているが，②の「未来を予想して」書かれてあるとは述べていないので合致しない。③は⑮・⑯段落で述べているので合致する。問3でも考察したように「過去形の読書」は「自己確認のための読書」のことなので，④の「自分が自由に好きなジャンルの読みたい本を読むこと」，⑤の「将来どうありたいかを見つめる」はいずれも合致しない。

## 2　（古文ー大意・要旨，内容吟味，文脈把握，指示語，脱語補充，慣用句，口語訳）

重要　問1　傍線部アは，相模守との訴訟で負けにされた「地下の公文」が，訴訟を道理に合致する点で申し立て相模守を負けにした青砥左衛門に対して「報ぜん＝恩に報いよう」と思った，ということ。最後で，傍線部イのようにしている人々を「笑ひつるかたへの人々」と述べている。

基本　問2　傍線部Aは「細かくて，詳しいさまのこと」という意味なので，②が適当。

問3　〔現代語訳〕の「『訴訟が道理に……』」で始まる言葉にあるように，訴訟に申し立てをしたのは下級の役人をひいきにしたのではなく，幕府の悪評が立たないよう相模守のためを思ったからであり，むしろ相模守からお礼をなさるはずのところだ，と言って青砥左衛門は「大いに怒」っているので，②が適当。

問4　傍線部Cは，地下の公文が青砥左衛門の恩に報いようとして，青砥左衛門の庭にこっそり入れておいた三百貫の銭を，青砥左衛門が持ち返らせた，ということなので④が適当。

問5　傍線部Dの「よし」は「(不満足ではあるが)仕方がない」，「さても」は「そのようなことも，そのままでも」，「あれ」は「ある」，「かし」は強意の終助詞，「行き過ぐべかりし」は「通り過ぎる，通過する」という意味なので，③が適当。

問6　空欄X・Yは，銭五十文で十把のたいまつを買い，川へ落としてしまった十文を探し出した青砥左衛門に対して，X＝「十」文の銭を探そうとして，Y＝「五十」文でたいまつを買って燃やしたのは，小利大損(わずかの利益のためにかえって大きな損をしてしまうこと)であることよ，と人が笑ったということ。空欄Zは，あちら＝商人の利益である五十文と，こちら＝私の損失である十文合わせて，Z＝「六十」文の銭は天下の利益である，ということ。

重要 問7　傍線部Eは直後でも青砥左衛門が話しているように，「かれ」＝商人の利益と「われ」＝自分の損失はどちらも天下の利益であるので，「何の差別かある」＝どのような差があるだろうか，いや，差はない，ということなので③が適当。このことを説明していない他の選択肢は不適当。

問8　傍線部Ⅰは心配ごとや不快感のために顔をしかめること，傍線部Ⅱは嫌悪や軽蔑，非難などの気持ちを表すしぐさ，傍線部Ⅲは非常に驚く，という意味なので，②と⑤が適当。

やや難 問9　下級の役人と相模守の訴訟で，みな徳宗領であることに遠慮して下級の役人を負けにしたが，青砥左衛門だけは権勢のある相手である相模守にも恐れず，道理の合致する点を申し立てて，結局相模守を負けにしている。また，五十文でたいまつを買って川に落とした十文を探し出したことを笑われた青砥左衛門は，五十文は商人の利益であり，落とした十文と合わせて六十文は天下の利益である，と話していることから，①が適当。②の「力のある人物に対しては，必ずしも公平な立場で判断するとは言えず」，③の「相手の権力によって結論を変える」，④の「最終的には得をしている」，⑤の「急な出来事には動揺する」はいずれも不適当。

★ワンポイントアドバイス★

論説文では，テーマに対して二つの事柄を対比させながら論を進めていく場合があるので，対比されている事柄に対する筆者の考えをしっかり読み取ろう。

# 2020年度

★★★★★★★★★★★★★★★★★★★★★★★★

# 入　試　問　題

# 2020年度

# 名城大学附属高等学校入試問題

【数　学】（40分）　＜満点：100点＞

【注意】　数学については，問題文中の ア ， イ などの □ には，特に指示のない限り，数値または符号（－）が入ります。これらを次の方法で解答記入欄にマークしなさい。

(1)　ア・イ・ウ………の一つ一つは，それぞれ0から9までの数字または（－）のいずれか一つに対応します。それらをア・イ・ウ…で示された解答記入欄にマークします。

(例)　ア イ に「－4」と答えるとき

| | | | | | | | | | | | | |
|---|---|---|---|---|---|---|---|---|---|---|---|---|
| | ア | ● | ⓪ | ① | ② | ③ | ④ | ⑤ | ⑥ | ⑦ | ⑧ | ⑨ |
| | イ | ⊖ | ⓪ | ① | ② | ③ | ● | ⑤ | ⑥ | ⑦ | ⑧ | ⑨ |

(2)　分数や無理数の形で解答が求められているときは，最も簡単な形で答えなさい。(－) の符号は分子につけ，分母につけてはいけません。

(例)　$\dfrac{\text{ウ}\ \text{エ}}{\text{オ}}$ に「$-\dfrac{8}{5}$」と答えるとき

| | | | | | | | | | | | | |
|---|---|---|---|---|---|---|---|---|---|---|---|---|
| | ウ | ● | ⓪ | ① | ② | ③ | ④ | ⑤ | ⑥ | ⑦ | ⑧ | ⑨ |
| | エ | ⊖ | ⓪ | ① | ② | ③ | ④ | ⑤ | ⑥ | ⑦ | ● | ⑨ |
| | オ | ⊖ | ⓪ | ① | ② | ③ | ④ | ● | ⑥ | ⑦ | ⑧ | ⑨ |

(3)　定規，分度器，コンパスは使用できません。

## 1　次の問いに答えなさい。

(1)　$(\sqrt{3}-1)^2+\dfrac{6}{\sqrt{3}}=$ ア である。

(2)　$n<\sqrt{500}<n+1$ を満たす自然数 $n$ は，$n=$ イ ウ である。

(3)　方程式 $4(x-2)^2=7$ の解は，$x=$ エ $\pm\dfrac{\sqrt{\text{オ}}}{\text{カ}}$ である。

(4)　$x$，$y$ が連立方程式 $\begin{cases} x+y=2\sqrt{6} \\ x-y=2\sqrt{2} \end{cases}$ の解であるとき，

$x^2-y^2=$ キ $\sqrt{\text{ク}}$ である。

(5)　右の図は円錐の展開図である。扇形の半径が4㎝で∠AOB＝90°である。このとき，底面の円周の長さは ケ $\pi$㎝である。

また，円錐の体積は $\dfrac{\sqrt{\text{コ}\ \text{サ}}}{\text{シ}}\pi$ ㎝$^3$ である。

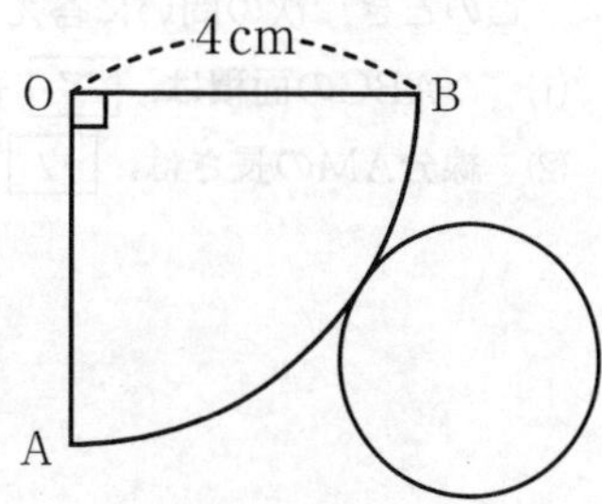

⑹　右の図のように，円周上に6つの点A，B，C，D，E，Fがある。線分AEと線分BFは，円の中心Oで交わっている。

　また，∠EOF＝48°であり，点C，Dは$\overset{\frown}{BE}$を三等分する点である。

　このとき，∠CAE＝［ス］［セ］°である。

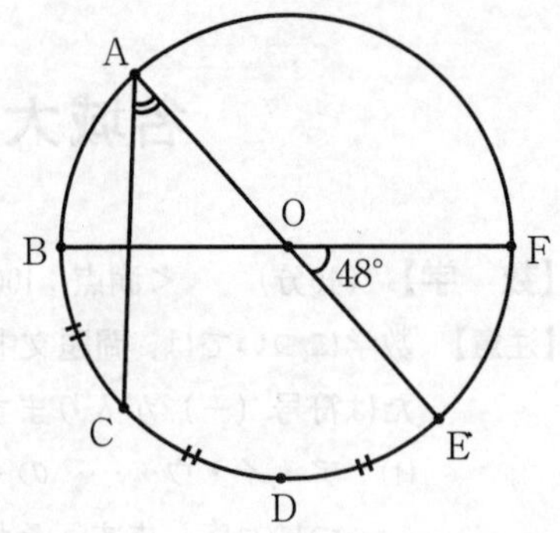


**2**　右の図において，点Oは原点であり，曲線①は関数$y=\frac{1}{4}x^2$のグラフ，曲線②は関数$y=ax^2$のグラフである。ただし，$a<0$とする。

　2点A，Bは，ともに曲線①上の点で，点Aの$x$座標は8，点Bの$x$座標は－4である。

　また，点Cは$x$軸上の点で，線分ACは$y$軸に平行である。

　さらに，点Dは，曲線②と直線OAとの交点で線分BDは，$y$軸に平行である。

　このとき，次の問いに答えなさい。

⑴　$a=\dfrac{[ア][イ]}{[ウ]}$である。

⑵　四角形ABDCの面積は［エ］［オ］［カ］である。

⑶　線分BD上に点E（－4，0）をとる。点Eを通る直線$\ell$が，四角形ABDCの面積を2等分する。

　このとき，直線$\ell$の式は，$y=\dfrac{[キ]}{[ク]}x+$［ケ］である。

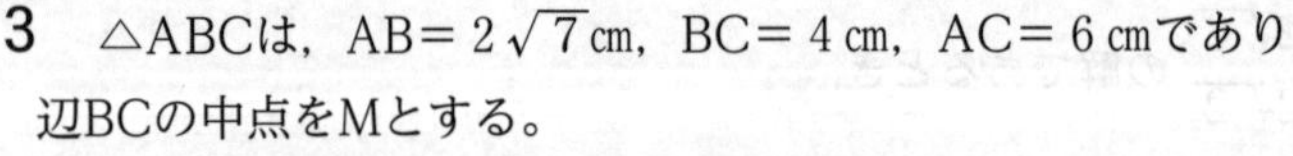

**3**　△ABCは，AB＝$2\sqrt{7}$㎝，BC＝4㎝，AC＝6㎝であり，辺BCの中点をMとする。

　このとき，次の問いに答えなさい。

⑴　△ABCの面積は，［ア］$\sqrt{[イ]}$ ㎝$^2$である。

⑵　線分AMの長さは，［ウ］$\sqrt{[エ]}$ ㎝である。

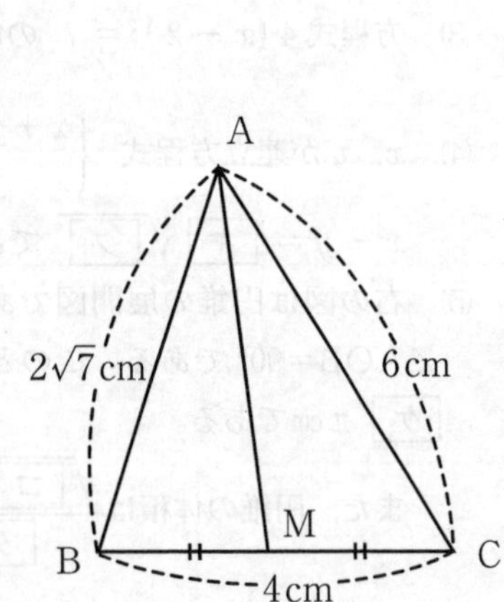

**4** さいころを2回投げて，最初に出た目の数を$x$，2回目に出た目の数を$y$とする。このとき，次の問いに答えなさい。

⑴ $x^2-5xy+6y^2=3$ になる確率は $\dfrac{\boxed{ア}}{\boxed{イ}\boxed{ウ}}$ である。

⑵ $x^2-5xy+6y^2$ の値が正の素数になる確率は $\dfrac{\boxed{エ}}{\boxed{オ}\boxed{カ}}$ である。

**5** M電力会社とT電力会社の1か月の電気料金表は以下のようになっている。

M電力会社

| 基本料金 | 使用料金 | |
|---|---|---|
| | 220kW 未満 | 220kW 以上 |
| 450円 | 1kW につき 20円 | 220kW までは 1kW につき 20円<br>220kW を超えた分は 1kW につき 25円 |

T電力会社

| 基本料金 | 使用料金 |
|---|---|
| 0円 | 1kW につき 23円 |

ただし，1kW未満の使用電力は切り上げるものとし，電気料金は基本料金と使用料金の合計とする。また，消費税は考えないものとする。

1か月の電気料金についてAさんとBさんが会話をしている。会話文を読んで，次の問いに答えなさい。

Aさん：先月の電気料金はいくらでしたか。
Bさん：いくらであったかは忘れました。
Aさん：では，どこの電力会社を使っていますか。
Bさん：M電力会社を使っています。確か先月は180kW使用したと書いてありました。
Aさん：それならば，先月の電気料金は分かりますよ。[ア]円ですね。
Bさん：そうですか。ところで，M電力会社以外にもT電力会社もありますよね。
　　　同じ電力を使用したとき，電気料金が安い会社はどちらですか？
Aさん：一概には言えませんね。計算してみると，1か月の使用した電力が[イ]kWより多く，[ウ]kW未満の場合は，[エ]電力会社の方が安いですね。
Bさん：いろいろと教えていただきありがとうございます。これで家計が助かります。

⑴ [ア]～[エ]に当てはまるものを次の選択肢から選びなさい。

【選択肢】 ⓪150　①185　②220　③325　④350
⑤405　⑥4050　⑦4140　⑧M　⑨T

⑵ ある割引券を使うと，M電力会社は，かかった電気料金に対して10%引きになるという。この割引券を使ってM電力会社に電気料金を支払ったとき，5040円かかった。
このとき，使用した電力は[オ][カ][キ]kWである。

**【英　語】**（40分）＜満点：100点＞

**1**　次の各語の中で，下線部の発音が他と異なるものはどれですか。①～⑤の中から，最も適当なものを選び，その番号をマークしなさい。

問1　① lose　② woman　③ wood　④ foot　⑤ full　解答番号は 1 です。

問2　① enough　② lunch　③ country　④ shout　⑤ month　解答番号は 2 です。

**2**　次の各語の中で，最も強く発音する部分が他と異なるものはどれですか。①～⑤の中から，最も適当なものを選び，その番号をマークしなさい。

問1　① Jap-a-nese　② en-gi-neer　③ cal-en-der
④ un-der-stand　⑤ af-ter-noon　解答番号は 3 です。

問2　① ex-cit-ing　② al-read-y　③ an-oth-er
④ In-ter-net　⑤ ex-pen-sive　解答番号は 4 です。

**3**　次の各英文の，（　）に入る語（句）はどれですか。①～⑤の中から，最も適当なものを選び，その番号をマークしなさい。

問1　We have a (　　) milk in the refrigerator.　解答番号は 5 です。
① much　② many　③ few　④ little　⑤ lot

問2　A：I'm hungry. (　　) about having something?
B：That's a good idea.　解答番号は 6 です。
① Let's　② Where　③ How　④ Why　⑤ Who

問3　The population of our city is about one hundred thousand (　　) of January 1, 2001.　解答番号は 7 です。
① as　② any　③ some　④ care　⑤ since

問4　This is the story (　　) in English.　解答番号は 8 です。
① wrote　② writing　③ write　④ written　⑤ to write

問5　He asked me (　) open the window.　解答番号は 9 です。
① to　② for　③ from　④ about　⑤ being

問6　There are a lot of things (　) I don't know about my country.　解答番号は 10 です。
① whose　② which　③ who　④ where　⑤ how

**4**　次の各日本文に合うように語（句）を並べかえた場合，（　）内での順番が【　】に指定されたものの組み合わせとして正しいものはどれですか。①～⑤の中から，最も適当なものを選び，その番号をマークしなさい。ただし，文頭になるものも小文字で記してあります。

〈例〉　彼はテーブルの上にこの本を置いた。【２番目と４番目】

He ( this / book / table / on / put / the ).

→ He ( put this book on the table ).

２番目：this　/　４番目：on

問1　急いだ方がいいよ，さもないと最終バスに乗り遅れるよ。【2番目と5番目】

解答番号は 11 です。

You (hurry up / miss / the last / , or / better / had / you'll) bus.

① 2番目：better　/ 5番目：, or
② 2番目：better　/ 5番目：you'll
③ 2番目：miss　/ 5番目：, or
④ 2番目：miss　/ 5番目：better
⑤ 2番目：hurry up　/ 5番目：miss

問2　先週始まった新作の冒険映画を見ましたか。【3番目と6番目】　解答番号は 12 です。

(the new / have / started / which / adventure movie / seen / you) last week?

① 3番目：started　/ 6番目：which
② 3番目：seen　/ 6番目：started
③ 3番目：seen　/ 6番目：which
④ 3番目：started　/ 6番目：the new
⑤ 3番目：you　/ 6番目：adventure movie

問3　ニューヨークのことをビッグアップルと呼ぶことを知っていますか。【3番目と6番目】

解答番号は 13 です。

(people / call / you / New York City / do / know / the Big Apple)?

① 3番目：call　/ 6番目：New York City
② 3番目：call　/ 6番目：the Big Apple
③ 3番目：know　/ 6番目：New York City
④ 3番目：know　/ 6番目：the Big Apple
⑤ 3番目：know　/ 6番目：call

問4　その公園はあなたの庭ほど広くない。【3番目と6番目】　解答番号は 14 です。

(your / not / the park / big / as / as / garden / is).

① 3番目：is　/ 6番目：big
② 3番目：is　/ 6番目：as
③ 3番目：not　/ 6番目：garden
④ 3番目：not　/ 6番目：as
⑤ 3番目：as　/ 6番目：your

問5　彼はバイオリンだけでなくピアノも演奏できます。【3番目と6番目】

解答番号は 15 です。

He (the piano / the violin / only / play / also / not / can / but).

① 3番目：not　/ 6番目：but
② 3番目：not　/ 6番目：also
③ 3番目：the violin　/ 6番目：the piano
④ 3番目：play　/ 6番目：the violin
⑤ 3番目：play　/ 6番目：but

**5** 次の対話文の,（A）～（F）に入る表現はどれですか。①～⑤の中から，最も適当なものを選び，その番号をマークしなさい。

Jane : What a nice song! I've heard it before. Do you know it, Kenji?
Kenji : ( A ), it's a popular Japanese song.
Jane : Where is it coming from?
Kenji : It's coming from a *cellphone. Look! That man is just answering his phone.
Jane : ( B ).
Kenji : Now a lot of Japanese people have cellphones. They are very popular today, because they are so useful. *What about your country?
Jane : Cellphones are popular in my country, too. They are also so *convenient, aren't they?
Kenji : ( C ). Cellphones are so small that we can carry them anywhere.
Jane : But cellphones have some problems in my country. ( D ), some car accidents happen because people use them *while they are driving. It's very dangerous.
Kenji : That's one of the problems in Japan, too. Some people talk *loudly on their cellphones on the train or the bus without thinking about other people.
Jane : ( E ). Also, if you use a cellphone near some machines, they sometimes break.
Kenji : Well, cellphones have good points and bad points, don't they?
Jane : ( F ). We must think about using cellphones in the right way.
Kenji : I think so, too.

*cellphone：携帯電話　*What about ～：～はどうですか　*convenient：便利な
*while ～：～している間に　*loudly：大声で

（A） ① Yes　② No　③ Never
④ Not in Japan　⑤ I don't know　解答番号は 16 です。

（B） ① Excuse me　② It's not mine　③ Just a minute
④ Oh, I see　⑤ Yes, it's my cellphone　解答番号は 17 です。

（C） ① Yes, it is　② I'd love to　③ Oh, I see
④ That's right　⑤ I don't know　解答番号は 18 です。

（D） ① After a while　② For example　③ On the way
④ At that time　⑤ With a smile　解答番号は 19 です。

（E） ① That's all　② Let's see　③ That's wrong
④ That's true　⑤ No, thank you　解答番号は 20 です。

（F） ① No, they don't　② No problem　③ Yes, they do
④ Take care　⑤ I'm against it　解答番号は 21 です。

**6** 次の英文を読み，あとの問いに答えなさい。

It is early Tuesday morning and Lisa is ( 1 ) at her computer. She is checking her e-mail because she is waiting for a very important answer.

Yesterday, Lisa did an *online quiz about the big cities of the US. She got all of the answers *correct. She had a chance to win first prize - a ticket to New York City.

Lisa sees a new message in her *inbox and opens (2) it. It's an e-mail from the website of the quiz!

> Dear Lisa,
> *Congratulations! You won first prize! The ticket to New York City is ( 3 ). You are going to leave ( 4 ) Friday, December 15th, and you are going to stay in New York for a week. Have a great time!

Lisa cannot believe her eyes. She *screams, (5)'YES!' Lisa's mother hears her shouting and comes into her room.

'Lisa, dear, are you OK?' asks Lisa's *mum.

'Yes, Mum, you won't believe it! I won first prize in the online quiz - a ticket to New York City!' says Lisa.

'Well, Lisa, that's *fantastic! You must not miss this trip. (6)(New York / to / a great / visit / chance / it's / for you), and see your *cousins, George and Amy again,' says Lisa's mum.

'Oh, that's right. (7) They came to visit us with Aunt Elizabeth and Uncle John many years ago,' says Lisa.

'Yes, that's right. So, tell me, ( 8 )' asks Lisa's mother.

'My ticket is for this Friday. I am going to stay in New York for a week!' says Lisa.

'Well, you have some time to get ready. I'll call your Aunt Elizabeth and *let her know when you are arriving,' says Lisa's mum.

'Great! Thanks, Mum,' says Lisa. She's very ( 9 ) about her trip.

(Lisa in New York-New Readers Student's Book MM publications)

*online：インターネットを使っている　*correct：正しい　*inbox：（Eメールの）受信箱
*Congratulations：おめでとう　*scream：金切り声を出す　*mum：おかあさん
*fantastic：すてきな　*cousin：いとこ　*let her know：彼女に知らせる

問１　（1）に入る表現として正しいものはどれですか。①～⑤の中から，最も適当なものを選び，その番号をマークしなさい。　解答番号は 22 です。

① sit　② sitting　③ being sit　④ sat　⑤ sits

問２　下線部⑵が具体的に指すものはどれですか。①～⑤の中から，最も適当なものを選び，その番号をマークしなさい。　解答番号は 23 です。

① a new message　② a ticket　③ a quiz　④ Lisa　⑤ a chance

**問3**　文脈から判断して，（3）に入る語として正しいものはどれですか。①～⑤の中から，最も適当なものを選び，その番号をマークしなさい。　解答番号は 24 です。

① mine　② its　③ his　④ Lisa's　⑤ yours

**問4**　（4）に入る語として正しいものはどれですか。①～⑤の中から，最も適当なものを選び，その番号をマークしなさい。　解答番号は 25 です。

① for　② at　③ to　④ on　⑤ in

**問5**　文脈から判断して，下線部(5)の単語の意味としてふさわしいものはどれですか。①～⑤の中から，最も適当なものを選び，その番号をマークしなさい。　解答番号は 26 です。

①はい，そうです　②ええ，うん　③よし，やった　④さて，ところで　⑤賛成

**問6**　下線部(6)の語（句）を意味の通るように並べかえた場合，（　）内での順番が3番目と6番目になるものの組み合わせとして正しいものはどれですか。①～⑤の中から，最も適当なものを選び，その番号をマークしなさい。　解答番号は 27 です。

① 3番目：chance　/　6番目：visit
② 3番目：chance　/　6番目：to
③ 3番目：for you　/　6番目：visit
④ 3番目：for you　/　6番目：to
⑤ 3番目：to　/　6番目：chance

**問7**　下線部(7)が具体的に指すものはどれですか。①～⑤の中から，最も適当なものを選び，その番号をマークしなさい。　解答番号は 28 です。

① Lisa and mum　② Aunt Elizabeth and Uncle John　③ the answers
④ George and Amy　⑤ Lisa's parents

**問8**　（8）に入る表現として正しいものはどれですか。①～⑤の中から，最も適当なものを選び，その番号をマークしなさい。　解答番号は 29 です。

① what are you doing now?
② when are you going to go?
③ why do you go there?
④ where are you going to go?
⑤ what are you going to do?

**問9**　（9）に入る表現として正しいものはどれですか。①～⑤の中から，最も適当なものを選び，その番号をマークしなさい。　解答番号は 30 です。

① exciting　② to excite　③ excites　④ to exciting　⑤ excited

**問10**　本文の内容に合っているものはどれですか。①～⑤の中から，最も適当なものを選び，その番号をマークしなさい。　解答番号は 31 です。

① Lisa screamed when Lisa's mother came into Lisa's room.
② Lisa's mother didn't seem happy to read the e-mail.
③ Lisa's cousins will come to visit Lisa with Aunt Elizabeth and Uncle John.
④ Lisa is going to stay in New York for a few months.
⑤ Lisa's mum will tell Aunt Elizabeth when Lisa is arriving.

**7** 次の英文を読み，あとの問いに答えなさい。

There are *tropical rainforests in three parts of the world: *Central and South America, West and Central Africa, and Southeast Asia and Australia. They are very *wet; some get a lot of rain *all year round, but some get rain only for a few months of the year. Tropical rainforests are in places that are near the hottest parts of the planet, so they are ( 1 ), too - usually between 20°C and 35°C.

At the highest part of the rainforest there are very tall trees, which grow up to thirty-five meters tall. *Below them the tops of smaller trees come together like a *roof of *leaves. Here you find bright flowers and fruits, and many birds and animals come here to eat (2) <u>them</u>. Below this there are smaller trees, and when you reach the ground (3) <u>it is dark</u>, because the leaves of the trees stop a lot of the light from the sun.

Tropical rainforests are rich in different *species of trees, plants, *insects, animals and birds. For example, there are more than (4) <u>15,000</u> plant species in the forests of *Ecuador, but only 13,000 plant species in all of Europe.

*Hundreds of different medicines have come from rainforest plants. And today we enjoy a lot of foods that came first from the rainforests or from places near them; for example, bananas, coffee, *coconut, *vanilla and lemons.

Every day when you wash your face or hair, clean your house or drive your car, you are using things that come from the rainforest. And there are probably hundreds and hundreds of other useful things in the rainforests, too - we just don't know about (5) <u>them</u> yet.

Rainforests help to give us clean air, too. (6) <u>Driving cars (burning wood / dirty / and / makes / the air)</u>; tree take *carbon dioxide from this dirty air and give us back ( 7 ). (Green Planet OXFORD UNIVERSITY PRES)

*tropical rainforest：熱帯雨林　*central：中央にある　*wet：湿った　*all year round：一年中
*below ～：～より下に　*roof：屋根　*leaves：葉っぱ　*species：種　*insect：昆虫
*Ecuador：エクアドル　*hundreds of ～：何百という～　*coconut：ヤシの実　*vanilla：バニラ
*carbon dioxide：二酸化炭素

**問1** 文脈から判断して，( 1 ) に入る語として正しいものはどれですか。①～⑤の中から，最も適当なものを選び，その番号をマークしなさい。　解答番号は 32 です。

① cold　② warm　③ severe　④ important　⑤ sad

**問2** 下線部(2)が具体的に指すものはどれですか。①～⑤の中から，最も適当なものを選び，その番号をマークしなさい。　解答番号は 33 です。

① birds　② animals　③ flowers and fruits　④ trees　⑤ rainforests

**問3** 下線部（3）のような状態になる理由はどれですか。①～⑤の中から，最も適当なものを選び，その番号をマークしなさい。　解答番号は 34 です。

①雲が太陽光をさえぎる　②大気が汚れている　③葉っぱが太陽光をさえぎる
④屋根が太陽光をさえぎる　⑤木の葉っぱが枯れる

問4　下線部(4)の読み方として正しいものはどれですか。①～⑤の中から，最も適当なものを選び，その番号をマークしなさい。　解答番号は 35 です。

① one fifth　② ten plus five hundred　③ fifty thousands
④ fifteen thousand　⑤ fifteen million

問5　下線部(5)が具体的に指すものはどれですか。①～⑤の中から，最も適当なものを選び，その番号をマークしなさい。　解答番号は 36 です。

① rainforests　② useful things　③ cars　④ foods　⑤ using things

問6　下線部(6)の語（句）を「車を運転することや森を焼くことは空気を汚してしまう」という意味になるように並べかえた場合，（ ）内での順番が3番目と5番目になるものの組み合わせとして正しいものはどれですか。①～⑤の中から，最も適当なものを選び，その番号をマークしなさい。　解答番号は 37 です。

① 3番目：makes　/　5番目：dirty
② 3番目：burning wood　/　5番目：the air
③ 3番目：the air　/　5番目：and
④ 3番目：dirty　/　5番目：and
⑤ 3番目：burning wood　/　5番目：dirty

問7　文脈から判断して，（7）に入る語（句）として正しいものはどれですか。①～⑤の中から，最も適当なものを選び，その番号をマークしなさい。　解答番号は 38 です。

① electricity　② acid rain　③ oxygen　④ water　⑤ technology

問8　本文の内容に合っているものはどれですか。①～⑤の中から，最も適当なものを選び，その番号をマークしなさい。　解答番号は 39 です。

① All places in rainforests get a lot of rain all year round.
② Some trees in the rainforests are the tallest in the world.
③ If we find bright flowers, we may eat them.
④ There are many kinds of trees, plants, insects, animals and birds in rainforests.
⑤ In Ecuador, people find medicines and foods in rainforests.

【理　科】(30分)　　＜満点：100点＞

1　次の各問いに答えなさい。

問1　スウェーデン王立科学アカデミーは，2019年10月9日にノーベル化学賞を吉野彰氏ら3人に授与すると発表しました。受賞理由は「【　A　】電池の開発」です。【　A　】電池は携帯電話やノートパソコンのバッテリーなどＩＴ社会に不可欠な電源として，自動車にも利用が広がっています。【A】にあてはまる語として正しいものはどれですか。①～⑤の中から，最も適当なものを選び，その番号をマークしなさい。　解答番号は 1 です。

①鉛蓄　②燃料　③アルカリマンガン乾
④ニッケル－カドミウム蓄　⑤リチウムイオン

問2　2019年7月28日3時31分頃，三重県南東沖を震源とする地震が発生し，東北から関東の広範囲で揺れを観測しました。この地震は震源が深かったことで，地震波が伝わりやすい【　B　】プレートに近い地域が大きく揺れる「異常震域」と呼ばれる震度分布となりました。【B】にあてはまる語として正しいものはどれですか。①～⑤の中から，最も適当なものを選び，その番号をマークしなさい。　解答番号は 2 です。

①ナスカ　②フィリピン海　③太平洋　④ユーラシア　⑤インド・オーストラリア

問3　右図のように，水平な台の上に2枚の鏡を90°開いて置きました。その鏡の前に棒磁石を置き，正面から鏡を見たところ3つの位置に棒磁石の像が映りました。そのときの像として正しい図はどれですか。①～⑤の中から，最も適当なものを選び，その番号をマークしなさい。　解答番号は 3 です。

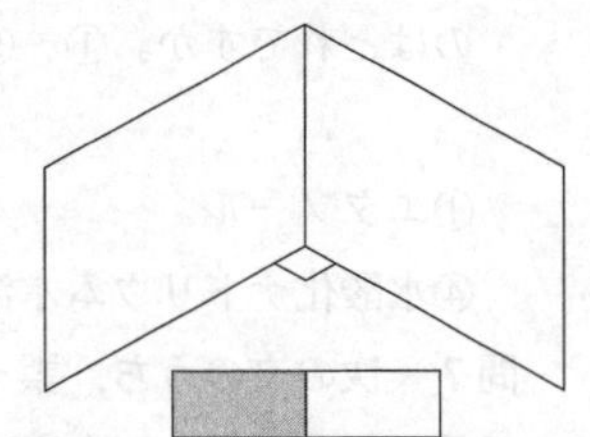

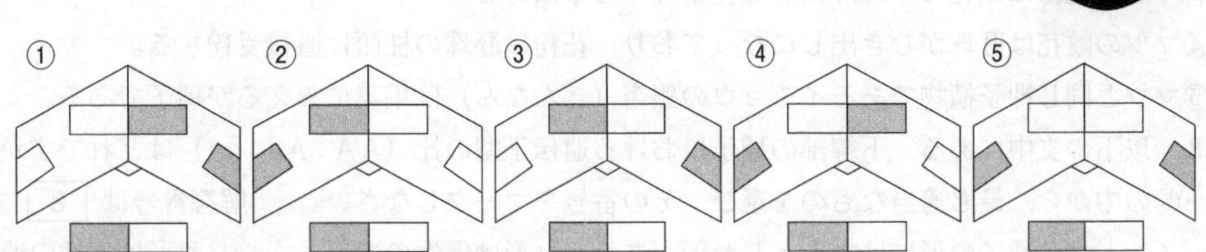


問4　右図のように，コの字型の金属レールをコイルの中に挿入しました。コイルとレールに電流が図のように流れる場合，点Pが受ける力の向きとして正しいものはどれですか。次のページの①～⑤の中から，最も適当なものを選び，その番号をマークしなさい。
ただし，レール上の点Pの位置はコイルの中央に位置するように固定されています。

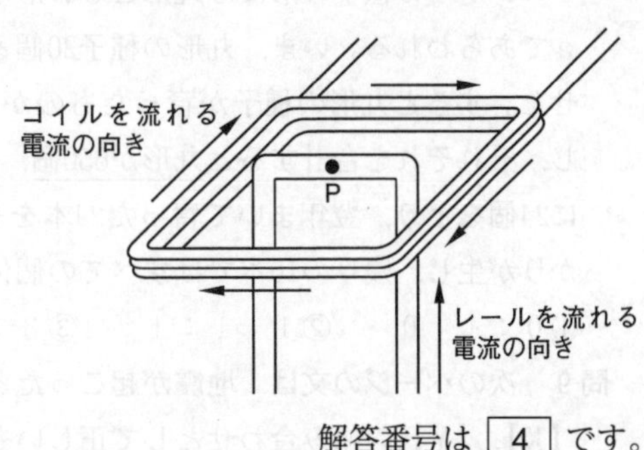


解答番号は 4 です。

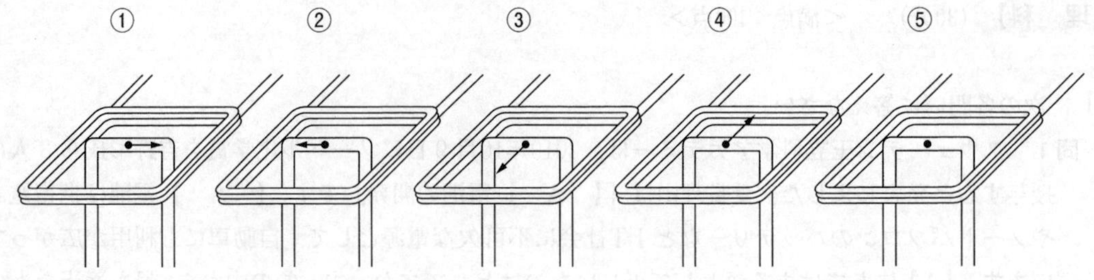


問5　次の水溶液のうち，最も溶質の質量が大きいものはどれですか。①～⑤の中から，最も適当なものを選び，その番号をマークしなさい。　解答番号は 5 です。

①質量パーセント濃度が15％である塩酸300 g

②質量パーセント濃度が10％である塩化ナトリウム水溶液500 g

③質量パーセント濃度が30％である硫酸銅水溶液100 g

④アンモニアを水500 g に溶解したアンモニア水510 g

⑤砂糖15 g が溶解した砂糖水300 g

問6　電極に炭素棒を用いて次の水溶液を電気分解したとき，いずれかの電極に固体が付着するものはどれですか。①～⑤の中から，最も適当なものを選び，その番号をマークしなさい。　解答番号は 6 です。

①エタノール　②塩酸　③塩化銅水溶液

④水酸化ナトリウム水溶液　⑤塩化ナトリウム水溶液

問7　次の文のうち，**誤っている文**はどれですか。①～⑤の中から，最も適当なものを選び，その番号をマークしなさい。　解答番号は 7 です。

①マツは裸子植物の仲間であり，花には雄花と雌花の２種類がある。

②マツは裸子植物の仲間であり，花には子房やがくがない。

③マツの花粉は雄花のりん片にある花粉のうの中にある。

④マツの雌花は胚珠がむき出しになっており，花粉は胚珠の柱頭に直接受粉する。

⑤マツと同じ裸子植物であるイチョウの銀杏（ぎんなん）は果実にみえるが種子である。

問8　以下の文中にある，下線部の種子における遺伝子型の比（AA：Aa：aa）はどれですか。①～⑤の中から，最も適当なものを選び，その番号をマークしなさい。　解答番号は 8 です。

エンドウの種子の形には丸形としわ形があり，丸形は優性の遺伝子Ａ，しわ形は劣性の遺伝子ａであらわれる。いま，丸形の種子20個としわ型の種子20個をまいて育て，それぞれ自家受粉させた。すると丸形の種子が育ったものからはすべての個体に丸形としわ形の種子が混じって生じ，それぞれを合計すると<u>丸形が650個</u>，しわ形が220個だった。次に下線部の種子からランダムに24個をとり，翌年まいて育った24本をそれぞれ自家受粉させたところ，８本には丸形の種子ばかりが生じ，残りの16本ではすべての個体から丸形としわ形の種子が約３：１の比で生じた。

①０：１：０　②１：１：１　③３：１：０　④１：２：１　⑤１：２：０

問9　次のページの文は，地震が起こったときに発生する，ふたつの波について説明しています。【Ｘ】，【Ｙ】の組み合わせとして正しいものはどれですか。①～⑤の中から，最も適当なものを選び，その番号をマークしなさい。　解答番号は 9 です。

地震が起こると，速さのちがうＰ波とＳ波が同時に発生する。震源からの距離が，24㎞の場所では，Ｐ波は午後８時24分56秒にＳ波は午後８時24分58秒に到着し，48㎞の場所では，Ｐ波は午後８時25分00秒にＳ波は午後８時25分04秒に到着した。この時，Ｐ波はＳ波の【　Ｘ　】倍の速さで，地震発生時刻は【　Ｙ　】である。

| | 【Ｘ】 | 【Ｙ】 |
|---|---|---|
| ① | 1.5 | 午後８時24分50秒 |
| ② | 1.5 | 午後８時24分52秒 |
| ③ | 2 | 午後８時24分50秒 |
| ④ | 2 | 午後８時24分52秒 |
| ⑤ | 2 | 午後８時24分54秒 |

**問10**　ある日，天体望遠鏡で金星を観測すると，**図１**のような形に見えました。**図２**は，静止させた状態の地球の北極の上空から見た，太陽，金星，地球の位置関係を模式的に表したものです。この日の金星は**図２**のＡ～Ｈのいずれかの位置にあります。この日から１か月間，同じ時刻に同じ場所で観測すると，金星の見え方はどのように変化しましたか。①～⑤の中から，最も適当なものを選び，その番号をマークしなさい。ただし，天体望遠鏡で見える天体の像は肉眼で見る場合とは上下左右が逆になっています。　解答番号は 10 です。

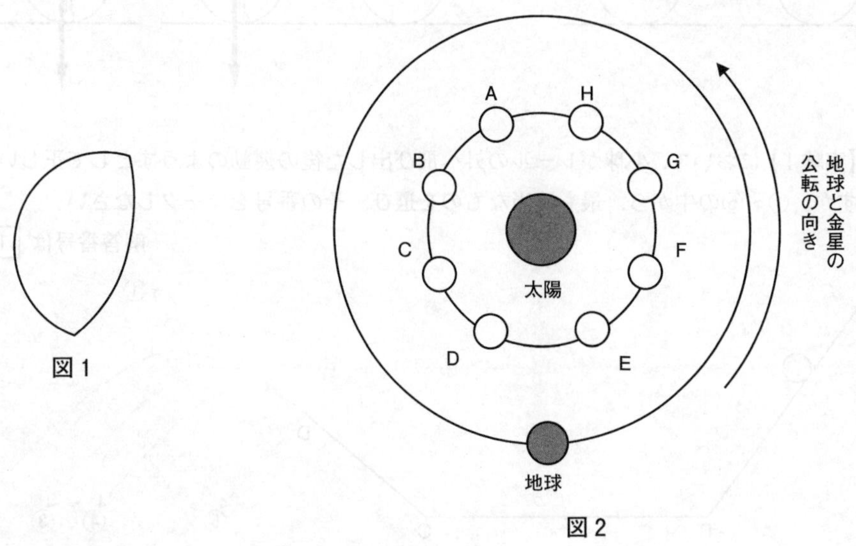


図１　図２

①金星の形は満ちていき，大きく見えるようになった。
②金星の形は満ちていき，小さく見えるようになった。
③金星の形は欠けていき，大きく見えるようになった。
④金星の形は欠けていき，小さく見えるようになった。
⑤金星の形も大きさも変わらなかった。

**2** レールAB，BC，CDの３本を図１のように配置し，その上を小球が運動する実験を行いました。レールBCは水平面に接しており，レールAB，BC，CDはなめらかに接続していて，小球はレール上を運動しました。次の各問いに答えなさい。ただし，小球の大きさおよび小球とレールとの間にはたらく摩擦力は無視できるものとします。

【実験１】 レールAB上のある点に小球を置き，静かに手を離した。その後，小球はレールCD上を上がっていき，レールの外へ飛び出した。

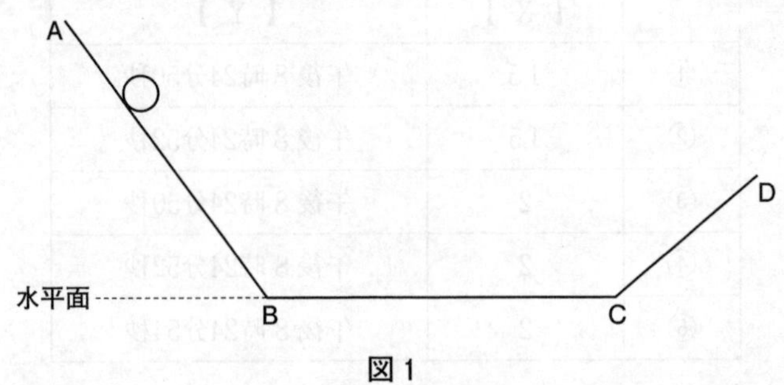


図１

問１ 【実験１】において，レールＢＣ上で小球が受ける力として正しい図はどれですか。①～⑤の中から，最も適当なものを選び，その番号をマークしなさい。 解答番号は 11 です。

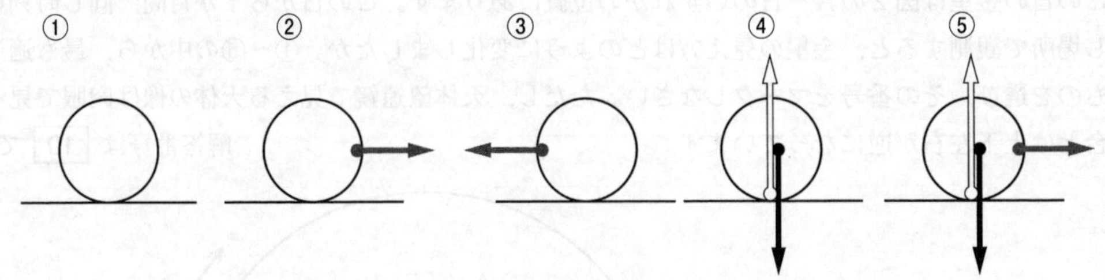


問２ 【実験１】において，小球がレールの外へ飛び出した後の運動のようすとして正しいものはどれですか。①～⑤の中から，最も適当なものを選び，その番号をマークしなさい。

解答番号は 12 です。

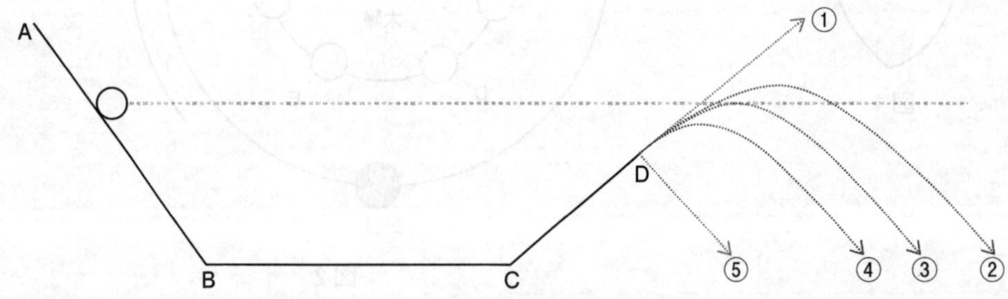


【実験２】 次のページの図２のようにレールBCを円形レールEFGに取り換え，PQ間には薄い布を貼った。図２のレールで【実験１】と同様に小球を転がす実験を行ったところ，小球は脱線することなくレール上を運動し，Gを通過したのちDへ到達することなく折り返した。このとき，小球を転がした点の水平面からの高さは５ｍで，Ｆは円形レールの最高点である。**ただし，図は装置の概形を表していて，実際の大きさを正しく表示していない。**

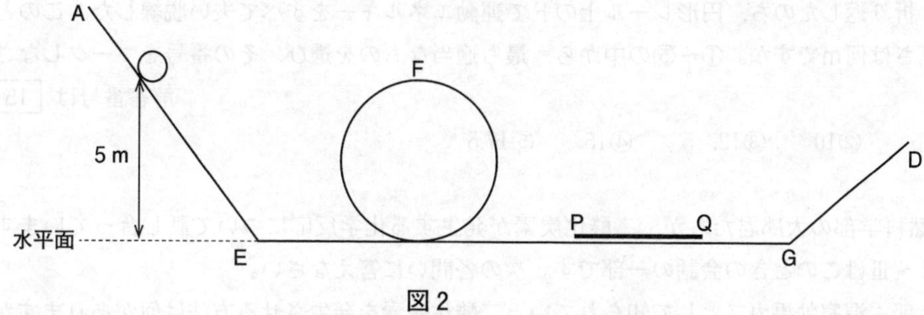


図２

問３　【実験２】において，Ｆでの運動エネルギーの大きさは，小球を転がした点の位置エネルギーの$\frac{1}{5}$の大きさとなりました。このとき，Ｆの水平面からの高さは何ｍですか。①～⑤の中から，最も適当なものを選び，その番号をマークしなさい。ただし，位置エネルギーは物体の高さに比例します。　解答番号は 13 です。

①１　②２　③３　④４　⑤５

問４　【実験２】において，小球が到達したレールGD上の最高点は水平面から２ｍの高さでした（図３）。PQ間で摩擦力がした仕事の大きさは小球を転がした点で持っていた位置エネルギーの何倍ですか。①～⑤の中から，最も適当なものを選び，その番号をマークしなさい。

解答番号は 14 です。

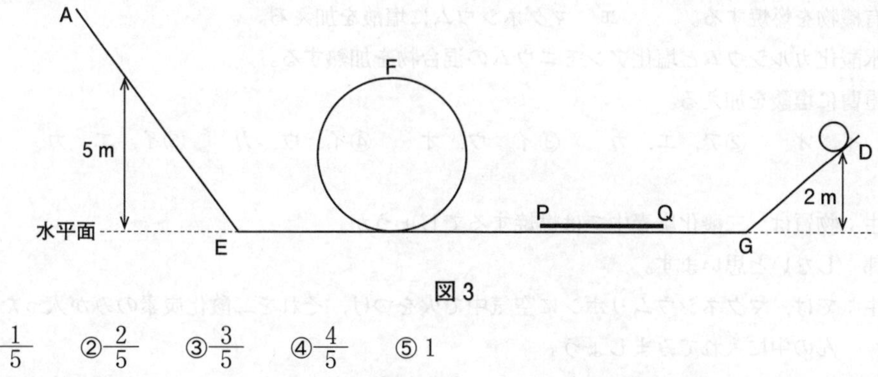


図３

①$\frac{1}{5}$　②$\frac{2}{5}$　③$\frac{3}{5}$　④$\frac{4}{5}$　⑤１

【実験３】 図２のレールを使い，図４のようにボールを転がす位置をさらに高くして【実験１】と同様の実験を行った。

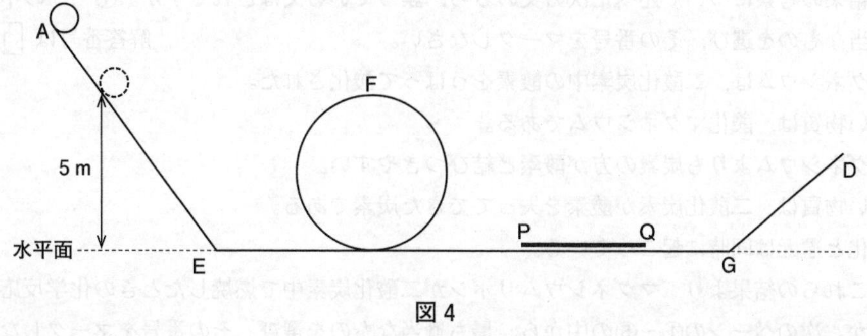


図４

問５　【実験３】において，小球を転がした位置がＡと同じ高さのとき，小球はＤに到達することなく折り返したのち，円形レール上のFで運動エネルギーをすべて失い脱線した。このときのAの高さは何mですか。①～⑤の中から，最も適当なものを選び，その番号をマークしなさい。

解答番号は 15 です。

①7.5　②10　③12．5　④15　⑤17.5

**3**　自然科学部の太郎君たちが，二酸化炭素が発生する化学反応について話し合っています。次の文章Ⅰ～Ⅲはこのときの会話の一部です。次の各問いに答えなさい。

Ⅰ　太郎：温室効果ガスとして知られている二酸化炭素を発生させる方法は何がありますか。

花子：塩酸にベーキングパウダーを加えると二酸化炭素が発生します。

先生：発生した二酸化炭素はどのように集めますか。

太郎：下方置換です。

先生：また，ベーキングパウダーのどのような成分が二酸化炭素の発生にかかわっていますか。

花子：炭酸水素ナトリウムです。

**問1**　次のア～カのうち，二酸化炭素が発生する反応はどの組み合わせですか。①～⑤の中から，最も適当なものを選び，その番号をマークしなさい。　解答番号は 16 です。

ア　酸化銀を熱分解する。　イ　石灰石に塩酸を加える。

ウ　有機物を燃焼する。　エ　マグネシウムに塩酸を加える。

オ　水酸化カルシウムと塩化アンモニウムの混合物を加熱する。

カ　重曹(じゅうそう)に塩酸を加える。

①ア，イ，オ　②ア，エ，カ　③イ，ウ，オ　④イ，ウ，カ　⑤イ，エ，カ

Ⅱ　先生：物質は，二酸化炭素中では燃焼するでしょうか。

太郎：しないと思います。

先生：では，マグネシウムリボンに空気中で火をつけ，それを二酸化炭素のみが入った集気びんの中に入れてみましょう。

〈結果〉　火のついたマグネシウムリボンは，空気中で激しく燃焼したが，二酸化炭素中でも激しく燃焼し続けた。燃焼後，マグネシウムリボンは金属のような光沢のない白い物質に変化し，その表面や集気びんの内壁などに黒い物質が付着していた。

**問2**　結果の考察について述べた次の文のうち，**誤っている文**はどれですか。①～⑤の中から，最も適当なものを選び，その番号をマークしなさい。　解答番号は 17 です。

①マグネシウムは，二酸化炭素中の酸素をうばって酸化された。

②白い物質は，酸化マグネシウムである。

③マグネシウムよりも炭素の方が酸素と結びつきやすい。

④黒い物質は，二酸化炭素が酸素を失ってできた炭素である。

⑤酸化と還元は同時に起こっている。

**問3**　これらの結果より，マグネシウムリボンが二酸化炭素中で燃焼したときの化学反応式はどれですか。次のページの①～⑤の中から，最も適当なものを選び，その番号をマークしなさい。

解答番号は 18 です。

①$2Mg + CO_2 \rightarrow MgO + C$　②$2Mg + CO_2 \rightarrow 2MgO + CO$
③$2Mg + CO_2 \rightarrow MgO + 2CO$　④$2Mg + CO_2 \rightarrow 2MgO + 2C$
⑤$2Mg + CO_2 \rightarrow 2MgO + C$

Ⅲ　太郎：この実験に用いたベーキングパウダーに含まれる炭酸水素ナトリウムの割合（含有率）はどれぐらいだろう。

花子：塩酸HClに炭酸水素ナトリウム$NaHCO_3$を加えると塩化ナトリウムNaClと水$H_2O$と二酸化炭素$CO_2$を生じるよね。発生するある物質に注目して，炭酸水素ナトリウムの含有率を調べよう。

〈操作Ⅰ〉　ビーカーA～Eに同じ濃度の塩酸を10㎤ずつ入れ，その質量を測定した。次に，それぞれのビーカーに質量の異なる炭酸水素ナトリウムを加えた。反応後，ビーカーの質量を測定した。

〈結果Ⅰ〉

| | A | B | C | D | E |
|---|---|---|---|---|---|
| 塩酸を入れたビーカーの質量　[g] | 50.00 | 50.00 | 50.00 | 50.00 | 50.00 |
| 加えた炭酸水素ナトリウムの質量　[g] | 0.22 | 0.44 | 1.10 | 1.32 | 0.00 |
| 反応後のビーカーの質量　[g] | 50.13 | 50.26 | 50.74 | 50.96 | 50.00 |

〈操作Ⅱ〉　操作Ⅰで用いた同じ塩酸を10㎤入れたビーカー（質量50.00ｇ）に，この実験に用いたベーキングパウダーを2.64ｇ加えた。

〈結果Ⅱ〉　反応後，ビーカーの質量は52.37ｇになった。

問４　〈結果Ⅰ〉より，10㎤の塩酸と過不足なく反応する炭酸水素ナトリウムは何ｇですか。①～⑤の中から，最も適当なものを選び，その番号をマークしなさい。　解答番号は 19 です。
①0.36　②0.44　③0.72　④0.88　⑤1.32

問５〈結果Ⅱ〉より，この実験に用いたベーキングパウダーに含まれる炭酸水素ナトリウムの含有率は何％ですか。①～⑤の中から，最も適当なものを選び，その番号をマークしなさい。ただし，炭酸水素ナトリウムと塩酸以外の反応は起きないものとします。　解答番号は 20 です。
①12.5　②25　③37.5　④50　⑤75

**4** ある植物Ｘの葉が受ける光の強さと光合成の関係を明らかにするために実験を行いました。次の各問いに答えなさい。

【実験】　ある植物Ｘから採った100㎠の葉を，透明な箱に入れた装置を作った（次のページの図）。箱の入口から10㎎の二酸化炭素を送り込んでふたを閉じた。光を１時間あてた後，箱の中にある二酸化炭素の量を測定した。光の強さを変えて実験したところ，表のような結果が得られた。ただし，実験中の温度は一定で，箱の中の二酸化炭素は送り込んだもののみとする。また，光の強さは呼吸に影響しない。

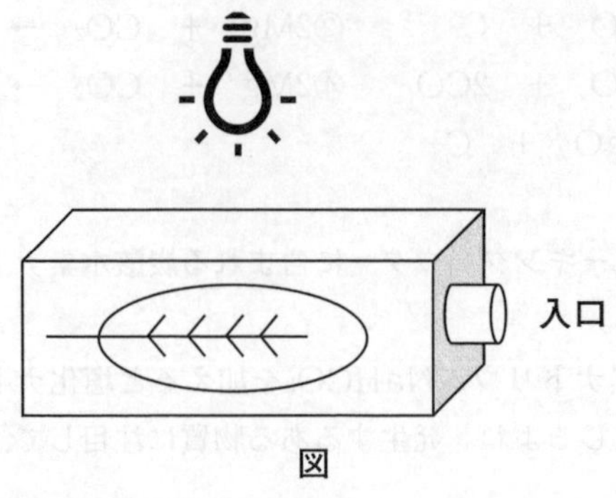


図

表

| 光の強さ［キロルクス］ | 0（暗黒） | 1 | 2 | 3 | 4 | 5 | 6 |
|---|---|---|---|---|---|---|---|
| 二酸化炭素の量［mg］ | 12 | 10 | 8 | 6 | 5 | 4 | 4 |

※キロルクスは光の強さの単位

**問1**　光合成について述べた次の文のうち，**誤っている文**はどれですか。①～⑤の中から，最も適当なものを選び，その番号をマークしなさい。　解答番号は 21 です。

①光合成でできた酸素は気孔から外へ放出される。
②光合成でできたデンプンは葉緑体の中にある。
③光合成に必要な二酸化炭素は気孔から取り入れる。
④光合成に必要な水は気孔から取り入れる。
⑤光合成は光のないところではできない。

**問2**　光の強さが0キロルクスのとき，二酸化炭素の量が増えた理由は何ですか。①～⑤の中から，最も適当なものを選び，その番号をマークしなさい。　解答番号は 22 です。

①光合成を行わずに呼吸のみを行ったから。
②呼吸を行わずに光合成のみを行ったから。
③光合成も呼吸も行わなかったから。
④光合成で吸収する二酸化炭素の量と呼吸で放出する二酸化炭素の量が等しかったから。
⑤光合成で吸収する二酸化炭素の量よりも呼吸で放出する二酸化炭素の量の方が大きかったから。

**問3**　光の強さが1キロルクスのとき，二酸化炭素の増減がなかった理由は何ですか。**問2**の①～⑤の中から，最も適当なものを選び，その番号をマークしなさい。　解答番号は 23 です。

**問4**　図の装置を用いて，箱の入口から30mgの二酸化炭素を送り込んでふたを閉じ，6キロルクスの光を3時間あてました。このとき，光合成に利用された二酸化炭素は何mgになりますか。①～⑤の中から，最も適当なものを選び，その番号をマークしなさい。　解答番号は 24 です。

① 4 mg　② 6 mg　③12mg　④18mg　⑤24mg

**問5**　図の装置を用いて，箱の入口から20mgの二酸化炭素を送り込んでふたを閉じ，暗黒中に15時間置いた後，3キロルクスの光を9時間あてました。実験後に測定される二酸化炭素量は何mgになりますか。①～⑤の中から，最も適当なものを選び，その番号をマークしなさい。

解答番号は 25 です。

① 4 mg　② 6 mg　③14mg　④24mg　⑤126mg

【社　会】（30分）　＜満点：100点＞

**1**　次の問１～問７に答えなさい。

問１　下の世界地図は緯線と経線が直角に交わったものである。この地図から読み取れることとして，①～⑤の中から，最も適当なものを選び，その番号をマークしなさい。

解答番号は［1］です。

①北極・南極を点であらわして，形のゆがみをおさえている。
②正しい面積を知ることができる。
③東京からの正しい方位を知ることができ，Ａの地点は，東京の真東にあることが分かる。
④赤道からはなれるほど，実際の面積よりも大きく示される。
⑤東京からＡの地点までの最短距離を正しく知ることができる。

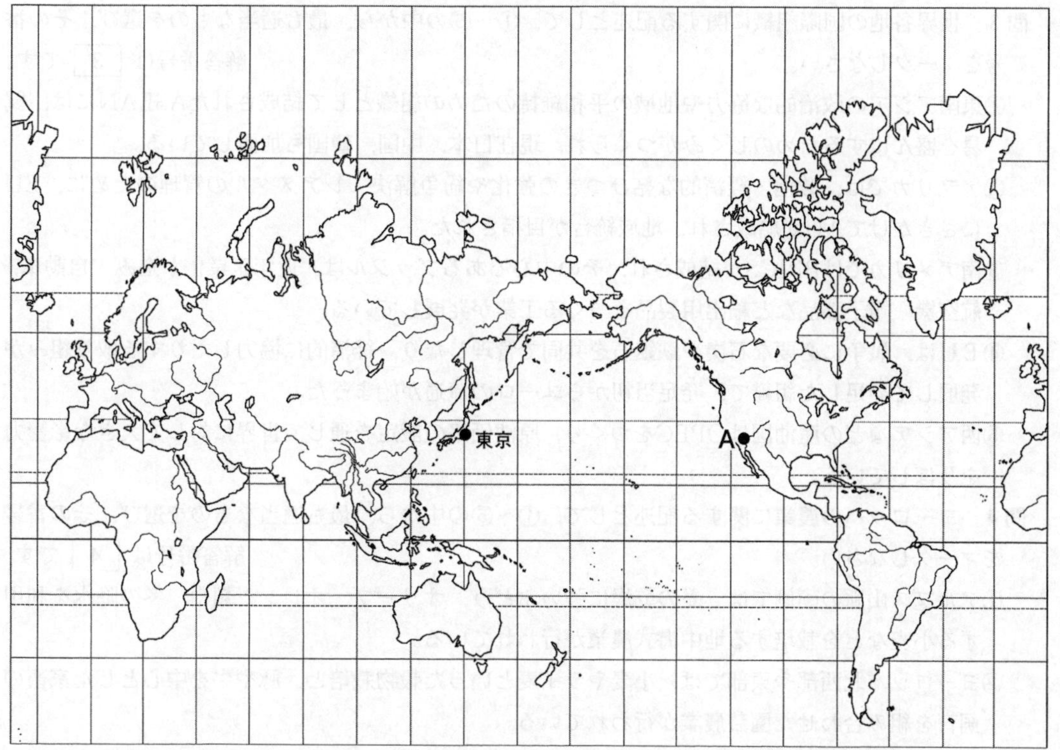


問２　次のページのグラフはペルーのクスコとフィジーのナンディの気温と降水量を示したものである。２つの都市は赤道に近く，ほぼ同緯度に位置している。この２つの都市の気候の特徴について説明した記述として，①～⑤の中から，最も適当なものを選び，その番号をマークしなさい。

解答番号は［2］です。

①クスコは年平均気温が，ナンディに比べて低いため，高山気候であることが分かる。
②クスコのような気候の特徴をもつ場所では，タイガが広がっている。
③ナンディは，モンスーンの影響を受けることから，夏は高温で蒸し暑く，冬は低温となる温暖（温帯）湿潤気候であることが分かる。

④ナンディのような気候の特徴をもつ場所では，短い草の生える草原であるステップが広がっている。

⑤クスコもナンディも北半球にあることが分かる。

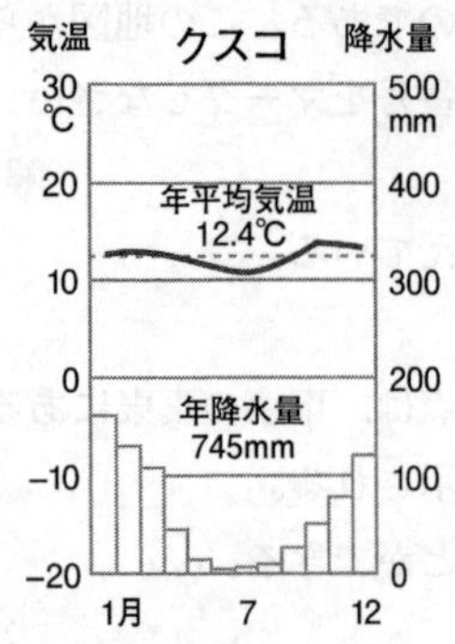


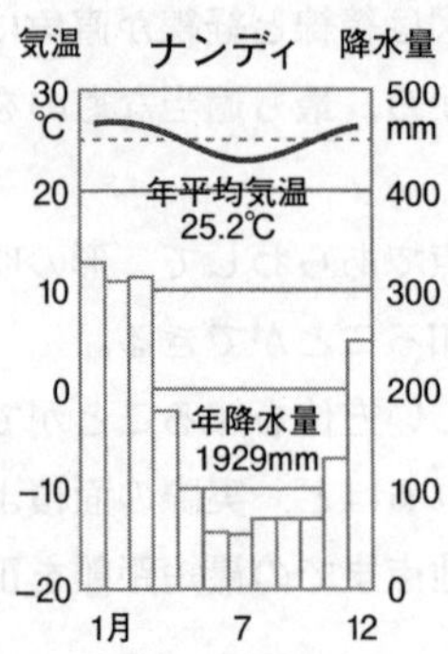


**問3**　世界各地の国際組織に関する記述として，①～⑤の中から，最も適当なものを選び，その番号をマークしなさい。　解答番号は 3 です。

①東南アジアの政治的な協力や地域の平和維持のための組織として結成されたASEANには，貿易を盛んにするためのしくみがつくられ，現在日本，中国，韓国も加盟している。

②アフリカでは，政治・経済的な結びつきの強化や紛争解決，レアメタルの管理のために，EUにさきがけてAUが結成され，地域統合が目指された。

③南アメリカではBRICSが結成され，その中心であるブラジルは，近年工業化が進み，自動車，航空機，電子部品など輸出用製品をつくる工業が発展している。

④ＥＵは，戦争に必要な石炭や鉄鉱石を共同で管理したり，経済的に協力したりする取り組みが発展して発足した組織で，発足当初からユーロの流通が始まった。

⑤西アジアなどの産油国はOPECをつくり，原油価格の設定を通じて世界に対して大きな影響力を及ぼしている。

**問4**　ヨーロッパの農業に関する記述として，①～⑤の中から，最も適当なものを選び，その番号をマークしなさい。　解答番号は 4 です。

①アルプス山脈の南側では，夏の乾燥に強いぶどう，オリーブ，オレンジ類や，冬の降水を利用する小麦などを栽培する地中海式農業が行われている。

②ヨーロッパ北西部や東部では，小麦やライ麦といった穀物栽培と，豚や牛を中心とした家畜の飼育を組み合わせた園芸農業が行われている。

③北海沿岸やアルプス山脈では，冷涼な気候に適応した穀物栽培が盛んに行われている。

④アイルランドのような西岸海洋性気候の地域では，とうもろこし栽培が盛んに行われている。

⑤スカンディナビア半島北部では，なだらかな地形と温暖な気候に恵まれ，小麦のほか大麦，なたねなどの農作物を組み合わせた大規模な畑作農業が行われている。

**問5**　日本の諸地域に関する記述として，①～⑤の中から，最も適当なものを選び，その番号をマークしなさい。　解答番号は 5 です。

①九州地方の北部にはシラス台地が広がっているため，畜産が盛んに行われている。

②瀬戸内地方は，太平洋の黒潮の影響を受けるため，一年を通じて温暖で，南東の季節風や台風のしめった風がふきこみやすく，降水量が多くなる。

③近畿地方の北部の若狭湾には，海岸線が複雑に入り組んだリアス海岸が見られる。

④関東地方の内陸部は，機械や食料加工品，印刷などの工場が多く見られ，京葉工業地域を形成している。

⑤東北地方では，農作業ができない冬の家の中の仕事として，さまざまな工芸品が作られてきており，現在でも輪島塗や南部鉄器が伝統産業として各地で続いている。

**問6**　下の表は，日本が輸入している主な資源の輸入先を示したものである。A～Dに当てはまる国のうち，南半球に首都がある国の組み合わせとして，①～⑤の中から，最も適当なものを選び，その番号をマークしなさい。　　解答番号は 6 です。

原油

| 国名 | 割合 |
|---|---|
| A | 35.3% |
| B | 25.4% |
| カタール | 9.2% |
| その他 | 30.1% |

鉄鉱石

| 国名 | 割合 |
|---|---|
| C | 54.4% |
| D | 30.0% |
| カナダ | 4.8% |
| その他 | 10.8% |

石炭

| 国名 | 割合 |
|---|---|
| C | 64.7% |
| インドネシア | 14.6% |
| ロシア | 9.0% |
| その他 | 11.7% |

（『日本国勢図会』2017/18版より作成）

①A・B　②B・D　③C・D　④A　⑤C

**問7**　下の2万5千分の1地形図から読み取れることとして，次のページの①～⑤の中から，最も適当なものを選び，その番号をマークしなさい。　　解答番号は 7 です。

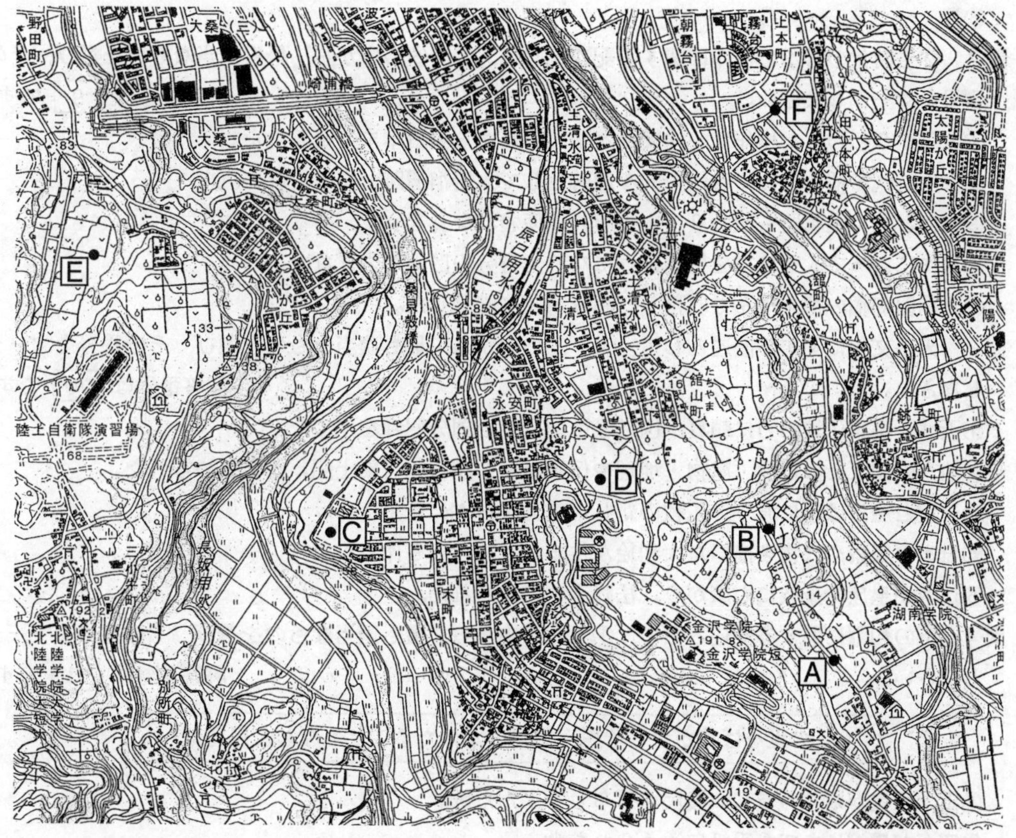


（国土地理院の地形図に加筆）

①Ａの地点からＢの地点までは，地形図上では約２センチなので，実際の距離は約250メートルである。

②Ｃの地点は河川より低地であるため，河川氾濫の被害が想定される。

③Ｄの地点の周辺では広葉樹林が広がっている。

④Ｅの地点とＦの地点の標高を比べると，Ｅの地点の方が約70m高い。

⑤Ａの地点からＥの地点は南西の方角にある。

**2** 次の問１～問11に答えなさい。

問１ 宗教のおこりとそれに関連する出来事であるＡ～Ｄを，年代の古い順に並べたものとして，①～⑤の中から，最も適当なものを選び，その番号をマークしなさい。 解答番号は [8] です。

Ａ キリスト教がローマ帝国の国教として認められた。

Ｂ シャカがバラモンの教えを批判して仏教を開いた。

Ｃ イエスがユダヤ教をもとにして教えを説いた。

Ｄ ムハンマドが，アッラーの前では全ての人は平等であると説くイスラム教を開いた。

①Ｂ → Ｃ → Ａ → Ｄ

②Ｂ → Ｃ → Ｄ → Ａ

③Ｃ → Ｂ → Ｄ → Ａ

④Ｃ → Ａ → Ｂ → Ｄ

⑤Ｄ → Ｂ → Ｃ → Ａ

問２ 弥生時代の日本の稲作に関する記述として，①～⑤の中から，最も適当なものを選び，その番号をマークしなさい。 解答番号は [9] です。

①大陸から伝わった稲作は，沖縄など南西諸島から東日本まで定着した。

②弥生時代の稲作を伝える代表的な遺跡として，岩宿遺跡が挙げられる。

③稲作と共に金属器も伝わり，木製農具は使われなくなった。

④稲作によって人々は富を持つようになり，身分の区別が生まれた。

⑤青銅器で稲の穂を摘んで収穫し，高床倉庫に貯蔵した。

問３ 天平文化に関する記述として，①～⑤の中から，最も適当なものを選び，その番号をマークしなさい。 解答番号は [10] です。

①天武天皇は仏教の力に頼り，国ごとに国分寺と国分尼寺を建てた。

②地方の国ごとに自然・産物・地理や伝説などを記した『風土記』がまとめられた。

③最澄と空海は唐に渡り，仏教の新しい教えを日本に伝えた。

④日本の風景や人物を描いた大和絵が生まれ，絵巻物も作られた。

⑤仏教が皇族や豪族にも広がり，法隆寺が建てられた。

問４ 下の和歌に関する記述として，①～⑤の中から，最も適当なものを選び，その番号をマークしなさい。 解答番号は [11] です。

| この世をば我が世とぞ思う望月のかけたることもなしと思えば |
|---|

①山上憶良が地方の貧しい農民の暮らしをよんだ歌。

②空海が最澄にあてた手紙に添えられた歌。

③娘が天皇のきさきになった日に，藤原道長がよんだ歌。
④地頭の乱暴な行為を訴えるべく荘園の農民たちがよんだ歌。
⑤土佐の国司を務めた紀貫之が，都に帰る際によんだ歌。

問５　鎌倉時代の出来事であるＡ～Ｄを，年代の古い順に並べたものとして，①～⑤の中から，最も適当なものを選び，その番号をマークしなさい。　解答番号は 12 です。

Ａ　御成敗式目が制定された。　Ｂ　承久の乱が起こった。
Ｃ　永仁の徳政令が出された。　Ｄ　文永の役が起こった。

①Ａ → Ｄ → Ｃ → Ｂ
②Ａ → Ｃ → Ｂ → Ｄ
③Ａ → Ｂ → Ｃ → Ｄ
④Ｂ → Ａ → Ｄ → Ｃ
⑤Ｂ → Ｄ → Ａ → Ｃ

問６　江戸幕府の全国支配のしくみに関する記述として，①～⑤の中から，最も適当なものを選び，その番号をマークしなさい。　解答番号は 13 です。

①天皇や公家に対して法度を定め，朝廷を監視する役職をおいた。
②大阪や長崎などの重要都市は親藩の領地とした。
③常設の役職である大老や老中をおいた。
④大名は妻子を領地に住まわせ，自身は１年おきに江戸に滞在した。
⑤豊臣秀吉が進めた兵農分離を見直し，身分の差を緩和した。

問７　下の絵画の作者として，①～⑤の中から，最も適当なものを選び，その番号をマークしなさい。　解答番号は 14 です。

①喜多川歌麿
②東洲斎写楽
③葛飾北斎
④歌川広重
⑤鈴木春信

問８　次のページの文章は，日清戦争・日露戦争後の講和会議について述べたものである。空欄［Ａ］～［Ｅ］（同じ記号には同じ語が入る）に当てはまる語の組み合わせとして，あとの①～⑤の中から，最も適当なものを選び，その番号をマークしなさい。

解答番号は 15 です。

日清戦争では，日本と清の間で［　A　］条約が結ばれ，清から日本に対して賠償金を支払うこと，［　B　］や台湾を日本にゆずることなどが決められた。しかし，三国干渉により日本は［　B　］を返還した。日露戦争では，［　C　］の仲介によって日本とロシアの間で講和会議が開かれ，［　D　］条約が結ばれた。［　D　］条約では日本の［　E　］における優越権などが認められたが，賠償金が得られなかったことに対する暴動が日本国内で起こった。

①〔A〕下関　〔B〕山東半島　〔C〕アメリカ　〔D〕ヴェルサイユ　〔E〕満州
②〔A〕下関　〔B〕遼東半島　〔C〕イギリス　〔D〕ポーツマス　〔E〕満州
③〔A〕下関　〔B〕遼東半島　〔C〕アメリカ　〔D〕ポーツマス　〔E〕韓国
④〔A〕天津　〔B〕遼東半島　〔C〕アメリカ　〔D〕ヴェルサイユ　〔E〕満州
⑤〔A〕天津　〔B〕山東半島　〔C〕イギリス　〔D〕ヴェルサイユ　〔E〕韓国

問9　1929年から始まった世界恐慌に関する記述として，①～⑤の中から，最も適当なものを選び，その番号をマークしなさい。　解答番号は 16 です。

①アメリカはニューディール政策を行い，公共事業の削減を進めた。
②イギリスは植民地以外の国と積極的に貿易を進め，景気の回復を図った。
③ドイツでは恐慌の影響で政治や経済は混乱し，ファシスト党に対する反発が高まった。
④日本は既に関東大震災による恐慌に陥っていたため，世界恐慌の影響は受けなかった。
⑤ソ連は社会主義政策を進めたため，世界恐慌の影響を受けなかった。

問10　ＧＨＱの民主化政策に関する記述として，①～⑤の中から，最も適当なものを選び，その番号をマークしなさい。　解答番号は 17 です。

①農地改革が行われ，自作農が大幅に減った。
②教育基本法が制定され，小学校６年間と中学校３年間が義務教育となった。
③民法が改正され，戸主を中心とする家制度が定められた。
④財閥が保護され，労働基準法，労働組合法が制定された。
⑤政治活動の自由が認められ，18歳以上の全ての男女に選挙権が与えられた。

問11　日本の外交に関して，1956年の日本の国際連合加盟よりも後に調印された条約の組み合わせとして，①～⑤の中から，最も適当なものを選び，その番号をマークしなさい。
解答番号は 18 です。

A　日ソ共同宣言　　B　日韓基本条約　　C　日米安全保障条約　　D　日中平和友好条約
①A・B　②A・C　③B・C　④B・D　⑤C・D

## 3　次の問１～問７に答えなさい。

問１　次のページの絵と下の文章（抜粋した一部）は，ある国で発表された人権思想に関する宣言を示したものである。それに該当する国として，①～⑤の中から，最も適当なものを選び，その番号をマークしなさい。　解答番号は 19 です。

われらは，次の事項を自明の真理であると信じる。すべての人は平等に造られ，造物主によって一定の奪うことのできない権利を与えられ，その中には生命，自由及び幸福の追求が含まれる。

①アメリカ
②イギリス
③フランス
④ドイツ
⑤イタリア

**問 2**　下の図は日本の三権分立のしくみを示したものである。図中〔A〕～〔D〕にあてはまることばの組み合わせとして，①～⑤の中から，最も適当なものを選び，その番号をマークしなさい。　解答番号は 20 です。

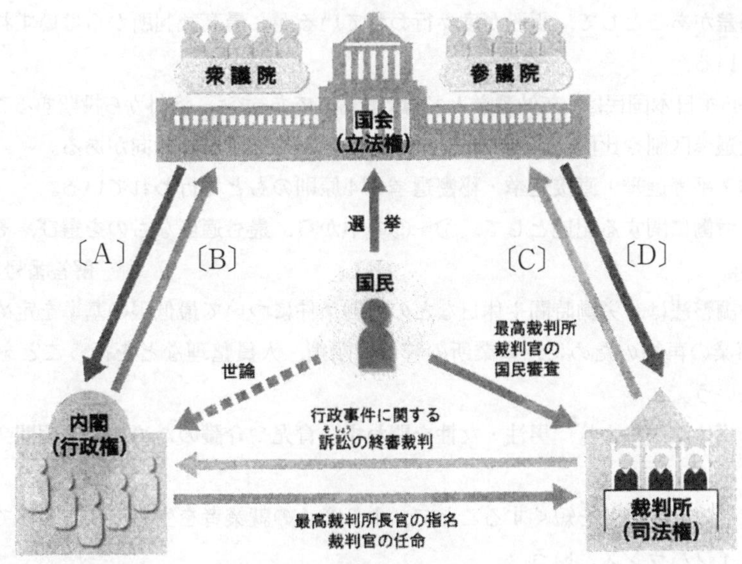


①〔A〕内閣総理大臣を指名　〔B〕衆議院の解散
　〔C〕裁判官の弾劾　〔D〕違憲立法審査
②〔A〕内閣不信任の決議　〔B〕国会の召集を決定
　〔C〕違憲立法審査　〔D〕裁判官の弾劾
③〔A〕衆議院の解散　〔B〕内閣総理大臣を指名
　〔C〕違憲立法審査　〔D〕裁判官の弾劾
④〔A〕国会の召集を決定　〔B〕内閣不信任の決議
　〔C〕違憲立法審査　〔D〕裁判官の弾劾
⑤〔A〕内閣不信任の決議　〔B〕衆議院の解散
　〔C〕裁判官の弾劾　〔D〕違憲立法審査

**問 3**　経済成長と経済政策に関する記述として，①～⑤の中から，最も適当なものを選び，その番号をマークしなさい。　　　　　　　　　　　　　　　　　　　解答番号は 21 です。

①経済成長とは，1年間に新たに生み出される財やサービスの付加価値が大きくなっていくことで，この付加価値を国内で合計したものをＧＮＰという。

②経済成長率が高く好況の時は，デフレーションが生じ，企業の利益が減少して失業が増えることにつながる。

③景気は「好況→回復→不況→後退」と循環していくが，急激に不況に陥る場合を特に「恐慌」と呼ぶ。

④政府は不況の時，減税や公共事業などの歳出を増やすことで景気を上向きにする財政政策を行っている。

⑤日本銀行が行う「公開市場操作」は，公定歩合を直接上げ下げしながら通貨量の調整をすることで，現在の金融政策の基本的な手段とされている。

**問4**　日本の選挙とその制度に関する記述として，①～⑤の中から，最も適当なものを選び，その番号をマークしなさい。　　　　　　　　　　　　　　　　　　　解答番号は 22 です。

①1925年の普通選挙法により，女性に選挙権が認められるようになった。

②一票の格差があるとして，訴訟が度々行われているが，最高裁判所からはいずれも合憲判決が出されている。

③海外で暮らす日本国民は，在外選挙人名簿に登録してあっても，海外から投票することはできない。

④死票は大選挙区制や比例代表制で多く，小選挙区制では少ない傾向がある。

⑤普通選挙・平等選挙・直接選挙・秘密選挙の４原則のもとで行われている。

**問5**　日本の労働に関する記述として，①～⑤の中から，最も適当なものを選び，その番号をマークしなさい。　　　　　　　　　　　　　　　　　　　解答番号は 23 です。

①労働関係調整法は，労働時間や休日などの労働条件について最低限の基準を定めている。

②企業が事業の再編のために，事業所の統合や閉鎖，人員整理などを行うことをセーフティーネットという。

③育児・介護休業法により，男性・女性を問わず，育児や介護のために一定期間会社を休むことができる。

④一人当たりの労働時間を短くすることで，より多くの就業者を生み出すことができる仕組みをワークライフバランスという。

⑤解雇や賃金の未払いなど，会社と個々の労働者との間で生じたトラブルに対し，裁判での適切な解決を目的とした「労働者災害補償保険」がある。

**問6**　日本の公害・環境に関する記述として，①～⑤の中から，最も適当なものを選び，その番号をマークしなさい。　　　　　　　　　　　　　　　　　　　解答番号は 24 です。

①水俣病の原因は，水質中に含まれるカドミウムであった。

②四大公害裁判すべてにおいて，患者側の全面勝訴が認められた。

③1960年代に，政府や企業に公害防止の努力を促す環境基本法が制定された。

④国連環境開発会議において，温室効果ガスの排出削減を義務づける京都議定書が採択された。

⑤環境影響評価法では，原材料・製品等については，廃棄物となることができるだけ抑制されなければならないとされている。

**問7**　日本の地方自治に関する記述として，①～⑤の中から，最も適当なものを選び，その番号をマークしなさい。　解答番号は 25 です。

①直接請求権によって条例を制定・改廃する場合，その是非は住民投票によって決定する。

②都道府県の知事の被選挙権は，25歳以上である。

③永住外国人に投票権が与えられた住民投票が過去に実施されたことがある。

④依存財源である地方税と地方交付税交付金は使い道が特定されている。

⑤市の行政活動を第三者的な機関として，公正で中立な立場から調査・監視する「リコール」制度が，1990年に川崎市で導入された。

**4**　2020年は夏季オリンピック大会が東京で行われます。東京オリンピックに関連する次の問1～問3に答えなさい。

**問1**　東京では1964年にも夏季オリンピックが開催された。東京オリンピックの前後に起きた出来事A～Dを年代の古い順に並び変えたものとして，①～⑤の中から，最も適当なものを選び，その番号をマークしなさい。　解答番号は 26 です。

A　日本の国民総生産が資本主義国の中で第2位になる。

B　日米安全保障条約が改定された。

C　第四次中東戦争が起こったことで石油価格が大幅に上昇した。

D　環境庁が設置された。

①A → C → B → D　　②B → A → D → C

③B → C → D → A　　④C → D → B → A

⑤C → B → A → D

**問2**　1964年の東京オリンピックはアジア地域で初めて開催されたオリンピックであった。アジア地域の国々に関する記述として，①～⑤の中から，最も適当なものを選び，その番号をマークしなさい。　解答番号は 27 です。

①中華人民共和国では，巨大な人口の増加をおさえるため，1979年から現在まで「一人っ子政策」がとられている。

②　韓国では，プランテーションがひらかれ天然ゴムやコーヒーが重要な輸出品目になっている。

③　タイの国民の多くはタイ語を話し，イスラム教を信じている。

④　サウジアラビアではオイルマネーを生かして，ドバイやアブダビなど現代的な都市がつくられている。

⑤インドでは理系の教育が重視されていて能力の高い技術者が豊富であり，ICT産業に適した条件がそろっているため，ICT産業が発展している。

**問3**　2020年の東京オリンピック開催が決定したことを受け，東京オリンピック競技大会・東京パラリンピック競技大会担当大臣が期間限定でおかれている。国務大臣に関する記述として，①～⑤の中から，最も適当なものを選び，その番号をマークしなさい。　解答番号は 28 です。

①国務大臣の中には，府や省に属さない「無任所大臣」がいる。

②国務大臣は，天皇により任命される。

③国務大臣の3分の2は必ず国会議員から選ばれる。

④国務大臣の仕事を副大臣や人事院が支援する。

⑤すべての大臣が出席する両院協議会で，内閣の重要方針が決定される。

①大人数で大騒ぎすること。　②神に音楽を捧げること。
③酒宴などをして楽しむこと。　④楽器を演奏して楽しむこと。
⑤蹴鞠などをして楽しむこと。

問3　空欄Bに入る最も適当な言葉を、①～⑤の中から選び、その番号をマークしなさい。解答番号は㉘です。
①ばかり　②なむ　③か　④こそ　⑤も

問4　傍線部C「めでたく弾く人」とありますが、これは誰のことを指していますか。最も適当なものを①～⑤の中から選び、その番号をマークしなさい。解答番号は㉙です。
①光季　②中将　③花の邸の女の子
④故中納言の娘　⑤祖母様

問5　傍線部D「こまやかに語れ」とありますが、中将は何を知りたいのですか。最も適当なものを①～⑤の中から選び、その番号をマークしなさい。解答番号は㉚です。
①中将が演奏していた素晴らしい琵琶の音楽のこと。
②父君の邸の夕映えの景色がいかに美しいかということ。
③たくさんの桜が生い茂って荒れ果てている家のこと。
④光季たちが話題にしている故中納言の娘のこと。
⑤光季が親しく付き合っている花の邸の女の子のこと。

問6　空欄Eに入る最も適当な言葉を、①～⑤の中から選び、その番号をマークしなさい。解答番号は㉛です。
①よろしく　②をかしく　③わづらはしく
④あはれに　⑤めでたく

問7　傍線部F「めでたからむこと」とありますが、これはどういうことですか。最も適当なものを①～⑤の中から選び、その番号をマークしなさい。解答番号は㉜です。
①中将が故中納言の娘のことを気にかけているということ。
②故中納言の娘がとても美しく教養があるということ。
③故中納言の娘が伯父の大将とともに暮らすということ。
④故中納言の娘がもうすぐ帝のもとに行くということ。
⑤光季が花の邸の女の子と親しく交際しているということ。

問8　傍線部G「それとおぼえけるも、ことわりなり」とありますが、その理由は何ですか。最も適当なものを①～⑤の中から選び、その番号をマークしなさい。解答番号は㉝です。
①中将は急いでいる上に、祖母様の顔をはっきりと確認できる状態ではなかったから。
②祖母様は姫君にも劣らず美しかったため、中将はしっかりと見分けられなかったから。
③祖母様にだまされて、光季が姫君のいない部屋を教えられてしまったから。
④花の邸の女の子からの知らせを受けた姫君が祖母様に身代わりを頼んだから。
⑤花の邸の女の子と祖母様が中将をだまそうと協力していたから。

問9　この文章は平安時代に成立した作品です。この時代に**成立していない作品**を、①～⑤の中から一つ選び、その番号をマークしなさい。
解答番号は㉞です。
①源氏物語　②土佐日記　③伊勢物語
④平家物語　⑤古今和歌集

し上げないことがあるでしょうか。（そういえば、）近衛の御門のあたりに、見事に（琵琶）を弾く人がいます。何やら由緒がありそうに感じられます」などと、仲間同士で言うのをお聞きになって、「どこの（家だ、）あの、桜が多くて荒れている家を（お前は）どうして見知ったのか。私にも聞かせてくれ」とおっしゃったので、「機会があって訪れたことがあります」と申し上げると、「その家なら私も見たことがある。詳しく話してみろ」とおっしゃる。（実は光季は）あの（中将が昨晩）見かけた召使いの女の子と交際しているのであった。「亡くなった源中納言の娘です。本当に美しいそうです。姫の伯父の大将殿が、迎え取って帝に差し上げようと申しているそうです」と申し上げると、「そうならぬ先に、やはり（私が迎え取りたい）。計画をしろ」とおっしゃる。「そうは思いますけれど、どうやって（計画すれば良いのでしょう）」と言って、立ち去った。

夕方、あの花の邸の女の子に、（光季は）口先上手な男なので、言葉巧みにかけ合って頼む。「大将殿が、いつも□お申し上げなさるので、（姫君に）人からのお手紙を伝えることさえ、祖母様がやかましくおっしゃるのに」と（、花の邸の女の子は言った）。

その同じ花の邸で、めでたいようなことなどを、（大将が）公言なさっているころ、（光季は花の邸の女の子に）なおせき立てると、若い人は思慮分別が浅いのか「良い機会があったら、すぐに（お知らせします）」と言う。（けれども、中将からの）お手紙は、大将に悟られないようにと考えて、（すぐに姫君には）取り次がない。

光季が（中将の邸へ）参上して、「説得いたしました。今夜こそ絶好の機会でしょう」と申すので、お喜びになって（中将は、）少し夜更けてから姫君の所へお出かけになる。

光季の車でいらっしゃった。花の邸の女の子は、様子を見て回って、（中将を姫君の部屋へ）お入れした。灯火は物の後ろへ取り下げてあるので、薄暗く、母屋にとても小柄な格好で横になっていらっしゃる人を、（中将は）引き抱えて車にお乗せになって、車を急いで走らせた時に、（車に乗せられた人は、）「これはいったいどうしたこと！　どうしたこと！」と、わけもわからず、あきれはてていらっしゃる。

中将の乳母が、「（姫君の身辺の事などを）お聞きになって、祖母様が心配なさって、ここで寝ていらっしゃったのです。もともと小柄な方でいらっしゃったが、お年を召して、出家までなさったので、頭が寒くて、着物を頭からかぶって横になっていらっしゃったのを、これが姫君だとお思いになったのも、当然です」（と言っていた）。

（中将が）車を寄せた時、老人の声で、「これはこれは。こんなことをするのは誰だ」とおっしゃった。その後はどうなったのやら。ばかばかしい。祖母様のご様子はこのうえなかったが。

**問1**　二重傍線部a「のたまへ」、b「立ちぬ」、c「伝へず」の主語（動作の主体）は、誰ですか。最も適当なものを①～⑤の中からそれぞれ選び、その番号をマークしなさい。同じ番号は何度選んでもかまいません。解答番号はaが㉔、bが㉕、cが㉖です。

①光季　②中将　③花の邸の女の子

④故中納言の娘　⑤祖母様

**問2**　傍線部A「遊び」とありますが、これはどういう意味ですか。最も適当なものを①～⑤の中から選び、その番号をマークしなさい。解答番号は㉗です。

かに、をかしく弾きたまふ御手つきなど、「限りなき女も、かくはえあらじ」と見ゆ。このかたの人々召し出でて、さまざまうち合わせつつA遊びたまふ。

みつすゑ、「いかが女のめでたてまつらざらむ。近衛（このゑ）の御門（みかど）わたりに［B］、Cめでたく弾く人あれ。何事にもいとゆゑづきてぞ見ゆる」と、おのがどち言ふを聞きたまひて、「いづれのぞ、この、桜多くて荒れたるやどりをばいかでか見し。われに聞かせよ」とaのたまへば、「なほ、たよりありてまかりたりしになむ」と申せば、「さるところは見しぞ。Dこまやかに語れ」とのたまふ。かの、【注2】見し童に物言ふなりけり。

「故源中納言のむすめになむ。まことにをかしげにぞ侍るなる。かの御おぢの大将なむ、迎へて内裏（うち）に奉らむと申すなる」と申せば、「さらざらむさきに、なほ。たばかれ」とのたまふ。「さ思ひはんべれど、いかでか」とてb立ちぬ。

夕さり、かの花には、物いとよく言ふものにて、ことよく語らふ。「大将殿の、常に［E］聞こえたまへば、人の御文伝ふることだに、おほ上いみじくのたまふものを」と。

同じところにて、Fめでたからむことなどのたまふころ、ことに責むれば、若き人の思ひやり少なきにや、「よき折あらば、今」と言ふ。御文は、ことさらにけしき見せじとてc伝へず。

みつすゑ参りて、「言ひおもむけてはべり。今宵（こよひ）ぞよくはべるべき」と申せば、喜びたまひて、少し夜更けておはす。

みつすゑが車にておはしぬ。花は、けしき見ありきて、入れたてまつりつ。火は物の後へ取りやりたれば、ほのかなるに、母屋にいと小さやかにてうち臥（ふ）したまひつるを、かき抱きて乗せたてまつりたまひて、車を急ぎてやるに、「こは何ぞ、こは何ぞ」とて、心得ず、あさましう思さる。

【注3】中将の乳母（めのと）、「聞きたまひて、おば上のうしろめたがりたまひて、臥したまへるになむ。もとより小さくおはしけるを、老いたまひて、法師にさへなりたまへば、頭寒くて、御衣（おんぞ）を引きかづきて臥したまひつるなむ、Gそれとおぼえけるも、ことわりなり」。

車よするほどに、古びたる声にて、「いなや、こは誰ぞ」とのたまふ。その後いかが。をこがましうこそ。御かたちは限りなかりけれど。

（『堤中納言物語』花桜折る少将）

【注】1　黄鐘調――雅楽の調子の一つ（「おうしきじょう」と読む）
2　見し童――故源中納言の邸で召使いをしている女の子。中将は昨晩この女の子を見かけている。花の邸の女の子と同一人物
3　中将の乳母――姫君の乳母のこと

〔現代語訳〕

夕方、（中将が父君の）邸に参上なさって、暮れゆくころの空は、一面に霞んで、花がとても趣深く散り乱れる夕映えの景色を、御簾を巻き上げて部屋から眺めていらっしゃるお姿は、言いようもなく光り輝いて、花の美しさも、非常に圧倒される気持ちがする。琵琶を黄鐘調に調子を合わせ、とてもゆったり、見事にお弾きになるお手つきなどは、「並ではない女性も、このようには振る舞えないだろう」と思われる。音楽の方面の人々をお呼び出しになって、さまざまに（曲を）合わせながら［　　］になる。

光季が、「（こんなにすばらしい中将様を、）どうして女性が心ひかれ申

門家の評価の傾向なども調査することができるから。

⑤「市場価値」と「権力価値」をそれぞれ別物と扱いながらも、芸術作品を間主観的に評価することができるから。

**問11** 波線部P〜Tの文法の説明として最も適当なものを、①〜⑤の中から一つ選び、その番号をマークしなさい。解答番号は⑳です。

①P「と」は、引用を示す格助詞である。

②Q「も」は、強調の格助詞である。

③R「が」は、確定の逆接を表す接続助詞である。

④S「は」は、目的を示す格助詞である。

⑤T「ば」は、仮定の順接を示す副助詞である。

**問12** 傍線部Fのかぎかっこは引用の働きをしていますが、傍線部Gのかぎかっこはそれとは別の働きをしています。その働きとして最も適当なものを、①〜⑤の中から選び、その番号をマークしなさい。解答番号は㉑です。

①日本人特有の行動様式とされている忖度が、人工知能でもできるのだということを声高に宣言するために強調している。

②忖度は何度も出てくる重要な語句であるため、記号をつけることで読者に対して注意を促すことを強調している。

③忖度は報道などで世間を賑（にぎ）わせた語句であるため、読者にも考えるきっかけを与えたいということを強調している。

④本来の忖度の意味よりも大きく外れた意味で用いているため、正しく使われている語句との区別を強調している。

⑤忖度とは人間、特に日本人特有の行動様式であるが、人間以外のものでも忖度ができる可能性があることを強調している。

**問13** 本文の内容に合致するものを、①〜⑥の中から二つ選び、それぞれその番号をマークしなさい。解答の順序は問いません。解答番号は㉒、㉓です。

①本物をそっくりそのまま描き写すことができるかどうかで、芸術作品を評価していた時代があった。

②類似性を高めるために被写体をカメラで写し取ったように描くことは、人工知能の得意分野である。

③現代では、芸術作品の価値は評価する主体それぞれの主観によって、その都度評価されている。

④「市場価値」と「権力価値」は、個別に決められるものではなく、互いに影響を受けながら決定されている。

⑤人工知能は今後の予想を立てることができるので、芸術界の権力関係を作り上げることができる。

⑥人工知能がいくら「忖度」できるとはいえ、さすがに「忖度」を得意とする日本人にはかなわない。

**2** 次の文章の主人公である中将は、ある姫君のことが気になっています。文章を読んで後の問いに答えなさい。（ただし、設問の都合上、本文の一部に省略があります。）

［本文］

夕方、殿にまうでたまひて、暮れゆくほどの空、いたう霞（かす）みこめて、花のいとおもしろく散りみだるる夕ばえを、御簾（みす）巻き上げてながめ出でたまひつる御かたち、いはむかたなく光りみちて、花のにほひも、むげにけおさるる心地ぞする。琵琶（びわ）を【注1】黄鐘調にしらべて、いとのどや問7　傍線部C「現代の芸術」とありますが、「現代の芸術」の価値はどのように理解されていますか。その説明として最も適当なものを、①～⑤の中から選び、その番号をマークしなさい。解答番号は⑮です。

①現代の芸術は、間主観的評価の基準に当てはめ、厳格に作品の価値を評価している。
②現代の芸術は、主観的な評価を基に、一定の合意がなされる形で作品の価値を評価している。
③現代の芸術は、それぞれが主体となって、独自の基準の元に作品の価値を評価している。
④現代の芸術は、評価する主体が客観的に判断していく中で、作品の価値を評価している。
⑤現代の芸術は、類似性・再現性の高さに応じて、間主観的に作品の価値を評価している。

問8　空欄X～Zに入る言葉の組み合わせとして最も適当なものを、①～⑤の中から選び、その番号をマークしなさい。解答番号は⑯です。

①X　自然　Y　客観　Z　主観
②X　自然　Y　主観　Z　客観
③X　客観　Y　主観　Z　写実
④X　写実　Y　主観　Z　客観
⑤X　写実　Y　客観　Z　主観

問9　傍線部D「芸術評価にかかわる間主観的価値」とありますが、その具体的な例として**間違っているもの**を、①～⑥の中から二つ選び、それぞれその番号をマークしなさい。解答の順序は問いません。解答番号は⑰、⑱です。

①若手陶芸作家は、なかなか作品が売れなかったが、努力が認められるようになり、作品が高値で取引されるようになった。
②とても価値のある絵画だと思っていたものが、インターネットのオークションにかけられて史上最高値で落札された。
③無名作家の書いた小説が、ノーベル賞作家によってSNSで紹介されたら、ベストセラーになった。
④オーディションに落ち続けた俳優が、人気演出家から評価されたことをきっかけに、多くの映画に出演するようになった。
⑤何の良さも分からなかった石仏の置物の価格を知り、その作品が良いものであると思えるようになってきた。
⑥ある有名な彫刻家の元で一番弟子として修行していた人の作品が、市場に出回る前に高い評価をされていた。

問10　傍線部E「人工知能にとって芸術の評価は、それほど難しくないと言うべきでしょう」とありますが、筆者はなぜそのように考えているのですか。最も適当なものを、①～⑤の中から選び、その番号をマークしなさい。解答番号は⑲です。

①「権力価値」を軸にして今後の予想を立てることができ、専門家たちの権力関係や派閥についても予想できるから。
②ビッグデータを活用することで芸術作品の市場価値を算出することができ、日本人が得意な「忖度」ができるから。
③人工知能の判断で作品の市場での価値を算定することができ、「市場価値」のみから今後の予想を立てることができるから。
④いろいろな観点から作品の市場での価値を計算することができ、専

④光が差してくる。
⑤後に尾を引く。

iii　素人

①変わった物事に興味を抱く人。
②一つの物事に熟達した人。
③その事に経験が浅く、未熟な人。
④社会の大部分を占める一般の人。
⑤物事に対して素直に行動する人。

**問3**　空欄**ア**には次の①～⑤の文が入ります。文章の意味が通るように正しく並び替えた時、**3番目にくるもの**を、①～⑤の中から選び、その番号をマークしなさい。解答番号は9です。

①その画商と知り合いの美術界の有力者が、偶然その絵を見て高く評価し、その評価を世間に公表した。
②膨大な彼の作品が残されたが、それをどう処分するか友人が困ってしまい、二束三文で画商に売却した。
③それとも、その有力者が評価することによってはじめて、その作品は価値をもつようになったのだろうか。
④さて、このとき、画家の作品は、「美術界の有力者」が評価しなくても、高く評価されるべきだろうか。
⑤すると、そこから火がついて、亡くなった画家の作品が世間でも知られるようになり、評価がウナギのぼりに高まっていった。

**問4**　傍線部**A**「現代では、何を芸術作品と見なすかさえ、わからなくなっています」とありますが、それはなぜですか。その説明として最も適当なものを、①～⑤の中から選び、その番号をマークしなさい。解答番号は10です。

①長い歴史の中で、現代に入り芸術を評価する基準について見直しが求められているから。
②どのように芸術作品を見るかという判断の仕方が、それぞれに任されているから。
③今日では、美よりも恐怖や不安を掻き立てられるものが美しいとされているから。
④芸術作品をどう見るかについて、現代では多様性が認められねばならないから。
⑤今までと違って、現代は芸術と美との関係が求められているとは限らないから。

**問5**　傍線部**B**「昔の評価基準」とありますが、その説明として最も適当なものを、①～⑤の中から選び、その番号をマークしなさい。解答番号は11です。

①実物により近く描かれているものが評価されるということ。
②本物かどうかよく分からないものが評価されるということ。
③一流の芸術家が描いたものだけが評価されるということ。
④カメラでそのまま写し取れるものが評価されるということ。
⑤人の手によって描かれたものだけが評価されるということ。

**問6**　空欄Ⅰ～Ⅲに入る言葉を、①～⑥の中からそれぞれ一つずつ選び、その番号をマークしなさい。ただし、同じ番号を二度以上選ぶことはできません。解答番号はⅠが12、Ⅱが13、Ⅲが14です。

①また　②そこで　③だから　④たしかに
⑤けれども　⑥たとえば

※図1は原文に写真はありませんが、理解を助けるために掲載しました。
（出典 https://www.musey.net/27188/27190）

問1　二重傍線部a～eと同じ漢字を含むものを、①～⑤の中からそれぞれ一つずつ選び、その番号をマークしなさい。解答番号はaが1、bが2、cが3、dが4、eが5です。

a　ソウショウ
①はじめに塩をショウリョウ入れる。
②会場の受付でニンショウを受ける。
③この催しは中学生がタイショウだ。
④応援歌の大ガッショウが響く。
⑤左右非タイショウの図形を描いた。

b　スタれ
①山中に産業ハイキ物を不法投棄する。
②グループリーグハイタイが決まった。
③今日の説明会はハイフ物が多かった。
④煙突から黒い煙がハイシュツされる。
⑤彼はハイゴから急に声をかけられた。

c　サイ
①やると決めた彼のイシは堅い。
②イヨウな光景を目撃した。
③敵軍によって城がホウイされた。
④講演をイライする。
⑤事態のスイイを見守る。

d　シュウソク
①壊れた車をシュウリに出した。
②今日から読書シュウカンです。
③シュウイから良い影響を受ける。
④私の父はシュウノウ上手だ。
⑤希望の会社にシュウショクした。

e　ヨウセイ
①最近彼女のヨウスがおかしい。
②修学旅行のヨウイをする。
③試験前にヨウテンをまとめる。
④自分のヨウシを気にしている。
⑤この花にはエイヨウが足りていない。

問2　二重傍線部i～iiiの本文中における意味として最も適当なものを、①～⑤の中からそれぞれ一つずつ選び、その番号をマークしなさい。解答番号はiが6、iiが7、iiiが8です。

i　掻き立てる
①特に注意を引こうと、おおげさに書く。
②調子のいい事を言って人を誘う。
③勢いよくかきまわしてまぜる。
④人の心を強く刺激して、その気持ちをわき立たせる。
⑤相手が自分の思い通りに行動するように促す。

ii　影を潜める
①表面に出なくなる。
②びくびくとおびえる。
③世間から忘れられる。

するとき決定的な影響力をもつ価値です。一般の人が「すばらしい作品」という場合と、美術界の有力者が「すばらしい作品」という場合では、まったく重みが違います。専門家集団に認められてはじめて、評価が定まるのです。この状況はもちろん、芸術にかぎるわけではありません。科学の分野でも、ⅲ素人の意見は何ら力をもたず、専門家集団の中で真理が決定されていくのです。

こうした専門家は、コンペやオーディションなどで審査員を務め、作品の価値を判定するのです。この専門家の評価が社会的な基準となってそれを参考に一般の人々が自分たちの評価を形成していきます。その点で、専門家たちの評価は、いわば社会的な「権力」のように通用する、と言ってもいいでしょう。

もう一方の「市場価値」というのは、芸術作品が市場においてどう評価されるか、つまり「いくらの値がつくか」という指標です。一般には、評価が高まるほど、市場での価値も高まります。そのため、市場での評価を見て、その芸術作品の価値が評価できることにもなります。自分では理解できない芸術作品でも、値段を聞いて急に評価することがあるかもしれません。芸術の価値は、市場が評価してくれるわけです。もちろん、この「市場価値」と「権力価値」は別物ではなく、相互に連動していることは、注意するまでもありません。

こう考えると、E人工知能にとって芸術の評価は、それほど難しくないと言うべきでしょう。

まず、「市場価値」という点で言えば、たとえばある芸術作品が市場でどう評価されているかは、ビッグデータを利用することによって確認することができます。芸術家の作品だけでなく、その人の作風なども、市場の評価を調べることができるでしょう。ちょうど株式投資で、ある会社の株だけでなく、その分野全体の株なども同時に判断されるように、さまざまな側面から、芸術作品の市場価値が算定されるはずです。

つぎに、「権力価値」についても、その分野にかかわる専門家集団の見解などは、人工知能にとって有力な情報となるはずです。さらには、専門家たちの権力関係・グループ分け（派閥）なども、人工知能は得意な分野です。どの専門家がどのような作品を評価したか、その傾向はどうかなど、さまざまな観点から調べることができます。こうしたデータをもとに、人工知能は今後の予想を立てることができます。

ちなみに、この関連で考えるPと、最近メディアで話題になっているF「忖度(そんたく)」（他人の気持ちをおしはかること）についてQも、人工知能には可能だと言えるでしょう。「忖度」というのは、日本人に特有の行動様式のように見えるかもしれませんRが、必ずしもそう理解する必要はありません。むしろ「忖度」Sは、権力価値を読み取り、その傾向から、未来の行動を先取りすることにポイントがあります。権力者たちの序列関係を把握し、その関係からどんな行為がeヨウセイされるかを考えるならTば、「忖度」できるわけです。

そうだとすれば、人工知能もまた、「忖度」することは難しいことではありません。関係する人々の権力関係を読み取ることによって、人工知能もまた「忖度」して、その判断や行動を決定することができるのではないでしょうか。やがて、芸術界の権力関係をG「忖度」する人工知能が登場するかもしれません。

（岡本裕一朗『人工知能に哲学を教えたら』）

られることがあります。

思考実験　経験する主体のいない世界で芸術は可能か？

経験主体がまったく存在しない世界を想像してみよう。その世界には、わたしたちであれば「美しい」と呼ぶであろう品々が存在している――見事な夕陽、キラキラ光る小川、青々としたサバンナ、などだ。だがこうした世界は、これらの品々が大量に溢(あふ)れているにもかかわらず、やはり価値の無い世界ではないだろうか。というのも、まさにそれらを味わい、それらを注意に値する品々とみなす存在者がいないのだから――。（ノエル・キャロル『批評について　芸術批評の哲学』）

この思考実験で問題になっているのは、客観的にどんなに美しいものであっても、それを「美しい」と経験する主体が存在しなければ、意味をなさないということです。この事例では自然の美しさが語られていますが、同じことは芸術を評価する場合にも成り立つのです。芸術作品の価値は、それを評価する主体が存在することによってはじめて可能になる、と言えるのです。こうして、おそらく次のような意見に行きつくのではないでしょうか。

芸術の評価にはいかなる一般的基準も存在しないのだから、芸術の評価は［Y］的ではありえない。よって、芸術の評価は主観的にならざるをえない。（中略）それは個人的な好みや趣味判断の表現以上のものではない。つまり、芸術の評価とは、純粋に主観的なことがらなのだ。（『批評について　芸術批評の哲学』）

しかし、芸術の評価は単に主観的なだけではないはずです。もしそれだけであれば、たとえば子どもが描いた絵とピカソの絵の差は、［Z］的な価値判断の違いとなります。しかしながら、その<u>サイ</u>(c)は単に好みの違いでは済ますことができません。

［Ⅲ］、芸術を評価するさいには、それを評価する主体が必要ではあります。しかし、作品が価値あるものであれば、多くの人々の評価がいわば間主観的に<u>シュウソク</u>(d)するのです。つまり、主観的な評価はまったくバラバラというわけではなく、一定の合意が形成されていきます。

この間主観的評価の基準を考えるために、次のような思考実験を想像してみましょう。「貧しい画家の生涯」と呼んでおきましょう。

思考実験　貧しい画家の生涯

才能はあったが、貧しい生活のために、有力な人物とほとんど交友関係のなかった画家がいた。その画家は熱心に絵を描き続け、それを発表したり、売り出したりしたが、あまり評価されず、生活は窮乏を極めていた。やがて、病に倒れたが、十分な治療も受けられず、亡くなってしまった。

［ア］

この思考実験には、(D)<u>芸術評価にかかわる間主観的価値</u>として、二つのものが導入されています。それをここでは、「権力価値」と「市場価値」と呼ぶことにしましょう。一方の「権力価値」というのは、芸術を評価

## 【国語】（四〇分）〈満点：一〇〇点〉

**1** 次の文章を読んで後の問いに答えなさい。（ただし、設問の都合上、本文の一部に省略があります。）

一般に芸術と呼ばれるものには、「文学、演劇、ダンス、音楽、グラフィック・アート（写真を含む）、彫刻、建築、動画芸術（映画、ヴィデオ、コンピュータによるヴィジュアル・イメージ）など」があります。

こうした様々な形式を、「芸術」とソウ ａショウするようになったのは、18世紀ごろと言われています。

ところが、A 現代では、何を芸術作品と見なすかさえ、わからなくなっています。

［ Ⅰ ］、1917年にマルセル・デュシャンが「泉」というタイトルで発表した作品をご覧ください（図1）。おそらく「これが芸術なのか」疑問をもたれるのではないでしょうか。

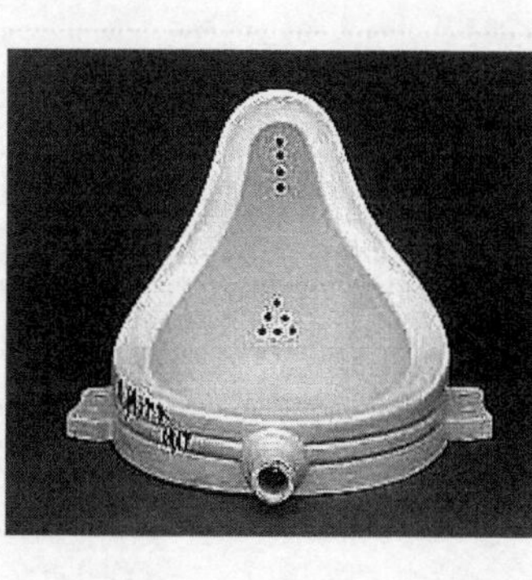

図1

また、芸術作品はふつう、「美」を表現するものと見なされてきました。ところが、今日では、美と芸術の結びつきは、必ずしも求められていません。抽象画のように、美を描いているとは思えない作品もあります。ゴヤの「黒い絵」と呼ばれる作品群を見れば、美というより、むしろ恐怖や不安を ⅰ掻（か）き立てるのではないでしょうか。

このように考えると、「人工知能が芸術を評価できるか」という問い以前に、「人間が芸術をどう評価するのか」問うべきかもしれません。というのも、芸術を評価する基準そのものが、今ではすっかり変わってしまったからです。それを確認するために、あらかじめ B 昔の評価基準を思い起こすことにしましょう。

芸術作品の評価を考えるとき、そもそも芸術をどう理解するかが、問題になります。現代文化では、ほとんど ｂスタれてしまいましたが、一般的な常識のレベルでは、今でも根強い芸術観を見ておきましょう。それによると、芸術は自然や人物をいわば模倣するもので、本物に似ていれば似ているほど評価される、とされます。（中略）

芸術をこのように理解できるとすれば、その評価は人工知能でも可能と言えます。むしろ、人工知能にとっては、得意な分野ではないでしょうか。芸術作品が、対象をカメラで写し取ったように描き出すことであれば、作品と対象との類似性を判定することが評価となります。この手の評価は、人工知能の方が人間以上に遂行できるはずです。

［ Ⅱ ］、現代の芸術では、自然や人物を［ Ｘ ］的に描き、現実を再現するという考えは、すっかり ⅱ影を潜めてしまいました。たとえば、有名なピカソやムンクの絵を見たとき、これが「実物の写し」でないことは、明らかでしょう。そのため、評価の高い芸術作品でも、普通の人には、その価値がなかなか理解できないこともあるのです。

こうした C 現代の芸術では、言うまでもなく、実物との類似・再現といった客観的な基準はありません。では、芸術作品の価値は、どのようにして理解されるのでしょうか。このために、次のような思考実験が語

大切なことはメモしておこうネ！

T.G

# 2020年度

# 解　答　と　解　説

《2020年度の配点は解答欄に掲載してあります。》

## ＜数学解答＞ 《学校からの正答の発表はありません。》

1　(1)　ア　4　(2)　イ　2　ウ　2　(3)　エ　2　オ　7　カ　2
　(4)　キ　8　ク　3　(5)　ケ　2　コ　1　サ　5　シ　3　(6)　ス　4　セ　4
2　(1)　ア　－　イ　1　ウ　2　(2)　エ　1　オ　6　カ　8
　(3)　キ　1　ク　2　ケ　2
3　(1)　ア　6　イ　3　(2)　ウ　2　エ　7
4　(1)　ア　1　イ　3　ウ　6　(2)　エ　1　オ　1　カ　2
5　(1)　ア　⑥　イ　⓪　ウ　③　エ　⑧　(2)　オ　2　カ　5　キ　0

○推定配点○

1　(5)　各5点×2(各完答)　他　各5点×5(各完答)　2　各6点×3(各完答)
3　各6点×2(各完答)　4　各5点×2(各完答)　5　(1)　各5点×4　(2)　5点(完答)
計100点

## ＜数学解説＞

1　(数・式の計算，平方根，二次方程式，連立方程式と式の値，円錐の底面の円周の長さと体積，角度)

(1)　乗法公式$(a-b)^2=a^2-2ab+b^2$より，$(\sqrt{3}-1)^2=(\sqrt{3})^2-2\times\sqrt{3}\times1+1^2=3-2\sqrt{3}+1=4-2\sqrt{3}$　また，$\dfrac{6}{\sqrt{3}}=\dfrac{6\times\sqrt{3}}{\sqrt{3}\times\sqrt{3}}=\dfrac{6\sqrt{3}}{3}=2\sqrt{3}$だから，$(\sqrt{3}-1)^2+\dfrac{6}{\sqrt{3}}=4-2\sqrt{3}+2\sqrt{3}=4$

(2)　$22^2=484$，$23^2=529$であり，$\sqrt{484}<\sqrt{500}<\sqrt{529}$より，$\sqrt{22^2}<\sqrt{500}<\sqrt{23^2}$　$22<\sqrt{500}<23$　すなわち，$22<\sqrt{500}<22+1$だから，$n=22$

(3)　$4(x-2)^2=7$より，$(x-2)^2=\dfrac{7}{4}$　$x-2$は$\dfrac{7}{4}$の平方根であるから$x-2=\pm\sqrt{\dfrac{7}{4}}=\pm\dfrac{\sqrt{7}}{2}$　よって，$x=2\pm\dfrac{\sqrt{7}}{2}$

(4)　乗法公式$(a+b)(a-b)=a^2-b^2$より，$x^2-y^2=(x+y)(x-y)=2\sqrt{6}\times2\sqrt{2}=4\sqrt{12}=8\sqrt{3}$

基本　(5)　底面の円周の長さと，扇形の弧の長さは等しいから(底面の円周の長さ)$=2\pi\times4\times\dfrac{90^\circ}{360^\circ}=2\pi$ cm　また，底面の半径を$r$cmとすると$2\pi r=2\pi$より$r=1$　よって，問題の円錐の展開図を組み立てると，底面の半径が1cm，母線の長さが4cmの円錐ができる。このときの円錐の高さを$h$cmとすると，三平方の定理を用いて(母線の長さ)$^2=r^2+h^2$より$h=\sqrt{(\text{母線の長さ})^2-r^2}=\sqrt{4^2-1^2}=\sqrt{15}$　よって，円錐の体積は$\dfrac{1}{3}\times\pi r^2\times h=\dfrac{1}{3}\times\pi\times1^2\times\sqrt{15}=\dfrac{\sqrt{15}}{3}\pi$ cm$^3$

基本　(6)　中心角の大きさは弧の長さに比例するから　$\angle\text{COE}=\angle\text{BOE}\times\dfrac{\text{弧CDE}}{\text{弧BCDE}}=(180^\circ-\angle\text{EOF})\times\dfrac{2}{3}=(180^\circ-48^\circ)\times\dfrac{2}{3}=88^\circ$　弧CDEに対する中心角と円周角の関係から，$\angle\text{CAE}=\dfrac{1}{2}\angle\text{COE}=$

$\frac{1}{2}\times 88^\circ=44^\circ$

## 2 （図形と関数・グラフ）

重要 (1)　点A，Bは$y=\frac{1}{4}x^2$上にあるから，その$y$座標はそれぞれ$y=\frac{1}{4}\times 8^2=16$，$y=\frac{1}{4}\times(-4)^2=4$　よって，A(8，16)，B(−4，4)　直線OAの傾きは$\frac{16}{8}=2$だから，直線OAの式は$y=2x$　BD//$y$軸より，点Dの$x$座標は−4　点Dは$y=2x$上にあるから，その$y$座標は$y=2\times(-4)=-8$　よって，D(−4，−8)　$y=ax^2$は点Dを通るから，$-8=a\times(-4)^2=16a$　$a=-\frac{1}{2}$

(2)　AC//$y$軸より，C(8，0)　AC＝16−0＝16，BD＝4−(−8)＝12　四角形ABDCは台形だから，(四角形ABDCの面積)＝(BD＋AC)×(点Aの$x$座標−点Bの$x$座標)÷2＝(12＋16)×{8−(−4)}÷2＝168

(3)　直線$\ell$と線分ACとの交点をFとし，点Fの$y$座標を$f$とすると，F(8，$f$)であり，AF＝16−$f$である。直線$\ell$が四角形ABDCの面積を2等分するとき，台形ABEFの面積は台形ABDCの面積の半分になるからBE＋AF＝$\frac{BD+AC}{2}$　すなわち$(4-0)+(16-f)=\frac{12+16}{2}$　これを解いて，$f=6$よりF(8，6)　E(−4，0)だから，直線$\ell$の傾きは$\frac{6-0}{8-(-4)}=\frac{1}{2}$　直線$\ell$の式を$y=\frac{1}{2}x+b$とおくと，点Eを通るから，$0=\frac{1}{2}\times(-4)+b$　$b=2$　よって，直線$\ell$の式は$y=\frac{1}{2}x+2$

## 3 （三平方の定理，面積，線分の長さ）

重要 (1)　点Aから辺BCへ垂線AHを引く。BH＝$x$cmとおくと，CH＝$(4-x)$cm　△ABHと△ACHにそれぞれ三平方の定理を用いると，$AH^2=AB^2-BH^2=(2\sqrt{7})^2-x^2$…①，$AH^2=AC^2-CH^2=6^2-(4-x)^2$…②　①，②より，$(2\sqrt{7})^2-x^2=6^2-(4-x)^2$　これを解いて，$x=1$　これを①に代入して$AH^2=(2\sqrt{7})^2-1^2=27$　AH＞0より$AH=\sqrt{27}=3\sqrt{3}$cm　以上より，△ABCの面積は$\frac{1}{2}\times BC\times AH=\frac{1}{2}\times 4\times 3\sqrt{3}=6\sqrt{3}$cm²

(2)　MH＝BM−BH＝2−1＝1＝BHより，点Hは線分BMの中点　よって，直線AHは線分BMの垂直二等分線　2点B，Mからの距離が等しい点は，線分BMの垂直二等分線上にあるから，AM＝AB＝$2\sqrt{7}$cm

## やや難 4 （確率）

(1)　さいころを2回投げるとき，全ての目の出方は6×6＝36通り。$x^2-5xy+6y^2=3$…①の左辺を因数分解して$(x-2y)(x-3y)=3$　ここで，$x-2y$も$x-3y$も整数であることと，明らかに$x-2y>x-3y$であることを考慮すると，①が成り立つのは$\begin{cases}x-2y=3\\x-3y=1\end{cases}$…②と$\begin{cases}x-2y=-1\\x-3y=-3\end{cases}$…③の2つの場合である。②を解いて$(x,\ y)=(7,\ 2)$　これは問題に適さない。③を解いて$(x,\ y)=(3,\ 2)$　これは問題に適しているから，①が成り立つのは，$(x,\ y)=(3,\ 2)$の1通りであり，求める確率は$\frac{1}{36}$

(2)　$a$を正の素数として，$x^2-5xy+6y^2=a$　つまり$(x-2y)(x-3y)=a$とすると，素数は1とその数のほかに約数がない自然数だから，前問(1)の$x-2y>x-3y$であることも考慮すると，$\begin{cases}x-2y=a\\x-3y=1\end{cases}$…④　または$\begin{cases}x-2y=-1\\x-3y=-a\end{cases}$…⑤が成り立つ。④の下の式より$x=1+3y$…⑥　これ

を④の上の式に代入して整理すると$1+y=a$…⑦　1から6の$y$の値のうち，⑦の$a$の値が正の素数になるのは，$y=1$，2，4，6の4通り。そのそれぞれの$y$の値に対応する$x$の値は⑥より，$x=4$，7，13，19だから，問題に適しているのは$(x,\ y)=(4,\ 1)$の1通り。また，⑤についても同様に考えると，問題に適しているのは$(x,\ y)=(1,\ 1)$，$(3,\ 2)$の2通り。以上より，$x^2-5xy+6y^2$の値が正の素数になる確率は$\frac{1+2}{36}=\frac{1}{12}$

5　(関数とグラフ)

(1)　1か月の使用した電力を$x$kW，そのときの電気料金を$y$円として，M電力会社とT電力会社における$x$と$y$の関係をグラフに表すと右図のようになる。M電力会社における220kW未満での$x$と$y$の関係は$y=450+20\times x=20x+450$…①　220kW以上での$x$と$y$の関係は$y=450+20\times220+25\times(x-220)=25x-650$…②　1か月の使用した電力が220kWのときの電気料金は$y=25\times220-650=4850$円　T電力会社における$x$と$y$の関係は$y=0+23\times x=23x$…③　Bさんは，M電力会社を使って，先月は180kW使用したと言っているから，先月の電気料金は①より，$y=20\times180+450=4050$円(ア)　また，グラフの交点Aは，③を①に代入して，$23x=20x+450$　$x=150$　これを③に代入して，$y=23\times150=3450$　よって，A(150, 3450)　グラフの交点Bは，②を③に代入して，$25x-650=23x$　$x=325$　これを③に代入して，$y=23\times325=7475$　よって，B(325, 7475)　以上より，1か月の使用した電力が150kW(イ)より多く，325kW(ウ)未満の場合は，M電力会社(エ)の方が安い。

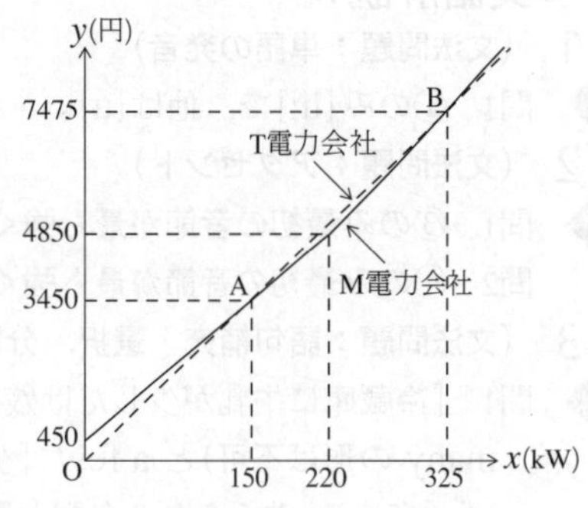


(2)　割り引き前の電気料金は，$5040\div0.9=5600$円だから，このとき使用した電力は，②より$5600=25x-650$　これを解いて，$x=250$kWである。

★ワンポイントアドバイス★

3 (1)は△ABCを，頂点Aから引いた垂線によって2つの直角三角形に分割して考えることがポイントである。4 (1)は$x^2-5xy+6y^2=3$の左辺を因数分解した式で考えてみよう。

＜英語解答＞《学校からの正答の発表はありません。》

1　問1 ①　問2 ④　2　問1 ③　問2 ④
3　問1 ④　問2 ③　問3 ①　問4 ④　問5 ①　問6 ②
4　問1 ②　問2 ③　問3 ③　問4 ④　問5 ①
5　A ①　B ④　C ④　D ②　E ④[③]　F ③
6　問1 ②　問2 ①　問3 ⑤　問4 ④　問5 ③　問6 ①　問7 ④
問8 ②　問9 ⑤　問10 ⑤
7　問1 ②　問2 ③　問3 ③　問4 ④　問5 ②　問6 ①　問7 ③　問8 ④

○推定配点○
1　各2点×2　2　各2点×2　3　各2点×6　4　各3点×5　5　各3点×6
6　問3・問4・問5・問6・問8・問10　各3点×6　他　各2点×4
7　問1・問3・問6・問7・問8　各3点×5　他　各2点×3　計100点

## ＜英語解説＞

**1** （文法問題：単語の発音）

重要 問1　①のみ[uː]で，他は[u]。　問2　④のみ[au]で，他は[ʌ]。

**2** （文法問題：アクセント）

重要 問1　③のみ最初の音節が最も強く発音されて，他は第3番目の音節が最も強く読まれる。

問2　④のみ最初の音節が最も強く発音されて，他は第2番目の音節が強く読まれる。

**3** （文法問題：語句補充・選択，分詞，不定詞，関係代名詞）

重要 問1 「冷蔵庫に牛乳が少しだけ残っている」牛乳は数えられない名詞なので，many「多数の」(a many の形は不可)と a few「少数ある」は不適。much は a much の形で使えず，lot は a lot of「多くの(数えられる名詞と数えられない名詞の双方に使用可能)」の形で使われるので，共に不適。正解は，数えられない名詞に使うことができる a little「少し～がある」

問2　A：「お腹が空いた。何かを食べるのはどうですか」／B：「それは良い考えですね」 How [What] about ～?「～はどうですか／いかがですか」意見を尋ねたり，提案したり，勧めるときの表現。

問3 「私たちの市の人口は1月1日現在でおよそ10万人だ。」 as of「～現在の[で]」

問4 「これは英語で書かれた物語だ」 the story written in「～で書かれた物語」←〈名詞＋過去分詞＋他の語句〉「～された名詞」過去分詞の形容詞的用法　write[原形] — wrote[過去形] — written [過去分詞形]

問5 「彼は私に窓を開けるように言った」〈ask ＋人＋不定詞[to do]〉「人に～するように頼む[求める]」

問6 「自国について私は知らないことがたくさんある」 know A about B「BについてAを知っている」先行詞 a lot of things は物で，目的格の関係代名詞が空所に当てはまる。正解は which。

**4** （文法問題：語句整序，助動詞，現在完了，関係代名詞，比較）

やや難 問1　(You) had / better / hurry up/ , or / you'll / miss / the last (bus.) had better「～した方がよい」〈命令文, or …〉「～しなさい，さもなければ…」

問2　Have / you / seen / the new / adventure movie / which / started (last week?)〈Have [Has]＋主語＋過去分詞～？〉　現在完了形の疑問文(完了・経験・結果・継続)　which 先行詞が物で，主格の関係代名詞。〈先行詞＋主格の関係代名詞＋動詞〉「～する先行詞」

問3　Do / you / know / people / call / New York City / the big apple(?)　call A B「AをBと呼ぶ」

問4　The park / is / not / as / big / as / your / garden(.)〈A＋ not ＋ as ＋原級＋ as ＋B〉「AはBほど～でない」

問5　(He) can / play / not / only / the violin / but / also / the piano(.)　not only A but also B「AばかりでなくてBもまた」

やや難 **5** （会話文問題：文の挿入・選択）

ジェーン：素晴らしい歌ね！　以前，聞いたことがあるわ。ケンジ，あなたはこの歌を知っている？

ケンジ　：A①うん，知っているよ。人気のある日本の歌だね。

ジェーン：どこから聞こえてくるのかしら。

ケンジ　：携帯電話からだね。見て！　あそこの男性がちょうど電話に応じているね。

ジェーン：B④あっ，なるほど。

ケンジ　：今では多くの日本人が携帯電話を持っているね。現在では，広くいきわたっているよ。とても役立つからね。君の国ではどうなのかなあ。

ジェーン：私の国でも普及しているわ。とても便利でしょう。

ケンジ　：C④そのとおりだね。携帯電話はとても小型なので，どこにでも携行できる。

ジェーン：でも，私の国では，携帯電話により問題が起きているのよ。D②例えば，車を運転しながら，携帯電話を使って，自動車事故が起きているの。とても危険だわ。

ケンジ　：そのことは，日本でも問題になっているよ。他の人のことを考えずに，電車やバスで，携帯電話を使い大きな声で話をする人がいるよね。

ジェーン：E④確かにそうだわ。[③それは良くないわね。]それに，機械の近くで携帯電話を使えば，時には誤作動を起こすこともあるわ。

ケンジ　：そうだなあ，携帯電話には，良い点と悪い点があるよね。

ジェーン：F③同感だわ。正しい方法で携帯電話を使うことを意識しなければならないわね。

ケンジ　：僕もそう思うよ。

A　ジェーンの「この曲は知っているか」という質問に対して，ケンジは「日本の人気曲だ」と応じていることから，「知っている」という主旨で返答したことは明らかである。正解は Yes「はい」。他の選択肢は次の通り。②「いいえ」，③「全く知らないよ」，④「日本ではそうではないね」，⑤「知らないよ」

B　質問に対する説明に納得している箇所。正解は Oh, I see「なるほど」。他の選択肢は次の通り。①「すみません」，②「私のものではないわ」，③「ちょっと待って」，⑤「ええ，それは私の携帯電話よ」 Just a minute[moment].「ちょっと待って」

C　ジェーンの「携帯電話は便利でしょう」という発言に対して，ケンジは空所のせりふを経て，携帯電話の便利さを肯定する発言で応じている。正解は That's right「そのとおり」。ジェーンが携帯電話を they と複数形で言及しているので，① Yes, it is. は不可。他の選択肢は次の通り。②「僕はそうしたい」，③「あっ，なるほど」，⑤「わからない」〈I'd love 不定詞[to(do)].〉「～したい」

D　空所後に，携帯電話が引き起こす問題の具体例が語られている。正解は For example「例えば」他の選択肢は次の通り。① after a while「しばらくして」，③ on the[one's]way「途中で」，④「当時」，⑤「笑顔で」

E　ケンジは，公共交通機関における携帯電話使用上のマナーの悪さに言及しており，ジェーンは空所の発言を経て，別の問題事例を挙げていることから考える。正解は That's true.「そのとおりね」[That's wrong「それは良くないわね」]。他の選択肢は次の通り。① That's all.「それだけね」，② Let's see.「えーと」，⑤ No, thank you.「いいえ，結構です」

F　空所においてジェーンがケンジの発言に同意していることが文脈上明らかである。正解は Yes, they do「そうね」。他の選択肢は次の通り。①「いいえ，違うわ」，② No problem.「問題ないわ」，④ Take care.「気をつけて」，⑤「私はそのことに反対だわ」

**6** （長文読解問題・物語文：語句補充・選択，語句解釈，指示語，語句整序，内容吟味，要旨把握，分詞，受動態，前置詞，不定詞，接続詞）

（全訳） 火曜日の早朝，リサはコンピューターに向かって₁座っている。彼女は電子メールを確認している。とても重要な返信を待っているのだ。

昨日，彼女はアメリカの大都市に関するインターネットを使ったクイズに参加していた。彼女はすべての質問に正解していた。彼女には，優勝賞品，つまり，ニューヨーク市までの切符を獲得するチャンスがあった。

リサは受信箱に新着メッセージが入っているのを見て，中身を確認する。クイズのウェブサイトからの電子メールだ！

親愛なるリサ

おめでとう！ あなたは1等賞を獲得しました！ ニューヨーク市までの切符は₃あなたのものです。₄12月15日金曜日に出発して，ニューヨークに1週間滞在することになります。楽しい時を過ごしてください！

リサは我が目を疑う。彼女は叫び声をあげる。「₅よし，やった！」リサの母は彼女の叫び声を聞き，彼女の部屋に入って来る。

「リサちゃん，あなた大丈夫？」とリサの母が尋ねる。

「平気よ，ママ，信じられないと思うけれど。インターネットのクイズで，なんと1等賞品を獲得したのよ。ニューヨークへ切符を」とリサが答える。

「へえ，リサ，それはすてきだわ。この旅行に行く機会を逃しちゃだめよ。₆あなたにとって，ニューヨークへ行き，いとこのジョージやエイミーに会う絶好の機会ね」とリサの母は言う。

「あっ，そうよね。何年も前に，₇彼らはエリザベスおばさんとジョンおじさんと一緒に私たちに会いに来てくれたわよね」とリサは答える。

「ええ，そうね。では，教えて。₈いつあなたは出発するの？」とリサの母が尋ねる。

「私の切符は今週の金曜日なの。ニューヨークに1週間滞在することになるのよ」とリサは答える。

「じゃあ，準備にまだ時間があるわね。エリザベスおばさんに電話をして，いつあなたが現地に到着するかを，彼女に知らせておくわ」とリサの母は言う。

「素晴らしいわ！ ありがとう，ママ」とリサは言う。彼女は旅行に対して₉気持ちが高まっている。

**基本** 問1 空所の直前にbe動詞があることに注目。〈be動詞＋過去分詞〉「～される」受動態，あるいは，〈be動詞＋現在分詞[doing]〉「～している」進行形，のいずれかだが，sit「座る」は受動態にできない。答えはis sittingと進行形になる。

**基本** 問2 「受信箱に新着メッセージが入っているのを見て，それを開ける」なので，it「それ」は，受信箱の中に入っている新着メッセージ[a new message]となる。他の選択肢は次の通り。②「切符」メールの内容は切符の当選通知であるが，実際の切符ではない。③「クイズ」，④「リサ」，⑤「機会」

**基本** 問3 インターネットを用いたクイズに参加していたリサの元に送られてきたメッセージ内の空所を埋める問題。「おめでとう！1等賞を獲得！ ニューヨーク市までの切符は₃あなたのもの[yours]」とすれば，文意が通じる。他の選択肢は次の通り。①「私のもの」当選賞品はクイズの主催者のものではない。②「それのもの」，③「かれのもの」，④「リサのもの」〈名詞＋'s(アポストロフィーs)〉「～の[もの]」

**基本** 問4 〈on＋年月日(曜日)〉 ← 参照〈on＋曜日／日〉，〈in＋月／年〉

**やや難** 問5 待ち望んでいた賞金が当選して喜びで絶叫しているせりふであることから考える。

**重要** 問6 It's / a great / chance / for you / to / visit / New York ←〈It is ＋形容詞＋ for ＋ S ＋不定詞[to do]〉「Sにとって～[不定詞]することは…[形容詞]だ」

**基本** 問7 「ニューヨークへ行き，いとこのジョージやエイミーに会う絶好の機会」(母)→「そうね。何年も前に，(8)彼らはエリザベスおばさんとジョンおじさんと私達に会いに来た」(リサ)従って，they は，ジョージとエイミーを指す。他の選択肢は次の通り。①「リサと母」，②「エリザベスおばさんとジョンおじさん」，③「(その)答え」，⑤「リサの両親」

**やや難** 問8 「私に教えて。( 8 )」→「今週の金曜日の切符」よって，空所には，切符がいつのものか尋ねるせりふ(when are you going to go?)が当てはまることになる。他の選択肢は次の通り。①「今何をしているのか」，③「なぜそこに行くのか」，④「どこに行こうとしているのか」，⑤「何をしようとしているのか」〈be動詞＋ going ＋不定詞[to do]〉「～しようとしている／するつもりだ」近い未来・意志〈be動詞＋現在分詞[doing]〉進行形「～しているところだ」

**重要** 問9 〈人＋be動詞＋ excited(＋ about ＋もの)〉「人が(ものに)わくわく[興奮]している」〈もの＋be動詞＋ exciting(＋ for ＋(人)〉「ものが(人にとって)わくわく[興奮]させる」( 9 )では，人が主語になっているので，excited が正解。

**やや難** 問10 ①「母がリサの部屋に入ってきた時に，リサは叫び声をあげた」(×) リサが叫んだのが最初で，その声を聞きつけて，母がリサの部屋に入ってきたのである(メールの文面に後続する3文参照)。when 「～するときに」 ②「リサの母は電子メールを読んで，うれしそうでない」(×)賞品が当たったことを知り，「それはすてきだわ。この旅行に行く機会を逃しちゃだめよ」と喜びを分かち合っていることから，不適(下線部6の直前の2文)。〈seem ＋不定詞[to do]〉「～のようだ」〈感情を表す語句＋不定詞[to do]〉「～して…の感情がわきあがる」 ③「リサのいとこたちが，おばのエリザベスとおじのジョンと一緒に，リサ宅を訪問する」(×) リサがいとこに会いに行くのである(下線部6を含む文)。 ④「リサはニューヨークへ数か月滞在することになっている」(×) 滞在は1週間である(メールの文章の最後から第2文目・空所8を含む文から第2番目の文)。〈be動詞＋ going ＋不定詞[to do]〉「～しようとしている／するつもりだ」近い未来・意志 ⑤「リサの母はおばのエリザベスに，リサがいつ到着するかを告げる」(○) 本文の最後から第3文目に一致。～ tell Aunt Elizabeth when Lisa is arriving ／ know when you are arriving ← 間接疑問文(疑問文が他の文に組み込まれた形)〈疑問詞＋主語＋動詞〉の語順になるので注意。〈let ＋人＋原形〉「人を～させる」

**7** **(長文読解問題・論説文：語句補充・選択，内容吟味，指示語，語句整序，要旨把握，関係代名詞，比較，接続詞，動名詞，助動詞)**

(全訳) 世界の3つの地域に熱帯雨林が存在する：中央アメリカと南アメリカ，西アフリカと中央アフリカ，そして，東南アジアとオーストラリアだ。それらの地域は非常に湿っていて，ある所では一年中多くの降雨を記録するが，年間のわずか数か月だけしか雨が降らない地域もある。熱帯雨林は地球の最も暑い地域付近に分布しているので，通常は，20度から35度と，同様に1温かい。

雨林における最も高度が高い地点では，非常に高い木々が自生しており，それらは高さが35メートルにまで成長する。それらより下には，より低い木々のてっぺんが身を寄せ合い群生していて，葉っぱが覆う屋根のようである。ここには，色彩の明るい花や果物が育ち，多くの鳥類や動物が2それらを食べるためにやって来る。これらの下には，さらに低木が生えていて，地面まで下がると3光が届かず暗い。というのは，木々の葉が太陽からの多くの光を遮るからである。

熱帯雨林には，異なった種類の木々，植物，昆虫，動物，鳥類が多く自生・生息している。例えば，エクアドルの森林には15000種以上の植物が自生しているが，すべてのヨーロッパを合わせても，わずか13000種の植物しかない。

何百もの異なった(種類の)薬が，雨林に自生する植物からこれまで精製されてきた。そして今日，我々は，雨林，あるいは，その周辺原産となる多くの食べ物を享受している。例えば，バナナ，コーヒー，ヤシの実，バニラ，そして，レモンなどである。

我々は，毎日，顔や手を洗ったり，家を清掃したり，車を運転したりする際に，雨林を源とする製品を使用している。そして，単にまだ5それらを知らないというだけで，おそらく雨林にはものすごい数の他の有益なものが存在しているかもしれない。

雨林は我々にきれいな空気も提供してくれている。6車を運転することや森を焼くことで，空気は汚染される。だが，木々はこの汚れた空気から二酸化炭素を吸収して，我々に7酸素を再供給してくれているのだ。

**基本** 問1 「熱帯雨林は，地球の最も暑い地域付近にあるので，雨林も通常は，20度から35度と（　1　）」文脈上，「温かい」という意味の warm が正解になることがわかる。他の選択肢は次の通り。①「寒い」，③「過酷な」，④「重要な」，⑤「悲しい」 ~ places that are near the hottest parts ~ ← that 主格の関係代名詞〈先行詞＋主格の関係代名詞＋動詞〉「動詞する先行詞」 hottest「最も暑い」← hot の最上級

**基本** 問2 「ここでは，色彩の明るい花や果物を見うけられ，多くの鳥類や動物が2それらを食べるために来る」文脈より，それらは直前の「花と果物」を指す。その他の選択肢は次の通り。①「鳥」，②「動物」，④「木々」，⑤「雨林」

**基本** 問3 直後にある理由を表す接続詞 because 以降を確認のうえ，ふさわしい選択肢を選ぶこと。

**重要** 問4 「1万」 ten thousand →「1万5千」 fifteen thousand

**やや難** 問5 「おそらく雨林にはものすごい数の他に有益なものが存在しているかもしれないが，単にまだ5それらを知らないのだ」したがって，them「それら」は，「有益なもの」を指す。

**重要** 問6 (Driving cars) and / burning wood / makes / the air / dirty driving　burning ←動名詞[doing]「～すること」，make A B 「AをBの状態にする」

**やや難** 問7 「木々はこの汚れた空気から二酸化炭素を吸収して，我々に（　7　）を戻してくれる」前文に「雨林が我々にきれいな空気を与える」とあること，そして，我々は酸素を吸って生きていること，あるいは，植物の光合成の原理を思い出すこと。答えは oxygen「酸素」。他の選択肢は次の通り。①「電気」，②「酸性雨」，④「水」，⑤「技術」

**重要** 問8 ①「雨林のすべての場所は年中多くの雨が降る」（×） 第1段落第2文に「数か月しか雨が降らない地域がある」と記されている。a lot of 「多くの」，all year round 「年中」 ②「雨林の木の中には世界で最も高いものがある」（×） 第2段落最初の文に「高木があり，35メートルにまで成長する」との記述はあるが，世界最長の木に関する言及はない。tallest「最も高い」← tall の最上級 ③「もし明るい花を見つければ，我々はそれを食べるかもしれない」花や植物を食べるのは，鳥や動物である。（問2解説参照） may 「～かもしれない／してもよい」 ④「雨林には，多くの種類の木，植物，昆虫，動物，そして，鳥が自生・生息している」（○） 第3段落最初の文に一致。rich in 「～で豊富な」，〈There ＋be動詞＋名詞～〉「名詞がある」 ⑤「エクアドルでは，人々は雨林にて，医薬品や食べ物を見つける」（×） エクアドルに関しては，植物が豊富であると述べられているのみである。

**★ワンポイントアドバイス★**

本年度は，指示語の問題が，長文読解問題において，4題出題された。まず，単数形か複数形か，あるいは，人などの生物か無生物か等を確認したうえで，文脈上候補となりそうなものを推測しながら，通常は直前の箇所を探すこと。

## ＜理科解答＞ 《学校からの正答の発表はありません。》

| | | | | | |
|---|---|---|---|---|---|
| 1 | 問1 1 ⑤ | 問2 2 ③ | 問3 3 ① | 問4 4 ③ | 問5 5 ② |
| | 問6 6 ③ | 問7 7 ④ | 問8 8 ⑤ | 問9 9 ② | 問10 10 ③ |
| 2 | 問1 11 ④ | 問2 12 ④ | 問3 13 ④ | 問4 14 ③ | 問5 15 ② |
| 3 | 問1 16 ④ | 問2 17 ③ | 問3 18 ⑤ | 問4 19 ④ | 問5 20 ② |
| 4 | 問1 21 ④ | 問2 22 ① | 問3 23 ④ | 問4 24 ⑤ | 問5 25 ③ |

○推定配点○

1 各4点×10　2 各4点×5　3 各4点×5　4 各4点×5　計100点

## ＜理科解説＞

### 1 (小問集合―各分野の総合)

問1　吉野彰氏は，リチウムイオン電池の開発の業績で，2019年にノーベル化学賞を受賞した。リチウムイオン電池は，充電して何度も使える二次電池である。選択肢では，①や④も二次電池である。

問2　ふつう，地震では震源に近い場所ほど震度が大きい。しかし，問題文の地震の震源の深さは420kmとたいへん深かった。そのため，地震波が震源の真上よりも，沈み込む硬い太平洋プレートを伝わって，東北から関東の太平洋側が大きく揺れた。なお，三重県南東沖は，地表はユーラシアプレートであり，その下にフィリピン海プレートも沈み込んでいるが，これは沈み込んですぐの位置であり，浅いところにある。①⑤のプレートは，この場所にはない。

重要　問3　棒磁石と，鏡による像は，真上から見ると右図のような位置関係になる。

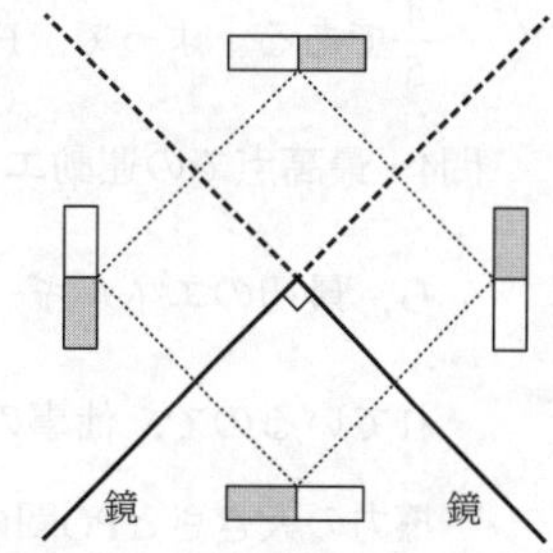


やや難　問4　コイルを流れる電流によって，コイルの内側にできる磁界は，図の上から下に向かう。また，レールを流れる電流は，P点では左から右に向かう。フレミング左手の法則から，中指を左向き，人差し指を下向きに合わせると，力の向きは向こうから手前への向きとなる。

問5　溶質の質量はそれぞれ，①300×0.15＝45g，②500×0.10＝50g，③100×0.30＝30g，④510－500＝10g，⑤15g。質量が最も大きいのは②である。

重要　問6　①$C_2H_5OH$は非電解質で，水溶液を電流が流れない。②HClでは，陽極に塩素$Cl_2$，陰極に水素$H_2$が発生する。③$CuCl_2$では，陽極に塩素$Cl_2$が発生し，陰極に銅Cuが析出する。④NaOHの電気分解は，水の電気分解と同じで，陽極に酸素$O_2$，陰極に水素$H_2$が発生する。⑤NaClでは，陽極に塩素$Cl_2$，陰極ではNaが析出できないので，水素$H_2$が発生する。

問7　マツは裸子植物のなかまである。花は雄花と雌花に分かれており，花びらやがくがない。雄花には花粉のうがある。雌花には子房はなく胚珠がむき出しである。花粉を受け取る柱頭というつくりはなく，花粉は胚珠に直接つく。子房がないので果実はできない。よって，イチョウの「ぎんなん」は果実でなく種子である。

問8　最初の20個の丸形の種子からできた子には，すべてしわ形の種子も混ざっているので，遺伝子型はAaである。自家受粉でできた子の遺伝子型はAA：Aa：aa＝1：2：1である。丸形としわ形の比は3：1であり，問題文の650：220とほぼ合っている。よって，下線部の丸形の種子の遺伝子型は，AA：Aa＝1：2である。このことは，さらに自家受粉させたときの結果(8本と16本の結果)ともあっている。

重要 問9　2つの地点の距離の差は48－24＝24kmである。P波の到達時刻の差は4秒間だから，P波の速さは24÷4＝6km/秒である。S波の到達時刻の差は6秒間だから，S波の速さは24÷6＝4km/秒である。よって，速さを比べると6÷4＝1.5倍である。また，震源から24kmの地点まで，P波が6km/秒で伝わるには，24÷6＝4秒間かかる。だから，震源で地震が発生したのは，24km地点にP波が到着した午後8時24分56秒よりも4秒前の，午後8時24分52秒である。

問10　天体望遠鏡では，上下左右が逆に見えるので，図1の金星には右側から太陽光が当たっている。半分よりやや広く光っているので，図2ではBの位置の金星と考えられる。ここから金星は地球に近づいてくるので，大きく見えていくが，光っている部分は地球から見えにくくなり，欠けていくように見える。

## 2 （運動とエネルギー―レール上の小球の運動）

基本 問1　BC間では，小球は等速直線運動をしており，小球にかかる力はつりあっている。重力はつねに真下にはたらいている。また，レールが小球を下から上に押す垂直抗力が真上にはたらいている。これらの力の大きさは等しい。

問2　Dのあともレールが伸びていれば，小球は最初と同じ高さまで上がって，最高点で静止するはずである。しかし，Dでレールが途切れており，その後の空中の最高点でも小球は右向きに動いているため，運動エネルギーは0にならない。運動エネルギーと位置エネルギーの和は保存されるので，位置エネルギーは最初の大きさになることができず，最高点はもとの高さよりもやや低い位置にとどまる。

やや難 問3　Fでの運動エネルギーが，転がした点の位置エネルギーの$\frac{1}{5}$だから，Fでの位置エネルギーは$\frac{4}{5}$である。よって，Fの高さは，転がした点の高さの$\frac{4}{5}$で，4mである。

問4　最高点での運動エネルギーは0で，位置エネルギーは，転がした点の位置エネルギーの$\frac{2}{5}$だから，最初のエネルギーの$\frac{3}{5}$が失われている。摩擦力のした仕事によって，このエネルギーが失われているので，仕事の大きさも最初のエネルギーの$\frac{3}{5}$である。なお，摩擦力のした仕事とは，摩擦力の大きさとPQ間の距離の積だが，本問ではそれらの具体的な値は必要がなく，失われたエネルギーの大きさから答えることができる。

やや難 問5　問4までの最初の位置エネルギーを基準に考える。PQ間を通過すると，$\frac{3}{5}$のエネルギーが失われる。PQ間を往復で通過できているので，Aで持っていた位置エネルギーは$\frac{6}{5}$よりも大きい。次に，Fの位置エネルギーは$\frac{4}{5}$だが，小球はちょうどFまで上がったので，Aで持っていた位置エネルギーは$\frac{6}{5}+\frac{4}{5}=2$である。よって，Aの高さは5mの2倍の10mである。

## 3 （気体の発生とその性質―二酸化炭素の発生）

問1　アは酸素，エは水素，オはアンモニアが発生する。なお，重曹は炭酸水素ナトリウムのことで，ベーキングパウダーに含まれる成分である。

重要 問2　マグネシウムMgは，二酸化炭素$CO_2$に含まれる酸素Oと結びついて，酸化マグネシウムMgOになる。このとき，二酸化炭素は還元されて炭素Cとなり，黒い物質として付着する。この反応が起こることから，炭素よりもマグネシウムの方が酸素と結びつきやすいと分かる。

問3　化学式を並べると，$Mg + CO_2 \rightarrow MgO + C$である。このままでは，左辺と右辺で酸素Oの数が合わないので，右辺のMgOに係数2をつける。すると，左辺のMgにも係数2をつける必要がある。これで，$2Mg + CO_2 \rightarrow 2MgO + C$となり，数が合う。

問4　結果Ⅰの表から，発生した二酸化炭素量を求める。塩酸を入れたビーカーの質量と，加えた炭酸水素ナトリウムの質量を足して，反応後のビーカーの質量を引けばよい。例えばAでは，50.00＋0.22－50.13＝0.09gである。同様に計算すると，Bは0.18g，Cは0.36g，Dは0.36gである。つまり，この10cm$^3$の塩酸がすべて反応したときの二酸化炭素は0.36gである。このとき反応する炭酸水素ナトリウムの量は，0.22：0.09＝$x$：0.36より，$x$＝0.88gである。

問5　結果Ⅱの表から，発生した二酸化炭素量を求めると，50.00＋2.64－52.37＝0.27gである。よって，反応した炭酸水素ナトリウムの量は，0.22：0.09＝$x$：0.27より，$x$＝0.66gである。ベーキングパウダーは2.64gだから，含まれる炭酸水素ナトリウムの割合は，$\frac{0.66}{2.64}\times 100 = 25\%$となる。

## 4 （植物のからだのしくみ―光の強さと光合成）

問1　④が誤りである。水は根の表面の根毛から取り入れ，道管を通って葉に運ばれる。気孔からは，蒸散作用で水を出すことはあるが，水を取り入れることはない。

問2　光の強さが0キロルクスのとき，10mg送り込んだ二酸化炭素は，1時間後に12mgに増加した。植物Xは光合成をせずに呼吸のみをおこなったためであり，呼吸量が1時間で2mgだったといえる。

重要　問3　光の強さが1キロルクスのとき，二酸化炭素の量は10mgのまま変化していない。これは，呼吸と光合成の量が同じためであり，呼吸量も光合成量も1時間で2mgだったといえる。

問4　6キロルクスのとき，1時間での光合成に利用した二酸化炭素量は，呼吸の2mgも考えに入れて，12－4＝8mgである。3時間では，8×3＝24mgが吸収される。

問5　暗黒中に15時間置くと，植物Xの呼吸によって2×15＝30mgの二酸化炭素が放出される。次に，3キロルクスの光をあてると，光合成と呼吸の差し引きで，1時間に10－6＝4mgの二酸化炭素が減るから，9時間では4×9＝36mgが吸収される。その結果，二酸化炭素量は，20＋30－36＝14mgとなる。

★ワンポイントアドバイス★

典型的な計算問題については，意味を理解し，単位に気をつけながら，練習を繰り返して確実に身につけよう。

## ＜社会解答＞《学校からの正答の発表はありません。》

| | | | | | | | |
|---|---|---|---|---|---|---|---|
| 1 | 問1 ④ | 問2 ① | 問3 ⑤ | 問4 ① | 問5 ③ | 問6 ③ | 問7 ④ |
| 2 | 問1 ① | 問2 ④ | 問3 ② | 問4 ③ | 問5 ④ | 問6 ① | 問7 ① |
| | 問8 ③ | 問9 ⑤ | 問10 ② | 問11 ④ | | | |
| 3 | 問1 ① | 問2 ② | 問3 ④ | 問4 ⑤ | 問5 ③ | 問6 ② | 問7 ③ |
| 4 | 問1 ② | 問2 ⑤ | 問3 ① | | | | |

○推定配点○

1　問3・問6　各5点×2　他　各3点×5　2　問1　5点　他　各3点×10

3　問1・問2　各5点×2　他　各3点×5　4　各5点×3　計100点

## ＜社会解説＞

1 （地理ー世界地理・日本地理に関する問題）

基本 問1 緯線と経線が直角に交わっていることから，問の地図はメルカトル図法で描かれていることがわかる。この図法で描かれた地図上では，赤道から離れて高緯度になればなるほど面積が拡大されて描かれていることに注目する。

問2 クスコは，年間を通して気温が低く降水量も少ない高山気候である。タイガは，北半球にのみ広がる冷帯に位置する針葉樹林帯のことであるから，②は誤りである。ナンディは熱帯気候であることから，③は誤りである。ステップは，砂漠気候を囲むように広がる乾燥帯に位置する草原のことであることから，④は誤りである。ペルー・フィジーともに南半球に位置していることから，⑤は誤りである。

やや難 問3 OPECは石油輸出機構のことである。現在．西アジア，いわゆる中東の国々を中心とする，イラク・イラン・クウェート・サウジアラビア・ベネズエラ・リビア・アラブ首長国連邦・アルジェリア・ナイジェリア・アンゴラ・エクアドル・ガボン・赤道ギニア・コンゴ共和国の14か国で構成されている国際組織である。ASEAN(東南アジア諸国連合)の加盟国は，インドネシア・カンボジア・シンガポール・タイ・フィリピン・ブルネイ・ベトナム・マレーシア・ミャンマー・ラオスの10か国であることから，①は誤りである。EU成立は1993年，AU結成は2002年であることから，②は誤りである。南アメリカでは産業の65％をサービス業が占めていることから，③は誤りである。EUの前身である欧州石炭鉄鋼共同体の結成は1951年，ユーロ導入は1999年であることから，④は誤りである。

問4 アルプス山脈南側に地中海が広がっていることから判断する。ヨーロッパ北西部や東部で行われているのは混合農業であることから，②は誤りである。4000m級の山々の連なりであるアルプス山脈では農業が難しく，標高の低い地域で酪農が行われていることから，③は誤りである。西岸海洋性気候の地域では，耕地の約半分が牧草地であることから，④は誤りである。スカンディナビア半島北部はフィヨルドと呼ばれる浸食海岸が広がっていることから，⑤は誤りである。

重要 問5 若狭湾が京都府・福井県が面する地域に広がっていることから判断する。シラス台地は九州南部であることから，①は誤りである。瀬戸内海には海流がなく，瀬戸内は中国山地・四国山地に囲まれていて降水量が少ないことから，②は誤りである。関東地方内陸部には関東内陸工業地域が広がっていることから，④は誤りである。輪島塗は石川県の伝統的工芸品であることから，⑤は誤りである。

問6 Aはサウジアラビア，Bはアラブ首長国連邦，Cはオーストラリア，Dはブラジルである。このうち，南半球に位置する国は，オーストラリアとブラジルである。

問7 縮尺25000分の1の地図では，等高線は10mごとに描かれている。したがって，E地点の東に位置するつつじが丘の近くに133m地点があることから，E地点は120～130m地点に位置することがわかる。また，F地点の近くに50m地点があることがわかる。これらを併せて判断する。縮尺25000分の1の地図上の2cmは，2×25000＝50000(cm)＝500(m)となることから，①は誤りである。等高線を読み取ると，川はC地点より低いところを流れていることがわかるので，②は誤りである。D地点の周辺に広がるのは果樹園(○)であることから，③は誤りである。問の地形図には方位記号が描かれていないことから，地図の上が北であることがわかる。したがって，A地点から見たE地点の方位は北西であることから，⑤は誤りである。

2 （歴史ー日本・世界の各時代の様子に関する問題）

問1 Aは392年，Bは紀元前450年頃，Cは1世紀，Dは610年頃のことである。

問2 弥生時代に稲作が定着したことにより，身分の違いや貧富の差が生じることとなった。稲作は九州から関東周辺の地域で行われていたことから，①は誤りである。岩宿遺跡は旧石器時代の遺跡であることから，②は誤りである。弥生時代には，くわ・すきといった木製農具が使われたことから，③は誤りである。収穫は，石包丁を使った穂首刈りで行われたことから，⑤は誤りである。

重要 問3　天平文化は唐の影響を受けた奈良時代の文化である。風土記の作成は奈良時代，すなわち8世紀に行われた。鎮護国家の考えに基づいて国分寺・国分尼寺を建てさせたのは聖武天皇であることから，①は誤りである。最澄，空海は平安時代の僧であることから，③は誤りである。大和絵は国風文化で描かれたものであることから，④は誤りである。法隆寺は飛鳥文化を代表する寺院であることから，⑤は誤りである。

基本 問4　右大臣藤原実資の日記に，11世紀前半に全盛期を迎えた摂関政治の頂点を極めた藤原道長が歌を詠んだと記されている。

問5　Aは1232年，Bは1221年，Cは1297年，Dは1274年である。

問6　1615年に出された禁中並公家諸法度と京都所司代のことである。大阪・長崎は江戸幕府の直轄地であったことから，②は誤りである。大老は臨時職であることから，③は誤りである。大名の妻子は江戸の屋敷に人質として住まわされていたことから，④は誤りである。江戸時代には厳しい身分制度があったことから，⑤は誤りである。

問7　18世紀後半から19世紀初めにかけて活躍した喜多川歌麿の手による錦絵「ビードロを吹く女」である。

重要 問8　A　1895年に結ばれた日清戦争の講和条約で，講和会議は日本の全権として，伊藤博文・陸奥宗光が出席した。　B　1895年のロシア・フランス・イギリスによる三国干渉で日本が返還したのは，遼東半島である。　C・D　1905年に結ばれた日露戦争の講和条約で，講和会議はアメリカ合衆国大統領セオドア・ルーズベルトの仲介によりアメリカのポーツマスで開かれた。

E　日清戦争・日露戦争を通じて日本は韓国への支配を強めていった。

やや難 問9　1917年からのロシア革命を経て成立したソビエト社会主義共和国連邦では，企業・工場は国有化が進み，五か年計画に基づく計画経済が推進されており，世界恐慌の影響を受けなかった。ニューディール政策は公共事業を推進するものであるから，①は誤りである。イギリスが行ったのは植民地との貿易を進めるブロック経済であることから，②は誤りである。ファシスト党はイタリアで結成されたものであることから，③は誤りである。世界恐慌の影響を受けた日本は，満州への進出という考えを強めていったことから，④は誤りである。

問10　1947年に制定された法律である。農地改革の結果自作農は大幅に増加したことから，①は誤りである。民法改正で戸主制度は改められたことから，③は誤りである。GHQの民主化政策では，財閥解体が推し進められたことから，④は誤りである。1945年の選挙法改正では，20歳以上のすべての男女に選挙権が与えられたことから，⑤は誤りである。

問11　Aは1956年，Bは1965年，Cは1951年，Dは1978年である。

## 3 （公民―三権分立・経済政策・選挙・地方自治などに関する問題）

やや難 問1　資料は1776年に書かれたバージニア権利章典の内容である。これは，同年に書かれたアメリカ独立宣言に影響を与えている。

基本 問2　フランスのモンテスキューが，国家権力の暴走を抑え，国民の基本的人権を守るための仕組みとして，「法の精神」で唱えた考え方である。Aに該当するものは，内閣総理大臣の指名か内閣不信任の決議であること，また，Bに該当するものは，衆議院の解散か国会の召集の決定であることから，③・④は誤りであることがわかる。Cに該当するものは違憲立法審査，Dに該当するものは裁判官の弾劾であることから，①・⑤は誤りであることがわかる。

やや難 問3　不況時には，市中に流通する通貨量を増やす政策が採られる。①はGNPではなくGDPの説明であることから，誤りである。②はインフレーションではなくデフレーションの説明であることから，誤りである。③は回復と後退の順番が逆に書かれていることから，誤りである。⑤は公定歩合を直接上げ下げするのではなく，国債や社債などの有価証券を売買することであるから，誤りである。

重要 問4　日本国憲法・公職選挙法に規定されている内容である。納税額・性別といった制限がない普通選挙，一人一票を持つ平等選挙，本人が直接記入する直接選挙，無記名で投票できる秘密選挙が原則である。女性に選挙権が認められたのは1945年であることから，①は誤りである。近年では，2014年の衆議院議員総選挙の結果に対して，最高裁判所が違憲状態であるという判決を出していることから，②は誤りである。海外で暮らす日本人は，在外公館での投票や郵便による投票が認められていることから，③は誤りである。死票は小選挙区で増えるものであることから，④は誤りである。

やや難 問5　育児・介護休業法において，休日は男女平等に取得できると規定されている。労働条件について定めた法律は労働基準法であることから，①は誤りである。企業による事業再編はリストラであることから，②は誤りである。一人あたりの労働時間を短くすることで就業者を増やすことはワークシェアリングであることから，④は誤りである。会社と雇用者との間で生じたトラブルを裁判で解決するために労働関係調整法が制定されていることから，⑤は誤りである。

問6　全て患者側の勝訴という四大公害裁判の結果を背景に，公害健康被害者の迅速かつ公正な保護を図るために，1974年に公害健康被害補償制度が施行されることとなった。水俣病の原因物質は有機水銀であることから，①は誤りである。環境基本法は1993年に制定されたことから，③は誤りである。国連環境開発会議は地球サミットと呼ばれ，1992年に持続可能な開発をテーマにブラジルのリオデジャネイロで開かれた会議で，京都議定書の採択は1997年であることから，④は誤りである。環境影響評価法は1997年に制定された，環境アセスメントの手続きについて定めたものであることから，⑤は誤りである。

問7　東京都小金井市など，条例に基づく住民投票で永住外国人に投票権が与えられた例がある。条例の制定・改廃は地方議会が行うことであることから，①は誤りである。都道府県知事の被選挙権は30歳以上であることから，②は誤りである。地方税・地方交付税交付金の使い道は地方議会が定めることになっていることから，④は誤りである。行政活動の監視を行うのはオンブズマンであることから，⑤は誤りである。

## 4（総合問題―2020年の東京オリンピックを切り口にした問題）

基本 問1　Aは1968年，Bは1960年，Cは1973年，Dは1971年のことである。

重要 問2　インドはイギリスの植民地であったので，英語を使える人が多いこと，特にアメリカとの時差を活かしてICT関係の仕事を効率的に受注できることなどが評価されて発展している。一人っ子政策は2015年に終了したことから，①は誤りである。プランテーションは熱帯地域で行われている大規模農法であることから，②は誤りである。タイの国民の多くは仏教を信仰していることから，③は誤りである。ドバイ・アブダビはアラブ首長国連邦の都市であることから，④は誤りである。

やや難 問3　内閣官房長官や副総理などは無任所大臣に該当する。国務大臣の任命は内閣総理大臣が行うことから，②は誤りである。日本国憲法第68条に国務大臣の過半数は国会議員であるとされていることから，③は誤りである。人事院は国家公務員の人事に関する業務をすることから，④は誤りである。すべての大臣が出席して開かれるのは閣議であることから，⑤は誤りである。

**★ワンポイントアドバイス★**

時事的内容を含む公民分野の出題は難易度が高めである。合格点に到達するためには，それ以外の大設問の基本問題を確実に得点することが大切である。

## ＜国語解答＞ 《学校からの正答の発表はありません。》

**1** 問1 1 ⑤ 2 ① 3 ② 4 ④ 5 ③ 問2 6 ④ 7 ① 8 ③
問3 9 ⑤ 問4 10 ⑤ 問5 11 ① 問6 12 ⑥ 13 ⑤ 14 ④
問7 15 ② 問8 16 ⑤ 問9 17 ① 18 ⑤ 問10 19 ④ 問11 20 ③
問12 21 ⑤ 問13 22 ① 23 ④

**2** 問1 24 ② 25 ① 26 ③ 問2 27 ④ 問3 28 ④ 問4 29 ④
問5 30 ④ 問6 31 ③ 問7 32 ④ 問8 33 ① 問9 34 ④

○推定配点○

1 問1，問2，問6，問11 各2点×12 問3 3点 他 各4点×10 2 各3点×11
計100点

## ＜国語解説＞

**1** （論説文：大意・要旨，内容吟味，文脈把握，段落・文章構成，接続詞，脱文・脱語補充，漢字，語句の意味，品詞・用法，表現技法）

問1 a 問われている漢字は「総称」。①少量，②認証，③対象，④合唱，⑤対称。 b 問われている漢字は「廃れ」。①廃棄，②敗退，③配布，④排出，⑤背後。 c 問われている漢字は「差異」。①意志，②異様，③包囲，④依頼，⑤推移。 d 問われている漢字は「収束」。①修理，②習慣，③周囲，④収納，⑤就職。 e 問われている漢字は「要請」。①様子，②用意，③要点，④容姿，⑤栄養

問2 i 恐怖や不安を掻き立てる，とあるため，④が適切。 ii 「影を潜める」とは表面に出なくなることを表す表現。「世間から忘れられる」という受け身の表現ではない。 iii 「素人」の読みは「しろうと」。反対語である「玄人(くろうと)」も合わせて覚えておきたい。

問3 空欄アの直前の文は画家が亡くなったことで終わっている。死後その作品を画商に売約した②→画商の知り合いである美術界の有力者が高く評価①→その評価から世間でも高い評価⑤。③と④は読者への問いかけとなっているが，④「さて」で読者への問いかけへと話題を変えていること，③「それとも」で前の発言に対して別の選択肢を提示していることから，④→③の順番でつながると考える。②→①→⑤→④→③となり，3番目にくる⑤が適切。

問4 傍線部Aの2段落後，「また，芸術作品はふつう，『美』を表現するもの……ところが，今日では，美と芸術の結びつきは，必ずしも求められていません」とあり，⑤と合致する。

問5 傍線部Bの次の段落で「今でも根強い芸術観……によると，芸術は自然や人物をいわば模倣するもので，本物に似ていれば似ているほど評価される」とある。「今でも根強い」とは昔あった芸術観が現在でも根強いということ。①と合致する。

問6 Ⅰ 傍線部A「何を芸術作品と見なすかさえ，わからなくなっています」の具体例として「泉」という作品を紹介している。例を示す⑥が適切。 Ⅱ 前の文章で，芸術作品の評価は作品と対象の類似性を判定するとあり，空欄Ⅱの後の文章では，現代の芸術では現実を再現すると

いう考えが影を潜めているとあり，前の文に対して反対のことを述べている。逆説を表す⑤が適切。　Ⅲ 「たしかに○○。しかし△△。」は譲歩の表現といい，○○で一般論や反対意見を取り込みながら，△△で自分の主張を述べる表現技法。④が適切。

問7　空欄Ⅲから始まる段落が現代の芸術評価をまとめた部分。「評価する主体が必要」でその主体が行う評価が「主観的な評価」であるが，それはバラバラではなく，「一定の合意が形成され」ていくもの，とある。②と合致する。

問8　X　Xには現代では影を潜めている描き方，つまり実物を写し取る書き方＝「写実」が適切。

やや難　重要　Y　空欄Yの前にある「一般的基準も存在しない」とあり，一般的基準とは客観的な基準である。「客観」が適切。　Z　空欄Zを含む段落は，芸術の評価が単なる主観だけであるかどうかが述べられている。「主観」が適切。

問9　①の「努力が認められる」というのは権力価値でも市場価値でもないため，間主観的価値には当てはまらない。⑤自分がどう思うかは間主観的価値ではない。間違っているものを問う設問なので，①と⑤が適切。

問10　①権力価値だけを評価の基準にしているから不適切。②・③市場価値だけを評価の基準にしているから不適切。④市場価値と権力価値の両方を評価の基準に挙げているから適切。⑤「それぞれ別物と扱いながら」が，傍線部Eの直前の文「『市場価値』と『権力価値』は別物ではなく」と矛盾するため不適切。

問11　①Pは仮定の順接を示す接続助詞。②Qは同類を示す副助詞。③Rは確定の逆説を示す接続助詞。④Sは題目を示す副助詞。⑤Tは仮定の順接を示す接続助詞。

やや難　問12　傍線部Gが含まれる段落で人工知能も「忖度」ができる仕組みを述べた後，具体例として，芸術界の権力関係を「忖度」できる人工知能の登場の可能性を述べている。⑤が適切。①「声高に宣言する」のであれば，「人工知能が必ず登場するはずだ」など強い表現となろうが，「かもしれません」と推測の表現であり弱いため不適切。

問13　①昔の芸術の評価基準であり合致する。②人工知能が芸術作品を作ることは本文では触れられていない。③それぞれの主観だけでなく間主観的な評価で評価されている。④傍線部Eの直前の文で「『市場価値』と『権力価値』は別物ではなく，相互に連動している」とあり，合致する。⑤人工知能は芸術界の権力関係に忖度するとはあるが，それを作りあげるとは本文にはない。⑥本文にはない。

**2**　(古文：内容吟味，文脈把握，脱文・脱語補充，語句の意味，品詞・用法)

まず登場人物を整理しておく。中将は主人公。光季は中将の家臣。故源中納言の娘は中将が気になっている姫君。花の邸の女の子は姫君の家の召使いで光季とつきあっている。大将は姫君の伯父で姫君を養女にして帝に差し上げるつもりでいる。祖母は姫君の祖母(＝姫君の父や大将の母)で姫君に男性が近づかないように注意している。

問1　a　傍線部aから中将と光季の会話が始まる。「のたまう」は「言う」の尊敬語。上位の者である中将の動作。　b　ここも中将と光季の会話。「立ちぬ」に敬語が使われていないため，光季の動作。　c 「夕さり，」で始まる段落から傍線部cまでが，光季と花の邸の女の子との会話。姫君に手紙を取り次がないのは女の子の動作。

問2 「遊び」とは，詩歌・管弦や舞などをして楽しむこと。音楽を話題にしているので，ここでは④が適切。

問3　傍線部Cのあとの「あれ」に注目する。「あれ」とは「あり」の已然形もしくは命令形。現代語訳をみると「います」になっており，命令形ではない。係り結びの法則で，「こそ」が文中に使われると，文末の活用が已然形になるため，「こそ」が入っていたと考える。

問4　現代語訳では，「光季が，」から始まる段落の「近衛の御門のあたりに，見事に(琵琶)を弾く人がいます」の部分。その後，中将が詳しく話してくれというので光季が「亡くなった源中納言の娘です」と答えている。

問5　問題文中に「中将は，ある姫君のことが気になっている」とあり，光季がその姫君のこととその家のことをおしゃべりしていたので，「こまやかに語れ」と話している。④が適切。

問6　①「よろし」とは「好ましい，ふさわしい，まずまずだ」などの意。②「をかし」とは「興味深い，愛らしい」などの意。③「わづらはし」とは「面倒だ，うるさい，気を遣わせる」などの意。④「あはれなり」とは「趣深く感じる」などの意。⑤「めでたし」とは，「すばらしい，喜ばしい」などの意。人からのお手紙を姫君に取り次げないのは男を近づけないように大将がうるさく言うからだと考えて③にする。また①・②・④・⑤はどれも似ている意味の語である。

問7　現代語訳のこの部分は，「その同じ花の邸で」から始まる段落の「めでたいようなことなどを，大将が公言なさっている」とある。大将が喜ばしいこととして皆の前で話すとすれば，④が適切。②は大将が言わなくとも世間の人々は知っている。姫君を帝にやるという話を大将がしている同じ家で中将の企みの話が同時進行でされているという対比がある。

問8　現代語訳の「光季の車でいらっしゃった。」から始まる段落で，「薄暗く，母屋にとても小柄な格好で横になっていらっしゃる人を……引き抱えて」とあり，薄暗く本人かどうかを確認せず車に乗せていること，その後「車を急いで走らせた時」とあり，中将が急いでいる様子がわかることから，①が適切。

問9　④の平家物語は鎌倉時代の成立。平安後期に起こった平家の栄華と没落，武士階級の台頭などを描いた作品。

**★ワンポイントアドバイス★**

現代文と古文の2問しかなく古文での高得点も求められるが，現代語訳があるとは言え本格的な古文が出題されている。対策として，現代語訳付きの古文の問題を多くこなして，慣れておくことは必須である。

大切なことはメモしておこうネ！

T.G

# 2019年度

★★★★★★★★★★★★★★★★★★★★★★★★

# 入 試 問 題

# 2019年度

# 名城大学附属高等学校入試問題

【数　学】（40分）　＜満点：100点＞

【注意】数学については，問題文中の ア ， イ などの □ には，特に指示のない限り，数値または符号（−）が入ります。これらを次の方法で解答記入欄にマークしなさい。

(1) ア・イ・ウ………の一つ一つは，それぞれ0から9までの数字または（−）のいずれか一つに対応します。それらをア・イ・ウ…で示された解答記入欄にマークします。

（例） ア イ に「−4」と答えるとき

| | | | | | | | | | | | |
|---|---|---|---|---|---|---|---|---|---|---|---|
| ア | ● | ⓪ | ① | ② | ③ | ④ | ⑤ | ⑥ | ⑦ | ⑧ | ⑨ |
| イ | ⊖ | ⓪ | ① | ② | ③ | ● | ⑤ | ⑥ | ⑦ | ⑧ | ⑨ |

(2) 分数や無理数の形で解答が求められているときは，最も簡単な形で答えなさい。(−) の符号は分子につけ，分母につけてはいけません。

（例） $\dfrac{\text{ウ}\ \text{エ}}{\text{オ}}$ に「$-\dfrac{8}{5}$」と答えるとき

| | | | | | | | | | | | |
|---|---|---|---|---|---|---|---|---|---|---|---|
| ウ | ● | ⓪ | ① | ② | ③ | ④ | ⑤ | ⑥ | ⑦ | ⑧ | ⑨ |
| エ | ⊖ | ⓪ | ① | ② | ③ | ④ | ⑤ | ⑥ | ⑦ | ● | ⑨ |
| オ | ⊖ | ⓪ | ① | ② | ③ | ④ | ● | ⑥ | ⑦ | ⑧ | ⑨ |

(3) 定規，分度器，コンパスは使用できません。

**1** 次の問いに答えなさい。

(1) $-3^2 \div \left(-\dfrac{3}{2}\right)^2 - \left\{\dfrac{1}{3} - \left(\dfrac{1}{3} - 0.5\right) \div 0.25\right\} =$ ア イ である。

(2) 連立方程式 $\begin{cases} x : y = 1 : 2 \\ 3x - 2y = -5 \end{cases}$ を満たす $y$ の値は，$y =$ ウ エ である。

(3) $x = \sqrt{3} + 2$，$y = \sqrt{3} - 2$ のとき，$x^3y - xy^3 =$ オ カ $\sqrt{\text{キ}}$ である。

(4) $-\dfrac{5}{3}$ より大きく $2\sqrt{10}$ より小さい整数は ク 個ある。

(5) 右の図のような正三角形ABCがある。点Aが辺BC上にくるように折り返し，折り目を線分DE，点Aが移った点をFとする。このとき，CE＝$\dfrac{\text{ケ}\ \text{コ}}{\text{サ}}$cmである。

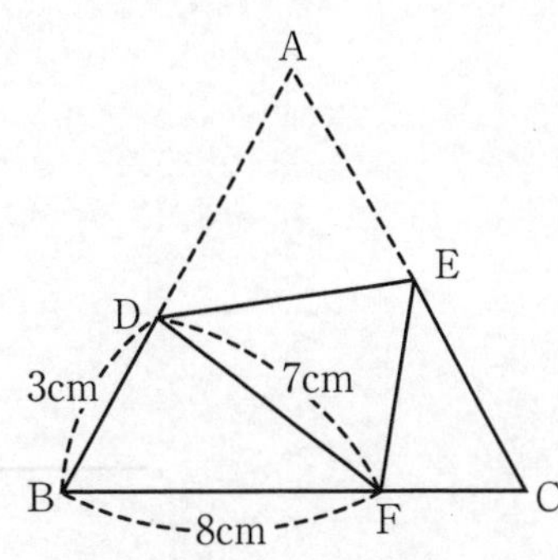

⑹　右の図のようなAB＝２㎝，AC＝３㎝，∠B＝90°の直角三角形ABCを辺ABを軸として一回転させたときにできる立体の体積は

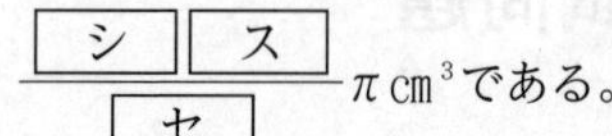


$\pi$ ㎝$^3$である。

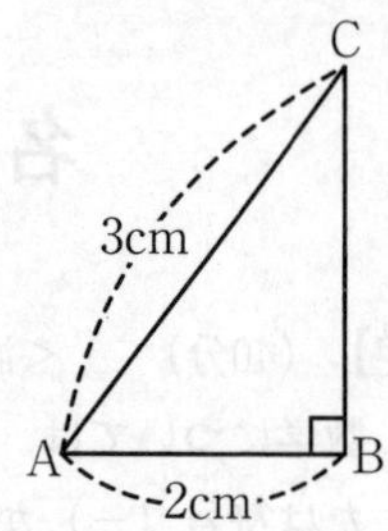


**2**　連続する自然数の３乗の和を考える。このとき，次の問いに答えなさい。

⑴　$1^3+2^3=(1+2)$［ア］である。

⑵　$1^3+2^3+3^3=$［イ］［ウ］である。

⑶　$1^3+2^3+3^3+\cdots\cdots+($［エ］［オ］$)^3=3025$ である。

**3**　右の図において，∠COD－∠CAD＝44°である。このとき，∠CAD＋∠AEB＝［ア］［イ］°である。

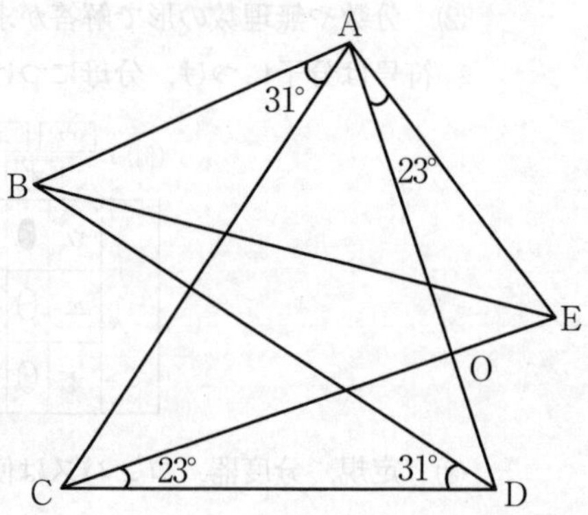


**4**　２次関数 $y=x^2$…① と１次関数 $y=x+1$…② がある。下の図は，関数①と関数②をグラフで表したものである。また，下の図のように①と②の交点をA，Bとおく。ただし，点Aの $x$ 座標は点Bの $x$ 座標より小さいものとする。このとき，あとの問いに答えなさい。

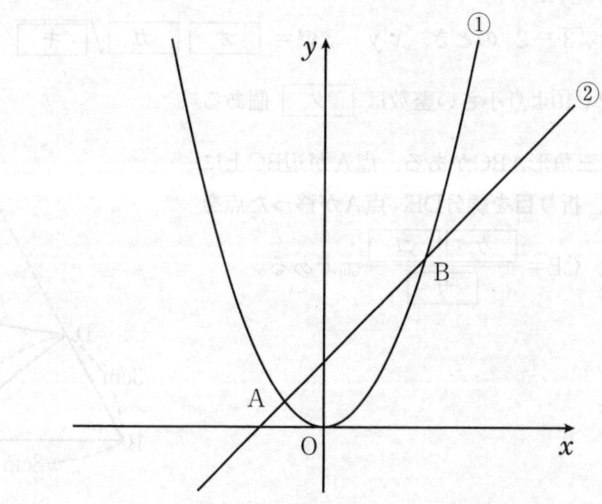

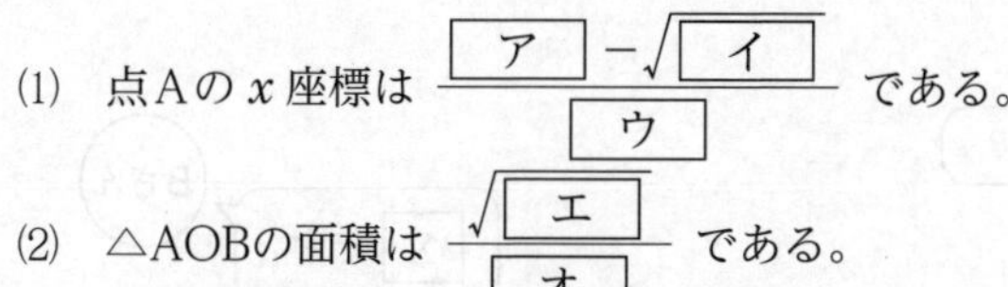

⑴　点Aの $x$ 座標は $\dfrac{\boxed{ア}-\sqrt{\boxed{イ}}}{\boxed{ウ}}$ である。

⑵　△AOBの面積は $\dfrac{\sqrt{\boxed{エ}}}{\boxed{オ}}$ である。

⑶　点Dを関数①のグラフ上にとる。ただし，点Dの $x$ 座標は，点Aの $x$ 座標よりも大きく，点Bの $x$ 座標よりも小さいものとする。点Dの $x$ 座標を $t$ とおくとき，

△ADBの面積は $-\dfrac{\sqrt{\boxed{カ}}}{\boxed{キ}}(t^2-t-\boxed{ク})$ である。

**5**　袋の中に①～⑧の数字が１つずつ書かれた同じ大きさの８枚のカードが入っている。袋の中からカードを１枚取り出し，そのカードに書かれた数を $a$ とする。次に，取り出したカードをもとに戻し，もう一度袋の中からカードを１枚取り出す。そのカードに書かれた数を $b$ とする。４点O(０，０)，A(０，４)，P($a$, $b$)，Q($b$, $a$)とし，１目盛りの大きさを１㎝とする。このとき，次の問いに答えなさい。

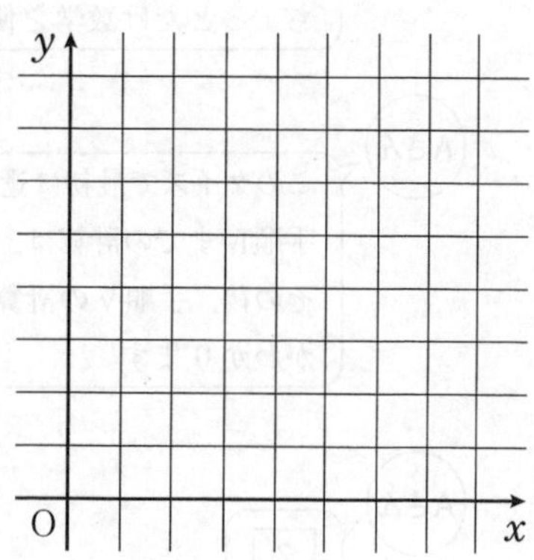


⑴　点Pが直線 $y=x$ 上にある確率は $\dfrac{\boxed{ア}}{\boxed{イ}}$ である。

⑵　△OAPの面積が10㎠となる確率は $\dfrac{\boxed{ウ}}{\boxed{エ}}$ である。

⑶　点Pと点Qの距離が $2\sqrt{2}$ ㎝となる確率は $\dfrac{\boxed{オ}}{\boxed{カ}\boxed{キ}}$ である。

**6**　西暦2019年２月７日に年齢を当てるクイズを次の手順で実施しました。

〈手順〉

Ⅰ　１～９までの好きな数字を１つ選んでください。
Ⅱ　選んだ数字を４倍してください。
Ⅲ　手順Ⅱで得られた数字に80を足し，100倍して４で割ってください。
Ⅳ　西暦2019年２月７日の時点で誕生日を迎えていれば，手順Ⅲで得られた数字に19を足し，迎えていなければ，18を足してください。
Ⅴ　手順Ⅳで得られた計算結果から生まれた年（西暦）を引いてください。
※ただし，クイズの対象者は，(i)計算ミスをしない (ii)０～99才とします。

このクイズについて，AさんとBさんが会話をしています。会話文を読んで，次の問いに答えなさい。ただし，Bさんは，西暦1999年１月11日生まれであり，手順Ⅰにおいて好きな数字は“３”を選んだとします。

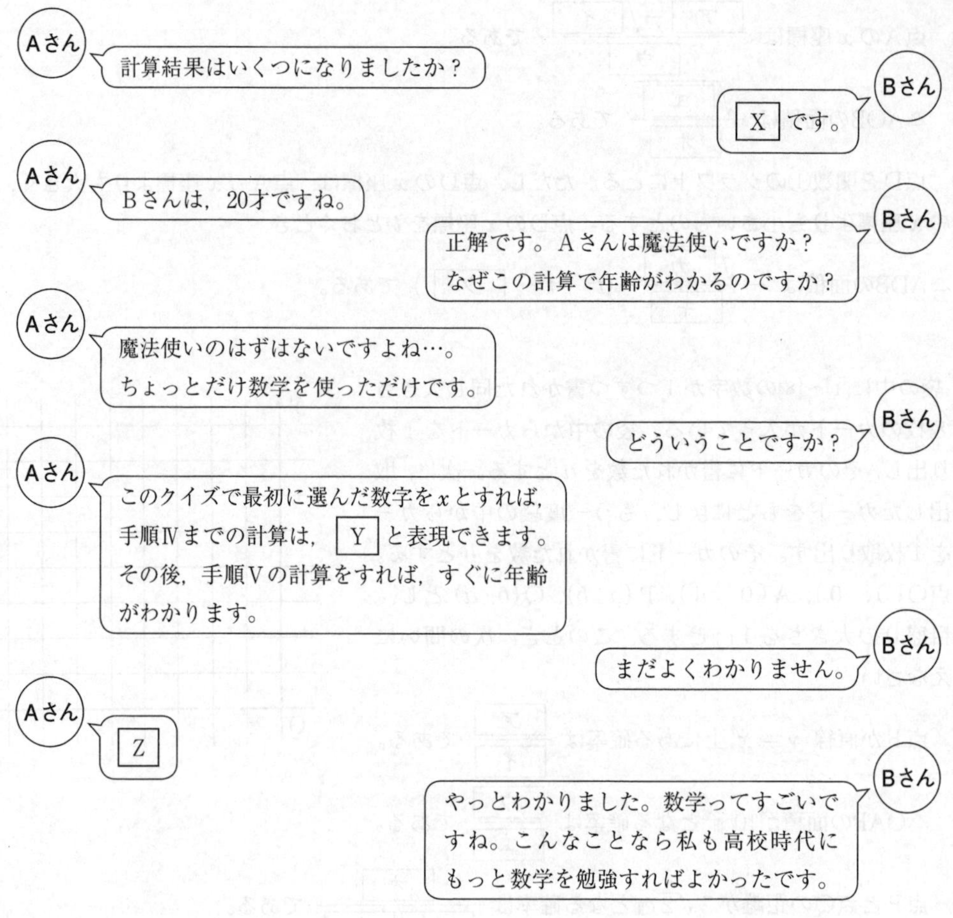


(1) X にあてはまる数字は ア イ ウ である。

(2) Y と Z にあてはまる文章の組み合わせとして適切なものを下の【選択肢】①～⑨の中から，最も適当なものを選び， エ にマークしなさい。

〔Y〕 a $100x-2019$ または，$100x-2018$

b $25x+2019$ または，$25x+2018$

c $100x+2019$ または，$100x+2018$

〔Z〕 d $x$の値にかかわらず，手順Ⅳの計算結果は2319または，2318になります。すなわち，手順Ⅴの計算結果から300を引くことにより年齢がわかります。

e $x$の値は，手順Ⅳの計算結果の下２桁に影響を与えません。すなわち，手順Ⅳの計算結果の下２桁は$x$の値にかかわらず，19または18になるため，手順Ⅴの計算結果の下２桁を確認することにより年齢がわかります。

f $x$の値は，手順Ⅳの計算結果の百の位と十の位に影響を与えます。すなわち，$x$の値にかかわらず，手順Ⅴの計算結果から25の倍数を引くことにより年齢がわかります。

【選択肢】

| | Y | Z |
|---|---|---|
| ① | a | d |
| ② | a | e |
| ③ | a | f |
| ④ | b | d |
| ⑤ | b | e |
| ⑥ | b | f |
| ⑦ | c | d |
| ⑧ | c | e |
| ⑨ | c | f |

【英　語】（40分）　＜満点：100点＞

**1**　次の各語の中で，下線部の発音が他と異なるものはどれですか。①～⑤の中から最も適当なものを選び，その番号をマークしなさい。

問１　① food　② wood　③ cool　④ school　⑤ room
解答番号は [1] です。

問２　① flower　② crowded　③ ground　④ though　⑤ cloudy
解答番号は [2] です。

**2**　次の各語の中で，最も強く発音する部分が他と異なるものはどれですか。①～⑤の中から最も適当なものを選び，その番号をマークしなさい。

問１　① lan-guage　② kitch-en　③ con-trol　④ traf-fic　⑤ A-pril
解答番号は [3] です。

問２　① um-brel-la　② rec-og-nize　③ eve-ry-one　④ pop-u-lar　⑤ com-pa-ny
解答番号は [4] です。

**3**　次の各英文の，（　）に入る語（句）はどれですか。①～⑤の中から，最も適当なものを選び，その番号をマークしなさい。

問１　We don't have to hurry. We have（　　）.　解答番号は [5] です。
① full time　② many time　③ much time　④ a lot of times
⑤ some times

問２　This dictionary is not mine. I think it's（　　）.　解答番号は [6] です。
① her　② their　③ our　④ his　⑤ there

問３　Yesterday I got an e-mail（　　）English.　解答番号は [7] です。
① writing by　② to write in　③ writing in　④ written in
⑤ written by

問４　I'm looking forward to（　　）you again. See you then.
解答番号は [8] です。
① call　② be calling　③ calling　④ call for　⑤ call to

問５　I have known Mr. Aragaki（　　）1992.　解答番号は [9] です。
① for　② since　③ until　④ from　⑤ in

問６　"How（　　）do you clean your room in a week?"　"Only one time."
解答番号は [10] です。
① many　② much　③ about　④ often　⑤ long

**4**　次の各日本文に合うように語を並べかえた場合，（　）内での順番が【　】に指定されたものの組み合わせとして正しいものはどれですか。①～⑤の中から，最も適当なものを選び，その番号をマークしなさい。ただし，文頭になるものも小文字で記してあります。

〈例〉　彼はテーブルの上にこの本を置いた。【２番目と４番目】

He ( this / book / table / on / put / the ).

→He ( put this book on the table ).

２番目：this / ４番目：on

問１　彼が昨日使ったコンピュータが今日動きません。【３番目と６番目】

解答番号は 11 です。

The ( which / doesn't / used / he / computer / yesterday / work ) today.

①３番目：work / ６番目：used

②３番目：work / ６番目：yesterday

③３番目：used / ６番目：doesn't

④３番目：he / ６番目：yesterday

⑤３番目：he / ６番目：doesn't

問２　どちらの映画を選んだらいいのだろう。【３番目と６番目】　解答番号は 12 です。

( movie / don't / choose / know / which / to / I ).

①３番目：know / ６番目：to

②３番目：to / ６番目：don't

③３番目：don't / ６番目：choose

④３番目：know / ６番目：movie

⑤３番目：choose / ６番目：to

問３　ヒロシが私の家に来たとき，私はテレビを見ていました。【３番目と６番目】

解答番号は 13 です。

( visited / when / my / TV / watching / was / I / Hiroshi ) house.

①３番目：watching / ６番目：Hiroshi

②３番目：visited / ６番目：I

③３番目：visited / ６番目：Hiroshi

④３番目：was / ６番目：my

⑤３番目：watching / ６番目：my

問４　この図書館には何冊の本があるのですか。【２番目と５番目】　解答番号は 14 です。

( this / there / how / in / are / many / books ) library?

①２番目：are / ５番目：there

②２番目：there / ５番目：in

③２番目：many / ５番目：there

④２番目：there / ５番目：are

⑤２番目：many / ５番目：in

問５　彼は年をとりすぎていて，息子より速く走れない。【３番目と６番目】

解答番号は 15 です。

He is ( son / old / too / than / to / run / his / faster ).

①３番目：too / ６番目：faster

②３番目：his / ６番目：to

③３番目：run / ６番目：son

④３番目：faster　　　　／６番目：old
⑤３番目：to　　　　　　／６番目：than

**5**　次の対話文の，（A）～（F）に入る表現はどれですか。①～⑤の中から，最も適当なものを選び，その番号をマークしなさい。

Good morning! I'm Barry Smiles. Welcome to the *Yes/No Contest*. Our rules are very simple. I'll ask you questions for one minute. You must answer, but you can't answer with "Yes" or "No." You can't *nod or *shake your head, either. Now, here is our first *challenger, Anne Mock from Palm Beach, Florida.

Smiles : What's your name?
Anne : Anne. Anne Mock.
Smiles : Where are you from, Anne?
Anne : Palm Beach.
Smiles : Did you say Palm Springs?
Anne : ( A ), Palm...(**Gong!*)
Smiles : Oh, I'm sorry, Anne. You said "( A )." Our next challenger is Chuck Fleener from St. Louis, Missouri. It's *Doctor* Fleener, isn't it?
Chuck : ( B ), but you call me Chuck.
Smiles : I see. You are ready, aren't you, Chuck?
Chuck : I'm ready.
Smiles : Did you nod your head?
Chuck : I didn't.
Smiles : Are you sure?
Chuck : ( C ), I'm sure.... (*Gong!*)
Smiles : Oh! I'm sorry, Chuck. Better luck next time. Now, here's our third challenger. He's Richard Oropallo from Washington, D.C. Hello, Richard.
Richard : Hello, Barry.
Smiles : You work in a hotel, ( D )?
Richard : That's correct.
Smiles : Do you like your job?
Richard : I enjoy it very much.
Smiles : Oh, do you?
Richard : I said, "I enjoy it very much."
Smiles : Now, you have a wife, don't you?
Richard : I have a wife.
Smiles : Is she here tonight?
Richard : She's at home in Washington.
Smiles : So she isn't here.

Richard : ( E ).

Smiles : Do you have any children?

Richard : I have two children.

Smiles : Two boys?

Richard : A boy and a girl.

Smiles : And... (*Buzz!) That's ( F ) minute! You've done it, Richard! Isn't that wonderful, everybody? He's won tonight's prize — a new dishwasher!

(adapted from *the website of Arbeitsblätter English*)

*nod：うなずく　*shake：振る　*challenger：挑戦者　*Gong：ゴン（という鐘の音）

*Buzz：ブー（というブザーの音）

（A） ① Yes　② No　③ Correct　④ Beach　⑤ I didn't　解答番号は 16 です。

（B） ① Yes　② No　③ ASAP　④ Excuse me　⑤ Chuck　解答番号は 17 です。

（C） ① Yes　② No　③ Shake my head　④ I don't know　⑤ Sure　解答番号は 18 です。

（D） ① didn't you　② aren't you　③ do you　④ don't you　⑤ are you　解答番号は 19 です。

（E） ① Of course, yes　② Of course, not　③ That's wrong　④ That's all　⑤ No, she isn't　解答番号は 20 です。

（F） ① one　② two　③ three　④ four　⑤ ten　解答番号は 21 です。

**6** 英文を読み，あとの問いに答えなさい。

In 1994, Nelson Mandela became the first black president of South Africa. He ended *apartheid, but blacks and whites still did not *trust each other. Mandela needed something to *unite the whole nation. In 1995, the Rugby World Cup was coming to South Africa. He decided to make use of (1) it.

Mandela met with Francois Pienaar, captain of the national rugby team. When the president said, "Sports can bring peace to our nation," Pienaar ( 2 ), "We must win the World Cup!"

Black people did not support the Springboks, the national rugby team. In South Africa, (3)( that rugby / sport / for / people thought / was a / white people ).

(4) Moreover, the Springboks did not have much experience in international games. People did not think that (5) they would do well in the World Cup.

But, Mandela believed in the team. He called the team members "his sons." He told black people, "Let's support the Springboks. They are our team. All *races must work together to build a new country."

The World Cup began. To people's surprise, the Springboks kept ( 6 ) games. More and more black people began to support the team.

On the day of the *final, the audience at the stadium saw that Mandela was encouraging the team. He was wearing Springboks clothes. South Africans of all races were ( 7 ) their president, team, and country.

The game was very difficult, but in the end the Springboks won! Everyone *shared in their pleasure. At that time, the new South Africa was born.

(adapted from *COMET English Communication II, SUKEN SHUPPAN*)

*apartheid：アパルトヘイト（人種隔離政策） *trust：信用する

*unite the whole nation：国中をまとめる *races：人種 *final：決勝戦 *share in：分かち合う

問1 下線部(1)が具体的に指すものはどれですか。①～⑤の中から，最も適当なものを選び，その番号をマークしなさい。 解答番号は 22 です。

① South Africa ② the whole nation ③ the Rugby World Cup
④ Mandela ⑤ apartheid

問2 （2）に入る表現として正しいものはどれですか。①～⑤の中から，最も適当なものを選び，その番号をマークしなさい。 解答番号は 23 です。

① falls ② feels ③ fell ④ felt ⑤ feeling

問3 下線部(3)の語（句）を意味の通るように並べかえた場合，（ ）内での順番が3番目と5番目になるものの組み合わせとして正しいものはどれですか。①～⑤の中から，最も適当なものを選び，その番号をマークしなさい。 解答番号は 24 です。

①3番目：white people / 5番目：was a
②3番目：was a / 5番目：that rugby
③3番目：was a / 5番目：for
④3番目：white people / 5番目：for
⑤3番目：people thought / 5番目：that rugby

問4 文脈から判断して，下線部(4)の単語の意味としてふさわしいものはどれですか。①～⑤の中から，最も適当なものを選び，その番号をマークしなさい。 解答番号は 25 です。

①しかし ②そのため ③つまり ④逆に ⑤その上

問5 下線部(5)が具体的に指すものはどれですか。①～⑤の中から，最も適当なものを選び，その番号をマークしなさい。 解答番号は 26 です。

① much experience ② people ③ international games ④ all races
⑤ the Springboks

問6 （6）に入る表現として正しいものはどれですか。①～⑤の中から，最も適当なものを選び，その番号をマークしなさい。 解答番号は 27 です。

① winning ② win in ③ for winning ④ to winning ⑤ to win

問7 （7）に入る表現として正しいものはどれですか。①～⑤の中から，最も適当なものを選び，その番号をマークしなさい。 解答番号は 28 です。

① afraid of ② added to ③ proud of ④ passed on ⑤ full of

問8 本文の表題としてふさわしいものはどれですか。①～⑤の中から，最も適当なものを選び，その番号をマークしなさい。 解答番号は 29 です。

① Let's learn rugby rules ② Enjoy the Rugby World Cup

③ World dangerous sports　④The Rugby team for black people

⑤ Win for our nation

問9　本文の内容に合っているものはどれですか。①～⑤の中から，最も適当なものを選び，その番号をマークしなさい。　解答番号は 30 です。

①After the Springboks won the final, Nelson Mandela became the first black president of South Africa.

②Francois Pienaar was the best rugby player in the world.

③Black people didn't support the Springboks because they didn't know the rugby rules.

④Though the Springboks joined the World Cup, the team soon lost the game.

⑤On the day of the final of the Rugby World Cup, Nelson Mandela wore Springboks clothes.

**7**　英文を読み，あとの問いに答えなさい。

(ア) Germs are everywhere. You can't see them, but they are on your table, on your computer, and even in the air!

Like people, germs move around the world. They fly with us on airplanes. When food, clothes, and other things travel around the world, germs travel, ( 1 ). Some germs are ( 2 ), but some are dangerous. Germs become the cause of diseases like the *flu.

**Warmer Weather Brings Germs**

The world's weather is changing. Cooler countries are getting warmer, so *insects from hot countries can move (3) there. Some of these ( 4 ), like *mosquitoes, carry dangerous *viruses. Because of these viruses, people suffer from headaches, fever and so on. Sometimes they can even kill people.

**Under Your *Skin**

Your skin protects you from germs.

㋐ They come into your body when you touch your eyes, nose, or mouth with them.

㋑ Germs are on your hands, too.

㋒ They can come into your body when you get injured, or when you cut your skin.

㋓ It stops some germs, but not all.

**Fighting Germs**

Your *immune system protects you, too. When germs come into your body, your immune system finds and kills them. Special *cells move around your body and fight germs. They work well, so you can keep healthy. Other cells make (イ) antibodies. Antibodies can find and stop germs.

（ 5 ） You should wash your hands with *soap and water. Soap kills many germs, and water washes them away.

(adapted from *Time Zones student book 2*, *NATHIONAL GEOGRAPHIC*)

*flu：インフルエンザ　*insects：虫　*mosquitoes：蚊　*viruses：ウイルス　*skin：皮膚
*immune system：免疫システム　*cells：細胞　*soap：せっけん

問1　文脈から判断して，（1）に入る語（句）として正しいものはどれですか。①～⑤の中から，最も適当なものを選び，その番号をマークしなさい。　解答番号は 31 です。

①much earlier　②once　③yet　④too　⑤again

問2　文脈から判断して，（2）に入る語として正しいものはどれですか。①～⑤の中から，最も適当なものを選び，その番号をマークしなさい。　解答番号は 32 です。

①delicious　②small　③impressive　④developing　⑤safe

問3　下線部⑶が具体的に指すものはどれですか。①～⑤の中から，最も適当なものを選び，その番号をマークしなさい。　解答番号は 33 です。

①everywhere
②cooler countries
③the air
④the world
⑤warmer countries

問4　文脈から判断して，（4）に入る語として正しいものはどれですか。①～⑤の中から，最も適当なものを選び，その番号をマークしなさい。　解答番号は 34 です。

①insects　②countries　③mosquitoes　④viruses　⑤people

問5　㋐～㋓の英文を意味が通るように並べかえる場合，正しいものはどれですか。①～⑤の中から，最も適当なものを選び，その番号をマークしなさい。　解答番号は 35 です。

①㋓→㋑→㋒→㋐　②㋓→㋐→㋒→㋑
③㋐→㋓→㋒→㋑　④㋐→㋑→㋒→㋓
⑤㋓→㋒→㋑→㋐

問6　文脈から判断して，下線部（ア）の単語の意味としてふさわしいものはどれですか。①～⑤の中から，最も適当なものを選び，その番号をマークしなさい。　解答番号は 36 です。

①窒素　②ほこり　③紫外線　④電磁波　⑤細菌

問7　文脈から判断して，下線部（イ）の単語の意味としてふさわしいものはどれですか。①～⑤の中から，最も適当なものを選び，その番号をマークしなさい。　解答番号は 37 です。

①赤血球　②抗体　③酸素　④粘膜　⑤血小板

問8　（5）に入る表現として正しいものはどれですか。①～⑤の中から，最も適当なものを選び，その番号をマークしなさい。　解答番号は 38 です。

①What do you fight germs?
②Why can't you do to fight germs?
③Why don't you do to fight germs?
④What can you fight germs?
⑤What can you do to fight germs?

問 9　本文の内容に合っているものはどれですか。①～⑤の中から，最も適当なものを選び，その番号をマークしなさい。　解答番号は 39 です。

① Germs cannot travel around the world by airplane.

② Warmer countries are getting cooler.

③ You should not eat a lot because germs can come into your body.

④ You need to clean your hands to fight germs.

⑤ Only mosquitoes carry dangerous viruses.

【理　科】（30分）　＜満点：100点＞

**1**　次の各問いに答えなさい。

問１　2018年６月27日，探査機「はやぶさ２」はある小惑星の上空20㎞の位置に到着しました。今後，小惑星内部の砂の採取に挑み，地球に帰還する予定です。この探査機が到着した小惑星の名前は何ですか。①～⑤の中から，最も適当なものを選び，その番号をマークしなさい。

解答番号は［1］です。

①アカツキ　②イトカワ　③イブキ　④カグヤ　⑤リュウグウ

問２　アメリカ合衆国ハワイ島のキラウエア火山で2018年５月初旬より火山活動が活発化しました。キラウエア火山のように傾斜のゆるやかな火山の形をしている日本の火山の名前は何ですか。①～⑤の中から，最も適当なものを選び，その番号をマークしなさい。

解答番号は［2］です。

①伊豆大島　②富士山　③昭和新山　④雲仙岳　⑤浅間山

問３　次の**ア**～**ウ**の文のうち，つりあいについて正しく述べた文はどれですか。①～⑤の中から，最も適当なものを選び，その番号をマークしなさい。　解答番号は［3］です。

**ア**　机の上にリンゴが置いてある。このとき，リンゴが机を下向きに押す力と机がリンゴを上向きに押す力がつりあっている。

**イ**　一方が天井に固定され，もう一方の端におもりが取り付けられつり下げられている軽いバネが，元の長さより少しだけ伸びて静止している。このとき，バネが天井を引く力とバネがおもりを引く力はつりあっている。

**ウ**　体積の半分だけ水面より上に出ている状態で浮かんでいる木片がある。このとき，木片にはたらく重力と木片にはたらく浮力はつりあっている。

①アとイ　②アとウ　③ア　④イ　⑤ウ

問４　一直線上を，1.0秒間隔で音を出しながら17m／ｓで進んでいる自動車があります。Ａさんは同じ直線上，自動車の前方で音を聞きました。Ａさんの聞いた音は何秒間隔でしたか。音の伝わる速さは340m／ｓであり，自動車の速さには影響されません。またこのとき風はふいていませんでした。①～⑤の中から，最も適当なものを選び，その番号をマークしなさい。

解答番号は［4］です。

①0.80秒　②0.95秒　③1.0秒　④1.05秒　⑤1.20秒

問５　うすい塩酸に亜鉛板と銅板を入れて，導線を用いて電子オルゴールにつないだところ電子オルゴールが鳴りました。下の６つの液体について，塩酸の代わりに用いたときに電子オルゴールが鳴るものは何種類ありますか。①～⑤の中から，最も適当なものを選び，その番号をマークしなさい。　解答番号は［5］です。

70％エタノール水溶液　砂糖水　食塩水

蒸留水　水酸化ナトリウム水溶液　水酸化バリウム水溶液

①１種類　②２種類　③３種類　④４種類　⑤５種類

問６　試験管Ａ～Ｅにうすい塩酸を2.0㎤と少量のBTB溶液をそれぞれ入れました。この試験管Ａ～Ｅに水酸化ナトリウム水溶液をそれぞれ1.0㎤，2.0㎤，3.0㎤，4.0㎤，5.0㎤加え，BTB溶液の色の変化を調べました。次のページの表は，その結果をまとめたものです。この実験で加えた水酸化ナトリウム水溶液の体積と，水酸化ナトリウム水溶液を加えた後の水酸化物イオンの数の関係をグラフに表したものはどれですか。①~⑤の中から，最も適当なものを選び，その番号をマークしなさい。　解答番号は 6 です。

| 試験管 | A | B | C | D | E |
|---|---|---|---|---|---|
| 水酸化ナトリウム水溶液の体積［$cm^3$］ | 1.0 | 2.0 | 3.0 | 4.0 | 5.0 |
| BTB溶液の色 | 黄色 | 黄色 | 黄色 | 緑色 | 青色 |

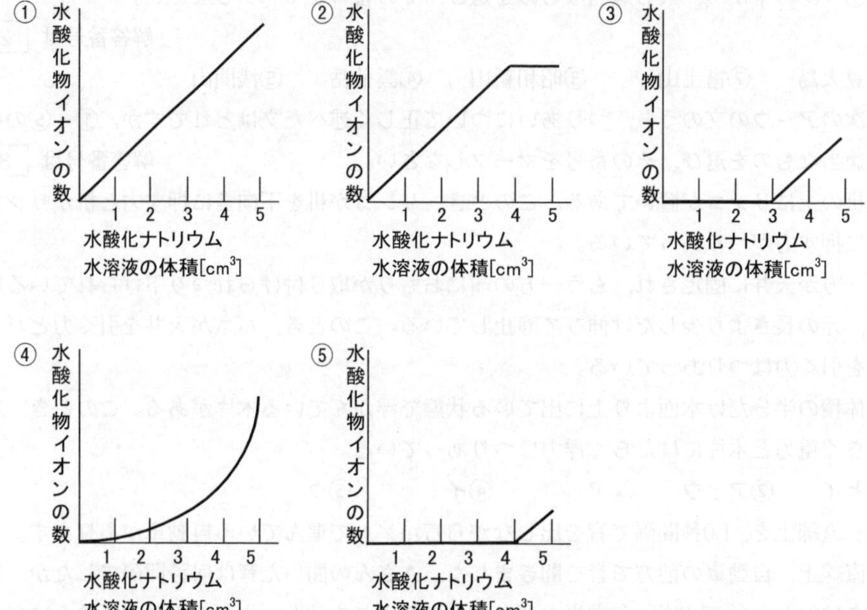


問7　ある物体を見ているとき，その部屋全体を暗くしていきました。そのときのひとみ（瞳孔）の変化と網膜上につくられる像の大きさの変化について述べた次の文のうち，正しいものはどれですか。①~⑤の中から，最も適当なものを選び，その番号をマークしなさい。

解答番号は 7 です。

①ひとみ（瞳孔）は拡大し，網膜上の像は変わらない。
②ひとみ（瞳孔）は拡大し，網膜上の像は小さくなる。
③ひとみ（瞳孔）は拡大し，網膜上の像は大きくなる。
④ひとみ（瞳孔）は縮小し，網膜上の像は小さくなる。
⑤ひとみ（瞳孔）は縮小し，網膜上の像は大きくなる。

問8　ヒトの肺，腎臓，肝臓を血液が通過するとき，血液中から減少する主な物質の組み合わせとして正しいものはどれですか。次のページの①~⑤の中から，最も適当なものを選び，その番号をマークしなさい。　解答番号は 8 です。

| | 肺 | 腎臓 | 肝臓 |
|---|---|---|---|
| ① | 酸素 | アンモニア | 尿素 |
| ② | 酸素 | 尿素 | グリコーゲン |
| ③ | 二酸化炭素 | 尿素 | アンモニア |
| ④ | 二酸化炭素 | アンモニア | 尿素 |
| ⑤ | 二酸化炭素 | グリコーゲン | アンモニア |

**問9**　2月15日の午前0時にオリオン座が南中しました。同じ観測点で，4月15日にオリオン座が南中する時刻はいつごろですか。①～⑤の中から，最も適当なものを選び，その番号をマークしなさい。

解答番号は 9 です。

①午前0時　②午前2時　③午前4時　④午後8時　⑤午後10時

**問10**　日本の天気の特徴について述べた次の文のうち，誤りを含むものはどれですか。①～⑤の中から，最も適当なものを選び，その番号をマークしなさい。　解答番号は 10 です。

① 春は，中国の揚子江あたりで発生した移動性高気圧と温帯低気圧が交互に日本を通過していく。春の天気は短い周期で変化することが多い。

② 夏が近づくころには，オホーツク海気団の冷たく湿った空気と小笠原気団の暖かく湿った空気が接するところに，東西に長くのびた停滞前線が現れる。

③ 夏は小笠原気団が発達し，南高北低の気圧配置になりやすい。小笠原気団の暖かく湿った空気が南東の風となって日本にふき，蒸し暑い晴れの日が続く。

④ 日本の南方海上で発生した熱帯低気圧のうち，最大風速が約17m／s以上になったものを台風という。台風の中心付近に強い下降気流が発生するため，強い風をともなった激しい雨が降る。

⑤ 冬はシベリア気団が発達し，西高東低の気圧配置になりやすい。強い北西の風が日本にふき，日本海側では筋状の雲が発生して雪が降り，太平洋側では晴れの天気になる。

**2**　電流と磁界について調べるために，いくつかの実験を行いました。次の各問いに答えなさい。

【実験1】 図1のように，水平に支えたコイル1に検流計をつなぎ，棒磁石のN極を上から下に速く動かしてコイル1に近づけたら検流計の針が少し一側（左側）にふれ，電流が流れたことがわかりました。

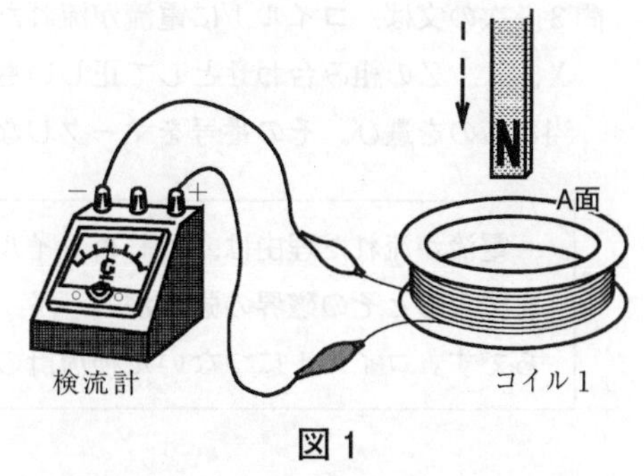

図1

**問1**　【実験1】と同じ装置を使用して，同じ棒磁石のS極を上から下に【実験1】のときよりも速く動かしたとき，検流計の針のふれはどうなりますか。次のページの①～⑤の中から，最も適当なものを選び，その番号をマークしなさい。

解答番号は 11 です。

①針のふれる向きも，ふれの大きさもどちらも変わらない。
②針のふれる向きは同じで，ふれの大きさは小さくなる。
③針のふれる向きは同じで，ふれの大きさは大きくなる。
④針のふれる向きは逆で，ふれの大きさは小さくなる。
⑤針のふれる向きは逆で，ふれの大きさは大きくなる。

問2　【実験１】と同じ原理を利用していないものは次のうちどれですか。①～⑤の中から，最も適当なものを選び，その番号をマークしなさい。　解答番号は 12 です。

①電子レンジ　②変圧器　③発電機　④IH調理器　⑤非接触型ICカード

【実験２】 図２のような装置をつくり，コイル２につないだスイッチを閉じると，コイル１につないだ検流計の針がふれ，電流が流れたことがわかりました。

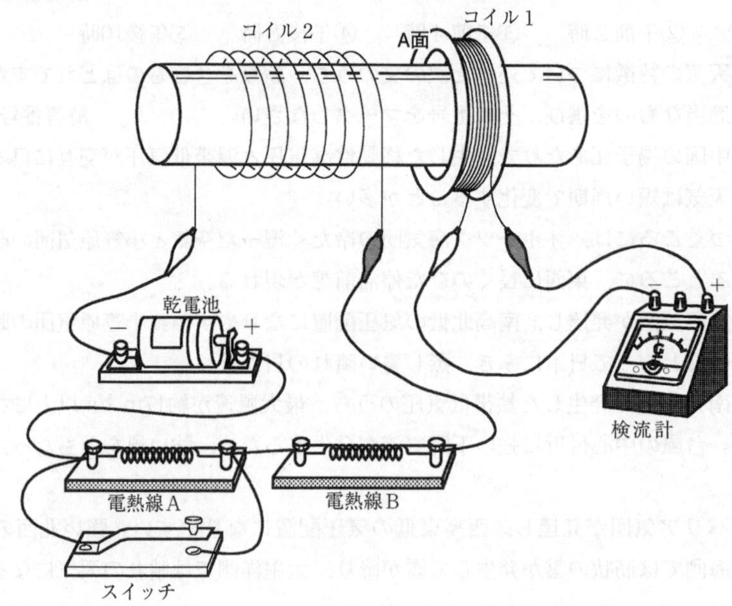


図２

問3　次の文は，コイル１に電流が流れた理由と流れた電流の向きについて説明しています。空欄Ｘ，Ｙ，Ｚの組み合わせとして正しいものはどれですか。次のページの①～⑤の中から，最も適当なものを選び，その番号をマークしなさい。　解答番号は 13 です。

> 電流が流れた理由は，はじめコイル２の右端が（　Ｘ　）極となっていますが，スイッチを閉じるとその磁界の強さが（　Ｙ　）なり，棒磁石を動かしたときと同じ状態になったからです。コイル１につないだ検流計の針は（　Ｚ　）にふれました。

| | X | Y | Z |
|---|---|---|---|
| ① | N | 強く | ＋側（右側） |
| ② | N | 弱く | －側（左側） |
| ③ | S | 強く | ＋側（右側） |
| ④ | S | 弱く | －側（左側） |
| ⑤ | S | 強く | －側（左側） |

【実験３】 図３のように，台車を走らせるための斜面と水平面をなめらかにつなぎ，コイル１の中を通過できるよう設置しました。次に，台車に棒磁石をＮ極が先頭になるように固定し，Ｐ点に置いて静かに手を離すと台車は斜面を下り，コイル１の中を通り抜けました。このとき，検流計の針はふれ，電流が流れたことがわかりました。

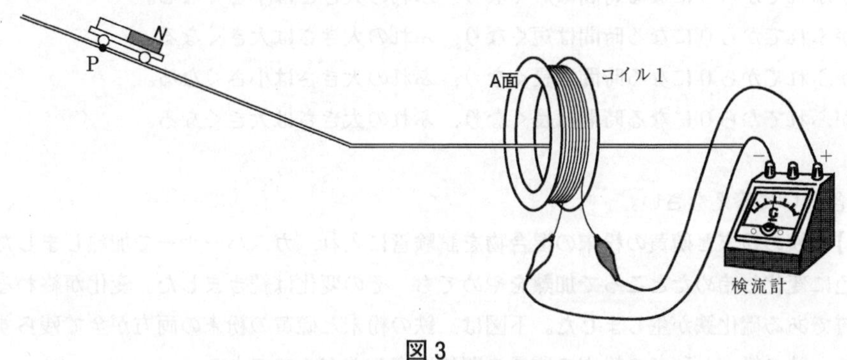


図３

問４　台車がコイルを通過するときの検流計に流れた電流の向きと大きさをグラフに表すとどのようになりますか。①～⑤の中から，最も適当なものを選び，その番号をマークしなさい。

解答番号は 14 です。

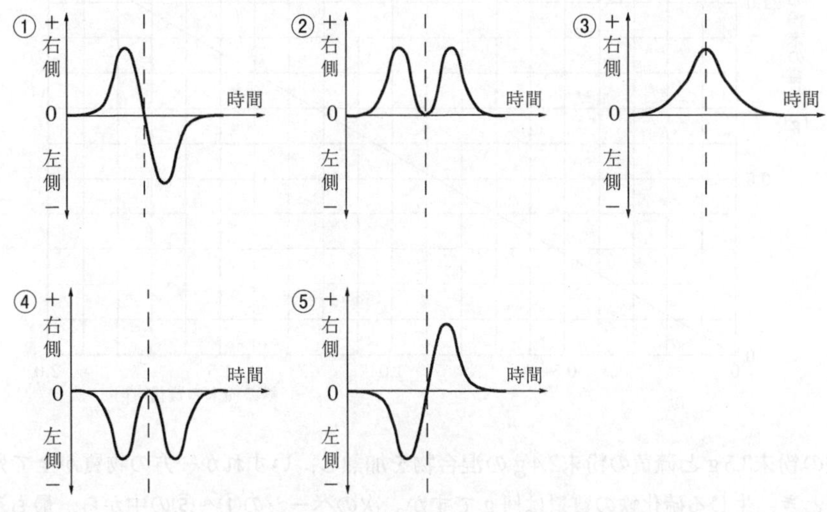

【実験4】　図4のように，【実験3】で用いた装置の斜面の角度を大きく変更し，同様の実験を行いました。ただし，台車を置く点はP点と同じ高さのQ点にします。

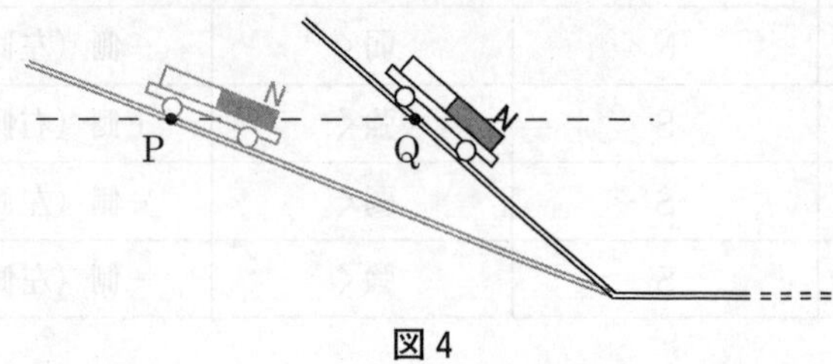


図4

問5　コイル1を通り抜けるときの検流計の針のふれは，【実験3】と比べてどのようになりますか。①～⑤の中から，最も適当なものを選び，その番号をマークしなさい。

解答番号は 15 です。

①針がふれてから0になる時間も，ふれの大きさもどちらも変わらない。
②針がふれてから0になる時間は短くなり，ふれの大きさは小さくなる。
③針がふれてから0になる時間は短くなり，ふれの大きさは大きくなる。
④針かふれてから0になる時間は長くなり，ふれの大きさは小さくなる。
⑤針がふれてから0になる時間は長くなり，ふれの大きさは大きくなる。

## 3　次の各問いに答えなさい。

【実験1】　鉄の粉末と硫黄の粉末の混合物を試験管に入れ，ガスバーナーで加熱しました。混合物が赤色に変化し始めたところで加熱をやめても，その変化は続きました。変化が終わると，黒色の物質である硫化鉄が生じました。下図は，鉄の粉末と硫黄の粉末の両方が全て残らず反応したときの，鉄の粉末と硫黄の粉末の質量の関係を表したグラフである。

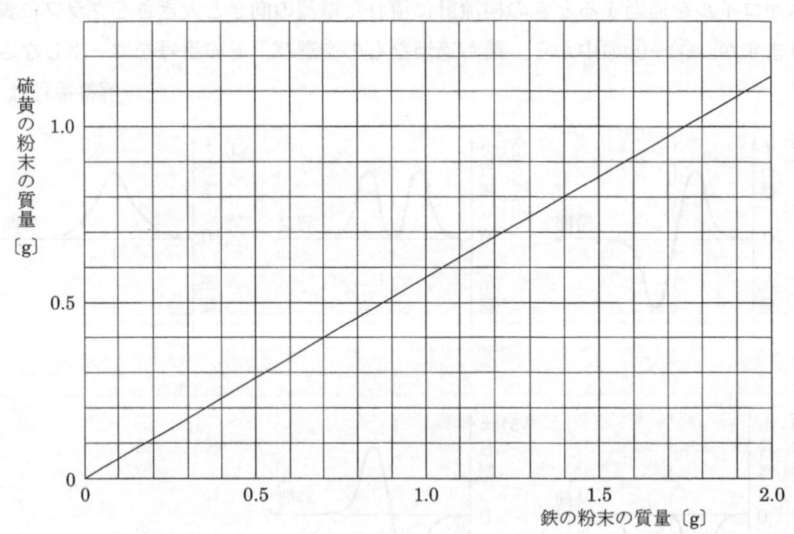


問1　鉄の粉末3.5gと硫黄の粉末2.4gの混合物を加熱し，いずれか一方の物質が全て残らずに反応したとき，生じる硫化鉄の質量は何gですか。次のページの①～⑤の中から，最も適当なもの

を選び，その番号をマークしなさい。　解答番号は 16 です。

①2.0　②3.5　③3.9　④5.5　⑤5.9

問２　問１で反応せずに残った物質を全て反応させるためには，全て残らず反応した物質を何ｇ加えて再び加熱すればいいですか。①～⑤の中から，最も適当なものを選び，その番号をマークしなさい。　解答番号は 17 です。

①0.4　②0.7　③1.0　④2.4　⑤3.5

【実験２】　気体Ａ～Ｅの性質を調べるために，下の操作１～３を行いました。気体Ａ～Ｅは，水素，酸素，二酸化炭素，窒素，アンモニアのいずれかです。

〈操作１〉　気体Ａ～Ｅを別々に一種類ずつ取った注射器に，それぞれ少量の水をいれ，密閉してよく振ったところ，気体Ａと気体Ｂの体積が減少したことがわかりました。

〈操作２〉　気体Ａ～Ｅを別々に一種類ずつ取った試験管に，それぞれ水で湿らせた青色リトマス紙を入れたところ，気体Ａに入れたものだけが赤色になりました。

〈操作３〉　気体Ｃ～Ｅを別々に一種類ずつ取った試験管を用意して気体Ｃ，Ｄの中にそれぞれ火のついた線香を入れたところ，気体Ｃでは炎を上げて燃えたが，気体Ｄでは火が消えました。気体Ｅにマッチの火を近づけたところポンと音をたてて燃えました。

問３　気体Ｂの作り方を示した文として正しいものはどれですか。①～⑤の中から，最も適当なものを選び，その番号をマークしなさい。　解答番号は 18 です。

①硫化鉄にうすい塩酸を加える。
②炭酸水素ナトリウムを加熱する。
③亜鉛にうすい塩酸を加える。
④塩酸アンモニウムと水酸化カルシウムを混合して加熱する。
⑤二酸化マンガンにうすい過酸化水素水を加える。

問４　気体Ｄについて述べた文として正しいものはどれですか。①～⑤の中から，最も適当なものを選び，その番号をマークしなさい。　解答番号は 19 です。

①黄緑色の気体である。　②刺激臭がある。
③水上置換法で気体を集める。　④殺菌作用や漂白作用がある。
⑤石灰水を白く濁らせる。

問５　次の表は，操作１～３で用いた気体について，20℃における1000㎤の質量をそれぞれ示したものです。20℃における空気500㎤の質量は何ｇになりますか。①～⑤の中から，最も適当なものを選び，その番号をマークしなさい。ただし，計算には下表の値を用い，空気は窒素が80%，酸素が20%の割合で存在しているものとします。　解答番号は 20 です。

| | 水素 | 窒素 | 酸素 | 二酸化炭素 | アンモニア |
|---|---|---|---|---|---|
| 1000 $cm^3$ の質量［g］ | 0.08 | 1.16 | 1.33 | 1.84 | 0.72 |

①0.50　②0.60　③0.87　④1.09　⑤1.19

**4** 植物のはたらきを調べるために，次のような【実験１】,【実験２】を行いました。次の各問いに答えなさい。

【実験１】 試験管Ａ～Ｅを用意し，光の当たらないところに１日置いたほぼ同じ大きさのオオカナダモを試験管Ｂ，Ｃ，Ｅに入れました。うすい青色のBTB溶液に息を十分にふきこんで緑色にした溶液を全ての試験管に入れ，すぐにゴム栓をしました。試験管Ｃはガーゼで全体をおおい，試験管Ｄ，Ｅはアルミニウムはくで全体をおおいました。全ての試験管を光が十分に当たる場所に数時間置いた後，BTB溶液の色を調べました。下表は，その結果です。ただし，実験中の全ての試験管の水温は20℃に保たれていたとします。

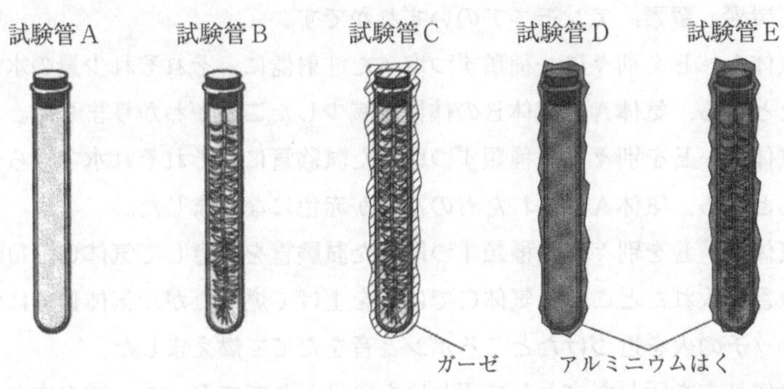


| 試験管 | Ａ | Ｂ | Ｃ | Ｄ | Ｅ |
|---|---|---|---|---|---|
| BTB 溶液の色 | 緑色 | 青色 | 緑色 | 緑色 | 黄色 |

問１ 試験管Ｂ，Ｃ，Ｅの中で行われたオオカナダモのはたらきの組み合わせとして正しいものはどれですか。①～⑤の中から，最も適当なものを選び，その番号をマークしなさい。

解答番号は 21 です。

| | 試験管Ｂ | 試験管Ｃ | 試験管Ｅ |
|---|---|---|---|
| ① | 光合成と呼吸 | 光合成と呼吸 | 光合成と呼吸 |
| ② | 光合成と呼吸 | 光合成と呼吸 | 呼吸のみ |
| ③ | 光合成と呼吸 | 呼吸のみ | 呼吸のみ |
| ④ | 呼吸のみ | 呼吸のみ | 光合成と呼吸 |
| ⑤ | 呼吸のみ | 光合成と呼吸 | 呼吸のみ |

問２ 試験管Ｂ，Ｃについて，【実験１】の結果の理由を示した文の組み合わせとして正しいものはどれですか。次のページの①～⑤の中から，最も適当なものを選び，その番号をマークしなさい。

解答番号は 22 です。

ア オオカナダモが二酸化炭素を吸収しただけであったから。
イ オオカナダモが二酸化炭素を排出しただけであったから。
ウ オオカナダモが吸収した二酸化炭素の量は，排出した二酸化炭素の量よりも多かったから。
エ オオカナダモが吸収した二酸化炭素の量は，排出した二酸化炭素の量よりも少なかったから。

オ　オオカナダモが吸収した二酸化炭素の量と，排出した二酸化炭素の量がほぼ同じだったから。

| | 試験管B | 試験管C |
|---|---|---|
| ① | ア | オ |
| ② | ウ | イ |
| ③ | ウ | オ |
| ④ | エ | ウ |
| ⑤ | エ | オ |

問3　【実験1】の後，試験管B，C，Eからオオカナダモを取り出し，煮沸しました。その後，オオカナダモの葉にヨウ素液をたらしました。このとき，青紫色に変化したオオカナダモの試験管はどれですか。①～⑤の中から，最も適当なものを選び，その番号をマークしなさい。

解答番号は 23 です。

①B　②C　③E　④BとC　⑤CとE

【実験2】【実験1】とは別の新たな試験管F～Iを用意し，試験管G，Iは全体をアルミニウムはくでおおい，試験管F，G，Iには光の当たらないところに1日置いたほぼ同じ大きさのオオカナダモと水をそれぞれ入れました。試験管F，G，Hには，息を十分にふきこみましたが，試験管Iには何もしませんでした。すぐにゴム栓をし，全ての試験管を光が十分に当たる場所に数時間置いた後，試験管内に酸素が発生するかどうかを確認しました。ただし，実験中の全ての試験管の水温は20℃に保たれていたとします。

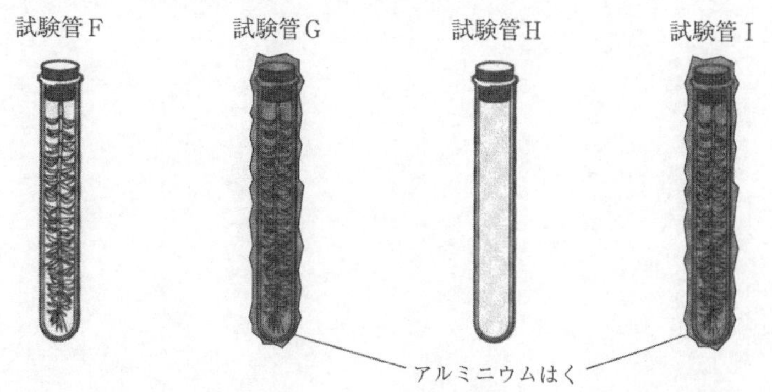


【実験2】の結果により，次のような考察を行いました。

【実験2】は，光合成に必要な要素が一つでも不足すると反応が進まないことを確かめる実験であるが，このままでは（　X　）ということが確認できないことに気がついた。そこで，試験管G～Iのうち，試験管（　Y　）について（　Z　）こととし，再度【実験2】と同様の実験を行うことにした。その結果，試験管Fでは酸素の発生が観察でき，他の試験管では試験管Fと同程度の酸素の発生が見られないとすれば，この実験の目的を達成できたといえる。

問４　（Ｘ）に入る文として正しいものはどれですか。①～⑤の中から，最も適当なものを選び，その番号をマークしなさい。　解答番号は 24 です。

①植物がないと反応が進まない。　②十分な光がないと反応が進まない。
③二酸化炭素がないと反応が進まない。　④酸素がないと反応が進まない。
⑤水がないと反応が進まない。

問５　（Ｙ），（Ｚ）に入る組み合わせとして正しいものはどれですか。①～⑤の中から，最も適当なものを選び，その番号をマークしなさい。　解答番号は 25 です。

| | Y | Z |
|---|---|---|
| ① | G | オオカナダモを入れない |
| ② | G | 息を十分にふきこまない |
| ③ | H | 試験管全体をアルミニウムはくでおおう |
| ④ | H | 息を十分にふきこまない |
| ⑤ | I | アルミニウムはくをはがす |

【社　会】(30分)　　＜満点：100点＞

1　次の問１～問７に答えなさい。

問１　下の写真は，ある国の紙幣である。写真から読み取れることとして，①～⑤の中から，最も適当なものを選び，その番号をマークしなさい。　解答番号は［1］です。

A

B

①表記された国名から，インドネシアの紙幣であることが分かる。
②Aの左下にある獅子の図柄は，国旗にも描かれているものである。
③国王の肖像画が描かれていることから，王のいる国であることが分かる。
④複数の言語が書かれていることから，多くの言語が話されている国であることが分かる。
⑤描かれた動物から，仏教を主に信仰する国であることが分かる。

問２　下の地図中のA・Bは，ある農産物の生産が盛んなアメリカ合衆国の代表的な州を示している。A・Bで生産が盛んな農産物の組み合わせとして，①～⑤の中から，最も適当なものを選び，その番号をマークしなさい。　解答番号は［2］です。

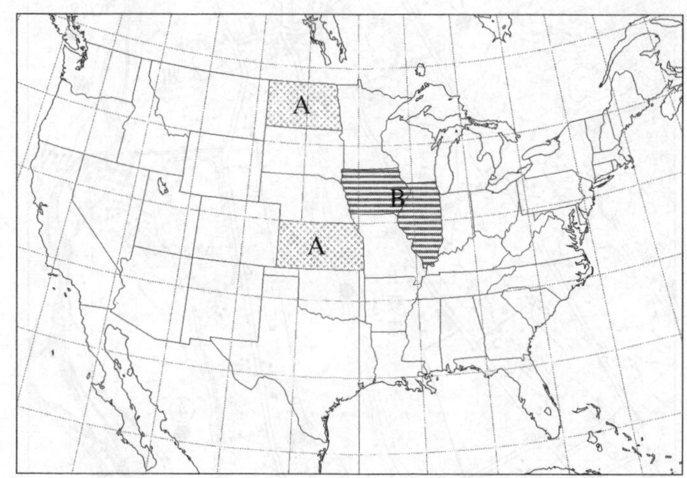


①A：小麦　B：とうもろこし　　②A：小麦　B：綿花
③A：肉牛　B：小麦　　④A：肉牛　B：綿花
⑤A：綿花　B：とうもろこし

問３　南アメリカ州に暮らす人々に関する記述として，①～⑤の中から，最も適当なものを選び，その番号をマークしなさい。　解答番号は［3］です。

①メスチソと呼ばれる，ヨーロッパ系とアフリカ系との間の混血の人々が暮らしている。
②ペルーでは，ヨーロッパ系の人々が多数派を占めている。

⑤ボリビアでは，アフリカ系の人々が多数派を占めている。

④アルゼンチンでは，人々はポルトガル語を公用語としている。

⑤ブラジルには，南アメリカ州で最も多くの日系人が暮らしている。

問４　名古屋が２月７日午前11時であるとき，２月６日午後９時である都市として，①～⑤の中から，最も適当なものを選び，その番号をマークしなさい。　解答番号は［４］です。

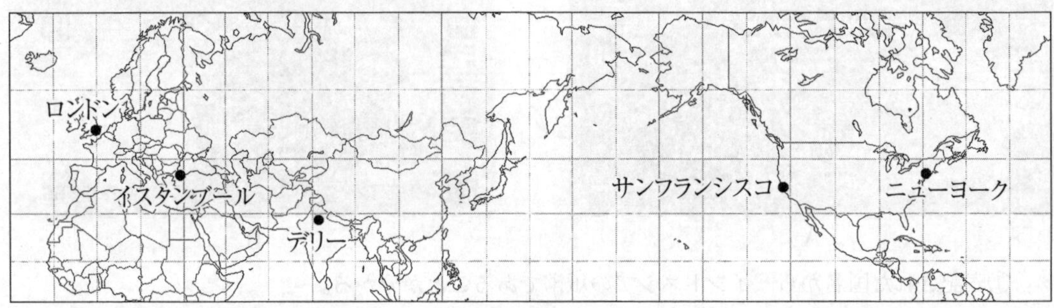


①ロンドン　②イスタンブール　③デリー

④サンフランシスコ　⑤ニューヨーク

問５　下の地形図において，いちばん標高の高い地点として，①～⑤の中から，最も適当なものを選び，その番号をマークしなさい。　解答番号は［５］です。

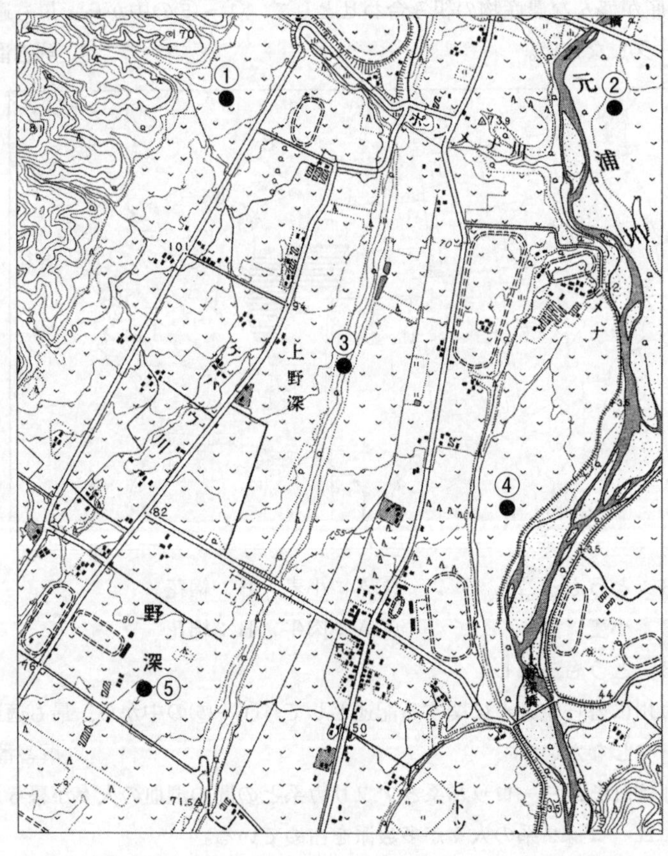

問６　九州地方に関する記述として，①～⑤の中から，最も適当なものを選び，その番号をマークしなさい。　解答番号は 6 です。

①九州地方は，両岸を暖流の日本海流と千島海流が流れているため，気候は温暖である。

②九州地方の人口は，全体的に南部にかたよっている。

③北九州工業地帯では，筑豊炭田の石炭を利用した鉄鋼の生産が盛んである。

④熊本県では，1950年代に，四大公害病のひとつが発生し，人々が深刻な被害を受けた。

⑤長崎県の屋久島は，2018年に長崎と天草地方の潜伏キリシタン関連遺産として世界遺産に登録された。

問７　下の文章が示す日本の地方として，①～⑤の中から，最も適当なものを選び，その番号をマークしなさい。　解答番号は 7 です。

> 北は日本海，南は太平洋に面するこの地方の地形は，南北の山地部と中央の低地部に分けることができる。中央の低地部には人口密度の高い地域が広がっており，３つの中心都市がある。これらの都市を中心として各地に鉄道網が広がり，都市圏が作られている。この地方は長いあいだ日本の中心地として発展してきたため，歴史的都市が多く存在している。貴重な文化財も集中しており，５か所の世界文化遺産がある。

①関東地方　②東北地方　③中部地方　④中国・四国地方　⑤近畿地方

## 2　次の問１～問11に答えなさい。

問１　弥生時代に関する記述として，①～⑤の中から，最も適当なものを選び，その番号をマークしなさい。　解答番号は 8 です。

①大陸から伝わった青銅器は，主に武器や斧などの工具として使われた。

②弥生時代の代表的なむらの遺跡は，三内丸山遺跡である。

③弥生時代には沖縄でも稲作が行われた。

④石包丁で稲の穂を摘んで収穫し，高床倉庫に蓄えた。

⑤この時代の土器は，発見した人物の名にちなんで弥生土器と呼ばれている。

問２　大和政権に関する記述として，①～⑤の中から，最も適当なものを選び，その番号をマークしなさい。　解答番号は 9 です。

①江田船山古墳出土の刀に刻まれた「ワカタケル大王」とは，倭の五王の一人である「済」と同一人物だと考えられている。

②各地の豪族は，先祖を共通にする姓という集団をつくり，代々決まった仕事で政権につかえた。

③渡来人には，政権の政治・財政にたずさわった者や，須恵器という，低温で焼く質のやわらかい土器を作る技術を伝えた者もいた。

④中国の歴史書「宋書」には，大王が中国の南朝にたびたび使いを送ったことが記されている。

⑤大和政権は，朝鮮半島の高句麗から銅を輸入していた。

問３　８世紀から９世紀の日本の出来事であるＡ～Ｄを，年代の古い順に並べたものとして，次のページの①～⑤の中から，最も適当なものを選び，その番号をマークしなさい。　解答番号は 10 です。

Ａ　坂上田村麻呂に蝦夷の指導者である阿弖流為（アテルイ）が降伏した。

Ｂ　墾田永年私財法が出された。

C　都が平城京から長岡京に移された。

D　菅原道真が遣唐使に任命された。

①B→A→D→C　②B→C→D→A

③B→C→A→D　④C→B→A→D

⑤C→B→D→A

問4　16世紀から18世紀のイギリスに関する記述として，①～⑤の中から，最も適当なものを選び，その番号をマークしなさい。　解答番号は 11 です。

①16世紀前半，国王は，カトリック教会の影響を排除するため宗教改革を行い，プロテスタント系のイギリス国教会を立てた。

②16世紀半ば，女王エリザベス１世の時代に絶対王政を成立させると，無敵といわれたポルトガルの艦隊を破り，海外発展の土台を築いた。

③17世紀半ば，国王の専制政治に議会は反対し，内乱に発展した。国王の軍はクロムウェルを指導者とする議会側を破り，王政を維持した。

④国王と議会の信頼関係は回復せず，国王がカトリックの信仰の復活を図ったため，1688年，議会は一致して国王を退位させ，フランスから新たな国王を迎えた。

⑤北アメリカにあった14の植民地に対し，戦争の費用として重い税金をかけたため，植民地の人々は不満をいだき，1775年に戦争が始まった。

問5　江戸時代の産業に関する記述として，①～⑤の中から，最も適当なものを選び，その番号をマークしなさい。　解答番号は 12 です。

①蝦夷地では大規模ないわし漁が行われ，いわしは肥料（干鰯）に加工された。

②農具や農作業の方法が改良され，土を深く耕すことができる備中ぐわが広くゆきわたった。

③しょう油や漬物の消費が増え，九十九里浜では塩田による塩の生産が増えた。

④鉱山の採掘や精錬の技術が進み，足尾の銀山，石見の銅山が開発された。

⑤江戸と大阪のあいだを菱垣廻船や樽廻船がゆききし，木綿・酒・菜種油などが主に江戸から大阪へ送られた。

問6　下の絵画に関する記述として，①～⑤の中から，最も適当なものを選び，その番号をマークしなさい。　解答番号は 13 です。

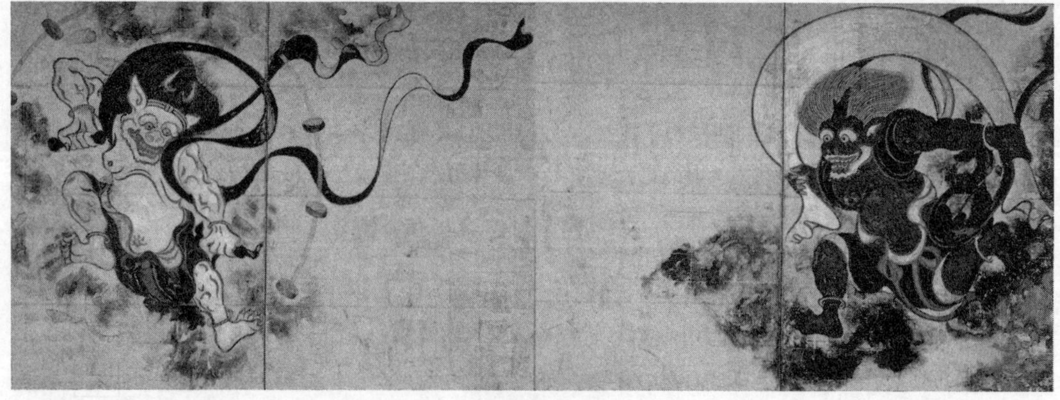

①これは「装飾画」とよばれるもので，尾形光琳の作である。

②これは「装飾画」とよばれるもので，俵屋宗達の作である。

③これは「装飾画」とよばれるもので，菱川師宣の作である。
④これは「浮世絵」とよばれるもので，俵屋宗達の作である。
⑤これは「浮世絵」とよばれるもので，尾形光琳の作である。

問7　下の文章は，1890年の第1回衆議院議員総選挙について述べたものである。空欄〔A〕～〔D〕に当てはまる数字の組み合わせとして，①～⑤の中から，最も適当なものを選び，その番号をマークしなさい。　解答番号は 14 です。

> 議員定数は［　A　］名で，選挙権は，直接国税を［　B　］円以上納める満［　C　］歳以上の男子に限られていたため，有権者は総人口の約［　D　］%で，その多くは農村の地主であった。

①〔A〕300　〔B〕15　〔C〕25　〔D〕1.1　②〔A〕200　〔B〕15　〔C〕25　〔D〕5.5
③〔A〕300　〔B〕20　〔C〕20　〔D〕5.5　④〔A〕200　〔B〕15　〔C〕20　〔D〕1.1
⑤〔A〕300　〔B〕20　〔C〕25　〔D〕5.5

問8　明治時代の出来事であるA～Dを，年代の古い順に並べたものとして，①～⑤の中から，最も適当なものを選び，その番号をマークしなさい。　解答番号は 15 です。
A　ロシアの南下をおさえるために，イギリスが日本と日英同盟を結んだ。
B　ロシアがドイツ，フランスとともに遼東半島を清に返還するよう日本に勧告した。
C　アメリカの仲介で日本とロシアの間で講和会議が開かれ，ポーツマス条約が結ばれた。
D　日本がロシアと樺太・千島交換条約を結んだ。
①A→D→B→C　②D→B→C→A　③D→B→A→C　④B→D→C→A
⑤B→A→D→C

問9　ドイツでワイマール憲法が制定されるより前の日本の出来事として，①～⑤の中から，最も適当なものを選び，その番号をマークしなさい。　解答番号は 16 です。
①シベリア出兵を見こした米の買いしめから，米の値段が大幅に上がった。
②金融恐慌が起こった。
③第二次護憲運動が起こった。
④加藤高明内閣が，普通選挙法を成立させた。
⑤東京，名古屋，大阪でラジオ放送が始まった。

問10　国際連盟に関する記述として，①～⑤の中から，最も適当なものを選び，その番号をマークしなさい。　解答番号は 17 です。
①アメリカのフランクリン・ローズベルト大統領の提案を基にして，日本も含む，42か国が参加して発足した。
②ジュネーブに本部を置き，イギリス，フランス，アメリカが常任理事国になった。
③本部の事務局次長として，新渡戸稲造が活躍した。
④ソ連は1926年に，ドイツは1934年に加盟が認められた。
⑤国際連盟を脱退した後，日本は満州事変を起こした。

問11　第二次世界大戦後のアメリカとソ連の動きに関する記述として，①～⑤の中から，最も適当なものを選び，その番号をマークしなさい。　解答番号は 18 です。
①北緯17度線を境に，南北に分かれたベトナムでは，ソ連は南ベトナム政府を，アメリカは北べ

トナム政府を支持して対立した。

②アメリカは西ヨーロッパ諸国とワルシャワ条約機構という軍事同盟を結び，ソ連も数年後に北大西洋条約機構という軍事同盟を結んだ。

③朝鮮半島は，北緯38度線を境に，北はアメリカ軍，南はソ連軍に占領され，南北にそれぞれ国家が樹立された。

④アメリカのケネディ大統領が，キューバの海上封鎖に踏み切ったことにより，米ソ両国間で，核兵器による全面戦争の危機が高まった。

⑤1989年にマルタ島で開かれた会談で，アメリカのニクソン大統領とソ連のゴルバチョフ共産党書記長が，冷戦の終結を宣言した。

**3** 次の問１～問７に答えなさい。

問１　日本国憲法に定められた天皇の国事行為として，①～⑤の中から，最も適当なものを選び，その番号をマークしなさい。　解答番号は 19 です。

①国会を召集する。　②両院協議会を設置する。

③内閣総理大臣を指名する。　④国際親善のために外国を訪問する。

⑤憲法改正案を国民に発議する。

問２　政党政治に関する記述として，①～⑤の中から，最も適当なものを選び，その番号をマークしなさい。　解答番号は 20 です。

①二大政党制は，二つの大きな政党が競い合う政党政治のことで，政権交代による緊張感があるという長所がある。

②二大政党制は，アメリカや中国で見られる。

③二大政党制のもとでは，連立政権（連立内閣）がつくられることが多い。

④多党制は，主な政党が三つ以上ある政党政治のことで，一般的に小選挙区制の国で生じやすい。

⑤多党制は，日本やイギリスで見られる。

問３　日本の司法制度に関する記述として，①～⑤の中から，最も適当なものを選び，その番号をマークしなさい。　解答番号は 21 です。

①国や地方公共団体による権力の行使によって，国民に被害が及んだり，権利が侵された場合，その行政機関を相手に起こす裁判を，弾劾裁判という。

②裁判は原則として公開の法廷で行われ，選挙権をもつ国民にかぎり自由に傍聴できる。

③すべての裁判所には，法律や規則が憲法に違反していないかを判断する権限である違憲立法審査権が与えられている。

④高等裁判所で行われる刑事裁判では，裁判への信頼を深めることを目的として，国民が裁判官とともに裁判を行う裁判員制度が実施されている。

⑤民事裁判は法律の定める手続きに従うことが重要とされ，罪刑法定主義を定めている。

問４　日本で行われた行政改革のうち，企業の自由な経済活動をうながす規制緩和によって可能となった事例に該当するものの組み合わせとして，次のページの①～⑤の中から，最も適当なものを選び，その番号をマークしなさい。　解答番号は 22 です。

A　クーリング・オフ制度が定められ，訪問販売などによって商品を購入した場合，一定の期間内であれば，理由に関わりなく契約を解除することが可能となった。

B　客が自分で給油を行うセルフ式ガソリンスタンドの設置が可能となった。

C　一定の資格を持つ人がいれば，コンビニエンスストアでも一般の風邪薬などを販売することが可能となった。

D　コンビニエンスストアにおいて，廃棄にかかる負担を軽減するため値引き販売が可能となった。

E　電車に乗る際，現金以外でも，ＩＣカードや携帯電話を用いた電子マネーによる支払いが可能となった。

①A・D・E　②B・C・D　③B・D・E　④A・E　⑤B・C

問５　現在の日本の雇用やその問題に関する記述として，①～⑤の中から，最も適当なものを選び，その番号をマークしなさい。　解答番号は 23 です。

①経済のグローバル化が進み，競争が激しくなるにつれて，終身雇用や年功序列賃金を採用する企業が増えてきた。

②労働時間が先進工業国の中でも長いため，労働時間を減らし，仕事と家庭生活や地域生活とを両立できる「ノーマライゼーション」を実現することが課題になっている。

③企業は，人件費を節約し，経済状況の変化に応じて雇用を調整しやすいパートタイム労働者や派遣労働者などの非正規労働者を増やすようになった。

④若い人たちの中には，なんらかの理由で就学や就業の意欲そのものを失った「ワーキングプア」とよばれる人たちがいる。

⑤企業が雇用する女性の数は雇用者全体の４割を超えており，女性の正社員の割合は増え続けている。

問６　下の文章は，株式会社について述べたものである。文章中の空欄［A］～［C］に当てはまることばの組み合わせとして，①～⑤の中から，最も適当なものを選び，その番号をマークしなさい。　解答番号は 24 です。

> 株式会社は，株式の発行によって得られた資金をもとに設立される。この資金は，［　A　］によって調達されるため，直接金融とよばれる。株式を購入した出資者は株主とよばれ，利潤の一部を配当として受け取ることができる。また，株主総会に出席し，経営方針について議決することができる。万が一，事業がうまくいかずに株式会社が倒産した場合，株主は［　B　］。これを有限責任という。
>
> 株価は需要と供給の関係で決まるため，上昇・下落をする。投資家は［　C　］をすることで，その差額を利益として得ることができる。保険会社や年金基金などは，こうした差額の利益を活用することで，集めたお金を上回る給付を行おうとしている。

①［A］証券市場を通じて，家計などから調達する方式
［B］出資した金額以上の負担は負わない
［C］株価が値上がりしたときに株式を購入し，株価が安いときに売却

②［A］証券市場を通じて，家計などから調達する方式
［B］出資した金額以上の負担は負わない
［C］株価が値上がりしたときに株式を売却し，株価が安いときに購入

③［A］証券市場を通じて，家計などから調達する方式

［B］持ち株数に応じて会社の借金を分担して返す義務が生じる
［C］株価が値上がりしたときに株式を売却し，株価が安いときに購入
④［A］銀行を通じて，家計などからの預金を貸し付けてもらう方式
［B］持ち株数に応じて会社の借金を分担して返す義務が生じる
［C］株価が値上がりしたときに株式を購入し，株価が安いときに売却
⑤［A］銀行を通じて，家計などからの預金を貸し付けてもらう方式
［B］持ち株数に応じて会社の借金を分担して返す義務が生じる
［C］株価が値上がりしたときに株式を売却し，株価が安いときに購入

問7　名城太郎さんは，公民の教科書にいくつかの難しい用語があったため，調べることにした。以下の表はそれについてまとめたものである。表中の空欄〔A〕～〔D〕に当てはまる語の組み合わせとして，①～⑤の中から，最も適当なものを選び，その番号をマークしなさい。

解答番号は 25 です。

| 用　語 | 説　明　文 |
|---|---|
| 〔A〕 | 情報通信技術のことである。近年では，この技術の発達により，原材料の調達から生産，製品の貯蔵，配送，販売に至る物流を，コンピューターを使って効率よく，一体的に管理することが見られる。 |
| 〔B〕 | アジア太平洋地域の国が参加して経済活動や他のさまざまな問題について，互いに協力を行いやすくするためのしくみで，アジア太平洋経済協力会議のことである。 |
| UNICEF | 国連機関のひとつで，主な活動内容は［　C　］である。 |
| ODA | 発展途上国の経済や福祉の向上のために，さまざまな技術の協力や資金の援助をする，政府開発援助のことである。青年海外協力隊の派遣もそのひとつ。日本のODAは［　D　］への支出が最も多い。 |

①［A］ICT　〔B］ASEAN　〔C］文化･教育の振興　［D］アフリカ
②［A］ICT　〔B］APEC　〔C］子どもたちの権利を守ること　［D］アジア
③［A］ICT　〔B］ASEAN　〔C］子どもたちの権利を守ること　［D］アフリカ
④［A］EPA　〔B］ASEAN　〔C］子どもたちの権利を守ること　［D］アジア
⑤［A］EPA　〔B］APEC　〔C］文化･教育の振興　［D］アフリカ

**4**　朝鮮で三・一独立運動が，中国で五・四運動が起こってから2019年で100年になる。朝鮮半島や中国を含む東アジアに関連する次の問1～問3に答えなさい。

問1　東アジア地域の経済の発展に関する記述として，①～⑤の中から，最も適当なものを選び，その番号をマークしなさい。　解答番号は 26 です。

①ホンコンは，1960年代から急速に工業化に成功し，台湾・モンゴル・シンガポールとともにアジアNIES（新興工業経済地域）と呼ばれるようになった。

②台湾は，アメリカで働いていた人々が台湾に戻り新しく企業をおこしたことをきっかけに，コンピューターや半導体などのハイテク産業が盛んな地域となった。

③北朝鮮では，政府の積極的な政策により，大企業が資金を借りやすくなり，働く人々の賃金は低くおさえられ，国際的な競争力をもつ安い製品が生産できるようになった。

④韓国では，工場や農場を集団化し，政府による計画に従って国づくりが行われた。

⑤中国では，2000年代から本格的な改革を進め，北京（ペキン）や厦門（アモイ）などに，外国企業を受け入れる経済特区が初めて設けられた。

**問２**　三・一独立運動，五・四運動の内容とその後の東アジアの歴史に関する記述として，①～⑤の中から，最も適当なものを選び，その番号をマークしなさい。　解答番号は 27 です。

①1919年３月１日，平壌で朝鮮の独立が宣言され，独立を求める運動が朝鮮全土に広がったが，関東軍がこれを軍隊や警察の力でおさえつけたため運動は激しくなった。

②三・一独立運動後，日本政府は日本への同化政策をやめ，統治の方針を転換した。

③中国はパリ講和会議により，山東省でのフランスの権益が返還されると期待していたが，日本が権益を受け継ぐことが決まると1919年５月４日，北京の学生たちが反日運動を起こした。

④五・四運動ののち，孫文は中国国民党をつくり，1921年に結成された中国共産党と協力して国家の統一を目ざした。

⑤孫文の死後，実権を握った蔣介石は，北京に国民政府をつくった。

**問３**　東アジアの国々と日本には領土をめぐる問題がある。国家や領土に関する記述として，①～⑤の中から，最も適当なものを選び，その番号をマークしなさい。　解答番号は 28 です。

①国家は国民，領域，憲法によって成り立っている。

②日本の南端に位置する島は，南鳥島である。

③第二次世界大戦後，植民地だった多くの国が独立した。こうした国々は平等な独立国で，他国による国内政治への干渉は許されない。これを内政不干渉の原則という。

④色丹島，千島列島，国後島，択捉島は北方領土とよばれ，日本は北方領土の返還をロシアに要求している。

⑤国際的なルールでは，海岸線から12海里以内を排他的経済水域と定め，沿岸国がその資源を利用できる。

通の姫君とは違っていると思いながらも、何か理由があるのではないかと思案していることが分かる。

⑤「鬼と女とは人に見えぬぞよき」という姫君の発言から、理詰めで親を言い負かし、親の手に負えない姫君のさまが描かれていることが分かる。

問8　この文章は平安時代に成立した作品です。同じ時代に成立した作品の冒頭部分を、①～⑤の中から一つ選び、その番号をマークしなさい。解答番号は㉝です。

①祇園精舎の鐘の声、諸行無常の響きあり。沙羅双樹の花の色、盛者必衰の理をあらはす。

②春はあけぼの。やうやう白くなりゆく山ぎは、すこしあかりて、紫だちたる雲のほそくたなびきたる。

③つれづれなるままに、日暮らし、硯(すずり)に向かひて、心にうつりゆくよしなし事を、そこはかとなく書きつくれば、あやしうこそものぐるほしけれ。

④月日は百代の過客にして、行きかふ年もまた旅人なり。舟の上に生涯を浮かべ、馬の口とらへて老いを迎ふる者は、日々旅にして旅をすみかとす。

⑤ゆく河の流れは絶えずして、しかももとの水にあらず。よどみに浮ぶうたかたは、かつ消え、かつ結びて、久しくとどまりたるためしなし。

①姫君　②姫君の両親　③女房たち
④世間の人　⑤男の童

問2　傍線部A「心にくく」とありますが、これはどういう意味ですか。最も適当なものを、①～⑤の中から選び、その番号をマークしなさい。解答番号は27です。

①安心で　②気にくわなくて
③怪しくて　④憎らしくて
⑤奥ゆかしくて

問3　空欄Bに入る最も適当な言葉を、①～⑤の中から選び、その番号をマークしなさい。解答番号は28です。

①さびしげなる　②おそろしげなる
③をかしげなる　④きよげなる
⑤心細げなる

問4　空欄Cは三箇所ありますが、共通して同じ言葉が入ります。最も適当なものを、①～⑤の中から選び、その番号をマークしなさい。解答番号は29です。

①さへ　②なむ　③のみ　④ばかり　⑤こそ

問5　傍線部D「聞こゆる」とありますが、誰が誰に対してそうするのですか。最も適当なものを、①～⑤の中から選び、その番号をマークしなさい。解答番号は30です。

①姫君から親たちに対して　②姫君から毛虫に対して
③姫君から女房たちに対して　④親たちから姫君に対して
⑤親たちから女房たちに対して

問6　傍線部E「聞こえたまへば」とありますが、この会話における親たちの心情として最も適切なものを、①～⑤の中から選び、その番号をマークしなさい。解答番号は31です。

①世間の人々は見た目が美しいものを好むので、気味の悪い毛虫に愛着を持っている姫君の評判を心配する気持ち。
②世間の人々は見た目が美しいものを好むので、毛虫が綺麗な蝶になることを伝える姫君をもっともだと思う気持ち。
③世間の人々は気味が悪い毛虫が蝶になることを知らないので、姫君に物事の本質を教える人になって欲しいという気持ち。
④世間の人々は気味が悪い毛虫が蝶になることを知らないので、姫君に毛虫の生態を教える人になって欲しいという気持ち。
⑤姫君が眉も抜かず、歯黒めもせず、毛虫ばかりを愛しているので、将来結婚できるか不安な気持ち。

問7　この文章の内容ついて、次の中から**明らかに間違っているもの**を、①～⑤の中から一つ選び、その番号をマークしなさい。解答番号は32です。

①「人々の花、蝶や……心ばへをかしけれ」という姫君の発言から、見た目の美しさではなく、物事の本質を理解する必要性を伝えていることが分かる。
②「若き人々は、怖ぢまどひければ」という言葉から、当時の女房たちは毛虫のことを気味が悪いものとして考えていたことが分かる。
③「眉さらに抜きたまはず、……白らかに笑みつつ、」という言葉から、姫君は当時の女性の身だしなみをしない人物として描かれていることが分かる。
④「おぼしとりたる……かしこきや」という姫君の親の発言から、普

3　眉さらに抜きたまはず、歯黒め「さらに、うるさし、きたなし」とてつけたまはず――眉毛を抜いて眉墨で描き、歯にお歯黒をつけるのは、当時の十三、四歳以降の女性の身だしなみ。

〔現代語訳〕

蝶をかわいがっている姫君がお住まいになっている館の隣に住んでいる、按察使の大納言の姫君は、□並大抵で無い感じの様子で、親たちはたいそう可愛がっていた。

この姫君がおっしゃることには、「人々が花よ、蝶よと愛でることは、あさましくつまらないことです。人は誠実であって、物事の本質をたずね求める人こそ、心ばえがよく素晴らしいのです」と言って、いろいろと□虫を取り集めて、「これがどんなふうに育つか、観察しましょう」といろいろな箱に入れさせなさる。中でも、「毛虫が思慮深そうにしているのが□」といって、一日中髪をだらしなく耳にはさんでかきあげて、手のひらに毛虫をのせて、かわいがっていらっしゃる。

若い女房（お付きの女性）たちは、怖がるので、物怖じしない、身分の低い男の子たちを召し寄せて、箱に入れる虫を捕ってこさせ、虫の名前を聞き、新しい虫には名前をつけて、喜んでいらっしゃる。

「人はすべて、着飾らずありのままの姿がよいのです」といって、普通年頃の女性が眉を抜くようには眉をまったくお抜きにならず、お歯黒は「まったく面倒で汚いこと」といっておつけにならない。そして真っ白な歯を見せてお笑いになる。そんなふうにして一日中虫たちをかわいがっておられた。女房たちが虫を怖がって逃げまわるので、この姫君の部屋はいつもやかましく大騒ぎだ。怖がる女房たちを「はしたない、品が無い」といって、真っ黒な眉でにらみつけるので、どうしてよいかわからない心地であった。

親たちは「実に風変わりで、普通の姫君と違っているなあ」とお思いになるが「姫には姫の何かしらの考えがあってのことだろう。風変わりであると思ってこちらから申し上げることに対しては、深く、そのようにもっともらしく言い返されるので、とても恐れ入ってしまう」と、あれこれ言うのも一苦労だとお思いになっている。

「そうはいっても、姫君の外聞が悪いではないか。普通の人は見た目が美しいのを好むものだよ。『あの姫君は気味の悪い毛虫をかわいがっているのだ』と、世間の人の耳に入ったりしたらみっともないのだぞ」と申し上げなさるので、「気にしないわ。いろんな事の本質を探究して、事の成り行きを見極めるのこそ意味ある事なの。それがわからないなんて幼稚よね。だってほらこの毛虫があの綺麗な蝶になるのよ」姫君は毛虫が蝶になり変わるさまを、取り出してお見せになった。「絹といった人の着るものだって、蚕がまだ幼虫の頃に作り出して成虫になると、不用になって、邪魔になってしまうものからできているじゃない」とおっしゃるので、言い返す言葉もなく、あきれている。そうは言ってもやはり、親たちに面と向かってお会いするのが恥ずかしく、「鬼と女は人に見られないようにするのがよい」と思案なさっていた。

**問1**　二重傍線部a「召しよせて」、b「まどひける」、c「おぼしたり」の主語（動作の主体）はそれぞれ誰ですか。最も適当なものを、①〜⑤の中からそれぞれ一つずつ選び、その番号をマークしなさい。同じ番号を何度選んでもかまいません。　解答番号はaは[24]、bは[25]、cは[26]です。

い、例えば原理主義と呼ばれる立場で活動する人たちのことをさしている。

④文化人類学者などの構築主義の立場をとる人たちは、「人間らしさ」を考察しても仕方がないという考えに至ってしまうこともある。

⑤「自分だけの世界」の視点から、人間らしさを失う場合を考察すると、自らの生き方に自信がもてなくなり、人生の始まりや終わりを意識するようになる。

⑥「私たちの世界」の視点から、人間らしさを失う場合を考察すると、人間の生誕や死などに関わる問題が浮上してくる。

**2** 次の文章の主人公の姫君は、虫の収集に熱中しています。文章を読んで、後の問いに答えなさい。（ただし設問の都合上、本文や現代語訳の一部に省略があります。）

【本文】

蝶めづる姫君の住みたまふかたはらに、【注1】按察使の大納言の御むすめ、A心にくくなべてならぬさまに、親たちかしづきたまふことかぎりなし。

この姫君ののたまふこと、「人々の花、蝶やとめづるこそ、はかなくあやしけれ。人はまことあり、本地たづねたるこそ、心ばへをかしけれ」とて、よろづの虫の［B］をとり集めて、「これが成らむさまを見む」とて、さまざまなる籠箱どもに入れさせたまふ。中にも、「鳥毛虫の心ふかきさましたるこそ心にくけれ」とて、明け暮れは【注2】耳はさみをして、手のうらにそへふせてまぼりたまふ。

若き人々は、怖ぢまどひければ、男の童の物怖ぢせず、いふかひなきを a召しよせて、箱の虫どもを取らせ、名を問ひ聞き、いま新しきには、名をつけて、興じたまふ。

「人はすべてつくろふところあるはわろし」とて、【注3】眉さらに抜きたまはず、歯黒め「さらに、うるさし、きたなし」とてつけたまはず、いと白らかに笑みつつ、この虫どもを朝夕べに愛したまふ。人々怖ぢわびて逃ぐれば、その御方は、いとあやしく［C］ののしりける。かく怖づる人をば、「けしからず、ばうぞくなり」とて、いと眉黒にて［C］にらみ給ひけるに、いとど心地［C］bまどひける。

親たちは、「いとあやしく、さまことにおはするこそ」とおぼしけれど、「おぼしとりたることぞあらむや。あやしきことぞと思ひて D聞こゆることは、深く、さいらへたまへば、いとぞかしこきや」と、これをもいとはづかしと cおぼしたり。

「さはありとも、音聞きあやしや。人はみめをかしき事をこそ好むなれ。『むくつけげなる鳥毛虫を興ずなる』と、世の人の聞かむも、いとあやし」と E聞こえたまへば、「くるしからず。よろづの事どもをたづねて、末をみればこそ事はゆゑあれ。いとをさなきことなり。鳥毛虫の蝶とはなるなり」そのさまのなり出づるを、取り出でて見せ給へり。「きぬとて人々の着るも、蚕のまだ羽つかぬにし出だし、蝶になりぬれば、いともそでにて、あだになりぬるをや」とのたまふに、いひ返すべうもあらずあさまし。さすがに、親たちにもさし向かひたまはず、「鬼と女とは人に見えぬぞよき」と案じたまへり。（『堤中納言物語』虫めづる姫君）

【注】1　按察使——地方行政官を監督・視察する官職。

2　耳はさみ——額髪を後ろにかきやって挟む様子。品のないこととされていた。

**問12** 傍線部Ⅰ「人間と言っても『自分だけの世界』『私たちの世界』『一般論の世界』の位相」とありますが、筆者はなぜ三つの位相に分ける必要があると考えているのですか。最も適当なものを、①～⑤の中から選び、その番号をマークしなさい。解答番号は20です。

①三つの位相に分けることで、それぞれの視点が明確になり、生死の問題のみを解決する糸口を見つけることができるから。

②三つの位相に分けることで、人間らしさをめぐる問いの重要性が浮き彫りになり、結果的に自分らしさを考察するきっかけになるから。

③三つの位相に分けることで、一般論のケースでは解決することができた問題も、私たちや自分の場合となると解決できない難しい問題であることを示すことができるから。

④三つの位相に分けることで、世間の人たちが人間らしさを失っている場合に、私たちの視点からその問題を解決することができるから。

⑤三つの位相に分けることで、自分の周囲にいる人が人間らしさを失い、問題を解決できない場合に、自分の考えを正しく伝えることができるから。

**問13** この文章は空白行によって三つの部分に分けられていますが、その文章の構成として最も適当なものを、①～⑤の中から選び、その番号をマークしなさい。解答番号は21です。

①まず、「らしさ」について考察し、次に、「本質主義」と「構築主義」について対比的に述べ、最後に、「自分だけの世界」「私たちの世界」「一般論の世界」という三つの視点から「人間らしさ」を論じている。

②まず、「人間とは何か」という定義を明確に結論づけ、次に、「本質主義」におけるデメリットを考察し、最後に、「自分だけの世界」「私たちの世界」「一般論の世界」という三つの視点から、人間的なものを分析している。

③まず、人間像を歴史的な視点から振り返り、次に、「構築主義」における問題を考察し、最後に、「自分だけの世界」「私たちの世界」「一般論の世界」という三つの視点から、それぞれの「人間らしさ」の違いを対比的に述べている。

④まず、「らしさ」について男と女を例に論を展開し、次に、「人間らしさ」の見解の違いから生じる問題を具体的に述べ、最後に、「自分だけの世界」における「人間らしさ」の考察をしている。

⑤まず、大学における授業での例を取り上げながら「らしさ」を定義し、次に、本質主義における問題点を浮き彫りにして、最後に、「自分だけの世界」「私たちの世界」「一般論の世界」という三つの視点から、体外受精の是非を論じている。

**問14** 本文の内容に合致するものを、①～⑥の中から二つ選び、それぞれその番号をマークしなさい。解答の順序は問いません。解答番号は22、23です。

①「人間らしさ」を定義することが難しい理由は、歴史的に振り返ってみることに意味がないと考えられるからである。

②「私は男らしいです」と答える人が多くない理由は、男らしさの定義が曖昧であり、国民全体のトウケイをとっていないからである。

③時代やその文化において事物が定義されていく考えを本質主義と言

**問9** 傍線部F「科学技術に対する過剰な信仰や、敗者を切り捨てる新自由主義的な市場状況や、人間が道具のように扱われている労働環境」とありますが、これを説明した具体例として**明らかに間違っているもの**を、①～⑤の中から一つ選び、その番号をマークしなさい。　解答番号は[17]です。

①コンピュータテクノロジーなどの科学技術を絶対的なものとみなして信じること。
②AIなどの技術に対して、度を超えた信頼をおくということ。
③自由にビジネスを展開して失敗しても、救われることのない市場状況であること。
④労働者は会社の道具のようなものであり、使えなくなったら切り捨てられること。
⑤会社が人間に機械やコンピュータなどを持たせ、自由に操作させ利益を上げること。

**問10** 波線部P～Tの文法の説明として正しいものを、①～⑤の中から一つ選び、その番号をマークしなさい。　解答番号は[18]です。

①P「思わ」は、動詞であり、活用の種類は五段活用で、活用形は連用形である。
②Q「の」は、連体詞の一部である。
③R「られる」は、助動詞であり、自発の意味である。
④S「の」は、格助詞であり、連体修飾の働きがある。
⑤T「問い」は、動詞であり、活用の種類は上一段活用で、活用形は連用形である。

**問11** 傍線部G「自分だけの世界」、H「私たちの世界」を説明したものとして最も適当なものを、①～⑤の中から選び、その番号をマークしなさい。解答番号は[19]です。

①「自分だけの世界」では、人間らしさを喪失している時に、テレビや旅行のPRポスターを見て、娯楽を見つけ出そうとする。一方、「私たちの世界」では、脳死寸前の状態において、延命処置をするかどうかを家族と相談することである。
②「自分だけの世界」では、自分自身の人間らしさについて考察している時に、忙しい仕事やノルマに追われてしまい人間らしさを考える余裕を失う。一方、「私たちの世界」では、自分の身近な人の生誕や死の場合において、生命倫理を含めた幅広い考察をする。
③「自分だけの世界」では、自分らしさを発揮することができない仕事をしている中で、どうしたら自分らしい生き方をすることができるかを考察する。一方、「私たちの世界」では、自分の家族の生誕や死の問題において、自分の考えを理解してもらえず、家族でその問題に関して時間をかけて考察する。
④「自分だけの世界」では、人間らしさを失っている生活を余儀なくされている時に、自らの生き方を振り返って人間的にどうなのかを考察する。一方、「私たちの世界」では、自分の家族の生誕や死の場合などにおいて、人間らしい行いは何なのかを考察する。
⑤「自分だけの世界」では、人間らしさを奪われてしまうような生活をしている時に、その原因は何なのかを考察する。一方、「私たちの世界」では、自分の身近な人の生死の場合において、その原因は何なのかを考察する。

⑤男であるという一般的な判断をもとに、その時代の男らしさについて考察していくということ。

**問5** 傍線部C「本質主義」、D「構築主義」とありますが、「本質主義」と「構築主義」の説明として最も適当なものを、①～⑤の中から選び、その番号をマークしなさい。解答番号は11です。

①「本質主義」は、男という性のなかに本質的に男らしさがあるという考え方である。一方、「構築主義」は、時代や文化を超えた男らしさの本質は存在しないという考え方である。

②「本質主義」は、男性がもともとたくましい体つきであり、一般的な男性のイメージに近い存在であるという考え方である。一方、「構築主義」は、体を鍛えることによって男らしさを獲得するという考え方である。

③「本質主義」は、異なる立場の考えを安易に受け入れることができないという考え方である。一方、「構築主義」は、異なる立場の考え方を受け入れるようにしつつ、反論をいくつか用意するという考え方である。

④「本質主義」は、男という性のなかに本質的に男らしさがあるという考え方である。一方、「構築主義」は、男らしさについて、立場が異なる考え方をもつ人に対して厳しい態度で接するという考え方である。

⑤「本質主義」は、社会学者が男らしさなどの人間像を絶対的なものとして決めていくという考え方である。一方、「構築主義」は、時代や民族によって男らしさなどの物事の捉え方が違うという考え方である。

**問6** 空欄Ⅰ～Ⅲに入る言葉を、①～⑥の中からそれぞれ一つずつ選び、その番号をマークしなさい。ただし、同じ番号を二度以上選ぶことはできません。解答番号はⅠが12、Ⅱが13、Ⅲが14です。

① はたして　② たとえば　③ もちろん　④ たとえ
⑤ しかし　⑥ 一方

**問7** 波線部ア～オは人間についての考え方ですが、**一つだけ立場が異なっているもの**があります。異なっているものを、①～⑤の中から一つ選び、その番号をマークしなさい。解答番号は15です。

① ア　② イ　③ ウ　④ エ　⑤ オ

**問8** 傍線部E「今ここで人間らしさを問うことには、大きな意味があると考えています」とありますが、筆者はなぜ「人間らしさ」を問うことに「大きな意味」があると考えているのですか。その説明として最も適当なものを、①～⑤の中から選び、その番号をマークしなさい。解答番号は16です。

①「人間らしさ」を問うことで、本質主義の立場の人たちを説得し、理解させることにつながると確信しているから。

②「人間らしさ」を問うことで、一人一人の人間が自分とは何かを考え、自分らしい生き方を発見することになるから。

③「人間らしさ」を問うことで、宗教間の対立は大きく減少し、人間らしい社会を築くためのきっかけに繋がるから。

④「人間らしさ」を問うことで、本質主義の弱点を補い、構築主義との関係性もよくなると考えているから。

⑤「人間らしさ」を問うことで、「人間らしさ」の対立が引き起こした悲劇を解決する可能性があると考えているから。

**問2** 二重傍線部**X**～**Z**の本文中における意味として最も適当なものを、①～⑤の中からそれぞれ一つずつ選び、その番号をマークしなさい。解答番号は**X**が6、**Y**が7、**Z**が8です。

**X** ニヒリズム

①故郷や失われた過去を懐かしむ思い。
②不道徳なものに美を見出す態度。
③世の中を嫌なものと思う悲観的な考え方。
④世界や人間の生を無意味とする態度。
⑤現実をありのままに受け入れる態度。

**Y** 脅かす

①緊張感を与える。
②おどしておそれさせる。
③弱いものを苦しめる。
④みじめな気持ちにさせる。
⑤気づまりにさせる。

**Z** 茫然（ぼうぜん）とする

①今の自分に焦りを感じる。
②物事の本質を考え抜く。
③自分の過去を振り返る。
④ある一点を見続ける。
⑤気抜けしたようにぼんやりする。

**問3** 空欄**A**には次の文①～⑤が入ります。文章の意味が通るように正しく並び替えた時、**3番目にくるもの**を、①～⑤の中から選び、その番号をマークしなさい。解答番号は9です。

①ですから、人間らしさとはこういうことであり、こういう部分は人間らしくないと言ってしまうと人間らしさを一つの考え方に固定することになり、トータルな視座を見失う危険が伴います。
②文化によっても異なるし、社会によってもさまざまな定義があります。
③というのも、人間らしさを考えるためには、まずその前提として人間とは何かという定義を決めて、その定義に照らして人間らしいか否かを導く必要があるからです。
④人間の歴史を振り返ると千差万別の人間の定義があり、現在の社会にも多種多様な人間像が存在しています。
⑤しかし、人間をどのように定義するかについては、個々人によって相当違います。

**問4** 傍線部**B**「男であることから帰納的に男らしさが論じられている」とあるが、それはどういうことですか。その説明として最も適当なものを、①～⑤の中から選び、その番号をマークしなさい。解答番号は10です。

①男であるという不確実な経験をもとに、多種多様な男らしさを規定していくということ。
②男であるという事実をもとに、一般的に男とはどういうものかを述べていくということ。
③男であるという前提をもとに、男らしさについて推論していくということ。
④男であるという確かな定義をもとに、普遍的な男性像を確定していくということ。

ん。「うちもやろうか、どうしようか」と真剣に考えざるをえないのです。「一般論の世界」の【注4】位相と私とあなた、私と彼・彼女の問題である「自分だけの世界」や「私たちの世界」の位相は全く違った相貌（そうぼう）を見せてくるわけです。

つまり、Ｉ人間と言っても「自分だけの世界」「私たちの世界」「一般論の世界」の位相があり、それぞれで対応が変わってくるのであり、そのこと自体もとても人間的である、人間らしいことであると言えると思います。（上田紀行『人間らしさ 文明、宗教、科学から考える』）

【注】1 凡夫――平凡な男。
2 誤謬――あやまり。
3 スパゲッティ症候群――病気の治療や救命処置のために、たくさんの管などをからだに取りつけられた状態をいう言葉。
4 位相――ある世界や社会などの中で、どういう位置にあるかということ。

問1 二重傍線部a～eと同じ漢字を含むものを、①～⑤の中からそれぞれ一つずつ選び、その番号をマークしなさい。解答番号はaが1、bが2、cが3、dが4、eが5です。

a ガイトウ
①英雄がガイセンする。
②日本史をガイセツする。
③住宅ガイを歩く。
④レストランでガイショクする。
⑤社会にガイアクをもたらす。

b トウケイ
①毎朝、セントウに通う。
②宝くじにトウセンする。
③市長のゾクトウが決まった。
④理論と実践をトウイツする。
⑤七転バットウの苦しみ。

c フカンヨウ
①水ヨウエキを注ぐ。
②頑丈なヨウキが潰れる。
③難解なヨウゴを口にする。
④講演のヨウシを述べる。
⑤真っ赤なタイヨウが西に沈む。

d シヒョウ
①成績がヒョウジュンを上回る。
②スケートでヒョウジョウを滑る。
③気の毒そうなヒョウジョウで謝る。
④船が無人島にヒョウチャクする。
⑤交易船が海賊にヒョウヘンする。

e イギ
①注意深くシュウイを見渡す。
②新しいイミ付けを考える。
③核兵器のキョウイを取り除く。
④成績のジュンイが上がる。
⑤彼が言うことに対してイロンを唱える。

そうしたバックグラウンドとなる視座を理解したうえで、人間らしさの考察に入りたいと思います。考察するために、視点を三つに分けてみたいと思います。

私自身が日常、生きているなかで自分は人間らしさを失っているのではないかと感じている。これはG「自分だけの世界」のことです。

次に、自分の周囲にいる親しい人が人間らしさを失っているのではないかと感じるのは、H「私たちの世界」の話です。

第三に、世間の人たちが人間らしさを失っているのではないかというのが「一般論の世界」。社会のシステム自体が何か人間らしさを失っているのではないかという社会的な捉え方もこの枠組みに入ります。

まず、自分自身が人間らしさを失っているのではないかと考えるのはどういうときでしょうか。

最近やたらに仕事が忙しい。ノルマに追いまくられて、ほっとする間もない。駅のホームでカバンを持って佇(たたず)んでいるとき、「オレってこんな生き方を望んでいたんだろうか」「こんなロボットよりハードな仕事に追われ、Ⅲ人間として生きているんだろうか」と考える。その駅でカナダ旅行をPRするポスターを見て「カナダでは雄大な自然のなかで毎日を楽しんでいる人がいるのに、いったいおれは何をやっているんだ」とZ茫然(ぼうぜん)とする。あるいは、自宅に帰ってテレビをつけ、どこかの行楽地で家族そろってバーベキューをしてワイワイやっているのを見ながら「オレは何をしているんだろう」と焦ったりもする……こういった時に自らの生き方を省みて、人間的にどうなのか、ということを考えます。

次に「私たちの世界」のレベルです。自分の周囲の人たちが人間らしさを失っていると感じるレベルになると、いろいろなバリエーションが出てきます。そこには人生の始まりと終わり、つまり生まれることや死ぬことも視野に入ってきます。

人間の生誕に関して言うならば、たとえば自分の娘が結婚してもなかなか子どもができないときに、どの程度の不妊治療をすべきか、というのは人間らしさをめぐる大きな問いになってきます。

一方、人間の死をめぐっても、自分の父親が脳死寸前の状態になり、延命のために胃ろうや気管カニューレなど多数の管を付けられている「【注3】スパゲッティ症候群」と言われる状態はどうか。その姿を前にして「人間らしい医療とは何なのか」とか「はたして人間としての幸せというのは何なのだろうか」といったことを考えさせられるわけです。

死についても、自分の死を考えるよりも身近な人の死を看取(み)るほうが先の場合が多いでしょう。だから、「私たちの世界」の話になったときに人間の生誕と死、つまり生命倫理と言われる問題がクローズアップされてきます。

「一般論の世界」になると、さらにいろいろなことが見えてきます。たとえば日本の社会の場合「ギュウギュウ詰めの満員電車に乗って毎日毎日通勤しなければならないのは非人間的ではないか」とか「遺伝子自体を改変する技術はどこまで許されるのか」といった問いが出てきます。そして、自分たち以外の第三者の人間らしさについて考えることは、親しい人たちの人間らしさを考えるのとは違った点も出てきます。

たとえば体外受精に対して、一般論であれば「そんなことをしてまで子どもをつくるべきなのか」と醒(さ)めた見方をする人がいたとしても、自分たち夫婦が子どもに恵まれないケースでは一般論では済まされませしかし、もし文化人類学者や社会学者のようにすべてが構築されていると考えるならば、時に「イ人間らしさなど考えても仕方がない」というXニヒリズム的立場に陥ります。「君の主張する人間らしさとぼくの言っている人間らしさは違うわけだから、そんなことを語っても意味がない。一人一人で違うのだから」ということです。

逆に本質があるという立場からすれば「ウ私の考えている人間らしさが正しいので、間違った考えを持っているヤツらを成敗しなければいけない」とか「間違った人間らしさ像がはびこっている。ああいうことを言うヤツがいるから世の中が悪くなっている。私の言っている人間らしさを守るべきだ」といった言説にもつながります。「エ全く近頃の若者はなっていない。人間としての基本を忘れている」といった言説も、根は同じです。

それでも、私たちがE今ここで人間らしさを問うことには、大きな意味があると考えています。

一つには、構築主義の考え方からしても人間らしくないと思わざるをえない世の中になっているような感覚があること、もう一つには、そういった世の中の流れが、世界中でも起こっている民族や宗教の対立を生んでいることです。

特に昨今世界を震撼させているイスラム過激派たちの活動は、自らの社会をY脅かす西洋文明的な価値観に対するeイギ申し立ての側面を持っています。二〇一四年四月にナイジェリアにて、三〇〇名近くの女子生徒が、イスラム過激派集団により拉致されるという事件が起こりました。女学生が自由な信仰を持って西洋的な教育を受けている状況は、拉致を行った過激派たちが理想とする人間観とはかけ離れたものだったからです。つまり、「人間らしさ」の対立が起こした悲劇であるという見方もできるわけです。こういった状況で「人間らしさはそれぞれ」と主張するだけでは、問題解決の糸口は見えてきません。

だからこそ、さまざまな言説が、実は時代や文化のなかで構築されているということを理解しながらも、ニヒリズムに陥ることなく、一人一人が人間とは何かを考えていくということ、そのことが、人間らしい社会を築くための、現代における人間らしさとして求められているのだと思います。

F科学技術に対する過剰な信仰や、敗者を切り捨てる新自由主義的な市場状況や、人間が道具のように扱われている労働環境に対して違和感を持ったとして、「オそもそも人間とはこういうものだからよくない」という理屈で押し切るのでは、イスラム原理主義者たちの主張と変わらない論理になってしまいます。

私が研究している仏教は宗教のなかでは特別で、いわば相対主義を極めた宗教と言えるかもしれません。「あらゆる事物は構築されたものであり、煩悩や執着にとらわれてはダメ。それでは物事の本質は見えてきません」と説いているからです。そうして構築されたものであるにもかかわらず、金や権力、愛欲などを本質だと思っている【注1】凡夫の【注2】誤謬を糺しているのです。

まとめますと、構築主義の考え方からしても人間らしくないとP思わざるをえない世の中とはいったい何なのか、そして、そのQ世の中で、何を人間らしさとして主張することが求めRられるのか、というSのが本書で考察するT問いになります。

【国語】（四〇分）〈満点：一〇〇点〉

1 次の文章を読んで後の問いに答えなさい。（ただし、設問の都合上、本文の一部に省略があります。）

「人間らしさを問う」というのは、実はとてつもなく難しいことです。［ A ］

「らしさ」という表現は別に人間に限りません。男らしさ、女らしさ、子どもらしさなどいろいろな言葉に使われます。

たとえば、男らしさについて考えてみましょう。

大学の講義で学生たちに「このなかで自分が男らしいと思う人、手を挙げて」と聞くと、ほとんどの学生が手を挙げません。おそらく、東京・新橋のaガイトウでサラリーマンにマイクを突きつけて聞いても「私は男らしいです」と答える人はそう多くはないでしょう。

つまり、男であるという現実から導き出される理論や法則として男らしさがあるわけではないということです。B男であることから帰納的に男らしさが論じられているわけではない。また、国民全体を対象にbトウケイをとって、そのなかからもっともパーセンテージが多い傾向を男らしさと認定できるわけでもありません。

日本という国のある場所で、ある時代のある文化の中で男らしさが定義されていて、それと照らし合わせながら私たちは男らしさを考えているわけです。だから、多くの男性は「自分は男らしくない」と思っているし、多くの女性は「自分は女らしくない」と思っている。もちろん、誰かのことを「彼は男らしい存在だ」と言うことはできますが。

このように考察したうえで、一般的に言われている男らしさについて考えてみると、決断力がある、リーダーシップがある、たくましい、ガタイがいい、筋肉質といったイメージでしょう。一方、女らしさと言うと、おしとやかで、気配りがある、優しい、あまり自己主張せずに他人と合わせていくといったイメージです。

男という性のなかに本質的に男らしさがあるという考え方をC本質主義と言います。つまり、男というものは本質的に〇〇である、という考え方です。

これに対して、男らしさというのはその時代のその文化において定義されているのであって、時代や文化を超えた男らしさの本質など存在しないという考え方をD構築主義と呼んでいます。

こうした本質主義と構築主義の闘いは学問の世界にとどまらず、現実の世界でも数多く起こっていることです。

［ Ⅰ ］、さまざまな宗教において、いわゆる原理主義と呼ばれるような立場で活動する人たちは本質主義に立脚していると言ってよいでしょう。彼らはその宗教の教義や、経典に残されているような人間観に立脚し、それ以外の考え方に対しフカンcヨウな態度を取ることが多い。アその宗教が立脚している人間像を絶対的なものとして崇（あが）めているから で、違った立場を認めてしまうと、その宗教を信じている自分自身の存在を、ある種否定してしまうことになってしまうからです。

［ Ⅱ ］、私たち文化人類学者や社会学者などは構築主義の立場に立っています。男らしさについても、時代や民族によって男らしさのシdヒョウが違うことは、すでに先人の文化人類学者の研究によって明らかにされているからです。

大切なことはメモしておこうネ！

T.G

# 2019年度

# 解　答　と　解　説

《2019年度の配点は解答欄に掲載してあります。》

## ＜数学解答＞《学校からの正答の発表はありません。》

1 (1) ア － イ 5 (2) ウ 1 エ 0 (3) オ － カ 8 キ 3
(4) ク 8 (5) ケ 1 コ 6 サ 3 (6) シ 1 ス 0 セ 3
2 (1) 2 (2) イ 6 ウ 2 (3) エ 1 オ 0
3 ア 8 イ 2
4 (1) ア 1 イ 5 ウ 2 (2) エ 5 オ 2
(3) カ 5 キ 2 ク 1
5 (1) ア 1 イ 8 (2) ウ 1 エ 8 (3) オ 3 カ 1 キ 6
6 (1) ア 3 イ 2 ウ 0 (2) ⑧

○推定配点○
1 各5点×6　2 (1)・(2) 各4点×2　(3) 8点　3 10点
4 (1)・(2) 各4点×2　(3) 8点　5 (1)・(2) 各4点×2　(3) 8点
6 (1) 4点　(2) 8点　計100点

## ＜数学解説＞

1 (小問群－数・式の計算，平方根，式の値，数の性質，平行線と角度，円の性質，三平方の定理)

(1) $-3^2\div\left(-\frac{3}{2}\right)^2-\left\{\frac{1}{3}-\left(\frac{1}{3}-0.5\right)\div0.25\right\}=-9\div\frac{9}{4}-\left\{\frac{1}{3}-\left(\frac{1}{3}-\frac{1}{2}\right)\div\frac{1}{4}\right\}=-9\times\frac{4}{9}-\left\{\frac{1}{3}-\left(-\frac{1}{6}\right)\times4\right\}=-4-\left(\frac{1}{3}+\frac{2}{3}\right)=-4-1=-5$

(2) $x:y=1:2$から，$y=2x$　$3x-2y=-5$に代入して，$3x-2\times2x=-5$　$-x=-5$　$x=5$　$y=2\times5=10$

重要 (3) $x^3y-xy^3=xy(x^2-y^2)=xy(x+y)(x-y)$　$x=\sqrt{3}+2$，$y=\sqrt{3}-2$のとき，$xy=(\sqrt{3}+2)(\sqrt{3}-2)=3-4=-1$　$x+y=2\sqrt{3}$　$x-y=4$　よって，$-1\times2\sqrt{3}\times4=-8\sqrt{3}$

(4) $-\frac{5}{3}=-5\div3=-1.666\cdots$　$2\sqrt{10}=\sqrt{40}$なので，$\sqrt{36}<2\sqrt{10}<\sqrt{49}$　よって，$-\frac{5}{3}$より大きく$2\sqrt{10}$より小さい整数は，－1，0，1，2，3，4，5，6の8個ある。

重要 (5) △ABCは正三角形なので∠A＝∠B＝∠C　△FDEは△ADEを折ったものなので∠DFE＝∠A＝∠B＝∠C　∠BFEは△EFCの外角なので，∠BFE＝∠BFD＋∠DFE＝∠CEF＋∠B　よって，∠BFD＝∠CEF　2組の角がそれぞれ等しいので，△BFD∽△CEF　よって，BF：CE＝DB：FC　AB＝BD＋AD＝BD＋FD＝10だから，FC＝10－8＝2　したがって，8：CE＝3：2　CE＝$\frac{16}{3}$(cm)

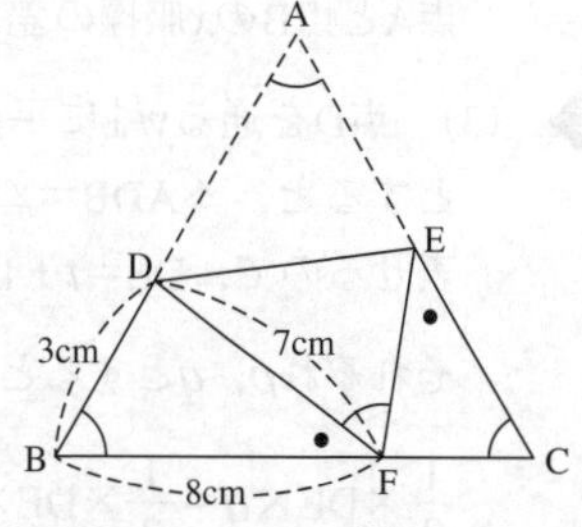


(6) △ABCで三平方の定理を用いると，$BC^2=AC^2-AB^2=9-4=5$　△ABCを辺ABを軸として

一回転させてできる立体は，BCを半径とする円を底面とし，ABを高さとする円錐である。よって，その体積は，$\frac{1}{3}\times BC^2\times\pi\times AB=\frac{1}{3}\times5\times\pi\times2=\frac{10}{3}\pi\,(cm^3)$

## 2 （規則性－自然数の3乗の和の性質）

基本 (1)　$1^3+2^3=1+8=9=(1+2)^2$

(2)　$1^3+2^3+3^3=1+8+27=36=6^2$

やや難 (3)　(2)で，$6^2=(1+2+3)^2$である。3025を素因数分解すると，$3025=5\times5\times11\times11=5^2\times11^2=55^2$ よって，$1+2+3+\cdots\cdots+n=55$となる$n$を求めればよい。$S=1+2+3+\cdots+(n-2)+(n-1)+n$ …①　$S=n+(n-1)+(n-2)+\cdots+3+2+1$…②とおいて，①と②の項を順番に加えると，$2S=(n+1)+(n+1)+(n+1)+\cdots+(n+1)+(n+1)+(n+1)=n(n+1)$　よって，$S=\frac{n(n+1)}{2}$ これが55となるとき，$\frac{n(n+1)}{2}=55$　$n^2+n-110=0$　$(n+11)(n-10)=0$　$n$は自然数なので，$n=10$　よって，$1^3+2^3+3^3+\cdots\cdots+(10)^3=3025$

## やや難 3 （平面図形－円の性質，角度）

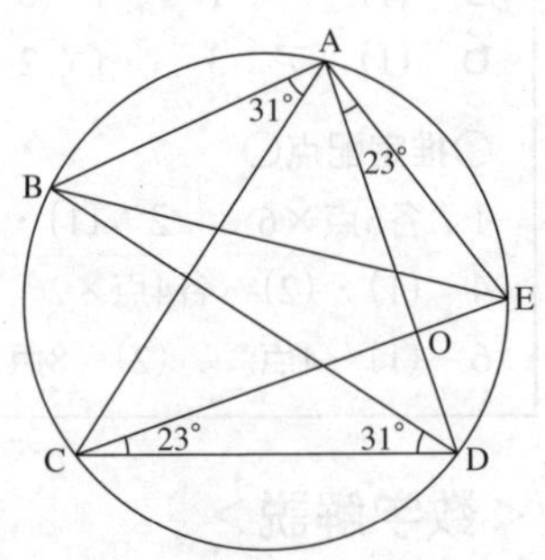


$\angle BAC=\angle BDC=31°$　直線BCについて同じ側にある角の大きさが等しいから，4点A，B，C，Dは同一円周上にある。…①
$\angle DAE=\angle DCE=23°$　直線DEについて同じ側にある角の大きさが等しいから，4点A，C，D，Eは同一円周上にある。…②
異なる3つの点(A，C，D)を通る円は1個しかないから，①の円と②の円は同じ円である。よって，A，B，C，D，Eは同一円周上にある。$\angle COD$は$\triangle AOC$の外角なので，$\angle COD=\angle CAO+\angle ACO$
$\angle COD-\angle CAO=\angle ACO$　$\angle COD-\angle CAD=44°$なので，$\angle ACO=44°$　弧AEに対する円周角だから，$\angle ABE=\angle ACE=44°$　AC，ADとBEとの交点をそれぞれF，Gとし，$\angle CAD=a$，$\angle AEB=b$とすると，$\angle AGF$は$\triangle AGE$の外角だから，$\angle AGF=23°+b$ $\angle AFG$は$\triangle AFB$の外角なので，$\angle AFG=31°+44°=75°$　よって，$\triangle AFG$の内角の和の関係から，$a+75°+(23°+b)=180°$　$a+b=180°-98°=82°$　したがって，$\angle CAD+\angle AEB=82°$

## 4 （関数・グラフと図形－2次関数，1次関数，交点の座標，二次方程式，三角形の面積）

基本 (1)　点Aは$y=x^2$のグラフと$y=x+1$のグラフの交点だから，その$x$座標は方程式$x^2=x+1$の解として求められる。$x^2-x-1=0$　$x=\frac{1\pm\sqrt{1+4}}{2}=\frac{1\pm\sqrt{5}}{2}$　点Aの$x$座標は負だから，$x=\frac{1-\sqrt{5}}{2}$

(2)　直線$y=x+1$と$y$軸との交点をCとすると，C(0，1)　点A，Bから$y$軸までの距離をそれぞれ$m$，$n$とすると，$\triangle AOB=\triangle AOC+\triangle BOC=\frac{1}{2}\times1\times m+\frac{1}{2}\times1\times n=\frac{1}{2}\times1\times(m+n)$　$m+n$は点Aと点Bの$x$座標の差だから，$\frac{1+\sqrt{5}}{2}-\frac{1-\sqrt{5}}{2}=\sqrt{5}$　よって，$\triangle AOB$の面積は$\frac{\sqrt{5}}{2}$

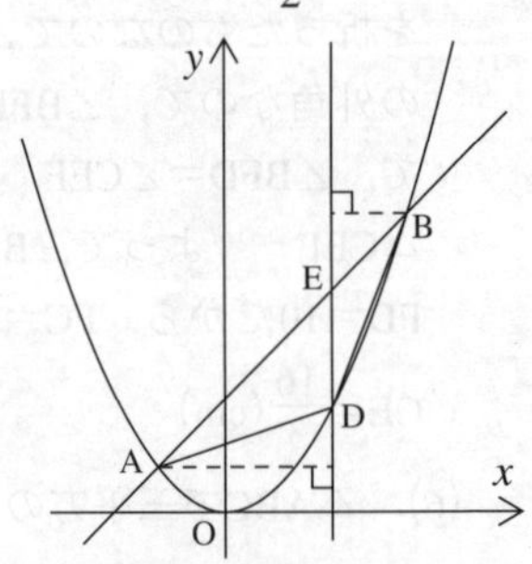


やや難 (3)　点Dを通る$y$軸に平行な直線を引き，直線$y=x+1$との交点をEとすると，$\triangle ADB=\triangle ADE+\triangle BDE$　$D(t,\ t^2)$，$E(t,\ t+1)$と表せるので，$DE=t+1-t^2$　点A，点Bから直線DEまでの距離をそれぞれ$p$，$q$とすると，$\triangle ADB=\triangle ADE+\triangle BDE=\frac{1}{2}\times DE\times p+\frac{1}{2}\times DE\times q=\frac{1}{2}\times DE\times(p+q)$　$p+q$は点Aと点Bの$x$座標の差だから$\sqrt{5}$　よって，$\triangle ADB=\frac{1}{2}\times(t+1-t^2)\times\sqrt{5}=-\frac{\sqrt{5}}{2}(t^2-$

$t-1$)

**5** (確率とグラフ－一次関数，三角形の面積，2点間の距離，三平方の定理)

(1)　$a$に8通りの出方があり，そのそれぞれに$b$に8通りずつの出方があるから，$a$と$b$の出方の総数は$8^2=64$(通り)　P($a$, $b$)が直線$y=x$上にあるとき，$b=a$　よって，P($a$, $b$)＝(1, 1)，(2, 2)，(3, 3)，(4, 4)，(5, 5)，(6, 6)，(7, 7)，(8, 8)の8通りある。よって，その確率は，$\frac{8}{64}=\frac{1}{8}$

(2)　OA＝4なので，点Pが$x=5$の直線上にあるとき，$\triangle OAP=\frac{1}{2}\times4\times5=10$となる。(5, 1)，(5, 2)，(5, 3)，(5, 4)，(5, 5)，(5, 6)，(5, 7)，(5, 8)の8通りあるので，その確率は，$\frac{8}{64}=\frac{1}{8}$

重要 (3)　右図で示すように，PQが1辺の長さ2cmの直角二等辺三角形の斜辺であるとき，点Pと点Qの距離が$2\sqrt{2}$cmとなる。また，点P($a$, $b$)と点Q($b$, $a$)は直線$y=x$について対称の位置にある。例えば，P(1, 3)とQ(3, 1)，P(3, 1)とQ(1, 3)のときにPQ＝$2\sqrt{2}$cmとなる。点Pの$x$座標と$y$座標の差が2であるときがあてはまるので，P($a$, $b$)＝(1, 3)，(2, 4)，(3, 5)，(4, 6)，(5, 7)，(6, 8)，(3, 1)，(4, 2)，(5, 3)，(6, 4)，(7, 5)，(8, 6)の12通りある。よって，その確率は，$\frac{12}{64}=\frac{3}{16}$

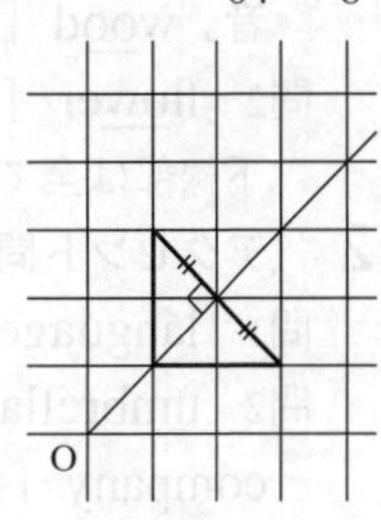


**6** (その他の問題－年齢を当てるクイズ，式の計算)

(1)　Ⅰ：3を選ぶ　Ⅱ：3×4＝12　Ⅲ：(12＋80)×100÷4＝2300　Ⅳ：1999年1月11日生まれのBさんは2019年2月17日には誕生日を迎えていたので，2319　Ⅴ：2319－1999＝320　Xにあてはまる数字は320である。

(2)　最初に選んだ数字を$x$とすると，手順Ⅲまでは，$(4x+80)\times100\div4=100x+2000$となる。2019年2月7日時点で誕生日を迎えていれば19を加えるので$100x+2019$となり，誕生日を迎えていなければ18を加えるので$100x+2018$となる。$x$の値は100倍されるので下2桁に影響を与えない。よって，Yには$c$，Zには$e$が入るので，エには⑧があてはまる。

**★ワンポイントアドバイス★**

1の(5)は∠BFD＝∠CEFを見つける。3は三角形の外角の性質や円の性質を考える。4の(3)は点Dを通る$y$軸に平行な直線を引く。5の(3)は，点Pと点Qが直線$y=x$について対称であることを利用する。

## ＜英語解答＞《学校からの正答の発表はありません。》

**1**　1 ②　2 ④　**2**　3 ③　4 ①

**3**　5 ③　6 ④　7 ④　8 ③　9 ②　10 ④

**4**　11 ⑤　12 ①　13 ①　14 ③　15 ⑤

**5**　16 ②　17 ④　18 ①　19 ④　20 ②　21 ①

**6**　22 ③　23 ④　24 ③　25 ⑤　26 ⑤　27 ①　28 ③　29 ⑤　30 ⑤

**7** 31 ④ 32 ⑤ 33 ② 34 ① 35 ⑤ 36 ⑤ 37 ② 38 ⑤
39 ④

○推定配点○
1，2 各1点×4 3 各2点×6 4 各3点×5 5 各3点×6
6 問1・問2 各2点×2 他 各3点×7 7 問1 2点 他 各3点×8 計100点

## ＜英語解説＞

基本 **1** （発音問題）

問1 food「食べ物」，cool「涼しい」，school「学校」，room「部屋」の下線部は全て[uː]の発音。wood「木」の発音は[u]。

問2 flower「花」，crowded「混雑した」，ground「地面，グラウンド」，cloudy「曇った」の下線部は全て[au]の発音。though「～だけれども」の発音は[ou]。

基本 **2** （アクセント問題）

問1 lánguage「言語」，kítchen「台所」，contról「制御する」，tráffic「交通」，Ápril「4月」

問2 umbrélla「かさ」，récognize「識別する」，éveryone「みんな」，pópular「人気がある」，cómpany「会社」

**3** （語句選択補充問題：代名詞，分詞，動名詞，前置詞）

問1 「私たちは急ぐ必要はない。時間はたくさんある」 急ぐ必要がないのは時間があるから。「時間」の意味の time は数えられない名詞なので，複数形にせず，「たくさんの」は much を用いる。

問2 「この辞書は私のものではありません。それは彼のものだと思います」 空所の後に名詞がないので，1語で「～のもの」の意味を表す his が適切。他はすべて「～の」の意味で所有格の代名詞。所有格の後には名詞が必要。

問3 「昨日，私は英語で書かれたメールを受け取った」 後ろから e-mail を修飾するのに適切なのは「書かれた」の意味になる written。「(言語)で」は in ～ で表す。

問4 「私はあなたにまた電話をかけることを楽しみにしています。それではさようなら」 look forward to ～「～を楽しみにする」の to は不定詞を作る to ではないので，後に「～すること」の意味を続けるときは動名詞(動詞の～ing形)を用いる。

問5 「私は1992年からアラガキさんを知っている」 継続を表す現在完了の文。「知っている」状態が始まった時を表すのは since「～から[以来]」。

問6 「あなたは週に何回自分の部屋を掃除しますか」「1回だけです」 相手が回数を答えているので，「何回～しますか」と尋ねていることがわかる。「何回」は how often で表す。

重要 **4** （語句整序問題：関係代名詞，不定詞，進行形，比較）

問1 (The) computer which he used yesterday doesn't work (today.) 「彼が昨日使ったコンピュータ」は，関係代名詞を用いて The computer which he used yesterday と表す。主語は The computer，動詞は doesn't work。

問2 I don't know which movie to choose. 「どちらの映画を選んだらよいのかわからない」と言いかえて考える。「どちらの～を…すればよいか[するべきか]」は〈which ＋名詞＋ to ＋動詞の原形〉で表す。

問3 I was watching TV when Hiroshi visited my (house.) 「テレビを見ていた」は過去進行形で表す。接続詞 when「～するとき」を後半に置いて，「ヒロシが私の家に来た」を続ける。

問4 How many books are there in this (library?) 〈There is [are] ~ ＋場所を表す語句〉「(場所)に～がある」の疑問文で表す。本の数を尋ねているので，are there の前に How many books を置く。

問5 (He is) too old to run faster than his son. 「～すぎて…できない」を〈too ~ to ＋動詞の原形〉で表す。「～よりも速く」は faster than ~ で表す。

## 5 （長文読解・会話文：語句選択補充）

（全訳） おはようございます！ 私はバリー・スマイルズです。イエス／ノー・コンテストへようこそ。私たちのルールはとても簡単です。私が皆さんに1分間質問をします。皆さんは答えなくてはなりませんが，「はい」や「いいえ」は使ってはいけません。うなずいたり，頭を横に振ってもいけません。さあ，最初の挑戦者，フロリダ州，パーム・ビーチから来たアン・モックさんです。

スマイルズ：あなたの名前は何ですか？
アン　　　：アンです。アン・モックです。
スマイルズ：どちらからいらっしゃいましたか，アンさん？
アン　　　：パーム・ビーチです。
スマイルズ：パーム・スプリングスとおっしゃいましたか？
アン　　　：(A)いいえ，パーム…(ゴン！)
スマイルズ：おや，ごめんなさい，アンさん。あなたは「(A)いいえ」と言いました。次の挑戦者はミズーリ州，セント・ルイスから来たチャック・フリーナーさんです。フリーナー先生ですね？
チャック　：(B)すみませんが，チャックと呼んでください。
スマイルズ：わかりました。準備はいいですか，チャック？
チャック　：準備できています。
スマイルズ：うなずきましたか？
チャック　：うなずいていませんよ。
スマイルズ：確かですか？
チャック　：(C)はい，確かに…(ゴン！)
スマイルズ：ああ！ ごめんなさい，チャック。次回がんばってください。さあ，3番目の挑戦者です。ワシントンD.C.から来たリチャード・オロパルロさんです。こんにちは，リチャードさん。
リチャード：こんにちは，バリーさん。
スマイルズ：ホテルで働いているんです(D)ね？
リチャード：その通りです。
スマイルズ：お仕事は好きですか？
リチャード：とても楽しんでいます。
スマイルズ：ああ，そうなんですか？
リチャード：私は「とても楽しんでいます」と言いました。
スマイルズ：さて，奥さんがいらっしゃいますね？
リチャード：私には妻がいます。
スマイルズ：今夜，ここにいらっしゃってますか？
リチャード：彼女はワシントンの家にいます。
スマイルズ：ではここにはいないんですね。
リチャード：(E)もちろんいません。

スマイルズ：お子さんはいらっしゃいますか？
リチャード：2人の子供がいます。
スマイルズ：男の子2人ですか？
リチャード：男の子と女の子です。
スマイルズ：そして…(ブー！)　(F)1分です！　やりましたね，リチャードさん！　すばらしくないですか，皆さん？　彼が今夜の賞を獲得しました―新型の皿洗い機です！

全訳を参照。　(A)　この直後で失格を表す「ゴン」という鐘の音が鳴っているので，アンはYesかNoと言ったことになる。スマイルズが，アンが答えた「パーム・ビーチ」とは別の地名を尋ねたので，アンはNoと言ったことになる。　(B)　スマイルズが「フリーナー先生」と言ったことに対する発言。この後，質問が続くので，チャックはYesまたはNoとは言っていないことになる。ASAP「できるだけ早く(as soon as possibleの略)」やChuckでは文意が成り立たない。チャックは「チャックと呼んでください」と言っているので，「フリーナー先生」と敬称をつけて呼んだスマイルズに対して，「すみませんが，(敬称などつけず)チャックでいいですよ」と言ったのである。　(C)　Are you sure?「(うなずいていないのは)確かですか？」に対する応答。直後で「ゴン」と鐘が鳴っているので，YesかNoと言ったことになる。チャックは自分がうなずいていないことを伝えたいのだから，Yesと言ったことになる。　(D)　付加疑問を作る。主語がYou，動詞が一般動詞workの現在形なのでdon't youが適切。　(E)　この後も質問が続いているので，YesやNoは言っていないことになる。That's all.「これで終わりです」では会話がつながらないので，Of course, not.「もちろん，(妻はここには)いません」が適切。Noは言ってはいけないが，notと言ってはいけないというルールはないことに注意。　(F)　冒頭のスマイルズの発言から，質問は1分間続くことがわかる。リチャードはルール通りに質問に答えたので，「1分」が正しい。空所の後がminuteと単数形なので，答えは①しかないことがわかる。

## 6　(長文読解・説明文：指示語，語句選択補充，語句整序，語句解釈，要旨把握，内容吟味)

(全訳)　1994年，ネルソン・マンデラは南アフリカで最初の黒人大統領になった。彼はアパルトヘイトを終わらせたが，黒人と白人はまだ互いに信用しあっていなかった。マンデラには国中をまとめるための何かが必要だった。1995年にラグビー・ワールド・カップが南アフリカにやって来た。彼はそれを利用することにした。

マンデラはラグビー代表チームのキャプテン，フランソワ・ピナールに会った。大統領が「スポーツは私たちの国に平和をもたらすことができる」と言ったとき，ピナールは「私たちはワールド・カップで優勝しなくてはならない！」と(2)感じた。

黒人の人々は，代表チームのスプリングボックスを支持していなかった。南アフリカでは，(3)人々はラグビーは白人のためのスポーツだと考えていたのだ。

(4)その上，スプリングボックスは国際試合の経験があまりなかった。人々は，彼らはワールド・カップでよい成績を収めないだろうと思っていた。

しかしマンデラはチームを信じていた。彼はチームのメンバーたちを「自分の息子たち」と呼んだ。彼は黒人の人々に，「スプリングボックスを支持しよう。彼らは私たちのチームだ。新しい国を作るために，すべての人種が協力しなくてはならない」

ワールド・カップが始まった。人々が驚いたことに，スプリングボックスは試合に(6)勝ち続けた。チームを支持し始める黒人が増えていった。

決勝戦の日，競技場の観衆はマンデラがチームを応援しているのを見た。彼はスプリングボックスの服を着ていた。すべての人種の南アフリカ人が自分たちの大統領とチームと国を(7)誇りに思った。

試合はとても困難だったが，最後にスプリングボックスは勝った！ すべての人が喜びを分かち合った。そのとき，新しい南アフリカが誕生した。

問1 下線部を含む文の2文前に，「マンデラには国中をまとめるための何かが必要だった」とあり，さらにラグビー・ワールド・カップが南アフリカに来たことが述べられている。これを受けて「彼はそれを利用することにした」とあるので，マンデラ大統領が国をまとめるのに利用しようとしたものは，「ラグビー・ワールド・カップ」である。make use of ~ は「~を利用する」という意味。

問2 直後に言葉が引用されていることから，空所に入る動詞は，「言った」「思った」などの意味であることが推測できる。選択肢の中で適切なのは feel「感じる」の過去形 felt。fall は「落ちる」という意味。

 問3 (In South Africa,) people thought that rugby <u>was a</u> sport <u>for</u> white people. 主語を people，動詞を thought として，その後に接続詞 that を続ける。当時，黒人がラグビーの代表チームを支持していなかった理由として，that 以下に「ラグビーは白人のためのスポーツだ」と続ける。

問4 下線部を含む文の直前では，当時黒人たちがラグビーの代表チームを支持していなかったことが述べられており，下線部の直後には，代表チームが試合の経験があまりなかったことが書かれている。この2つの内容を受けて，「人々は，彼らはワールド・カップでよい成績を収めないだろうと思っていた」と続くので，下線部の前後で，人々が代表チームがよい成績を残せないと思っていた理由を2つ述べたことになる。したがって，Moreover は直前の内容に別の同様の内容を加える意味であることが推測できる。

問5 「ワールド・カップでよい成績を残せない」に対する主語なので，they が指すものは代表チームのスプリングボックスである。

問6 「(代表チームはよい成績を残せないと思っていた)人々が驚いたことに」に続くので，人々の予測に反して，スプリングボックスは試合に勝ち続けたと考えられる。keep ~ing で「~し続ける」という意味を表すので，winning が適切。

問7 「代表チームが勝ち続けることでチームを支持し始める黒人が増えた」→「決勝戦の日，競技場の観衆はマンデラがスプリングボックスの服を着てチームを応援しているのを見た」という流れから，自分たちの大統領とチームと国を「誇りに思った」とするのが適切。afraid of ~ は「~を恐れて」，add to ~ は「~に加える」，pass on ~ は「通り過ぎる，~を伝える」，full of ~ は「~でいっぱいで」という意味。

問8 南アフリカの大統領が国をまとめるために自国のラグビー代表チームを支持し，チームが勝つにしたがってすべての人種の国民が代表チームを支持するようになったという流れ。「国がまとまる」ことがテーマで，ラグビーはそのきっかけとなったことであるので，⑤「国のために勝つ」が適切。 ①は「ラグビーのルールを覚えよう」，②は「ラグビー・ワールド・カップを楽しもう」，③は「世界の危険なスポーツ」，④は「黒人のためのラグビーチーム」という意味。

問9 ①「スプリングボックスが決勝戦に勝った後で，ネルソン・マンデラは南アフリカで最初の黒人大統領になった」(×) マンデラが南アフリカで初めての黒人大統領になったのは1994年(第1段落第1文)，スプリングボックスがワールド・カップで優勝したのは，ワールド・カップが行われた1995年(第1段落第4文)である。 ②「フランソワ・ピナールは世界で最高のラグビー選手だ」(×) フランソワ・ピナールについては第2段落に記述があるが，国の代表チームのキャプテンだったこと以外には述べられていない。 ③「黒人はラグビーのルールを知らなかったので，スプリングボックスを支持しなかった」(×) 第3段落を参照。黒人がスプリングボックスを支持しなかったのは，当時ラグビーは白人のためのスポーツと考えられていたからである。

④「スプリングボックスはワールド・カップに参加したが，チームはすぐに試合に負けた」(×) 第6，8段落を参照。スプリングボックスは試合に勝ち続け，最後は優勝した。 ⑤「ラグビー・ワールド・カップ決勝戦の日，ネルソン・マンデラはスプリングボックスの服を着ていた」(○) 第7段落第2文の内容に合う。

**7** (長文読解・説明文：語句選択補充，指示語，文整序，語句解釈，文選択補充，内容吟味)

(全訳) (ア)細菌はあらゆるところにいる。それらを見ることはできないが，それらはテーブルの上，コンピュータの上，そして空中にさえいるのだ！

人と同じように，細菌は世界中を移動して回る。それらは私たちと一緒に飛行機に乗って飛ぶ。食べ物や，衣服や，他のものが世界中を移動するとき，細菌(1)もまた移動する。(2)安全な細菌もあるが，中には危険な細菌もある。細菌はインフルエンザのような病気の原因となる。

暖かい天候が細菌をもたらす

世界の天候が変わってきている。比較的涼しい国々が暖かくなってきているので，暑い国の虫がそこまで移動することができる。これらの虫のいくつかは，蚊のように危険なウイルスを運ぶ。これらのウイルスのために，人々は頭痛や熱などに苦しむのだ。ときには人を死へ至らしめることもある。

皮膚の下で

皮膚は細菌から身を守っている。

エ　それは細菌の働きを止めるが，すべてを止めるわけではない。

ウ　それらはけがをしたり，皮膚を切ったりしたときに体内に入ってくる。

イ　細菌は手にもいる。

ア　それらは，手に着けたまま目，鼻，口に触れると体内に入ってくる。

細菌と戦う

免疫システムも身を守ってくれる。細菌が体内に入ると免疫システムがそれらを見つけて殺す。特殊な細胞が体内を動き回っていて細菌と戦うのだ。それらがうまく機能するので，健康でいられるのだ。(イ)抗体を作る細胞もある。抗体は細菌を見つけて働きを止める。

(5)細菌と戦うために何をすることができるだろうか。せっけんと水で手を洗うべきである。せっけんは多くの細菌を殺し，水がそれらを洗い流す。

問1　細菌が様々なものに付着して，それらとともに移動することを述べていることを，「食べ物，衣服，他のものが世界中を移動する→(それとともに)細菌もまた移動する」と表す。

問2　直後の内容と but でつながれているので，その後にある dangerous「危険な」と反対の意味を表す safe が入る。

問3　比較的涼しい国が天候の変化のために暖かくなるのにつれて，それまでは気温が低いためにそこ(＝比較的涼しい国)には住めなかった暑い国の虫がやって来る，という流れ。

問4　空所の後に，Some of these ~ の例として「蚊」が挙げられていることから考える。

重要 問5　エの It が Your skin を指すと考えると，「肌は細菌から身を守る」→「それ(＝肌)は細菌の働きを止める」となり因果関係が成り立つ。アの後半に touch「触れる」とあることから，「手についた細菌が目，鼻，口から入る」というつながりを考えて，イ→アと続ける。内容としてはエ→イ→ア→ウと並べてもよいが，選択肢にないので，エ→ウ→イ→アが正解。

問6　どこにでもあって(第1段落第1文)，病気の原因にもなる(第2段落最終文)などの特徴に合うのは⑤「細菌」。

問7　antibody は「細菌を見つけて働きを止める」働きをする(最後から2段落目最終文)ので，

②「抗体」が適切。anti- は「反～，対～」の意味の接頭語。

問8　空所の直後に「せっけんと水で手を洗うべきである」と細菌を体内に入れないための具体的な対処法が書かれている。これを導くのに適切な問いかけの文は⑤「細菌と戦うために何をすることができるだろうか」。

問9　①「細菌は飛行機で世界中を移動することができない」(×)　第2段落第1，2文の内容に合わない。　②「比較的暖かい国々が涼しくなってきている」(×)　第3段落第2文に「比較的涼しい国々が暖かくなってきている」とあるが，暖かい国の状況については書かれていない。　③「細菌が体内に入ってくるので，あまりたくさん食べるべきではない」(×)　食事の量と細菌の関係についての記述はない。　④「細菌と戦うために手を洗う必要がある」(○)　最終落第2文の内容に合う。　⑤「蚊だけが危険なウイルスを運ぶ」(×)　第3段落第3文に危険なウイルスを運ぶ虫の一例として蚊が挙げられているので，他にも危険なウイルスを運ぶ虫は存在することになる。

**★ワンポイントアドバイス★**

7の問5の文整序問題は，ア，イ，ウの順番が迷いやすい。選択肢が与えられているので，代名詞が指すものに注意しながら，それぞれの選択肢の順に並べてみるとわかりやすいだろう。

## <理科解答>

《学校からの正答の発表はありません。》

| | | | | | |
|---|---|---|---|---|---|
| 1 | 問1　1　⑤ | 問2　2　① | 問3　3　⑤ | 問4　4　② | 問5　5　③ |
| | 問6　6　⑤ | 問7　7　① | 問8　8　③ | 問9　9　④ | 問10　10　④ |
| 2 | 問1　11　⑤ | 問2　12　① | 問3　13　③ | 問4　14　⑤ | 問5　15　① |
| 3 | 問1　16　④ | 問2　17　② | 問3　18　④ | 問4　19　③ | 問5　20　② |
| 4 | 問1　21　② | 問2　22　③ | 問3　23　① | 問4　24　③ | 問5　25　⑤ |

○推定配点○

各4点×25　　計100点

## <理科解説>

### 1　(小問集合－各分野の総合)

問1　探査機「はやぶさ2」は，2018年に小惑星リュウグウに到着し，物質を採取するミッションをおこなっている。初代「はやぶさ」は2005年に小惑星イトカワに到達した。あかつきは2010年に打ち上げられた金星探査機である。いぶきは温室効果ガスを観測する人工衛星で，2018年に2号機が打ち上げられた。かぐやは2007年～2009年に使われた月の探査機である。

問2　傾斜がゆるやかな火山は，粘り気の小さい玄武岩質の溶岩からできている火山であり，日本には伊豆大島や三宅島の火山がある。富士山や雲仙岳，浅間山などは，成層火山である。昭和新山はマグマの粘り気が強い溶岩ドーム(溶岩円頂丘)である。

重要　問3　力のつりあいは，同じ物体にかかる複数の力の関係である。アは，リンゴ→机，机→リンゴの関係なので，つりあいではなく作用反作用の関係である。イは，バネが天井とおもりにおよぼしている関係なので，つりあいでも作用反作用でもない。ウは，どちらも木片の外から木片にかかる力どうしの関係なので，つりあいの関係である。

やや難 問4　1回目の音が出た時点を基準とする。自動車は1.0秒後に2回目の音を出すが，このとき自動車は17m進んでいるので，音を聞く人との距離が17m近づいている。音は17m進むのに，17÷340＝0.05(秒)かかるから，音を聞く人は2回目の音を1.0秒間隔よりも0.05秒早く音を聞くことになる。つまり，音の間隔は，1.0－0.05＝0.95(秒)である。

問5　2種類の異なる金属を電解質の水溶液に入れ，導線でつなぐと，電流を取り出すことができる電池になる。選択肢のうち，蒸留水は水溶液ではないので電池はつくれない。また，エタノール水溶液と砂糖水は，溶けているものがイオンになっていない非電解質であり，電池はつくれない。他の3つは電解質で，溶けているものがイオンに分かれている。

重要 問6　試験管A～Eのうち，過不足なくちょうど中和しているのはDである。A～Cは水酸化ナトリウム水溶液が不足しているので，含まれていた水酸化物イオン$OH^-$は，すべて塩酸の水素イオン$H^+$と結びついてなくなる。Dも水酸化物イオン$OH^-$はすべて使われる。だから，A～Dは水酸化物イオンの数が0である。Eは水酸化ナトリウム水溶液が余っているので，水酸化物イオン$OH^-$が残っている。

問7　部屋を暗くすると，ひとみ(瞳孔)に入る光の量を増やそうとして，ひとみは大きくなる。ただし，見ている物との距離は変わらないので，網膜に映る像の大きさは変わらない。

問8　肺では，血液中の二酸化炭素を取り除き，血液中に酸素を入れる。腎臓では，血液で運ばれてきた尿素などの不要物を取り除いて尿をつくる。肝臓では，血液中のアンモニアを取り込んで，毒性の少ない尿素に変える。なお，グリコーゲンは，肝臓で血液中のブドウ糖を取り込んで貯えるために合成した物質である。

問9　星は，1日に361°まわって見えるので，1日に4分ずつ，1か月で2時間ずつ早く南中する。2月15日午前0時に南中した星座は，2か月後の4月15日には，4時間早い午後8時に南中する。

問10　誤りは④である。台風の中心付近での強い風と激しい雨の原因は，強い上昇気流によってできる積乱雲である。なお，台風の中心に台風の目ができているときは，弱い下降気流が起こっているが，その部分では雨や風はほとんどない。

## 2 (磁界とその変化－磁力のはたらく運動)

問1　実験1は，コイルの中の磁界を変化させることで，電流をつくりだす実験であり，その現象は電磁誘導とよばれる。コイル1のA面の上から磁石のN極を近づけた場合，検流計の針は－側(左側)に振れている。S極を近づけた場合では，流れる誘導電流の向きは逆になり，検流計の針も逆の＋側(右側)に振れる。また，磁石をより速く動かすと，コイルの中の磁界の変化が大きくなるので，流れる誘導電流も大きくなる。

問2　②の変圧器(トランス)は，電圧を変える装置で，入力側のコイルで磁界をつくり，出力側のコイルに誘導電流をつくるしくみになっている。2つのコイルの巻き数を変えることで電圧が変えられる。③の発電機は，タービンなどを回転させてコイルの磁界を変化させ，誘導電流をつくる。④のIH調理器は，調理器表面の磁界を変化させて金属製の鍋やフライパンに誘導電流を流し，発熱させる。⑤でmanacaやTOICAなどのIC乗車券，Edyなどの電子マネーなどに使われる非接触型ICカードは，読み取り機がつくる磁界の変化によって，カード内の回路に誘導電流が流れて電波を発生し，その電波を読み取り機がキャッチする仕組みになっている。一方，①の電子レンジは，電波の一種であるマイクロ波を食物に当てて加熱するものである。

やや難 問3　図2のコイル2に流れる電流の向きを考えると，コイル2の左側がN極で，右側がS極である。例えば，右手の4本指の向きをコイル2の電流の向きに合わせると，親指が左側に来るという方法から分かる。次に，スイッチを入れると，電熱線Aに電流が流れず，すべてスイッチの方を流れるので，回路の抵抗が減り，電流が増える。すると，コイル2の右側のS極が強まる。これは問1

でコイル1のA面に磁石のS極を近づけたのと同じ効果がある。だから，検流計の針は＋側(右側)に振れる。

問4　図3では，まずコイル1のA面に磁石のN極が近づいてくるので，実験1と同じことが起こり，検流計の針は－側(左側)に振れる。次に，磁石がコイルを通り過ぎると，こんどはA面とは反対の面からS極が遠ざかっていく。面と極と動きがすべて反対なので，検流計の針は反対の反対の反対で，＋側(右側)に振れる。よって，検流計ははじめに－に振れ，次に＋に振れている⑤が正解である。

問5　斜面の傾きがちがっても，台車のもとの高さが同じなので，最初の位置エネルギーは等しい。だから，コイル1を通るときの運動エネルギーも等しく，台車の速さも等しい。よって，実験4の結果は実験3と全く同じになる。なお，傾きがちがうと，加速度が大きく，最高速に達するまでの時間が短くなるが，最高速の速さ自体は変わらない。

## 3（物質とその変化－鉄と硫黄の反応，気体の性質）

問1　グラフから，1.4gの鉄と0.8gの硫黄が過不足なくちょうど反応する。鉄3.5gと反応する硫黄の量は，$1.4:0.8=3.5:x$より，$x=2.0$(g)が反応する。できる硫化鉄の質量は，$3.5+2.0=5.5$(g)である。

問2　問1では，2.4gの硫黄のうち2.0gが反応するので，0.4gが余る。この硫黄0.4gをすべて反応させるには，鉄を追加する必要がある。$1.4:0.8=y:0.4$より，$y=0.7$(g)の鉄が必要である。硫黄0.4gをグラフで読んでもよい。

問3　操作1から，気体Aと気体Bは水に溶ける。このうち，操作2で気体Aが水に溶けると酸性を示すことから，気体Aは二酸化炭素である。よって，気体Bはアンモニアである。アンモニアの発生方法は④である。なお，①は硫化水素，②は二酸化炭素，③は水素，⑤は酸素がそれぞれ発生する。

重要　問4　操作3から，Cは線香が炎を上げる酸素，Dは線香の火が消える窒素，Eは気体そのものが燃える。気体Dは窒素であり，大気の78％を占める。①無色である。②無臭である。③水に溶けにくいので水上置換で集める。④や⑤の性質もない。なお，①②④は塩素の性質，②は塩素や塩化水素，アンモニアなどの性質，⑤は二酸化炭素の性質がこれにあたる。

問5　空気500cm$^3$のうち80％の400cm$^3$が窒素で，20％の100cm$^3$が酸素である。表には，気体1000cm$^3$の質量が書かれているので，空気500cm$^3$の質量は次のように計算される。

$$1.16\times\frac{400}{1000}+1.33\times\frac{100}{1000}=0.597\text{(g)}$$

## 4（植物のからだのしくみ－呼吸と光合成）

重要　問1・問2　実験1で，BTB液はもともと青色で，呼気を吹き込んで緑色にしている。さらに二酸化炭素が増えると酸性の黄色になり，二酸化炭素が減るともとの青色になる。

試験管B，C，Eともオオカナダモが生きている限り，呼吸は必ず行っている。

試験管Bには光が当たっていて，呼吸よりも多く光合成を行っているので，水中の二酸化炭素は吸収されてBTB液は青色になった。

試験管Cには光が弱く当たっており，光合成をおこなっている。呼吸と光合成の量が同じなので，水中の二酸化炭素は減りも増えもせず，BTB液は緑色のままである。

試験管Dは光が当たっておらず，光合成をしていない。呼吸で二酸化炭素が排出されるので，水中の二酸化炭素は増える一方であり，BTB液は黄色になった。

問3　試験管Bは，呼吸よりも多く光合成をおこなっているので，デンプンができている。試験管Cは，呼吸と光合成の量が同じなので，つくったデンプンはすべて消費されてしまい，デンプンはたまらない。試験管Dでは，光合成をおこなっていないのでデンプンはできない。

問4　実験2では，息を吹き込んだものと吹き込んでいないもので比較しようとしている。つまり，光合成の条件として二酸化炭素が必要かどうかを調べるのが目的である。①は試験管FとHの比較，②は試験管FとGの比較で証明できる。④で，酸素は光合成の結果できるものであり，条件ではない。⑤は水があるときとないときで実験できればよいが，水中生活をするオオカナダモを使った実験で水がないと枯れてしまい，実験は不可能である。

やや難　問5　実験2は，問4でもみたように，光合成の条件として二酸化炭素が必要かどうかを調べるのが目的だが，そのためにはFと比較する相手が不足している。相手として必要なのは，『二酸化炭素を吹き込まずに，光に当てる』という試験管である。そこで，試験管Iのアルミニウムはくをはがせば，実験が成立する。

★ワンポイントアドバイス★

実験が中心の問題では，どのような条件でどのような結果がでているのか，次の実験では何が変わっているのか，注意しながら問題文や図を見よう。

## ＜社会解答＞ 《学校からの正答の発表はありません。》

| | | | | | | | |
|---|---|---|---|---|---|---|---|
| 1 | 問1 ④ | 問2 ① | 問3 ⑤ | 問4 ⑤ | 問5 ① | 問6 ④ | 問7 ⑤ |
| 2 | 問1 ④ | 問2 ④ | 問3 ③ | 問4 ① | 問5 ② | 問6 ② | 問7 ① |
| | 問8 ③ | 問9 ① | 問10 ③ | 問11 ④ | | | |
| 3 | 問1 ① | 問2 ① | 問3 ③ | 問4 ⑤ | 問5 ③ | 問6 ② | 問7 ② |
| 4 | 問1 ② | 問2 ④ | 問3 ③ | | | | |

○推定配点○

1　各4点×7　　2　問1　2点　　他　各3点×10　　3　各4点×7　　4　各4点×3　　計100点

## ＜社会解説＞

1　（地理ー世界と日本に関する問題）

問1　④　インドの10ルピー紙幣。マハトマ・ガンディーの肖像が描かれている。

重要　問2　①　アメリカのプレーリーの地域とAがだいたい一致し，ここが小麦地帯となっている。Bのあたりではとうもろこしや大豆の栽培がおこなわれている。綿花はメキシコ湾沿いの地域，肉牛の飼育はAの西のあたり。

問3　⑤　ブラジルには日本から1970年頃までにかなりの数の移民がいっている。①のメスチソは原住民のインディオと白人の混血，②はペルーに多いのはインディオやメスチソ，③もボリビアに多いのはインディオやメスチソ，④はポルトガル語を使うのはブラジルなのでそれぞれ誤り。

問4　2月7日午前11時と2月6日午後9時との間の時差は14時間になる。日本からイギリスまでの時差が9時間になるので，本初子午線から西経側に75°の西経75度の地点を探すと，⑤のニューヨークになる。

問5　①　図は25000分の1の地形図。地図中の等高線と標高が書かれている場所から判断して，①は110m以上の場所になる。

重要　問6　④　熊本で問題となった四代公害病は有機水銀が原因の水俣病。①は千島海流でなく対馬海流，②は南部でなく北部，③は現在では鉄鋼の生産はほとんどなく，自動車の組み立てなど，⑤は屋久島は鹿児島県で，潜伏キリシタンの遺跡とは関係ない。

問7 ⑤ 近畿地方は北は京都府や兵庫県で日本海に面し，南は紀伊半島が太平洋側に面している。中央の低地部に京都，大阪，神戸の三大都市があり，鉄道網や都市圏が広がっている。また，世界遺産は京都府で1，奈良県で3，兵庫県で1ある

## 2 （日本の歴史－様々な時代に関連する問題）

問1 ④ 弥生時代に稲作が行われていたことの証拠として石包丁がとり上げられることが多く，収穫物を貯蔵する高床倉庫がつくられていたのは銅鐸などの飾り絵などからわかる。①は青銅器は祭器が中心で実用的なものは鉄器なので誤り。②は三内丸山遺跡は縄文時代のもの。③は沖縄での稲作はかなり後の12世紀ごろからとされる。⑤は弥生土器の名称は発見された東京の文京区弥生の地名による。

重要 問2 ④ 「宋書倭国伝」に倭の五王による使者の記録がある。①はワカタケルとされるのは武。②先祖を共通とする集団が氏で姓は官職のこと。③の須恵器は高温で焼いた硬い土器。⑤は当時の大和政権と高句麗はどちらかといえば対立していたものなのでそこから銅などを輸入するというのはない。

問3 ③ B 743年→C 784年→A 802年に阿弖流為が降伏→D 894年の順。

やや難 問4 ① 1534年にイギリス国王ヘンリ8世が首長令を出し，イギリス国教会を確立した。②はポルトガルでなくスペイン。③は国王軍が議会軍に敗れる。④はイギリスで新たに迎えた王はオランダから。⑤は14植民地でなく13植民地。

問5 ②が正しい。①はいわし漁がさかんだったのは蝦夷地ではない。蝦夷地はニシン漁。③は塩田による製塩は雨が少ない瀬戸内が中心。④は足尾が銅山で，石見は銀山。⑤は江戸から大阪へではなく，大阪から江戸へ品物を運んでいた。

問6 ② 図は俵屋宗達の「風神雷神図」屏風で典型的な装飾画。

重要 問7 ① 第1回帝国議会が開催された際の衆議院議員定数は300人で，これを選ぶ選挙権は直接国税を15円以上納める25歳以上の男子で，全国民の1パーセントほどしか対象者はいなかった。

問8 ③ D 1875年→B 1895年→A 1902年→C 1905年の順。

問9 1919年以前のものを選ぶ。①は1918年。②は1927年，③は1924年，④は1925年，⑤は1925年。

重要 問10 ③が正しい。①はウッドロー・ウィルソン，②はアメリカは入ってない，④はドイツの加盟は1926年で1933年には脱退する，⑤は日本が満州事変を1931年に起こし，そのことに関するリットン調査団の報告と国際連盟の措置に反対して，1933年に日本は国際連盟を脱退するので順序が逆。

問11 ④がいわゆるキューバ危機に関する事柄。①は南北が逆，②はワルシャワ条約機構と北大西洋条約機構が逆，③は南北が逆，⑤はニクソンでなくブッシュ（父）大統領。

## 3 （公民－政治経済に関する様々な問題）

問1 天皇の国事行為については日本国憲法第7条にあり，そこに定められている内容のものは①のみ。

重要 問2 ① 二大政党制は二つの政党の勢力が拮抗していれば，政権交代も比較的頻繁に起こりうる。②は中国は一党独裁なので違う，③は二大政党制の場合に連立はまずないので誤り，④は多党制の場合，小選挙区制は弱小政党には不利になるので誤り，⑤はイギリスはいちおう二大政党制。

問3 ③ 違憲立法審査権はすべての裁判所に与えられている権限なので正しい。①は弾劾裁判ではなく，行政裁判。ただし一般には民事裁判の一環として処理する。②は有権者という制限はない。④は裁判員裁判が行われるのは地方裁判所で行われる重大事件の刑事裁判の一審。⑤の罪刑

法定主義は犯罪行為を裁くためには，あらかじめ法律で犯罪の内容についての定義があり，それを処罰する刑罰を定めておく必要があるというもので，これがないとどんな場合でも新たに犯罪と認定されて処罰されかねないので，民主主義を守るうえで重要なもの。したがってこれが問題となるのは刑事裁判で民事裁判ではない。

やや難 問4 ⑤ Bは消防法の改正，Cは薬局法の改正によって規制が緩和された結果。Aは規制緩和ではなく消費者保護行政によるもの。Dはコンビニの本社の判断次第。Eは規制緩和というよりも技術の進歩によるもの。

問5 ③ 非正規雇用が増えている状況に対して，企業に対して国が非正規雇用者を正規雇用者にすれば助成をするなどの措置をとってはいるが，なかなか正規化は広がらないのが現状ではある。①は減少している。②はノーマライゼーションではなく，ワーク・ライフ・バランス。④はワーキングプアではなくニート。⑤は女性の正規雇用の割合はなかなか上がらないのが現状。

問6 ② A 株式で企業が資本を得るのは直接金融であり，金融機関が誰かから預かった資金を金融機関から融資される間接金融とは異なる。 B 株主は株式を購入する際に出資した額以上の責任は負わない有限責任社員である。 C 株式の売買で利益を上げるには，株価が下がった際に株式を購入し，株価が上昇した段階でその株式を売却すれば利益を得られる。

問7 ② A ICTはInformation and Communication Technologyの略。 B APECはAsia-Pacific Economic Cooperationの略。

## 4（総合問題―三分野の総合問題）

問1 ②が正しい。①はモンゴルはちがう。③は北朝鮮は現状では違う。④は社会主義国の内容なので韓国には当てはまらない。⑤は中国の経済特区の説明で北京は経済特区ではない。

やや難 問2 ④ 孫文は1919年の五四運動後の10月に中国国民党を組織し，中国共産党とも組んで統一を図るが，孫文の死後，後継者となった蔣介石が共産党を排除し対立した。①は平壌ではなくソウル，②は三一運動後，日本の朝鮮総督府はそれまでの武断統治を改め文治統治に切り替えるが，あまり変化はない。③は五四運動のきっかけは日本の二十一か条要求がパリ講和会議で解消されることを北京大学の学生が期待したが，ダメだったことによる。⑤は北京ではなく南京。

問3 ③が正しい。①は国家の要件は国民，領域，主権である。②は日本の南端は南鳥島ではなく沖ノ鳥島なので誤り。④はいわゆる北方四島は色丹島，国後島，択捉島と歯舞諸島。⑤は国際的に排他的経済水域は海岸から200海里以内で12海里以内は領海。

**★ワンポイントアドバイス★**

小問数が28題で試験時間は30分で，選択肢の読む量も多いので，スピードを持ってやる必要がある。慌てずに落ち着いて一つずつ正確に解答欄を埋めていきたい。選択肢を選ぶ際に，正解がすぐに選べない場合は消去法で正解でないものを消していった方が選びやすいものもある。

## ＜国語解答＞ 《学校からの正答の発表はありません。》

**1** 問1 a ③ b ④ c ② d ① e ⑤ 問2 X ④ Y ② Z ⑤
問3 ② 問4 ② 問5 ① 問6 Ⅰ ② Ⅱ ⑥ Ⅲ ① 問7 ②
問8 ⑤ 問9 ⑤ 問10 ② 問11 ④ 問12 ③ 問13 ① 問14 ④・⑥

**2** 問1 a ① b ③ c ② 問2 ⑤ 問3 ② 問4 ② 問5 ④ 問6 ①
問7 ⑤ 問8 ②

○推定配点○
1 問13 4点 他 各3点×22 2 各3点×10 計100点

## ＜国語解説＞

**1** (論説文―漢字，語句の意味，空欄補充，内容理解，接続語，品詞，要旨)

問1 a 「街頭」が正解。①「凱旋」，②「概説」，③「住宅街」，④「外食」，⑤「害悪」。
b 「統計」が正解。①「銭湯」，②「当選」，③「続投」，④「統一」，⑤「八倒」。
c 「不寛容」が正解。①「水溶液」，②「容器」，③「用語」，④「要旨」，⑤「太陽」。
d 「指標」が正解。①「標準」，②「氷上」，③「表情」，④「漂着」，⑤「豹変」。
e 「異議」が正解。①「周囲」，②「意味」，③「脅威」，④「順位」，⑤「異論」。

問2 X 「ニヒリズム」は，伝統的な既成の秩序や価値を否定し，生存は無意味とする態度のこと。 Y 「脅かす」は，おどかして怖がらせること。 Z 「茫然」は，気ぬけしてぼんやりとした様子を表す。

問3 ③→⑤→②→④→①の順になる。

問4 傍線部Bは直前の「男であるという現実から導き出される理論や法則として男らしさがある」の言い換えである。この内容に合うのは②である。

重要 問5 「男という性のなかに本質的に男らしさがあるという考え方を本質主義と言います」「男らしさというのはその時代のその文化において定義されているのであって，時代や文化を超えた男らしさの本質など存在しないという考え方を構築主義と呼んでいます」とあることに注目。

基本 問6 Ⅰ 空欄の前の事柄の具体例を，空欄のあとで述べているので，「たとえば」が入る。
Ⅱ 空欄の前で「本質主義」について述べたのに対比して，空欄のあとで「構築主義」について述べているので，「一方」が入る。 Ⅲ 「はたして……だろうか」というつながりになる。

問7 イは「ニヒリズム」の考え方，その他は「本質主義」の考え方である。

問8 傍線部Eのあとに続く部分からとらえる。「『人間らしさ』の対立が起こした悲劇」について，「『人間らしさはそれぞれ』と主張するだけでは，問題解決の糸口は見えてきません」とある。筆者は，「人間らしさ」を問うことが，問題解決へつながる可能性があると思っているのである。

問9 ⑤の「会社が人間に機械やコンピュータなどを持たせ，自由に操作させ利益を上げること」自体は，傍線部Fのようなネガティブなものではない。

問10 ②「その」は連体詞である。

問11 「自分だけの世界」については，「まず，自分自身の……」で始まる段落とその次の段落で説明されている。「私たちの世界」については，「次に『私たちの世界』のレベルです。……」で始まる段落とそのあとの二つの段落で説明されている。

問12 直前の段落の内容をとらえる。

問13 三つの部分それぞれのキーワードをとらえる。

やや難 問14 本文中に「しかし，もし文化人類学者や社会学者のようにすべてが構築されていると考えるならば，時に『人間らしさなど考えても仕方がない』というニヒリズム的立場に陥ります」とあり，この内容は④に合致している。本文中の「次に『私たちの世界』のレベルです。……」で始まる段落とそのあとの二つの段落で説明されている内容が⑥に合致している。

2 （古文—主語，語句の意味，空欄補充，係り結び，内容理解）

基本 問1 a 物怖じしない，身分の低い男の子たちを召し寄せたのは，姫君。 b 姫君ににらみつけられて，どうしてよいかわからない心地であったのは，女房たち。 c 姫君に対してあれこれ言うのも一苦労だとお思いになっているのは，姫君の両親。

問2 「心にくし」は，相手がねたましいと思うほど優れている，奥ゆかしい，という意味。

問3 「おそろしげなる」は，気味の悪い，という意味。

問4 三箇所とも，空欄のあとの結びが「ける」という連体形になっていることに注目。係り結びでは，係助詞「ぞ」「なむ」「や」「か」が用いられるときは，文末を連体形で結ぶ。係助詞「こそ」が用いられるときは，文末を已然形で結ぶ。

問5 姫君の親たちから姫君に対して，忠告をするということである。

問6 傍線部Eの直前の部分の内容をとらえる。

重要 問7 姫君は，親たちに面と向かって会うのが恥ずかしいという思いから，「鬼と女は人に見られないようにするのがよい」と考えている。この内容は⑤と矛盾する。

問8 ②は清少納言『枕草子』の冒頭部分である。

★ワンポイントアドバイス★

読解問題に細かい読み取りが必要とされる。古文では主語をとらえる問題や，内容を細かくとらえる問題，係り結びの知識なども出題されているので，ふだんからいろいろな問題にあたり，基礎力を保持しておこう！

# 解答用紙集

○月×日　△曜日　天気（合格日和）

◆ご利用のみなさまへ
＊解答用紙の公表を行っていない学校につきましては、弊社の責任において、解答用紙を制作いたしました。
＊編集上の理由により一部縮小掲載した解答用紙がございます。
＊編集上の理由により一部実物と異なる形式の解答用紙がございます。

人間の最も偉大な力とは、その一番の弱点を克服したところから生まれてくるものである。 ――カール・ヒルティ――

東京学参株式会社

名城大学附属高等学校　2024年度

# ◇数学◇

※ 115%に拡大していただくと，解答欄は実物大になります。

| 1 | | 解答記入欄 |
|---|---|---|
| (1) | ア | - 0 1 2 3 4 5 6 7 8 9 |
| | イ | - 0 1 2 3 4 5 6 7 8 9 |
| | ウ | - 0 1 2 3 4 5 6 7 8 9 |
| | エ | - 0 1 2 3 4 5 6 7 8 9 |
| | オ | - 0 1 2 3 4 5 6 7 8 9 |
| (2) | カ | - 0 1 2 3 4 5 6 7 8 9 |
| | キ | - 0 1 2 3 4 5 6 7 8 9 |
| | ク | - 0 1 2 3 4 5 6 7 8 9 |
| (3) | ケ | - 0 1 2 3 4 5 6 7 8 9 |
| | コ | - 0 1 2 3 4 5 6 7 8 9 |
| (4) | サ | - 0 1 2 3 4 5 6 7 8 9 |
| | シ | - 0 1 2 3 4 5 6 7 8 9 |
| (5) | ス | - 0 1 2 3 4 5 6 7 8 9 |
| | セ | - 0 1 2 3 4 5 6 7 8 9 |
| | ソ | - 0 1 2 3 4 5 6 7 8 9 |
| (6) | タ | - 0 1 2 3 4 5 6 7 8 9 |
| | チ | - 0 1 2 3 4 5 6 7 8 9 |

| 2 | | 解答記入欄 |
|---|---|---|
| (1) | ア | - 0 1 2 3 4 5 6 7 8 9 |
| | イ | - 0 1 2 3 4 5 6 7 8 9 |
| (2) | ウ | - 0 1 2 3 4 5 6 7 8 9 |
| | エ | - 0 1 2 3 4 5 6 7 8 9 |
| (3) | オ | - 0 1 2 3 4 5 6 7 8 9 |
| | カ | - 0 1 2 3 4 5 6 7 8 9 |
| | キ | - 0 1 2 3 4 5 6 7 8 9 |
| | ク | - 0 1 2 3 4 5 6 7 8 9 |
| | ケ | - 0 1 2 3 4 5 6 7 8 9 |
| | コ | - 0 1 2 3 4 5 6 7 8 9 |
| (4) | サ | - 0 1 2 3 4 5 6 7 8 9 |
| | シ | - 0 1 2 3 4 5 6 7 8 9 |
| | ス | - 0 1 2 3 4 5 6 7 8 9 |

| 3 | | 解答記入欄 |
|---|---|---|
| (1) | ア | - 0 1 2 3 4 5 6 7 8 9 |
| | イ | - 0 1 2 3 4 5 6 7 8 9 |
| | ウ | - 0 1 2 3 4 5 6 7 8 9 |
| (2) | エ | - 0 1 2 3 4 5 6 7 8 9 |
| | オ | - 0 1 2 3 4 5 6 7 8 9 |

| 4 | | 解答記入欄 |
|---|---|---|
| (1) | ア | - 0 1 2 3 4 5 6 7 8 9 |
| | イ | - 0 1 2 3 4 5 6 7 8 9 |
| (2) | ウ | - 0 1 2 3 4 5 6 7 8 9 |
| | エ | - 0 1 2 3 4 5 6 7 8 9 |
| | オ | - 0 1 2 3 4 5 6 7 8 9 |
| | カ | - 0 1 2 3 4 5 6 7 8 9 |
| | キ | - 0 1 2 3 4 5 6 7 8 9 |

| 5 | | 解答記入欄 |
|---|---|---|
| (1) | ア | - 0 1 2 3 4 5 6 7 8 9 |
| | イ | - 0 1 2 3 4 5 6 7 8 9 |
| | ウ | - 0 1 2 3 4 5 6 7 8 9 |
| (2) | エ | - 0 1 2 3 4 5 6 7 8 9 |
| | オ | - 0 1 2 3 4 5 6 7 8 9 |
| | カ | - 0 1 2 3 4 5 6 7 8 9 |

## 記入方法

1. 記入は、必ずＨＢの黒鉛筆で、◯の中を正確に、ぬりつぶしてください。
2. 訂正は、プラスチック製消しゴムできれいに消してください。
3. 受験番号は、数字を記入してから間違いのないようにマークしてください。
4. 解答用紙を、折り曲げたり、汚したりしないでください。

| 良い例 | ⬮ |
|---|---|
| 悪い例 | ⊘ ⊙ ◖ |

名城大学附属高等学校　2024年度

# ◇英語◇

※ 116%に拡大していただくと，解答欄は実物大になります。

| 1 | | 解答記入欄 | | | | |
|---|---|---|---|---|---|---|
| 問1 | 1 | ① | ② | ③ | ④ | ⑤ |
| 問2 | 2 | ① | ② | ③ | ④ | ⑤ |
| 問3 | 3 | ① | ② | ③ | ④ | ⑤ |
| 問4 | 4 | ① | ② | ③ | ④ | ⑤ |
| 問5 | 5 | ① | ② | ③ | ④ | ⑤ |
| 問6 | 6 | ① | ② | ③ | ④ | ⑤ |
| 問7 | 7 | ① | ② | ③ | ④ | ⑤ |
| 問8 | 8 | ① | ② | ③ | ④ | ⑤ |
| 問9 | 9 | ① | ② | ③ | ④ | ⑤ |
| 問10 | 10 | ① | ② | ③ | ④ | ⑤ |

| 2 | | 解答記入欄 | | | | |
|---|---|---|---|---|---|---|
| 問1 | 11 | ① | ② | ③ | ④ | ⑤ |
| 問2 | 12 | ① | ② | ③ | ④ | ⑤ |
| 問3 | 13 | ① | ② | ③ | ④ | ⑤ |
| 問4 | 14 | ① | ② | ③ | ④ | ⑤ |
| 問5 | 15 | ① | ② | ③ | ④ | ⑤ |

| 3 | | 解答記入欄 | | | | |
|---|---|---|---|---|---|---|
| 問1 | 16 | ① | ② | ③ | ④ | ⑤ |
| 問2 | 17 | ① | ② | ③ | ④ | ⑤ |
| 問3 | 18 | ① | ② | ③ | ④ | ⑤ |

| 4 | | 解答記入欄 | | | | |
|---|---|---|---|---|---|---|
| 問1 | 19 | ① | ② | ③ | ④ | ⑤ |
| 問2 | 20 | ① | ② | ③ | ④ | ⑤ |
| 問3 | 21 | ① | ② | ③ | ④ | ⑤ |
| 問4 | 22 | ① | ② | ③ | ④ | ⑤ |
| 問5 | 23 | ① | ② | ③ | ④ | ⑤ |
| 問6 | 24 | ① | ② | ③ | ④ | ⑤ |
| 問7 | 25 | ① | ② | ③ | ④ | ⑤ |

| 5 | | 解答記入欄 | | | | | | |
|---|---|---|---|---|---|---|---|---|
| 問1 | 26 | ① | ② | ③ | ④ | ⑤ | | |
| 問2 | 27 | ① | ② | ③ | ④ | ⑤ | | |
| 問3 | 28 | ① | ② | ③ | ④ | ⑤ | | |
| 問4 | 29 | ① | ② | ③ | ④ | ⑤ | | |
| 問5 | 30 | ① | ② | ③ | ④ | ⑤ | ⑥ | ⑦ |
| | 31 | ① | ② | ③ | ④ | ⑤ | ⑥ | ⑦ |

| 6 | | 解答記入欄 | | | | |
|---|---|---|---|---|---|---|
| 問1 | 32 | ① | ② | ③ | ④ | ⑤ |
| 問2 | 33 | ① | ② | ③ | ④ | ⑤ |
| 問3 | 34 | ① | ② | ③ | ④ | ⑤ |
| 問4 | 35 | ① | ② | ③ | ④ | ⑤ |
| 問5 | 36 | ① | ② | ③ | ④ | ⑤ |
| 問6 | 37 | ① | ② | ③ | ④ | ⑤ |

## 記入方法

1. 記入は、必ずＨＢの黒鉛筆で、◯の中を正確に、ぬりつぶしてください。
2. 訂正は、プラスチック製消しゴムできれいに消してください。
3. 受験番号は、数字を記入してから間違いのないようにマークしてください。
4. 解答用紙を、折り曲げたり、汚したりしないでください。

| 良い例 | ● |
|---|---|
| 悪い例 | ⊘ ⊙ ◐ |

名城大学附属高等学校　2024年度

# ◇理科◇

※ 102％に拡大していただくと，解答欄は実物大になります。

| 1 | | 解答記入欄 | | | | |
|---|---|---|---|---|---|---|
| 問1 | 1 | ① | ② | ③ | ④ | ⑤ |
| 問2 | 2 | ① | ② | ③ | ④ | ⑤ |
| 問3 | 3 | ① | ② | ③ | ④ | ⑤ |
| 問4 | 4 | ① | ② | ③ | ④ | ⑤ |
| 問5 | 5 | ① | ② | ③ | ④ | ⑤ |
| 問6 | 6 | ① | ② | ③ | ④ | ⑤ |
| 問7 | 7 | ① | ② | ③ | ④ | ⑤ |
| 問8 | 8 | ① | ② | ③ | ④ | ⑤ |
| 問9 | 9 | ① | ② | ③ | ④ | ⑤ |
| 問10 | 10 | ① | ② | ③ | ④ | ⑤ |

| 2 | | 解答記入欄 | | | | |
|---|---|---|---|---|---|---|
| 問1 | 11 | ① | ② | ③ | ④ | ⑤ |
| 問2 | 12 | ① | ② | ③ | ④ | ⑤ |
| 問3 | 13 | ① | ② | ③ | ④ | ⑤ |
| 問4 | 14 | ① | ② | ③ | ④ | ⑤ |
| 問5 | 15 | ① | ② | ③ | ④ | ⑤ |

| 3 | | 解答記入欄 | | | | |
|---|---|---|---|---|---|---|
| 問1 | 16 | ① | ② | ③ | ④ | ⑤ |
| 問2 | 17 | ① | ② | ③ | ④ | ⑤ |
| 問3 | 18 | ① | ② | ③ | ④ | ⑤ |
| 問4 | 19 | ① | ② | ③ | ④ | ⑤ |
| 問5 | 20 | ① | ② | ③ | ④ | ⑤ |

| 4 | | 解答記入欄 | | | | |
|---|---|---|---|---|---|---|
| 問1 | 21 | ① | ② | ③ | ④ | ⑤ |
| 問2 | 22 | ① | ② | ③ | ④ | ⑤ |
| 問3 | 23 | ① | ② | ③ | ④ | ⑤ |
| 問4 | 24 | ① | ② | ③ | ④ | ⑤ |
| 問5 | 25 | ① | ② | ③ | ④ | ⑤ |

## 記入方法

1. 記入は、必ずＨＢの黒鉛筆で、○の中を正確に、ぬりつぶしてください。
2. 訂正は、プラスチック製消しゴムできれいに消してください。
3. 受験番号は、数字を記入してから間違いのないようにマークしてください。
4. 解答用紙を、折り曲げたり、汚したりしないでください。

| 良い例 | ● |
|---|---|
| 悪い例 | ⊘ ⊙ ◐ |

名城大学附属高等学校　　2024年度

# ◇社会◇

※解答欄は実物大になります。

| 1 | | 解答記入欄 | | | | |
|---|---|---|---|---|---|---|
| 問1 | 1 | ① | ② | ③ | ④ | ⑤ |
| 問2 | 2 | ① | ② | ③ | ④ | ⑤ |
| 問3 | 3 | ① | ② | ③ | ④ | ⑤ |
| 問4 | 4 | ① | ② | ③ | ④ | ⑤ |
| 問5 | 5 | ① | ② | ③ | ④ | ⑤ |
| 問6 | 6 | ① | ② | ③ | ④ | ⑤ |
| 問7 | 7 | ① | ② | ③ | ④ | ⑤ |

| 2 | | 解答記入欄 | | | | |
|---|---|---|---|---|---|---|
| 問1 | 8 | ① | ② | ③ | ④ | ⑤ |
| 問2 | 9 | ① | ② | ③ | ④ | ⑤ |
| 問3 | 10 | ① | ② | ③ | ④ | ⑤ |
| 問4 | 11 | ① | ② | ③ | ④ | ⑤ |
| 問5 | 12 | ① | ② | ③ | ④ | ⑤ |
| 問6 | 13 | ① | ② | ③ | ④ | ⑤ |
| 問7 | 14 | ① | ② | ③ | ④ | ⑤ |
| 問8 | 15 | ① | ② | ③ | ④ | ⑤ |
| 問9 | 16 | ① | ② | ③ | ④ | ⑤ |
| 問10 | 17 | ① | ② | ③ | ④ | ⑤ |
| 問11 | 18 | ① | ② | ③ | ④ | ⑤ |

| 3 | | 解答記入欄 | | | | |
|---|---|---|---|---|---|---|
| 問1 | 19 | ① | ② | ③ | ④ | ⑤ |
| 問2 | 20 | ① | ② | ③ | ④ | ⑤ |
| 問3 | 21 | ① | ② | ③ | ④ | ⑤ |
| 問4 | 22 | ① | ② | ③ | ④ | ⑤ |
| 問5 | 23 | ① | ② | ③ | ④ | ⑤ |
| 問6 | 24 | ① | ② | ③ | ④ | ⑤ |
| 問7 | 25 | ① | ② | ③ | ④ | ⑤ |

| 4 | | 解答記入欄 | | | | |
|---|---|---|---|---|---|---|
| 問1 | 26 | ① | ② | ③ | ④ | ⑤ |
| 問2 | 27 | ① | ② | ③ | ④ | ⑤ |
| 問3 | 28 | ① | ② | ③ | ④ | ⑤ |

## 記入方法

1. 記入は、必ずＨＢの黒鉛筆で、⬯の中を正確に、ぬりつぶしてください。
2. 訂正は、プラスチック製消しゴムできれいに消してください。
3. 受験番号は、数字を記入してから間違いのないようにマークしてください。
4. 解答用紙を、折り曲げたり、汚したりしないでください。

| 良い例 | ● |
|---|---|
| 悪い例 | ⊘ ⊙ ◐ |

名城大学附属高等学校　2024年度

# ◇国語◇

※ 106％に拡大していただくと，解答欄は実物大になります。

| 1 | | 解答記入欄 | | | | | |
|---|---|---|---|---|---|---|---|
| 問1 | 1 | ① | ② | ③ | ④ | ⑤ | |
| | 2 | ① | ② | ③ | ④ | ⑤ | |
| | 3 | ① | ② | ③ | ④ | ⑤ | |
| | 4 | ① | ② | ③ | ④ | ⑤ | |
| | 5 | ① | ② | ③ | ④ | ⑤ | |
| 問2 | 6 | ① | ② | ③ | ④ | ⑤ | ⑥ |
| | 7 | ① | ② | ③ | ④ | ⑤ | ⑥ |
| | 8 | ① | ② | ③ | ④ | ⑤ | ⑥ |
| 問3 | 9 | ① | ② | ③ | ④ | ⑤ | |
| | 10 | ① | ② | ③ | ④ | ⑤ | |
| | 11 | ① | ② | ③ | ④ | ⑤ | |
| 問4 | 12 | ① | ② | ③ | ④ | ⑤ | |
| 問5 | 13 | ① | ② | ③ | ④ | ⑤ | |
| 問6 | 14 | ① | ② | ③ | ④ | ⑤ | |

| 1 | | 解答記入欄 | | | | |
|---|---|---|---|---|---|---|
| 問7 | 15 | ① | ② | ③ | ④ | ⑤ |
| 問8 | 16 | ① | ② | ③ | ④ | ⑤ |
| 問9 | 17 | ① | ② | ③ | ④ | ⑤ |
| 問10 | 18 | ① | ② | ③ | ④ | ⑤ |
| 問11 | 19 | ① | ② | ③ | ④ | ⑤ |
| 問12 | 20 | ① | ② | ③ | ④ | ⑤ |
| 問13 | 21 | ① | ② | ③ | ④ | ⑤ |
| 問14 | 22 | ① | ② | ③ | ④ | |
| 問15 | 23 | ① | ② | ③ | ④ | |

| 2 | | 解答記入欄 | | | | | |
|---|---|---|---|---|---|---|---|
| 問1 | 24 | ① | ② | ③ | ④ | ⑤ | |
| | 25 | ① | ② | ③ | ④ | ⑤ | |
| | 26 | ① | ② | ③ | ④ | ⑤ | |
| 問2 | 27 | ① | ② | ③ | ④ | ⑤ | |
| 問3 | 28 | ① | ② | ③ | ④ | ⑤ | |
| 問4 | 29 | ① | ② | ③ | ④ | ⑤ | |
| 問5 | 30 | ① | ② | ③ | ④ | ⑤ | |
| 問6 | 31 | ① | ② | ③ | ④ | ⑤ | |
| 問7 | 32 | ① | ② | ③ | ④ | ⑤ | ⑥ |
| | 33 | ① | ② | ③ | ④ | ⑤ | ⑥ |
| 問8 | 34 | ① | ② | ③ | ④ | ⑤ | |

## 記入方法

1. 記入は、必ずＨＢの黒鉛筆で、◯の中を正確に、ぬりつぶしてください。
2. 訂正は、プラスチック製消しゴムできれいに消してください。
3. 受験番号は、数字を記入してから間違いのないようにマークしてください。
4. 解答用紙を、折り曲げたり、汚したりしないでください。

名城大学附属高等学校　　2023年度

# ◇数学◇

※ 118％に拡大していただくと，解答欄は実物大になります。

| 1 | | 解答記入欄 |
|---|---|---|
| (1) | ア | - 0 1 2 3 4 5 6 7 8 9 |
| | イ | - 0 1 2 3 4 5 6 7 8 9 |
| | ウ | - 0 1 2 3 4 5 6 7 8 9 |
| | エ | - 0 1 2 3 4 5 6 7 8 9 |
| (2) | オ | - 0 1 2 3 4 5 6 7 8 9 |
| | カ | - 0 1 2 3 4 5 6 7 8 9 |
| | キ | - 0 1 2 3 4 5 6 7 8 9 |
| (3) | ク | - 0 1 2 3 4 5 6 7 8 9 |
| | ケ | - 0 1 2 3 4 5 6 7 8 9 |
| (4) | コ | - 0 1 2 3 4 5 6 7 8 9 |
| | サ | - 0 1 2 3 4 5 6 7 8 9 |
| | シ | - 0 1 2 3 4 5 6 7 8 9 |
| (5) | ス | - 0 1 2 3 4 5 6 7 8 9 |
| | セ | - 0 1 2 3 4 5 6 7 8 9 |
| | ソ | - 0 1 2 3 4 5 6 7 8 9 |
| (6) | タ | - 0 1 2 3 4 5 6 7 8 9 |
| | チ | - 0 1 2 3 4 5 6 7 8 9 |
| | ツ | - 0 1 2 3 4 5 6 7 8 9 |

| 2 | | 解答記入欄 |
|---|---|---|
| (1) | ア | - 0 1 2 3 4 5 6 7 8 9 |
| | イ | - 0 1 2 3 4 5 6 7 8 9 |
| (2) | ウ | - 0 1 2 3 4 5 6 7 8 9 |
| | エ | - 0 1 2 3 4 5 6 7 8 9 |
| | オ | - 0 1 2 3 4 5 6 7 8 9 |
| (3) | カ | - 0 1 2 3 4 5 6 7 8 9 |
| | キ | - 0 1 2 3 4 5 6 7 8 9 |
| | ク | - 0 1 2 3 4 5 6 7 8 9 |

| 3 | | 解答記入欄 |
|---|---|---|
| (1) | ア | - 0 1 2 3 4 5 6 7 8 9 |
| | イ | - 0 1 2 3 4 5 6 7 8 9 |
| (2) | ウ | - 0 1 2 3 4 5 6 7 8 9 |
| | エ | - 0 1 2 3 4 5 6 7 8 9 |
| | オ | - 0 1 2 3 4 5 6 7 8 9 |

| 4 | | 解答記入欄 |
|---|---|---|
| (1) | ア | 1 2 3 4 |
| (2) | イ | 1 2 3 4 |
| (3) | ウ | - 0 1 2 3 4 5 6 7 8 9 |
| | エ | - 0 1 2 3 4 5 6 7 8 9 |

| 5 | | 解答記入欄 |
|---|---|---|
| (1) | ア | - 0 1 2 3 4 5 6 7 8 9 |
| | イ | - 0 1 2 3 4 5 6 7 8 9 |
| | ウ | - 0 1 2 3 4 5 6 7 8 9 |
| (2) | エ | - 0 1 2 3 4 5 6 7 8 9 |
| | オ | - 0 1 2 3 4 5 6 7 8 9 |
| | カ | - 0 1 2 3 4 5 6 7 8 9 |
| (3) | キ | 1 2 3 4 5 |

## 記入方法

1. 記入は、必ずＨＢの黒鉛筆で、⬯の中を正確に、ぬりつぶしてください。
2. 訂正は、プラスチック製消しゴムできれいに消してください。
3. 受験番号は、数字を記入してから間違いのないようにマークしてください。
4. 解答用紙を、折り曲げたり、汚したりしないでください。

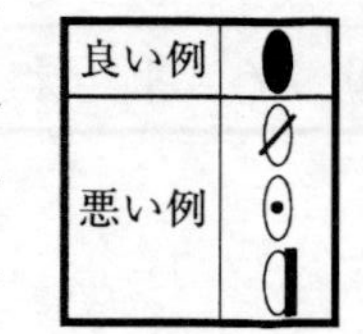

名城大学附属高等学校　2023年度

# ◇英語◇

※ 105％に拡大していただくと，解答欄は実物大になります。

| 1 | | 解答記入欄 | | | | |
|---|---|---|---|---|---|---|
| 問1 | 1 | ① | ② | ③ | ④ | ⑤ |
| 問2 | 2 | ① | ② | ③ | ④ | ⑤ |
| 問3 | 3 | ① | ② | ③ | ④ | ⑤ |
| 問4 | 4 | ① | ② | ③ | ④ | ⑤ |
| 問5 | 5 | ① | ② | ③ | ④ | ⑤ |
| 問6 | 6 | ① | ② | ③ | ④ | ⑤ |
| 問7 | 7 | ① | ② | ③ | ④ | ⑤ |
| 問8 | 8 | ① | ② | ③ | ④ | ⑤ |
| 問9 | 9 | ① | ② | ③ | ④ | ⑤ |
| 問10 | 10 | ① | ② | ③ | ④ | ⑤ |

| 2 | | 解答記入欄 | | | | |
|---|---|---|---|---|---|---|
| 問1 | 11 | ① | ② | ③ | ④ | ⑤ |
| 問2 | 12 | ① | ② | ③ | ④ | ⑤ |
| 問3 | 13 | ① | ② | ③ | ④ | ⑤ |
| 問4 | 14 | ① | ② | ③ | ④ | ⑤ |
| 問5 | 15 | ① | ② | ③ | ④ | ⑤ |
| 問6 | 16 | ① | ② | ③ | ④ | ⑤ |

| 3 | | 解答記入欄 | | | | |
|---|---|---|---|---|---|---|
| 問1 | 17 | ① | ② | ③ | ④ | ⑤ |
| 問2 | 18 | ① | ② | ③ | ④ | ⑤ |
| 問3 | 19 | ① | ② | ③ | ④ | ⑤ |
| 問4 | 20 | ① | ② | ③ | ④ | ⑤ |
| 問5 | 21 | ① | ② | ③ | ④ | ⑤ |

| 4 | | 解答記入欄 | | | | |
|---|---|---|---|---|---|---|
| 問1 | 22 | ① | ② | ③ | ④ | ⑤ |
| 問2 | 23 | ① | ② | ③ | ④ | ⑤ |
| 問3 | 24 | ① | ② | ③ | ④ | ⑤ |
| 問4 | 25 | ① | ② | ③ | ④ | ⑤ |
| 問5 | 26 | ① | ② | ③ | ④ | ⑤ |
| 問6 | 27 | ① | ② | ③ | ④ | ⑤ |

| 5 | | 解答記入欄 | | | | | | |
|---|---|---|---|---|---|---|---|---|
| 問1 | 28 | ① | ② | ③ | ④ | ⑤ | | |
| 問2 | 29 | ① | ② | ③ | ④ | ⑤ | | |
| 問3 | 30 | ① | ② | ③ | ④ | ⑤ | | |
| 問4 | 31 | ① | ② | ③ | ④ | ⑤ | | |
| 問5 | 32 | ① | ② | ③ | ④ | ⑤ | ⑥ | ⑦ |
| | 33 | ① | ② | ③ | ④ | ⑤ | ⑥ | ⑦ |

記入方法

1. 記入は、必ずＨＢの黒鉛筆で、⬯の中を正確に、ぬりつぶしてください。
2. 訂正は、プラスチック製消しゴムできれいに消してください。
3. 受験番号は、数字を記入してから間違いのないようにマークしてください。
4. 解答用紙を、折り曲げたり、汚したりしないでください。

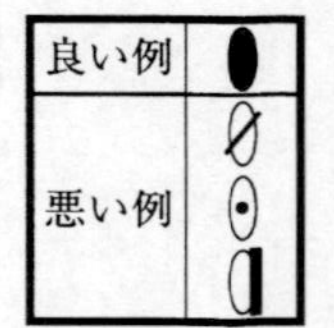

名城大学附属高等学校　2023年度

# ◇理科◇

※解答欄は実物大になります。

| 1 | | 解答記入欄 | | | | |
|---|---|---|---|---|---|---|
| 問1 | 1 | ① | ② | ③ | ④ | ⑤ |
| 問2 | 2 | ① | ② | ③ | ④ | ⑤ |
| 問3 | 3 | ① | ② | ③ | ④ | ⑤ |
| 問4 | 4 | ① | ② | ③ | ④ | ⑤ |
| 問5 | 5 | ① | ② | ③ | ④ | ⑤ |
| 問6 | 6 | ① | ② | ③ | ④ | ⑤ |
| 問7 | 7 | ① | ② | ③ | ④ | ⑤ |
| 問8 | 8 | ① | ② | ③ | ④ | ⑤ |
| 問9 | 9 | ① | ② | ③ | ④ | ⑤ |
| 問10 | 10 | ① | ② | ③ | ④ | ⑤ |

| 2 | | 解答記入欄 | | | | |
|---|---|---|---|---|---|---|
| 問1 | 11 | ① | ② | ③ | ④ | ⑤ |
| 問2 | 12 | ① | ② | ③ | ④ | ⑤ |
| 問3 | 13 | ① | ② | ③ | ④ | ⑤ |
| 問4 | 14 | ① | ② | ③ | ④ | ⑤ |
| 問5 | 15 | ① | ② | ③ | ④ | ⑤ |

| 3 | | 解答記入欄 | | | | |
|---|---|---|---|---|---|---|
| 問1 | 16 | ① | ② | ③ | ④ | ⑤ |
| 問2 | 17 | ① | ② | ③ | ④ | ⑤ |
| 問3 | 18 | ① | ② | ③ | ④ | ⑤ |
| 問4 | 19 | ① | ② | ③ | ④ | ⑤ |
| 問5 | 20 | ① | ② | ③ | ④ | ⑤ |

| 4 | | 解答記入欄 | | | | |
|---|---|---|---|---|---|---|
| 問1 | 21 | ① | ② | ③ | ④ | ⑤ |
| 問2 | 22 | ① | ② | ③ | ④ | ⑤ |
| 問3 | 23 | ① | ② | ③ | ④ | ⑤ |
| 問4 | 24 | ① | ② | ③ | ④ | ⑤ |
| 問5 | 25 | ① | ② | ③ | ④ | ⑤ |

## 記入方法

1. 記入は、必ずＨＢの黒鉛筆で、◯の中を正確に、ぬりつぶしてください。
2. 訂正は、プラスチック製消しゴムできれいに消してください。
3. 受験番号は、数字を記入してから間違いのないようにマークしてください。
4. 解答用紙を、折り曲げたり、汚したりしないでください。

| 良い例 | ● |
|---|---|
| 悪い例 | Ø ⊙ ◖ |

名城大学附属高等学校　2023年度

# ◇社会◇

※解答欄は実物大になります。

| 1 | | 解答記入欄 | | | | |
|---|---|---|---|---|---|---|
| 問1 | 1 | ① | ② | ③ | ④ | ⑤ |
| 問2 | 2 | ① | ② | ③ | ④ | ⑤ |
| 問3 | 3 | ① | ② | ③ | ④ | ⑤ |
| 問4 | 4 | ① | ② | ③ | ④ | ⑤ |
| 問5 | 5 | ① | ② | ③ | ④ | ⑤ |
| 問6 | 6 | ① | ② | ③ | ④ | ⑤ |
| 問7 | 7 | ① | ② | ③ | ④ | ⑤ |

| 2 | | 解答記入欄 | | | | |
|---|---|---|---|---|---|---|
| 問1 | 8 | ① | ② | ③ | ④ | ⑤ |
| 問2 | 9 | ① | ② | ③ | ④ | ⑤ |
| 問3 | 10 | ① | ② | ③ | ④ | ⑤ |
| 問4 | 11 | ① | ② | ③ | ④ | ⑤ |
| 問5 | 12 | ① | ② | ③ | ④ | ⑤ |
| 問6 | 13 | ① | ② | ③ | ④ | ⑤ |
| 問7 | 14 | ① | ② | ③ | ④ | ⑤ |
| 問8 | 15 | ① | ② | ③ | ④ | ⑤ |
| 問9 | 16 | ① | ② | ③ | ④ | ⑤ |
| 問10 | 17 | ① | ② | ③ | ④ | ⑤ |
| 問11 | 18 | ① | ② | ③ | ④ | ⑤ |

| 3 | | 解答記入欄 | | | | |
|---|---|---|---|---|---|---|
| 問1 | 19 | ① | ② | ③ | ④ | ⑤ |
| 問2 | 20 | ① | ② | ③ | ④ | ⑤ |
| 問3 | 21 | ① | ② | ③ | ④ | ⑤ |
| 問4 | 22 | ① | ② | ③ | ④ | ⑤ |
| 問5 | 23 | ① | ② | ③ | ④ | ⑤ |
| 問6 | 24 | ① | ② | ③ | ④ | ⑤ |
| 問7 | 25 | ① | ② | ③ | ④ | ⑤ |

| 4 | | 解答記入欄 | | | | |
|---|---|---|---|---|---|---|
| 問1 | 26 | ① | ② | ③ | ④ | ⑤ |
| 問2 | 27 | ① | ② | ③ | ④ | ⑤ |
| 問3 | 28 | ① | ② | ③ | ④ | ⑤ |

## 記入方法

1. 記入は、必ずＨＢの黒鉛筆で、○の中を正確に、ぬりつぶしてください。
2. 訂正は、プラスチック製消しゴムできれいに消してください。
3. 受験番号は、数字を記入してから間違いのないようにマークしてください。
4. 解答用紙を、折り曲げたり、汚したりしないでください。

| 良い例 | ● |
|---|---|
| 悪い例 | ⊘ ⊙ ◖ |

名城大学附属高等学校　2023年度

# ◇国語◇

※解答欄は実物大になります。

| 1 | | 解答記入欄 | | | | | |
|---|---|---|---|---|---|---|---|
| 問1 | 1 | ① | ② | ③ | ④ | ⑤ | |
| | 2 | ① | ② | ③ | ④ | ⑤ | |
| | 3 | ① | ② | ③ | ④ | ⑤ | |
| | 4 | ① | ② | ③ | ④ | ⑤ | |
| | 5 | ① | ② | ③ | ④ | ⑤ | |
| 問2 | 6 | ① | ② | ③ | ④ | ⑤ | |
| | 7 | ① | ② | ③ | ④ | ⑤ | |
| | 8 | ① | ② | ③ | ④ | ⑤ | |
| 問3 | 9 | ① | ② | ③ | ④ | ⑤ | |
| 問4 | 10 | ① | ② | ③ | ④ | ⑤ | ⑥ |
| | 11 | ① | ② | ③ | ④ | ⑤ | ⑥ |
| | 12 | ① | ② | ③ | ④ | ⑤ | ⑥ |
| 問5 | 13 | ① | ② | ③ | ④ | ⑤ | |
| 問6 | 14 | ① | ② | ③ | ④ | ⑤ | |

| 1 | | 解答記入欄 | | | | |
|---|---|---|---|---|---|---|
| 問7 | 15 | ① | ② | ③ | ④ | ⑤ |
| 問8 | 16 | ① | ② | ③ | ④ | ⑤ |
| 問9 | 17 | ① | ② | ③ | ④ | ⑤ |
| 問10 | 18 | ① | ② | ③ | ④ | ⑤ |
| 問11 | 19 | ① | ② | ③ | ④ | ⑤ |
| 問12 | 20 | ① | ② | ③ | ④ | ⑤ |
| 問13 | 21 | ① | ② | ③ | ④ | |
| | 22 | ① | ② | ③ | ④ | |

| 2 | | 解答記入欄 | | | | |
|---|---|---|---|---|---|---|
| 問1 | 23 | ① | ② | ③ | ④ | ⑤ |
| | 24 | ① | ② | ③ | ④ | ⑤ |
| 問2 | 25 | ① | ② | ③ | ④ | ⑤ |
| 問3 | 26 | ① | ② | ③ | ④ | ⑤ |
| 問4 | 27 | ① | ② | ③ | ④ | ⑤ |
| 問5 | 28 | ① | ② | ③ | ④ | ⑤ |
| 問6 | 29 | ① | ② | ③ | ④ | ⑤ |
| 問7 | 30 | ① | ② | ③ | ④ | ⑤ |
| 問8 | 31 | ① | ② | ③ | ④ | ⑤ |
| 問9 | 32 | ① | ② | ③ | ④ | ⑤ |
| 問10 | 33 | ① | ② | ③ | ④ | ⑤ |
| 問11 | 34 | ① | ② | ③ | ④ | ⑤ |

## 記入方法

1. 記入は、必ずＨＢの黒鉛筆で、⃝の中を正確に、ぬりつぶしてください。
2. 訂正は、プラスチック製消しゴムできれいに消してください。
3. 受験番号は、数字を記入してから間違いのないようにマークしてください。
4. 解答用紙を、折り曲げたり、汚したりしないでください。

| 良い例 | ● |
|---|---|
| 悪い例 | ⊘ ⊙ ◐ |

# 名城大学附属高等学校　2022年度

# ◇数学◇

※ 118％に拡大していただくと，解答欄は実物大になります。

| 1 | | 解答記入欄 |
| --- | --- | --- |
| (1) | ア | - 0 1 2 3 4 5 6 7 8 9 |
| (2) | イ | - 0 1 2 3 4 5 6 7 8 9 |
| | ウ | - 0 1 2 3 4 5 6 7 8 9 |
| (3) | エ | - 0 1 2 3 4 5 6 7 8 9 |
| | オ | - 0 1 2 3 4 5 6 7 8 9 |
| (4) | カ | - 0 1 2 3 4 5 6 7 8 9 |
| | キ | - 0 1 2 3 4 5 6 7 8 9 |
| | ク | - 0 1 2 3 4 5 6 7 8 9 |
| | ケ | - 0 1 2 3 4 5 6 7 8 9 |
| (5) | コ | - 0 1 2 3 4 5 6 7 8 9 |
| | サ | - 0 1 2 3 4 5 6 7 8 9 |
| (6) | シ | - 0 1 2 3 4 5 6 7 8 9 |
| | ス | - 0 1 2 3 4 5 6 7 8 9 |

| 2 | | 解答記入欄 |
| --- | --- | --- |
| (1) | ア | - 0 1 2 3 4 5 6 7 8 9 |
| | イ | - 0 1 2 3 4 5 6 7 8 9 |
| | ウ | - 0 1 2 3 4 5 6 7 8 9 |
| (2) | エ | - 0 1 2 3 4 5 6 7 8 9 |
| | オ | - 0 1 2 3 4 5 6 7 8 9 |
| | カ | - 0 1 2 3 4 5 6 7 8 9 |
| | キ | - 0 1 2 3 4 5 6 7 8 9 |

| 3 | | 解答記入欄 |
| --- | --- | --- |
| (1) | ア | - 0 1 2 3 4 5 6 7 8 9 |
| | イ | - 0 1 2 3 4 5 6 7 8 9 |
| | ウ | - 0 1 2 3 4 5 6 7 8 9 |
| | エ | - 0 1 2 3 4 5 6 7 8 9 |
| | オ | - 0 1 2 3 4 5 6 7 8 9 |
| | カ | - 0 1 2 3 4 5 6 7 8 9 |
| | キ | - 0 1 2 3 4 5 6 7 8 9 |
| | ク | - 0 1 2 3 4 5 6 7 8 9 |
| | ケ | - 0 1 2 3 4 5 6 7 8 9 |
| | コ | - 0 1 2 3 4 5 6 7 8 9 |
| (2) | サ | 1 2 3 4 |
| (3) | シ | 0 1 2 3 4 5 6 |

| 4 | | 解答記入欄 |
| --- | --- | --- |
| (1) | ア | - 0 1 2 3 4 5 6 7 8 9 |
| | イ | - 0 1 2 3 4 5 6 7 8 9 |
| | ウ | - 0 1 2 3 4 5 6 7 8 9 |
| | エ | - 0 1 2 3 4 5 6 7 8 9 |
| (2) | オ | - 0 1 2 3 4 5 6 7 8 9 |
| | カ | - 0 1 2 3 4 5 6 7 8 9 |
| | キ | - 0 1 2 3 4 5 6 7 8 9 |
| | ク | - 0 1 2 3 4 5 6 7 8 9 |
| (3) | ケ | - 0 1 2 3 4 5 6 7 8 9 |
| | コ | - 0 1 2 3 4 5 6 7 8 9 |

| 5 | | 解答記入欄 |
| --- | --- | --- |
| (1) | ア | - 0 1 2 3 4 5 6 7 8 9 |
| | イ | - 0 1 2 3 4 5 6 7 8 9 |
| (2) | ウ | - 0 1 2 3 4 5 6 7 8 9 |
| | エ | - 0 1 2 3 4 5 6 7 8 9 |
| | オ | - 0 1 2 3 4 5 6 7 8 9 |
| (3) | カ | - 0 1 2 3 4 5 6 7 8 9 |
| | キ | - 0 1 2 3 4 5 6 7 8 9 |
| | ク | - 0 1 2 3 4 5 6 7 8 9 |
| | ケ | - 0 1 2 3 4 5 6 7 8 9 |

## 記入方法

1. 記入は，必ずＨＢの黒鉛筆で，◯の中を正確に，ぬりつぶしてください。
2. 訂正は，プラスチック製消しゴムできれいに消してください。
3. 受験番号は，数字を記入してから間違いのないようにマークしてください。
4. 解答用紙を，折り曲げたり，汚したりしないでください。

| 良い例 | ● |
| --- | --- |
| 悪い例 | ⊘ ⊙ ◖ |

名城大学附属高等学校　2022年度

# ◇英語◇

※ 105％に拡大していただくと，解答欄は実物大になります。

| 1 | | 解答記入欄 | | | | |
|---|---|---|---|---|---|---|
| 問1 | 1 | ① | ② | ③ | ④ | ⑤ |
| 問2 | 2 | ① | ② | ③ | ④ | ⑤ |
| 問3 | 3 | ① | ② | ③ | ④ | ⑤ |
| 問4 | 4 | ① | ② | ③ | ④ | ⑤ |
| 問5 | 5 | ① | ② | ③ | ④ | ⑤ |
| 問6 | 6 | ① | ② | ③ | ④ | ⑤ |
| 問7 | 7 | ① | ② | ③ | ④ | ⑤ |
| 問8 | 8 | ① | ② | ③ | ④ | ⑤ |
| 問9 | 9 | ① | ② | ③ | ④ | ⑤ |
| 問10 | 10 | ① | ② | ③ | ④ | ⑤ |

| 2 | | 解答記入欄 | | | | |
|---|---|---|---|---|---|---|
| 問1 | 11 | ① | ② | ③ | ④ | ⑤ |
| 問2 | 12 | ① | ② | ③ | ④ | ⑤ |
| 問3 | 13 | ① | ② | ③ | ④ | ⑤ |
| 問4 | 14 | ① | ② | ③ | ④ | ⑤ |
| 問5 | 15 | ① | ② | ③ | ④ | ⑤ |

| 3 | | 解答記入欄 | | | | |
|---|---|---|---|---|---|---|
| 問1 | 16 | ① | ② | ③ | ④ | ⑤ |
| 問2 | 17 | ① | ② | ③ | ④ | ⑤ |
| 問3 | 18 | ① | ② | ③ | ④ | ⑤ |

| 4 | | 解答記入欄 | | | | |
|---|---|---|---|---|---|---|
| 問1 | 19 | ① | ② | ③ | ④ | ⑤ |
| 問2 | 20 | ① | ② | ③ | ④ | ⑤ |
| 問3 | 21 | ① | ② | ③ | ④ | ⑤ |
| 問4 | 22 | ① | ② | ③ | ④ | ⑤ |
| 問5 | 23 | ① | ② | ③ | ④ | ⑤ |
| 問6 | 24 | ① | ② | ③ | ④ | ⑤ |

| 5 | | 解答記入欄 | | | | |
|---|---|---|---|---|---|---|
| 問1 | 25 | ① | ② | ③ | ④ | ⑤ |
| 問2 | 26 | ① | ② | ③ | ④ | ⑤ |
| 問3 | 27 | ① | ② | ③ | ④ | ⑤ |
| 問4 | 28 | ① | ② | ③ | ④ | ⑤ |
| 問5 | 29 | ① | ② | ③ | ④ | ⑤ |

| 6 | | 解答記入欄 | | | | |
|---|---|---|---|---|---|---|
| 問1 | 30 | ① | ② | ③ | ④ | ⑤ |
| 問2 | 31 | ① | ② | ③ | ④ | ⑤ |
| 問3 | 32 | ① | ② | ③ | ④ | ⑤ |
| 問4 | 33 | ① | ② | ③ | ④ | ⑤ |
| 問5 | 34 | ① | ② | ③ | ④ | ⑤ |
| 問6 | 35 | ① | ② | ③ | ④ | ⑤ |
| 問7 | 36 | ① | ② | ③ | ④ | ⑤ |
| 問8 | 37 | ① | ② | ③ | ④ | ⑤ |
| 問9 | 38 | ① | ② | ③ | ④ | ⑤ |

## 記入方法

1. 記入は、必ずＨＢの黒鉛筆で、○の中を正確に、ぬりつぶしてください。
2. 訂正は、プラスチック製消しゴムできれいに消してください。
3. 受験番号は、数字を記入してから間違いのないようにマークしてください。
4. 解答用紙を、折り曲げたり、汚したりしないでください。

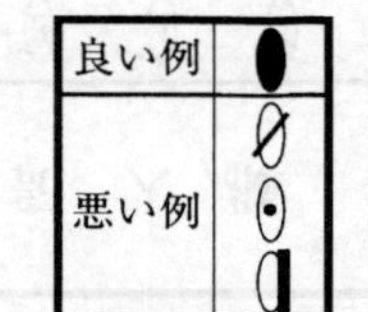

名城大学附属高等学校　2022年度

# ◇理科◇

※ 104％に拡大していただくと，解答欄は実物大になります。

| 1 | | 解答記入欄 | | | | |
|---|---|---|---|---|---|---|
| 問1 | 1 | ① | ② | ③ | ④ | ⑤ |
| 問2 | 2 | ① | ② | ③ | ④ | ⑤ |
| 問3 | 3 | ① | ② | ③ | ④ | ⑤ |
| 問4 | 4 | ① | ② | ③ | ④ | ⑤ |
| 問5 | 5 | ① | ② | ③ | ④ | ⑤ |
| 問6 | 6 | ① | ② | ③ | ④ | ⑤ |
| 問7 | 7 | ① | ② | ③ | ④ | ⑤ |
| 問8 | 8 | ① | ② | ③ | ④ | ⑤ |
| 問9 | 9 | ① | ② | ③ | ④ | ⑤ |
| 問10 | 10 | ① | ② | ③ | ④ | ⑤ |

| 2 | | 解答記入欄 | | | | |
|---|---|---|---|---|---|---|
| 問1 | 11 | ① | ② | ③ | ④ | ⑤ |
| 問2 | 12 | ① | ② | ③ | ④ | ⑤ |
| 問3 | 13 | ① | ② | ③ | ④ | ⑤ |
| 問4 | 14 | ① | ② | ③ | ④ | ⑤ |
| 問5 | 15 | ① | ② | ③ | ④ | ⑤ |

| 3 | | 解答記入欄 | | | | |
|---|---|---|---|---|---|---|
| 問1 | 16 | ① | ② | ③ | ④ | ⑤ |
| 問2 | 17 | ① | ② | ③ | ④ | ⑤ |
| 問3 | 18 | ① | ② | ③ | ④ | ⑤ |
| 問4 | 19 | ① | ② | ③ | ④ | ⑤ |
| 問5 | 20 | ① | ② | ③ | ④ | ⑤ |

| 4 | | 解答記入欄 | | | | |
|---|---|---|---|---|---|---|
| 問1 | 21 | ① | ② | ③ | ④ | ⑤ |
| 問2 | 22 | ① | ② | ③ | ④ | ⑤ |
| 問3 | 23 | ① | ② | ③ | ④ | ⑤ |
| 問4 | 24 | ① | ② | ③ | ④ | ⑤ |
| 問5 | 25 | ① | ② | ③ | ④ | ⑤ |

## 記入方法

1. 記入は、必ずＨＢの黒鉛筆で、◯の中を正確に、ぬりつぶしてください。
2. 訂正は、プラスチック製消しゴムできれいに消してください。
3. 受験番号は、数字を記入してから間違いのないようにマークしてください。
4. 解答用紙を、折り曲げたり、汚したりしないでください。

| 良い例 | ● |
|---|---|
| 悪い例 | ⊘ ⊙ ◧ |

名城大学附属高等学校　　2022年度

# ◇社会◇

※ 103％に拡大していただくと，解答欄は実物大になります。

| 1 | | 解答記入欄 | | | | |
|---|---|---|---|---|---|---|
| 問1 | 1 | ① | ② | ③ | ④ | ⑤ |
| 問2 | 2 | ① | ② | ③ | ④ | ⑤ |
| 問3 | 3 | ① | ② | ③ | ④ | ⑤ |
| 問4 | 4 | ① | ② | ③ | ④ | ⑤ |
| 問5 | 5 | ① | ② | ③ | ④ | ⑤ |
| 問6 | 6 | ① | ② | ③ | ④ | ⑤ |
| 問7 | 7 | ① | ② | ③ | ④ | ⑤ |

| 2 | | 解答記入欄 | | | | |
|---|---|---|---|---|---|---|
| 問1 | 8 | ① | ② | ③ | ④ | ⑤ |
| 問2 | 9 | ① | ② | ③ | ④ | ⑤ |
| 問3 | 10 | ① | ② | ③ | ④ | ⑤ |
| 問4 | 11 | ① | ② | ③ | ④ | ⑤ |
| 問5 | 12 | ① | ② | ③ | ④ | ⑤ |
| 問6 | 13 | ① | ② | ③ | ④ | ⑤ |
| 問7 | 14 | ① | ② | ③ | ④ | ⑤ |
| 問8 | 15 | ① | ② | ③ | ④ | ⑤ |
| 問9 | 16 | ① | ② | ③ | ④ | ⑤ |
| 問10 | 17 | ① | ② | ③ | ④ | ⑤ |
| 問11 | 18 | ① | ② | ③ | ④ | ⑤ |

| 3 | | 解答記入欄 | | | | |
|---|---|---|---|---|---|---|
| 問1 | 19 | ① | ② | ③ | ④ | ⑤ |
| 問2 | 20 | ① | ② | ③ | ④ | ⑤ |
| 問3 | 21 | ① | ② | ③ | ④ | ⑤ |
| 問4 | 22 | ① | ② | ③ | ④ | ⑤ |
| 問5 | 23 | ① | ② | ③ | ④ | ⑤ |
| 問6 | 24 | ① | ② | ③ | ④ | ⑤ |
| 問7 | 25 | ① | ② | ③ | ④ | ⑤ |

| 4 | | 解答記入欄 | | | | |
|---|---|---|---|---|---|---|
| 問1 | 26 | ① | ② | ③ | ④ | ⑤ |
| 問2 | 27 | ① | ② | ③ | ④ | ⑤ |
| 問3 | 28 | ① | ② | ③ | ④ | ⑤ |

## 記入方法

1. 記入は、必ずＨＢの黒鉛筆で、⬯の中を正確に、ぬりつぶしてください。
2. 訂正は、プラスチック製消しゴムできれいに消してください。
3. 受験番号は、数字を記入してから間違いのないようにマークしてください。
4. 解答用紙を、折り曲げたり、汚したりしないでください。

| 良い例 | ⬮ |
|---|---|
| 悪い例 | ⊘ ⊙ ▯ |

名城大学附属高等学校　2022年度

# ◇国語◇

※ 112％に拡大していただくと，解答欄は実物大になります。

| 1 | | 解答記入欄 | | | | | |
|---|---|---|---|---|---|---|---|
| 問1 | 1 | ① | ② | ③ | ④ | ⑤ | |
| | 2 | ① | ② | ③ | ④ | ⑤ | |
| | 3 | ① | ② | ③ | ④ | ⑤ | |
| | 4 | ① | ② | ③ | ④ | ⑤ | |
| | 5 | ① | ② | ③ | ④ | ⑤ | |
| 問2 | 6 | ① | ② | ③ | ④ | ⑤ | ⑥ |
| | 7 | ① | ② | ③ | ④ | ⑤ | ⑥ |
| | 8 | ① | ② | ③ | ④ | ⑤ | ⑥ |
| 問3 | 9 | ① | ② | ③ | ④ | ⑤ | |
| | 10 | ① | ② | ③ | ④ | ⑤ | |
| | 11 | ① | ② | ③ | ④ | ⑤ | |
| 問4 | 12 | ① | ② | ③ | ④ | ⑤ | |
| 問5 | 13 | ① | ② | ③ | ④ | ⑤ | |
| 問6 | 14 | ① | ② | ③ | ④ | ⑤ | |

| 1 | | 解答記入欄 | | | | | |
|---|---|---|---|---|---|---|---|
| 問7 | 15 | ① | ② | ③ | ④ | ⑤ | |
| 問8 | 16 | ① | ② | ③ | ④ | ⑤ | |
| | 17 | ① | ② | ③ | ④ | ⑤ | |
| 問9 | 18 | ① | ② | ③ | ④ | ⑤ | |
| 問10 | 19 | ① | ② | ③ | ④ | ⑤ | |
| 問11 | 20 | ① | ② | ③ | ④ | ⑤ | |
| 問12 | 21 | ① | ② | ③ | ④ | ⑤ | ⑥ |
| | 22 | ① | ② | ③ | ④ | ⑤ | ⑥ |
| 問13 | 23 | ① | ② | ③ | ④ | ⑤ | |

| 2 | | 解答記入欄 | | | | | |
|---|---|---|---|---|---|---|---|
| 問1 | 24 | ① | ② | ③ | ④ | ⑤ | |
| | 25 | ① | ② | ③ | ④ | ⑤ | |
| 問2 | 26 | ① | ② | ③ | ④ | ⑤ | |
| 問3 | 27 | ① | ② | ③ | ④ | ⑤ | |
| 問4 | 28 | ① | ② | ③ | ④ | ⑤ | |
| 問5 | 29 | ① | ② | ③ | ④ | ⑤ | |
| 問6 | 30 | ① | ② | ③ | ④ | ⑤ | |
| 問7 | 31 | ① | ② | ③ | ④ | ⑤ | |
| 問8 | 32 | ① | ② | ③ | ④ | ⑤ | |
| 問9 | 33 | ① | ② | ③ | ④ | ⑤ | |
| 問10 | 34 | ① | ② | ③ | ④ | ⑤ | |
| 問11 | 35 | ① | ② | ③ | ④ | ⑤ | ⑥ |
| | 36 | ① | ② | ③ | ④ | ⑤ | ⑥ |

## 記入方法

1. 記入は、必ずＨＢの黒鉛筆で、◯の中を正確に、ぬりつぶしてください。
2. 訂正は、プラスチック製消しゴムできれいに消してください。
3. 受験番号は、数字を記入してから間違いのないようにマークしてください。
4. 解答用紙を、折り曲げたり、汚したりしないでください。

| 良い例 | ● |
|---|---|
| 悪い例 | ⊘ ⊙ ◐ |

名城大学附属高等学校　　2021年度

# ◇数学◇

※116％に拡大していただくと，解答欄は実物大になります。

| 1 | | 解答記入欄 |
|---|---|---|
| (1) | ア | − 0 1 2 3 4 5 6 7 8 9 |
| | イ | − 0 1 2 3 4 5 6 7 8 9 |
| | ウ | − 0 1 2 3 4 5 6 7 8 9 |
| | エ | − 0 1 2 3 4 5 6 7 8 9 |
| (2) | オ | − 0 1 2 3 4 5 6 7 8 9 |
| | カ | − 0 1 2 3 4 5 6 7 8 9 |
| | キ | − 0 1 2 3 4 5 6 7 8 9 |
| | ク | − 0 1 2 3 4 5 6 7 8 9 |
| (3) | ケ | − 0 1 2 3 4 5 6 7 8 9 |
| | コ | − 0 1 2 3 4 5 6 7 8 9 |
| | サ | − 0 1 2 3 4 5 6 7 8 9 |
| | シ | − 0 1 2 3 4 5 6 7 8 9 |
| (4) | ス | − 0 1 2 3 4 5 6 7 8 9 |
| (5) | セ | − 0 1 2 3 4 5 6 7 8 9 |
| | ソ | − 0 1 2 3 4 5 6 7 8 9 |
| (6) | タ | − 0 1 2 3 4 5 6 7 8 9 |
| (7) | チ | − 0 1 2 3 4 5 6 7 8 9 |
| | ツ | − 0 1 2 3 4 5 6 7 8 9 |
| | テ | − 0 1 2 3 4 5 6 7 8 9 |

| 2 | | 解答記入欄 |
|---|---|---|
| (1) | ア | − 0 1 2 3 4 5 6 7 8 9 |
| | イ | − 0 1 2 3 4 5 6 7 8 9 |
| | ウ | − 0 1 2 3 4 5 6 7 8 9 |
| | エ | − 0 1 2 3 4 5 6 7 8 9 |
| | オ | − 0 1 2 3 4 5 6 7 8 9 |
| | カ | − 0 1 2 3 4 5 6 7 8 9 |
| (2) | キ | − 0 1 2 3 4 5 6 7 8 9 |
| | ク | − 0 1 2 3 4 5 6 7 8 9 |
| | ケ | − 0 1 2 3 4 5 6 7 8 9 |
| | コ | − 0 1 2 3 4 5 6 7 8 9 |
| (3) | サ | − 0 1 2 3 4 5 6 7 8 9 |

| 3 | | 解答記入欄 |
|---|---|---|
| (1) | ア | − 0 1 2 3 4 5 6 7 8 9 |
| | イ | − 0 1 2 3 4 5 6 7 8 9 |
| | ウ | − 0 1 2 3 4 5 6 7 8 9 |
| (2) | エ | − 0 1 2 3 4 5 6 7 8 9 |
| | オ | − 0 1 2 3 4 5 6 7 8 9 |

| 4 | | 解答記入欄 |
|---|---|---|
| (1) | ア | 1 2 3 4 5 6 |
| | イ | 1 2 3 4 5 6 |
| (2) | ウ | − 0 1 2 3 4 5 6 7 8 9 |
| | エ | − 0 1 2 3 4 5 6 7 8 9 |
| | オ | − 0 1 2 3 4 5 6 7 8 9 |
| | カ | − 0 1 2 3 4 5 6 7 8 9 |
| | キ | − 0 1 2 3 4 5 6 7 8 9 |
| | ク | − 0 1 2 3 4 5 6 7 8 9 |

| 5 | | 解答記入欄 |
|---|---|---|
| (1) | ア | − 0 1 2 3 4 5 6 7 8 9 |
| | イ | − 0 1 2 3 4 5 6 7 8 9 |
| | ウ | − 0 1 2 3 4 5 6 7 8 9 |
| | エ | − 0 1 2 3 4 5 6 7 8 9 |
| | オ | − 0 1 2 3 4 5 6 7 8 9 |
| | カ | − 0 1 2 3 4 5 6 7 8 9 |
| | キ | − 0 1 2 3 4 5 6 7 8 9 |
| (2) | ク | 0 1 2 3 |

## 記入方法

1. 記入は、必ずＨＢの黒鉛筆で、⬭の中を正確に、ぬりつぶしてください。
2. 訂正は、プラスチック製消しゴムできれいに消してください。
3. 受験番号は、数字を記入してから間違いのないようにマークしてください。
4. 解答用紙を、折り曲げたり、汚したりしないでください。

| 良い例 | ⬮ |
|---|---|
| 悪い例 | |

名城大学附属高等学校　2021年度

# ◇英語◇

※116%に拡大していただくと，解答欄は実物大になります。

| 1 | | 解 | 答 | 記 | 入 | 欄 |
|---|---|---|---|---|---|---|
| 問1 | 1 | ① | ② | ③ | ④ | ⑤ |
| 問2 | 2 | ① | ② | ③ | ④ | ⑤ |
| 問3 | 3 | ① | ② | ③ | ④ | ⑤ |
| 問4 | 4 | ① | ② | ③ | ④ | ⑤ |
| 問5 | 5 | ① | ② | ③ | ④ | ⑤ |
| 問6 | 6 | ① | ② | ③ | ④ | ⑤ |
| 問7 | 7 | ① | ② | ③ | ④ | ⑤ |
| 問8 | 8 | ① | ② | ③ | ④ | ⑤ |
| 問9 | 9 | ① | ② | ③ | ④ | ⑤ |
| 問10 | 10 | ① | ② | ③ | ④ | ⑤ |

| 2 | | 解 | 答 | 記 | 入 | 欄 |
|---|---|---|---|---|---|---|
| 問1 | 11 | ① | ② | ③ | ④ | ⑤ |
| 問2 | 12 | ① | ② | ③ | ④ | ⑤ |
| 問3 | 13 | ① | ② | ③ | ④ | ⑤ |
| 問4 | 14 | ① | ② | ③ | ④ | ⑤ |
| 問5 | 15 | ① | ② | ③ | ④ | ⑤ |

| 3 | | 解 | 答 | 記 | 入 | 欄 |
|---|---|---|---|---|---|---|
| 問1 | 16 | ① | ② | ③ | ④ | ⑤ |
| 問2 | 17 | ① | ② | ③ | ④ | ⑤ |
| 問3 | 18 | ① | ② | ③ | ④ | ⑤ |

| 4 | | 解 | 答 | 記 | 入 | 欄 |
|---|---|---|---|---|---|---|
| A | 19 | ① | ② | ③ | ④ | ⑤ |
| B | 20 | ① | ② | ③ | ④ | ⑤ |
| C | 21 | ① | ② | ③ | ④ | ⑤ |
| D | 22 | ① | ② | ③ | ④ | ⑤ |
| E | 23 | ① | ② | ③ | ④ | ⑤ |
| F | 24 | ① | ② | ③ | ④ | ⑤ |

| 5 | | 解 | 答 | 記 | 入 | 欄 |
|---|---|---|---|---|---|---|
| 問1 | 25 | ① | ② | ③ | ④ | ⑤ |
| 問2 | 26 | ① | ② | ③ | ④ | ⑤ |
| 問3 | 27 | ① | ② | ③ | ④ | ⑤ |
| 問4 | 28 | ① | ② | ③ | ④ | ⑤ |
| 問5 | 29 | ① | ② | ③ | ④ | ⑤ |
| 問6 | 30 | ① | ② | ③ | ④ | ⑤ |

| 6 | | 解 | 答 | 記 | 入 | 欄 |
|---|---|---|---|---|---|---|
| 問1 | 31 | ① | ② | ③ | ④ | ⑤ |
| 問2 | 32 | ① | ② | ③ | ④ | ⑤ |
| 問3 | 33 | ① | ② | ③ | ④ | ⑤ |
| 問4 | 34 | ① | ② | ③ | ④ | ⑤ |
| 問5 | 35 | ① | ② | ③ | ④ | ⑤ |
| 問6 | 36 | ① | ② | ③ | ④ | ⑤ |
| 問7 | 37 | ① | ② | ③ | ④ | ⑤ |
| | 38 | ① | ② | ③ | ④ | ⑤ |
| | 39 | ① | ② | ③ | ④ | ⑤ |

## 記入方法

1. 記入は、必ずＨＢの黒鉛筆で、⬯の中を正確に、ぬりつぶしてください。
2. 訂正は、プラスチック製消しゴムできれいに消してください。
3. 受験番号は、数字を記入してから間違いのないようにマークしてください。
4. 解答用紙を、折り曲げたり、汚したりしないでください。

| 良い例 | ⬬ |
|---|---|
| 悪い例 | ⊘ ⊙ ◖ |

名城大学附属高等学校　　2021年度

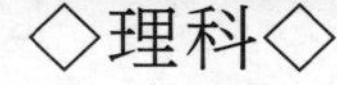


※116%に拡大していただくと，解答欄は実物大になります。

| 1 | | 解答記入欄 | | | | |
|---|---|---|---|---|---|---|
| 問1 | 1 | ① | ② | ③ | ④ | ⑤ |
| 問2 | 2 | ① | ② | ③ | ④ | ⑤ |
| 問3 | 3 | ① | ② | ③ | ④ | ⑤ |
| 問4 | 4 | ① | ② | ③ | ④ | ⑤ |
| 問5 | 5 | ① | ② | ③ | ④ | ⑤ |
| 問6 | 6 | ① | ② | ③ | ④ | ⑤ |
| 問7 | 7 | ① | ② | ③ | ④ | ⑤ |
| 問8 | 8 | ① | ② | ③ | ④ | ⑤ |
| 問9 | 9 | ① | ② | ③ | ④ | ⑤ |
| 問10 | 10 | ① | ② | ③ | ④ | ⑤ |

| 2 | | 解答記入欄 | | | | |
|---|---|---|---|---|---|---|
| 問1 | 11 | ① | ② | ③ | ④ | ⑤ |
| 問2 | 12 | ① | ② | ③ | ④ | ⑤ |
| 問3 | 13 | ① | ② | ③ | ④ | ⑤ |
| 問4 | 14 | ① | ② | ③ | ④ | ⑤ |
| 問5 | 15 | ① | ② | ③ | ④ | ⑤ |

| 3 | | 解答記入欄 | | | | |
|---|---|---|---|---|---|---|
| 問1 | 16 | ① | ② | ③ | ④ | ⑤ |
| 問2 | 17 | ① | ② | ③ | ④ | ⑤ |
| 問3 | 18 | ① | ② | ③ | ④ | ⑤ |
| 問4 | 19 | ① | ② | ③ | ④ | ⑤ |
| 問5 | 20 | ① | ② | ③ | ④ | ⑤ |

| 4 | | 解答記入欄 | | | | |
|---|---|---|---|---|---|---|
| 問1 | 21 | ① | ② | ③ | ④ | ⑤ |
| 問2 | 22 | ① | ② | ③ | ④ | ⑤ |
| 問3 | 23 | ① | ② | ③ | ④ | ⑤ |
| 問4 | 24 | ① | ② | ③ | ④ | ⑤ |
| 問5 | 25 | ① | ② | ③ | ④ | ⑤ |

### 記入方法

1. 記入は、必ずＨＢの黒鉛筆で、⃝の中を正確に、ぬりつぶしてください。
2. 訂正は、プラスチック製消しゴムできれいに消してください。
3. 受験番号は、数字を記入してから間違いのないようにマークしてください。
4. 解答用紙を、折り曲げたり、汚したりしないでください。

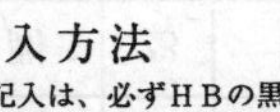

名城大学附属高等学校　2021年度

# ◇社会◇

※116%に拡大していただくと，解答欄は実物大になります。

| 1 | | 解答記入欄 | | | | |
|---|---|---|---|---|---|---|
| 問1 | 1 | ① | ② | ③ | ④ | ⑤ |
| 問2 | 2 | ① | ② | ③ | ④ | ⑤ |
| 問3 | 3 | ① | ② | ③ | ④ | ⑤ |
| 問4 | 4 | ① | ② | ③ | ④ | ⑤ |
| 問5 | 5 | ① | ② | ③ | ④ | ⑤ |
| 問6 | 6 | ① | ② | ③ | ④ | ⑤ |
| 問7 | 7 | ① | ② | ③ | ④ | ⑤ |

| 2 | | 解答記入欄 | | | | |
|---|---|---|---|---|---|---|
| 問1 | 8 | ① | ② | ③ | ④ | ⑤ |
| 問2 | 9 | ① | ② | ③ | ④ | ⑤ |
| 問3 | 10 | ① | ② | ③ | ④ | ⑤ |
| 問4 | 11 | ① | ② | ③ | ④ | ⑤ |
| 問5 | 12 | ① | ② | ③ | ④ | ⑤ |
| 問6 | 13 | ① | ② | ③ | ④ | ⑤ |
| 問7 | 14 | ① | ② | ③ | ④ | ⑤ |
| 問8 | 15 | ① | ② | ③ | ④ | ⑤ |
| 問9 | 16 | ① | ② | ③ | ④ | ⑤ |
| 問10 | 17 | ① | ② | ③ | ④ | ⑤ |
| 問11 | 18 | ① | ② | ③ | ④ | ⑤ |

| 3 | | 解答記入欄 | | | | |
|---|---|---|---|---|---|---|
| 問1 | 19 | ① | ② | ③ | ④ | ⑤ |
| 問2 | 20 | ① | ② | ③ | ④ | ⑤ |
| 問3 | 21 | ① | ② | ③ | ④ | ⑤ |
| 問4 | 22 | ① | ② | ③ | ④ | ⑤ |
| 問5 | 23 | ① | ② | ③ | ④ | ⑤ |
| 問6 | 24 | ① | ② | ③ | ④ | ⑤ |
| 問7 | 25 | ① | ② | ③ | ④ | ⑤ |

| 4 | | 解答記入欄 | | | | |
|---|---|---|---|---|---|---|
| 問1 | 26 | ① | ② | ③ | ④ | ⑤ |
| 問2 | 27 | ① | ② | ③ | ④ | ⑤ |
| 問3 | 28 | ① | ② | ③ | ④ | ⑤ |

## 記入方法

1. 記入は、必ずＨＢの黒鉛筆で、()の中を正確に、ぬりつぶしてください。
2. 訂正は、プラスチック製消しゴムできれいに消してください。
3. 受験番号は、数字を記入してから間違いのないようにマークしてください。
4. 解答用紙を、折り曲げたり、汚したりしないでください。

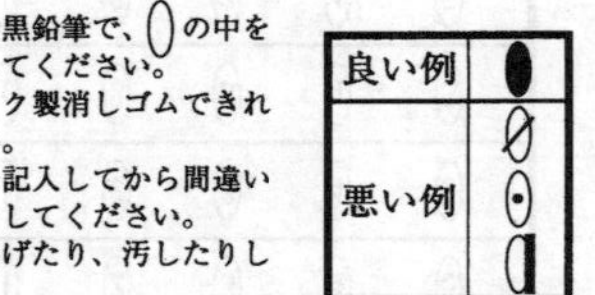

名城大学附属高等学校　2021年度

# ◇国語◇

※125％に拡大していただくと，解答欄は実物大になります。

| 1 | | 解答記入欄 | | | | | |
|---|---|---|---|---|---|---|---|
| 問1 | 1 | ① | ② | ③ | ④ | ⑤ | |
| | 2 | ① | ② | ③ | ④ | ⑤ | |
| | 3 | ① | ② | ③ | ④ | ⑤ | |
| | 4 | ① | ② | ③ | ④ | ⑤ | |
| | 5 | ① | ② | ③ | ④ | ⑤ | |
| 問2 | 6 | ① | ② | ③ | ④ | ⑤ | |
| | 7 | ① | ② | ③ | ④ | ⑤ | |
| | 8 | ① | ② | ③ | ④ | ⑤ | |
| 問3 | 9 | ① | ② | ③ | ④ | ⑤ | |
| 問4 | 10 | ① | ② | ③ | ④ | ⑤ | |
| 問5 | 11 | ① | ② | ③ | ④ | ⑤ | ⑥ |
| 問6 | 12 | ① | ② | ③ | ④ | ⑤ | ⑥ |
| | 13 | ① | ② | ③ | ④ | ⑤ | ⑥ |
| | 14 | ① | ② | ③ | ④ | ⑤ | ⑥ |

| 1 | | 解答記入欄 | | | | | |
|---|---|---|---|---|---|---|---|
| 問7 | 15 | ① | ② | ③ | ④ | ⑤ | |
| 問8 | 16 | ① | ② | ③ | ④ | ⑤ | ⑥ |
| | 17 | ① | ② | ③ | ④ | ⑤ | ⑥ |
| 問9 | 18 | ① | ② | ③ | ④ | ⑤ | |
| 問10 | 19 | ① | ② | ③ | ④ | ⑤ | |
| 問11 | 20 | ① | ② | ③ | ④ | ⑤ | |
| 問12 | 21 | ① | ② | ③ | ④ | ⑤ | ⑥ |
| | 22 | ① | ② | ③ | ④ | ⑤ | ⑥ |
| 問13 | 23 | ① | ② | ③ | ④ | ⑤ | |

| 2 | | 解答記入欄 | | | | | |
|---|---|---|---|---|---|---|---|
| 問1 | 24 | ① | ② | ③ | ④ | ⑤ | ⑥ |
| | 25 | ① | ② | ③ | ④ | ⑤ | ⑥ |
| 問2 | 26 | ① | ② | ③ | ④ | ⑤ | |
| 問3 | 27 | ① | ② | ③ | ④ | ⑤ | |
| 問4 | 28 | ① | ② | ③ | ④ | ⑤ | |
| 問5 | 29 | ① | ② | ③ | ④ | ⑤ | |
| 問6 | 30 | ① | ② | ③ | ④ | ⑤ | |
| 問7 | 31 | ① | ② | ③ | ④ | ⑤ | |
| 問8 | 32 | ① | ② | ③ | ④ | ⑤ | ⑥ |
| | 33 | ① | ② | ③ | ④ | ⑤ | ⑥ |
| 問9 | 34 | ① | ② | ③ | ④ | ⑤ | |

## 記入方法

1. 記入は、必ずＨＢの黒鉛筆で、⃝の中を正確に、ぬりつぶしてください。
2. 訂正は、プラスチック製消しゴムできれいに消してください。
3. 受験番号は、数字を記入してから間違いのないようにマークしてください。
4. 解答用紙を、折り曲げたり、汚したりしないでください。

| 良い例 | ● |
|---|---|
| 悪い例 | ⊘ ⊙ ◨ |

名城大学附属高等学校　2020年度

# ◇数学◇

※138％に拡大していただくと，解答欄は実物大になります。

| 1 | | 解答記入欄 |
|---|---|---|
| (1) | ア | - 0 1 2 3 4 5 6 7 8 9 |
| (2) | イ | - 0 1 2 3 4 5 6 7 8 9 |
| | ウ | - 0 1 2 3 4 5 6 7 8 9 |
| (3) | エ | - 0 1 2 3 4 5 6 7 8 9 |
| | オ | - 0 1 2 3 4 5 6 7 8 9 |
| | カ | - 0 1 2 3 4 5 6 7 8 9 |
| (4) | キ | - 0 1 2 3 4 5 6 7 8 9 |
| | ク | - 0 1 2 3 4 5 6 7 8 9 |
| (5) | ケ | - 0 1 2 3 4 5 6 7 8 9 |
| | コ | - 0 1 2 3 4 5 6 7 8 9 |
| | サ | - 0 1 2 3 4 5 6 7 8 9 |
| | シ | - 0 1 2 3 4 5 6 7 8 9 |
| (6) | ス | - 0 1 2 3 4 5 6 7 8 9 |
| | セ | - 0 1 2 3 4 5 6 7 8 9 |

| 2 | | 解答記入欄 |
|---|---|---|
| | ア | - 0 1 2 3 4 5 6 7 8 9 |
| (1) | イ | - 0 1 2 3 4 5 6 7 8 9 |
| | ウ | - 0 1 2 3 4 5 6 7 8 9 |
| (2) | エ | - 0 1 2 3 4 5 6 7 8 9 |
| | オ | - 0 1 2 3 4 5 6 7 8 9 |
| | カ | - 0 1 2 3 4 5 6 7 8 9 |
| (3) | キ | - 0 1 2 3 4 5 6 7 8 9 |
| | ク | - 0 1 2 3 4 5 6 7 8 9 |
| | ケ | - 0 1 2 3 4 5 6 7 8 9 |

| 3 | | 解答記入欄 |
|---|---|---|
| (1) | ア | - 0 1 2 3 4 5 6 7 8 9 |
| | イ | - 0 1 2 3 4 5 6 7 8 9 |
| (2) | ウ | - 0 1 2 3 4 5 6 7 8 9 |
| | エ | - 0 1 2 3 4 5 6 7 8 9 |

| 4 | | 解答記入欄 |
|---|---|---|
| (1) | ア | - 0 1 2 3 4 5 6 7 8 9 |
| | イ | - 0 1 2 3 4 5 6 7 8 9 |
| | ウ | - 0 1 2 3 4 5 6 7 8 9 |
| (2) | エ | - 0 1 2 3 4 5 6 7 8 9 |
| | オ | - 0 1 2 3 4 5 6 7 8 9 |
| | カ | - 0 1 2 3 4 5 6 7 8 9 |

| 5 | | 解答記入欄 |
|---|---|---|
| (1) | ア | 0 1 2 3 4 5 6 7 8 9 |
| | イ | 0 1 2 3 4 5 6 7 8 9 |
| | ウ | 0 1 2 3 4 5 6 7 8 9 |
| | エ | 0 1 2 3 4 5 6 7 8 9 |
| (2) | オ | - 0 1 2 3 4 5 6 7 8 9 |
| | カ | - 0 1 2 3 4 5 6 7 8 9 |
| | キ | - 0 1 2 3 4 5 6 7 8 9 |

## 記入方法

1. 記入は、必ずＨＢの黒鉛筆で、○の中を正確に、ぬりつぶしてください。
2. 訂正は、プラスチック製消しゴムできれいに消してください。
3. 受験番号は、数字を記入してから間違いのないようにマークしてください。
4. 解答用紙を、折り曲げたり、汚したりしないでください。

| 良い例 | ● |
|---|---|
| 悪い例 | ⊘ ⊙ ▯ |

名城大学附属高等学校　2020年度

# ◇英語◇

※116％に拡大していただくと，解答欄は実物大になります。

| 1 | | 解答記入欄 | | | | |
|---|---|---|---|---|---|---|
| 問1 | 1 | ① | ② | ③ | ④ | ⑤ |
| 問2 | 2 | ① | ② | ③ | ④ | ⑤ |
| **2** | | 解答記入欄 | | | | |
| 問1 | 3 | ① | ② | ③ | ④ | ⑤ |
| 問2 | 4 | ① | ② | ③ | ④ | ⑤ |
| **3** | | 解答記入欄 | | | | |
| 問1 | 5 | ① | ② | ③ | ④ | ⑤ |
| 問2 | 6 | ① | ② | ③ | ④ | ⑤ |
| 問3 | 7 | ① | ② | ③ | ④ | ⑤ |
| 問4 | 8 | ① | ② | ③ | ④ | ⑤ |
| 問5 | 9 | ① | ② | ③ | ④ | ⑤ |
| 問6 | 10 | ① | ② | ③ | ④ | ⑤ |
| **4** | | 解答記入欄 | | | | |
| 問1 | 11 | ① | ② | ③ | ④ | ⑤ |
| 問2 | 12 | ① | ② | ③ | ④ | ⑤ |
| 問3 | 13 | ① | ② | ③ | ④ | ⑤ |
| 問4 | 14 | ① | ② | ③ | ④ | ⑤ |
| 問5 | 15 | ① | ② | ③ | ④ | ⑤ |

| 5 | | 解答記入欄 | | | | |
|---|---|---|---|---|---|---|
| A | 16 | ① | ② | ③ | ④ | ⑤ |
| B | 17 | ① | ② | ③ | ④ | ⑤ |
| C | 18 | ① | ② | ③ | ④ | ⑤ |
| D | 19 | ① | ② | ③ | ④ | ⑤ |
| E | 20 | ① | ② | ③ | ④ | ⑤ |
| F | 21 | ① | ② | ③ | ④ | ⑤ |
| **6** | | 解答記入欄 | | | | |
| 問1 | 22 | ① | ② | ③ | ④ | ⑤ |
| 問2 | 23 | ① | ② | ③ | ④ | ⑤ |
| 問3 | 24 | ① | ② | ③ | ④ | ⑤ |
| 問4 | 25 | ① | ② | ③ | ④ | ⑤ |
| 問5 | 26 | ① | ② | ③ | ④ | ⑤ |
| 問6 | 27 | ① | ② | ③ | ④ | ⑤ |
| 問7 | 28 | ① | ② | ③ | ④ | ⑤ |
| 問8 | 29 | ① | ② | ③ | ④ | ⑤ |
| 問9 | 30 | ① | ② | ③ | ④ | ⑤ |
| 問10 | 31 | ① | ② | ③ | ④ | ⑤ |

| 7 | | 解答記入欄 | | | | |
|---|---|---|---|---|---|---|
| 問1 | 32 | ① | ② | ③ | ④ | ⑤ |
| 問2 | 33 | ① | ② | ③ | ④ | ⑤ |
| 問3 | 34 | ① | ② | ③ | ④ | ⑤ |
| 問4 | 35 | ① | ② | ③ | ④ | ⑤ |
| 問5 | 36 | ① | ② | ③ | ④ | ⑤ |
| 問6 | 37 | ① | ② | ③ | ④ | ⑤ |
| 問7 | 38 | ① | ② | ③ | ④ | ⑤ |
| 問8 | 39 | ① | ② | ③ | ④ | ⑤ |

記入方法

1. 記入は、必ずＨＢの黒鉛筆で、⚪の中を正確に、ぬりつぶしてください。
2. 訂正は、プラスチック製消しゴムできれいに消してください。
3. 受験番号は、数字を記入してから間違いのないようにマークしてください。
4. 解答用紙を、折り曲げたり、汚したりしないでください。

| 良い例 | ⬮ |
|---|---|
| 悪い例 | ⊘ ⊙ ◖ |

名城大学附属高等学校　　2020年度

# ◇理科◇

※116%に拡大していただくと，解答欄は実物大になります。

| 1 | | 解答記入欄 | | | | |
|---|---|---|---|---|---|---|
| 問1 | 1 | ① | ② | ③ | ④ | ⑤ |
| 問2 | 2 | ① | ② | ③ | ④ | ⑤ |
| 問3 | 3 | ① | ② | ③ | ④ | ⑤ |
| 問4 | 4 | ① | ② | ③ | ④ | ⑤ |
| 問5 | 5 | ① | ② | ③ | ④ | ⑤ |
| 問6 | 6 | ① | ② | ③ | ④ | ⑤ |
| 問7 | 7 | ① | ② | ③ | ④ | ⑤ |
| 問8 | 8 | ① | ② | ③ | ④ | ⑤ |
| 問9 | 9 | ① | ② | ③ | ④ | ⑤ |
| 問10 | 10 | ① | ② | ③ | ④ | ⑤ |

| 2 | | 解答記入欄 | | | | |
|---|---|---|---|---|---|---|
| 問1 | 11 | ① | ② | ③ | ④ | ⑤ |
| 問2 | 12 | ① | ② | ③ | ④ | ⑤ |
| 問3 | 13 | ① | ② | ③ | ④ | ⑤ |
| 問4 | 14 | ① | ② | ③ | ④ | ⑤ |
| 問5 | 15 | ① | ② | ③ | ④ | ⑤ |

| 3 | | 解答記入欄 | | | | |
|---|---|---|---|---|---|---|
| 問1 | 16 | ① | ② | ③ | ④ | ⑤ |
| 問2 | 17 | ① | ② | ③ | ④ | ⑤ |
| 問3 | 18 | ① | ② | ③ | ④ | ⑤ |
| 問4 | 19 | ① | ② | ③ | ④ | ⑤ |
| 問5 | 20 | ① | ② | ③ | ④ | ⑤ |

| 4 | | 解答記入欄 | | | | |
|---|---|---|---|---|---|---|
| 問1 | 21 | ① | ② | ③ | ④ | ⑤ |
| 問2 | 22 | ① | ② | ③ | ④ | ⑤ |
| 問3 | 23 | ① | ② | ③ | ④ | ⑤ |
| 問4 | 24 | ① | ② | ③ | ④ | ⑤ |
| 問5 | 25 | ① | ② | ③ | ④ | ⑤ |

## 記入方法

1. 記入は、必ずＨＢの黒鉛筆で、◯の中を正確に、ぬりつぶしてください。
2. 訂正は、プラスチック製消しゴムできれいに消してください。
3. 受験番号は、数字を記入してから間違いのないようにマークしてください。
4. 解答用紙を、折り曲げたり、汚したりしないでください。

| 良い例 | ● |
|---|---|
| 悪い例 | ⊘ ⊙ ◯ |

名城大学附属高等学校　2020年度

# ◇社会◇

※117％に拡大していただくと，解答欄は実物大になります。

| 1 | | 解答記入欄 | | | | |
|---|---|---|---|---|---|---|
| 問1 | 1 | ① | ② | ③ | ④ | ⑤ |
| 問2 | 2 | ① | ② | ③ | ④ | ⑤ |
| 問3 | 3 | ① | ② | ③ | ④ | ⑤ |
| 問4 | 4 | ① | ② | ③ | ④ | ⑤ |
| 問5 | 5 | ① | ② | ③ | ④ | ⑤ |
| 問6 | 6 | ① | ② | ③ | ④ | ⑤ |
| 問7 | 7 | ① | ② | ③ | ④ | ⑤ |

| 2 | | 解答記入欄 | | | | |
|---|---|---|---|---|---|---|
| 問1 | 8 | ① | ② | ③ | ④ | ⑤ |
| 問2 | 9 | ① | ② | ③ | ④ | ⑤ |
| 問3 | 10 | ① | ② | ③ | ④ | ⑤ |
| 問4 | 11 | ① | ② | ③ | ④ | ⑤ |
| 問5 | 12 | ① | ② | ③ | ④ | ⑤ |
| 問6 | 13 | ① | ② | ③ | ④ | ⑤ |
| 問7 | 14 | ① | ② | ③ | ④ | ⑤ |
| 問8 | 15 | ① | ② | ③ | ④ | ⑤ |
| 問9 | 16 | ① | ② | ③ | ④ | ⑤ |
| 問10 | 17 | ① | ② | ③ | ④ | ⑤ |
| 問11 | 18 | ① | ② | ③ | ④ | ⑤ |

| 3 | | 解答記入欄 | | | | |
|---|---|---|---|---|---|---|
| 問1 | 19 | ① | ② | ③ | ④ | ⑤ |
| 問2 | 20 | ① | ② | ③ | ④ | ⑤ |
| 問3 | 21 | ① | ② | ③ | ④ | ⑤ |
| 問4 | 22 | ① | ② | ③ | ④ | ⑤ |
| 問5 | 23 | ① | ② | ③ | ④ | ⑤ |
| 問6 | 24 | ① | ② | ③ | ④ | ⑤ |
| 問7 | 25 | ① | ② | ③ | ④ | ⑤ |

| 4 | | 解答記入欄 | | | | |
|---|---|---|---|---|---|---|
| 問1 | 26 | ① | ② | ③ | ④ | ⑤ |
| 問2 | 27 | ① | ② | ③ | ④ | ⑤ |
| 問3 | 28 | ① | ② | ③ | ④ | ⑤ |

## 記入方法

1. 記入は、必ずＨＢの黒鉛筆で、〇の中を正確に、ぬりつぶしてください。
2. 訂正は、プラスチック製消しゴムできれいに消してください。
3. 受験番号は、数字を記入してから間違いのないようにマークしてください。
4. 解答用紙を、折り曲げたり、汚したりしないでください。

| 良い例 | ● |
|---|---|
| 悪い例 | ⊘ ⊙ ◐ |

名城大学附属高等学校　2020年度

# ◇国語◇

※120％に拡大していただくと，解答欄は実物大になります。

| 1 | | 解答記入欄 | | | | | |
|---|---|---|---|---|---|---|---|
| 問1 | 1 | ① | ② | ③ | ④ | ⑤ | |
| | 2 | ① | ② | ③ | ④ | ⑤ | |
| | 3 | ① | ② | ③ | ④ | ⑤ | |
| | 4 | ① | ② | ③ | ④ | ⑤ | |
| | 5 | ① | ② | ③ | ④ | ⑤ | |
| 問2 | 6 | ① | ② | ③ | ④ | ⑤ | |
| | 7 | ① | ② | ③ | ④ | ⑤ | |
| | 8 | ① | ② | ③ | ④ | ⑤ | |
| 問3 | 9 | ① | ② | ③ | ④ | ⑤ | |
| 問4 | 10 | ① | ② | ③ | ④ | ⑤ | |
| 問5 | 11 | ① | ② | ③ | ④ | ⑤ | |
| 問6 | 12 | ① | ② | ③ | ④ | ⑤ | ⑥ |
| | 13 | ① | ② | ③ | ④ | ⑤ | ⑥ |
| | 14 | ① | ② | ③ | ④ | ⑤ | ⑥ |

| 1 | | 解答記入欄 | | | | | |
|---|---|---|---|---|---|---|---|
| 問7 | 15 | ① | ② | ③ | ④ | ⑤ | |
| 問8 | 16 | ① | ② | ③ | ④ | ⑤ | |
| 問9 | 17 | ① | ② | ③ | ④ | ⑤ | ⑥ |
| | 18 | ① | ② | ③ | ④ | ⑤ | ⑥ |
| 問10 | 19 | ① | ② | ③ | ④ | ⑤ | |
| 問11 | 20 | ① | ② | ③ | ④ | ⑤ | |
| 問12 | 21 | ① | ② | ③ | ④ | ⑤ | |
| 問13 | 22 | ① | ② | ③ | ④ | ⑤ | ⑥ |
| | 23 | ① | ② | ③ | ④ | ⑤ | ⑥ |

| 2 | | 解答記入欄 | | | | |
|---|---|---|---|---|---|---|
| 問1 | 24 | ① | ② | ③ | ④ | ⑤ |
| | 25 | ① | ② | ③ | ④ | ⑤ |
| | 26 | ① | ② | ③ | ④ | ⑤ |
| 問2 | 27 | ① | ② | ③ | ④ | ⑤ |
| 問3 | 28 | ① | ② | ③ | ④ | ⑤ |
| 問4 | 29 | ① | ② | ③ | ④ | ⑤ |
| 問5 | 30 | ① | ② | ③ | ④ | ⑤ |
| 問6 | 31 | ① | ② | ③ | ④ | ⑤ |
| 問7 | 32 | ① | ② | ③ | ④ | ⑤ |
| 問8 | 33 | ① | ② | ③ | ④ | ⑤ |
| 問9 | 34 | ① | ② | ③ | ④ | ⑤ |

## 記入方法

1. 記入は、必ずＨＢの黒鉛筆で、⃝の中を正確に、ぬりつぶしてください。
2. 訂正は、プラスチック製消しゴムできれいに消してください。
3. 受験番号は、数字を記入してから間違いのないようにマークしてください。
4. 解答用紙を、折り曲げたり、汚したりしないでください。

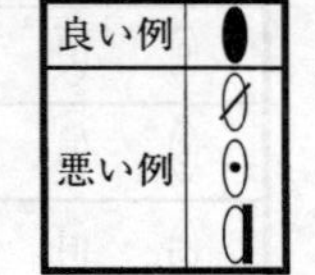

名城大学附属高等学校　　2019年度

# ◇数学◇

※この解答用紙は118%に拡大していただくと，実物大になります。

| 1 | | 解答記入欄 |
|---|---|---|
| (1) | ア | - 0 1 2 3 4 5 6 7 8 9 |
| | イ | - 0 1 2 3 4 5 6 7 8 9 |
| (2) | ウ | - 0 1 2 3 4 5 6 7 8 9 |
| | エ | - 0 1 2 3 4 5 6 7 8 9 |
| (3) | オ | - 0 1 2 3 4 5 6 7 8 9 |
| | カ | - 0 1 2 3 4 5 6 7 8 9 |
| | キ | - 0 1 2 3 4 5 6 7 8 9 |
| (4) | ク | - 0 1 2 3 4 5 6 7 8 9 |
| (5) | ケ | - 0 1 2 3 4 5 6 7 8 9 |
| | コ | - 0 1 2 3 4 5 6 7 8 9 |
| | サ | - 0 1 2 3 4 5 6 7 8 9 |
| (6) | シ | - 0 1 2 3 4 5 6 7 8 9 |
| | ス | - 0 1 2 3 4 5 6 7 8 9 |
| | セ | - 0 1 2 3 4 5 6 7 8 9 |

| 2 | | 解答記入欄 |
|---|---|---|
| (1) | ア | - 0 1 2 3 4 5 6 7 8 9 |
| (2) | イ | - 0 1 2 3 4 5 6 7 8 9 |
| | ウ | - 0 1 2 3 4 5 6 7 8 9 |
| (3) | エ | - 0 1 2 3 4 5 6 7 8 9 |
| | オ | - 0 1 2 3 4 5 6 7 8 9 |

| 3 | | 解答記入欄 |
|---|---|---|
| | ア | - 0 1 2 3 4 5 6 7 8 9 |
| | イ | - 0 1 2 3 4 5 6 7 8 9 |

| 4 | | 解答記入欄 |
|---|---|---|
| (1) | ア | - 0 1 2 3 4 5 6 7 8 9 |
| | イ | - 0 1 2 3 4 5 6 7 8 9 |
| | ウ | - 0 1 2 3 4 5 6 7 8 9 |
| (2) | エ | - 0 1 2 3 4 5 6 7 8 9 |
| | オ | - 0 1 2 3 4 5 6 7 8 9 |
| (3) | カ | - 0 1 2 3 4 5 6 7 8 9 |
| | キ | - 0 1 2 3 4 5 6 7 8 9 |
| | ク | - 0 1 2 3 4 5 6 7 8 9 |

| 5 | | 解答記入欄 |
|---|---|---|
| (1) | ア | - 0 1 2 3 4 5 6 7 8 9 |
| | イ | - 0 1 2 3 4 5 6 7 8 9 |
| (2) | ウ | - 0 1 2 3 4 5 6 7 8 9 |
| | エ | - 0 1 2 3 4 5 6 7 8 9 |
| (3) | オ | - 0 1 2 3 4 5 6 7 8 9 |
| | カ | - 0 1 2 3 4 5 6 7 8 9 |
| | キ | - 0 1 2 3 4 5 6 7 8 9 |

| 6 | | 解答記入欄 |
|---|---|---|
| (1) | ア | - 0 1 2 3 4 5 6 7 8 9 |
| | イ | - 0 1 2 3 4 5 6 7 8 9 |
| | ウ | - 0 1 2 3 4 5 6 7 8 9 |
| (2) | エ | 1 2 3 4 5 6 7 8 9 |

## 記入方法

1. 記入は、必ずＨＢの黒鉛筆で、◯の中を正確に、ぬりつぶしてください。
2. 訂正は、プラスチック製消しゴムできれいに消してください。
3. 受験番号は、数字を記入してから間違いのないようにマークしてください。
4. 解答用紙を、折り曲げたり、汚したりしないでください。

| 良い例 | ● |
|---|---|
| 悪い例 | ⊘ ⊙ ◨ |

名城大学附属高等学校　2019年度

# ◇英語◇

※この解答用紙は123％に拡大していただくと，実物大になります。

| 1 | | 解答記入欄 | | | | |
|---|---|---|---|---|---|---|
| 問1 | 1 | ① | ② | ③ | ④ | ⑤ |
| 問2 | 2 | ① | ② | ③ | ④ | ⑤ |

| 2 | | 解答記入欄 | | | | |
|---|---|---|---|---|---|---|
| 問1 | 3 | ① | ② | ③ | ④ | ⑤ |
| 問2 | 4 | ① | ② | ③ | ④ | ⑤ |

| 3 | | 解答記入欄 | | | | |
|---|---|---|---|---|---|---|
| 問1 | 5 | ① | ② | ③ | ④ | ⑤ |
| 問2 | 6 | ① | ② | ③ | ④ | ⑤ |
| 問3 | 7 | ① | ② | ③ | ④ | ⑤ |
| 問4 | 8 | ① | ② | ③ | ④ | ⑤ |
| 問5 | 9 | ① | ② | ③ | ④ | ⑤ |
| 問6 | 10 | ① | ② | ③ | ④ | ⑤ |

| 4 | | 解答記入欄 | | | | |
|---|---|---|---|---|---|---|
| 問1 | 11 | ① | ② | ③ | ④ | ⑤ |
| 問2 | 12 | ① | ② | ③ | ④ | ⑤ |
| 問3 | 13 | ① | ② | ③ | ④ | ⑤ |
| 問4 | 14 | ① | ② | ③ | ④ | ⑤ |
| 問5 | 15 | ① | ② | ③ | ④ | ⑤ |

| 5 | | 解答記入欄 | | | | |
|---|---|---|---|---|---|---|
| A | 16 | ① | ② | ③ | ④ | ⑤ |
| B | 17 | ① | ② | ③ | ④ | ⑤ |
| C | 18 | ① | ② | ③ | ④ | ⑤ |
| D | 19 | ① | ② | ③ | ④ | ⑤ |
| E | 20 | ① | ② | ③ | ④ | ⑤ |
| F | 21 | ① | ② | ③ | ④ | ⑤ |

| 6 | | 解答記入欄 | | | | |
|---|---|---|---|---|---|---|
| 問1 | 22 | ① | ② | ③ | ④ | ⑤ |
| 問2 | 23 | ① | ② | ③ | ④ | ⑤ |
| 問3 | 24 | ① | ② | ③ | ④ | ⑤ |
| 問4 | 25 | ① | ② | ③ | ④ | ⑤ |
| 問5 | 26 | ① | ② | ③ | ④ | ⑤ |
| 問6 | 27 | ① | ② | ③ | ④ | ⑤ |
| 問7 | 28 | ① | ② | ③ | ④ | ⑤ |
| 問8 | 29 | ① | ② | ③ | ④ | ⑤ |
| 問9 | 30 | ① | ② | ③ | ④ | ⑤ |

| 7 | | 解答記入欄 | | | | |
|---|---|---|---|---|---|---|
| 問1 | 31 | ① | ② | ③ | ④ | ⑤ |
| 問2 | 32 | ① | ② | ③ | ④ | ⑤ |
| 問3 | 33 | ① | ② | ③ | ④ | ⑤ |
| 問4 | 34 | ① | ② | ③ | ④ | ⑤ |
| 問5 | 35 | ① | ② | ③ | ④ | ⑤ |
| 問6 | 36 | ① | ② | ③ | ④ | ⑤ |
| 問7 | 37 | ① | ② | ③ | ④ | ⑤ |
| 問8 | 38 | ① | ② | ③ | ④ | ⑤ |
| 問9 | 39 | ① | ② | ③ | ④ | ⑤ |

## 記入方法

1. 記入は、必ずＨＢの黒鉛筆で、◯の中を正確に、ぬりつぶしてください。
2. 訂正は、プラスチック製消しゴムできれいに消してください。
3. 受験番号は、数字を記入してから間違いのないようにマークしてください。
4. 解答用紙を、折り曲げたり、汚したりしないでください。

| 良い例 | ⬮ |
|---|---|
| 悪い例 | ⦰ ⨀ ◖ |

名城大学附属高等学校　2019年度

# ◇理科◇

※この解答用紙は104％に拡大していただくと，実物大になります。

| 1 | | 解答記入欄 | | | | |
|---|---|---|---|---|---|---|
| 問1 | 1 | ① | ② | ③ | ④ | ⑤ |
| 問2 | 2 | ① | ② | ③ | ④ | ⑤ |
| 問3 | 3 | ① | ② | ③ | ④ | ⑤ |
| 問4 | 4 | ① | ② | ③ | ④ | ⑤ |
| 問5 | 5 | ① | ② | ③ | ④ | ⑤ |
| 問6 | 6 | ① | ② | ③ | ④ | ⑤ |
| 問7 | 7 | ① | ② | ③ | ④ | ⑤ |
| 問8 | 8 | ① | ② | ③ | ④ | ⑤ |
| 問9 | 9 | ① | ② | ③ | ④ | ⑤ |
| 問10 | 10 | ① | ② | ③ | ④ | ⑤ |

| 2 | | 解答記入欄 | | | | |
|---|---|---|---|---|---|---|
| 問1 | 11 | ① | ② | ③ | ④ | ⑤ |
| 問2 | 12 | ① | ② | ③ | ④ | ⑤ |
| 問3 | 13 | ① | ② | ③ | ④ | ⑤ |
| 問4 | 14 | ① | ② | ③ | ④ | ⑤ |
| 問5 | 15 | ① | ② | ③ | ④ | ⑤ |

| 3 | | 解答記入欄 | | | | |
|---|---|---|---|---|---|---|
| 問1 | 16 | ① | ② | ③ | ④ | ⑤ |
| 問2 | 17 | ① | ② | ③ | ④ | ⑤ |
| 問3 | 18 | ① | ② | ③ | ④ | ⑤ |
| 問4 | 19 | ① | ② | ③ | ④ | ⑤ |
| 問5 | 20 | ① | ② | ③ | ④ | ⑤ |

| 4 | | 解答記入欄 | | | | |
|---|---|---|---|---|---|---|
| 問1 | 21 | ① | ② | ③ | ④ | ⑤ |
| 問2 | 22 | ① | ② | ③ | ④ | ⑤ |
| 問3 | 23 | ① | ② | ③ | ④ | ⑤ |
| 問4 | 24 | ① | ② | ③ | ④ | ⑤ |
| 問5 | 25 | ① | ② | ③ | ④ | ⑤ |

## 記入方法

1. 記入は、必ずＨＢの黒鉛筆で、◯の中を正確に、ぬりつぶしてください。
2. 訂正は、プラスチック製消しゴムできれいに消してください。
3. 受験番号は、数字を記入してから間違いのないようにマークしてください。
4. 解答用紙を、折り曲げたり、汚したりしないでください。

| 良い例 | ● |
|---|---|
| 悪い例 | ⊘ ⊙ ◐ |

名城大学附属高等学校　2019年度

# ◇社会◇

※この解答用紙は114％に拡大していただくと，実物大になります。

| 1 | | 解答記入欄 | | | | |
|---|---|---|---|---|---|---|
| 問1 | 1 | ① | ② | ③ | ④ | ⑤ |
| 問2 | 2 | ① | ② | ③ | ④ | ⑤ |
| 問3 | 3 | ① | ② | ③ | ④ | ⑤ |
| 問4 | 4 | ① | ② | ③ | ④ | ⑤ |
| 問5 | 5 | ① | ② | ③ | ④ | ⑤ |
| 問6 | 6 | ① | ② | ③ | ④ | ⑤ |
| 問7 | 7 | ① | ② | ③ | ④ | ⑤ |

| 2 | | 解答記入欄 | | | | |
|---|---|---|---|---|---|---|
| 問1 | 8 | ① | ② | ③ | ④ | ⑤ |
| 問2 | 9 | ① | ② | ③ | ④ | ⑤ |
| 問3 | 10 | ① | ② | ③ | ④ | ⑤ |
| 問4 | 11 | ① | ② | ③ | ④ | ⑤ |
| 問5 | 12 | ① | ② | ③ | ④ | ⑤ |
| 問6 | 13 | ① | ② | ③ | ④ | ⑤ |
| 問7 | 14 | ① | ② | ③ | ④ | ⑤ |
| 問8 | 15 | ① | ② | ③ | ④ | ⑤ |
| 問9 | 16 | ① | ② | ③ | ④ | ⑤ |
| 問10 | 17 | ① | ② | ③ | ④ | ⑤ |
| 問11 | 18 | ① | ② | ③ | ④ | ⑤ |

| 3 | | 解答記入欄 | | | | |
|---|---|---|---|---|---|---|
| 問1 | 19 | ① | ② | ③ | ④ | ⑤ |
| 問2 | 20 | ① | ② | ③ | ④ | ⑤ |
| 問3 | 21 | ① | ② | ③ | ④ | ⑤ |
| 問4 | 22 | ① | ② | ③ | ④ | ⑤ |
| 問5 | 23 | ① | ② | ③ | ④ | ⑤ |
| 問6 | 24 | ① | ② | ③ | ④ | ⑤ |
| 問7 | 25 | ① | ② | ③ | ④ | ⑤ |

| 4 | | 解答記入欄 | | | | |
|---|---|---|---|---|---|---|
| 問1 | 26 | ① | ② | ③ | ④ | ⑤ |
| 問2 | 27 | ① | ② | ③ | ④ | ⑤ |
| 問3 | 28 | ① | ② | ③ | ④ | ⑤ |

## 記入方法

1. 記入は、必ずＨＢの黒鉛筆で、◯の中を正確に、ぬりつぶしてください。
2. 訂正は、プラスチック製消しゴムできれいに消してください。
3. 受験番号は、数字を記入してから間違いのないようにマークしてください。
4. 解答用紙を、折り曲げたり、汚したりしないでください。

| 良い例 | ● |
|---|---|
| 悪い例 | ⊘ ⊙ ◖ |

名城大学附属高等学校　2019年度

# ◇国語◇

※この解答用紙は104％に拡大していただくと，実物大になります。

| 1 | | 解答記入欄 | | | | | |
|---|---|---|---|---|---|---|---|
| 問1 | 1 | ① | ② | ③ | ④ | ⑤ | |
| | 2 | ① | ② | ③ | ④ | ⑤ | |
| | 3 | ① | ② | ③ | ④ | ⑤ | |
| | 4 | ① | ② | ③ | ④ | ⑤ | |
| | 5 | ① | ② | ③ | ④ | ⑤ | |
| 問2 | 6 | ① | ② | ③ | ④ | ⑤ | |
| | 7 | ① | ② | ③ | ④ | ⑤ | |
| | 8 | ① | ② | ③ | ④ | ⑤ | |
| 問3 | 9 | ① | ② | ③ | ④ | ⑤ | |
| 問4 | 10 | ① | ② | ③ | ④ | ⑤ | |
| 問5 | 11 | ① | ② | ③ | ④ | ⑤ | |
| 問6 | 12 | ① | ② | ③ | ④ | ⑤ | ⑥ |
| | 13 | ① | ② | ③ | ④ | ⑤ | ⑥ |
| | 14 | ① | ② | ③ | ④ | ⑤ | ⑥ |

| 1 | | 解答記入欄 | | | | | |
|---|---|---|---|---|---|---|---|
| 問7 | 15 | ① | ② | ③ | ④ | ⑤ | |
| 問8 | 16 | ① | ② | ③ | ④ | ⑤ | |
| 問9 | 17 | ① | ② | ③ | ④ | ⑤ | |
| 問10 | 18 | ① | ② | ③ | ④ | ⑤ | |
| 問11 | 19 | ① | ② | ③ | ④ | ⑤ | |
| 問12 | 20 | ① | ② | ③ | ④ | ⑤ | |
| 問13 | 21 | ① | ② | ③ | ④ | ⑤ | |
| 問14 | 22 | ① | ② | ③ | ④ | ⑤ | ⑥ |
| | 23 | ① | ② | ③ | ④ | ⑤ | ⑥ |

| 2 | | 解答記入欄 | | | | |
|---|---|---|---|---|---|---|
| 問1 | 24 | ① | ② | ③ | ④ | ⑤ |
| | 25 | ① | ② | ③ | ④ | ⑤ |
| | 26 | ① | ② | ③ | ④ | ⑤ |
| 問2 | 27 | ① | ② | ③ | ④ | ⑤ |
| 問3 | 28 | ① | ② | ③ | ④ | ⑤ |
| 問4 | 29 | ① | ② | ③ | ④ | ⑤ |
| 問5 | 30 | ① | ② | ③ | ④ | ⑤ |
| 問6 | 31 | ① | ② | ③ | ④ | ⑤ |
| 問7 | 32 | ① | ② | ③ | ④ | ⑤ |
| 問8 | 33 | ① | ② | ③ | ④ | ⑤ |

## 記入方法

1. 記入は、必ずＨＢの黒鉛筆で、◯の中を正確に、ぬりつぶしてください。
2. 訂正は、プラスチック製消しゴムできれいに消してください。
3. 受験番号は、数字を記入してから間違いのないようにマークしてください。
4. 解答用紙を、折り曲げたり、汚したりしないでください。

| 良い例 | ● |
|---|---|
| 悪い例 | ⦸ ⊙ ◐ |

〈ダウンロードコンテンツについて〉

本問題集のダウンロードコンテンツ、弊社ホームページで配信しております。現在ご利用いただけるのは「2025年度受験用」に対応したもので、**2025年3月末日**までダウンロード可能です。弊社ホームページにアクセスの上、ご利用ください。

※配信期間が終了いたしますと、ご利用いただけませんのでご了承ください。

高校別入試過去問題シリーズ

**名城大学附属高等学校　2025年度**

ISBN978-4-8141-3048-1

[発行所] 東京学参株式会社

〒153-0043　東京都目黒区東山2-6-4

書籍の内容についてのお問い合わせは右のQRコードから　⇒

※書籍の内容についてのお電話でのお問い合わせ、本書の内容を超えたご質問には対応できませんのでご了承ください。



2024年7月4日　初版